백서帛書 『노자老子』

백서帛書 『노자老子』

송영배 宋榮培 지음

學古房

머리말

　노자老子는 선진先秦시대 도가道家사상의 창시자로 알려져 있다. 그러나 '노자'라는 인물의 생존연대와 현존하는 『노자』 텍스트의 편집 시기에 관해서는 최근까지도 정론이 없었다. 왜냐하면 그 책의 서술 체제가 너무나 독특하고,[1] 그 내용이 극히 추상적이며, 때로는 신비하기 때문이다. 노자라는 인물에 대하여는, 그가 공자보다 조금 앞선 시대의 '노담老聃', 또는 공자와 동시대의 '노래자老萊子', 또는 전국戰國시대의 태사太史인 '담儋'(기원전 4세기)이라는 설이 있다.[2] 현재 학계에서는 일반적으로 공자보다 앞선 노담을 '노자'로 보고 있다. 그러나 그를 바로 현존하는 『노

---

1) 선진시대의 대표적인 사상가의 저술, 예를 들어 『논어』, 『묵자』, 『맹자』, 『장자』, 『순자』 등은 모두 선생과 제자 간의 문답식이 위주로 된 산문체의 문장이라면, 『노자』는 주로 운문체로 된 '철학시哲學詩'로 구성되었으며, 일반적으로 역사적 사건이나 인물에 대한 언급이 거의 없다.

2) "노자老子는 초楚나라 고현苦縣 여향廬鄕 곡인리曲仁里 사람이다. 성姓은 이李씨, 명名은 이耳, 자字는 담聃이다. 주周나라 문서보관실의 사관이었다. 공자가 '주나라에 가서 노자에게 예禮를 묻고자 하였다. (…) 어떤 이는 노래자老萊子 또한 초나라 사람이요 15권의 책을 지어 도가道家의 효용을 말했으며, 공자와는 같은 시대였다고 한다. 대개 노자는 160여 세, 혹은 200여 세를 살았다고 한다. (…) 공자의 사후로부터 129년 뒤에 주나라 태사太史인 담儋이 진秦나라 헌공獻公을 만나 뵈었다고 역사책에 적혀 있다. (…) 어떤 이는 담儋이 곧 노자라 하고 어떤 이는 아니라고 한다. 세상 사람들은 그런지 아닌지를 알지 못한다. 노자는 은둔한 군자이다."(老子者, 楚, 苦縣, 廬鄕, 曲仁里人也. 姓李氏, 名耳, 字聃, 周, 守藏室之史也. 孔子適周, 將問禮於老子. … 或曰: 老萊子, 亦楚人也, 著書十五篇, 言道家之用, 與孔子同時云. 蓋老子百有六十餘歲, 或言二百餘歲. 自孔子死之後百二十九年, 而史記周太史儋見秦獻公. …或曰: 卽老子, 或曰: 非也. 世莫知其然否. 老子, 隱君子也.), 『史記』卷63, '老子別傳', 第三 참조.

자』의 완성자로 보는 데에는 상당한 논란의 여지가 있다. 왜냐하면 자기보다 앞선 시대의 인물들을 곧잘 언급하는 공자(전551-전479)가 『논어論語』에서, 그리고 공자를 비판하고 나온 묵자墨子(약전480-전420)가 한 번도 노담을 언급하지 않았고, 또 그 뒤에 나온 『맹자』에서도 노담이 전혀 언급되고 있지 않기 때문이다.

따라서 중국철학 연구자 내부에서는 현존하는 『노자』 텍스트의 작성 연대에 관해서 여러 가지 이견들의 대립이 상당히 오랜 기간 지속되어 왔다. 춘추春秋시대 노담이 작성했다는 전통적 주장(특히 짠젠펑詹劍峯, 1902-?)3)이 있는가 하면, 이와는 달리 전국戰國시대의 작품으로 보는 주장(량치차오梁啓超, 1873-1929; 펑유우란馮友蘭, 1895-1990 등)이 있다.4) 특히 양롱궈楊榮國(1907-1978)는 춘추春秋시대의 '노자'라는 사람의 역사적 존재를 당대 적대적인 학파 간의 경쟁 속에서 ― 아마도 장자莊子(약전369-전286)의 후학들에 의해 ― 날조된 인물이라고 보고, 『노자』 또한 이들 장자 후학의 저작으로까지 보고 있다.5)

---

3) 이 설은 마쉬룬馬敍倫, 탕란唐蘭, 뤼쩐위呂振羽 등이 주장해왔다. 그러나 최근 짠젠펑詹劍峯이 다시 강력하게 주장하고 나섰다. 詹劍峯, 『老子其人其書及其道論』(湖北人民出版社, 1982) 참조.
4) 이 설은 청淸대의 왕중汪中에 의해 제기된 이래, 량치차오梁啓超(1873-1929)에 의해 크게 선양되었고 그 뒤 펑요우란馮友蘭, 뤼껀저羅根澤, 허우와이루侯外廬 등이 이 설을 받아들이고 있다.
5) 楊榮國, 『中國古代思想史』(北京: 人民, 1954), 231-241頁 참조. 이 밖에도 『노자』가 진한秦漢시대에 작성되었다는 설도 있었다. 이 설은 일찍이 꾸제깡顧頡剛(「從呂氏春秋推測老子之成書年代」, 『古史辨』)에 의해 제기된 이래 상당한 영향력을 미치면서 리우지에劉節(1901-1977), 木村 英一(기무라 에이이찌)(『老子の新研究』) 등에 의해 천착되었다. 그러나 1974년 마왕퇴馬王堆 한간漢簡에서 백서帛書 『노자』[甲본(漢高祖 이전 본)과 乙(漢高祖 당대본)]가 출토됨으로써 『노자』가 백서본帛書本으로 한漢대 초기에 통용되었음이 입증되었기 때문에, 『노자』 텍스트가 한대漢代에 성립되었다는 주장은 그 설득력에 상당한 타격을 받았다.

그러나 전국戰國시대 통행 되었던『노자』죽간竹簡의 고본이 최근에 출토됨(1993)에 따라『노자』의 출판연대에 관련된 종래의 소모적인 논쟁은 거의 종말을 볼 수 있게 되었다. 최근에 공표된 곽점초간郭店楚簡『노자老子』(1998) 삼종三種(갑본 1072자; 을본 380자; 병본 259자, 총 1,711자)본에 쓰인 문자체는 삼종 모두가 전혀 같지 않기 때문에, 전국戰國시대 당시에 고본『노자』의 삼종의 다른 판본들이 동시에 통용되었음을 알 수 있다. 또한 동일한 판본 내에서도 같은 뜻의 다른 표기 문자(즉 동의어同義語의 이자체異字體, 예를 들어 '亡'자가 먼저 나오고, 후에 '無'자가 '亡'을 대신함. 그러나 갑본의 한 문장에서는 두 글자가 동시에 보임; 또는 길[道]을 의미하는 '術'자가 먼저 보이고, 그 글자가 나중에 '도道'자로 표기됨 등)가 다수 출현하고 있는 사실 등은, 곽점초간『노자』본들이 통용되던 당시에는 (즉 기원전 4세기 전국시대 중엽에는 현존『노자』텍스트와 똑같은) 하나의 완성된『노자』는 존재하지 결코 않았음을 말해준다. 오히려 서술 내용이나 분량이 서로 다른 (마치 곽점郭店초간楚簡의『노자老子』갑, 을, 병 본처럼) 여러 책자가 (말하자면 아마도 기원전 5세기 춘추春秋시대 말엽부터) 상당히 오랜 시기에 걸쳐서 점차 성립·병존하였음을 의미한다. 여하간 글자체가 서로 다른 삼종의 곽점郭店『노자』죽간본이 모두 적어도 기원전 300년 이전 시기에 작성되었을 것으로 지금 중국의 고고학자들은 추단하고 있다. 그렇다면 이들 3종의『노자』최고最古본은 또한 기원전 3세기의 것으로 판명된 백서帛書『노자』(갑/을본, 1973년 장사長沙 마왕퇴한묘馬王堆漢墓 출토)본보다 무려 100년 또는 그 이상 앞서서 작성되었으며, 서로 다른 형태로 통용된 고본인 셈이다. 이런 삼종의 초楚나라 죽간『노자』고본에 비하여, 전체 5,000여 자로 구성되었으며, 편집상「덕德」과「도道」편으로 구분되어 있는 백서帛書『노자』본은 현존『노자』본과 비교해 보면, (다만 상, 하편의 순서가 바뀌

없을 뿐) 내용상 거의 동일하다. 그러나 최근 출토된 곽점초간郭店楚簡 『노자』 고본은 3책을 모두 합쳐도 분량이 2,000자字에도 훨씬 못 미치기 때문에, 백서帛書『노자』나 현존『노자』에 보이는 장·절의 구분도 형성되지 못했을 뿐만이 아니라,「덕·도」편제의 구분도 당연히 보이지 않는다. 그렇다면, 우리들은 기원전 4세기의 곽점초간『노자』본으로부터 기원전 3세기의 백서『노자』본(즉 현존『노자』본과 거의 같은『노자』본)이 출현하기까지, 여러 가지 (때로는 서로 꼭 부합하지 않는) 내용들이 ─ 시대를 달리하는 몇몇 편집자들에 의하여 ─ 삽입되어 병존하였으나, 기원전 3세기에 결국『노자』백서본(갑/을본)으로 종합된 것으로 보지 않을 수 없다.[6]

위밍꽝余明光에 의하면, "『노자』책은 결코 (…) 한 시기에 나온 것도 아니고, 더욱이 한 사람에 의해서 완성된 것이 아니다. 그것은 노자의 후학들이 노자 사상과 도가의 학설을 근거로 하여 부단히 (여러 내용이) 보태져서 편찬되어 완성된 것이다. 그렇지 않다면, 백서帛書(『노자』)에 앞뒤가 중복되거나 모순되는 현상이 나타날 수가 없다."[7] 그는 다음과 같이 자기의 주장에 대한 몇 가지 증거를 제시하고 있다.

첫째, 비슷한 철학적 내용이 조금씩 수정·보완되어 여러 곳에서 반복되고 있다.[8]

---

[6] 이 2개 판본의 사이에 통용되었을 중간 판본으로, 우리는 또한 기원전 3세기 말의 한비韓非(약전281-전233)의 최초『노자주석본』, 즉「해노解老」와「유노喩老」편을 보게 된다.『한비자韓非子』,「해노」편의 주석이 백서『노자』의「덕」편의 첫 장에서 시작하고,「덕」편의 내용이「도」편보다는 더 많이 주석되어 있으며,「도」편 1장(현존『노자』1장)의 완정한 텍스트가「해노」편이나「유노」편 어디에도 보이지 않는다.
[7] 余明光,『黃帝四經與黃老思想』, 哈爾濱: 黑龍江人民出版社, 1989, 80頁.
[8] 余明光은 그 증거로써 다음의 세 구문을 인용하고 있다. "塞其兌, 閉其門, 終身不勤."(52장); "塞其兌, 閉其門, 挫其銳, 解其紛, 和其光, 同其塵, 是謂玄同."56장); "挫其

둘째, 현행 『노자』본에서9) 일관된 철학적 주장이 중간에 삽입된 ― 다른 철학적 함의를 가진 ― 문장에 의하여 일관성이 차단되고 있음을 지적하고 있다.10) 따라서 『노자』가 한 사람에 의해서 한 번에 편집되고 완성되었음을 반박하고 있다.

셋째, 『노자』에는 인용문의 출처를 분명히 밝힌 것도 있고, 그러하지 않은 것도 있어서 편집 원칙이 통일되지 않고 있다. 이런 점은 "『노자』는 한 때에, 이루어진 것도, 또한 한 사람에 의해 저술된 것도 아니며, 도가 道家의 후학들에 의해 부단하게 편찬되어 이루어진 것임을 증명한다. 이 중에는 당연히 노자 본인의 사상도 포함되었다."11)

銳, 解其紛, 和其光, 同其塵."(4장)

9) "人之生也柔弱, 其死也堅强. 草木之生也柔弱, 其死也枯槁. 故堅强者死之徒, 柔弱者生之徒."(76장); "天之道, 其有張弓與? 高者抑之, 下者擧之; 有餘者損之, 不足者補之. 天之道, 損有餘而補不足; 人之道, 則不然, 損不足而奉有餘."(77장); "天下莫柔弱於水, 而攻堅强者莫之能勝, 以其無以易之. 弱之勝强, 柔之勝剛, 天下莫不知之, 莫能行."(78장)

10) 『노자』 현행본의 76장과 78장의 내용을 보면, '부드러운 것은 생명의 부류이고 굳고 딱딱한 것은 죽음의 부류이다(76장).' '세상에 물보다 부드럽고 약한 것이 없지만 굳고 딱딱한 것을 이기는 데 물만한 것이 없다(78장)'에서 동일한 철학적 주제가 일관되게 주장되고 있는데, 그 사이에 「유족한 것을 덜어서 모자라는 것을 보태주는 것이 '자연의 도리'(天之道)라면, 부족한 자를 수탈하여 유족한 자를 받드는 것이 '사회 운영의 도'(人之道)」라는 당대 사회통치에 대한 통렬한 비판이 중간에 끼어 있다. 요컨대, 76장과 78장에서 일관되게 개진되는 철학적 주장이 엉뚱하게 끼어든 전혀 다른 주장에 의하여 분산되고 있다.

11) 余明光, 上同, 81쪽. 예를 들면, 현행본 41장(是以『建言』有之曰:…), 42장(强梁者不得其死. 동일한 문장이 『說苑』, 「愼」편에도 보이는 데, 까오형高亨에 의하면, 이것은 예전부터 통용된 말이다. 또한 22장(古之所謂曲則全者, 豈虛言哉?)의 내용들은 모두 옛날부터 전해진 고언들이다. 그 밖에 『노자』에는 많은 내용이 '聖人云'으로 되어 있다. 이것은 "모두 古言이거나, 노자 본인의 언설이다. 이러한 인용문들은 어떤 것은 시대가 빠르고 어떤 것은 시대가 늦다. 따라서 『노자』는 일시에, 한 사람에 의해서 완성된 것이 아님을 증명할 수 있다." (余明光, 上同, 82頁)

이와 같이, 『노자』백서본을 토대로 하여 정리된 현존 『노자』텍스트 속에는 처음부터 완정完定된 체계를 갖춘 하나의 통일된 철학사상이 표현되었다기보다는 전국시대 중기의 곽점초간 『노자』(갑, 을, 병본)처럼 노자 사상이 후학들에 의해 서로 다르게 편집되어서 ― 물론 일정한 사상이나 개념들의 공유가 존재하면서도, 또한 ― 서로 다른 철학적 사유가 복잡하게 뒤얽혀 표현되어 오다가, 전국 말기에 비로소 (백서帛書 『노자』처럼) 온전한 형태를 갖춘 것으로 사료된다.12)

이런 관점에서 현존하는 『노자』를 분석해 보면, '개인주의적 사유' 경향의 옹호가 그 중심 주제가 아님을 알 수 있다. 요컨대 양주楊朱학파와 『장자莊子』에서 개진되고 있는 도가학파의 중요한 특징인 '개인주의적 사상'의 경향 ― 말하자면 공자 시대의 은둔적 개인주의자들인 일민逸民이나 양주학파나 장자에서 볼 수 있는 ― 즉 경물중생輕物重生의 논의보다는, 이른바 군주의 '무위無爲'(즉 신하와 백성들에 대한 군주의 개인적, 자의적인 간섭의 배제)에 기초하는 통치술, 즉 한대漢代 전반기(즉 한무제漢武帝 출현 이전의 시기)를 풍미한 황로학黃老學의 논점이 두드러지게 부각이 되어 있다. 그리고 이런 '무위無爲의 통치술'과 관련하여, 『한비자韓非子』의 「해노解老」와 「유노喩老」 2편이 『노자』 원문에 대한 최초의 주석서임을 간과할 수 없다. 이런 점에서 짱순후이張舜徽(1911-1992)는 『노자』를 전국시대 제齊의 직하稷下학파의 영향 아래서 생겨난 황로학의 결정적 작품으로 보고 있다.13) 그러나 이 주장에 동의하는 학자는 그다지

---

12) 余明光의 고증 외에도, 곽점초간 『노자』본에 대한 자세한 고증은 晶中慶, 『郭店楚簡 '老子' 硏究』(北京: 中華書局, 2004) 참조.

13) 『周秦道論發微』, 張舜徽著, 北京: 中華書局, 1982, 93-95頁 참조. 짱순후이는 道의 개념을 '人君南面之術'로 보고, 한漢대와 선진先秦시대의 문헌들을 고증하여 새로운 해석을 선보인다. 張舜徽, 上同 참조.

많지 않다고 본다.

그리고 철학사적인 관점에서 보자면, 『노자』는 주로 유가儒家, 묵가墨家, 그리고 다른 제자백가들의 사상을 비판하는 데서 출발하고 있다. 또한 놀랍게도 고도의 추상적이고 철학적인 개념 즉 현상계에 드러난 모든 사물을 총체적으로 포괄하는 최고 개념으로서의 '유有(Sein)'개념보다 앞선 것이자 '만유萬有의 존재론적 근거'가 되는 '무無(Nichtsein)'의 형이상학의 틀을 제시하고 있다. '유有'가 어떤 방식으로든 자기의 드러난 자기 ― 특정한 크기, 모습 등등 자기 내용을 자체 안에 가지고 있기에, 자기 내용과 다른 것들까지를 자체 안에 보편적으로 수용할 수 없다면, 모든 '유有(또는 만유萬有)' ―의 궁극적 포용자는 전혀 '자기 내용이 없는 무無(Nichtsein)'일 수밖에 없다는 철학적 논의가 일찍이 곽점초간郭店楚簡 『노자』갑본에서도 보인다.14) 이렇게 본다면 『노자』 내용의 상당 부분의 연원은 춘추시대 말기나 전국시대 초기까지 소급한다고 말할 수 있다.15)

그렇지만 미완의 『노자』 단편들이 (앞서 지적했듯이) 노자의 여러 파의 후학들에 의해 오랜 기간 공존하는 과정에서 (물론 공유하는 기본사상 외에) 동시에 상호 상충하는 내용16)이 또한 전국戰國시대의 『노자』에

---

14) "返[反]也者, 道僮[動也 ; 溺[弱]也者, 道之甬[用]。天下之勿[物]生於又[有], 生於亡[無]。(『郭店楚簡老子校釋』甲本 제18장, 廖明春著, 北京: 淸華大學出版社, 2003, 354-355頁; 현행王弼본『노자』40장) 참조.

15) 손무孫武(약전545-약전470)의 『孫子兵法』에서 적敵의 정보는 분명하게 파악하면서 자신은 적에게 드러내지 않는 전술이 강조되고 있지만, 『노자』에서처럼 '無', '有'의 개념은 아직 철학적으로 세련되게 나타나지 않고 있다. 이로 보면 『노자』 철학의 상한선은 孫武 이후인 기원전 5세기가 될 것이다.

16) 예를 들어 현행 『노자』1장: "道可道非常道, 名可名非常名。無名天地之始, 有名萬物之母。故常無欲以觀其妙, 常有欲以觀其교徼。此兩者同出而異名, 同謂之玄。"에서 '有'와 '無'(혹은 '有名'/'無名', 또는 '常有'/'常無')가 '同出而異名'으로 道와 같은 근원에서 나온 것을 설명된다. 그러나 『노자』40장에서는 "萬物生於有, 有生於無。"의 명제가

(백서帛書『노자』에서처럼) 나타난다. 요컨대 현존『노자』텍스트에는 전국시대에 왕성하게 활동했던 유가, 묵가, (주로 진秦) 법가 등 제자백가에 대한 비판적 견해가 뚜렷하게 드러나 있다. 이는 실질적으로 전국戰國시대의 사회적 문제가 철학에 반영된 결과라고 하겠다. 그 철학적 내용은『한비자』가 출현하기 이전, 즉『순자荀子』가 성립될 시기까지 여러 다른 제자백가의 서로 대립적인 이념에 대하여 총괄적인 해체를 선언하고 나온, 일종의 '안티-테제'의 철학이라고 말할 수 있다.『노자』는 이런 부정과 '안티-테제'의 관점을 따라 제자백가들의 독단적 인식을 상대화하고 해체하는 과정에서 점차 독특하게 형성된 것이다.

제자백가 중에 뚜렷한 초기의 두 학파인 유가儒家와 묵가墨家라는 양대 현학顯學파는 각각 자파의 절대적 인식의 보증자로 '천天'의 권위를 끌어들여서 유가의 '인仁'이나 묵가의 '겸애兼愛' 모두를 '천의天意' 또는 '천지天志'라는 이름으로 합법화·정당화하는 사상논쟁을 벌여왔다. 말하자면 유가나 묵가의 사상가는 비록 대립적인 사상(이념)을 전개했지만, 이들 각각의 절대적 권위의 근거로는 모두 인격적인 하느님[上帝]의 권위를 들고 있다는 점에서 동일하다. 그러나『노자』에서는 '하느님'이 자연[天地]을 주재한다는 주장을 부정하고 있다.『노자』에서는 '상제' 또한 최고의 주재자가 될 수 없으며 '도道'가 상제보다 더욱더 근원적이라고 주장하면서 만물의 존재 원리로서의 '도'론을 제창하기에 이른다.[17]

보인다. '萬物'은 '有'에 통섭이 되고, 또 '有'는 '無'에 통섭 된다. 곽점초간『노자』갑본에 보이는 이 철학적 명제에서는 '만물', '유', 그리고 '무'의 존재론적 층위가 각기 다르다. 요긴대, 1장에서 '유/무'가 '同出'而 '異名'이라면 이때, '유/무'는 존재론적으로 같은 層位이다. 따라서 40장의 오래된 주장(곽점초간『노자』)과 1장의 주장은 철학적 함의를 달리한다.
17) "道: 沖而用之, 或不盈, 淵兮, 似萬物之宗。[…] 湛兮, 似或存, 吾不知誰之子, 象帝之先。"『노자』4장 참조.

『노자』에서 말하는 '도'는 만물을 낳는 모태로서 자연과 사회를 통괄하는 객관적이고 근본적인 법칙이다. 따라서 인간과 사회생활의 모든 불행은 사람들이 '도'의 원칙이 사라진 뒤에 '인의仁義', '겸애兼愛' 등과 같은 인위적 규범의 틀을 만들어 자기 자신과 남을 구속하는 데서 기인하였다고 보았다. 그렇기에, 인간 특히 군주(즉 최고 통치자)는 '인위人爲'를 버리고 '자기의 자의적 통치의 포기' 즉 '무위無爲'로 돌아가야 한다는 것이다. 요컨대 유가나 묵가에서 말하는 '인위人爲'론에 대한 '부정'으로서 군주의 '무위無爲'를 말하는 황로黃老학의 요지를 또한 제시하고 있다. 따라서 『노자』에서는 다른 제자백가의 주장들에서 볼 수 없는 사회문제 해결방안으로 신하와 백성들의 '유위有爲'에 대한 군주의 자의적인 규제를 차단하는 군주 '무위無爲'의 통치 철학을 제시하고 있다. 이는 곧 황로학의 정치원리가 선명하게 태동함을 보여준다.

　그러나 군주의 자의적인 간섭을 차단하고 만백성들의 자율 활동을 보장하려는 『노자』의 메시지는 단지 군주 통치술의 차원에만 머무르지 않는다. 이는 어떠한 인위적 지배 체제나 통치구조 틀보다 앞서는 인간 개개인의 생명적 자율원리 즉 모든 지배와 통치로부터 해방하는 인간 본연의 생명 원리 ― 다시 말해 인위적 문명 제도의 지배에 앞서는 ― 개인의 생명 존중과 자유의 추구로 통할 수 있다. 여기에 황로학의 철학적 메시지와 전혀 다른, 말하자면 인간의 '자연권', 즉, 인간의 생명 존중과 이에 근거한 "소국과민小國寡民"(나라는 될수록 작게, 그리고 될수록 작은 규모의 공동체)의 이상, 즉 통치(지배) 없는 유토피아의 사회가 그려지고 있다.

　이처럼 『노자』에서는 두 개의 다른 철학 원리가 나타난다. 바로 ① 인간의 생명 존중과 자율원리와 ② 군주의 자의적 간섭을 배제하려는 황로학의 통치술[즉 군주의 無爲而無不爲]로, 양자는 또한 동시에 사회적 범주를 넘어서는 총체적인 '도'에서 궁극적 근거를 찾고 있다.

또한 『노자』는 『역易』의 사상을 계승하고 있다. 『역』에 의하면 세상의 모든 것은 서로 관련되어 변화해 가는 분열과 통일과 대립의 무한한 전개일 뿐이다. 『노자』 사상 역시 밑바탕에 흐르는 이런 '무한한 변화'라는 형이상학적 기본 사고를 표명하고 있다. 『노자』에서는 인간을 포함하여 자연과 사회현상들 속에서는 항상적恒常的이고 불변하는 것은 하나도 없다고 본다. 만물은 끊임없이 운동하고 변화·발전하여 가는 과정의 속에 있는 것이다. 이런 무한한 변화의 관점에서 '사회적·범주적 규제'라는 좁은 지평의 너머에 있는 '자연' 범주가 보다 더욱 근원적인 것으로 제시되고 있다. 따라서 제자백가가 제시하는 개별적이고 다양한 처방전들은 '유위有爲'의 처방전일 뿐이며, '유위'의 한계를 넘어서려는 『노자』의 '무위無爲'의 정치적·사회적 비판론은 많은 문제점을 안고 있으면서도 동시에 무한한 매력을 가지고 우리에게 다가선다.

이 밖에도 『노자』에서는 '유有', '무無' 외에 '허虛' '음양陰陽' '충기沖氣'[18]) 등이 '도'와 관련되어 지칭되고 있으나, 아직 '도'와 '기氣'[또는 정기精氣, 心 또는 心氣]와의 본격적인 결합은 보이지 않는다. 하지만 '유약柔弱'을 생명의 원리로, '강강剛强'을 죽음의 원리로 보는 『노자』의 생명 사상은 후대 '양생술養生術'의 발전에 심대한 영향을 주었다. '기'를 모아서 어린애와 같은 '부드러움'을 가져오는 양생술[19])은 『노자』에서 기원하고 있다. 그러나 '도'를 보이지 않는 '기氣'로 파악하는 철학적 사유는 기원전 4세기의 작품으로 볼 수밖에 없는 『관자管子』 속의 도가道家사상에서 비롯되어, 중국 고대철학사의 발전에서 핵심적 역할을 하게 된다. 비록 『관자』에서

---

18) "道生一, 一生二, 三生萬物. 萬物負陰而抱陽, 冲氣以爲和.", 『老子』42章 참조.
19) "治人事天, 莫若嗇[穡].[…] 是謂: 深根, 固柢, 長生, 久視之道." 『老子』59章 참조.

제기된 '정기精氣'설이 제자백가에게 심대한 영향을 미치고 있지만, 오히려 그것은 『노자』에서 발원하는 항상 변하는 (우주) 만물의 생명 사상을 더욱 확실하게 보완해 줄 뿐이다.

필자는 호남湖南성 장사長沙의 마왕퇴馬王堆(전2세기 한묘漢墓)에서 출토된 백서帛書『노자』갑, 을본에 대한 자세한 고증과 설명을 해준 이전 뻬이징北京대학 까오밍高明교수의 『백서노자교주帛書老子校注』(北京: 中華書局, 2002)를 기본 참고서로 참조하였고, 『노자』책의 내용과 철학사상을 최초로 해석한 한비韓非의 주석注釋본, 즉 『한비자韓非子』의 「해노解老」, 「유노喩老」편 등을 자세히 연구하였다. 그리고 우리가 실명實名을 알 수 없는 하상공(즉 황하黃河강가의 어떤 선생)본 『노자』는 매장마다 각각의 명칭을 부여하고 주로 양생의 관점에서 『노자』를 주석하고 있다면, 소년으로 요절한 천재 철학자인 왕필王弼(226-249)은 누구나 다 인식하고 규정할 수 있는 경험 세계를 '유有'로 보고, 그 경험 세계의 한정을 넘어서는 무-규정성이나 무-제한성을 바로 '무無'로 파악하여, '무본유말無本有末'의 철학적 관점에서 『노자』를 해석하고 있다. 『노자』에 대한 하상공본河上公本이나 왕필본王弼本 등의 주석을 참조함으로써, 백서『노자』의 의미를 독자들에게 전달하기 위해 필자는 매우 많이 노력하였다.

그렇다면, 이렇게 이해되는 백서『노자』본은 언제쯤 세상에 나온 것일까? 이에 대하여는 위밍꽝余明光이 20세기에 여러 차례에 걸쳐 발굴된 고고학적 자료를 근거로 하여 "(마차의) 30개 바큇살이 하나의 바퀴 구멍을 공유하니, 그것의 '없는 공간無'이 수레에 소용된다("三十輻共一轂, 當其無有車之用也." 『노자』11장)."에 주목하여 다음과 같이 말하고 있다. 그는 5,000여 자로 된 『노자』의 성립 연대를 전국시대 말기, 즉 기원전 3세기 진秦시왕始皇(전259-전210) 시대로 본다. 왜냐하면 30개 바큇살로 된 마차는 진국시대 중기에 나타나지만, 표준형으로 된 것은 진시황秦始皇

시대이기 때문이다.[20]

또한, 『한비자』, 「해노解老」편에서, 「덕경德經」의 시작인 「상덕부덕上德不德」으로부터 현존 『노자』38장章 내용 전부가 철학적으로 분석하여 설명되고 있으나, 「도경道經」의 1장에 대해서는, 다만 '말할 수 있는 도道는 상도常道가 아니다(道之可道, 非常道也)'만을[21] 한비가 언급하고 있을 뿐이다. '말할 수 있는 도道는 상도常道가 아니고, 이름 부를 수 있는 이름[名]은 상명常名이 아니다(道可道, 非常道; 名可名, 非常名)'로 시작되어, … '이 둘은 같은 곳에서 나왔는데 이름은 다르나 같은 것을 말하는 것이니, 아득하고 또 아득하여, 여러 묘한 것들이 (드나드는) 문門이다(兩者同出, 異名同謂, 玄之又玄, 衆妙之門).'로 끝나는 「도경道經」1장章의 전체적인 내용에 대한 해석은 『한비자』 어디에도 보이지 않는다. 이것은 한비(약전 280-전233) 자신도 아직 「덕경」, 「도경」으로 나누어진 노자의 『도덕경』을 본 적이 없다는 것을 의미한다. 분명 사마천司馬遷(약전145-약전86)의 『사기史記』, 「노자老子」열전列傳에서, '이에 노자가 책 상·하편을 저술했는데, 도道와 덕德의 뜻 5천여남은 말씀을 말하고 떠났으니, 그가 어디에서 끝 난지는 알 수가 없다'라고[22] 언급하고 있는데, 그것에서 연유한

---

20) 1923-1933년 河南省濬景新村에서 西周시대 귀족무덤에서 출토된 마차 바퀴에는 19개 바큇살의 구멍이 발견되었으며, 1950-51년에 河南省輝縣의 古圍村에서 발견 전국시대 중기의 魏나라 왕족의 무덤에서 발견된 마차의 바큇살은 중소형 마차 바큇살은 26개이고 대형은 30개이고, 또는 1727호 거마갱車馬坑에서는 바큇살 25, 28, 26, 34개의 마차가, 그리고 1051호 거마갱에서는 바큇살 25, 25, 25, 25, 25, 30개의 마차가, 1811호 거마갱에서는 바큇살 26, 44, 27, 27개의 마차가 출토되었다. 30개 바큇살의 마차가 아직 표준형이 아니다. 그리고 1900년 11월에 陝西省외 秦始皇兵馬俑博物館에서는 실물 크기의 靑銅 병마용이 마침내 발견되었다. 30개의 바큇살 마차는 秦始皇 때에 비로소 표준형 마차로 정착된 것이다. 余明光, 上同, 84-88頁 참조.
21) 『韓非子新校注』(上), 戰國 韓非著, 陳奇猷校注, 上海: 上海古籍出版社, 2000, 415頁.
22) 『史記』七, 傳(一), 「老子」列傳第三, 漢 司馬遷撰, 北京: 中華書局, 1972, 2,141頁.

『노자도덕경老子道德經』의 성립은 아마도 한비의 사망 후거나 진시황秦始皇 시대라고 볼 수밖에 없다. 그렇다면 5천千자로 된 백서帛書『노자』는 빠르면 기원전 3세기 말엽末葉이거나, 아마도 그 이후에야[23] 비로소 성립된 것이라고 볼 수밖에 없다.

　『노자』는 서양어로 무려 600여 종이 넘는 번역이 나왔다고 한다. 내용이 어찌 보면 쉽고, 어찌 보면 어렵기 때문일 것이다. 그럼에도 『노자』는 우리에게 너무나도 유명한 명저로 다가온다. 이 책의 출판이 독자들에게 노자 사상을 이해하는데 작은 보람이 되기를 필자는 간절히 바라는 마음이다. 나는 이 책의 초고를 읽고서 귀중한 조언을 해준 정빈나鄭斌旎(성균관대학교) 박사에게 감사의 말씀을 드린다. 그리고 어려운 출판업계의 사정에도 불구하고 이 책의 출판을 결정하여 주신 학고방 출판사 하운근 사장님에게 진심으로 감사를 표하고 싶다. 그리고 출판을 위한 원고 정리에 힘을 써준 추윤정 선생님에게도 심심한 감사를 드린다.

2025. 2.

송영배

---

[23] 백서『노자』갑본에는 邦자가 나오나, 백서『노자』을본에서는 漢高祖劉邦의 諱 때문에 邦자가 모두 國자로 바뀌었다. 西漢왕조의 시작이 기원전 206년이기에, 백서『노자』갑본은 분명 그 이전, 다시 말해, 기원전 3世紀 말엽末葉에 성립되었다고 말할 수 있다면, 백서『노자』을본은 西漢왕조 성립 이후에 비로소 편찬되었다고 보아야 한다.

목차

제1부 덕경德經 · 23

1. '최고의 덕[上德]'은 '덕으로 (보이지) 않음[不德]'이다(38) ········· 24
2. '하나[一]'를 얻음(39) ··· 30
3. 최고의 지식인은 도道를 들으면 부지런히 그것을 실천하려 한다(41) ··· 35
4. 되돌아옴[反]이 도道의 움직임이다(40) ···················· 38
5. 도道는 하나[一]를 낳는다(42) ······························ 42
6. 지극히 부드러운 것이 '지극히 굳건한 것들' 사이로 달려 나간다(43) ··· 45
7. 이름과 몸, 어느 것이 친한가(44) ··························· 48
8. 크게 이루어진 것은 빠진 듯하다(45) ······················ 51
9. 천하에 도道가 없다면 싸움터의 말이 교외에서 새끼를 낳는다(46) ··· 54
10. 문을 나서지 않고도 천하를 안다(47) ······················ 58
11. 배우는 자는 매일 보탠다(48) ······························ 62
12. 성인聖人은 항상 무심無心해야 한다(49) ···················· 67
13. 민생은 살려고 하나, 활동하면 모두 사지死地로 간다(50) ······· 70
14. 도道는 낳아주고 덕德은 길러 준다(51) ···················· 75
15. 천하에 시작이 있으니, 천하의 어미가 된다(52) ·············· 79
16. 내가 지혜가 있다면 '큰 도道'를 행할 것이다(53) ············· 84
17. 잘 세운 것은 뽑아낼 수 없다(54) ·························· 87
18. 덕德을 두텁게 가진 이는 갓난아이에 견줄 수 있다(55) ········ 91
19. 아는 자는 말하지 않는다(56) ······························ 96
20. 바름[正]으로 나라 다스림(57) ····························· 100
21. 화禍는 복福이 엎드려있는 곳(58) ·························· 103

17

22. 사람을 다스리고 하늘을 섬김에는 농사만 한 것이 없다(59) ···· 107
23. 큰 나라를 다스림은 작은 생선을 지지는 것과 같다(60) ········· 110
24. 큰 나라는 (자신을) 낮추고 흘러가야 한다(61) ······················ 113
25. 도道는 만물의 주인이다(62) ··· 116
26. 함은 무위無爲이고 일은 무사無事이며 맛은 무미無味이다(63) ·· 120
27. 아름드리나무 하나도 싹에서 자라난 것이다(64) ··················· 125
28. 도道를 쓰는 자는 백성을 깨우쳐주지 않고, 장차 그들을 어리석게 한다(65) ··· 132
29. 강과 바다江海가 골짜기의 왕이 될 수 있는 것은 그들이 잘 낮추기 때문이다(66) ·· 137
30. 나라는 작게, 백성은 적게(80) ·· 141
31. 믿을 만한 말은 아름답지 않고, 아름다운 말은 믿을 수 없다(81) 145
32. 나는 늘 세 가지 보배를 가지고 있다(67) ································ 149
33. 군사 노릇 잘하는 자는 사나워 보이지 않는다(68) ··············· 155
34. 나는 일을 만들지 않음으로써 적에게 맞선다(69) ················· 159
35. 나의 말은 매우 쉽게 알 수 있으나, 사람들은 그것을 알 수 없다(70) ··· 164
36. 알아도 모른 척하는 것이 높은 것이다(71) ···························· 168
37. 큰 위협이 장차 이를 것이다(72) ·· 171
38. 섣불리 용감하면 죽는다(73) ·· 176
39. 죽음을 두려워하지 않는데, 어찌 죽임으로 두렵게 하겠는가?(74) 181
40. 백성을 다스리기 어려운 것은 임금의 작위作爲 때문이다(75) ·· 185
41. 태어나면 부드럽고 연약하나, 죽을 때는 굳고 강하다(78) ········ 188
42. 높은 것은 억누르고 낮은 것은 들어 올린다(77) ··················· 192
43. 물보다 약한 것은 없으나, 굳고 강한 것을 공격함에 그를 이길 자는 없다(78) ··· 197
44. 큰 원한을 화해시키면 반드시 남는 원한이 있게 되다(79) ······ 201

제2부 도경道經 · 207

1. 도道는 말할 수 있으면 항도恒道가 아니다 ·············· 208
2. 천하에서 모두가 아름다움을 아름답다고 여기나, 미울 뿐이다 ·· 216
3. 현명함을 높이지 않으니, 백성이 다투지 않게 되었다 ············ 221
4. 도道는 비어 있어서 써도 채워지지 않는다 ················ 226
5. 천지天地는 인仁하지 않아서 만물을 '풀 강아지[芻狗]'로 여긴다 230
6. 곡신谷神은 죽지 않는데, 이것이 '아득한 암컷[玄牝]'이다 ········· 234
7. 천지天地가 장구할 수 있는 것은 '자기가 살려고[自生]' 하지 않기 때문이다 ························ 238
8. 최고의 선善은 물과 같다 ························ 242
9. 붙잡고 채우기만 하는 것은, 그치는 것만 못 하다 ············ 245
10. 음陰인 넋으로 양陽인 혼魂을 지키니, 분리되지 않을 수 있는가? 248
11. 30개 바큇살이 바퀴통에 함께 하니 그 '없음[无]'에 쓸모가 있다 254
12. 오색이 눈을 멀게 하고, 말달리고 사냥함이 마음을 미치게 하는 것이다 ···················· 257
13. 총애나 욕봄을 놀라워하고, '큰 근심[大患]'을 몸처럼 귀하게 여겨라 263
14. 도道는 보아도 볼 수 없으니 '미세함[微]'이라 이름 붙인다 ······· 268
15. 옛날에 도道를 잘 행하는 이는 미묘하면서 달통하였다 ········· 277
16. 만물이 함께 작동하지만, 나는 그들의 순환[復]을 관찰한다 ······ 282
17. 제일 좋은 세상에서는 아래 사람이 (임금이) 계심을 안다 ········ 289
18. '큰 도道'가 없어지자 이에 인仁과 의義가 있게 되었다 ············ 294
19. 성인을 끊어버리고 지혜를 버리면 백성의 이익이 백배가 된다 ·· 298
20. '띠를끼[唯]'와 '말깨[訶]'는 얼마나 차이가 있을까 ············ 303
21. 큰 덕의 모습[容]은 도道만을 따르는 것이다 ················· 310
22. 발돋움하고 서면 서있지 못 한다(24) ···················· 315
23. 구부리면 온전하게 된다(22) ························· 318

24. 폭풍은 하루아침을 마칠 동안도 못 불고, 폭우는 하루 동안도 올 수 없다 ············ 322
25. 어떤 것이 섞여서 이루어졌으니, 천지보다 먼저 생겨났다 ········ 326
26. 무거움[重]은 가벼움[輕]의 뿌리가 되고, 고요함[靜]은 조급함[躁]의 임금이 된다 ············ 332
27. 잘 다님에는 흔적이 없다 ············ 336
28. 수컷을 알고 암컷을 지키니 천하를 품는 시냇물[溪]이 된다 ······ 341
29. 천하라는 신묘한 기물은 억지로 다스릴 수 없다 ············ 346
30. 도道로써 임금을 돕고, 군대로써 천하에 강함을 보이지 않는다 350
31. 무기란 상서롭지 못한 기물이다 ············ 354
32. 도道는 늘 이름이 없다 ············ 357
33. '남을 앎[知人]'이 지혜[智]이고, '자신을 앎[自知]'은 명철함[明]이다 362
34. 도는 넘쳐나니 좌우로 갈 수 있다 ············ 367
35. '큰 상大象', 즉 도道를 잡아야 한다 ············ 370
36. 장차 그것을 흡수하려면 반드시 진실로 그것을 펼쳐주어야 한다 374
37. 도道는 언제나 이름이 없다 ············ 379

부록 황제사경黃帝四經 · 383

I. 경법經法 ············ 386
첫째 도법道法 ············ 387
둘째 나라 다스리는 절차, 國次 ············ 392
셋째 임금의 정치[君正] ············ 396
넷째 여섯 가지 구분[六分] ············ 401
다섯째 네 가지 헤아림[四度] ············ 408
여섯째 논술[論] ············ 415

일곱째　나라가 망할 논거[亡論] ······················· 423
　　여덟째　도道와의 약속을 논함[論約] ··················· 429
　　아홉째　이름[名]과 도리[理] ························· 432

Ⅱ. **십대경**十大經 ······································· 437
　　첫째　천명天命으로 임금이 되다[立命] ················ 438
　　둘째　관찰[觀] ···································· 440
　　셋째　다섯 가지 정치[五正] ························· 448
　　넷째　과동果童 ···································· 452
　　다섯째　난리를 바로잡음[正亂] ······················ 455
　　여섯째　성씨[姓]와 싸움[爭] ························ 461
　　일곱째　남녀의 절도[雌雄節] ························ 465
　　여덟째　전쟁의 허용[兵容] ·························· 468
　　아홉째　법을 이룸[成法] ···························· 470
　　열째　세 가지 금기禁忌[三禁] ······················· 474
　　열한째　정벌하는 근거[本伐] ························ 476
　　열둘째　기존의 원칙[前道] ·························· 478
　　열셋째　지킬 규칙을 행함[行守] ····················· 481
　　열넷째　도를 따름[順道] ···························· 484
　　열다섯째　이름과 모양[名刑(形)] ···················· 488

Ⅲ. **저울질**[稱] ·· 490
Ⅳ. **도의 본원**[道原] ··································· 506

참고문헌 ··· 511
찾아보기 ··· 513

21

제1부
덕경
德經

1.
'최고의 덕[上德]'은 '덕으로 (보이지) 않음[不德]'이다(38)

'최고의 덕[上德]'(의 임금)은 '덕德으로 (보이지) 아님[不德]'이기에, 이 때문에 덕德이 있으며, 하덕下德(의 임금)은 덕을 잃고자 하지 않기에, 이 때문에 덕德이 없다. '최고의 덕(의 임금)'은 무위無爲하기에, 하지[爲] 않음이 없다. '최고의 사랑[上仁]'은 해주되[爲之], 해주기 위함 때문이 아니다. '최고의 올바름[上義]'은 해주되 해주는 목적이 있고, 최고의 예禮는 해주었으나 대응이 없으면 흥분하여 그렇게 하게끔 한다. 그러함 때문에 도道를 잃게 된 후에는 덕德이다. 덕德을 잃게 된 후에는 사랑[仁]이다. 사랑을 잃게 된 후에는 올바름[義]이다. 올바름을 잃게 된 후에는 예禮이다. 무릇 예禮란 (행하고 나면,) 충실함[忠]과 믿음[信]이 엷어지는 것이니, 혼란[亂]의 시작[首]이다. '앞서서 안 다는 것[前識]'은 도道의 꽃[華]으로 보이나 우매함[愚]의 시작이다. 이 때문에 대장부는 '두터운 것[厚]'에 처하고 '엷은 것[薄]'에 처하지 않으며, 신실함[實]에 머무르며, 부화浮華함에 머무르지 않는다. 그러므로 저것[浮華함]은 피하고 이것[순후淳厚함과 박실朴實]을 취한다.

[上德不德, 是以有德; 下德不失德, 是以无德. 上德无爲而无以爲也. 上仁爲之而无以爲也. 上義爲之而有以爲也. 上禮爲之而莫之應也, 則攘臂而扔之. 故失道而后德, 失德而后仁, 失仁而后義, 失義而后禮. 夫禮者, 忠信之薄也, 而亂之首也. 前識者, 道之華也, 而愚之首也. 是以大丈夫處其厚, 不居其薄; 處其實, 不居其華. 故去彼取此.]

『노자老子』에서 겨냥하는 독자讀者는 임금[君]이다. 따라서 『노자』에서는 문장의 주어인 나[我]는 통상 임금이며, 임금을 위한 통치술을 제공하는 데 『노자』의 목적이 있다. 이 점에서 『노자』는 일반적인 책과 상당히 구별된다. 이 때문에 『노자』의 『덕경德經』은 통치자 즉 임금에 관한 설명에서 시작한다. 『한비자韓非子』, 「해노解老」편에서는 '최고의 덕[上德]'은 자기 속[內]에 있는 것이며 얻음[得]은 자기 밖[外]에서 얻는 것이라고 구별하여 설명하고 있다. 여기서 한비韓非(전280-전233)는 『노자』가 말한 뜻에 대해 '최고의 덕[上德]'은 임금의 마음속을 말하기에 속[內]인 것이고, 임금은 '최고의 덕'을 백성에게 베풀되 밖으로부터 보답을 얻는 것을 바라지 않기 때문에, 결과적으로 '덕이 있음[有德]'이 된다. 그러나 '덕이 낮은[下德] 임금'은 덕을 백성에게 베풀어주나 자기가 얻은 것을 잃지 않으려 애쓰므로 그것을 백성과 함께 하지 못하게 되며, 따라서 '덕이 없음[無德]'이 된다고 설명한다. "'최고의 덕'이 '덕이 아님[上德不德]'은 그 정신이 '밖 때문에 혼란되지 않음[不淫於外]'을 말한 것이다. 정신[神]이 밖에 의해 혼란되지 않기에, (임금의) 몸이 온전해진다[神不淫於外, 則身全]."라고 한비韓非는 풀이하고 있다. 그는 이어서 "덕德은 몸 안[內]의 것이고, 득得은 몸 밖의 것[德者, 內也. 得者, 外也.]이다."라고[1] 말한다. 그러므로 '최고의 덕을 가진 임금[上德之君]'은 몸 밖의 사물을 좇는 데에 자기 생각을 쓰지 않는다. 몸 밖의 사물을 찾기에 자기 생각을 쓰지 않으므로 자기 몸이 온전해진다는 것이다. 임금의 덕德은 바로 백성들에게 베풀고, (임금) 자신은 몸을 온전히 하는 일이라고 한비는 풀이하고 있다.

---

1) '德者, 內也. 得者, 外也. 「上德不德」, 言其神不淫於外外也. 神不淫於外也, 則身全. 身全之謂得. 得者, 得身也. … 用之思之, 則不固; 不固, 則無功. 無功, 則也生於有德, 德則無德, 不德則有德. 故曰: 「上德不德, 是以有德.」', 『韓非子新校注』, 韓非著, 陳奇猷校注, 上冊, 上海: 上海古籍出版社, 370頁 참조.

그리고 또 한비는 말한다. "올바름[義]이란 군신 상하의 일이고, 아버지와 자식들(간)의 귀천貴賤의 차이이고, 벗들과 교제하고 친소親疏와 내외內外의 구분을 아는 것이다. 신하가 임금을 모심에 적절하고, 아랫사람이 윗분을 따르기에[懷念] 적합하고, 자식들이 아버지를 모시기에 적절하고, 천賤한 이들이 귀貴한 이를 경모하기에 적절하고, 벗들과 사귐에 서로 도움이 적합하고 친한 이를 안으로 하고 먼 이를 밖으로 적절히 함을 아는 것이다."[2] 한비가 말하는 '올바름[義]'이란 임금과 신하들이나 상급자와 하급자들 사이에 서로 처신하는 도리이고, 아버지와 자식들 또는 귀한 자와 천한 자들 간의 차등적인 구별이며, 친구와 친한 이들 사이의 교제하는 방도나, 친근한 이들과 소원한 이들 및 내외간의 관계 규칙이다. 그는 이것이야말로 바로 의義이고 또한 적절[宜]하기를 바라는 것이다. 의義란 바로 당시 사회에서 생활하기에 적절한 사회적 관계를 유지하는 것임을 알 수 있다.

한비는 계속하여 말한다. "덕德이란 도道의 결과[功]이다. 결과에는 알맹이[實]가 있고 알맹이에는 빛이 있으니, 사랑[仁]은 덕德의 빛이다. 빛남에는 윤택함이 있으니 윤택하기에 일[事]이 있는데, 올바름[義]은 사랑[仁]의 일이다. 일에는 예禮가 있고, 예禮에는 꾸밈[文]이 있기에, 예禮는 올바름[義]의 꾸밈이다."[3] 이 말은 덕이란 도道의 공효功效이니 공효에는 '실제의 내용[實]들'이 있으며 그 내용에는 사상의 빛이 있음을 뜻한다. 사랑[仁]은 곧 덕의 빛이고, 빛에는 윤택함[澤]이 있는데, 그것은 일정한 사정

---

2) '義者, 君臣上下之事, 父子貴賤之差也, 知交朋友之接也, 親疏內外之分也. 臣事君宜, 下懷上宜, 子事父宜, 賤敬貴宜, 知交友朋之相助也宜, 親者內而疏者外宜.', 『韓非子新校注』, 韓非著, 陳奇猷校注, 上冊, 上同, 374頁.
3) '德者道之功. 功有實而實有光, 仁者德之光, 光有澤而澤有事, 義者仁之事也. 事有禮而禮有文, 禮者義之文也.', 『韓非子新校注』, 韓非著, 陳奇猷校注, 上冊, 上同, 376頁.

[事]을 반영하니 올바름[義]은 사랑[仁]에 관련된 일이다. 일을 하자면 예절禮節이 있어야 하며, 예절에는 또한 꾸며주는 규칙이 있다. 그러므로 예禮란 바로 올바름[義]의 규칙이라는 말이다.

그러므로 한비는 『노자』의 뜻에 대해 '도道'를 잃으면 덕德을 잃고 덕을 잃으면 사랑[仁]도 잃으며 '사랑[仁]'을 잃으면 '올바름[義]'도 잃으며 '올바름'을 잃으면 '예禮'마저 잃게 된다고, 우리에게 설명해 주고 있다. '예禮를 잃으면[失禮]', 충실함[忠]과 믿음[信]은 자연히 '얇아지는 것[薄]'이며, 이것이 '혼란의 시작[亂之首]'이 될 수밖에 없다는 것이다. 이와 같이 『노자』에서는 당대 유가儒家들이 행동의 준거로 제시하는 예禮에 대해 - 덕德, 인仁, 의義보다 못하기에 - 그 중요성을 최하급으로 저평가하고 있다.

'앞서서 앎[前識]'은 헛되이 지식을 뽐내는 것이니, 앞서 말한 '덕을 잃음[失德]', '사랑을 잃음[失仁]', '올바름을 잃음[失義]', '예禮를 잃음[失禮]'과 같은 부류이다. '앞서서 앎[前識]'은 언뜻 보기에, 도道의 정화精華로 보이나 실제로는 단지 우매함의 시작[愚之首]에 불과할 뿐이라는 말이다. 노자의 입장에서 춘추전국春秋戰國시대(전8~전3세기) 당시의 백가쟁명百家爭鳴이란 지식의 뽐냄이 아니라 우매함의 시작일 뿐이다.

그렇기에 인생의 철리哲理를 아는 대장부라면 자기 삶을 두텁게 함[其厚]에 처하지, 그것을 엷게 하는 데에 처하지 않으며, 삶을 실박實朴하게 함에 처하지, 허망한 부화浮華함에 처하지 않는 것이다. 그러므로 부화한 저것[彼; 浮華]을 버리고 이것[此; 實朴]을 취할 뿐이다.

그리고 하상공河上公은 그의 주注에서 "상덕上德은 태고의 이름 없는 임금을 말하니, 덕德이 커서 (더) 위가 없으니, 따라서 상덕上德이라 말한다. 부덕不德은 그가 '덕'으로 백성을 가르치지 않음을 말하니, 자연에 따라서 사람의 생명을 기르기에, 그 덕은 보이지 않으므로, 따라서 '부덕'이라 말한 것이다. (상덕上德은,) 자기 덕이 천지天地와 합하고, 화기和氣가 유행하여, 민덕民德이 온전함을 말한 것이다. 하덕下德은 시호諡號로 평가받는 임금을 말하니, 덕이 '상덕上德(의 임금)'에 못 미치니, 따라서 '하덕'이라 말한 것이다. 덕을 잃지 않은 자는 그 덕을 볼 수 있고, 그 공功은 일컬어진다(稱). 그러나 (하덕下德은) 이름[名號]이나 자기 몸[身]을 가졌기에, 따라서 덕이 없다. (상덕上德은) 도道의 안정安靜함을 본받았으니, 베풀어서 해주는 바가 없음을 말한 것이다. (上德은) 이름[名號]으로써 함[爲]이 없음을 말한 것이다. (하덕下德은) 교령敎令을 만들고 정사政事를 실시함을 말하니. 자기를 위해 이름[名號]을 취함을 말한다. 상인上仁은 인仁을 행하는 임금을 말하니, 그의 인仁은 위가 없으니, 따라서 '상인上仁'이라 말한다. 그렇게 행함은 인은仁恩을 행함이니, 공功이 이루어지고 일이 서게(立) 되나, 집착함이 없다. 의義를 함으로써 가르고 판단하게 되니, 동작으로 자기[己]를 위함이기에, 사람을 죽여서 위세威勢를 이루게 되니, 아래[下]를 해害쳐서 자신을 받들게 함이다. (상례上禮는) 상례上禮의 임금을 말하니, 그의 예禮는 (더) 위가 없기에, 따라서 상례上禮라고 말하는 것이다. 그렇게 하는 자는 예禮의 제도와 위엄威嚴[威儀]을 차례 지음을 말하니, 예禮가 화려하고 왕성하나, 실속[實]은 빈약함을 말한 것이기에, 꾸밈과 거짓이 번다하고 많아서, 동작하면 도道에서 떠나게 된다. 그러므로 (적합하게) 응대할 수 없다. 예禮가 번다煩多하나 응대할 수 없으니, 상하가 분쟁하기에, 따라서 소매를 걷어 올리고 서로 잡아끈다. (이렇게 되어서) 도道가 쇠약해져야, 비로소 덕화德化가 생겨남을 말한 것이다. 사랑[仁]이 쇠약해지나, (그러나) '분수分數에 맞게 지켜 나가는 도리[分義]'가 분명해진다고 말한다. 의義가 쇠락해지면 예빙禮聘이 베풀어지고 옥백玉帛이 전달됨을 말한다. (이것은) 예禮란 근본[本]을 폐하고 말단[末]을 다스리기에, '진실과 믿음[忠信]'이 날로 쇠약해지고 박薄해심을 말한 것이다. '예'는 '바탕[質]'을 천시하고 '꾸밈[文]'을 귀히 여기기에,

따라서 정직함이 날로 적어지며 사란邪亂이 날로 생겨난다. 알지도 못하면서 앎[知]은 '앞서서 앎[前識]'을 말하니, 이것은 사람이 도道의 열매[實]를 잃고서 '도'의 꽃[華]만 얻은 것이다. 앞서 안다는 사람은 우암愚暗을 먼저 제창한 자임을 말한 것이다. 대장부는 '도'를 얻은 임금이다. 두터움에 처함은 순박함에 몸을 맡김을 말한다. 처신함에 '도'에 어그러지지 않아야 하니, (어그러지면) 세상의 번란煩亂에 휩쓸리게 됨이다. 충신忠信함에 처하고, '꽃 같은 말[華言]'을 숭상하지 말라! 저 화려하고 엷은 것을 버리고, 이 두터운 열매를 취하자!"라고[4] 이 장을 해석하고 있다.

이와 같이 한비자나 하상공의 해석을 본다면, 이 장에서는 부화浮華함을 버리고, 실박實樸한 삶을 추구하는 『노자』의 철학 정신이 깊게 표현되고 있다. 임금이 이렇게 '부화함을 버리고, 실박한 삶을 추구'하는 데서 『노자』의 『덕경德經』은 시작한다.

---

4) '上德謂太古無名號之君, 德大無上, 故言上德也. 不德者, 言其不以德敎民, 因循自然, 養人性命, 其德不見, 古言不德也. 言其德合於天地, 和氣流行, 民德以全也. 下德謂謚號之君, 德不及上德, 故言下德也. 不失德者, 其德可見, 其功可稱也. 以有名號及其身, 故無德也. 謂法道安靜, 無所施爲也. 言無以名號爲也. 言爲敎令, 施政事也. 言以爲己取名號也. 上仁謂行仁之君, 其仁無上, 故言上仁也. 爲之者, 爲仁恩也. 功成事立, 無以執爲. 爲義以斷割也. 動作以爲己, 殺人以成威, 賊下以自奉也. 謂上德之君, 其禮無上, 故言上禮. 爲之者, 言爲禮制度, 序威儀也. 言禮華盛實衰, 飾僞煩多, 動則離道, 不可應也. 言禮煩多不可應, 上下忿爭, 故攘臂相仍引. 言道衰而德化生也. 言德衰而仁愛見也. 言仁衰而分義明也. 言義衰則施禮聘, 行玉帛也. 言禮廢本治木, 忠信日以衰薄. 禮者賤質而貴文, 故正直日以少, 邪亂日以生. 不知而言知爲前識. 此人失道之實, 得道之華. 言前識之人, 愚暗之倡始也. 大丈夫謂得道之君也. 處其厚者, 謂處身於敦朴 不處身違道, (違道則) 爲世煩亂也. 處忠信也. 不尙華言也. 去彼華薄, 取此厚實.', 『老子道德經河上公章句』, 「論德」第38章, 王卡點校, 北京: 中華書局, 1997, 147~150頁.

2.
'하나[一]'를 얻음(39)

옛날에 '하나[一, 즉 도道]'를 얻은 것
하늘은 '하나'를 얻어서 청명하고, 땅은 '하나'를 얻어서 안녕하고, 신神은 '하나'를 얻어서 영험靈驗하고, 골짜기[谷]는 '하나'를 얻어서 (물이) 채워지고, 후왕侯王은 '하나'를 얻어서 천하의 바름[正]이 된다. 이것을 미루어보면, 하늘은 청명하지 않으면, 장차 아마도 분열될 것이고, 땅은 안녕하지 않으면 장차 아마도 진동震動[發]함으로 무너질 것이고, 신神은 영험하지 않으면 (아무도 찾아와 제물을 바치지 않으니) 장차 아마도 쉬게 될 것이고, 골짜기에 (물이) 채워지지 않으면 장차 아마도 마르게 될 것이고, 후왕侯王은 귀하여 높게 되지 않으면 장차 아마도 무너질 것이다. 그러므로 반드시 귀貴하려면 천賤함을 바탕[本]으로 삼고, 반드시 높아지려면[高] '낮은 것[下]'을 기초로 삼아야 한다. 이 때문에 후왕은 자신을 '외톨이[孤]', '과문寡聞한 자[寡]', '좋지 못한 자[不穀]'로 불렀으니, 이것은 천賤함이 바탕인 것이지, (그렇지) 않은가? 그러므로 자주 민중을 버리고 통렬히 가책苛責하면, 민중은 떠나버리는 것이다. 이렇기 때문에 (후왕은 스스로) 옥玉처럼 번쩍번쩍하게 하지 말고[珠珠], 돌맹이처럼 (자신을) 데굴데굴하게[硌硌] 하라!

[昔之得一者; 天得一以淸, 地得一以寧, 神得一以靈, 谷得一以盈, 侯王得一以爲天下正. 其致之也, 謂天毋已淸將恐裂, 地毋已寧將恐發, 神毋已寧將恐歇, 浴谷毋已盈將恐竭, 侯王毋已貴以高將恐蹶. 故必貴以賤爲本, 必

高矣而以下爲基. 夫是以侯王自謂孤, 寡, 不穀, 此其賤之本與, 非乎? 故致數輿無輿. 是故不欲祿祿若玉, 硌硌若石!」

하상공 河上公注에서는 치致를 고시告示함[誡]으로 보았다.1) 그는 또 이己를 그침(止)으로 보았으니 무이毋已는 곧 '그침 없음[毋已]', '절제 없음'의 뜻이다. 그래서 그는 "하늘은 마땅히 음양陰陽은 펼쳐서 전개됨이 있어야 하니, 낮과 밤이 번갈아 쓰이게 되고, 청명함을 그치지 않으려 할 때가 아니라면, 아마도 분열되어 하늘이 될 수 없을 것이다(天當陰陽施張, 晝夜更用, 不可但欲晴明毋已時, 將恐分裂不爲天)"라고 말하였다.2) 그리고 녹록祿祿은 여러 판본에 따라서 혹 녹록琭琭, 혹 녹록祿祿, 혹 녹록碌碌, 혹 녹록錄錄로도 쓰고, 뜻은 번쩍번쩍함이다. 낙낙硌硌은 혹 낙낙落落, 혹 낙낙硌硌으로 쓰이는데, 뜻은 데굴데굴함이다.3)

왕필王弼(226-249)의 주注에서는, "석昔은 시작이다. 하나ㅡ는 수數의 처음[始]이나 사물의 정점[極]이다. 각자는 '하나'에서 생겼으니, 사물[物]의 주인[主]이 되는 까닭이다. 사물은 모두 각각 이 '하나'를 얻음으로써 생기고, 일단 생기면 '하나'를 버리고도 이루어지는데, '이루어짐[成]'에 안주하면 자기 어미[母]를 잃는 것이니, 모두 찢어지고[裂] 폐기되며[發, 廢] 다 되고[竭, 盡] 없어지며[滅] 엎어지는 것[蹶, 敗]이다. 각각은 그 '하나'로써 이렇게 맑고[淸] 안녕하고[寧] (꽉) 채워지며[盈] 생겨나고[生] 바름[貞, 正]을 불러온다. '하나'를 썼기에 맑음[淸]을 불러왔을 뿐이니, '맑음'을 써서

---

1) '致, 誡也.', 『老子道德經河上公章句』, 「法本」第三十九, 王卡點校, 北京: 中華書局, 1997, 155頁.
2) '言天當陰陽施張, 晝夜更用, 不可但欲晴明毋已時, 將恐分裂不爲天.', 『老子道德經河上公章句』, 「法本」第三十九, 上同.
3) 『帛書老子校注』, 高明撰, 상동, 18頁.

맑아진 것이 아니다. '하나'를 지키면 맑음을 잃지 않는데, 맑음을 쓴다면 (맑음은) 아마도 분열할 것이다. 그러므로 공功을 만든 어미[母]는 버릴 수 없다. 이 때문에 모두 그('하나[一]')의 공로를 쓰지 않으면, 아마도 그 근본[本]을 상실할 것이다. 맑음이 (스스로) 맑게 될 수 없고, 채움[盈]이 (스스로) 채워질 수 없으니, 모두 그 어미[母]가 있음으로써 그 모양[形]이 보존되는 것이다. 그러므로 맑음[淸]은 귀하기에 부족하고 채움[盈]은 많기[多]에 부족하다. 귀함은 그 어미[母]에 있으니, 어미는 (눈에 보이는) 모양[形]을 귀하게 보지 않는다. 귀함은 이에 천賤함을 근본[本]으로 삼고, 높음은 이에 낮음을 기초로 삼는다. 그러므로 자주 칭찬함[譽]은 칭찬이 없음이다. 옥석玉石이 '번쩍번쩍함[珠珠]'이나, '데굴데굴함[珞珞]'이나, 몸[體]은 모양[形]에서 다 드러나기에, 따라서 (더 이상) 바라지 않는다."라고4) 이 장을 풀이하고 있다. 요컨대 이 장에서 왕필은 '하나[一]', 즉 도道가 만물을 살아서 생동하게 하는 소이연자所以然者이며, '도' 없이는 만물이 존재하고 생동할 수 없다는 노자의 형이상학을 우리에게 설명하여 주고 있다.

이 장章에서는 천도天道를 인사에 비유하여 '귀貴함'은 천賤을 근본[本]으로 삼고 높음[高]은 낮음[下]을 기반[基]으로 삼는 정치철학을 설파한다. '후왕侯王은 고귀할 수 없으면 장차 아마도 무너질 것이다[侯王毋已貴以高, 將恐蹶]'라고 한 까닭은 후왕이라면, 마땅히 도道의 특성을 잘 알아서

---

4) '昔, 始也. 一, 數之始而物之極也. 各是一之生, 所以爲物之主也. 物皆各得此一以成, 旣成而舍, 以居成, 居成則失其母, 故皆裂, 發, 歇, 竭, 滅, 蹶也. 各以其一, 致此淸, 寧, 靈, 盈, 生, 貞. 用一以致淸耳, 非用淸以淸也. 守一則淸不失, 用淸則恐裂也. 故爲功之母不可舍也. 是以皆無用其功, 恐喪其本也. 淸不能爲淸, 盈不能爲盈, 皆有其母, 以存其形. 故淸不足貴, 盈不足多, 貴在其母, 而母無貴形. 貴乃以賤爲本, 高乃以下爲基. 故致數譽乃無譽也. 玉石琭琭, 珞珞, 體盡於形, 故不欲也.", 『王弼集校釋』十冊, 「老子道德經注」39章, 王弼著, 樓宇烈校釋, 北京: 中華書局, 1987, 105, 106頁.

백성들을 크게 포용하고 후덕하게 대해야 함을 가리킨 것이다.

'하나[一]'는 바로 도道이기 때문에 '하나를 얻음[得一]'은 바로 '도를 얻음[得道]'이니, 곧 '덕德의 도道[德道]'를 가리킨 것이다. 왕페이王扉는 까오헝高亨(1900-1986)의 주注에서 '치致는 추推와 같음'을 인용하여, "'치致'는 '밀어젖힘'이니, 곧 '떠나버림'이란 뜻이다. 그러므로 '치지致之'는 윗글의 '하나를 얻음[得一]'에 상응하는 것이다."라고5) 말한다. '하나', 즉 도道를 얻었기에 하늘은 청명할 수 있고, 땅은 안녕[寧]할 수 있고, 신神은 영험[靈]할 수 있고, 골짜기에는 물이 찰 수 있고, 후왕은 천하의 수령이 될 수 있는 것이다. 이와는 반대로 '하나[道]'를 얻지 못한다면 하늘은 청명하지 않게 되니, 장차 아마도 하늘은 분열되고 땅은 안녕하지 못하니 장차 아마도 진동震動으로 무너질 것이고, 신神은 영험하지 못하니 사람들이 찾아와 공양하고 기도하지 않을 것이니, 쉴 수밖에 없을 것이다. 골짜기에 물이 채워지지 않는다면, 그것은 메마를 수밖에 없을 것이다. 그리고 후왕은 또한 고귀한 것을 잃으면, 장차 무너질 수밖에 없는 것이다. 그러므로 정치를 하려는 이는 '반드시 귀貴해 지려면' 천賤한 것을 바탕으로 삼아야 하고, '반드시 높아[高]지려면' 낮은 것[下]을 기초로 삼지 않을 수 없다. 이런 당연한 이치를 터득한 후왕侯王은 예로부터 자신을 겸손하게 일컬어 '외톨이[孤]', '과문한 자[寡人]'나 '선善하지 못한 자[不穀]'로 지칭하였다.

'치致', '수數'와 '여輿'에 대하여, 왕페이王扉는, 누구도 생각지 못한 해석을 내놓고 있다. '치致'는 '버림[離棄]의 뜻이다. 『열자列子 · 주목왕周穆王』의 '추수오과追數吾過'에 근거하여 "수數는, '여러 과실을 들어서 책망함[數落],' 통렬한 책망[苛責]으로, 그리고 『국어國語 · 진어삼晉語三』의 '여

---

5) 王扉, 『破玄: 老子的密碼』(德經卷), 桂林: 廣西師範大學出版社, 2010, 35頁.

인송지興人誦之'에 근거하여 "'여興'는 '뭇[衆]'의 뜻이다"로6) 보았다. 그러므로 '치수여무여致數輿無輿'는 "민중을 버리고 통렬히 책망하면 민중은 떠나버림"의7) 뜻이 된다. 임금이 통치하는 바탕[本]과 기초[基]가 되는 민중을 잃어버리면 임금의 정권도 위험해질 수밖에 없다는 것이다.

그러므로 통치하는 후왕은 화려한 옥玉처럼 자신을 드러낼 것이 아니라, 누구도 거들떠보지 않는 평범한 돌멩이처럼 자신을 낮추기를『노자』에서는 권고하는 것이다. 이것이, 임금이란 (자신을) '옥처럼 귀하게 나타내지 말고, 딱딱한 돌멩이 같이 데굴데굴 굴러다니게 하라![不欲琭琭若玉, 珞珞若石]'의 진정한 뜻이라고 왕페이는 말하고 있다. 필자는 그의 해석이 탁월하다고 본다.

---

6) 王扉,『破玄: 老子的密碼』(德經卷), 上同, 36, 37頁.
7) 王扉,『破玄: 老子的密碼』(德經卷), 上同, 37頁.

3.
최고의 지식인은 도道를 들으면 부지런히 그것을 실천하려 한다(41)

'최고의 지식인[上士]'은 도道를 들으면 부지런히 그것을 실천하려 한다. '중급의 지식인[中士]'은 '도'를 들으면 반신반의한다. '하급의 지식인[下士]'은 그것을 크게 비웃는다. 비웃지 않으면, 도道라 하기에 부족하다. 이 때문에 (고서古書인)『건언建言』에 이런 말이 있다. "도道를 알고 있으나 우매한 것 같고, '도'에 가깝게 가지만 물러난 것 같고, 평평한 길은 평탄[疵]하지 않은 것 같다. '최고의 덕[上德]'은 '흐르는 물[浴]'처럼 보이고, 아주 깨끗함[太白]은 '때[垢]'처럼 보인다. 광대한 덕은 부족한 것처럼 보인다. '아름다운 덕[建德, 美德]'은 어리석은 듯[愚]하며, 참된 바탕은 변질[渝]된 것처럼 보인다. 큰 네모[大方]는 모서리가 없음이고, 큰 그릇[大器]은 '이루어짐[成]'이 없는 듯 다. 큰 소리[大音]는 들리는 소리가 (거의) 없고, 큰 모양[大象]은 모양[形]이 (거의) 없다. 도道는 넓기[褒]만 하고 이름이 없다. 무릇 '도'란 시작을 잘하고 또한 이룸[成]을 잘 한다.

上士聞道, 勤能行之. 中士聞道, 若存若亡. 下士聞道, 大笑之. 弗笑, 不足以爲道. 是以『建言』有之曰: 明道如昧, 進道如退, 夷道如類.[1] 上德如浴,

---

1) 王弼本에는 '夷道若纇'로 되어 있다. 그러나 주첸즈朱謙之(1899-1972)에 의하면, 뇌纇와 類는 옛날에 통용되었다. 뇌纇는 '흠, 결점[疵]'의 뜻이 있다. 『帛書老子校注』, 高明撰, 北京: 中華書局, 2002, 20頁.

大白如辱. 廣德如不足. 建德如偷. 質眞如渝. 大方无隅. 大器免成.[2] 大音希聲. 大象无形. 道襃无名. 夫唯道, 善始且善成.]

이 장에서는 도道를 이해하는 사람을 상, 중, 하로 분류한다. 상급의 인사는 부지런히 '도'를 따르고 실천하려 애쓰는 인사이다. 중간의 보통 사람은 '도'에 대해 들었어도 반쯤은 믿고 반쯤은 의심하는 부류이다. 제일 못난 하류의 사람은 '도'를 들으면 터무니없다며 껄껄거리고 비웃는 법이다. 이러한 것이 '도'를 안다고 하는 사람들의 실상이다. 따라서 상급의 인사는 매우 적은 것이다.

전해 내려오는 옛날 격언집인 『미담집[建言]』에 의하면 '도道'를 이해하는 이는 몽매한 듯 보이고 '도'에 가까이 가는 것은 물러서는 것처럼 보인다. '유類'는 왕필王弼(226-249)의 『노자도덕경주老子道德經注』에는 '뇌纇'로 되어 있으며, 왕필은 "'뇌纇'는 '괴坳'이다."라고 말한다. 노우위리에樓宇烈(1934-)에 의하면 "'괴坳'는 '깊은 구멍[深窪]'이니, 또한 '평평치 않음[不平]'을 나타낸다."[3] 따라서 '평탄한 길[夷道]은 평탄하지 않은 것처럼 보인다.'라고 해석할 수 있다. 그렇다면 '욕浴'은 무슨 의미일까? '곡谷'에 '수氵'변이 더해지면 그 의미도 달라진다. 왕페이王扉는 "『노자』중의 '곡谷'자는 후세에 베껴 쓰는 과정에서 '욕浴'이 '곡谷'으로 잘못 써진 것이고, '욕浴'의 본뜻은 물, 즉 흐르는 물이다"라고 대담하게 주장한다. 필자는 그의 해석이 탁월하다고 본다. 그리고 '욕辱'은 '더러움[汚]'의 뜻이기에 "가장 좋은 덕[上德]은 흐르는 물[浴](上德如浴)과 같고, '아주 깨끗함[太白]은 때[垢](太白如辱)'와 같이 보인다."라고 말한 것이다. 같은 맥락에서 「넓고 (큰) 덕

---

2) 免成은 無成의 뜻과 같다. 『帛書老子校注』, 高明撰, 上同, 25頁.
3) 『老子道德經注』41章, 『王弼集校釋』上冊, (魏) 王弼撰, 樓宇烈校釋, 上同, 114頁.

[廣德]'은 부족한 것 같다[廣德如不足]」라고 말한다.4)

부혁傅奕(555-639)은 그의 『노자』 주석에서 '건덕약투建德若偸'에 대해 '투偸'는 '투媮'를 뜻한다고 설명한다. '투媮'가 『노자』의 고본古本에서는 '수輸'로 쓰이기도 한다. 이에 근거하여 노우위리에樓宇烈는, 왕필王弼이 주석한 「투偸는 필匹이다(偸, 匹也)」는 아마도 「輸(或媮), 愚也」의 오기誤記라고 말한다.5) 이에 따르면, '건덕약투建德若偸'는 미덕美德[建德]이란 '어리석음' 같이 보임의 뜻이다. 그리고 "참된 바탕[質朴]은 변질[偸渝]된 것과 같음[質朴若渝]"으로 보인다.

노자는 아주 큰 모서리[方]라면 그것은 차원을 달리하기에 '모서리 없음[無隅]'으로 말할 수 있고, 또한 '아주 큰 그릇[大器]'이란 '이루어짐'이 없는 듯 보일 수밖에 없으며, 또한 '아주 큰 소리[大聲]'는 사람의 귀로는 들을 수 없기에, '드문 소리[希聲, 稀聲]'일 것이라고 말한다. 모양도 '아주 큰 모양大形]'이라면, 그것은 모양 같지 않은 것으로 보이기에 '모양이 없음[無形]'이라 말한다.

이러한 본원인 도道는 무한히 넓어서 만물을 포괄하지만 보이지 않으니, 자연히 '이름이 없음[無名]'일 수밖에 없다. 그러나 도道는 만물을 '잘 시작하게 하고 또한 잘 이루게 하는 것(善始且善成)'일 뿐이다. 따라서 만물의 이런 형이상학적 존재근거인 도道는 위대한 것이다.

---

4) 王屏, 『破玄: 老子的密碼』(德經卷), 上同, 46頁.
5) 『老子道德經注』41章, 『王弼集校釋』上冊, (魏) 王弼撰, 樓宇烈校釋, 上同, 114頁.

4.
되돌아옴[反]이 도道의 움직임이다(40)

'되돌아옴[反]'이 '도道'의 움직임[動]이고, 유약함[弱]은 '도道'의 쓰임[의 특질]이다. 천하에서 사물이 생겨나는데, '있음[有]'에서 생겨났고, '있음'은 '없음[无]'에서 생겨났다.

[反也者, 道之動也; 弱也者, 道之用也. 天下生物, 生於有, 有生於无.]

1993년에 출토된 곽점郭店 죽간竹簡 『노자』에는 「되돌아옴[返]이 도道의 움직임이다」로[1] 되어 있으니 우리는 '반反'을 마땅히 '되돌아감[返]'으로 해석해야만 한다. '반反'은 결국 '되돌아감[返]'의 가차假借인 셈이기에, 반회返回, 반환返還의 뜻이다. 왕필王弼주注에서, "높은 것[高]은 '아래[下]'를 기반으로 삼고 귀貴함은 천賤함을 근본[本]으로 여기며, 있음[有]은 없음[無]을 쓰임[用]으로 삼는데, 이것이 그 반反[返, 되돌아옴]이다"라고[2] 말한다. 이와 같이 "반反 즉 되돌아옴이 변증의 핵심이니, 서로 반대되는 사물에서 피차彼此는 대립하지만, 또한 서로 의존하는 것이다."[3] 하상공河上

---

1) 『楚簡老子辨析』, 尹振環著, 北京: 中華書局, 2001, 264頁.
2) '高以下爲基, 貴以賤爲本, 有以無爲用, 此其反也.', 『王弼集校釋』上冊, 「老子道德經注」40章, 魏 王弼著, 樓宇烈校釋, 北京: 中華書局, 1987, 109頁.
3) 『帛書老子校注』, 高明撰, 北京: 中華書局, 2002, 27頁.

公注注에는, "반反은 근본[本]이다. 근본은 도道가 움직이게 하여 만물을 움직여서 생겨나게 하는 이유이니 이를 거스르면 망한다."라고[4] 한다. 이렇게 보면, 노자에서 반反은 또한 "되돌아옴[復]의 뜻이 있다."[5] 이에 임희일林希逸(1193-1271)의 『도덕진경구의道德眞經口義』에서는 "반反은 복復이고 고요함[靜]이다."라고[6] 말한다. 그러므로 반反의 본뜻은, 사물은 자기와 대립하는 방향으로 발전하여 전화轉化하는 변증적 규칙을 말하는 것임을 알 수 있다.

『노자』 78장에서, "천하에는 물[水]보다 약한 것은 없으나 '굳고 강한 것[堅强者]'을 공격하는 데 있어 물을 이길 수는 없다."라고[7] 말한다. 『노자』 76장에서도 "사람이 태어나면서는 유약하지만 죽음에 이르러서는 '뻣뻣하고 강[堅强]'하다. 만물과 초목은 생겨나면서는 '유약하여 쉽게 부러지나[柔脆]', 죽으면 바싹 마르고 굳어진다[枯槁]. 그러므로 굳고 강한 것은 죽음에 속하며, 부드럽고 약한 것은 삶에 속한다."라고[8] 말한다. 이러므로 『노자』에서는 세상을 다스리는 데 있어 '전쟁을 하지 않음[不爭]'을 말할 뿐, 무력으로 천하를 억압하라고 하지 않는다.

『노자』의 '유물혼성有物混成'장[二十五章]에서는, "애칭으로 도道라 하고, … '서서히 가니[逝] 멀리 가고, 멀리 가나 돌아온다[遠曰反].'"라고[9] 하

---

4) '反, 本也. 本者道之所以動, 動生萬物, 背之則亡.', 『老子道德經河上公章句』, 「去用」第四十, 王卡點校, 北京: 中華書局, 1997, 161頁.
5) 『帛書老子校注』, 高明撰, 上同.
6) 『帛書老子校注』, 高明撰, 上同.
7) '天下莫弱於水, 而攻堅强者莫之能勝.', 『老子繹讀』78章, 任繼愈著, 北京: 北京圖書館出版社, 2007, 171頁.
8) '人之生也柔弱, 其死也堅强. 萬物草木之生也柔脆, 其死也枯槁. 故堅强者死之徒, 柔弱者生之徒.', 『老子繹讀』76章, 任繼愈著, 上同, 167頁.
9) '有物混成, 先天地生. … 吾不知其名, 字之曰道, 强爲之名曰大. 大曰逝, 逝曰遠. 遠曰

였으며, 또한 '도道로 임금을 돕고, 무력으로 천하를 억압 하지 않으니, 도의 일은 되돌아옴을 좋아함이다.'라고도[10] 하였다. 따라서 '반反'은 여기서 '반환[返]'의 의미이다. '도道'란 되돌아오는 것이 그 법칙이다. 그리고 도道의 운동의 특질은 '강强함'이 아니라 '유약함[弱]'이라고 말하는데, 이는 일반 사람의 생각과는 전혀 다른 발상이다. 그러므로『노자』에서는 '강포한 사람은 제대로 죽지 못한다.'라고[11] 말한다. 이것이 노자의 지혜가 가지는 위대함이다.

『노자』에서는 '굳고 강한 것은 죽음에 속하며, 부드럽고 약한[柔弱] 것은 삶에 속한다.'라고[12] 말하였다. 이 사상을 이어받은『열자列子』에서도 "천하에는 상승常勝을 하는 도道와 상승常勝을 못 하는 '도道'가 있다. '상승하는 도'는 '부드러움[柔]'이고 상승하지 못하는 도는 '강彊'이다. 강彊은 자기만 못한 것을 이길 수 있으나, '유약柔弱함[柔]'은 자기를 넘어서는 것[出]'을 이길 수 있다. '강함을 믿고 남을 이기려는 자'는 '자기와 같은 자[若己者]'를 만나면 위태로울 것이다. ('유약柔弱함'이란,) 자기를 넘어서기에[先]' 그런 위험은 없을 것이다."라고[13] 말하였다. 강대함이란 일시적 현상일 뿐이다. "그러므로 광풍狂風도 하루아침을 불지 못하고, 폭우도 하루 종일 올 수 없다. 이런 (폭력을) 누가 만드는 것인가? 천지天地(자연)이다. 천지(자연)도 오래 갈 수 없는데, 하물며, 사람이겠는가?"라고[14]

反.',『老子繹讀』二十五章, 任繼愈著, 上同, 55頁.
10) '以道佐人主者, 不以兵强天下. 其事好還.',『老子繹讀』三十章, 任繼愈著, 上同, 67頁.
11) '强梁者, 不得其死.',『老子繹讀』四十二章, 任繼愈著, 상동, 94頁.
12) '堅强者死之徒, 柔弱者生之道.',『老子繹讀』七十六章, 任繼愈著, 상동, 167頁.
13) '天下有常勝之道, 有不常勝之道. 常勝之道曰柔, 常不勝之道曰彊. … 彊, 先不若己者; 柔, 先出於己者. 先不己若者, 至於若己, 則殆矣. 先出於己者, 亡所殆矣.',『列子集釋』, 「黃帝」篇, 楊伯峻撰, 北京: 中華書局, 1979, 82頁.
14) '故飄風不終朝, 驟雨不終日. 孰爲此? 天地. 天地尙不能久, 而況於人乎?',『老子繹讀』二

『노자』에서는 말한다.

천하의 사물이란 궁극적으로 따져보면, 눈에 보이는 '있는 어떤 것[有]'에서 나온 것이라 말할 수 있다. 그러나 그 '있는 것[有]'의 형이상학적 존재근거는 '보이지 않는 어떤 것[無]'일 수밖에 없다. 그렇기 때문에, 『노자』에서는, "'있는 것[有]'은 (눈에 보이지 않는, 형이상形而上의) '없는 것[無]'에서 나왔다."라고 말하는 것이다. 이 점에서 중국 최초로 이런 형이상학을 밝히고 있는 『노자』책의 위대성이 드러난다.

十三章, 任繼愈著, 上同, 50頁.

5.
도道는 하나[一]를 낳는다(42)

도道는 '하나[一]'를 낳고, 둘[陰陽]은 셋[天, 地, 人]을 낳고, 셋은 만물을 낳는다. 만물은 음陰을 지고서 양陽을 포용하는데, 충기冲氣는 조화롭게[和] 한다. 세상(사람)이 싫어하는 것은, 오직 '외톨이[孤]', '적은 이[寡]', '좋지 않은 이[不穀]'인데, 왕공王公은 (이것으로써) 스스로를 칭한다. 사물은 혹 더해주나 적어지고, 적게 하나 많아진다. 그러므로 강포한 자는 제대로 죽지를 못하니, 나는 장차 (이것을) '가르침의 근본[敎父]'로 삼겠다.

[道生一, 一生二, 二生三, 三生萬物. 萬物負陰而抱陽, 冲氣以爲和. 天下之所惡, 唯孤, 寡, 不穀, 而王公以自名也. 物或益之而損, 損之而益. 人之所敎, 亦我而敎之. 故强梁者, 不得其死, 吾將以爲敎父.]

'도道'는 '이름[名]'이 없으나 억지로 말하자면 '하나[一]'라고 말할 수 있다. '하나'는 둘로 나뉘니 바로 '음陰'과 '양陽'이다. 음양이 합치면 도道와 함께 셋이 되는데 곧 '하늘[天]', '땅[地]', '사람[人]'이다. 이 셋이 세상 만물과 함께, 하는 것을 일러 '셋은 만물을 낳는다三生萬物'라고 한다. 천지만물은 모두 음陰을 지고서 양陽을 포용하고 있으며, 음양이 격동하여 '조화[和]'를 만들어 낸다.

천하의 사람이 싫어하는 것은 바로 음이 빠져있고 양이 결어가 되어

조화[和]가 안 되는 '외톨이[孤]', '적은 이[寡]', '좋지 않은 이[不穀]' 등이라 할 수 있다. 그러나 천하를 호령하며 다스리는 통치자인 왕공王公은 오히려 자기 자신을 낮추어 '외톨이[孤]', '적은 이[寡]', '좋지 않은 이[不穀]' 등으로 부른다. 왜 그렇게 부르는가? 사물이란 혹은 먼저 발전하다[益] 줄어들기도[損] 하며, 혹 먼저 손해[損]보다가 나중에 이익[益]을 보기도 하기 때문이다.

또한 힘을 뽐내며 으스대는 자들은 '좋은 결과'를 보지 못하며 갑자기 비명횡사하는 일을 당하기도 하는데, 내가 임금[통치자]이라면, 이렇게 황당하게 생을 끝내버리는 강포한 자들의 비극적 종말을, '가르침의 근본[敎父]'으로 삼아야 한다고 『노자』에서는 말한다.

『열자列子』에서 "'하나[一]'는 모양[形]이 변하는 시작이다. 청정하고 가벼운 것이 위로가 하늘[天]이 되고, 혼탁하고 무거운 것은 아래에서 땅[地]이 되며, '가운데서 화합하는 기[沖和氣]'는 사람[人]이 되었다. 그러므로 천지天地는 '알맹이[精]'를 함축하니, 만물이 변화되어 생겨났다."라고[1] 말한다. 타오홍칭陶鴻慶(1859-1918)에 의하면, '충화기沖和氣'는 곧 '중화기中和氣', 즉 '가운데서 화합하는 기氣'이다.[2] 음양을 '기氣'로 보면, 음양은 천지天地와 대응하니, 음양이 만나게 되면, 음양은 '알맹이[精]'를 함축하기에, 그로 인해 만물들이 자생하는 것이다.

또한 『열자列子』에서 "순舜임금은 (신하) 증烝에게 물었다. '도道를 얻

---

1) '一者, 形變之始也. 淸輕者上爲天, 濁重者下爲地, 沖和氣者爲人; 故天地含精, 萬物化生.', 『列子集釋』, 「天瑞」篇, 楊伯峻撰, 上同, 8頁.
2) 이 부분의 주석에서 타오홍칭陶鴻慶(1859-1918)은, "沖은 中으로 읽는다. 『文子』, 「九守」편에서, 「故三皇, 五帝有戒之器, 命曰侑后, 其沖則正, 其盈則覆.」이니, 沖은 곧 中이다. 『淮南子』, 「泰族訓」에서 沖을 中으로 썼으니, 모두 沖, 中은 통용되는 증명이다."라고 말한다. 『列子集釋』, 「天瑞」篇, 楊伯峻撰, 上同, 참조.

어서 가질 수 있겠는가?'라고 물었다. 증이, '임금의 몸도 자신의 소유가 아닌데, 임금은 어떻게 도道를 가질 수 있겠습니까?'라고 대답했다. 순임금은 말한다. '내 몸도 내가 가진 것이 아니면, 누가 이것을 가지고 있는가?' (증이) 대답한다. '그것은 천지天地가 위탁한 모양形입니다. 태어난 것은 임금이 가진 것이 아니고, 천지가 화和를 쌓았기에 따라서 생겨난 것일 뿐입니다. 생명性命은 임금이 가진 것이 아니고, 천지가 순응함順을 쌓았기에 따라서 생존할 뿐입니다.'라고 말한다."3) 이렇게 보면 인간의 삶이란 크게 보면 천지자연의 변화에 지나지 못한다는 것이요, 그것이 바로 우리의 삶의 변화일 수밖에 없다는 것이다.

여기서 중요한 것은 '중화中和'로서, 이는 도가道家학파와 유가儒家학파 모두에게 중요한 것이다. 『중용中庸』에서, "희노애락喜怒哀樂이 아직 발생하지 않은 것이 중中이고, 발동하여 모두 '절도에 맞으면中節' 조화和하기에, 중中은 천하의 대본大本이고, 조화和는 천하의 달통한 도이다."라고4) 말한다.

노자는 많은 사건들을 보아왔으므로, 행패를 부리는 자들이란 대충 결과가 좋게 끝나지 않음을 간파하였다. 그래서 '강포한 자란 제대로 죽지 못하는 법'이니, 통치자라면, 이것을 '가르침의 근본敎父' 즉 '스승師傅'으로 받들어야 한다고 말하고 있다.

---

3) "舜問乎丞曰:「道可得而有乎?」曰:「汝身非汝有也, 汝何得有夫道?」舜曰:「吾身非吾有, 孰有之哉?」曰:「是天地之委形也. 生非汝有, 是天地之委和也. 性命非汝有, 是天地之委順也.」". 『列子集釋』, 「天瑞」篇, 楊伯峻撰, 上同, 33, 34頁.

4) '喜怒哀樂之未發, 謂之中; 發而皆中節, 謂之和. 中也者, 天下之大本也; 和也者, 致中和, 天地位焉, 萬物育焉.', 『中庸今註今譯』, 宋天正註譯, 臺北: 臺灣商務印書館, 1980, 3頁.

6.
지극히 부드러운 것이 '지극히 굳건한 것들' 사이로 달려 나간다(43)

천하에 지극히 부드러운 것[至柔]이 천하의 '지극히 굳건한 것[至堅]들' 사이를 달려 나갈 수 있다. (보이지 않는) '없음[無有]'이 '틈 없는 곳[無間]'으로 들어간다. 나는 이 때문에 '함 없음[無爲]'이 '유익함[有益]'을 아는 것이다. '말 없는 가르침[不言之敎]', '함 없음의 유익함[無爲之益]'은, 천하(사람)이 그것을 이해하기란 드문 것이다.

[天下之至柔, 馳騁於天下之至堅. 无有入无間.[1) 吾是以知无爲之有益也. 不言之敎, 无爲之益, 天下希能及之矣.]

고환顧歡(420-483)은 "지극히 부드러운 것은 물이고, '굳은 것[堅]'은 쇠[金]이다. 치빙馳騁, 달려 나감은 '공격하여 뚫고 나감[攻擊貫穿]'의 뜻이다. 물은 지극히 유약하나, 금석金石의 견고함을 공격할 수 있으니, (임금은)

---

1) 王弼의 『老子道德經注』 四十三章에, '氣無所不入, 水無所不出於經.'인데, 로우위리에 樓宇烈는 이순딩易順鼎(1858-1920)등의 학설에 의거하여 '出於'를 잘라버렸다. 『老子』 經文: 「無有入無間」에서, 古本, 傅奕本 및 『淮南子』, 「原道訓」의 인용은 모두 「出于无有, 入于无間.」이다. 이 때문에, 리우스페이劉師培(1884-1919), 陶學紹(미상), 易順鼎 등은 모두 王弼注 에 '出於' 두 자는 경문에 찬입竄入된 것으로 보았다. 『王弼集校釋』上冊, 樓宇烈校釋, 上同, 120頁.

'함 없음[無爲]'이기에, 지극히 약해 보이나, '함 있음[有爲]'의 번거로움[累]을 타파할 수 있음을 비유한 것이다."라고2) 말하였다. 이것은 『노자』 78장: "천하에서 물보다 약한 것은 없으나, 굳은 것을 공격함에는 이보다 앞서는 것은 없다."의3) 뜻을 풀이한 것이다. 희希는 희稀[드물음]자와 통한다. 『이아爾雅・석고釋詁』에 의하면, "희希는 드물음[罕]"의4) 뜻이다.

왕필王弼은, "허무虛無한 것은 유약해 보이지만 통하지 못할 곳이 없다."라고 말한다. "(눈에 보이지 않는) '없음[無有]'은 끝이 없고[無窮], '지극한 부드러움[至柔]'은 (무엇도) 꺾을 수가 없다."라고5) 말하고 있다.

이렇게 「말이 없는 가르침[不言之敎]」이나, '함 없음[無爲]'의 이로움[益]」은 임금의 통치 방식을 말한 것이다. 임금은 자기가 직접 나서지 말고, 신하나 백성들을 자유롭게 내버려둬야 하고, 그들이 스스로 일을 처리하도록 권면해야 하는 것이다. 노자는 임금이 강한 힘으로 다스리는 통치 대신 유약해 보이는 통치를 더 높이 보았음을 알 수 있다. 기원전 4세기 당시 여러 제후국의 군주들은 군권을 강화하고 자기 주권 하에 온 나라를 통일시키려 하였다. 이에 부국강병을 목표로 한 강력한 정치・군사적 독재와 패권 경쟁이 난무하였다. 반면 『노자』에서는 군주의 '함 없음[無爲]'의 정치야말로 도道의 '함 없음[無爲]'의 철학에 부합한다고 본다. 그러므로 군주가 법을 통해 강제력을 동원하는 자의적 독재 또는 과단果斷의 포기를 종용하기에 이르렀으니, 여기서 『노자』학파에서 발생한 황로黃老

---

2) '至柔, 水也; 堅, 金也. 馳騁是攻擊貫穿之義也. 言水至柔, 能攻金石之堅, 喩無爲至弱, 能破有爲之累.', 『道德眞經注疏』卷四, #163, 顧歡(420-483)述, 中國哲學書電子化計劃, https://ctext.org 참조.
3) '天下莫柔於水, 而攻堅者莫之能先.', 『老子繹讀』78章, 任繼愈著, 상동, 171頁.
4) '希, 罕也.', 『帛書老子校注』, 高明撰, 上同, 38頁.
5) 『王弼集校釋』上冊, 樓宇烈校釋, 上同, 121頁.

학의 출발점을 찾을 수 있다. 이런 '함 없음[無爲]'의 최고 통치 철학, 또는 임금의 나라 경영철학이다. 그러나 이것을 받아들이는 군주나, 또는 최고 경영자는 많이 있지 않다.

이 장에서 말하는 내용에 대해 서한西漢의 하상공河上公은 다음과 같이 주석한다. "'지극히 부드러운 것'은 물이다. '지극히 굳건한 것'은 '쇠붙이와 돌[金石]'이다. 물은 굳은 데를 뚫고 들어가며 단단한 것[剛]에 파고들어갈 수 있으니, 통하지 못할 것이 없다."[6] 여기서 노자가 설파하는 통치란 신하와 백성들을 최대로 방임하고 그들을 자유롭게 살게 하는 것임을 알 수 있다. 노자의 통치 철학은 백성을 통제하고 지배하는 것이 아니라, 백성을 자유롭게 살도록 방임하기를 권한다. 그리고 현실 정치에 해당하는 유위有爲는 신하에게 맡기고, 임금은 '함 없음[無爲]'이어야 한다고 권면하고 있다. 임금은 정치를 직접 하지 않고, 신하와 만민을 자유롭게 살도록 방임하라는 극도의 이상주의 정치론이다. 이런 황로黃老학은 기원전 2세기 서한西漢의 출범 이후 특히 사마천司馬遷의 부친 사마담司馬談(전169-전110) 등에 의해 크게 고취되었고, 실제로 여태후呂太后[漢高祖劉邦, 沒 전195의 부인]의 실권에 의해 크게 반영되었었다.

---

6) '至柔者水也, 至堅者金石也. 水能貫堅入剛, 無所不通.', 『老子道德經河上公章句』, 「徧用」第四十三, 上同, 173頁.

7.
이름과 몸, 어느 것이 친한가(44)

이름[名]과 몸, 어느 것이 친한가? 몸과 재물, 어느 것이 귀중한가? 얻는 것과 잃는 것, 어느 것이 해로운가? (이름을) 너무 좋아하면 (낭비되는) 비용이 많게 되고, (재화를) 많이 감춰두면 반드시 없어지는 것도 많게 된다. 그러므로 충족함을 알아야 욕辱을 안 보고, 그칠 줄 알아야 위태롭지 않게 되니, 오래 (임금 자리를) 보전할 수 있다.

[名與身孰親? 身與貨孰多? 得與亡孰病? 甚愛必大費, 多藏必厚亡. 故知足不辱, 知止不殆, 可以長久.]

시동奚侗(1878-1939)은, 『설문해자說文解字』에 의거하여, "다多[많음]는 중重[무겁다]이다."라고 말한다. 몸[身]과 화貨[財貨] 중에 자기의 몸이 재물보다 중함을 『노자』에서 말하는 것이다. 왕필은, "'아주 아끼면[甚愛]' 재물[物]이 소통될 수 없고, '저축을 많이 하면[多藏]' 재물을 분산시킬 수 없다. 찾는 이가 많고 공취攻取를 하려는 이가 많게 되면 재물 때문에 병이 들게 되니, 따라서 (과도하게 추구하면 정신이) '크게 소모되고[大費]' (과도하게 저축하면 이익이) '크게 상실된다[厚亡]'라고[1] 말한다. 하상

---

1) '甚愛, 不與物通; 多藏, 不與物散. 求之者多, 攻之者衆, 爲物所病, 故大費, 厚亡也.',

공河上公注에서는, "여색을 너무 좋아하면 정신이 소모되고, 재물을 너무 아끼면 화환禍患을 만난다. 아끼는 것은 적은데 허비되는 것이 많기에, 따라서 '크게 소비[大費]한다.'라고2) 말한 것이다. 이에 대하여, 고환顧歡(420-483)에 의하면, "매우 명예를 사랑하는 사람은 반드시 몸을 수고롭게 하고, 마음을 두렵게 하며, 정신을 허비하고, 지혜를 손상되게 한다. … 창고에 재화를 많이 저축한 자는 반드시 강탈당할 우환이 있게 되니, 재물을 잃을 뿐만 아니라, 또한 자기 몸에 해를 입게 된다. 그는 패망하게 되고, 화禍 또한 심히 두터울 것이다."3) 이들의 설명이 이장의 뜻에 딱 부합한다.

여기서는 통치자에게 실제 도움이 되는 것이 무언인지를 말하고 있다. 통치자 개인의 몸[身]이 첫째로 중요한 것이며, 그가 끝없이 추구하고자 하는 공명功名[업적과 명예]이나, 이름[名]은 중요하지 않다. 통치자가 추구할 것이 재물만이 되어서는 더더욱 안 되며, 과도한 재물의 추구보다 그의 생명 유지가 더욱 중요한 것이다. 최고 통치자인 임금의 입장에는 '잃고 얻음[得亡]'에서 무엇이 진정 더 해로운 것인지를 절실하게 생각해 볼 필요가 있다는 것이다. 임금이 업적과 명예를 중시하면, 이를 얻기 위해 지출해야 할 경비가 많아진다. 임금이 재산을 많이 축적하면 반드시 그가 잃어야 할 게 많아진다. 임금이 지나치게 재산을 많게 추구하면 백성이 짊어져야 할 세금 부담이 과중해지고, 이 때문에 백성이 더 이상

『王弼集校釋』上冊,「老子道德經注」下篇, 樓宇烈校釋, 上同, 122頁.

2) '甚愛色, 費精神; 甚愛財, 遇禍患. 所愛者少, 所費者多, 故言大費.',『老子道德經河上公章句』,「立戒」第四十四, 上同, 175頁.

3) '甚愛名譽之人, 必老形, 怵心, 損智. … 多藏賄貨於府庫者, 必有劫盜之患, 非但喪失財物, 亦乃害及其身. 其爲敗亡, 禍必深厚.',『道德眞經注疏』卷四, #181, 183, 顧歡(420-483)述, 中國哲學書電子化計劃, https://ctext.org 참조.

먹고 살기 어려운 상황에 이른다면, 백성은 임금에게 반기를 들 것이다. 과도한 사치와 축재를 일삼다가 망한 임금들이 한두 명이 아님을 역사는 우리에게 말해주고 있다.

그러므로 임금은 얼마만큼 만족하고 그쳐야 할지 잘 파악해야만 욕을 보지 않을 수 있고, 자기의 이상과 정책을 펼치는 속도를 조절할 줄도 알아야 위태로움을 면할 수 있다. 이렇게 해야만 임금은 높은 자리에서 오래도록 지위와 생명을 보전할 수 있다고 노자는 말한다. 이에 하상공河上公은 "사람이 그침[止]을 알고 만족[足]을 안다면 자기에게 복록福祿이 있는 것이니, 몸을 다스릴 줄 아는 자는 정신이 피로하지 않게 되고, 나라를 잘 다스리는 자는 백성들이 소요를 일으키지 않기에, 따라서 (자기 자리)가 장구할 수 있다."라고[4] 말하는 것이다. 이 장에서는 『노자』의 임금 자신의 생명과 안전을 제1로 보는 개인주의 사상이 돋보인다.

---

4) '人能知止知足, 則福祿在己, 治身者神不勞, 治國者民不擾, 故可長久.', 『老子道德經河上公章句』, 「立戒」第四十四, 王卡點校, 上同, 1997, 176頁.

8.
크게 이루어진 것은 빠진 듯하다(45)

큰 그릇은 부족한 것 같으나 그 쓰임은 다함이 없다. 큰 찼음은 빠진 것 같지만 그 쓰임은 끝이 없다. 큰 곧음은 굽은 것 같고 큰 기교는 부족한 것 같고, 큰 꽉 참은 모자란 것 같고 큰 웅변은 말 잘 못하는 것과 같다. '운동[躁]'으로 추움을 이겨내고, '고요한 마음[靜]'으로 '더위[熱]'를 이겨낼 수 있다. 청정해야 천하의 우두머리[正]가 될 수 있다.

[大成若缺, 其用不敝. 大盈若盅, 其用不窮. 大直若詘, 大巧若拙, 大贏如絀, 大辯如肭. 躁勝寒, 靜勝熱.1) 淸靜可以爲天下正.]

마쉬룬馬敍倫(1884-1970)에 의하면 성성은 성성(왕성함)자字가 생략된

---

1) '대영여출大贏如絀[큰 가득 참은 모자란 듯함]'은 『老子』通行本에서 '大辯若訥[큰 말 잘함은 어눌한 것 같음]'이다. 그러나 帛書乙本 및 楚簡木에는 보통 중간의 글이 모두 네 字이니, 왕페이王扉는, '大贏如絀'과 '大辯若訥'이 원래 원본의 자구字句라고 본다. '躁勝寒[조급하기에 추움을 이김]'과 '靜勝熱[고요하기에 뜨거움을 이김]'인데, 조躁와 정靜은 사람의 외계에 대한 반응이고 寒과 熱은 외계의 객관적 사실이다. 東漢시대 許愼의 『說文解字』에 의하면, '勝은 任이다.' 따라서 '받음', 극복의 뜻이 될 수 있다고 王扉는 말한다. 주관적 능동성을 발휘하여 객관적 환경, 즉 운동을 통해서 '추움[寒]'을 극복하고, '고요한 마음[靜]'을 통해 '더움[熱]'을 극복함을 말한다고 설명한다. 『破玄: 老子的密碼』(德經卷), 王扉著, 上同], 81頁.

것이다. (허신許愼의)『설문해자說文解字』에서, "성盛은 기장[黍稷]을 그릇 가운데 두고 제사를 지냄이다"라고2) 했고,『예기禮記』,「상대기喪大記」편에서 "그릇[盛]으로 죽을 먹음"이라고3) 한 것이 이와 같다. 이 장에서 성盛은 결缺[결핍]과 상대가 되고,『설문해자』에서 "결缺은 '그릇이 깨진 것[器破]'이다."라고4) 말한 것이다. 그러므로 대성大成은 대성大盛으로 보아 '큰 그릇'이라고 풀이할 수 있다. 왕필본에는 「大辯若訥」로 되어 있는데, 백서帛書의 눌肭은 눌訥과 음音이 통하여 가차假借한 것이다.5)

이 장 또한 통치자에게 훈계하는 말이니, 임금이 고요함을 지키며 자중하기를 권한다. 권력을 사용하는 데 있어 도리를 지킨다면 그 권력은 오래 지속될 수 있음을 말한다. 임금이 겉보기에 좀 '결여가 된 것 같고[如缺]', '속이 빈 것 같고[若盅]', '굽은 것 같고[若詘]', '부족한 것 같고[若絀]', '말 못 하는 것 같음[若肭, 즉 若訥]'은 임금이 속에 품은 뜻이 그만큼 큼을 형용한 것이다. 임금은 자기 재주를 숨기고 자중할 것을 말한 것이다.

하상공河上公은 임금이 "'맑을 수[淸]' 있고 '고요할 수[靜]' 있으면 천하의 우두머리[長]가 되며, 몸을 '바르게[正]' 가지면, 언제나 '그칠 때[已時]'가 없다."라고 말했으니,6) 그릇[器]은 성盛을 뜻한다고 추론할 수 있다.

당唐나라 말기 두광정杜光庭(850-933)은『도덕진경광성의道德眞經廣聖義』에서 이렇게 말하고 있다. "(임금이) 자기가 가진 것을 뽐내지 않기

---

2) 『說文解字』曰:「盛, 黍稷在器中以祀者也.」,『帛書老子校釋』45章, 高明撰, 北京: 中華書局, 2002, 42頁.
3) '食粥於盛, 不盥.',『禮記今註今譯』,「喪大記」, 王夢鷗註譯, 臺北: 臺灣商務印書館, 下冊, 1974, 581頁.
4) 『說文解字』:「缺, 器破也.」,『帛書老子校釋』45章, 高明撰, 上同 참조.
5) 『帛書老子校注』, 高明撰, 上同, 44頁.
6) '能清能靜則爲天下之長, 持身正則無終已時也.',『老子道德經河上公章句』,「洪德」第四十五, 王卡點校, 北京: 中華書局, 1997, 179頁.

때문에 가득 찼으나 텅 빈 것 같고, 자기가 찬 것에 의지하지 않기 때문에 (그것을) 쓰더라도 모자람이 없다. 임금[主]은 남는 덕德이 있고 백성[民]은 남는 재물이 있으니, 천지사방[六虛]을 두루 돌아다니고, '극히 먼 사방의 나라[四極]'에 방일放逸 하게 광달曠達 하더라도, 나라를 다스리면 백성은 부유함을 얻고, (임금이) 몸을 다스리면 덕이 스스로 충만하니, 그 쓰임이 끝이 없는데, 어찌 다 없어질 수가 있을 수 있겠는가?"7)

 이 장에서는 임금이 겸손하여 자기 큼을 뽐내지 않고, 자기의 가득함을 자랑하지 않아야, 나라의 살림에 항상 씀[用]이 보장되고 결핍되지 않음을 가르치고 있다. 그러나 현실의 보통 통치자 가운데, 누가 이런 노자의 고상한 통치 철학의 말을 들을 것인가? 뽐내지 말고 겸손한 군주란 세상에서 만나기가 참으로 힘든 것이다. 따라서 보통의 임금에게는 노자의 통치 철학은 그저 이상적으로만 보일 뿐이다.

---

7) '不矜其有, 故盈而若虛. 不恃其盈, 故用而无乏. 主有餘德, 民有餘財, 周流六虛, 放曠四極. 爲國則民資富, 理身則德自充. 其用无涯, 何窮匱之有也?', 『道德眞經廣聖義』卷三十四, 唐 杜光庭撰, 中國哲學書電子化計劃, https://ctext.org 참조.

9.
천하에 도道가 없다면 싸움터의 말이 교외에서 새끼를 낳는다(46)

천하에 도道가 있으면 달리는 말이 도리어 분뇨[糞]를 치우게 되고, 천하에 도道가 없으면 싸움터의 말이 교외에서 새끼를 낳는다. (임금의) 죄는 (과분하게) 욕심내는 것보다 큰 것이 없고, 불행[禍]은 (임금이) 만족을 모르는 것보다 큰 것이 없고, 재앙[咎]은 (임금이 과분하게) 얻으려는 것보다 큰 것이 없다. 그러므로 (임금이) 만족함에 충족을 안다면, (나라는) 언제나 풍족할 것이다.

[天下有道, 却走馬以糞. 天下无道, 戎馬生於郊. 罪莫大於可欲, 禍莫大於不知足, 咎莫大於欲得. 故知足之足, 恒足矣.]

이 장에서는 임금이 자기 욕심을 적절히 다스려 적당함을 아는 데서 자기 욕심을 멈추면 전쟁과 같은 대재앙이 일어나지 않을 것임을 가르친다. 전쟁이 일어나지 않는 세상이라면 잘 달리는 말이 농사에 비료가 되는 분뇨를 치우는 일을 하겠지만, 천하에 도리가 없어져 전쟁에 휩싸인다면, 전쟁에 쓰이는 전마戰馬가 전쟁이 벌어지는 들판에서 새끼를 낳는 기괴한 일까지 생긴다고까지 말한다.

전쟁이 발생하는 원인은 임금의 과도한 욕심에서 말미암는 것이니, 임금이 자기 욕심을 방종하게 추구하는 것보다 더 큰 죄는 없는 것이다. 『노자』에서는 사회적 불행[禍]과 재앙[咎]은 모두 통치자인 임금이 만족을 모르고 자꾸만 과도한 이익을 추구하기 때문이며, 임금이 스스로 만족할 수 있는 적절한 한도를 알아야만 임금도 백성도 항상 오래도록 부족함 없이 살아갈 수 있다고 설파한다.

진晉대 갈홍葛洪(283-343)은 "세상이 다스려지면 도道가 있는 것이라 말하고, 나라가 위태롭고 임금이 어지러우면 '도가 없음[無道]'이라 말한다."라고[1] 하였다. 한비韓非에 의하면, "지금 도道가 있는 임금은 밖으로 갑병甲兵을 쓰는 일이 드물고, 안으로는 '과도한 사치[淫奢]'를 금지한다. 임금은 전투에서 패배한 이들을 쫓는데 말[馬]을 사용하지 않고, 사치한 물건을 유통하는데 말[馬]을 쓰지 않는다. 말이 힘쓸 곳은 논밭인데, 논밭에 힘을 들이는 일은 오로지 거름주기와 물주기이기 때문에 '도道가 사회에 있으면 달리는 말이 도리어 거름 나르는 일에 쓰인다.'라고 말한 것이다."[2] 또 한비韓非는 "말은 군대에서 크게 쓰이는데, 교외[郊]는 가까움을 말한다. 지금 가까운 신하들에게 제공해야 할 군용 장비는 말[馬]이기 때문에, (『노자』46장에서) 「천하에 도道가 없으면 전마戰馬가 새끼를 (가까운) 교외에서 낳는다(天下無道, 戎馬生於郊矣)」라고 말한다."라고[3] 말한다.

또한 한비는 "욕심나는 물류는 위로는 나약한 임금에게 침투하고 아래

---

1) '又於治世隆平, 則謂之有道; 危國亂主, 則謂之無道.', 『抱朴子內篇校釋』, 「明本」篇, 王明著, 北京: 中華書局, 1996, 184頁.

2) '今有道之君, 外希用甲兵, 而內禁淫奢. 上不事馬於戰鬪逐北, 而民不以馬遠通淫物, 所積力唯田疇, 積力於田疇必且糞灌, 故曰:「天下有道, 却走馬以糞.」', 『韓非子新校注』, 「解老」篇, 韓非著, 陳奇猷校注, 上冊, 上同, 405頁.

3) '馬者, 軍之大用也; 郊者, 言其近也. 今所以給軍之具於將馬近臣, 故曰:「天下無道, 戎馬生於郊矣.」', 『韓非子新校注』, 「解老」篇, 韓非著, 陳奇猷校注, 上冊, 上同, 406頁.

로 인민을 해친다. 무릇 위로 나약한 임금에게 침투하고 아래로 인민을 해치는 것은 큰 죄이다. 따라서「불행[禍]은 욕심나게 하는 것보다 큰 것은 없다. … 지금 만족을 모르는 근심은 종신토록 풀리지 않으니, 따라서 (『노자』46장에서)「불행은 만족을 모르는 것보다 큰 것은 없다(禍莫大於可欲)」라고 말한 것이다."4)

왕필王弼은 "천하에 도道가 있으면 만족함을 알고 그칠[止] 줄 알기에 밖의 것을 찾는 일이 없으니, 각자 그 안을 닦을 뿐이다."라고5) 말한다.

당唐나라 왕진王眞(9세기)은, "그러므로 임금이 욕심내는 마음을 제멋대로 좇으면 천하 사람들 모두가 죄를 지을 것이다! (感官의) 탐욕이 지나쳐 만족할 만한 몫을 모르면 천하 사람은 모두 화를 받게 될 것이다! 또한 임금이 욕심나는 것을 남김없이 얻게 되면, 천하 사람은 모두 '재앙과 허물[殃咎]'에 걸려들 것이다! 반드시 임금 된 이가 만족이 족함을 알게 된다면, 천하 사람들 모두 어찌 항상 만족하지 않겠는가!"라고6) 말했다.

당唐나라 두광정杜光庭은 말한다. "탐욕과 만족은 모두 마음에서 나온다. 마음이 충족하면 재물은 항상 남아돌고, 마음이 욕심내면 재물은 부족하다. 욕심부리는 자는 비록 사해四海나 만승萬乘(땅)의 넓이(를 가졌어도) 오히려 더 구하려고 하나, 만족하는 이들은 대그릇[簞] 하나나 작은

---

4) '然則可欲之類, 上侵弱君而下傷人民. 夫上侵弱君而下傷人民者, 大罪也. 故曰:「禍莫大於可欲.」… 今不知足者之憂, 終身不解, 故曰:「禍莫大於不知足.」',『韓非子新校注』,「解老」篇, 韓非著, 陳奇猷校注, 上冊, 上同, 407頁.

5) '天下有道, 知足知止, 無求於外, 各修其内而已.',『王弼集校釋』上冊,「老子道德經注」四十六章, 上同, 125頁.

6) '是以人君恣可欲之心 , 則天下之人皆得罪矣! 嗜欲至而不知止足之分 , 則天下之人皆受禍矣! 又人君所欲盡得 , 則天下之人悉罹于殃咎矣! 必也上之人能知足之为足 , 則天下之人孰不常足矣!',『道德經兵要義述』,「天下有道章」卷之三 #1, 唐 王真撰, 中國哲學書電子化計劃, https://ctext.org 참조.

집의 재화라도 그 즐거움을 잊지 않는다. 분수에 만족하여 만족을 아는 것은 오직 마음에 있으니, 마땅히 (이를) 권면해야 할 것이다!"7)

　이와 같이 최고 통치자인 임금에게 중요한 것은 자기 욕심의 한계를 아는 일이다. 그것을 안다면, 위의 임금도 아래의 백성도, 항상 만족한 생활을 유지할 수 있다고 노자는 말하는 것이다.

---

7) '貪之與足, 皆出於心, 心足則物常有餘, 心貪則物常不足. 貪者雖四海萬乘之廣, 尚欲旁求; 足者雖一簞, 環堵之資, 不忘其樂. 適分知足, 惟在於心, 所宜勖也.'『道德眞經廣聖義』,「天下有道章第四十六」, 唐 杜光庭撰, 中國哲學書電子化計劃, https://ctext.org 참조.

10.
문을 나서지 않고도 천하를 안다(47)

문을 나서지 않고도 천하를 알고, 창으로 보지 않고도 천도天道를 안다. 멀리 나가면 나갈수록 그 앎은 더욱더 적어진다. 이 때문에 성인은 다니지 않고도 알며, 보지 않고도 '밝히 알고[明]', 함이 없이도 이루는 것이다.

[不出於戶, 以知天下. 不窺於牖, 以知天道. 其出彌遠, 其知彌少. 是以聖人不行而知, 不見而明, 弗爲而成.]

하상공河上公은 "성인이 문을 나서지 않고도 천하를 아는 것은 자기 몸으로써 남의 몸을 알고 자기 집으로써 남의 집을 알기에, 천하를 본다는 것이다."1) 이에 대해 성현영成玄英(608-669)소疏에서, "문(戶)은, 지각知覺이 분별 등의 문호門戶를 끌어들여서 올라감을 말한다. 도道가 있는 이는 허심하게 품으니, 안이 고요하여 세상 실정[世境]으로 달려가지 않고도, 천하의 일을 모두 알게 되니, 이것이 참[眞]으로 세속을 비추어보는 것이다."라고2) 말한다. "천도天道와 인도人道는 같으니, 하늘과 사람은

---

1) '聖人不出戶而知天下者, 以己身知人身, 以己家知人家, 所以見天下也.', 『老子道德經河上公章句』, 「鑒遠」第四十七, 王卡點校, 上同, 183, 184頁.
2) '戶者, 謂知覺攀緣分別等門戶也. 有道之人虛懷內靜, 不馳於世境, 而天下之事悉知,

서로 통하며 정기精氣가 서로 관통한다. 임금이 청정淸靜 하면 천기天氣는 '스스로 바르게[自正]' 되며, 임금이 욕심이 많으면 천기는 번잡하고 탁해진다. 길흉吉凶이나, '이롭고 해로움[利害]'은 모두 자기에게서 말미암는다."라고[3] 말한다. 하상공河上公은 또 "자기 집을 떠나서 남의 집을 관찰하고, 자기 몸을 버리고 남의 몸을 본다면, 관찰한 것은 더욱 멀어지고 보이는 것은 더욱 적어진다."라고[4] 말한다.

『여씨춘추呂氏春秋』에서 "가장 좋은 것은 자기에게 돌이켜보는 것이고, 그다음이 남에게서 찾아보는 것이다. 자기가 찾는 것이 멀면 멀수록 그 추론은 더욱더 소원해지며, 자기가 찾는 것이 점점 강해지면, 그것을 놓침이 더욱더 멀어진다."라고[5] 말한다. 또한 왕필王弼은 "무無는 '하나[一]'에 있는데, (사람들은) '많은데[衆]'서 그것을 찾고자 한다. 도道는 보려 해도 볼 수 없고, 들으려 해도 들을 수 없고, 잡으려 해도 잡을 수 없다. 도를 알려고 반드시 나갈 필요가 없고, (도道가 무엇인지) 모른다면 나가서 멀리 가면 갈수록, 더욱더 혼미하게 된다."라고[6] 말하였다.

그렇기에 하상공河上公은 "성인은 하늘에 오르지 않고 못에 들어가지 않아도, 천하를 알 수 있는 것은 마음으로써 그것들을 알기"에,[7] '성인이

此以眞照俗也.', 『道德眞經註疏』卷五, 顧歡述, 上同, 中國哲學書電子化計劃, https://ctext.org 참조.

3) '天道與人道同, 天人相通, 精氣相貫. 人君淸靜, 天氣自正; 人君多欲, 天氣煩濁. 吉凶利害, 皆由於己.', 『老子道德經河上公章句』, 「鑒遠」第四十七, 上同, 184頁.

4) '謂去己家觀人家, 去己身觀人身, 所觀益遠, 所見益少也.', 『老子道德經河上公章句』, 「鑒遠」第四十七, 王卡點校, 上同, 184頁.

5) '太上反諸己, 其次求諸人. 其索之彌遠者, 其推之彌疏; 其求之彌彊者, 失之彌遠.' 『呂氏春秋』, 「論人」篇, 『呂書老子校注』47章, 高明撰, 上同, 52頁.

6) '無在於一, 而求之於衆也. 道視之不可見, 聽之不可聞, 搏之不可得. 若其不知, 不須出戶; 若其不知, 出悠遠愈迷也.', 『王弼集校釋』上冊, 「老子道德經注」47章, 樓宇烈校釋, 北京: 中華書局, 1987, 126頁.

돌아다니지 않아도 (천하를) 안다[是以聖人不行而知]'는 이유를 설명하고 있다. 따라서 성인은 밖에 나가서 직접 보지 않아도 사태를 분명하게 파악할 수 있고, 자기가 손수 하지 않아도 백성들이 기꺼이 일해주기에 일이 무리 없이 진행된다고 『노자』에서는 말한다.

이에 대해 노자 사상을 이어받은 문자文子(전5세기, 전국戰國시대)는 "무릇 임금이 문을 나서지 않고도 천하를 알 수 있는 것은 사물[物]로 인하여 사물을 인식하고, 사람으로 인하여 사람을 알기 때문이다. 따라서 '쌓인 힘[積力]'으로 일으키니, 곧 이기지 못할 것이 없고, '여러 지혜[衆智]'가 하는 것이니 곧 이루지 못할 것이 없다."라고[8] 말한다.

또한 하상공河上公은 "성인이 집 문을 나서지 않고도 천하天下를 아는 것은, '자기 몸[己身]'으로서 남을 알며, '자기 집[己家]'으로써 남의 집을 알게 되니, 천하를 볼 수 있는 것이다."라고[9] 말한다.

당나라 왕진王眞은 "무릇 임금은 하늘을 본받고 땅을 본받아서, 삼가 자신을 바르게 다스려서 남면南面할 뿐이다. 위로 무위無爲하며 옷을 늘어뜨리고 순응할 뿐이다. 아래에서 '하지 못할 일이 없으니[無不爲]', (관리들) 각자가 맡은 일이 자연스러우며, 모든 일이 오직 바르게 된다. 만인·만사가 모두 그러하게 되니, 무엇 때문에 시행한 뒤에 알게 되며, 나타난 후에 이름이 있게 되며, 행위를 한 후에 이루어지는 것이겠는가?'라고[10] 말하는 것이다.

---

7) '聖人不上天, 不入淵, 能知天下者, 以心知之也.', 『老子道德經河上公章句』, 「鑒遠」第四十七, 上同, 184頁.

8) '夫人君不出戶, 以知天下者, 因物以識物, 因人以知人, 故積力之所擧, 即無不勝也, 衆智之所爲, 即無不成也.', 『文子校釋』, 「下德」篇, 文子撰, 李定生, 徐慧君校釋, 上海: 上海古籍出版社, 2004, 371頁.

9) '聖人不出戶以知天下者, 以己身知人身, 以己家知人家, 所以見天下也.', 『老子道德經河上公章句』, 「鑒遠」第四十七, 上同, 183頁 참조.

이처럼 통치자의 지식 추구를 부정하고, 통치자의 주체적 결단보다는 자기 지위에 안주하며 현자들에게 맡겨서 그들을 시키려는 정치사상, 즉 군주의 '유위有爲'보다 '무위無爲'를 강조하려는 황로黃老학적 발상에서 나왔다고 볼 수 있다. 이런 황로학의 주장은 이상적이고 효율적이겠으나, 보통의 통치자는 이런 고도의 통치술을 이해하지 못했을 것이기에, 이런 이상적 주장을 내버렸을 것이다.

---

10) '夫人君, 則天效地, 恭己正南面. 无爲于上, 垂拱而已; 无不爲于下, 各有司存自然, 惟貞, 万物咸若, 何必行而后知, 見而后名, 爲而后成也.',『道德經論兵要義述』,「不出戶知天下章」第四十七, 唐 王眞撰, 中國哲學書電子化計劃, https://ctext.org, 卷之三, #1 참조.

11.
배우는 자는 매일 보탠다(48)

　(임금이) 배우려 하면 매일 (자신에게) 보태는 것이고, 도道를 시행하려면 매일 (자기 사심私心을) 버려야 한다. 그것을 버리고 또한 버려서, (임금이 멋대로) 하는 일이 없어서 '함이 없음[無爲]'에 이르게 되면, '해야 할 이유가 없게 된다[無以爲].' 천하를 취하려면, (임금은) 항시 (전투하고, 벌이는) '일들이 없어야[無事]' 한다. 일들이 있게 되기에 미치면, 천하를 취하기에 부족할 것이다.

[爲學者日益, 爲道者日損. 損之又損, 以至於无爲, 无爲而无以爲. 取天下, 恒無事, 及其有事也, 不足以取天下.]

　하상공河上公주注에 "배움[學]이란 정교政敎, 예악禮樂의 배움을 말하고, '매일 보탬[日益]'은 욕망[情欲]의 꾸밈이 날로 많아지는 것이다. 도道는 자연의 도道를 말한다. '날로 버림[日損]'은 욕망의 꾸밈을 '점차 감소[消損]'시킴이다."라고[1] 말한다. 배운다는 것은 학문을 연찬하여 세월이 가면 쌓이니, 지식이 매일 넓고 크게 퍼지는 것이다. 이것은 신하가 할 일을 말한 것이다. 『노자』의 정치철학에 의하면 임금이란 모름지기 세상 이치

---

1) '學謂政敎, 禮樂之學也; 日損者, 情欲文飾日以益多. 道謂自然之道; 日損者, 情欲文飾日以消損.', 『老子道德經河上公章句』, 「忘知」第四十八, 上同, 186頁.

를 꿰뚫을 수 있는 도道를 터득해야 하며, 그의 '도를 이해함[聞道]'은 오직 자기 수양에 의지해야 한다. 그러므로 임금은 늘 '마음을 비우고 고요해야 하고[虛靜]', 결국 '함 없음[無爲]'에 이르러서야 마침내 욕망이 줄어들어 순박純樸한 상태로 되돌아가게 된다. 특히 이 장에서는 '배우기[爲學]'와 '도道의 실천[爲道]', 이 두 가지를 말하고 있다. 그러나 위의 장과 아래의 장을 합쳐보면 이 장은 또한 통치자를 특히 훈계하는 말이다. 천하의 일이란 임금이 멋대로 벌일 게 아니다. 『관자管子』에서는 "(멋대로) '함 없음[無爲]'으로 제帝가 되고, '하되 행하는 이유가 없음[爲而無以爲]'으로 왕王이 되며, '일을 벌였으나 (그것으로 자신을) 귀貴하게 하지 않음[爲而不貴]'으로 패자[覇]가 된다."라고2) 말한다.

그리고 『회남자淮南子』에서는 "이렇기에 성인은 안으로 근본[本]을 닦으며 밖으로 말단[末]을 꾸미지 않고, 자기 정신을 지키며, 자기 재주를 뽐내는 지식을 없애고, '막막하게 하는 일이 없으니[漠然無爲] 하지 않음이 없게 되고[無不爲]', '담담하게 다스림이 없게[澹然无治]' 하니 '다스려지지 않는 것이 없다[无不治].' (임금의) 이른바 '함 없음[無爲]'은 '만물(만인)보다 앞서서 하지 않음[不先物爲]'이고, 임금의 이른바 '다스림 없음[無治]'은 '만물(만인)이 하는 바에 따름[因物之所爲]'일 뿐이다. (임금의) 이른바 '다스림 없음[無治]'은 '스스로 그러함[自然]'을 바꾸지 않음이고, 이른바 '다스려지지 않음이 없음[無不治]'은 '만물(만인)의 서로 적절함[物之相然]에 따름이다"라고3) 말한다. 성인은 묵묵히 자연에 순응하며, 일부러 어떤

---

2) '無爲者帝, 爲而無以爲者王, 爲而不貴者覇.', 『管子校注』, 「乘馬」第五, 黎翔鳳撰, 上冊, 北京: 中華書局, 2013, 84頁.

3) '是故聖人內修其本而不外飾其末, 保其精神, 偎其智故, 漠然無爲而無不爲也, 澹然无治也而无不治也. 所謂无治者, 不易自然也; 所謂无不治者, 因物之相然也.', 『淮南子全譯』, 「原道訓」, 劉安 等原著, 許匡一譯注, 貴陽: 貴州人民出版社, 1995, 上冊, 21頁.

의도를 가지고 작위적으로 하는 일이 없으니 당연히 인위적 조작이 없고, 일은 자연히 순조로워서 풀리지 않는 일이 없고, 만인들보다 앞서서 그들을 끌고 나가지 않기에, 다스려지지 않음이 없다고 보는 것이다. 또한 일 처리는 만물(만인)의 자연 본성을 따르기에 처리되지 못할 것이 없음을 말한다.

『노자』 57장에서는 임금이 "'바름[正]'으로써 나라를 다스리고, 기묘한 방식으로 용병用兵을 하기에, '일을 벌이지 않고도[無事]' 천하를 취한다."라고4) 말한다. 임금이 자의적 의도를 갖고 통치하거나 전쟁을 벌이지 않는 '함 없음[無爲]', 또는 '일을 벌이지 않음[無事]'이어야 천하를 취할 수 있고, 반대로 인위적 목적을 가지고 사사로운 욕심으로 이익을 추구하려 하면 나라를 잃게 된다고 말하는 것이다. 하상공河上公은 임금이 "일을 벌이기 좋아하면 정교政敎가 번거로워져서 백성들이 편안하지 못하게 되기 때문에, 천하를 다스릴 수 없게 된다."라고5) 『노자』를 해석한다. 이런 주장들이 이른바 황로黃老학이다. 군주의 '함 없음[無爲]'의 정치이론은 『관자管子』, 「심술心術」상上편 등에도 자세하게 나타나 있다.

"황로黃老는 유가儒家에서 주장하는 성인(즉 요堯와 순舜)보다 앞서서 존재했다고 하는 황제黃帝, 그리고 공자보다 앞서 그의 스승이었다고 주장되는 노자老子의 첫머리 글자를 따와서 조합된 단어이다. 일반적으로 중국 고대사회에서 시대적으로 후대의 문헌에 등장하는 인물들은 그보다 앞선 시기의 기록들에 나타난 인물들보다 연원에 있어서 더 고대로 설정되고, 그 인물의 됨됨이 또한 더 탁월하게 기술되고 있다. 먼저 나온 유가儒家의 이상 정치의 실현자인 요순의 이상적 통치보다 더 탁월한 '황

---

4) '以正治國, 以奇用兵, 以無事取天下.', 『老子繹讀』五十七章, 任繼愈著, 上同, 124頁.
5) '及其好有事, 則政敎煩, 民不安, 故不足以治天下也.', 『老子道德經河上公章句』, 「忘知」第四十八, 上同, 187頁.

로학', 즉 황제黃帝와 노자老子의 통치학의 요점은 이와 같이 유가 정치의 대안으로 제시된 것이다. 유가의 정치 이상에 의하면 출중한 인물이 군주가 되어서 무지한 백성을 이끌어 가야 하는 '君本'(군주 본위) 또는 '君의 有爲'(군주의 모범적 통치행위)를 통하여 어리석은 신하와 백성을 계도하고 이끌어 가야만 한다. 그러나 황로학에 의하면 유가儒家의 정치원리대로 통치하면 언제나 가장 수고로운 자는 군주요, 그를 따라가기만 하는 백성이 오히려 편하다는 것이다. 사실 기원전 4세기 전후, 전국戰國시대 중엽에 이르면 군주가 실제로 통치하는 나라와 백성의 규모는 점차 증가하는 반면에, 현실적 군주의 능력이 언제나 가장 뛰어날 수는 없다. 이와 같이, 새로운 사회적 국면을 맞이하자 전통적인 유가의 통치 방식을 대체하려는 일부의 신진 지식인들은 당대의 효과적인 정치는 ― 지식·능력 면에서 주로 군주의 개인적 능력의 탁월성과 그의 모범적 영도력에만 의지하는 전통적인 통치 방식보다는 ― 합리적인 통치제도(또는 체제)의 확립에서 더 좋은 국가통치가 실현될 수 있다고 보는 제도 중심 정치론을 주장하였다. 이런 정치적 이상을 표명하는 대표적 사상이 황로黃老학이다. 따라서 황로학에서는, 보통의 군주가 자기의 주관적 의지나 욕망에 따라서 '유위有爲'의 정치를 하는 것이 부정된다. 황로학에서는 법률과 제도를 규정하여 신하와 백성들 모두에게 그들의 능력에 맞는 소임을 각자에게 맡기고, 그들 각자가 서로 다른 능력을 발휘하게 할 뿐이다. 군주는 다만 신하들 각각의 행위와 결과(즉 功)가 국익에 맞으면 상賞을 내리고 해를 입히면 형벌을 줄 뿐이다. 군주가 자기 본위로 사적이고 자의적인 통치행위(또는 군주의 개인적인 간섭)를 하지 못하도록 철저히 차단하려는 '군주의 불간섭'주의, 또는 '군君의 무위無爲'(즉 군주의 자의적인 간섭의 배제)를 통하여 정치적 효과를 최대로 높이려는 것이 황로학의 핵심 사상이다."[6)

전국戰國 시대 여러 제후가 적을 쳐부수고 자기 세력을 확장하기를 추구하는 반면에, 황로학파에서는 임금의 주체적 결단과 통치 권력의 효율적 집중 대신, 군권君權을 약화함으로써 오히려 통치 질서에 안정이 확보될 수 있다고 본 것이다. 무엇보다 황로학파는 군주의 '함 없음[無爲]'을 만물의 형이상학적 근거인 도道에 대비하여, '함 없음[無爲]'을 주도하는 '도'와 마찬가지로 군주 또한 '함 없음[無爲]'이기를 요구한다. 다만 만물(만인) 즉 신하들에게는 '함이 있음[有爲]'을 강조하게 된다. 이런 황로黃老학의 정치철학은 바로 전국戰國시대(전471-전221)의 직하稷下학궁에서 발단하여 서한西漢(전206-후8) 초년기에 왕성하게 발전한 것으로 보인다. 『노자』,「덕경德經」11장[王弼의 『老子道德經注』48章)에서는 황로학의 발전이 뚜렷하게 나타나고 있다.

---

6) 『제자백가의 철학사상』(1), 송영배 지음, 서울: 비봉출판사, 2022, 235, 236쪽 注15 참조.

12.
성인聖人은 항상 무심無心해야 한다(49)

    성인은 항시 무심無心하고 백성의 마음을 마음으로 삼는다. 착한 이를 착하게 대하고, 착하지 않은 이[不善]도 착하게 대하니, (이래야 백성의) 착함[善]을 얻을 수 있다. 믿음직스러운 이를 믿고, 믿음직하지 않은 이 또한 믿어주니, (이래야 백성의) 믿음직함을 얻을 수 있다. 성인은 천하에 마음을 쏟지[灌注] 않으니, 천하를 위해 자기 마음을 흘러가게 한다. 백성은 모두 그의 이목耳目에 주목하나, 성인은 이들을 어린아이처럼 대한다.

[聖人恒无心, 以百姓之心爲心. 善者善之, 不善者亦善之, 德善也. 信者信之, 不信者亦信之, 德信也. 聖人在天下歙歙焉,[1] 爲天下渾心.[2] 百姓皆注其耳目焉, 聖人皆孩之.]

    도道를 아는 임금이라면 자기 마음이란 아예 없으며, 그저 백성의 마음

---

1) 마쉬룬馬敍倫(1885-1970)에 의하면, 흡歙은 合의 가차이니, 「성인이 천하를 다스림에 분별하지 않음을 말한다(謂聖人之治天下, 無所分別.)」. 樓宇烈은, 王弼注:「歙歙焉, 心無所主也.」를 보니, 馬敍倫의 주장이 옳다고 보았다. 『王弼集校釋』上冊, 樓宇烈校釋, 上同, 133頁, 注20.
2) 혼渾은, 여기서 혼돈渾沌, 혼탁 混濁의 뜻이다. 『王弼集校釋』上冊, 樓宇烈校釋, 上同, 注22.

을 자기 마음으로 삼는다. 백성들이 착한 사람이라 생각하면 착하게 대하고, 믿을 수 있는 사람이라고 보면 임금 또한 그렇게 믿는다. 착하지 않은 사람이라도 임금은 그를 착하게 보며, 믿을 수 없는 사람이라도 임금은 믿음으로 그를 대한다. 이것이 백성의 마음을 임금의 마음으로 삼은 것이다. 성인(통치자)은 세상[天下]을 무심無心하게 대하기에 '힘 쏟을 데가 없으니[歙歙焉]', "천하를 위해 자기 '마음을 혼탁한 듯[渾心]하게 보인다."라는 것이다. 백성들이 그들의 이목耳目을 임금에게 집중하고 주시하지만, 임금은 알쏭달쏭하여 흐릿하게 그들을 대할 뿐이다.

이에 왕필王弼은 "사람들로 하여금 그들의 지력智力을 자기[己, 임금 자신]에게 쓰지 못하도록 하니, 이렇게 되면 자기[임금]는 '하나[一]'로써 사람들을 맞서는 셈이기에, 천만千萬 사람도 맞설 수 있다. … 이러므로 성인[통치자]은 천하에 '힘 쏟을 데가 없으니[歙歙焉]' 마음을 쏟을 때가 없다. 천하를 위해 자기 '마음이 혼탁한 듯'[渾心] 보이니, (임금의) 뜻이 (백성에게) 후厚하거나, 박薄할 수가 없다. (백성이) 찾아낼 것이 없으니, (백성은) 어디로 피할 것이며, (백성에게) 구하는 바가 없으니, 백성이 무엇으로 대응하겠는가? (백성은) 피할 것도 없고 대응할 수도 없으니, 자기 실정을 (다 드러내지) 않을 수 없을 것이다. 사람은 할 수 없이 자기가 할 수 있는 것을 버리고, 자기가 할 수 없는 것을 행하게 되며, 자기의 장점을 버리고 자기의 단점을 행하게 된다. 이렇게 되면 (백성 중에) 말하는 자는 자기 아는 것을 말하고, 시행하는 자는 자기가 할 수 있는 것(만)을 시행하게 된다. 백성은 (임금에게) 이목耳目을 집중하겠지만, 내[임금는 이들을 모두 어린아이로만 볼 뿐이다."라고[3] 풀이하였다.

---

3) '未有能使人無用其智力於己者也. 如此則己以一敵人, 而人以千萬敵己也. … 是以聖人至於天下歙歙焉, 心無所主也. 爲天下渾心焉, 意無所適(通厚也)莫(通薄也)也(意爲心渾渾然而不分厚薄). 無所察焉, 百姓何避; 無所求焉, 百姓何應? 無避無應, 則莫不用

백성을 통치하는 성인은 아예 자기 생각을 감추고 백성의 마음을 자기 생각으로 하여, 그들에게 먼저 신임을 얻어야 한다. 그리고 천하에 마음을 쓰지 않는 듯이 담담하게 그들을 대한다면 백성은 임금의 의중을 알 수 없기에, 백성은 임금에게 어떻게 대할 줄 모르게 될 것이다. 그러나 임금은 그들의 실정을 파악한 다음 백성이 하고자 하는 대로가 아니라, 그들이 '그렇게 하지 않을 수 없는' 상황을 조성하여 '그렇게 하게'끔 내버려둔다. 이것이 백성 하나하나를 '어린아이처럼' 대하는 방책이다. 노자는 이런 방책이 마치 매우 쉬운 것처럼 말하지만, 사실은 이야말로 임금 된 자가 쓸 수 있는 단수 높은 정치 기술이라 하겠다.

其情矣. 人無爲, 舍其所能, 而爲其所不能; 舍其所長, 而爲其所短. 如此, 則言者言其所知, 行者行其所能. 百姓, 各皆注其耳目焉, 吾皆孩之而已.', 『王弼集校釋』上冊, 樓宇烈 校釋, 上同, 130頁.

13.
민생은 살려고 하나, 활동하면 모두 사지死地로 간다(50)

(누구나) 살러 나왔으나 죽음으로 향한다[시. '사는 이[生之徒]'가 열 중의 셋이며, '죽는 이[死之徒]'도 열 중의 셋이니, 민생들이 살려고 한다. (이들이) 활동하면 모두 '죽을 자리[死地]'로 가는 것이, 또한 열 중 셋이다. 무슨 이유 때문인가? (사람이) 살면서 살려 하기 때문이다. 듣기로는 섭생攝生을 잘하는 이는 땅위를 다니는데, 코뿔소나 호랑이를 피하지 않고, 군대에 들어가도 갑옷이나 무기를 들지 않는다, (그는) 코뿔소가 뿔을 들이댈 곳이 없고, 호랑이가 발톱을 들어댈 곳이 없으며, 무기의 칼날을 받을 곳이 없다. 무엇 때문인가? 그에게는 '죽을 곳[死地]'이 없기 때문이다.

[出生入死. 生之徒十有三, 死之徒十有三, 而民生生. 動皆之死地十有三. 夫何故也? 以其生生也. 蓋聞善攝生者, 陸行不避兕虎, 入軍不被甲兵. 兕无所投其角, 虎无所措其爪, 兵无所容其刃. 夫何故也? 以其无死地焉.]

이 장은 섭생攝生의 도리를 말하고 있다. 왕필은 이 장을 이렇게 풀고 있다. "열 중 셋은 10분分 중에, 3분이라는 말과 같다. 사는 도리를 취함은 삶을 온전히 하는 극치인데 (이를 취하는 자는) 열 중 셋뿐이다. 죽음의 도리를 취함은 죽음을 온전히 하는 극치인데 (이를 취하는 자) 또한 열 중 셋뿐이다. 민생은 삶을 후하게 하려 하나, 이것은 생명이 없는 데로 바뀐다. 섭생을 잘하는 이는 삶[生]을 삶으로 여기는 일이 없기에, 따라서 '죽을 자리[死地]'도 없다. 해로운 기물로는 무기[兵戈]보다 심한 것이 없고, 해로운 짐승으로는 코뿔소나 호랑이보다 심한 것이 없다. (섭생을 잘한 이에게는) 무기로도 그 날카로움을 받아들일 공간이 없도록 하고, 호랑이나 코뿔소도 그 발톱과 뿔이 쓸데가 없게 한다. (보통 사람은) 진실로 욕심 때문에 자기 몸만 번거롭게 할 뿐이나, (섭생을 잘한 이에게는) 어디에 '죽을 자리'가 있겠는가! 도롱뇽[蚖]이나 지렁이[蟺]는 연못[淵]도 낮다고 여겨서 그 가운데 (더 깊게) 자기 구멍을 파며, 독수리[鷹]나 매[鶚]는 산[山]도 낮다고 여겨서 그(보다) 위에 둥지를 짓는다. 주살 끈[矰繳]이 미칠 수 없고 그물이 닿지 못하니 '죽을 자리[死地]'가 없는데 처했다고 말할 수 있다. 그러나 이들도 마침내 달콤한 미끼 때문에 '살지 못할 자리[無生之地]'에 들어가고 말기에, 어찌 삶을 두텁게 살리려는 것이 아니겠는가? 그러므로 사물이란, 진실로 그 근본을 떠나는 것을 찾지 말고, 욕심 때문에 그 참[眞]을 변질시키지 말아야 하니, (그래야) 군대에 들어가서도 해[害]를 보지 않고, 땅을 다녀도 범접[犯接]을 당하지 않는 일이 가능하다. '갓난아이[赤子]'를 본받을 수 있으면 귀하게 되니, (이런 말은) 믿을 수 있다."[1]

한비韓非는 「해노解老」편에서 이렇게 말한다. "사람은 삶[生]에서 시작하고 죽음[死]에서 마친다. 시작을 '나옴[出]'이라 말하고 '끝냄[卒]'을 '들어

---

1) "十有三, 猶云十分有三分. 取其生道, 全生之極, 十分有三耳. 取死之道, 全死之極, 亦十分有三耳. 而民生生之厚, 更之無生之地焉. 善攝生者, 無以生爲生, 故無死地也. 器之害者, 莫甚乎兵戈; 獸之害者, 莫甚乎兕虎. 而令兵戈無所容其鋒刃, 虎兕無所措其爪角, 斯誠不以欲累其身也, 何死地之有乎? 夫蚖蟺以淵爲淺, 而鑿穴其中, 鷹鶚以山爲卑, 而增巢其上. 矰繳不能及, 網罟不能到, 可謂處於無死地矣. 然而卒以甘餌, 乃入於無生之地, 豈非生生之厚乎? 故物, 苟不以求離其本, 不以欲渝其眞, 雖入軍而不害, 陸行而不犯, 可也. 赤子之可則而貴, 信矣.", 『王弼集校釋』上冊, 樓宇烈校釋, 上同, 135頁.

감시'이라 말하니, 따라서 「나오는 것이 삶이고, 들어가는 것이 죽음이다[出生入死]」라고 말하는 것이다. 사람의 몸은 360 뼈마디[節], 사지四肢와 '아홉 구멍[九竅, 감각기관]'으로 그 (몸을) 대략 갖춘다. 사지와 아홉 구멍이 10분의 3이니, 10분의 3의 활동[動]은 다 삶[生]에 속한다. 속한 것이 '무리[徒]'라고 하니, 따라서 (『노자』 50장에서)「삶의 무리가 10분의 3이다」라고 말한다. 죽음에 이르러 10중 3을 가진 자는 모두 돌아가서 죽음에 속하니, 죽음의 무리가 10분의 3이다. 그러므로 「삶의 무리가 10중 3이고, 죽음의 무리가 10의 3이다(生之徒十有三, 死之徒十有三)」라고 말한 것이다. 무릇 백성이 생생生生하며 사는 것은 진실로 활동이니, 활동을 다 하면 줄어들고, 활동이 그치지 않으니, 이는 줄어들어 그치지 않기에, 줄어들고 그치지 않으면 삶을 다하게 되고, 삶이 다한 것을 죽음[死]이라 말하니, 10분의 3을 갖춘 자는 모두 사지死地에서 죽는다. 따라서 (『노자』 50장에서)「백성이 사는데, 살아서 활동하기에, 활동하는 것은 모두 사지死地로 가니, 또한 10분의 3이다(民之生, 生而動, 動皆之死地, 亦十有三)」라고 말한 것이다. 이 때문에 성인은 정신을 아끼고 '고요함[靜]'에 처함을 귀히 본다. (사람이 정신을 아끼지 않고 고요함을 귀히 보지 않음,) 이것은 코뿔소나 호랑이의 해보다 심히 크다. 코뿔소나 호랑이는 (사는) 영역이 있고, 동정動靜의 때가 있으니, (사람이) 그 영역을 피하고 그들의 (활동하는) 때를 관찰한다면, 코뿔소나 호랑이의 해는 면할 수 있을 것이다. 백성은 단지 코뿔소나 호랑이의 발톱과 뿔만을 알고, 만물이 다 발톱과 뿔을 가지고 있음을 모르니, 만물의 해됨을 면할 수가 없다. 그것을 어떻게 말할 수 있는가? 때로 비가 내려서 모이고, 넓은 들은 한산하고 고요한데 (캄캄한) 늦저녁이나 새벽에 산천을 찾게 되면, 바람이나 이슬이라는 발톱과 뿔이 그들을 해칠 것이다. … 좋아하는 욕심이 한이 없고, 동정이 적절치 못하며, 부스럼과 등창의 발톱과 뿔이 그들을 해칠 것이다. 사사로운 지혜를 즐겨 쓰고서 도리를 버리게 된다면, 법망의 발톱과 뿔이 그들을 해칠 것이다. … 무릇 병기[兵革]란 해害에 대비하는 것이다. 삶을 중시하는 이는 비록 군대에 있으나 분노하여 다투는 마음이 없으니, 남을 해치려는 마음이 없으면 남도 반드시 해치지 않을 것이니, 남의 해침이 없으면 남을 대비하지 않아도 되기에, 따라서 (『노자』 50장에서) 「땅을 다녀도 코뿔소나 호랑이를 만나지 않는다(陸行不遇兕虎)」라고 말한다. 산에 들어가 해침의 구제를 대비하지 않게 되니, 따라서 (『노자』 50장에서) 「군대에 들어가도 무기를 갖추지 않는다(入軍不備甲兵)」라고 말한 것이다. 해害를 멀리하니, 따라서 (『노자』 50장에서) 「코뿔소가 뿔을 받을 곳이 없고, 호랑이가 발톱을 쓸데가 없고, 무기의 칼날을 받을 곳이 없다(兕無所投其角, 虎無所錯其爪, 兵無所容其刃)」라고 말한 것이다. 대비를 하지 않아도 반드시 해가 없는 것이, 천지天地의 도리이다. 천지의 도道를 몸으로 하였으니, 따라서 (『노자』 50장에서) 「사지死地는 없다(無死地焉)」라고 말한다. 활동하는데 사지死地가 없는 것이 「섭생攝生을 잘하는 것이다(善攝生)」라고 말하는 것이다."[2]

---

[2] '人始於生而卒於死. 始之謂出, 卒之謂入, 故曰:「出生入死.」人之身三百六十節, 四肢, 九竅, 其大具也. 人之身三百六十節, 四肢, 九竅, 其大具也. 四肢與九竅十有三者, 十有三者之動盡屬於生焉. 屬之謂徒也, 故曰:「生之徒也十有三.」至死也十有三具者皆還而屬之於死, 死之道亦十有三, 故曰:「生之徒十有三, 死之徒十有三.」凡民之生生而生者固動. 動盡則損也, 而動不止, 是損而不止也, 損而不止則生盡, 生盡之謂死, 則十有三具者皆爲死死地也. 故曰:「民之生, 生而動, 動皆之死地, 亦十有三.」是以聖人愛精神而貴處靜. 此甚大於兕虎之害. 夫兕虎有域, 動靜有時. 避其域, 省其時, 則免其兕虎之害矣. 民獨知兕虎之有爪角也, 而莫知萬物之盡有爪角也, 不免於萬物之害. 何以論之? 時雨降集, 曠野閑靜, 而以昏晨犯山川, 則風露之爪角害之. … 嗜慾無限, 動靜不節, 則痤疽之爪角害之. 好用其私智而棄道理, 則網羅之爪角害之. … 夫兵革者, 所以備害也. 衆生者雖入軍無忿爭之心, 無忿爭之心則必無人害, 無人害則不備人, 故曰:「陸行不遇兕虎.」入山不恃備以救害, 故曰:「入軍不備甲兵.」遠諸害 故曰:「兕無所

한비나 왕필은 본 장의 취지를 훌륭하게 설명하고 있다고 필자는 사료된다.

投其角, 虎無所錯其爪, 兵無所容其刃.」不設備而必無害, 天地之道理也, 故曰:「無死地焉.」動無死地, 而謂之「善攝生」矣.', 『韓非子新校注』, 韓非著, 陳奇猷校注, 上冊, 上海: 上海古籍出版社, 2000, 416, 417頁.

14.
도道는 낳아주고 덕德은 길러 준다(51)

    도道가 (만물을) 낳아주고 덕德이 길러주니, 만물은 모양[形]이 생겨나고 형세[勢]가 그것을 이루어준다. 이 때문에 만물은 '도'를 높이고 '덕'을 귀히 보기에, 그것을 명령하여 부른 것이 아니나, 항상 스스로 그러하다. 따라서 도道가 (만물을) 낳고, 덕德이 그것을 길러주고, 그것을 자라나게 하고, 그것을 키워주고, 그것에 품질을 매기고, 그것을 양육하고, 그것들을 덮어준다. (도道는) 낳아주나 소유하지 않고, 해주었으나 (보답을) 바라지 않고, 길러주나, 주재하지 않으니, 이것이 (보이지 않는) '아득한 덕[玄德]'이라 한다.

    [道生之而德畜之, 物形之而器成之)[1] 是以萬物尊道而貴德.[2] 道之尊, 德之

---

1) 器와 勢는 音이 같으니, 서로 가차할 수 있다. 그러나 뜻은 좀 차이가 있다. 『노자』 28장의 「樸散則爲器」에 대한 王弼注에 의하면, "樸은 참眞이다. '참'이 흩어지면 百行이 나오니 '같지 않은 類別[殊類]'이 생기니 器와 같다."라고 했으며, 또 29장의 「天下神器」에 대해 "器는 합하여 이루어진 것이니, 無形으로 합쳤기에, 따라서 神器라고 말한다."라고 주석하였다. 韓康伯은 "모양[形]을 이루면 器라 말한다고 하였다. 따라서 이렇게 보면 形과 器는 同語이며, 勢는 器를 假借한 셈이다. 『帛書老子校注』, 高明撰, 상동, 70頁 참조; 王弼에 의하면, "사물이 생겨난 후에 길러지고[畜], 길러지고 난 뒤에 모양[形]이 나며, 모양 뒤에 이루어진다. 무엇에 의해 생기는가? 道道이다. 어떻게 해서 길러지는가? 德德이다. 무엇 때문에 모양[形]이 되는가? 사물[物]이다. 무엇으로 이루어지는가? 형세[勢]이다. 오직 '말미암기[因]'에, 따라서 사물 없이는

貴, 夫莫之命而常自然.3) 故道生之, 德畜之, 長之, 育之, 亭之, 毒之,4) 養之, 覆之. 生而弗有,5) 爲而弗恃,6) 長而弗宰,7) 是謂玄德.8)]

한비韓非는 "무릇 백성이 살아가는데, 태어나서 산다는 것은 진실로 움직이는 것이다. 움직임이 다하면 줄어들게[損] 된다. 움직이기를 그치

모양이 없고, 오직 '형세[勢]'이니, 따라서 사물 없이는 이룰 수 없다. 무릇 사물이 생기는 이유[所以生], 결과[功]를 이루어지는 이유[所以成]는, 모두 '말미암은바[所由]'를 가진다. 말미암는 바가 있다면 도道에 말미암지 않은 것은 없다.[物生而後畜, 畜而後形, 形而後成. 何由而生? 道也. 何得而畜, 德也. 何因而形? 物也. 何使而成? 勢也. 唯因也, 故能無物而不形; 唯勢也, 故能無物而不成. 凡物之所以生, 功之所以成, 皆有所由. 有所由焉, 則莫不由乎道也.]",『老子道德經注』五十一章,『王弼集校釋』上冊, 樓宇烈校釋, 上同, 137頁.

2) 왕필王弼에 의하면 "'도'는 만물이 말미암은 바이고, '덕'은 만물이 얻은 바이다. 그것[道]에 말미암아서 얻었으니, 따라서 '높음[尊]이 되지 않을 수 없음'을 말하였고, 그것을 잃으면 해로우니, 따라서 '귀하지 않을 수 없음'을 말하였다.[道者, 物之所由也; 德者, 物之所得也. 由之乃得, 故曰: 不得不尊; 失之則害, 故不得不貴也.]",『老子道德經注』五十一章,『王弼集校釋』上冊, 樓宇烈校釋, 上同.
3) 하상공河上公은 "'도'는 '하나[一]'이니 만물을 명령하여, 부르지 않아도 항시 자연스럽게 응함이 그림자나 메아리 같음이다[道一不命召萬物, 而常自然應之如影響]."라고 주석하였다.『老子道德經河上公章句』, 養德第五十一章, 上同, 196頁.
4) 왕필王弼에 의하면 "亭은 그 모양[形]의 등급을 말하고, 毒은 '바탕[質]을 이룸[成]'을 말함[亭謂品其形, 毒謂成其質.]"이라 한다.『老子道德經注』五十一章,『王弼集校釋』, 樓宇烈校釋, 上冊, 上同.
5) 하상공河上公은, "'도'가 만물을 생기게 하나, 취하여 利로 삼지 않음"이라 말한다.『老子道德經河上公章句』, 養德第五十一章, 上同.
6) 하상공河上公은 말한다. "'도'는 베풀고 행하는 것이나, 그 보답을 바라지 않음[道所施爲, 不恃望其報也.]"이다.『老子道德經河上公章句』, 養德第五十一章, 上同, 197頁.
7) 하상공河上公은 말한다. "'도'가 만물을 자라게 하고 키우나, 압박하여 利로 삼지 않음"이다.『老子道德經河上公章句』, 養德第五十一章, 上同.
8) 하상공河上公은, "도가 만물에게 은덕을 시행하나, 어두워서 볼 수 없다."라고 말한다.『老子道德經河上公章句』, 養德第五十一章, 上同.

지 않는다는 것은 줄어드는 게 그치지 않음이다. 줄어드는 게 그치지 않으면 삶이 다한 것이니, 삶을 다하면 죽는 것이다."라고9) 말한다. 이것이 사람이 살고 죽는 방식이다. 그러나 사람이란 죽으려 할 때, 살려고 매우 발버둥을 치니, 이에 정신을 쏟게 되고 몸을 피로하게 만들지만, 결과는 죽음을 피할 길은 없는 것이다. 고연제高延第(19세기)는, "부귀한 사람은 두텁게 자신을 봉양하니, (좋은) 음식과 약물을 복용하여, 장생長生을 찾고자 하나, 마침 스스로 죽을 자리를 밟게 되는 것이다. 이것이 곧 활동하여 죽으러 가는 실마리이다."라고10) 말한다. 다만 사는데, 해害는 방비하는 것이 좋다. 한비韓非는, "성인이 세상을 사는데 남을 해칠 마음이 없다. 남을 해칠 마음이 없으면 남도 해칠 마음이 없게 되니 남을 대비하지 않게 되기에, 따라서 (『노자』 50장에서)「뭍에서 다녀도 코뿔소나 호랑이를 만나지 않는다.」라고 말한 것이다."11) 또 『노자』 50장에서, '섭생을 잘하는 이[善攝生者]'는 무위無爲, 무욕無欲하며, 고요히 '몸[體魄]'을 수련하니, 맹수가 뿔과 발톱으로 해를 끼칠 수 없기에, 따라서 뭍을 다녀도 코뿔소나 호랑이를 반드시 피할 필요도 없고, 강한 적이라도 칼과 창으로 해칠 수 없기에, 따라서 군대에 들어가도 반드시 갑병甲兵을 입거나 잡을 필요가 없다. 이러한 사람이라면, 쾌적한 삶을 살 수가 있겠다. 도道가 이런 자들에게 존숭을 받고 덕德이 귀중한 이유는, 누가 도道를 높이고 덕德을 귀하게 보라고 하는 이가 있어서가 아니다. 만물은 자연히 항상 자연스럽게 그리되는 것이다. 아무도 키워주거나, 길러주거나, 품질

---

9) '凡民之生, 生而生者固動. 動盡則損也. 而動不止, 是損而不止也, 損而不止則生盡, 生盡之謂死.', 『韓非子新校注』上冊, 「解老」第二十, 陳奇猷校注, 同上, 416頁.
10) 『帛書老子校注』, 高明撰, 上同, 66頁.
11) '聖人之遊說也無害人之心. 無害人之心, 則必無人害. 無人害, 則不備人, 故曰:「陸行不遇兕虎.」', 『韓非子新校注』上冊, 「解老」第二十, 陳奇猷校注, 上同, 417頁.

을 매기거나, 바탕[質]을 이루어주는 사람 없이도 저절로 그렇게 되는 것이니, 그것을 소유했거나 해주었으나, 보답을 바라지도 않으며, 키워주었으나 그것을 자랑하는 일이 없으니, 이런 일이 일어나는 것은 눈에는 보이지 않는 '아리송한 덕[玄德]'을 가진 이, 즉 도道를 가진 이가 하는 것이라고 말할 수밖에 없다고 『노자』는 우리에게 가르치는 것이다.

『관자管子』에서는, "무릇 '도'란 뿌리도 없고 줄기도 없고, 잎도 없고 꽃도 없다. (그러나 만물은 그것으로써) 생겨나고, 만물은 이루어지는 것이니, 도道라 이른다."라고12) 말한다.

또한 하상공河上公은 "'도道'는 만물에 대하여, 그것들을 낳아줄 뿐만 아니라, 다시 자라나게[長] 하고 키워주고[養], 성숙하게 하며, 양육[覆育 撫養]하고, 그 생명을 온전하게 한다. 임금이 나라를 다스림과 몸을 다스림이, 마땅히 이와 같아야 한다."라고13) 말하는 것이다.

도道가 만물(만인)을 생육하나 자신이 갖거나 자신이 쓰고자 하는 것이 결단코 아니다. '도'는 그들에게 혜택을 베풀되 보상받기를 바라지 않는다. 만물을 어루만지고 길러내나 결코 그들을 주재하거나 제압하지 않는다. 이것이 바로 도道가 지닌 '넓고 크며[博大]', 유심幽深하고 현묘玄妙한 덕이라 하겠다.

---

12) '凡道無根無莖, 無葉無榮. 萬物以生, 萬物以成.', 『管子校注』, 「內業」第四十九, 黎翔鳳 撰, 中冊, 北京: 中華書局, 2013, 937頁.

13) '道之於萬物, 非但生之而已, 乃復長養, 成孰, 覆育, 全其性命. 人君治國治身, 亦當如是也.', 『老子道德經河上公章句』, 養德第五十一章, 上同, 197頁.

15.
천하에 시작이 있으니, 천하의 어미가 된다(52)

    천하에 시작이 있으니, 천하(만물)의 어머니가 된다. 이미 그 어머니를 얻었다면 그 자식을 안다. 이미 자기 자식을 알고서 다시 그 어머니를 지키니 평생 위태함이 없다. (왕께서) 일 욕심이 생겨나는 바를 막고서 일 욕심이 따를 곳을 닫으니, 평생 수고로움이 없다. (만사의) 근원을 열어놓고 욕심나는 일을 많이 벌이면 평생 구제를 받지 못한다. (성인은) 작은 것을 보니 밝음[明]이라 하고, 부드럽고 약함을 지키니 강强함이라 한다. (도道를 드러내어 백성의 미혹됨을 버리니,) 빛을 쓰는 것이요, 평생 몸에 재앙이 없으니, 이것이 (상도常道를) 익히고 닦음이라 한다.

    [天下有始, 以爲天下母. 旣得其母, 以知其子;[1] 旣知其子, 復守其母, 沒身不殆. 塞其兌, 閉其門,[2] 終身不勤.[3] 開其兌, 濟其事,[4] 終身不救. 見小曰

---

1) 王弼은, '母은 근본[本]이고, 자식[子]은, '근본이 아닌 것[末]'이다. 본을 얻어서 말을 알기에, 근본을 버리지 않고서 末을 좋음'이라 말한다. 『老子道德經注』五十一章, 『王弼集校釋』上冊, 樓宇烈校釋, 上同, 139頁.

2) 태兌는 태兌(지름길)와 통용되었다. 『帛書老子校注』, 高明撰, 上同, 76頁; 樓宇烈은, '兌는 옛날에 길[隧]과 통했다.'리고 말한다. 『老子道德經注』五十二章, 『王弼集校釋』上冊, 樓宇烈校釋, 上同, 141頁, 注4. 또 왕필은, "兌는 '일 욕심[事欲]'이 생겨나는 바[事欲之所由生]이고, 門은 '일 욕심이 따르는 바[事欲之所由從]'이다."라고 말한다. 『老子道德經注』五十二章, 『王弼集校釋』上冊, 樓宇烈校釋, 上同, 139頁.

3) 樓宇烈에 의하면, 勤은 수고로움[勞]이다. 『老子道德經注』五十二章, 『王弼集校釋』上

明,5) 守柔曰强. 用其光,6) 復歸其明, 毋遺身殃, 是謂襲常.7)]

이 장에서는 임금이 도道를 알고 굳게 지키면 '죽을 곳[死地]'에 가거나 천하를 잃는 일은 없을 것임을 말한다. 천하 만물(만인)은 시작이 있으니 이 시작이 만물의 근본임을 알아야 한다. 임금은 이 근본을 알아야 만물(만인)을 다스리고 자신을 지킬 수 있다. 이를 위해서는 먼저 욕심이 일어나는 틈[兌, 穴]을 막아야 한다. 욕심이 일어나는 틈을 막아놓으면 통치자는 평생 곤고함을 당하지 않는다. 그러나 욕심이 생겨나는 틈을 열어놓으면, 군주는 평생을 가도 구제받을 수 없다. 위대한 통치자, 즉 성인이란 사람들이 보지 못하는 미세한 것도 볼 수 있으니 밝음[明]을 가졌으며, 약한 것들을 지킬 수 있기에 강한 존재다. 도道를 드러내어 백성들의 미혹함을 버리게 하고, 자기의 광명함을 쓰게 되니, 통치를 담당한 성인은 평생 재앙이 없다. 이것이 상도常道를 익히고 닦음이라고 말한다.

왕필王弼은 "다스리는 공은 큰 것에 있지 않으니, 큰 것을 보는 것은 밝음

　　冊, 樓宇烈校釋, 上同, 141頁, 注4.
4) 河上公에 의하면, "濟는 益이다. 욕심[情欲]내는 일이 많게 함이다.", 老子道德經河上公章句』, 歸元第五十二章, 200頁.
5) 河上公에 의하면, "싹이 아직 움직이지 않으니, 禍亂이 아직 보이지 않기에 '작은 것[小]'이 되나, 훤히 홀로 보니 '밝음[明]' 된다.", 老子道德經河上公章句』, 歸元第五十二章, 上同.
6) 왕필은, "道를 드러냄으로써 '백성의 미혹[民迷]'를 제거함"을 말한다.『老子道德經注』 五十二章,『王弼集校釋』上冊, 樓宇烈校釋, 上同, 140頁
7) 襲常은『노자』27장의「是謂襲明」과 통하니, 光을 가리고 明을 감춤의 뜻이다. 群臣이 職分을 지키고, 백성은 常을 가졌으니, 능력에 따라서 일을 시킴이 한비가 말하는 襲常이다.『帛書老子校注』, 高明撰, 上同, 78頁. 그리고 河上公은 襲常을, "사람이 이렇게 행하니, 이것이 常道를 익히고 닦음"이라고 말한다. 子道德經河上公章句』, 歸元第五十二章, 201頁.

이 아니고 작은 것을 보아야 이에 비로소 '밝게 되는 것[明]'이다. 강함을 지키는 것이 강함이 아니고, 부드러움[柔]을 지켜야 이에 강하게 된다."라고[8] 특히 강조하여 말하고 있다.

당唐나라의 왕진王眞은 이렇게 말한다. "도道가 처음에 이름[名]을 갖게 되니, 이에 '천하의 어미[天下母]'가 된다. 왕王도 (도의) 영역[域]에 있으니, 따라서 그 아들 됨을 상징한다. 일단 그 아들을 알기에, 다시 자기 어머니를 지킨다. (이것은) 왕이 마땅히 도道를 지키고 만물을 기르면 위험한 일로 근고勤苦하게 되는 일이 영원히 없게 되며, 또한 (악惡의) 아주 작은 싹을 보고서 그것을 잘라낼 수 있으니 '밝음[明]'이라 말할 수 있음을 말하고, 또한 자기의 유약한 도道를 지킬 수 있어서 반드시 마침내 자기의 강대함을 얻을 수 있음을 말한 것이다! '자기 광명을 씀[用其光]'은 덕이 밖으로 드날림을 말한 것이고, '자기 밝음에 돌아옴[復其明]'은 가운데[中]에서 도道를 몸으로 하고 있음을 말한 것이다. 나라를 다스리고 군대를 다스림에, 무슨 재앙이 있겠는가! 그러므로 (왕은)「항상 이런 '상도常道를 씀[襲常]」이라 말하는 것이다. 습襲은 밀접하게 씀[密用]과 같으니, 왕께서 항상 마땅히 이러한 '도'를 밀접하게 쓰심을 말한 것뿐이다."[9]

또한 한비韓非는 일찍이 이러한 비유를 하였다. (은殷나라) "주紂왕이 상아로 젓갈을 만들었으니, 기자箕子가 두려워하였다. (기자는,) 상아 젓가

---

8) '爲治之功不在大, 見大不明, 見小乃明. 守强不强, 守柔乃强也.', 『老子道德經注』 五十二章, 『王弼集校釋』 上冊, 樓宇烈校釋, 上同, 140頁.

9) '天下有始章第五十二, 臣眞述曰:「道始有名, 乃爲天下母. 王在域中, 故象其子. 既知其了, 復守其母. 言工者必當守道育物, 寒聰蔽明, 則永無勤苦危殆之事; 又能見其微細之萌, 而防杜之, 乃可曰明; 又能守其柔弱之道, 必終得其强大矣! 用其光, 言耀德於外; 歸其明, 謂體道于中. 治國治軍, 無害於物, 何殃之有! 故曰: 襲常. 襲猶密用也, 言王者常當密用斯道而已', 『道德經論兵要義述』, 「天下始有」章第五十二, 王眞撰, 中國哲學書電子化計劃, https://ctext.org 참조.

락은 반드시 (값싼) 질그릇에 국 뜨는 데에 쓰지 않을 것이니 반드시 무소뿔이나 옥玉 잔을 쓸 것이고, 옥 잔이나 상아 젓가락으로는 절대 허술한 잡곡밥을 먹지 않을 것이니 반드시 긴 털 가진 소[旄, 牦]와 코끼리[象] 고기나 진귀한 음식[豹胎]을 먹어야 하고, 진귀한 음식을 먹는다면 절대 간소한 베옷을 입고 초가집 아래에 머물지 않을 것이며, (당연히) 구중궁궐에서 비단옷을 입고 넓은 집과 높은 누각에 살 것이다. 나는 그 (주紂왕의) 종말을 두려워하기에, 그의 시작을 두려워한 것이다. 5년이 지나자, 주紂왕은 (사람의) 포를 뜨고, '포락炮烙의 형벌[炮烙之刑]'을10) 시행하고, … '술 연못[酒池]'에 노닐었으니, 주紂는 마침내 망하였다. 그러므로 상아 젓가락을 보고 천하의 불행[禍]를 알았기에, 따라서「작은 것을 (잘) 알아봄이 밝음(見小曰明)」을 (『노자』 52장에서) 말했다."11)

또 이어서 한비韓非는 계속하여 말한다. (월越나라 왕) "구천句踐은 오吳나라에 들어가서 신하노릇을 하였고, 몸소 간과干戈를 잡고서 오왕吳王을 위해 말[馬]을 씻겼기에, 그러므로 고소姑蘇에서 (오왕인) 부차夫差를 죽일 수 있었다. (주周나라) 문왕文王이 옥문玉門에서 욕을 보았으나 안색이 변하지 않았기에, (주周나라) 무왕武王이 목야牧野에서 주紂왕을 사로잡았다. 그러므로「유약함을 지키니 강함이라 한다(守柔曰强)」라고

---

10) 주왕은 애첩 달기(妲己)의 청을 받아들여 숯불이 타오르는 불구덩이 위에 기름 바른 구리 기둥을 걸쳐놓고 사형수들이 이 기둥 위를 걸어가게 했다. 기름 바른 구리 기둥 위에 오른 사형수들은 어김없이 불구덩이에 떨어져 타 죽었다. 이 형벌을 포락지형(炮烙之刑)이라 한다.
11) '紂爲象箸而箕子怖. 以爲象箸必不盛羹於土篹, 則必犀玉之杯; 玉杯象箸必不盛菽藿, 則必旄象豹胎; 旄象豹胎必不衣短褐, 而食於茅茨之下, 則錦衣九重, 廣室高臺也. 吾畏其卒, 故怖其始. 居五年, 紂爲肉圃, 設炮烙, … 臨酒池, 紂遂以亡. 故箕子見象箸以天下之禍, 故曰:「見小曰明」,'『韓非子新校注』上冊,「喩老」第二十一, 韓非著, 陳奇猷校注, 上同, 445頁.

(『노자』 52장에서) 말하였다."[12)]

이것들은 모두 본 장의 뜻을 잘 설명해 주고 있으나, 특히 당唐나라 왕진王眞의 설명이 유독 돋보인다.

---

12) '句踐入臣於吳, 身執干戈爲吳王洗馬, 故能殺夫差於姑蘇. 文王見詈於玉門, 顔色不變, 而武王擒紂於牧野. 故曰:「守柔曰强.」', 『韓非子新校注』上冊, 「喩老」第二十一, 韓非 著, 陳奇猷校注, 上同, 447, 448頁.

16.
내가 지혜가 있다면 '큰 도道'를 행할 것이다(53)

내가 지혜[知]를 갖고 있다면 '큰 도大道'를 행할 것이고, 오직 두려운 것은 도道가 '어긋남(迆, 邪)으로 빠지는 것이다! '큰 도大道'는 매우 '공정하고 공평[正平]한데', 백성은 (사특한) 지름길을 좋아한다. 조정朝廷은 매우 깨끗한데 농토[田圃]는 (잡풀이) 매우 무성하고, (나라의) 창고는 매우 비었는데, (관리들은) 화려한 비단옷을 입고 날카로운 검劒을 차고, 먹고 마시는 것으로 배부르며[飽滿] 재화는 남아도니, 이는 사치를 탐내는 도둑이다. 사치를 탐내는 도둑[盜夸]은 도道를 따르는 것이 아니다!

[使我挈然有知, 行於大道, 唯迆是畏. 大道甚夷, 而民好徑.[1] 朝甚除, 田甚蕪, 倉甚虛, 服文綵, 帶利劍, 厭飲食, 財貨有餘. 是謂盜夸. 盜夸, 非道也哉!]

백서帛書 갑본에는 '使我挈(挈)有知'로, 을본에는 '使我介(挈)有知'로, 그리고 왕필王弼본에는 '使我介然有知'로 되어 있으며, 통용通用본은 왕王(弼)본을 따르고 있다. 까오밍高明에 의하면, "마왕퇴馬王堆 한묘漢墓 정

---

1) 王弼에 의하면, "大道는 당당히 正平한데, 백성은 오히려 이것을 버리고 그것에 말미암지 않으니, '사특한 지름길[徑]을 즐겨 따르니, 하물며 다시 하는 일이 大道의 바름[正, 中]을 막으려는 것일까? 따라서 「大道甚夷, 而民好徑」이라 말했다.", 『老子道德經注』五十三章, 『王弼集校釋』上冊, 樓宇烈校釋, 上同, 141頁.

리조에서는, 설絜은 설挈의 이체異體"라고 말한다. 그렇기에 엄본嚴本(嚴遵[1세기], 『道德眞經指歸』)은 이것을 '설연挈然'으로 보았다. '설연挈然'은 '붙잡고 있음[掌握]'의 뜻이다.2) 왕염손王念孫(1744-1832)은, '시施의 독음讀音은 이迆자가 된다. 이迆는 사邪(어긋남)이니, 대도大道를 행하는 중에 오직 그것이 사도邪道로 들어갈까를 두려워함을 말하였다.'3)

이 장은 권력을 잡고 향락을 누리는 통치자나 고위 관료들을 강렬하게 비판하고 있다. 큰 도리는 매우 평탄하고 바른 것인데, 다스리는 자들은 재빠르게 사특한 지름길을 택하기에 나라에 문제가 생기는 것이다. 임금이나 관리들이 드나드는 조정은 매우 깨끗한데 백성들이 농사지어야 할 농토는 황폐하여 잡풀이 무성하며, 나라의 창고는 텅 비었는데 통치자나 높은 관리들은 화려한 비단옷을 입고 긴 칼을 차고 다니며 백성들을 위협한다. 이들은 음식을 실컷 먹고 마시며 재물을 자랑하니, 이들이야말로 '사치하는 도둑[盜夸]'일 수밖에 없다. 이 '사치한 도둑'들은 분명 도道를 따르지 않을 것이라고 노자는 비판하는 것이다. 노자는 "자기가 바라는 것은 지혜[知]가 있다면" 나라와 백성들을 살리는 "큰 도[大道]"일 것이고, 그것이 사도邪道로 들어갈 것을 "두려워함"이라고 힘주어 말하고 있다.

하상공河上公은, 이 『노자』 53장에 대하여 "노자는 '당대의 임금[時王]이 대도大道를 실행하지 않음을 싫어하였기에, 「내我는 정사政事에 지혜를 견결하게 갖추고서, 나는 '대도'를 행하니, 몸소 무위無爲의 변화를 이룰 것이다」라는 말씀을 하신 것이다. … 백성들은 부족한데 임금은 (재물이) 넘쳐난다면, 이것은 겁탈하는 도둑질로 복식을 삼고서, 행동으로 사람들에게 자랑한 것이니, 자기도 죽을 것이며 집이 파탄이 나고, 친척들

---

2) 『帛書老子校注』, 高明撰, 上同, 80頁.
3) 上同.

도 아울러 이런 (망조에) 따르게 될 것임을 모른 것이다."[4]라고 말했다.

또한 당唐나라 왕진王眞은 이렇게 말한다. "『노자』 53장에서 아我는 나, 후왕侯王이다. 후왕이 견결하게 홀로 알아서 대도大道를 실행할 수 있어야 하니, 실시할 일이 정당하기만을 바라는 것이기에, 가장 두려운 것이다! 대도大道는 안정되고 매우 안온安隱한데, (『노자』 53장에서) 사람들은 (그것을) 행하지 않고, 다만 비뚤어진 작은 길로 재빠르게 요행만을 찾고 있음을 말한 것이다. 급하게 서둘기만 한다면 반드시 달통할 수 없기에, 따라서 그것을 깊이 경계한 것이다! 또한 (『노자』 53장에서,) 조정의 공공 관서는 비록 매우 깨끗하여 그럴듯해 보이나, 농토는 또한 매우 황폐하고 잡초만 무성하며 (나라의) 창고 또한 아주 텅 비었는데, 무신武臣이나 무장들은 공이 있건 없건 가리지 않고 화려한 비단을 입고 도검을 멋대로 차고서 음식을 실컷 먹고 뇌물들을 많이 쌓아두니, (이는) 오로지 부족한 이들에게 취한 것이다. (이들은) 넉넉한 집안만을 받드니, 이것은 이른바 진실로 뽐내는 도둑들이지, 어찌 '큰 도道'라고 말할 수 있겠는가! 이는 아마도 도道있는 임금이, 쇠락하여 곤란한 시대를 깊이 탄식하여, 천하가 이와 같이 과오를 저지르고 있기에, 따라서 『노자』에서 이 장을 세워서 엄숙히 그것을 경계한 것이다."[5]

---

4) '老子疾時王不行大道, 故設此言, 使我介然有知於政事, 我則行於大道, 躬行無爲之化. … 百姓不足而君有餘者, 是由劫盜以爲服飾, 持行誇人, 不知身死家破, 親戚幷隨之也.', 『老子道德經河上公章句』, 益證第五十三章, 上同, 203, 204頁.

5) '我者, 我侯王也. 言侯王有能介然獨知行於大道, 唯所施爲之事正當, 最可畏慎爾. 言其大道坦然, 甚平易而人不行, 但好趣其斜徑以求捷速之幸. 蓋益欲速必不達, 故深戒之! 又言朝廷公署, 雖甚掃除修潔然, 而田野亦甚荒蕪, 倉廩亦甚空虛, 而戎臣武將不限有功無功, 皆被服羅紈, 橫帶刀劍, 屬厭飲食, 多藏貨賄, 專取不足之人. 奉有餘之室, 此誠所謂盜賊之矜誇, 豈可謂大道也哉? 此蓋道君深歎衰困之時, 天下若此之過, 故立此章以切戒之也." 道德經論兵要義述」, 「使我介然章」第五十三章, 王眞撰, 中國哲學書電子化計劃, https://ctext.org 참조.

17.
잘 세운 것은 뽑아낼 수 없다(54)

(도道로써 자신이나 나라를) 잘 세우면 (누가 그것을) 뽑아낼 수 없고, ('도'로써 정신을) 감싸면 ('도'에서) 벗어나게 할 수 없다. ('도'를 이와 같이 닦으면) 자손들의 제사는 끊이지 않는다. ('도'로써) 몸을 닦으면 자기 덕德이 진실해지고, 집[家]을 닦으면 자기 덕이 여유롭고, 마을[鄕]을 닦으면 그것이 자라나고[長], 나라[國]를 닦으면 자기 덕이 풍성해지고, 천하에 그것을 닦으면 두루 퍼진다. 그러므로 ('도'를 닦은) 몸으로써 ('도'를 닦지 않은) 몸을 보고, ('도'를 닦은) 집으로써 ('도'를 닦지 않은) 집을 보고, ('도'를 닦은) 마을[鄕]로 ('도'를 닦지 않은) 마을을 보고, ('도'를 닦은) 나라로써 ('도'를 닦지 않은) 나라를 보며, ('도'를 닦은) 천하로써 ('도'를 닦지 않은) 천하를 본다. 나는 어떻게 천하가 ('도'를 따르면 흥하고 따르지 않으면 망함,) 그렇게 됨을 아는가? 이것 때문이다.

[善建者不拔,[1] 善抱者不脫, 子孫以祭祀不絶.[2] 脩之身, 其德乃眞. 脩之家, 其德有餘. 脩之鄕, 其德乃長. 脩之國, 其德乃豊. 脩之天下, 其德乃博. 故以身觀身,[3] 以家觀家, 以鄕觀鄕, 以國觀國, 以天下觀天下. 吾何以知天下

---

1) 河上公에 의하면, 建은 '세움[立]'이다. '道로써 잘 立身하고 立國하면, 그것을 잡아뺄 수 없음'을 말하였다. 『老子道德經河上公章句』, 修觀第五十四章, 上同, 207頁.
2) 王弼에 의하면, '자손들이 道로써 제사를 전하면 (그것이) 끊이지 않음'이라 말한다. 『老子道德經注』五十四章, 『王弼集校釋』上冊, 樓宇烈校釋, 上同, 143頁.

然哉?4) 以此.5)]

　이 장과 관련하여 『한비자韓非子』에서는 "사람은 미련하거나 똑똑함을 막론하고, 취사取捨[趣舍]가 없을 수 없다. 욕심 없이 담담해도 화복禍福이 어디서 오는지, 모르는 이는 없다. 좋아하고 싫어함에서 의기양양[得]하며, '사치하고 쓸데없는 장난감[淫物]'에 이끌린 뒤에는 변란이 생기는 것이다. 그렇게 되는 것은 외물에 이끌려서 애완물 때문에 혼란해지는 것이다. 담담하게 취하거나 버릴 뜻이 있고, 화복禍福의 계책을 평안히 알더라도, 지금 좋아하는 마음이 생기면 변하니, 외물이 이끌어가는 것이다. 이끌리면 (좇아)가게 되니, 따라서 「뽑혀짐[拔]」이라 말한다. 성인에 이르면 그렇지 않다. 일단 '취하고 버림[取捨, 趣舍]'이 서면 좋아하는 물건을 보더라도 이끌릴 수 없으니, 끌어낼 수 없음이 '불발不拔'이라 한다. 자기 정서가 '한결같으니[一]', 욕심날 부류가 있더라도, 정신[神]은 움직이지 않고, 정신이 움직이지 않으니, '뺏을 수 없음[不脫]'이라 말한다. 사람의 자손이 되어서 이런 도道를 체득하고 종묘宗廟를 지키니, (대代가) 소멸이 되지 않기에, 「제사가 끊이지 않음[祭祀不絶]」이라 말한다."라고6) 하

---

3) 河上公은, '以身觀身'을, '道를 닦은 몸으로써 닦지 않은 몸을 관찰함'으로 풀었다. 『老子道德經河上公章句』, 修觀第五十四章, 上同, 208頁.
4) 河上公에 의하면, "노자는,「나는 무엇으로써 천하에 道를 닦은 자는 창성하고 '도'를 어긴 자는 망함을 아는가? 이 다섯 가지로 관찰하기에, 안다.」라고 말한다.", 『老子道德經河上公章句』, 修觀第五十四章, 上同, 209頁.
5) 王弼은 말한다. "자기를 관찰함으로써 아는 것이지, 밖에서 찾는 것이 아니다. 이른바 (『老子』四十七章의)「문을 나서지 않고도 천하를 앎(不出戶以知天下者也)」이다.", 老子道德經注」五十四章, 『王弼集校釋』上册, 樓宇烈校釋, 上同, 144頁.
6) 人無愚智, 莫不有趣舍.; 恬淡有平安, 莫不知禍福之所由來. 得於好惡, 怵於淫物, 而後變亂. 所以然者, 引於外物, 亂於玩好也. 恬淡有趣舍之義, 平安知禍福之計, 而今也玩好變之, 外物引之. 引之而往, 故曰「拔」. 至聖人不然, 一建其趣舍, 雖見所好之物不能

였다. 한비자의 말과 비교해 보면, 이번 장은 어떻게 해야 통치자인 임금이 망하지 않고, 강산을 자손에게 대대로 물려줄 수 있는가를 가르치고 있다. 통치자 자신으로부터 넓혀 나가서 집안, 나라, 천하에 이르니, 『대학大學』에서 말하는 유가儒家의 '바른 마음[正心]'으로 '성의誠意'하여 '수신修身, 제가齊家, 치국治國'과 '천하를 평정함[平天下]'이 이런 노자의 발상에서 연유된 것이라 볼 수 있다.

이런 사상은 『관자管子』에서도 볼 수 있다. "『도道가 말하는 바는 '하나'이나, 그것이 쓰이는 데는 다르다. '도'를 듣고서 즐겨 집[家]을 다스리면 일가一家의 사람이 되고, '도'를 듣고서 즐겨 마을[鄕]을 다스리면 일향一鄕의 사람이 되고, '도'를 듣고서 즐겨 나라[國]를 다스리면 일국一國의 사람이 되고, '도'를 듣고서 즐겨 천하를 다스리면 천하의 사람이 된다. … 가득 참[滿]을 가지면 하늘을 본받고, 위태함을 편안히 하면 사람(의 마음)을 취한다. 하늘의 법도를 잃으면 찼더라도[滿] 반드시 고갈되고, 상하가 화합하지 않으면, 비록 안정됐으나 반드시 위태롭게 된다. 천하에 왕노릇 하고자 하면서 하늘의 도道를 잃으면, 천하를 얻어서 왕이 될 수 없다."라고[7] 말하고 있다. 이 문장을 『관자管子』, 「형세해形勢解」편에서는 이렇게 풀고 있다. "땅이 크고 나라가 부유하며, 백성이 많고 군대가 강성하면, 이는 융성한[盛滿] 나라이다. 비록 이미 나라가 융성하여도 (임금이) 후한 덕으로 (백성을) 편안하게 하지 않고 법률과 제도[度數]로써

引, 不能引之謂「不拔」; 一於其情, 雖有可欲之類, 神不爲動, 神不爲動之謂「不脫」. 爲人子孫者, 體此道以守宗廟, 不滅之謂「祭祀不絶」, 『韓非子新校注』, 「解老」第二十, 上同, 428頁.

7) '道之所言者一也而用之者異. 有聞道而好爲家者, 一家之人也; 有聞道而好爲鄕者, 一鄕之人也; 有聞道而好爲國者, 一國之人也; 有聞道而好爲天下者, 天下之人也, … 持滿者與天, 安危者與人. 失天之度, 雖滿必涸. 上下不和, 雖安必危. 欲王天下, 而失天之道, 天下不可得而王也.', 『管子校注』, 「形勢」第二篇, 黎翔鳳撰, 上冊, 上同, 41, 42頁.

(그들을) 다스리지 않으면, 나라는 자기 나라가 아니고 백성은 자기 백성이 없는 것이다. 따라서 (『관자』의 「형세形勢」편에서) 「(임금이) 하늘의 법도를 잃으면 비록 (가득히) 찾더라도 반드시 고갈된다(失天之度, 雖滿必涸)」라고 말했다. 신하들이 군주를 가까이하지 않고, 백성들이 그 관리들을 믿지 못하여, 상하가 분리되어 화합하지 않으면, 따라서 비록 (백성들이) 스스로 편안하다 하여도 반드시 또한 위태로울 것이다. 따라서 (『관자』의 「형세形勢」편에서) 「상하가 불화하면, 비록 편안하나, 반드시 위태로울 것이다(上下不和, 雖安必危)」라고 말했다."8)

당말唐末 오대五代 시기의 두광정杜光庭(850-933)은 이렇게 말한다. "나라를 세우는데, 도道로써 하지 않으면 민중이 들고일어나고 친한 이들이 갈라서며, 입신立身하는데 '도'로써 하지 않으면, 위난危難을 피하지 못하고, 재화災禍에 빠지게 된다. (임금이 도道와 덕德을 가졌다면,) 패했더라도, 발꿈치를 되돌리지 않고, 몰아치고 뽑혀 나가도 희망을, 갖게 될 것이다. 오직 도道와 덕德을 기반[基]으로 하면, 위태로움은 없을 것이다."9) 이것을 보면 『노자』에서 통치자를 통치자[王]로 만드는 것은 오로지 도道와 덕德일 뿐임을 알 수 있다.

---

8) '地大國富, 民衆兵强, 此盛滿之國也. 雖已盛滿, 無德厚以安之, 無度數以治之, 則國非其國, 而民無其民也. 故曰:「失天之度, 雖滿必涸.」臣不親其主, 百姓不信其吏, 上下不和, 故雖自安必且危之. 故曰:「上下不和, 雖安必危.」', 『管子校注』, 「形勢解」제六十四편, 黎翔鳳撰, 下冊, 上同, 1,182, 1,183頁.

9) '[義曰: 立國不以道, 衆叛親離; 立身不以道, 犯危踣禍. 敗不旋踵, 傾拔可期. 唯道德爲基, 則無危殆矣.', 『道德眞經廣聖義』, 「善建不拔」章第五十四, 唐 杜光庭撰, 中國哲學書電子化計劃, https://ctext.org 참조.

18.
덕德을 두텁게 가진 이는 갓난아이에 견줄 수 있다(55)

덕을 두텁게 가진 이는 갓난아이에 견줄 수 있다. 벌, 전갈, 살모사와 뱀은 (갓난아이를) 쏘지 않고, 사나운 새나 맹수도 채가지 않는다. (아이의) 뼈는 약하고 부드러우나 굳세게 잡는다. 암수의 합을 모르나 사내아이 고추가 작동하니, 정기[精]는 지극하다. 종일 울어도 목이 쉬지 않으니 조화[和]가 지극하다. 조화를 알기에 '항상[常]'이라 하고, '항상'을 아니 '밝음[明]'이라 하고, 삶에 보탬을 '해침[戕]'이라 한다. (의당히 보이지 않는) 마음[心]이 기氣를 부림은 '힘을 씀[强]'이라 한다. 사물은 강성하면 노쇠하니 도道에 맞지 않음이라 하고, '도'에 맞지 않으면 일찍 죽는다.

[含德之厚者, 比於赤子. 蜂蠆虺蛇弗螫, 攫鳥猛獸弗搏. 骨弱筋柔而握固. 未知牝牡之合而朘怒, 精之至也. 終日號而不嚘, 和之至也. 知和而曰常, 知常曰明, 益生曰祥.1) 心使氣曰强.2) 物壯則老, 謂之不道, 不道早已.3)]

---

1) 이쑨딩易順鼎1858-1920)에 의하면, 요夭는 '상서롭지 않음[不祥]'이다. 마쉬룬馬敍倫(1885-1970)은, 祥은 '祥'은 '장戕[죽임, 손상]'의 假借이라 말한다. 『老子道德經注』五十五章, 『王弼集校釋』上冊, 樓宇烈校釋, 上同, 147頁, 注7 참조.

2) 樓宇烈에 의하면, 여기서 强은 마땅히 强壯의 뜻이다. 『老子道德經注』五十五章, 『王弼集校釋』上冊, 樓宇烈校釋, 上同, 147頁, 注8 참조.

3) 河上公에 의하면, '不道早已'는 "道를 얻지 못한 자는 일찍 죽는다."의 뜻이다. 『老子道德經河上公章句』, 玄符第五十五章, 上同, 213頁.

이 장도 역시 노자가 통치자에 대해서 훈교訓敎하는 말이다. 통치자는 '갓난아이[赤子]'처럼 유약해 보여야 하며, 힘을 마구 쓰거나 강대해 보이면, 늙어[老衰]가게 되니, 항상 조화할 것을 가르친 것이다.

덕이 후한 임금은 '갓난아이[赤子]'에 비견될 수 있다. 부드럽고 연약한 어린아이는 벌이나 전갈, 독사도 물지 않고, 사나운 새나 맹수도 공격하지 않는다고 노자는 말하는 것이다. 그런 이의 근골筋骨은 유약柔弱해 보이나 주먹을 쥐면 확고하다. 어린아이[赤子]가 비록 남녀의 교합을 아직 몰라도 작은 고추는 발기하니, 이는 정기精氣가 충만한 증거다. 어린아이가 종일 울어도 목이 쉬지 않음은 원기가 왕성하기 때문이다. 정기가 왕성하고 원기元氣가 조화로우면 상도常道를 갖게 되고, '상도'를 갖게 되면 '밝음[明]'의 지혜를 얻게 된다고 한다. 그러나 삶에 무언가를 덧붙이려고 하면, 그 삶을 도리어 해치게 되는 법이다. 눈에는 보이지 않는 '마음[心]'이 억지로 기를 쓰면, 멋대로 '힘을 쓰게 됨[强]'이 된다. 사물은 강성하면 바로 노쇠하게 되니, 이것은 '상도常道'와 맞지 않는다. 통치자가 '상도'와 맞지 않는 방책을 쓰면, 그는 '일찍 죽게 됨[早已]'뿐이라고 노자는 말한다.

하상공河上公은 그의 주注에서 "(이것은) 도道와 덕德을 '품고 있음[含懷]'이 두터움을 말한 것이다. 신명神明은 덕德을 품은 사람을 도우니, 부모가 어린아이를 대함과 같다. (그런 이는) 벌[蜂], 전갈[채蠆], 뱀[蛇], 살모사[虺]도 쏘지 않는다. 어린아이는 사물에 해害를 당하지 않고, 사물 또한 그를 해치지 않는다. 그러므로 태평한 세상에는 사람은 귀천貴賤이 없으니, 모두 '사랑하는 마음[仁心]'을 가지며, 가시[棘] 있는 사물도 또한 자기 근본[本]으로 돌아간다. 독 있는 벌레도 사람을 상하게 하지 않는다. 어린아이는 근육과 뼈가 유약하나 물건을 견고하게 잡는 것은 그 뜻[意]이 온전하고 마음이 움직이지 않기 때문이다. 어린아이는 아직 남녀의 결합을 모르나 음陰으로 왕성한 것은 정기精氣가 많기에 일어난 것이다. 어린아이가 아침부터 저녁까지 울어도 소리가 변하지 않는 것은 화기和氣가 많아서 생긴 것이다. 사람이 화기和氣의 유약柔弱함이 사람에게 보탬이 됨을 알 수 있게 되면, 도道의 '항상 됨[常]'이 된다. 사람이 '도'의 상행常行을 알 수 있으면, 날로 현묘玄妙한 것에 분명히 도달한다. 상祥은 자라남[長]이다. 더욱 살려는 욕구가 자생自生하니, 날로 자라나 커짐을 말한 것이다. 마음이 마땅히 전일專一하고 화유和柔하게 되니, 신기神氣가 안[內]를 실實하게 하기에, 따라서 모양[形]이 부드럽다. 반대로 하는 바가 허망[妄]하면 화기和氣가 가운데[中]에서 떠나기에, 따라서 형체는 날로 '굳세고 강[剛强]하게' 된다. 만물은 강성함[壯]이 극한에 이르면 '말라서 늙어간다[枯老].' 말라서 늙게 되면, 도道를 얻을 수 없다. '도'를 얻지 못한 자는 일찍 죽는다."라고[4] 풀이하고 있다. 하상공은, 어린아이는 약하고 부드러우나, 해로운 것들이 해치지 못한다고 말한다. 그것은 화기和氣가 많기 때문이라고 말한다. 그는 사람이 말라서 노쇠하게 되면, 뻣뻣하게 '견고하게 되나 쇠해지니', 그것은 죽는 것이라고 말한다. 그렇기에 도道를 얻지 못하면 '일찍 죽을[早死]' 뿐이라고 말한다.

왕필은 그의 주注에서 "어린아이는 '구할 것도 없고[無求]' '바랄 것도 없음[無欲]'이니, 따라서 독 있고 쏘는 사물이 사람에게 범접犯接하지 못

---

4) '謂含懷道德之厚也. 神明保佑含德之人, 若父母之於赤子也. 蜂蔓蛇虺不螫, 赤子不害於物, 物亦不害之. 故太平之世, 人無貴賤, 皆有仁心, 有刺之物, 還反其本, 有毒之蟲, 不傷於人. 赤子筋骨柔弱而持物堅固, 以其意專而心不移也. 赤子未知男女之合會而陰作怒者, 由精氣多之所致也. 赤子從朝至暮啼號聲不變易者, 和氣多之所致也. 人能和氣之柔弱有益於人者, 則爲知之常也. 人能知道之常行, 則日以明達於玄妙也. 祥, 長也. 言益生欲自生, 日以長大. 心當專一和柔而神氣實內, 故形柔. 而反使妄有所爲, 則和氣去於中, 故形體日以剛强也. 萬物壯極則枯老也. 枯老則不得道矣. 不得道者早死.',『老子道德經河上公章句』,「玄符」第五十五, 上同, 211頁.

한다. 덕德을 품은 것이 두터운 자는 사물을 침범하지 않기에, 따라서 그 온전함을 덜어낼 것[物]은 없다. (어린아이는) 유약柔弱하기 때문에, 따라서 쥠[握]에는 견고할 수 있다. 작作은 자라남[長]이다. 자기 몸을 손상케 할 물건이 없으니, 따라서 온전하게 자랄 수 있다. '덕'을 품음이 두터운 자라면, 자기 '덕'을 손상하고, 그 참[眞]을 변질시킬 것이 없음을 말한 것이다. 유약하나 다투지 않아서 부러뜨릴 수가 없으니, 모두 이와 같다. 다투려는 마음이 없기에, 따라서 종일 소리를 질러도 목이 쉬지 않는다. 사물[物]이 화합[和]을 상常으로 삼으니, 따라서 화합을 알기에 '항상 됨[常]'을 얻는 것이다. 밝지[皦]도 않고 어둡지[昧]도 않고, 덥지[溫]도 않고 서늘하지[凉]도 않으니, 이것이 '항상 됨[常]'이다. 얻어서 볼만한 모양이 없기에, 따라서 (『노자』 55장에서) 「항상 됨을 아는 것이 밝음[知常曰明]이다」라고 말한 것이다. 삶은 (더) 보탤 수 없으니, 보태면 '일찍 죽음[夭]'이다. 마음[心]은 의당 없어야 하는데, 기氣 만 강장强壯하게 만듦"이라고5) 풀이하고 있다. 왕필은, 어린아이는 유약하기에 쥠[握]에는 견고할 수 있으며, 자기 몸을 손상케 할 물건이 없으니, 따라서 온전하게 자랄 수 있다. 밝지[皦]도 않고 어둡지[昧]도 않고, 덥지[溫]도 않고 서늘하지[凉]도 않으니, 이것이 '항상 됨[常]'이라고 말한다. 이런 「항상 됨을 아는 것이 밝음[知常曰明]이 중요하다고, 왕필은 우리에게 설명하고 있다.

이 장에 대한 총체적 평가는 당唐나라 말기의 두광정杜光庭에서 찾을

---

5) '赤子, 無求無欲, 不犯衆物, 故毒螫之物無犯於人也. 含德之厚者, 不犯於物, 故無物以損其全也. 以柔弱之故, 故握能堅固. 作, 長也. 無物以損其身, 故能全長也. 言含德之厚者, 無物以可以損其德, 渝其眞. 柔弱不爭而不摧折, 皆若此也. 無爭欲之心, 故終日出聲而不嗄也. 物以和爲常, 故知和則得常也. 不皦不昧, 不溫不凉, 此常也. 無形不可得而見, 故曰:「知常曰明」也. 生不可益, 益之則夭也. 心宜無有, 使氣則强.', 『王弼集校釋』上冊, 「老子道德經注」55章, 樓宇烈校釋, 上同, 143, 144頁.

수 있다. "덕을 함유하면 반드시 기氣에 맡기고서 유약柔弱하게 되는데, 삶[生]에 (무언가를) 보태고자 하면 마음이 강포強暴하게 되는 것이다. 유약함이 진상眞常에 합당하니, 강포함은 수련에 어긋난다. 나라를 다스림 또한 유화柔和한 것을 최상의 방책으로 해야 하고 강포함을 능사로 해서는 안 된다. 부드러움을 버리고서 강포함에 맡긴다면 (임금은) 몸을 잃고 나라를 패망시킬 것이다."[6] 이러한 왕진의 해석은 합당하다고 필자는 생각한다.

---

6) '義曰:「含德必任氣而柔弱, 益生則使心而强梁. 柔弱合於眞常, 强梁乖乎修鍊. 理國亦以柔和爲上, 不以强大爲能. 棄柔任强, 喪身敗國矣.」', 『道德眞經廣聖義』, 「含德之厚」章第五十五, #35 唐 杜光庭撰, 中國哲學書電子化計劃 https://ctext.org 참조.

19.
아는 자는 말하지 않는다(56)

　　(통치를) 아는 자는 말하지 않고, 말하는 자는 모른다. (임금은) 자기 지름길[兌, 변통]을 막고, 자기 문을 막는다. 자기 빛과 화합하고 자기를 특별하게 보이게 하지 않는다. 예기[銳]를 스스로 꺾고 (다투는) 분쟁을 해소한다. 이것이 '아득한 하늘과 같음[玄同]'이다. (임금은,) 따라서 (백성들을) 가까이할 수 있으나 친親할 수 없으며, 멀리하나 천시賤視할 수 없다. (임금은) 얻어서 이로울 수 없고, 얻어서 해로울 수도 없으며, 얻었다고 귀하게 될 수 없고, 얻었다고 천시받을 수도 없으니, (오직 도道로) 천하에 귀貴함이 된다.

　　[知者弗言, 言者弗知. 塞其兌, 閉其門,1) 和其光, 同其塵, 挫其銳, 解其紛.2) 是謂玄同.3) 故不可得而親, 不可得而疏; 不可得而利, 不可得而害; 不可得而貴, 不可得而賤; 故爲天下貴.]

---

1) 태兌는 태兌(지름길)와 통용되었다. 河上公은, "진塵을 '스스로를 특수하게 봄'을 不當함으로" 보았다. 『老子道德經河上公章句』, 玄德第五十六章, 上同, 217頁, 注9 참조.

2) 王弼은, '解其紛'을 '싸움하는 원천을 없앰[除爭原]'으로 보았다. 『老子道德經注』五十五章, 『王弼集校釋』上冊, 樓宇烈校釋, 上同, 148頁 참조.

3) 河上公은, '玄同'에서, "玄은 하늘[天]"로 보았다. 『老子道德經河上公章句』, 玄德第五十六章, 上同, 217頁 참조.

『노자』56장에서, 원문原文: "「莫知其極」을 『이아爾雅・석고釋詁』에서, 「極, 至也」로, 『여씨춘추呂氏春秋・남제락覽制樂』편의 「樂人焉知其極」주注에서, (극極은) 「끝[終]과 같음」이라 했고, 『대학大學』의 「君子無所不用其極」주注에, (극極은) 「다함[盡]이다」, 굴원屈原(전343-전278)의 『초사楚辭・이소離騷』주注에서 (극極은) 「마치다[窮]」라고 하였으니," 그 뜻은 "그것이 궁진窮盡한 곳을 알지 못함[莫知其所窮盡]"이다.[4] 「덕을 겹쳐 쌓음[重積德]은 덕을 쌓아서 순후純厚한 것이니, 순후하면 이기지 못할 것이 없음을 말한 것이다. 한비韓非는, "덕을 쌓은 뒤에 정신이 고요해지고, 정신이 고요한 후에 조화가 많게 되고, 조화로움이 많은 뒤에 계책[計]을 얻게 되고, 계책을 얻게 된 뒤에 만물(만인)을 제어할 수 있으니, (임금이) 만물(만인)을 제어할 수 있으면, 전투에서 쉽게 적을 이기고, 전투에서 쉽게 적을 이기면 (그의) 주장[論]은 반드시 세상을 뒤덮을 것이기에, 따라서 (『노자』59장에서 임금은) 「극복하지 못할 것이 없다[無不克]」라고 말한다. 극복하지 못함이 없음은 덕을 쌓은 것을 중시함에서 근본[本] 하니, 따라서 (『노자』 59장에서) 「덕을 겹쳐 쌓으니, 극복하지 못할 것이 없음(重積德則無不克)」이라 말한다. 전투에서 쉽게 적을 이기면 (임금은) 천하를 아울러 갖게[兼有] 되니 (그의) 주장은 반드시 세상을 덮게 되고, 백성과 사람들이 (임금을) 따르게 되는 것이다. 나아가 천하를 겸병하고, 물러나서 백성과 사람들을 따르니, 그러한 술책[術]은 원대하게 된 것이니, 그러면 중인들은 그 끝[端末]을 볼 수가 없다. 그 끝을 볼 수 없기에 (중인들은) 그의 궁진한 것을 모르는 것이다. 따라서 (『노자』 59장에서) 「극복하지 못하는 것이 없으니 그 끝을 모른 것이다(無不克, 則莫知其極)."」라고[5] 말한 것이다.

---

[4] 『帛書老子校注』, 高明撰, 上同, 116頁.

하상공河上公은 임금이라면 '정욕情欲이 사납게 설쳐대도「도道는 무위無爲함」을 마땅히 염두에 두고 정욕을 꺾어서 억제해야 함'을[6] 말하였다. 그리고 임금은 분쟁이 있으면 그것을 마땅히 해소를 시켜야 하는 것이다. 이것이 '아득한 하늘과 같음[玄同]'이다. 현동玄同의 경지에 오른 통치자는 백성들로 하여금 스스로 친소親疏, 이해利害, 귀천貴賤을 따지게 하지 않으며, 도리[道]가 그렇게 만들도록 해야 한다.

특히 당唐나라의 왕진王眞은 『노자』 56장을 병법兵法과 관련지어 해석한다. "무릇 도道로써 용병用兵 하면, 지혜로운 자[知者]는 반드시 그 기밀機密을 말하지 않으나, 떠벌이는 자[言者]는 반드시 그 요점[要]을 모르는 것이다. 따라서「지혜로운 자는 말하지 않고, 떠벌이는 자는 모른다.」라고 하였다.「자기 '(쉬운) 방편[兌]'을 닫고, 자기 문을 막음[塞其兌, 閉其門]」은 전투함[兵]의 깊은 기밀이요,「자기 날카로움을 꺾고 분쟁을 해소함[挫銳解紛], 빛과 화합하고 자기를 특별하게 보지 않음[和光同塵]」은 전투함의 '지극한 요점[至要]'이다. 아울러「되도록 말할 수 없음[不可得而言]」, 이것은 '근원의 같음[元同]'을 말한 것이다. 그러므로 성인의 군대[師]는 전투하면 승리하고 수비하면 견고하여, 천하에 적대할 것이 없다. 그러나 천하의 적들을 가볍게 보지 않기 때문에 '멀고 가까운 자[遠近者]들'이 친밀하거나 소원할 수가 없고, '혜택을 입거나 원망하는 자[惠怨者]들'이 이롭고 해로움을 따질 수 없으며, '동등한 자[等夷者]들'은 (보다) 귀해

---

5) '積德後神靜, 神靜而後和多, 和多而後計得, 計得而後能御萬物, 能御萬物則戰易勝敵, 戰易勝敵而論必蓋世, 論必蓋世, 故曰「無不克」. 無不克本於重積德, 故曰「重積德則無不克」. 戰易勝敵則兼有天下, 論必蓋世則民人從. 進兼天下而退從民人, 其術遠, 則衆人莫見其端末. 莫見其端末, 是以莫知其極, 故曰:「無不克, 則莫知其極.」', 『韓非子新校注』上冊,「解老」第二十, 陳奇猷校注, 上同, 396頁.
6) '情欲有所銳爲, 當念道無爲以挫止之.', 『老子道德經河上公章句』, 玄德第五十六章, 上同, 217頁.

지거나 천해질 수 없기에, 따라서 천하 (사람들)이 (모두) 귀중하게 되는 것이다."[7]

이와 같은 왕진王眞의 해석은 전쟁과 관련지어 새로운 시각에서 『노자』 56장을 탁월하게 설명하고 있다고 본다.

---

[7] '夫以道用兵, 則知者必不言其機也, 言者必不知其要也. 故曰:「知者不言, 言者不知.」「塞其兌[坑], 閉其門」者, 兵之深機也;「挫銳解紛, 和光同塵」者, 兵之全要也. 幷「不可得而言」也, 是以謂之元同. 故聖人之師, 以戰則勝, 以守則固, 非天下之所敵也. 然而不敢輕天下之敵, 是以遠近者不可得而親疏, 惠怨者不可得而利害, 等夷者不可得而貴賤, 故爲天下之所貴重也.',『道德經論兵要義術』,「知者不言章第五十六」, 唐 王眞撰, 中國哲學書電子化計劃, https://ctext.org 참조.

20.
바름[正]으로 나라 다스림(57)

바름[正]으로 나라 다스리고, '기이한 술수[奇]'로 전쟁을 벌이고, '일을 벌이지 않음[無事]'으로써 천하를 얻는다. 나는 그러한지 어떻게 아는가?
　천하(세상)에 '금령禁令[忌諱]'이 많을수록 백성은 더욱 가난해지고, 백성에게 무기가 많을수록 나라는 더욱 혼란에 빠지며, 사람이 지식과 계교가 많을수록 신기한 기물은 더욱 많아지고, 법령이 분명하고 세밀細密할수록 도적은 더욱 많아진다.
　이 때문에 성인의 말씀은 이렇다. "내가[임금] '(일부러) 하지 않아도[無爲]' 백성이 스스로 변화하고[自化], 내가 '고요함[靜]'을 좋아하니 백성이 스스로 바르게[自正] 되고, 내가 '일을 벌이지 않으니[無事]', 백성이 스스로 부유해지고[自富], 내가 욕심내지 않고자 하니[不欲], 백성이 스스로 순박해진다[自樸]."

[以正治邦, 以奇用兵, 以无事取天下. 吾何以知其然哉? 夫天下多忌諱, 而民彌貧. 民多利器, 而邦家滋昏. 人多知巧, 而奇物滋起. 法物滋彰, 而盜賊多有. 是以聖人之言曰: 我无爲而民自化, 我好靜而民自正, 我无事而民自富, 我欲不欲而民自樸.]

왕필王弼본본에는「吾何以知其然哉? 以此.」가 있으나 백서帛書『노자』갑, 을본에는 '以此' 두 자가 없다. "以此」 두 자는 『노자』 원본에 있던 것이 아니고 후세에 가미한 것이니, 마땅히 백서帛書 갑, 을본에 근거하여 잘라 버린다."[1] 왕필은 "이기利器란 무릇 자기만 날카롭게 할 수 있는 도구[器]이다. 백성이 강하면 나라는 약해진다."라고[2] 말한다. 하상공河上公도 "이기利器는 변통變通[權]이다. 백성은 변통이 많으면 보는 이는 눈이 어지러워지고[眩], 듣는 이는 귀에 착각[惑]이 있게 되어 상하가 친해질 수 없으므로, 나라가 혼란해진다."라고[3] 말한다. 까오헝高亨(1900-1986)은 "이기利器는 곧 무기이니 민간에 무기가 많으면 나라는 곧 혼란스러워진다."라고[4] 말하는데 이런 해석이 옳은 것 같다.

　이 장은 노자의 '나라 다스림[治國]'과 '천하를 평화롭게 함[平天下]'의 사상을 나타내고 있다. 나라를 다스리며 천하를 평화롭게 하는 일은 '전쟁을 벌이는 일[用兵]'과 전혀 같지 않다는 것이다. 전쟁에서는 '기이함[奇]'을 발휘해야 하나, 나라를 다스리는 요점은 통치자의 '바른 도[正道]'에 있다. 그러므로 통치자는 '함 없음[無爲]'과 '고요함[靜]'을 좋아하고, '일을 벌이지 않으며[無事]', '욕심 없음[不欲]'을 행해야 하는 것이다. 통치자가 이렇게 하면 백성들이 '스스로 변화[自化]'하고, '스스로 바르게[自正]' 되고, '스스로 부유해[自富]'지고, '스스로 순박淳朴해' 진다는 것이다.

　여기에서 하상공河上公은 이렇게 말한다. "성인은 「내가 도道를 닦고서 참[眞]을 지켜서, (기쁨, 노함, 슬픔, 즐거움, 좋아함과 미워함의) '여섯 가지 정서[六情]'을 끊어낸다면, 백성들은 스스로 '내임금'를 따르고 맑아진

---

1) 『帛書老子校注』, 高明撰, 上同, 103頁.
2) '利器, 凡所以利己之器也. 民強則國家弱.', 『王弼集校釋』上冊, 「老子道德經注」57章, 상동, 150頁.655
3) '利器者, 權也. 民多權, 則視者眩於目, 聽者惑於耳, 上下不親, 故國家昏亂.', 『老子道德經河上公章句』,, 「淳風」第五十七, 王卡點校, 上同, 221頁.
4) 『帛書老子校注』, 高明撰, 上同, 104頁.

다.」라고 말한다."⁵⁾ 요컨대 임금은 자의적으로 정치하면 안 된다고 강조하는 것이다. 노자는 군주의 사적이고 자의적인 통치를 반대하고, 백성들 스스로 자치할 수 있게 하는 자유방임의 정치를 원한 것이다.

『문자文子』는 『노자』 57장을 다음과 같이 해석한다. "제왕帝王은 자기 백성을 부유하게 하고, 패왕霸王은 자기 영지를 부유하게 하고, '위태로운 나라[危國]'는 자기 관리들을 부유케 하는데, '다스려지는 나라[治國]'에는 (관리들이) 충분하지 않은 듯하지만, '망하는 나라[亡國]'에는 (나라의) 곡식 창고[困倉]가 텅 비게 되니, 따라서 (『노자』 57장에서) 「임금이 '일을 벌이지 않아야[無事]' 백성은 스스로 부유해지고, 임금이 '함 없어야[無爲]' 백성은 스스로 교화한다.」라고 말한다."⁶⁾ 이렇듯 노자는 통치자가 직접 백성을 통치하는 대신 백성들이 스스로 자치하게 하는 자유방임의 정치를 표방한다. 당연히 이 장에서는 군주의 주체적 통치행위를 반대하는, 황로黃老학의 정치철학이 드러나고 있다.

---

5) 『老子道德經河上公章句』, 淳風第五十七章, 上同, 222頁.
6) '帝王富其民, 霸王富其地, 危國富其吏, 治國若不足, 亡國困倉虛, 故曰「上無事而民自富, 上無爲而民自化.」', 『文子校釋』,, 文子著, 李定生, 徐慧君校釋, 上同, 295頁.

21.
화禍는 복福이 엎드려있는 곳(58)

정치에 차별이 없어지면 백성은 순박하고 도탑다. 정치가 **빡빡**하면 백성은 어둡고 밝지 않게 된다. 화禍란 복福이 엎드려있는 곳이고, 복은 화가 숨어있는 곳이다. 누가 그 끝을 안다는 말인가?

(임금이) 바르지 않다면 (나라는 없게 되니,) 바름도 다시 거짓이 되고, 선善함도 다시 요망하게 된다. 사람들이 미혹된 지 진실로 오래되었다. 이에 성인은 정직함으로 (남을) 책망[苛責]하지 않으며, 정직[直]하나 (남을) 다치게[刺擊] 하지 않으며, (자신은) 곧으나 (남에게) 멋대로 하지 않으며, (자신은) 빛이 나나 (다른 사람을) 현혹하지 않는다.

[其政悶悶,1) 其民惇惇. 其政察察, 其民缺缺.2) 禍, 福之所倚; 福, 禍之所伏, 孰知其極?3) 其无正也,4) 正復爲奇,5) 善復爲妖. 人之迷也, 其日固久矣. 是以方而不刺,6) 直而不肆,7) 光而不耀.]

---

1) 悶悶은 구별 없는 모습이다. 『王弼集校釋』上冊, 樓宇烈校釋, 上同, 153頁, 注2 참조.
2) 缺缺은 어둡고 밝지 않은 모양이다. 『王弼集校釋』上冊, 樓宇烈校釋, 上同, 153頁, 注6 참조.
3) 極은 끝, 極限이다. 『老子繹讀』58章, 任繼愈著, 上同, 127頁, 注2 참조.
4) 無는 不이다. 임금이 자기 몸을 바르게 하지 않으면, 나라는 없음이다. 『老子道德經河上公章句』, 順化第五十八章, 上同, 226頁.
5) 奇는 거짓(詐)이다. 『老子道德經河上公章句』, 順化第五十八章, 上同, 226頁.
6) 方은 正直이다. 『王弼集校釋』上冊, 樓宇烈校釋, 上同, 154頁, 注12 참조; 자刺는

왕필은 주注에서 "정치를 잘 다스리는 자는 모양이 없고[無形], 이름이 없고[無名], 일이 없고[無事], 천거할 만한 '정치가 없어서[無政]' 차별할 것이 없으니 마침내 '큰 다스려짐[大治]'에 이른다. 따라서 (『노자』 58장에서)「정치에 차별이 없음(其政悶悶)」이라고 했다. 그 백성은 경쟁하는 바가 없어 관대하고 순하고 도타우니[淳淳]. 따라서 (『노자』 58장에서)「그 백성은 순박하고 도탑다(其民淳淳)」라고 했다. 형벌과 법[刑名]을 확립하고, 상벌과 작위[賞爵]을 분명히 하고, 불법[姦]과 거짓[僞]을 단속하였기에, 따라서 (『노자』 58장에서)「그 다스림은 깨끗하다(其政察察)」라고 했다. (上下, 賢愚, 貴賤 등) 부류를 분별하였는데, 백성은 다투는 마음을 가졌기에, 따라서 (『노자』 58장에서)「그 백성은 어두워서 알지 못하게 하였다(其民缺缺)」라고[8] 말한다. 이렇듯 노자는 이 장에서 세심하게 통치자를 훈육하는 말을 하고 있다.

　통치자가 백성을 차별 없이 대하면, 백성은 자연히 순박해지고 충성스러워진다고 이 장에서는 말한다. 그러나 너무 빡빡하게 다스리면, 백성은 어두워지며 밝은 웃음을 띠지 못하게 된다. 화복禍福이나 길흉이란 전환되는 것이다. 누가 그 끝을 알겠는가? 임금은 언제든 정도正道를 걸어야 한다. 그렇게 하지 않으면 바름도 거짓이 되고, 선함도 요망한 것으로 변하게 된다. 임금이 이런 엄연한 사실들에 대하여 미혹된 지가 이미

『說文解字』에서, '刺은 直傷(바로 상하게 함)이라' 한다. 韓非는 「死生의 命은 기필코 지키나, 資財는 담박淡薄하게 대하여 자기를 규율함이니, 이것으로 남에게 가책苛責함은 不可하다!'라고 말했다. 남을 심히 문책함이 자격刺擊이다. 『帛書老子校注』, 高明撰, 上同 참조.

7) 사肆는 멋대로(放肆)의 뜻이다. 『老子繹讀』58章, 任繼愈著, 上同, 127頁, 注7 참조.
8) '言善治政者, 無形, 無名, 無事, 無政可擧, 悶悶然, 卒至於大治. 故曰「其政悶悶」也. 其民無所爭競, 寬大淳淳, 故曰「其民淳淳」也. 立刑名, 明賞爵, 以檢姦僞, 故曰「其政察察」也. 殊類分析, 民懷爭競, 故曰「其民缺缺」.', 『王弼集校釋』上冊, 「老子道德經注」58章, 樓宇烈校釋, 上同, 151, 152頁.

오래되었다. 그렇기에 올바른 정치를 아는 성인은 자기 자신이 정직하다고 상대방을 깎아내리거나, 자기가 청렴하다고 상대방에게 상처를 입게 한다거나, 자기가 곧다고 상대방을 함부로 막 대하지 않으며, 자기에게 빛이 난다고 과시함으로써 상대를 어지럽히는 우매한 짓을 하지 않는 법이라고 말한다.

한비는 「해노解老」편에서 이렇게 말한다. "사람이 화禍를 당하면 마음이 두려워지는데, 마음이 두려워지면 행동이 단정해지고 곧게 된다. 행동이 단정하고 곧으면 사려가 무르익고, 사려가 무르익으면 사리를 얻게 된다. 행동이 단정하고 곧으면 화와 해로움[禍害]이 없어진다. 화해가 없어지면 천수[天年]를 다하게 되고, 사리를 얻게 되면 반드시 성공하니, 천수를 다하여 온전하게 장수하고, 반드시 성공하여 부유하고 '높은 신분[貴]'이 되니, 수명과 부귀를 온전히 누림을 일러 복이라 한다. 복은 화禍 있음에 '바탕[本]'을 두었으니, 따라서 (『노자』 58장에서) 「화禍란 복이 엎드려있는 곳이다(禍兮福之所倚).」라고 말한다. 자기 공을 이룸 때문이다. 사람이 복을 가지면 부귀가 따라오고 부귀가 오면 입는 것[衣]과 먹는 것[食]이 좋게 되고, 의식衣食이 좋아지면, 교만한 마음이 생겨나니 행동이 삐뚤어지고 편벽되어서 행동함에 도리를 버리게 된다. 행동이 삐뚤어지고 편벽되면 몸이 일찍 죽게 되고, 행동함에 도리를 버렸으니, 성공이 없게 된다. 안으로 죽거나 요절하는 어려움이 있고 밖으로 성공하는 이름이 없게 되는 것이 큰 화禍이다. 그래서 화禍의 근본은 복福이 있음에서 생겨나니, 따라서 (『노자』 58장에서) 「복은 화가 숨어있는 곳이다(福兮禍之所伏).」라고 말한다. 무릇 도리를 따라서 일을 하면 이루지 못할 것이 없으니, 크게는 천자天子이 세력과 존귀함을 이룰 수 있고, 작게는 경상卿相이나 장군將軍의 상록賞祿을 쉽게 얻는다. 무릇 도리를 버리고 망동하는 자는 비록 위로 천자나 세후의 세력과 손엄이 있고 아래로 의돈猗頓이나, 도주陶朱나 점쟁이[卜祝]의 부유함이 있다고 하더라도, 오히려 자기 백성들이나 사람들을 잃어버리고, 자기 재산을 잃게 된다. 뭇사람[衆人] (중에) 도리를 쉽게 버리고 가볍게 잊어버리고 망동하는 자들은 자기의 화복禍福이 이렇게 깊고 크며, 도道가 넓고 먼 것인지를 모르는 것이니, 따라서 (『노자』 58장에서) 사람들에게 「어떻게 그 끝을 알겠는가(孰知其極)?」라고 알리는 것이다. … 지금 뭇사람이 자기가 이르고자 하는 곳에 이를 수 없으니, 따라서 (『노자』 58장에서)「사람의 미혹 됨이 진실로 오래되었다(人之迷也, 其日固以久矣).」라고 말한다. 이른바 방方은 내외의 상응相應이고, 언행이 '서로 걸맞음[相稱]'이다. 이른바 '청렴[廉]'은 생사生死의 절도를 반듯하게 함이고, 재산을 가볍게 봄이다. 이른바 '곧음[直]'은 의로움[義]이 반드시 공정하여 공심公心으로 기울어진 당파가 없음이다. 이른바 빛[光]은 관작官爵이 존귀하고 의구衣裘가 장려함이다. … 그러므로 (『노자』 58장에서)「정직하나 잘라내지 않으며, 청렴하나 다치게 하지 않으며, 곧으나 멋대로 하지 않으며, 빛이 나나 현란하게 하지 않는다(方而不割, 廉而不劌, 直而不肆, 光而燿)」라고 말하는 것이다."9) 한비의 해설은 가히 탁월하다고 하겠다.

---

9) '人有禍則心畏恐, 心畏恐則行端直, 行端直則思慮熟, 思慮熟則得事理, 行端直則無禍害, 無禍害則盡天年, 得事理則必成功, 盡天年則全而壽, 必成功則富與貴, 全壽富貴之謂福. 而福本於有禍, 故曰:「禍兮福之所倚.」以成其功也. 人有福則富貴至, 富貴至則衣食美, 衣食美則驕心生, 驕心生則行邪僻而動棄理. 行邪僻則身死夭, 動棄理則無成功. 夫內有死夭之亂, 而外無成功之名者, 大禍也. 而禍本生於有福, 故曰:「福兮禍之所伏.」… 夫緣道理而從事者無不成者, 大能成天子之勢尊, 而小易得卿相將軍之賞祿. 夫棄理而忘舉動者, 雖上有天子諸侯之勢尊, 而下有猗頓, 陶朱, 卜祝之富, 猶失其民人而亡其財資也. 衆人之輕棄道理而易忘舉動者, 不知其禍福之深大而道闊遠若是也, 故諭人曰:「孰知其極.」… 今衆人之不能至於其所欲至, 故曰:「人之迷也, 其日固以久矣.」所謂方者, 內外相應也, 言行相稱也. 所謂廉者, 必生死之命也, 輕恬資財也. 所謂直者, 義必公正, 公心不偏黨也. 所謂光者, 官爵尊貴, 衣裘壯麗也. … 故曰:「方而不割, 廉而不劌, 直而不肆, 光而燿.」', 『韓非子新校注』, 「解老」第二十, 韓非著, 陳奇猷校注, 上冊, 上同, 386-390頁.

22.
사람을 다스리고 하늘을 섬김에는 농사만 한 것이 없다(59)

사람을 다스리거나 하늘을 섬김에는 농사(嗇, 穡)만 한 것이 없다. 농사만이 (道常에) '일찍 돌아가는' 것이다. (道常에) '일찍 돌아가는' 것이란 거듭 쌓은 덕이다. 쌓은 덕을 중시한다면 이기지 못할 것이 없고, 이기지 못할 것이 없으면 자기 (역량의) 끝을 모른다. 자기 (역량의) 끝을 모르면 나라를 가질 수 있다. 나라를 가질 수 있는 어머니(인 도道)는 장구할 수 있다. 이것이 뿌리가 깊고 꼭지가 튼튼함이니, 장생하고 오래 사는 도道이다.

[治人事天, 莫若嗇.1) 夫唯嗇, 是以早服.2) 早服, 是謂重積德. 重積德, 則无不克. 无不克, 則莫知其極. 莫知其極, 可以有國. 有國之母,3) 可以長久. 是謂深根固柢, 長生久視之道也.4)]

---

1) 색嗇은 색穡의 빌린 글자이다. 따라서 王弼은 색嗇을 농부로 보았다. 『王弼集校釋』上冊, 樓宇烈校釋, 「老子道德經注」59章, 上同, 155頁.

2) 高亨(1900-1986)은, 服자 아래에 마땅히 道자가 있어야, 早服道와 重積德과 句法이 같게 된다고 보았다. 馬敍倫, 范應元, 蔣錫昌, 奚侗 등은 經文에서 早服은 마땅히 早復되어야하니, 早復은 道에 일찍 들아감의 뜻이다. 工弼은 이 구의 注文에 '早服' 아래에 其자가 탈락한 것으로 여겼으니, 이 문장은 당연히 「早服其常」이다.『王弼集校釋』上冊, 樓宇烈校釋, 『老子道德經注』59章, 上同, 157頁, 注4 참조.

3) 母는 道이다. 『老子道德經河上公章句』, 守道第五十九章, 上同, 231頁.

4) 視는 '살아감活'의 뜻이다. '久視'는 '오래 살아감'이니 長生의 뜻이다. 『老子繹讀』59

왕필 주注에서는 "「막약莫若」은 '지나침이 없음[莫過]'과 같다. 색嗇[穡]은 농부이다. 농부가 밭을 다스림에는 그중 '별난 것[殊類]'들을 제거함에 힘을 써서 '고르게 한 가지[齊一]'로 돌아가게 한다. '그것이 스스로 그렇게 됨을 온전히 함[全其自然]'은 궁색하여 병들지 않게 하는 것이니, 병드는 것을 제거하는 것이다. 위로 천명天命을 받들고 아래로 백성을 위로하는 일보다 (더) 과중[過]한 일은 없다."라고5) 했다. 한비자韓非子는 "무릇 농사를 지을 수 있다는 것은 도道를 따르고, 도리[理]에 복종하는 것이다. 많은 이들[衆人]이 환난에 걸리고 화禍에 빠지는 것은, 아직 물러날 줄을 몰라서 도리에 복종하지 않는 것과 같다. 성인은 비록 아직 화환禍患의 모양[形]을 못 보았으나, (그것이) 허무虛無해 보여도 도리道理에 복종하니, 이를 '일찍 복종함[蚤服]'이라 한다. 따라서 (『노자』 59장에서) 「농사[嗇]는 이 때문에 (常道에) 일찍 복종함이다(夫謂嗇, 是以蚤服)」"라고6) 말한다. 이같이 통치자는 나라를 다스리는 데 있어 농업을 중시해야 하니, 노자는 농업이야말로 "뿌리를 깊이하고 꼭지를 튼튼히 하며 장생하고 오래 사는 도道(深根固柢, 長生久視之道也)"라고 말한다. 농업을 발전시키려면 불변하는 상도常道에 충실하여야 하며, 농사를 지으면 곡식을 쌓을 수 있으니 '쌓은 덕[積德]'을 중시하게 된다. 나라에 저축이 있다면 다른 나라를 싸워서 이기지 못할 나라가 없게 될 것이다. 이렇게 되면 임금은 무한한 역량을 갖춘 셈이다. 임금은 무한한 역량을 가져야만 비로소 나

章, 任繼愈著, 上同, 130頁, 注1 참조.
5) '「莫若」, 猶莫過也. 嗇, 農夫. 農夫之治田, 務去其殊類, 歸於齊一也. 全其自然, 不急其荒病, 除其所以荒病. 上承天命, 下綏百姓, 莫過於此.',『王弼集校釋』上冊, 樓宇烈校釋, 『老子道德經注』59章, 155頁.
6) '夫能嗇也, 是從於道而服於理者也. 衆人離於患, 陷於禍, 猶未知退, 而不服從道理. 聖人雖未見禍患之形, 虛無, 服從於道理, 以稱蚤服. 故曰:「夫謂嗇, 是以蚤服」.',『韓非子新校注』上冊,「解老」第二十, 陳奇猷校注, 上同, 395頁.

라를 다스리는 중임重任을 감당할 수 있는 것이다. 그리고 나라를 잘 다스리려면 이렇게 필요한 농업 생산능력을 확보해야만 하고 그래야만 나라가 영구하게 유지될 수 있다는 것이다. 이것이 바로 국운國運의 "뿌리를 깊게 하고 꼭지를 확고하게 하며, 장생하고 오래 사는 도道"에 합당하게 하는 방책이다.

허신許愼(약 58-147)의 『설문해자說文解字』에서도 "농부佃夫가 색부[嗇夫]라고 말한다."라고 하는데,[7] 색嗇은 '농사[穡]'와 통하는 것이다. 왕필王弼도 역시 '색嗇을 농부'라고 주석하고 있다. 정치에서 농업이 가지는 중요성을 『노자』 59장에서는 명백히 말하고 있다.

『관자管子』에서도 또한 농업을 나라 다스리는 도道라고 말한다. "임금이 농사를 이롭게 하지 않으면 곡식이 적어지고, 곡식이 적어지면 사람들이 가난해지고, 사람들이 가난해지면, 집을 가벼이 보고, 집을 가벼이 보면 쉽게 떠나며, 쉽게 떠난다면 임금의 명령은 반드시 실행되지 않을 것이며, 임금의 명령이 실행되지 않으면 금지해도 반드시 그치게 할 수 없고, 금지가 반드시 지켜질 수 없으면 전투에서 반드시 승리할 수 없으며, 수비도 반드시 굳건할 수 없을 것이다. … 곡식(농사)은 왕王의 본업[本事]이고, 임금[人主]의 큰 임무이며, 인민을 갖게 되는 길이니, 치국治國의 도道이다."[8] 노자의 뜻은 『관자管子』에서 더욱 확장되어 농업을 중시하는 사상으로 나타나는 것이다.

---

7) '故田夫謂之嗇夫.', 『說文解字』, 東漢 許愼著, 李翰文譯注, 嗇部, 中冊, 北京: 九州出版社, 2006, 437頁.

8) '上不利農則粟少, 粟少則人貧, 人貧則輕家, 輕家則易去, 易去則上令不能必行, 上令不能必行, 則禁不能必止, 禁不能必止, 則戰不必勝, 守不必固矣 … 粟者, 王之本事也, 人主之大務, 有人之塗, 治國之道也.', 『管子校注』, 「治國」第四十八, 黎翔鳳撰, 上同, 927頁.

23.
큰 나라를 다스림은 작은 생선을 지지는 것과 같다(60)

    큰 나라를 다스림은 작은 생선을 지지는 것과 같다. 도道로써 천하에 임하니, 기이한 것 같으나, 신비롭지 않다. 기이하여 신비롭지 않은 것이 아니라, 신비로움[神]이 사람을 해치지 않는다. 그 신비로움이 사람을 해치지 않음이 아니라, 성인도 또한 해치지 않는다. 무릇 둘이 서로 해치지 않으니, 따라서 덕은 함께 (그것들에) 귀속된다.

    [治大國, 若烹小鮮, 以道莅天下,1) 其鬼不神.2) 非其鬼不神也, 其神不傷人也. 非其神不傷人也, 聖人亦不傷也. 夫兩不相傷, 故德交歸焉.3)]

    한비는, "일이 크고 많다고 이것을 자주 뒤집으면, 성공함이 적은 것이다. '큰 그릇[大器]'에 (생선을) 담아두었는데 이를 자주 옮기면, '깨지고 다칠 일[敗傷]'이 많다. 작은 생선을 요리하며 자주 뒤적이면, 윤기가 나지 않는다. 큰 나라를 다스리는데 법을 자주 바꾸면, 백성들이 그로 인해

---

1) 이莅는 臨이다. 『老子繹讀』60章, 任繼愈著, 上同, 131頁 注2 참조.
2) 章炳麟(1869-1936)에 의하면, 鬼는 기夔(외발 짐승)의 오기이니, 夔는 사람과 비슷하나 사람이 아니다. 鬼, 夔는 音이 같다. 『老子繹讀』61, 任繼愈著, 上同, 132 注1 참조.
3) 交는 함께(俱, 共)의 뜻이다. 『王弼集校釋』上冊, 樓宇烈校釋, 『老子道德經注』60章, 159, 注8 참조.

고생한다. 이 때문에, 도道가 있는 임금은 고요함[靜]을 귀히 여기니, 변법變法을 중시하지 않기에, 따라서 (『노자』 60장에서) 「큰 나라를 다스림은 작은 생선을 요리함과 같다(治大國若烹小鮮)」라고[4] 말한다.

이 장에서는 도道로써 천하를 다스리면 귀신도 별 힘을 못 쓰니, 사람을 해칠 수 없다고 말한다. 귀신도 사람을 해칠 수 없듯이 나라를 다스리는 통치자도 백성을 해치거나 괴롭힐 수 없다는 것이다. 영명한 군주가 나라를 다스리는 것은 작은 생선을 지지는 이치와 같아서, 자주 뒤집으면 생선이 부스러져서 먹을 것이 없게 되는 것이다. 따라서 지도자는 백성을 자주 들볶지 말아야 한다고 노자는 강조한다. 성인은 모름지기 도道로써 백성을 다스리며 그렇게 되면 귀신도 장난을 치지 못하게 된다. 이러한 이치야말로 통치하는 사람이 잘 터득해야 하는 것이다. 그러므로 사람을 해칠 수 없는 임금의 성덕이란 곧 성인의 덕에 돌아가 합하는[合歸] 것이다.

하상공河上公은, 이 장에 대하여 "(임금의) 자리에 있으며 도道와 덕德으로 천하를 다스린다면, 귀신도 그 정신으로 사람들을 감히 침범할 수 없다. 귀신이 정신이 없어서가 아니라, 사특함이 '바른 것[正]'에 들어올 수 없으므로, 자연히 사람을 다치게 할 수 없는 것이다. 귀신이 사람을 상해할 수 없는 것이 아니라, 성인으로써 (임금) 자리에 있어도 사람들을 상해할 수 없기에, 따라서 귀신도 이에 간섭할 수 없다는 것이다. 귀신과 성인 둘이 서로 (사람을) 해치게 하지 못하는 것이다. 무릇 이 둘이 서로 (사람을) 해칠 수 없는 것은 사람은 양陽에서 다스림을 얻고 귀신은 음陰에서 다스림을 얻기 때문으로, 사람은 자기 생명을 온전히 할 수 있고

---

4) '事大衆而數撓之則少成功, 藏大器而數徙之則多敗傷, 烹小鮮而數撓之則賊其澤, 治大國而數變法則民苦之. 是以有道之君貴靜, 不重變法, 故曰:「治大國若烹小鮮.」', 『韓非子新校注』上冊, 「解老」第二十, 陳奇猷校注, 上同, 400頁.

귀신은 자기 신비로움을 보유할 수 있어서, (그들의) 덕은 서로 귀결이 된다."라고5) 말한다.

당唐나라 사람 왕진王眞은 이렇게 말한다. "천하의 나라를 다스리는 사람은 모두 작은 생선을 지지는 것과 흡사하다. 마땅히 안정하여 번거롭지 않게 함을 바탕[本]으로 삼아야 하니, 일단 안정으로서 바탕을 삼았다면, 자연히 자기의 도道를 잃지 않는다. '도'가 일단 잃지 않았다면 음양이 크게 화합하고, 바람과 비가 때맞추어 내릴 것이니, 각종 신령이 편안함을 얻게 된다. 각종 신령이 일단 편안함을 얻었으면, 요정의 무리가 괴이한 일을 벌이지 않을 것이니, 따라서 「귀신이 신비롭지 않다.」라고 말한다."6)

이러한 왕진王眞의 해석도 흥미롭기에 여기에 부가한다.

---

5) '以道德居位治天下, 則鬼不敢見其精神以犯人也. 其鬼非無精神, 邪不入正, 不能傷自然之人. 非鬼神不能傷害人, 以聖人在位不傷害人, 故鬼神不敢干之也. 鬼與聖人俱兩不相傷也. 夫兩不相傷, 人得治於陽, 鬼得治於陰; 人得全其性命, 鬼得保其精神, 故德敎焉.', 『老子道德經河上公章句』, 居衛第六十章, 上同, 235, 236頁.

6) '治天下国家之人, 似烹煮小鱼也, 当以安静不挠为本, 既以安静为本, 自然不失其道. 道既不失, 陰陽大和, 則風雨时若, 風雨时若, 則百靈獲安, 百靈既安, 則妖精之徒不能爲變怪之事, 故曰:「其鬼不神.」, 『道德經論兵要義述』, 「治大國」章 第六十章, 卷之四 #1, 唐 王眞撰, 中國哲學書電子化計劃, https://ctext.org 참조.

24.
큰 나라는 (자신을) 낮추고 흘러가야 한다(61)

    큰 나라는 겸허하게 자기를 낮추니 (아래로 물이) 흐름과 같다. 천하의 암컷[牝]이다. 천하에서 교합 함에 암컷은 고요함[靜]으로 수컷을 이긴다. 그의 고요함 때문이니, 따라서 (암컷은) 의당 아래가 된다. 그러므로 큰 나라는 작은 나라에 대해 자기를 낮춤으로써 작은 나라를 받아들인다. 작은 나라는 큰 나라의 아래(자리)에 (앉기에,) 큰 나라에 받아들여진다. 그러므로 혹자는 자기를 낮추어 (상대를) 받아들이고, 혹자는 자기를 낮춤으로써 (상대에게) 받아들여진다. 따라서 큰 나라는 다만 남들을 합하여 (그들을) 기르려 하고, 작은 나라도 다만 (자신을 낮추고) 들어가서 남을 받들려고 한다. 무릇 모두가 자기 바람을 얻었으니, (나라가) 크다면 (임금은) 의당히 자기를 낮춰야 한다.

[大邦者, 下流也. 天下之牝也. 天下之交也, 牝恒以靜勝牡. 爲其靜也, 故宜爲下. 故大邦以下小邦, 則取小邦; 小邦以下大邦, 則取於大邦. 故或下以取, 或下而取. 故大邦者, 不過欲兼畜人; 小邦者不過欲入事人. 夫皆得其欲, 則大者宜爲下.]

    이 장의 첫 부분에 대해 부혁傅奕(555-639)본에서는, "큰 나라는 천하의 '아래에서 흐르니[下流]' 천하의 사귐[交]에 천하의 암컷[牝]이 된다. 암컷은 항상 '안정[靖]'으로 수컷[牡]을 이기는데, 자기의 '안정[靖]함' 때문에 아래가 된다."라고[1] 하였고, 범응원范應元(13세기)본에서는, "큰 나라는 천하의 '아래에서 흐르니[下流]', (이것이) 천하에서 '사귀는 바[所交]'이다. 천하에서 (제사에 쓰이는) 가축[牲]은 암컷[牝]이 항상 안정함[靖]으로 수컷[牡]을 이기니 자기의 '안정함[靖]' 때문에 아래가 된다."라고2) 하였다. 이것으로 '큰 나라[大國]'는 마땅히 암컷처럼, 안정[靖]함, 또는 고요함[靜]을 통하여 수컷들을 이길 수 있음을 말한 것이다. 이것으로 보면 이 장에서는 큰 나라와 작은 나라가 어떻게 화합해야 할 것인가를 논하고 있다. 여기에는 큰 나라가 작은 나라에 대하여 겸허하게 자기를 낮추는 일이 우선이며, 이것이 천하의 민심을 태평하게 할 수 있는 유일한 길이라고 말하는 것이다. 참으로 이상적이라 하겠으나, 현실의 못난 통치자들이 이것을 얼마나 진지하게 받아들일 것인지가 문제로 떠오른다.

왕필王弼은 이렇게 말한다. "(큰) 강과 바다는 크더라도 아래에 있으니, 모든 물길이 그곳으로 흘러드는 것이다. 큰 나라도 크되 스스로 낮은 자리에 처하니, 천하(사람)는 그곳으로 흘러드는 것이다. 따라서「큰 나라는 겸허하게 자기를 낮추니 (백성이) 흘러온다.」라고3) 말하고 있다.

하상공河上公은 "여자가 남자를 굴복시키고 음이 양을 이길 수 있는 까닭은 그가 안정安靜 되어 먼저 (이기기를) 구하지 않기 때문이다."라고4) 하였다. 왕필은, "대국은 겸허하게 자기를 낮추기 때문에, 소국들이 그에 의지한다."라고5) 말한다. '자기를 낮추어 (상대를) 받아들이고, 혹

---

1) '大國者, 天下之下流, 天下之交, 天下之牝. 牝常以靖勝牡, 以其靖故爲下也.',『帛書老子校注』, 高明撰, 上同, 123頁.
2) '大國者, 天下之下流, 天下之所交也. 天下之牝, 牝常以靜勝牡, 以其靜故爲下也.',『帛書老子校注』, 高明撰, 上同 참조.
3) '江海居大而處下, 則百川流之; 大國巨大而處下, 則天下流之, 故曰:「大國下流」也.',『王弼集校釋』上冊, 樓宇烈校釋,『老子道德經注』61章, 上同, 159頁.
4) '女所以能屈南, 陰勝陽, 以安靜, 不先求之也. 陰道以安靜爲謙下.',『老子道德經河上公章句』, 謙德第六十一章, 上同, 238頁.

자는 자기를 낮춤으로써 (상대에게) 받아들여짐'에 대하여, 하상공은 "자기를 낮추는 것[下]은 대국大國이 소국小國에게 자기를 낮추는 것이고, 소국은 대국에게 자기를 낮추는 것이니, 곧 '옳음[義]'으로써 서로 취함"이라고6) 말한다. 무릇 대국이나 소국이 각자 자기가 바라는 바를 얻은 것은 모두 그들이 겸허하게 자기를 낮추기 때문이다.

이에 대해 당唐나라 왕진王眞은 이렇게 말한다. "이 장은 「왕王은 항상 겸허하게 스스로 낮추는 것을 덕으로 삼아야 하니, 어찌 강한 군사력[兵革]만으로 대국과 소국 사이에 승부를 찾는단 말인가! 대국과 소국의 사귐은 사람과 일을 아우르는 뜻이 있으니, 그 정리情理를 따진다면, 어찌 자기 바라는 바에 힘쓰지 않겠는가!」라고 단언하고 있다. 무릇 각자 자기가 바라는 바를 찾자면, 반드시 큰 자는 의당 겸허하게 스스로 낮춰야 함이 분명하다! 무릇 겸비謙卑한 도道는 모두 위를 덜어서 아래를 보태는 것이니, 그 쓰임이 위에 있지 아래에 있지 않다. 『역易』에서, 「아래의 천한 것[下賤]을 귀히 여김은 크게 백성을 얻음이다」라고 말했다. 이는 이것을 말함인가!"7)

그러나 실제 한 나라의 통치자가 이러한 노자의 통치 철학을 얼마나 진지하게 받아들일 수 있을까? 노자의 철학은 아무래도 너무나 이상적으로만 들린다.

---

5) '大國以下, … 小國則附之.', 『王弼集校釋』上冊, 樓宇烈校釋, 『老子道德經注』61章, 上同, 160頁.

6) '下者謂大國以下小國, 小國以下大國, 更以義相取.', 『老子道德經河上公章句』, 謙德第六十一章, 上同.

7) '此章極言王者常以謙下爲德也, 豈以兵革強力, 而求勝負于其間哉! 夫大國小國之交, 人事兼畜之, 考其情理, 豈非各務其所欲耶! 夫各求其所欲, 必則大者宜爲下, 明矣! 凡謙卑之道, 皆損上益下, 其用在上, 不在下也. 故《易》曰: "以貴下賤, 大得民也." 其是之謂乎!', 『道德經論兵要義述』, 「大國者下流」章, 卷之四 #1, 唐 王眞撰, 中國哲學書電子化計劃, https://ctext.org 참조.

25.
도道는 만물의 주인이다(62)

　도道는 만물의 주인이니, 선善한 사람의 보배이고, 불선不善한 사람도 보호한다. 미언美言은 (좋은 값에 팔리는 법이니) 팔릴 수 있고, '존귀한 행위[尊行]'는 따르는 사람을 늘어나게 한다. 불선不善한 사람이라도 어찌 버려질 수 있겠는가?

　그러므로 천자天子를 세우고, 삼공三公[三卿]을 두며, 설령 두 손으로 감쌀 만큼 (큰) 벽璧 구슬 및 많은 말[馬]을 (신께) 바친다고 해도, 정좌靜坐하여 (무위無爲하며) 도道에 나아감만 못하다. 옛날에 이것을 귀하게 여긴 이유는 무엇일까? (사람이 도道를 닦으면,) 찾는 것을 얻을 수 있고 죄를 지은 이도 면할 수 있음을 말한 것이 아닌가! 그러므로 (임금은) 천하에서 귀하게 된다.

　[道者, 萬物之注也,[1] 善人之寶也, 不善人之所保也. 美言可以市, 尊行可以加人.[2] 人之不善, 何棄之有? 故立天子, 置三卿, 雖有拱之璧以先四馬,[3] 不

---

1) 帛書甲乙本에 注로 되어 있으나, 마땅히 主로 읽어야 한다. 『帛書老子校注』六十二章, 高明撰, 上同, 127頁.

2) 市는 교역의 행위를 가리키고, 美言은 좋은 값을 얻어 빨리 파는 것이고, 尊行은 사람에게 영향을 주어 공경 恭敬하여 禮를 앞에 보태는 것이니, 惡을 끊고 善을 따름이다. 『帛書老子校注』六十二章, 高明撰, 上同, 128頁.

3) 帛書甲本의 '共之璧'에서 共자는 마땅히 공拱, 두 손을 맞잡음의 가차이니, 王弼의 拱之璧, 즉 두 손으로 껴안을 璧이다. 四馬는 駟馬이니, 수레 一乘의 수이다. 先은

善坐而進此. 古之所以貴此者, 何也? 不謂求以得, 有罪以免與! 故爲天下貴.]

『예기禮記』, 「예운禮運편: '故人以爲奧也'에 대하여 정현鄭玄(127-200)주注에는 "오奧는 주主와 같다."라고 했고, 『좌전左傳』 소공昭公13년에, 「國有奧主」는 나라의 주主를 말함이다"라고 했다. 백서帛書에서 '道者萬物之注'는, 이로 보면, 주注는 곧 주主의 뜻이다. 그러므로 왕필본에는, '萬物之注'가 '萬物之奧'로[4] 되어 있다. 하상공河上公 주注에, "오奧는 감춤[藏]이다. 도道가 만물을 감추고 있으니, 포용하지 못할 것이 없다."라고[5] 하였다. 왕필주에는 "오奧는 애曖(가리다)와 같다. 보호함[庇蔭]의 말씀을 얻을 수 있다."라고[6] 하였다. 이렇게 보면, 이 장 또한 임금에 대한 노자의 훈계이다. 도道는 천하 만물을 주재하는 주인이기에 좋은 임금은 그것을 보배로 여기고 받들며, 그만 못한 임금도 도道를 가지면 이익을 얻는 법이다. 도에 맞는 정령政令은 천하에 실현되고, 도를 존숭하는 행위 또한 따르는 사람(백성)이 늘어나게 하는 법이다. 능력이 조금 못한 임금이라고 어찌 버려질 수 있겠는가? 이렇기에 천자天子를 세우고 삼공三公을 두었으며, 많은 보물이나 좋은 말[馬]을 신神에게 바치며 빈다고 해도 소용이 없고, 임금이 정좌靜坐를 하고 무위無爲 하면서 도道에로 나아감만 못한 것이다. 옛날부터 이것을 귀하게 본 이유는 무엇인가? 도에 합당하게 통치했으면, 찾는 것을 얻었고, 임금이 혹여 죄를 지었다 해도 면제받았던 일을 말하는 것이리라! 이렇기에 임금은 만물의 주인인 도를 존숭하

마땅히 신馹(말이 많은 모양)이다. 以자는 與 및 及이다. 『帛書老子校注』六十二章, 高明撰, 上同, 130頁.
4) 『王弼集校釋』上冊, 「老子道德經注」62章, 上同, 161頁.
5) '奧, 藏也. 道爲萬物之藏, 無所不容也.', 『老子道德經河上公章句』62章, 上同, 241頁.
6) '奧, 猶曖也, 可得庇蔭之辭.', 『王弼集校釋』上冊, 「老子道德經注」62章, 上同 참조.

기에, 따라서 존귀하게 되는 법이라고 노자는 천하의 임금들에게 설파한다.

하상공河上公은 "선인善人은 도道를 몸의 보배로 삼았고, (도에) 위배되지 않으려 한다. 도는 선하지 않은 사람[不善人]도 보호하여 의지하는 바가 되는 것이다. (교역함에) 환난을 만나고 급함을 당해도 오히려 스스로 후회하고 아래로 낮출 줄을 안다. 미언美言은 홀로 팔릴 수 있는 것이나, 무릇 시장에서 교역하는데, 물러선다면 서로 (교역하는데) 선언善言이나 미어美語가 될 수 없기에 찾는 이는 빨리 얻으려 하고, 팔려는 이는 빨리 팔고자 한다."라고도7) 말한다. 그는 이어서 말한다. "사람이 비록 선善하지 않아도 마땅히 도道로써 그를 변화시켜야 한다. (옛날) 삼황三皇 때에는 백성을 버리지는 않았으니, 덕으로 변화하여 순수하였다. … 비록 아름다운 구슬[美璧]이나 많은 네 필의 말이 (신神 앞에) 이르렀다 하여도, 따라서 (임금은 조용히) 앉아서 이 도道를 바치는 것만 못하였다."8)라고 말한다.

당나라 왕진王眞은 이렇게 말하였다. "성인이 이런 도道를 보배로 여기는 이유는, 그가 천하 사람을 보호하고 기를 수 있기 때문이다. 무릇 천하의 사람들에는 착한 이들은 적고 착하지 않은 이들이 많다. 그들을 다 버릴 수 있겠는가! 이 때문에, 성인은 천자天子를 세우고 삼공三公을 두었으며, 병기들을 거둬들이고 형벌을 쓰지 않는 데에 힘을 쏟았다. 그 말을 아름답게 하고 그 행동을 높이 보았으며, 그들을 선善으로 이끌어 가기를

---

7) '善人以道爲身寶, 不敢違也. 道者, 不善人之所保倚也. 遭患逢急, 猶知自悔卑下. 美言者獨可於市耳, 夫市交易而退, 不相宜善言美語, 求者欲疾得, 賣者欲疾售也.',『老子道德經河上公章句』, 爲道第六十二章, 상동, 241頁.
8) '人雖不善, 當以道化之. 蓋三皇之時, 無有棄民, 德化淳耶. … 雖有美璧先駟馬而至, 故不如坐進此道.',『老子道德經河上公章句』, 爲道第六十二章, 상동, 242頁.

바랐으니, 도리로서 (만인을) 화합했기에, 따라서 천하에서 귀하게 되었다. 어찌 두 팔로 껴안을 (커다란) 벽璧 구슬이나 (수레의) 네 필 말을 가지며, 우열을 비교하려 했겠는가!"9)

이 왕진王眞의 해석 또한 주목할 만한 바른 해석이라 하겠다. 중요한 것은 통치자가 마땅히 도道를 확보하고 백성을 위해, 도를 실행하는 것이다. 그러나 문제는 현실 속 통치자 가운데 누가 이런 '좋은' 도道를 따르고, 실천할 것인가? 하는 것이다.

---

9) '聖人所以寶此道者, 以其可保養大卜之人也. 夫大卜之人, 善者少, 不善者多. 其可盡棄之耶! 是以聖人立天子, 置三公, 務戢干戈, 不用刑罰, 美其言, 尊其行, 冀其遷善, 理而化之, 故爲天下貴. 何拱璧駟馬, 而欲較其優劣哉!', 『道德經論兵要義述』, 「道者萬物」章第六十二章, 卷之四 #1, 唐 王眞撰, 中國哲學書電子化計劃, https://ctext.org 참조.

26.
함은 무위無爲이고 일은 무사無事이며 맛은 무미無味이다(63)

(임금은) 함에 무위无爲이고, 일은 무사无事이고, 맛은 무미无味여야 한다.

큰 것은 작은 것에 말미암고, 많음은 적음에 말미암으니, 덕으로써 원한怨을 갚는다. 어려운 것은 그것이 쉬움에서 도모하고, 크게 함은 그것이 작음에서 한다. 천하의 어려움은 쉬운 것에서 만들어지고, 천하의 큰 것大은 작은細 것에서 만들어진다. 이 때문에 성인은 끝내 큰일을 하지 않음으로써 (오히려) 큰일을 이룰 수 있다.

무릇 쉽게 승낙한 것은 반드시 믿을 만하지 못하고, 쉬운 것이 많으면 반드시 어려운 일이 많아진다. 이 때문에 성인은 오히려 어렵게 여기니, 따라서 끝내 어려움이 없을 것이다.

[爲无爲, 事无事, 味无味. 大小, 多少, 報怨以德. 圖難乎其易也, 爲大乎其細也. 天下之難作於易, 天下之大作於細, 是以聖人終不爲大, 故能成其大. 輕諾必寡信, 多易必多難, 是以聖人猶難之, 故終於无難.]

한비韓非는 그의 「유노喩老」편에서, "형체가 있는 사물이면 큼大은 반드시 '작은 것小'에서 일어난다. 오래가는 사물에는 '많은 것族'은 반드시 '적은 것少'에서 일어난다. 그러므로 천하에 '어려운 일들難事'은 반드시 '쉬운 데易'에서 만들어지고, 천하의 큰일은 반드시 '작은 데細'에서 만들어진다. 그러므로 (『노자』 63장에서)「천하에서 어려운 일은 반드시 쉬운 데서 만들어지고, 천하의 큰일은 반드시 작은 데[細]서 만들어진다(天下之難作於易, 天下之大作於細)」라고 말한다. 이 때문에, 사물을 제압하려는 자는 작은 데서 (하는 것)이다. 그러므로 (『노자』 63장에서)「어려운 것은 쉬운 데서 도모하고, 큰일[大]은 작은 데[細]에서 한다(圖難於其易也, 爲大於其細也)」라고 말한다."라고[1] 언급하고 있다. 이에 대해 까오헝 高亨(1900-1986)은 "'크고 작음[大小]'이란 작음을 크게 하고 '작은 것[小]'은 크게 한다. '많고 적음[多少]'은 적은 것[少]을 많게 하고, 적은 것이 많아지는 것이다."라고[2] 말한다. 이런 방식으로 이 장이나 다음 장에서는 노자가 말하는 통치자의 관리 철학을 개진하고 있다.

물론 통치자는 무엇보다도 일이 커지기 전 그것이 작은 것일 때에 해결책을 찾아야 하기에, 자신이 직접 나서서 직접 일을 주관하고 백성들을 통치하는 것이 결코 아니다. 통치자 자신은 오히려 뒤에서 관리만 하고, 실제로는 신하나 백성들이 일을 처리하게끔 하는 것이다. 따라서 임금은 함에는 무위无爲할 뿐이고, 일을 벌이는 데는 '일하지 않음[无事]'이고, 모든 일들을 맛본다 해도, 임금은 먼저 '맛보지 않으니[无味]', 모든 것을 신하와 백성에게 맡기어 처리할 뿐이라는 임금의 '통치 없음[無統治]'과 신하나 대신들에 의한 위임통치를 역설하고 있다. 말하자면 이 장은 황로학을 대변하고 있다.

세상만사란 '큰 것[大]'은 '작은 것[小]'에서 말미암고, '많은 것[多]'은 '적은 것[少]'에서 말미암는 것이니, 무슨 일이든, 본래 해결 방안은 일을 크

---

1) '有形之類, 大必起於小; 行久之物, 族必起於少. 故曰:「天下之難事必作於易, 天下之大事必作於細.」故曰:「圖難於其易也, 爲大於其細也.」', 『韓非子新校注』上冊, 「喩老」篇, 陳奇猷譯注, 上同, 440, 441頁.

2) 『帛書老子校注』, 高明撰, 上同, 132頁.

게 번지도록 '방치하지 않는' 것이다. 또한 만약 백성들이 원한을 품었다면 그것을 덕으로 보답해야, 일이 원만해지는 법이라고 노자는 말한다. 세상에서 어려운 일이란 실제로 따져보면 해결하기 쉬운 데서 기인한 것이고, '큰 것[大]'이라 해도 '작은 것[細]'에서부터 만들어진 것에 불과하다. 이런 이치를 터득한 성인 군주는 큰일을 벌이지 않아도 미리미리 작은 일을 대비함으로써 큰일을 처리할 수 있는 법이다.

그러나 누군가 신하나 백성이 임금에게 청하여 국사의 해결을 쉽게 승낙받았다면, 그것은 믿음성이 적다고 보아야 하며, 또한 쉬운 일도 너무 많다고 하면, 이는 도리어 어려운 일이 많아질 조짐이라는 것이다. 그렇기에 성인 같은 완벽한 통치자는 직접 일을 처리하지 않는다. 완벽한 통치자는 오히려 유능한 신하나 대신들이 일을 처리하도록 미리 조치해 둠으로써, 결과적으로는 어려운 일이 없어진다는 것이다. 노자의 이런 황로학적 방책은 한 수 높은 위임통치의 철학이라 하겠다.

(『노자』63장에서) "그러므로 「그것을 (제압하기) 쉬운 데서 어려움(의 해결)을 도모하고 그 작음에서 큰 것을 (시도해야) 한다(圖難於其易也, 爲大於其細也)」라고 말한다. 천 길의 둑도 개미구멍(같은 작은 것)으로 무너지고 100자의 큰 집도 갈라진 틈의 잔불로 타버린다. 그러므로 백규白圭는 제방을 다니며 그 구멍들을 막았고, 높은 어른[丈人]은 불(을 끄기)에 신중하여 그 틈을 메웠다. 이 때문에 백규는 물난리가 없었고, 높은 어른은 불난리가 없었다."[3]라고 한비韓非는 비유를 들어 탁월하게 설명하고 있다.

당나라 왕진王眞은 이렇게 말한다. "왕도王道를 가진 임금은 공경恭敬

---

3) '故曰:「圖難於其易也, 爲大於其細也.」 千丈之隄以螻蟻之穴潰, 百尺之室以突隙之烟焚. 故曰白圭之行隄也塞其穴, 丈人之愼火也塗其隙. 是以白圭無水難, 丈人無火患.', 『韓非子新校注』, 「喩老」第二十一, 陳奇猷校注, 上冊, 上同, 441頁.

을 하고 예禮 있게 옷을 내려뜨리고 다스렸으니, 따라서 (『노자』 63장에서) 「(임금은) 함에 무위无爲한다(爲无爲)」라고 말했다. 무기를 내려놓고 전쟁하지 않았으니, 따라서 (『노자』 63장에서 임금의) 「일은 무사无事이다(事无事)」라고 말한다. 도道를 머금고 정신이 있기에, 따라서 (『노자』 63장에서) 「맛은 무미无味여야 한다(味无味)」라고 말한다. 무릇 만국萬國(백성)의 마음과 억조인의 성품은 겨울은 춥고 여름에는 비오는 (법)인데, 아직도 탄식하다니, 왕이 된 자의 마음은 '어찌 크고 작음에 한정하여 많고 적음을 논하겠는가!'이니, 마땅히 이것들을 완화하여 원망하고 허물함이 없어야 할 것이기에, 따라서 (『노자』 63장에서는) 「덕으로써 원망에 보답한다(報怨以德)」라고 말한 것이다. (『노자』 63장에서) 「무릇 천하에서 어려운 일은 반드시 쉬운 데서 작동한다天下難事必作於易」라고 한 것은, 임금이 만약 교만[輕慢]하다면 반드시 불행하고 어려운 일들이 그 사이에서 생겨남을 말한 것이다. (『노자』 63장에서) 「천하에서 큰일은 반드시 작은 것에서 작동함(天下大事必作於細)은, 임금이 작은 일로 자랑하지 않고 마침내 큰 덕을 쌓음을 말한 것이다. 이 때문에 성인(같은 임금)은 미미한 것을 방지하여 드러나게 됨에 이르렀고, 작은 것을 쌓아서 그 큰 것을 이루었으니, 만약 (사건이) 이미 드러나고 이미 커진 다음에 그들을 통치했는데도, 끝나는데 미치지 못했기에, (『노자』 63장에서 성인은) 「끝내 크게 하지 못했었어도, 진실로 그 큼을 이룰 수 있었다(終不爲大, 故能成其大)」라고 말한 것이다. 만약 따라서 (『노자』 63장에서 말한) 「가볍게 승낙함에는 반드시 믿음이 적고, 쉬움이 많으면 반드시 어려움이 많음(輕諾必寡信, 多易必多難)」은, 도리가 진실로 그러한 것이다! 또한 가벼하고 쉬운 도道는 (백성들이) 쉽게 따를 수 있는데, 소홀하여 실수하면 어려움이 생기는 것이다. (『노자』 63장에서 말한) 「이 때문에 성인은 오히려 어려운 것으로 여김(是以聖人猶難之)」은 거듭 신중함에 이른 것이니, 그런 연후에 만사나 정무政務에 어려움이 없게 될 것이기에, (『노자』63장에서) 따라서 (성인聖人의 통치는)「진실로 끝내는 어려움이 없다(故終無難矣)」라고⁴⁾ 말했다."⁵⁾ 이러한 왕진王眞의 황로黃老학적 해석은 충분히 참고해볼 가치가 있기에, 여기에서 인용하여 밝히는 바이다.

---

4) '是以聖人終不爲大, 故能成其大. … 是以聖人猶難之, 故終無難矣', 『老子繹讀』63章, 任繼愈著, 140頁.

5) '王道之君, 端拱垂衣而治, 故曰:「为无为」也. 偃武不争, 故曰:「事无事」也. 含道存神, 故曰:「味无味」也. 夫萬国之心, 兆人之性, 冬寒夏雨, 尚有咨嗟, 王者之心, 豈限大小, 寧論多少, 皆當以德綏之, 俾无怨咎, 故曰:「報怨以德.」夫「天下難事必作于易」者, 言人君若有所慢易, 則必有禍難之事生于其間. 天下大事必作于細者, 言人君不矜細行, 終累大德也. 是以聖人防微以至于著, 積小以成其大, 若于已著已大而後爲之, 則不及已, 故曰:「終不爲大, 乃能成其大.」若故輕諾必寡信, 多易必多難, 理固然矣. 又簡易之道, 則易從也, 慢易之失, 則難生也,「是以聖人猶難之」者, 重慎之至, 然後能于萬事慢機竟无所難,「故曰: 終无難.」,』『道德經論兵要義述』,「爲无爲」章第六十三章, 卷之四 #1, 唐 王眞撰, 中國哲學書電子化計劃, https://ctext.org 참조.

27.
아름드리나무 하나도 싹에서 자라난 것이다(64)

    (임금이) 평안하면 지탱하기 쉽고, (백성이) 아직 아무 징조가 없으니 쉽게 도모할 수 있고, 연약하기에 쉽게 부술 수 있고, 미약하면 쉽게 흩어놓을 수 있다. 그것이 아직 없음에 해볼 수 있고, 그것이 아직 어지럽지 않음에 그것을 다스릴 수 있다. 아름드리나무 하나도 (아주 작은) 싹에서 자라난 것이고, 9층이나 (높은) 누대樓臺도 흙을 쌓는 데서 시작하였고, '아주 높은 곳[百仞]'도 발밑에서 시작하였다. (임금이) 하려고 하면 실패할 것이고, 집착하면 잃을 것이다. 이 때문에 성인(같은 통치자)는 '함이 없기에[无爲]' 실패함이 없는 것이고, 집착함이 없기에 잃을 것이 없다. 백성이 일을 함에는 항상 일을 이루면서 그것을 실패하는 것이다. 따라서 (임금은) 끝냄을 처음처럼 신중히 한다면 일에 실패하지 않을 것이다. 이 때문에 성인(같은 통치자)는 '욕심나지 않는 것[不欲]'을 욕심내고, 얻기 어려운 재화를 귀하게 여기지 않으며, (중인衆人이) '배우지 않는 것[不學]'을 배우고 중인衆人의 잘못된 바를 도와주고, 만물(만인萬人)의 자연스러움을 도와주며, (임금은) 감히 작위를 하려 하지 않는다.

[其安也, 易持也. 其未兆也, 易謀也. 其脆也, 易破也. 其微也, 易散也. 爲之於其未有也, 治之於其未亂也. 合抱之木, 生於毫末. 九層之臺, 起於虆土. 百仞之高,1) 始於足下. 爲之者敗之, 執之者失之. 是以聖人无爲也, 故无敗也; 无執者, 故无失也. 民之從事也, 恒於幾成而敗之.2) 故愼終若始, 則无

敗事矣. 是以聖人欲不欲, 而不貴難得之貨; 學不學, 復衆人之所過;[3) 能輔 萬物之自然, 而弗敢爲.]

하상공河上公주注에서 "몸을 닦거나 나라를 다스림에 (임금은) 편안히 고요하면, 쉽게 (임금 자리를) 유지하고 지킬 수 있다. (임금의) 정욕情欲 이나 화환禍患은 아직 드러난 조짐이 없을 때 끝냄[止]을 도모하기 쉽다. 화란禍亂은 '싹이 틈[萌]'에는 아직 움직임이 없고, 정욕은 (얼굴) 색깔에 보이지 않으면, 여리고 약한 것이니 쉽게 파괴할 수 있다. 일이 아직 두렷 이 드러나지 않았으니, 미소微小하여 쉽게 흩어 버릴 수 있다. … 작은 것에서 큰 것이 이루어지며, 낮은 데서 높은 것이 세워지고, 가까운 곳에 서 먼 곳에 이른다. 일에서 (임금이) 유위有爲하면 자연스러움이 파괴되 고, 의義에 유위有爲하면 인자仁慈함이 파괴되고, 여색[色]에 유위有爲하 면 정신이 파괴된다."라고4) 하였다. 여기서 하상공河上公은 임금이 수신 하고 치국治國하는 데 있어, 자기 정욕을 과도하게 부리면 화란禍亂이 그치지 않을 것이니, 임금은 스스로 욕심을 줄이고[寡欲] 자기 멋대로 유 위有爲하지 말 것이며, '함 없음[無爲]'을 하기를 권하고 있다. 이 장은 앞 선 장과 마찬가지로 통치자의 통치행위는 최소한이어야 한다는 황로黃老

---

1) 8尺이 1仞이니 100仞은 매우 깊거나 높음이다.
2) 其와 幾는 音이 같아서 서로 假借하였다. 幾는 近(가까움)은 뜻이다. 『帛書老子校注』, 高明撰, 上同, 139頁.
3) 朱謙之(1899-1972)에 의하면, 復은 '회복하여 도와줌[復輔]'의 뜻이다. 『廣雅·釋詁』에 의하면, 輔는 도움[助]이다. 『帛書老子校注』六十四章, 高明撰, 上同, 140頁.
4) '治身治國者, 易守持也. 情欲禍亂未形兆之時, 易謀持也. 禍亂未動於萌, 情欲未見於 色, 如脆弱易破除也. 其事未彰著, 微小易散去也. …從小成大, 從卑立高, 從近至遠. 有爲於事, 廢於自然; 有義於義, 廢於仁慈; 有爲於色, 廢於精神也.', 『老子道德經河上 公章句』, 「守微」第六十四, 上同, 248, 249頁.

학적 경영(통치) 철학을 말하고 있다.

　사람이 일단 안정되어 있으면 임금은 자기 자리를 쉽게 유지할 수 있고, 아무 임금의 명령을 거역할 징조가 없다면, 임금은 쉽게 민생을 도모하도록 해야 하는 것이다. 신하의 권세는 아직 연약하다면, 임금은 그것을 쉽게 부술 수도 있고, 신하의 권세가 아직 미약하다면 그것을 쉽게 흩어놓을 수도 있다. 그렇기에 임금은 신하와 백성이 아무 반항할 조짐이 없으면, 그들을 쉽게 다스릴 수 있는 법이라고 노자는 효율적 경영철학을 가르치고 있다. 처음부터 큰 것은 아예 없는 것이다. 한 아름드리나무도 아주 작은 싹에서 자라난 것이고, 9층이나 되는 거대한 누대도 처음에는 평지에서 흙을 쌓아서 만든 것에 불과하다. 800자尺[百仞]의 높은 곳도 걷는 발밑에서 생긴 것일 뿐이다. 이렇기에 현명한 임금은 직접 일하지 않으며, 신하나 백성들이 일을 시작하여 완성하게 할 뿐이다. 임금이 직접 일을 주관하는 것을 버려야 하는데, 임금이 고집스레 집착한다면, 그 일은 반드시 실패할 것이다. 백성들 역시 일할 때 집착이 과도하면 실패할 것이다. 하물며 그들을 다스리는 임금이 집착하게 된다면, 반드시 실패하고 말 것이다. 그래서 임금이라면 '뭇사람[衆人]'이 '바라지 않는[不欲]' 것을 바라야 하고, 보통 사람이 '배우지 않는[不學]' 것을 오히려 배워야 하는 법이다. 임금이라면, 얻기 어려운 재화를 얻는 것을 귀중하게 보지 말고, 여러 사람이 잘못했으면 그들을 도와주어야 하며, 만인의 자연스러움을 북돋아 주어야 함을 말한 것이다. 이런 노자의 황로黃老학적 통치 철학은 백성의 자유스러운 삶의 영위를 찬미하고, 나라 최고 경영자(임금)의 이상적 경영철학을 개진한 것으로 보아야 한다.

　한비는 「유노喩老」편에서 이렇게 말한다. "진晉나라 헌공獻公이 수극垂棘땅의 옥구슬[璧]로 우虞나라에서 길을 빌려서 괵虢나라를 정벌하려고 했다. 대부인 궁지기宮之奇가 (이 제안을 반대하여) 간청하며, 「안 됩니다. 입술이 없으면 이가 시립니다. 우와 괵은 서로 구제해야 하고, 서로 덕을 베풀지 않으면, (망할 것입니다.) 진晉 나라가 오늘 괵虢을 멸하면, 반드시 내일 우虞는 괵을 따라서 망합니다.」라고 말했다. 우虞나라 임금이 듣지 않고서 그 옥구슬을 받고서 길을 빌려주었다. 진晉은 이미 괵虢을 취하고 돌아오는 길에 도리어 우虞를 멸망시켰다. … 그러므로 (『노자』 64장에서)「(임금이) 평안하면 쉽게 유지할 수 있고, (백성이) 아직 징조가 보이지 않으면 쉽게 도모할 수 있다(其安易持也, 其未兆易謀也)」라고5) 말한 것이다. 또「유노喩老」편에서 말한다. "송宋나라에서 교외에 사는 사람이 박옥璞玉을 얻어서 이를 (재상인) 자한子罕에게 바치니, 자한이 받지 않았다. 교외에 사는 이가,「이 보물은 의당 군자의 기물이 되며, 작은 인물을 위해 쓰일 것이 아닙니다.」라고 말했다. 자한은,「자네는 옥을 보배로 보나, (나는) 옥을 받지 않음을 보배로 본다.」라고 말했다. 이는 교외에 사는 이는 옥을 바랬으나, 자한은 옥을 바라지 않은 것이다. 따라서 (『노자』 64장에서)「바라지 않음을 바라고, 얻기 어려운 재화를 귀하게 여기지 않는다. 왕수王壽가 책을 지고 가다가 주周나라 길에서 서풍徐馮을 만났는데, 풍馮이,「일[事]은 하는 것이다. '하는 것[爲]'은 때[時]에서 태어나니, (때를) 아는 이는 늘 하는 일이란 없다. 책[書]은 말[言]이다. 말은 앎[知]에서 생기니, (말을) 아는 이는 책을 갖지 않는다. 지금 자네는 왜 홀로 책을 지고 가는가?」라고 말했다. 이에 왕수王壽는 자기 책을 불태우고 춤을 추었다. 그러므로 지자智者는 언담으로 가르치지 않으며, 혜자慧者는 서책을 감춰두지 않는다. 이것은 세상이 간과한 것인

---

5) '晉獻公以垂棘之壁假道於虞而伐虢. 大夫宮之奇諫曰:「不可. 脣亡而齒寒. 虞, 虢相救, 非相德也. 今日晉滅虢, 明日虞必隨之亡.」 虞君不聽, 受其璧而假之道. 晉已脆虢, 還, 反滅虞. … 故曰:「其安易持也, 其未兆易謀也.」', 『韓非子新校注』, 「喩老」第二十一, 陳奇猷校注, 上冊, 上同, 444頁.

데, 왕수가 근본으로 돌린 것이니, 이는 '배우지 않음을 배운 것이다(學不學).' 그러므로 (『노자』 64장에서) 「배우지 않음을 배움은, 중인衆人이 간과한 것에 되돌아감이다(學不學, 復歸衆人之所過也)」라고[6] 말한 것이다."[7] 이러한 한비의 해석은 또한 탁월하다고 하겠다.

당나라 왕진王眞은 이렇게 해석하고 있다. "이 장에서는 전체적으로 성패가 사람에게 있고 시종始終에는 도道가 있으니, 성인은 이 때문에 망동하여 급하게 이루고자 하지 않음을 말하는 것이기에, 이 때문에 평안함에 거하면 위험을 생각하게 되니, 따라서 (『노자』 64장에서) 「쉽게 유지함(易持)」을 말하였다. 선왕은 (도道를) 어기지 않으니, 따라서 (『노자』 64장에서) 「쉽게 도모할 수 있음(易謀)」을 말했다. (백성들이) 갑작스레 법을 거스르고 난을 일으켜도 반드시 마땅히 그 위기의 원인[始]에 근거하여 대처한다면 깨뜨리기 어렵지 않으며, 처음의 아주 미세한 상태에서 대응한다면 흩어놓기 어렵지 않다. 따라서 (『노자』 64장에서) 「아직 없음에 행동하고, 아직 혼란하지 않음에 다스린다(爲之於未有, 治之於未亂)」라고 말하였다. 이것은 모두 (임금이) 먼저 내다보고[先見] 먼저 깨닫고[先覺], 아직 싹도 없고 징조가 있기 전에 일찍이 그것들을 도모한 것으로, 그것들이 멋대로 자라나서 난리를 도모할 것을 두려워한 것이다. 또한 큰 나무도 작은 싹에서 생겨난 것이고 높은 누대도 한 광주리 흙을 덮음에서 시작한 것이고, 멀리 감도 자기 가까운 곳에서 출발한 것이니, 이

---

6) '學不學, 復衆人之所過.', 『王弼集校釋』 上冊, 「老子道德經注」 64章, 上同, 166頁.

7) '王壽負書而行, 見徐馮於周塗. 馮曰: 「事者, 爲也. 爲生於時, 知(時)者無常事. 書者, 言也. 言生於知, 知者不藏書... 今子何獨負之而行?」 於是王壽因焚其書而儛之. 故知者不以言談敎, 而慧者不以書筴. 此世之所過也, 而王壽復之, 是學不學也. 故曰: 「學不學, 復歸衆人之所過也.」', 『韓非子新校注』, 「喩老」 第二十一, 陳奇猷校注, 上冊, 上同, 449頁.

셋은 모두 '작은 것[小]'을 쌓아서 큰 것에 이르고, 가까운 곳에서 말미암아 먼 곳에 미치게 되며, 안변岸邊을 따라가다 기다리면 반드시 이를 것이 기대된다. (임금이) 과분하게 찾는다면 욕심이 빠르게 쌓이기에, 따라서 군대[師旅]의 일을 할 수 없게 되니, 전투하면 반드시 마땅히 '스스로 패[自敗]할 것이고, 간과干戈의 무기도 잡을 수 없게 되니, 집으면 반드시 마땅히 스스로 잃어버릴 것이기에, 따라서 성인(같은 통치자)는 (스스로) '하는 바가 없으며(无所爲), 집착하는 바(无所執)도 없으니', 따라서 패할 수도, 잃을 수도 없음이 분명하다! 또한 세간의 사람들은 모두 일을 함에 의심이 많고 길에 임해서는 지름길을 좋아하니 군사를 출동하여 나라를 지킴에 접근하게 되면 '스스로 패[自敗]함'이 많게 되기에, 이것은 모두 그 본말本末을 잃은 것이고 시작과 끝[始終]에서 미혹된 것이다. 그러므로 (『노자』 64장에서) 「끝을 처음처럼 신중히 하면 패사敗事는 없다(愼終如是, 無敗事)」라고 말한다. 이 때문에 성인은 사람이 바라지 않는 바를 바라기에, 따라서 (『노자』64장에서) 「얻기 어려운 재화를 귀히 여기지 않고, 남들이 배우려하지 않는 것을 배운다(不貴難得之貨, 學不學)」라고 말하며, 또한 「뭇사람들이 놓친 것을 돌려놓는다(復衆人之所過)」라고 말한다. 만물(만인)을 도와서 그들이 자연히 성숙하기를 바라니, 마침내 또한 (임금의) 혼자만의 억견[獨見]을 감히 함부로 휘두르지 않기에, (임금이) 이렇게 하는 바가 있었으므로, 따라서 (『노자』 64장에서) 「만물(만인들)의 '스스로 그러함[自然]'을 도우며, (자신은) 감히 하는 바가 없다(以輔萬物之自然, 而不敢爲)」라고 말한다."[8] 임금의 '함 없음[無爲]'의 황로黃老학

---

8) '此章全言成敗在人 , 始終有道, 聖人以此不敢妄动以求速成者也, 是以居安思危, 故曰:「易持」也. 先天不違 , 故曰:「易謀」也. 忽有奸宄作難 , 必當乘其危脆之初, 破之必易, 接其細微之始, 散之无難 , 故曰:「爲之於未有, 理之於未亂, 此皆以先見先覺未萌未兆之前, 欲早爲之, 恐其滋蔓, 即難圖也. 又大樹生于纖毫, 高臺起于覆簣, 遠行發于

적 나라 경영하는 방식을 왕진王眞은 설득력 있게 설명하고 있다.

요컨대 앞선 장과 이번 장은 군주의 '함 없음[無爲]'를 주로 설파한 장으로 기원전 3, 2세기에 풍미한 황로黃老학의 핵심 이론이 담겨 있다.

自邇, 此三者皆明積小以至于大, 由近以及其遠, 若循涯而俟之, 則必至之期也. 若過分而求之, 則欲速之累也, 故師旅之事不可爲, 爲者必當自敗也, 干戈之器不可執, 執者必當自失也, 是以聖人无所爲, 无所執, 故无以敗, 无以失, 明矣. 又世間之人皆從事多疑, 臨途好徑, 行師守國, 多于垂成向自敗之, 此皆是失其本末, 迷于始终者也. 故曰:「慎终如始, 則无敗事.」是以聖人欲人之所不欲, 故曰:「不貴難得之貨貨, 學人之所不學, 故曰:「復衆人之所過, 盖欲輔助萬物, 使自然而成熟之, 終亦不敢專擅獨見, 有所云爲者也, 故曰:「以輔萬物之自然, 而不敢爲也.」', 『道德經論兵要義述』, 「其安易持」章第六十四章, 卷之四 #1, 唐 王眞撰, 中國哲學書電子化計劃, https://ctext.org 참조.

28.
도道를 쓰는 자는 백성을 깨우쳐주지 않고, 장차 그들을 어리석게 한다(65)

그러므로 (노자는) 「도道를 쓰는 자는 백성을 깨우쳐주지 않고, 장차 그들을 어리석게 한다(爲道者非以明民也, 將以愚之也)」라고 말한다. 백성을 다스리기 어려움은 지식[知, 智] 때문이다. 그러므로 (임금이) 지식으로 나라를 다스리는 것은 나라를 해치는 것이다. 지식 아닌 것으로써 나라를 다스리는 것이 나라의 덕德이다. 항상 이 둘을 아는 것이 또한 법식法式이다. 항상 법식을 아는 것을 일러 현덕玄德이라 말한다. '현덕'이란 깊고 아득하며 사물들과 함께 되돌아오니, 이에 '큰 순함[大順]'에 이른다.

[故曰:「爲道者非以明民也, 將以愚之也.」 民之難治也, 以其知也. 故以知知邦,1) 邦之賊也. 以不知知邦, 邦之德也. 恒知此兩者, 亦稽式也;2) 恒知稽式, 是謂玄德. 玄德深矣, 遠矣, 與物反也, 乃至大順.]

---

1) 王弼은, '以其知多'를 '以其智多'로 보았으니, 知는 슬기(智)와 통하고; 帛書본의 '以知知邦'을 '以智治國'으로 보았으니, 여기서 知는 다스림(治)의 뜻이다. 『王弼集校釋』上冊, 「老子道德經注」六十五章, 樓宇烈校釋, 上同, 168頁 참조.
2) 稽는 楷의 가차이니, 稽式은 곧 楷式이며, 法式의 뜻이다. 『帛書老子校注』六十五章, 高明撰, 上同, 145頁.

여기서 지知는 지智와 통한다. 부혁傅奕본에서는, "백성을 다스리기 어려운 것은 그들의 지식[智]이 많기 때문이다."라고[3] 되어 있다. 왕필도 지知를 지智로 보고 있다. "백성을 다스리기 어려운 것은 그들이 지식을 많이 가지고 있기 때문이다. 마땅히 (빠른 판단과 결정을 돕는) 감각기관을 막아서 '앎도 없고[無知] 욕구도 없게[無欲]' 해야 한다. '지식과 술책[智術]'으로 백성을 동원하면 일단 (백성의) 사심邪心이 발동되고, 교술巧術로써 백성을 방비하는 거짓[僞]이 회복되니, 백성은 그 술책을 알고서 방책을 따라서, 도피하게 된다. (백성의) 알음알이가 은밀한 가운데 교묘해지고 불법[奸]과 거짓[僞]이 더욱 번성하게[滋] 되니, 따라서 (『노자』 65장에서) 「지식으로써 나라를 다스림이 나라를 해침이다(以知治邦, 邦之賊也)」라고 말한 것이다."[4] 이 장에서는 인간의 지식 추구와 비판 활동을 금기시한 것이다. 노자는 만약 통치자가 지식을 동원한 권모술수로써 백성을 다스린다면, 그 결과는 나라를 해칠 수 있다고 경고한다. 나라를 다스림에는 임금의 지식과 술수가 필요한 것이 아니다. 오히려 노자는 백성들이 소박하고 우매하더라도 임금이 그들을 순박하게 다스린다면, 백성들은 순종하리라고 말한다. 노자는 임금이 자기 지식과 재주로써 백성을 다스리는 대신, 그보다 더욱 심오하고 믿음직스러운 통치 방식을 따라 백성을 다스려야 한다고 권면한다. 즉 임금이 현덕玄德을 가지고 백성을 다스리면, 그 영향력은 백성들의 마음속 깊은 데까지 미쳐서 멀리까지 이른다는 것이다. 이런 방식으로 천하 만민들이 도道에로 돌아가서 그들이 임금의 통치에 귀순한다면, 저절로 천하에 큰 다스림[大治]이 이루

---

3) '民之難治, 以其多智也.',『帛書老子校注』65章, 高明撰, 上同, 141頁.
4) '民之難治, 以其智多也. 當務塞兌閉門, 令無知無欲, 而以智術動民, 邪心旣動, 復以巧術防民之僞, 民之其術, 隨防而避之. 思惟密巧, 奸僞密滋, 故曰「以智治國, 國之賊」也.',『王弼集校釋』上冊,『老子道德經注』六十五章, 樓宇烈校釋, 上同 참조.

어지며, 백성들은 자기들이 가진 자연스러운 모습으로 돌아가게 된다고 노자는 말한다.

왕필에 의하면, '백성을 밝힘[明民]'에서 '밝힘'이란 '지식과 기교로 남을 속이는 일[巧詐]이 많아 소박함이 가려지는 것'이라고 말했고, '어리석음[愚]'은 '아는 것은 없으나 참[眞]을 지키며 자연스럽게 순종하는 것'이다.5) 라고 한다. 왕필은 계속 말한다. "지식[智]은 기교[巧]와 같다. 지식으로 (임금이) 나라를 다스리는 것을 일러 '해침[賊]'이라고 한다. 백성을 다스리기 어려움은 (임금이 잔) 지식이 많기 때문이다."6)

또한 하상공河上公은 이렇게 말한다. "지혜智慧 있는 사람으로 나랏일 政事을 다스리게 한다면, 반드시 도道와 덕德을 멀리하게 되고, 망령되게 위세[威]와 복[福]을 만드니, 나라의 적賊이 된다. 지식 있는 사람이 나랏일을 다스리지 않게 하면 백성들은 정직正直을 지키고, 산뜻하게 꾸미지 않으며, 상하는 서로 가까워지며 임금과 신하는 힘을 합치니, 그러므로 나라에 복이 된다."7)

당唐나라 왕진王眞은 이 장을 이렇게 설명하고 있다. "여기서는 도道를 옛날에 잘 따른 임금은 세상 사람들이 지식을 갖춰 속임수[詐術]를 숨겨 두게 하지 않았으며, 세상 사람들이 장차 우직하게 함으로써 그들의 곧음이 있게 하였으니, 따라서 (『노자』 65장에서)「사람을 다스리기 어려운 것은 그들의 지식 때문이다(民之難治也, 以其知也)」라고 말한다. 또한「지

---

5) '明, 謂多智巧詐, 蔽其樸也. 愚, 謂無知守眞, 脣自然也.', 『王弼集校釋』, 『老子道德經注』六十五章, 樓宇烈校釋, 上冊, 上同.
6) '智, 猶巧也. 以智而治國, 所以謂之賊者, 民之難治, 以其多智也.', 『王弼集校釋』上冊, 『老子道德經注』六十五章, 樓宇烈校釋, 上同, 169頁, 注2 참조.
7) '使智慧之人治國之政事, 必遠道德, 妄作威福, 爲國之賊也. 不使智慧之人治國之政事, 則民守正直, 不爲邪飾, 上下相親, 君臣同力, 故爲國之福也.', 『老子道德經河上公章句』, 淳德第六十五, 上同, 255頁.

식으로써 나라를 다스리는 것은 나라를 해침이다(以智治国, 国之賊)」라고 말한 것은 무슨 뜻인가? 뭇 보통 사람의 무리는 본성[恒性]이 천박하고 졸렬하며 슬기와 헤아림[智慮]이 아직 발달하지 않아서 교활하고 간사함이, '원망과 비방[怨讟]'보다 앞서 나가는 것이다. (그들이) 어찌 옳고 그름[是非]과 순리나 역리[逆順]를 분별하겠으며, (임금의) 위로나 학대를 어찌 알겠는가! 혹은 개미처럼 향리鄕里에 모여들고 혹은 벌 떼같이 강산江山에서 일어나서 원흉元兇이 모의하면 만민들이 따르게 되니, 정벌을 일으키는 것은, 언제나 반드시 이로 말미암는다. 이것 또한 지식으로 나라를 다스림이 곧 나라의 위협賊이 되는 것이 아니겠는가! 뭇 보통 사람들의 무리가 지식을 많이 가지면 곧 나라를 해칠 수 있음을 말한 것이기에, 따라서 세상 사람들을 모두 우직하고 소박하게 하는 것이 나라의 복록福祿이 되는 것이다. 나라의 임금이 항상 이 두 가지를 알 수 있으면 곧 임금 자신이 본받을 법식이 되니, 이것이 하늘과 더불어 동덕同德이 됨을 말하는 것이다. 현덕玄德은 깊고도, 멀리 가는 것이다! 임금으로 하여금 이를 본받고, 상징하게 하면, 자연히 만물(만인)과 함께 그 소박함으로 되돌아가게 되니, 천하의 사람들은 반드시 대순大順에 이를 것이기에, 따라서 (『노자』 65장에서) 연후에 「이에 (백성들은) 대순大順에 이를 것이다(乃至大順)」라고 말했다."[8] 이 장에 대한 왕진王眞의 해석도 참고할 가

---

8) '此言古者之善爲道之君, 不敎天下之人使有智者, 以其詐所藏也, 將以天下之人愚之者, 以其直所在也, 故曰:「人之難治, 以其智多.」又曰:「以智治国, 国之賊.」何者? 凡衆庶之徒, 恒性淺劣, 智慮未發, 狙詐先行怨讟, 豈辨于是非逆順, 寧知其抚虐, 或蟻聚于州黨, 或蜂起于河山, 一凶首謀, 萬人隨唱, 征伐之擧, 恒必出之, 此亦非謂其用智治國即爲國之賊害, 言其使衆庶之徒多智, 即盡能爲國之賊害也, 故欲使天下之人皆能守其愚直朴素者, 乃所以爲國之福祿也. 若國君常能知此兩者, 即自爲楷模法式, 是謂與天同德也. 夫其玄德深矣遠矣, 欲令人君則之象之, 自然與萬物反其朴素, 則天下之人必能至于大順, 故曰: 然后「乃至大順.」'『道德經論兵要義述』,「古之善爲道」章第六

치가 있다고 본다.

　이 장에서는 지식[智] 때문에 나라와 임금의 권력이 위협[賊]을 당한다고 보아서, 지식의 무용함을 말한 것이다. 그러나 이런 황로학적 발상은 결과적으로 우민愚民정책을 두둔하게 된다. 황로학은 군주의 지나친 독재를 막고 신하와 백성들의 자유방임을 옹호하는 긍정적인 면을 가진 한편, 아이러니하게도 결국에는 우민정책을 찬양하게 되는 반문화적 비극으로 치닫는 불행한 모순을 보이기에 이른 것이다.

　十五章, 卷之四 #1, 唐 王眞撰, 中國哲學書電子化計劃, https://ctext.org 참조.

29.
강과 바다江海가 골짜기의 왕이 될 수 있는 것은 그들이 잘 낮추기 때문이다(66)

강과 바다가 모든 골짜기의 왕이 될 수 있는 것은 그들이 잘 낮추기 때문이니, 이러므로 모든 골짜기의 왕이 될 수 있다. 이러므로 성인(같은 임금)이 백성 위에 있으려면 반드시 자기주장[言]을 낮추어야 하고, 백성보다 앞서려면 반드시 자기 몸을 뒷전에 놓아야 한다. 그러므로 (성인은) 앞에 있으나 백성이 해치지 않고, 위에 있으나 백성이 무겁게 여기지 않는다. 천하에서 (사람들이) 즐거이 받들고 싫어하지 않는다. (임금인) 자기가 (백성과) 다투지 않기 때문이 아닌가! 그러므로 천하에 (임금과) 더불어 다툴 수 있는 이가 없다.

[江海之所以百谷王者, 以其善下之, 是以能爲百谷王. 是以聖人欲上民也, 必以其言下之; 其欲先民也, 必以其身後之. 故居前而民弗害也, 居上而民弗重也. 天下樂推而弗厭也. 非以其无爭與, 故天下莫能與爭.]

『문자文子』에서 "사람의 심정이란 마음은 덕德에 복종하되, 완력[力]에는 굴복하지 않는다. 덕은 주는 데[與]에 있지, 찾는 데[求]에 있지 않다. 이 때문에 성인이 남보다 귀해지려는 자는 남보다 먼저 귀해야 하고, 남보다 존경받으려는 자는 남보다 먼저 존경받아야 하고, 남을 이기려는 자는 먼저 자신을 이겨야 하고, 남을 낮추려는 자는 먼저 자신을 낮춰야 하니, 그러므로 귀천이나, 존비는 도道로써 그것들을 제어制御해야 하는 것이다. 무릇 옛날 성인은 자기 말로써 남에게 자신을 낮추었고 (그를 머리에) 이고 있으되 무겁지 않았는데, 덕의 무게는 남아도는데 기氣가 순順한 것이다. 따라서 주는 것이 곧 취하는 것이고 뒤서는 게 앞서는 것을 알았으니, 곧 도道에 가까운 것이다."라고[1] 말했다. 하상공河上公 역시 이런 뜻을 이어받아 말한다. "강과 바다는 (자기를) 낮춰서 아래에 있으니 그러므로 여러 강줄기[衆流]가 그곳으로 모이고, … 그러므로 (임금이) 백성들 위에 있으려면 강과 바다江海를 본받아 겸허하게 아래에 처하고, 백성 앞에 있으려면 남을 앞세우고 자기를 뒷자리에 둔다."라고[2] 말하였다. 임금이 자신을 낮추고 겸허해야만, 비로소 백성들이 그에게 모여드는 것이다. 강과 바다는 모든 골짜기의 물을 받아들일 뿐 수많은 골짜기 물과 싸우지 않는 것처럼, 통치자 역시 자신을 낮추며 먼저 백성을 앞세우고 백성들과 이득을 다투지 않아야 한다. 이렇게 하면 백성들 역시 임금을 부담스럽게 여기지 않으며, 즐거운 마음으로 임금을 받들고 싫어하지 않기에, 아무도 임금과 이익을 다투게 되지 않는 것이다. 이렇듯 노자는 백성들 앞에 겸허하게 처신하는 정치철학을 말하고 있다.

하상공河上公은, 이 장을 이렇게 해석하고 있다. "강과 바다는 (스스로) 낮추었기 때문에, 모든 흐름이 그곳에 흘러들어온다. 마찬가지로 백성이

---

[1] '文子曰: 人之情, 心服於德, 不復於力; 德在與, 不在求. 是以聖人以欲貴於人者, 先貴於人; 欲尊於人者, 先尊於人; 欲勝人者, 先自勝; 欲卑人者, 先自卑, 故貴賤尊卑, 道以制之. 夫古之聖人以其言下人, 以其身後人, 即天下樂推而不厭, 戴而不重, 此德重有餘而氣順也, 古知與之爲取, 後之爲先, 即幾之道矣.', 『文子校釋』, 「符言」卷第四, 李定生, 徐慧君校釋, 上海: 上海古籍出版社, 2004, 173頁.

[2] '江海以卑下, 故衆流歸之, … 欲在民之上也, 法江海, 處謙虛. 欲在民之前也, 先人而後己也.', 『老子道德經河上公章句』, 「後己」第六十六, 上同, 258, 259頁.

왕에게 나가는 것은 (왕이 자신을) 낮추었기 때문이다. 그러므로 모든 골짜기 (물)의 왕이 될 수 있다. (왕이) 백성의 윗자리에 있으려 하면 강과 바다를 본받아서 겸허하게 처신해야 한다. 백성들 앞에 있고자 하면, 남을 앞세우고 (자기) 몸을 뒤로 해야 한다. 성인(같은 임금)은 (비록) 백성들 위에서 주인이 되지만 존귀함을 내세워 아랫사람들을 학대하지 않으니, 그러므로 백성이 (그를 왕으로) 받들어 높이면서도 부담스럽게 여기지 않는다. 성인은 백성들 앞에 있으되, (자기의) 영예光明로 뒤에 있는 백성들을 가리지 않으니, 백성은 (왕을) 부모처럼 친밀히 대하며, 그를 해칠 마음을 전혀 갖지 않는다. 성인은 은혜가 깊고 사랑이 두터우며, 백성을 '어린아이[赤子]'로 보기에, 따라서 천하(의 사람)가 기쁘게 그를 받들어 주인으로 삼으며, 그를 싫어하는 사람은 (아마) 없을 것이다. (이는) 천하에 성인을 싫어함이 없는 때이니, 이것은 성인께서 사람들과 선후先後를 다투지 않기 때문이다. (이 『노자』 66장에서는,) 사람들은 모두 앞다투어 유위有爲를 하는데, (임금은) 우리와 다툼이 없이 '함 없음無爲'을 하는 자임을 말하는 것이다."3)

당唐나라 왕진王眞 또한 이 장을 다음과 같이 설명한다. "여기서는 (임금을) 특히 강과 바다에 비유한다. 임금이 겸손하고 부드럽게[謙柔] 자기를 낮추어 지극히 겸손하게 처신하면 '겸손하고 부드럽게' 낮추는 지극함이 이에 천하의 환심을 얻게 되고, 천하의 환심을 얻으면, 그런 연후에

---

3) '江海以卑下, 故衆流歸之, 若民歸就王, 以卑下, 故能爲百谷王也. (君)欲在民之上也, 法江海, 處謙虛; 欲在民之前也, 先人而後己也. 聖人在民上爲主, 不以尊貴虐下, 故民戴仰而不以爲重. 聖人在民前, 不以光明蔽後, 民親之若父母, 無有欲害之心也. 聖人恩深愛厚, 視民如赤子, 故天下樂推進以爲主, 無有厭之者, 天下無厭聖人之時, 是由聖人不與人爭先後也. 言人皆爭有爲, 無有與吾爭無爲者.' 『老子道德經河上公章句』, 「後己」第六十六, 上同, 258, 259頁.

(백성들이) 즐거이 추대하여 싫어하지 않음을 얻게 된다. (백성이) 즐거이 추대하여 싫어하지 않음을 얻게 되면, 자연히 상하에 다툼이 없어진다. 무릇 다투지 않음의 뜻은, (임금이) 하늘[天]과 덕이 같은 것이니, (임금이) 만물(만인)들을 아름답고 이롭게 하기에, (백성들을) 잘 적응하라고 말하지 않아도, (임금이) 천하의 '사방과 상하[六虛]'를 주류하여 (백성들을) 잘 이길 것을 도모하지 않을 것이니, 또한 천하의 사람 중에서 (누가) 다툼 없는 재[임금]와 다투려 하겠는가! 반드시 그렇게 되지 않을 것이다!"4) 백성들과 다투지 않을 뿐만 아니라 백성들에게 전폭적인 신임을 받는 지도자라면 아무도 그의 권위에 도전하지 못한다는 뜻이다. 이처럼 왕진王眞의 해석은 본 장의 취지를 잘 설명해 주고 있다.

요컨대 통치자는 백성들과 다투는 존재가 아니라 백성들을 보호해주는 존재이며, 백성들을 겸손하게 대하고 키워주는 자여야 한다. 참으로 귀 기울일 말씀이다.

---

4) '此特引江海之爲喻者, 盖欲其人君謙柔卑巽之極也. 夫謙柔卑巽之極, 乃得天下之歡心. 得天下之歡心, 然後得樂推而不厭, 得樂推而不厭, 則則自然上下无争. 夫不争之義, 與天同德, 美利萬物, 不言善應, 周流六虛, 不謀善勝, 且天下之人孰能與不争者争乎哉, 必不然矣!', 『道德經論兵要義述』, 「江海所以能爲百谷王」章第六十六章, 卷之四 #1, 唐 王眞撰, 中國哲學書電子化計劃, https://ctext.org 참조.

30.
나라는 작게, 백성은 적게(80)

나라는 작게 하고 백성은 적게 하며, 열 사람 백 사람이 (함께) 쓰는 도구는 쓰지 않으며, 백성들이 죽음을 무거운 것으로 알고 이주하기를 꺼리게 한다. 수레나 배는 있으나 탈 바가 없으며, 무기와 병사가 있어도 진을 칠 일이 없으며, 백성들이 (옛날처럼) '뜻을 전하는 매듭[結繩]'을 쓰게 한다. 자기가 먹는 것을 달게 여기고, 자기가 입은 옷을 아름답게 보고, 자기 풍속을 즐기며, 자기 거처를 편히 여기고, 이웃 나라를 마주 바라보아 닭과 돼지 울음소리를 듣지만, 백성들은 늙어 죽을 때까지도 서로 왕래하지 않는다.

[小邦寡民, 使十百之器毋用, 使民重死而遠徙. 有車舟无所乘之; 有甲兵无所陳之; 使民復結繩而用之. 甘其食, 美其服, 樂其俗, 安其居, 鄰邦相望, 鷄狗之聲相聞, 民至老死不相往來.]

소철蘇轍(1039-1112)은 이 장에 대하여 "노자는 쇠락한 주周나라에서 태어났기에 문文을 과도하게 주장하는 세속의 폐해에 (맞서서) 무위無爲로써 장차 구제하려 하였다. 따라서 (자기) 책(『노자』)의 끝(부분, 『노자』 80장)에서 자기 뜻을 밝혀 '작은 나라에 적은 백성[小國寡民]'을 시도하길 원했으나 할 수 없었을 뿐이다. 백성이 각자 자기 몫에 안주하면, 재주가 적은 자도 세상에 쓰이기를 바라지 않고, 열 사람 백 사람 몫을 할 만큼 그릇이 큰 사람[器]이라면, (그런) 사람은 열 사람이나 백 사람들의 우두머리가 될 수 있다. (그러나 좋은 사회라면) 일은 적고 백성은 소박하며, (신의) 매듭[結繩]으로 뜻을 표하기에 만족했을 것이다. 안으로는 만족하고 밖으로는 바라는 바가 없으니 자기가 가진 것이 아름답다고 여기고, 자기가 사는 곳이 즐겁다고 여겨서 다시 (더) 구하지 않았다. 백성의 재물이 번다해도 서로 구하지 않았으니, 피차 모두 서로 충족했기 때문이다."라고[1] 해석하고 있다. 이 장에서 노자는 당시의 시대조류였던 부국강병이나 영토 확장 정책을 반대한다. 나라는 될수록 소규모 공동체를 이루어 자급자족해야 하며, 나라와 나라가 서로 침범하지 않고 단순하게 살면서, 자기의 먹는 것과 입는 것, 주거와 생활 습관(풍속) 등을 자유롭게 유지하고, 자족하기를 권고하는 것이다.

『문자文子』에서는 노자의 '작은 나라, 적은 국민'의 정책을 이어받아 다음과 같이 말한다. "천하가 비록 크다고 하나 군대를 쓰기를 좋아하는 자는 망하고, 나라가 비록 편안하나 전쟁을 좋아하는 자는 위험하니, 따라서 (『노자』 81장에서)『나라는 작게 하고 백성은 적게 하니, 열 사람 백 사람이 (함께) 쓰는 도구는 쓰지 않는다(小國寡民, 雖有什伯之器而勿用)』라고 말하였다."[2]

한漢나라 하상공河上公은 "성인은 비록 큰 나라를 다스려도 오히려 작

---

1) '老子生於衰周, 文勝俗弊, 將以無爲救之, 故於書之終言其所志, 願得小國寡民以試焉, 而不可得耳. 民各安其分, 則小有材者, 不求用於世, 什佰人之器, 則材堪什夫佰夫之長者也. 事少民樸, 雖結繩足矣. 內足而外無所慕, 故以其所有爲美, 以其所處爲樂, 而不復求也. 民物繁夥而不相求, 則彼此皆足故也.',『帛書老子校注』67章, 高明撰, 上同, 151頁.
2) '天下雖大, 好用兵者亡; 國雖安, 好戰者危. 故「小國寡民, 雖有什伯之器而勿用」.',『文子校釋』,「符言」, 文子著, 李定生, 徐慧君校釋, 上同, 182頁.

다고 보고, 검약儉約하고 사치하지 않는다. 백성들이 비록 많지만, 오히려 과소하다고 여기니, 이들을 수고롭게 하지 않는다."라고3) 해석하였다.

당나라 왕진王眞은 이 문장에 대하여 "이 장에서는 임금의 도道란 비록 대국의 강함에 처했더라도 또한 항상 모름지기 자신을 낮고 작게[卑小] 여겨야 하며, 비록 뭇사람의 힘을 가졌어도 또한 항상 모름지기 자신을 부족하고 적은[寡少] 것처럼 보여야 한다. 무릇 자신을 낮고 작게 여기면 크다고 뽐내는 잘못 또한 없고, 겸손하고 부드러운[謙柔] 도를 잃지 않는다. 스스로 부족하고 약하게 보이는 자는 또한 (다른 나라를) '믿고 의지 하는[시뢰恃賴]' 허물이 없어지기에, 제방堤防의 준비를 잃지 않는다. 설령 나라에 열 사람 몫을 하는 호걸, 백 사람 몫을 하는 어른이 있더라도 또한 (그들을) 등용하여 그들이 꼭 필요하게 되지 않게 된다. 이와 같이 한다면, 무릇 사람들은 각자 자기 삶을 그리워하게 되며, 자기 죽음을 두렵고 무겁게 여기게 되니, 일단 자기 고향 땅[鄕土]에 편안하고 이주하기를 꺼리게 된다. 또한 길쌈을 하거나 식사 시간에 돌아다닐 일이 없으니, 배나 수레가 쓸 데가 없어지며, 전쟁이 일단 끝나니, 갑병甲兵들이 전시될 바가 없게 되기에, 자연히 사람들은 태평을 이루게 되는데, (이에 글자가 아니라, 매듭을 묶어서 뜻을 나타내는, 오래된 소박한) 결승結繩을 다시 쓰게 된다. 이 때문에 자기가 먹는 것을 맛이 있게 여기고, 자기들 의복을 아름답게 보며, 속에서 만족함에 그친다. 자기 거처에 편안하고, 자기들의 풍속을 즐기니, '풍속과 교화[風化]'가 때를 맞춰 시행된다. 자연히 이웃 나라들이 국경을 맞대었으나 서로 엿봄이 없으니, 사기와 거짓이 행해지지 않고, 충신忠信한 것을 보배로 여기면서, 임시방편이라

---

3) '聖人雖治大國, 猶以爲小, 儉約不奢侈, 民雖衆, 猶若寡少, 不敢勞之.', 『老子道德經河上公章句』, 獨立第八十章,　唐 王眞撰, 上同, 303頁.

는 것이 없어지니, 모두 예禮를 갖추고서 찾아볼 일이 없어지게 되기에, 은폐하고 속일 생각을 품지 않게 되며, 스스로 왕래하는 예절이 끊어지게 되기에, 따라서 백성들이 늙어서 죽음에 이르러도, 서로 왕래하는 일은 없다."라고[4] 풀이하였다.

그러나 이와 같은 노자의 역사 퇴영退嬰 주의의 입장은, 역사에 대한 환상에 불과하다. 그는 역사가 발전한다는 생각을 받아들이지 않았고, 따라서 권력을 군주에게 집중시켜 국가 발전을 추구하던 당대 법가, 병가 등의 현실적 개선책들을 모두 부정적으로만 보았다. 노자는 통치자나 백성이 과도한 물질적 욕구를 충족하려는 대신, 적게 갖고 만족하기를 바라며, 계급의 차별 없이 서로 안온하게 병존하는 소국 과민의 소박한 정치 이상을 밝혔다. 그러나 역사적 발전은 이러한 노자의 소망을 실현될 수 없는 꿈으로 몰아붙였다.

---

[4] '此章言爲君之道, 雖處大國之强, 亦常須自爲卑小, 雖有衆庶之力, 亦常須自示寡弱. 夫自爲卑小者, 且无矜大之過, 不失謙柔之道, 自示寡弱者, 且无恃賴之尤, 不失堤防之備. 設使國中有什人之豪, 百人之長者, 亦不任用以生其必, 如是則人各懷戀其生, 畏重其死, 既安鄉土, 寧遠遷移. 又續飾不行, 則舟車无所用, 戰爭既息, 則兵甲无所陳, 自然人致太平, 以復結繩之政. 由是甘其食, 美其服, 止足存于衷也. 安其居, 樂其俗, 風化行于时也. 自然隣國對境, 无相覘覬, 詐僞不行, 忠信爲寶, 不相姑息, 俱无聘問之私, 不懷隐欺, 自絶往來之禮. 故曰民至老死, 不相往來也.', 『道德經論兵要義述』, 小國寡民章 第八十, 卷之四 #1, 唐 王眞撰, 中國哲學書電子化計劃, https://ctext.org 참조.

31.
믿을 만한 말은 아름답지 않고, 아름다운 말은 믿을 수 없다(81)

믿을 만한 말은 아름답지 않고, 아름다운 말은 믿을 수 없다. 아는 이는 넓지 않고, 넓은 이는 알지 못한다. 착한 자는 많지 않으나, 많은 자는 선善하지 않다. 성인은 쌓아둠이 없으니, 일단 남을 위하면 자기는 더욱 많이 갖게 되고, 자기 것을 남에게 줌으로써 (오히려) 자기 것이 더욱 많아진다. 그러므로 천도天道는 이로우나 해롭지 않고, 인도人道는 (남들에게) 해주되 다툼이 없다.

[信言不美. 美言不信. 知者不博. 博者不知. 善者不多. 多者不善. 聖人无積, 旣以爲人, 己愈有; 己以予人矣, 己愈多. 故天之道, 利而不害; 人之道, 爲而弗爭.]

『장자莊子』, 「천하天下」편에, "(덕德은) 본本이니 정밀[精]'이고, 물건[物]은 '거친 것[粗]'이 되며, (자기가) 쌓아두면 부족하게 된다."라고[1] 했으니, 여기서 말하는 "'무적无積'은 곧 '쌓아둠이 없음[無藏]'이다. (임금은) 쌓아

---

1) 以本爲精, 以物爲粗, 以有積爲不足, 『莊子譯注』,「天下」篇, 李玉峰, 李姉林譯注, 南昌: 百花州文藝出版社, 2010, 337頁; 『장자莊子』,「천하天下」편, 송영배 역주, 위와 같음, 632쪽 참조.

둠이 없으니 저축함도 없으면, (임금의) 마음은 허정虛靜하여 지고, 마음이 허정해지면, '묶인 데[所係]'가 없기에, 따라서 남[人]을 위하지 않을 바가 없다. 마음이 고요하여 묶이지 않으면 사심도 없고 고려할 것도 없으니, 따라서 남들에게 주지 않을 수 없다."라고2) 까오밍高明은 말하고 있다. 정치 지도자는 자기를 위해 사적으로 '쌓아둠이 없을[无積]' 때, 타인 즉 인민에게 줄 수 있다는 것이다. 이와 같이, 이 장 또한 통치자의 통치 원칙을 설명해 주고 있다.

통치에는 언행[言]을 아름답게 하는 것이 중요하다. 하지만 더 중요한 것은 임금의 말에 신뢰가 가야 한다는 점이다. 선한 통치자는 많지 않고 좋지 못한 통치자가 많다. 정말 선善한 통치자 즉 성인은 자기 이익을 먼저 생각하는 자가 아니라, 남들에게 많이 주는 것을 통치의 중점으로 삼기를 바라는 자이다. 따라서 천도天道는 인간과 자연 세계를 이롭게 해주고 그것을 해치지 않고, 또한 성인 같은 통치자가 행할 인도人道 역시 만물과 백성을 이롭게 해줄 뿐, 그것들과 다투는 일은 없다는 것이 노자의 정치철학이다.

하상공河上公은, 이 장을 이렇게 설명하고 있다. "(임금의) 믿을 수 있는 말은 그 실제(내용)와 같다. (그것은) 아름다운 것이 아니니, 소박하고 또 솔직하다. '아름다운 말[美言]'은 재미있는 화려한 말이다. 믿을 수 없다는 것은, (꾸민 말은) 거짓이 많고 공허한 것을 꾸밈이다. (임금의) 착함이란 도道로 몸을 닦음이다. (임금의 말이) 웅변 같지 않은 것은 꾸민 점이 없음이다. 웅변은 교묘한 말이다. (임금이) 선善하지 않은 자이면, 혀[舌]끝으로 화禍를 불러오는 것이다. 흙(속)에 옥玉이 있기에 그 산山을 개발하고, 물에 진주[珠]가 있기에 그 심연深淵은 흐릿한[濁] 것이다. 웅변

---

2) 『帛書老子校注』68章, 高明撰, 上同, 157頁.

하는 입에는 말이 많으니, 그(임금의) 몸을 망치게 한다. 아는 이란 도道를 아는 인재이다. (임금으로) '넓지 않은 자[不博者]'는 '하나의 근원[一元]'을 지키는 것이다. 넓은 자는 견문이 많은 것이다. (임금으로) 알지 못하는 자는 '참된 핵심[要眞]'을 잃음이다. 성인은 덕을 쌓되 재물을 쌓지 않으며, 덕이 있음으로써 어리석은 자를 가르치고, 재산이 있음으로써 가난한 이들에게 주는 것이다. 일단 사람을 위해 덕화德化를 실시함으로써, 자기는 더욱 덕이 있게 된다. 일단 재물로써 남에게 베풀어주면 (자기의) 재물과 이익財益이 많아지니, 일월日月의 빛은 (주고 또 주어도) 사라질 때가 없음과 같다. '자연[天]'은 만물을 낳고 그것들을 사랑으로 길러내어[愛育] 크게 자라나게 하지만 다치고 해치게 하는 일은 없다. 성인은 자연[天]이 베풀어줌을 본받아 변화하여 일을 성취하게 하니, 아래(사람)들과 공명功名을 다투지 않으므로, 자기의 '거룩한 결과[聖功]'를 온전히 할 수 있다."3) 이와 같이 하상공은 (『노자』) 81장의 전체적인 뜻을 잘 설명하고 있다.

왕필은 "(성인 같은 통치자는) 사사로이 스스로 갖는 것이 없으며 오직 선善함뿐이기에, 만물(만인)이 존경하고 만물(만인)이 귀의하게 된다. (자연[天]은) 움직여서 (만물을) 항상 이루어준다. (성인은) 자연[天]에게 맡길 뿐이다. 만물의 이로움에 따르며 서로 해치지 않는다."라고4) 덧붙

---

3) '信言者, 如其實也. 不美者, 朴且質也. 美言者, 滋美之華辭. 不信者, 飾僞多空虛也. 善者, 以道修身也. 不辯者, 不綵文也. 辯者, 謂巧言也. 不善者, 舌致患也. 土有玉, 掘其山; 水有珠, 濁其淵; 辯口多言, 亡其身. 知者, 謂知道之士. 不博者, 守一元也. 博者, 多見聞也. 不知者, 失要眞也. 聖人積德不積財, 有德以敎愚, 有財以與貧也. 旣以爲人施設德化, 己愈有德. 旣以財賄布施與人, 而財益多, 如日月之光, 無有盡時. 天生萬物, 愛育之, 令長大, 無所傷害也. 聖人法天所施爲, 化成事就, 不與下爭功名, 故能全其聖功也.',『老子道德經河上公章句』, 顯質第八十一, 上同, 307, 308頁.
4) '無私自有, 唯善是與, 任物而已. 物所存也, 物所歸也. 動常生成之也, 順天之利, 不相傷

여 설명하고 있다.

끝으로 당唐나라 왕진王眞은 이렇게 말한다. "무릇 한 집에서 다툼이 없으면 곧 나라의 송사訟事는 그칠 것이다. 한 나라가 전쟁을 안 하면 곧 교전하고 마주 진을 치는[對陣] 일이 없어질 것이다. 천하에서 전쟁을 안 하면 정벌은 그칠 것이다. 싸움과 쟁론이 집에서 그치고, 교전하고 마주 진을 치는 일이 나라에서 그치고, 정벌이 천하에서 그치는 것은 성인이 다스린 것이다. 그러므로 「성인의 도道는 다스리되 다툼이 없다」라고 말한다."5)

대개 노자 정치철학의 뜻은, 임금이 사심 없이 정사政事를 주관하여 '하되 다툼이 없음(爲而不爭)'으로 귀결된다고 하겠다. 이런 정치사상 역시 황로학이 발생할 수 있는 철학적 함의를 담고 있다.

也.', 『王弼集校釋』上冊,「老子道德經注」八十一章, 樓宇烈校釋, 上同, 192頁 참조.
5) '夫 一家不爭, 即鬪訟息矣! 一國不爭, 即戰陣息矣. 天下不爭, 則征伐息矣. 夫鬪訟息于家, 戰陣息于國, 征伐息于天下, 此聖人之理也. 故曰聖人之道爲而不爭, 其此之謂谓歟.' 『道德經論兵要義述』, 信言不美章第八十一, 卷之四 #2, 唐 王眞撰, 中國哲學書電子化計劃, https://ctext.org 참조.

32.
나는 늘 세 가지 보배를 가지고 있다(67)

　　천하에서 모두 나는 크다고 말하나, 크기는 하나 그렇게 보이지 않는다. 무릇 큰 것은 진실로 그와 같아 보이지 않는 것이다. 커 보인다면, 오래전에 작은 것이리라! 나는 항상 세 보배가 있으니, 지니고 그것을 보배로 여긴다. 첫째는 자애[慈]이고, 둘째는 검약儉約[儉]이고, 셋째는 '천하에서 앞서지 않음[不敢爲天下先]'이다. 무릇 (임금은) 자애하기 때문에 용감할 수 있고, 검약하기 때문에 광대할 수 있고, 천하에서 앞서지 않으니, 천하의 우두머리[長]일 수 있다. 지금 (어느 임금이) 자애함을 버리고 (백성들이) 그저 용감하기만 바라고, (임금이) 물러서는 것을 버리고 그저 앞서려고만 한다면 반드시 죽게 될 것이다! 무릇 자애하면서 전투하면 이기고, 수비하면 견고하다. 하늘이 장차 (무엇을) 세우려 하면, 자애함으로써 그것을 '둘러싸서[垣]', (보호함)과 같다.

[天下皆謂我大, 大而不肖. 夫唯大, 故不肖. 若肖, 細久矣. 我恒有三寶, 持而寶之. 一曰慈, 二曰儉, 三曰不敢爲天下先. 夫慈, 故能勇; 儉, 故能廣; 不敢爲天下先, 故能爲成事長. 今捨其慈, 且勇; 捨其後且先, 則必死矣! 夫慈, 以戰則勝, 以守則固. 天將建之, 如以慈垣之.]

　　『좌전左傳』양공襄公14년에 나오는 「成國不過半天子之軍」의 두예杜預(222-285) 주注에서, '성국成國'은 '대국大國'이다'가 나오니,⋯ 그렇다면 성기成器는 대기大器이다. 현존『노자』 29장에, "天下神器, 不可爲也"('천하'라는 신묘한 이것은, (억지로는) 다스릴 수가 없다.)가 나오는데,『이아爾雅 · 석고釋詁』에, "신神은 중重이다. (이렇다면) 신기神器는 중기重器(의 뜻)이고, 성기成器는 대기大器(의 뜻)이다."[1] 이렇게 보면, '成器長'과 '成事長'도, 그 의미가 거의 비슷하며, 현존『노자』 28장, "樸散則爲器, 聖人用之則爲官長(소박함이 흩어져야 그릇[器]이 되고, 성인이 이것[그릇]을 쓰니 관官의 장長이 된다.)"에서 왕필王弼은, "이 때문에 성인은 자기 몸을 뒤로 하니 (자기) 몸이 앞에 서는 것이다. … 박樸은 참[眞]이다. 참이 흩어져야, 모든 행동이 나오게 되니, 다른 부류[殊類]'가 생기는 것이 그릇[器]과 같다. 성인은 자기를 흩어놓기 때문에, 따라서 행하면 관장官長으로 세워진다. 선善은 스승[師]이 되고, 불선不善도 재료[資]가 되니, 풍속을 옮기면, 다시 (백성은) 하나[一]에로 귀결된다."라고[2] 말하였다.

이와 같이, 이 장에서는 임금이 민중을 통치하는 중요한 원칙을 말하고 있다. 그 요지는 임금이라면 ① 자애慈愛스럽고[慈], ② 검약해야[儉]하며, ③ '천하에서 앞서지 않음'이다. 임금이 백성을 자애롭게 사랑한다면 백성은 용감해질 것이며, 임금이 검약하게 정치를 한다면 그 나라는 광대하게 커질 것이고, 임금이 천하에서 앞서지 않으면 겸손하기에 결국은 천하의 우두머리가 될 수 있다고 말한다. 그러나 자애함을 버리고, 백성들에게 용감하기만을 바라고, 또한 임금이 물러서는 겸손함을 버리고, 앞장서서 무리하게 끌고 나가려 한다면, 그 임금은 결국 죽게 되는 것이다. 따라서 임금은 백성에게 자애하면 전쟁에서 승리하게 되며, 나

---

1) 『帛書老子校注』 69章, 高明撰, 상동, 162頁.
2) '是以聖人後其身而身先也. … 樸, 眞也. 眞散則百行出, 殊類生, 若器也. 聖人因其分散, 故爲之立官長. 善爲師, 不善爲資, 移風易俗, 復使歸於一也.',『王弼集校釋』上冊,「老子道德經注」 28章, 상동, 74, 75頁.

라를 지키면 나라가 공고해진다는 것이다. 자연[天]이 하는 일이란 무엇을 세우려 할 때는 반드시 자애로써 그것을 둘러싸고 보호해 준다고 말하는 것이다.

하상공河上公은, 이 장을 이렇게 해석하고 있다. "노자는, 「천하에서 모두 내 덕德이 크다고 말하나, 내我라면 어리석은 것처럼 불초不肖하다.」라고 말한다. 유독 명덕名德이 크다고 하면 자신에게는 해로움이 되니, 내我라면 어리석은 듯 불초한 자인 것처럼 한다. … 나는 삼보三寶가 있으니, 그것을 가지고 보유한다. 첫째는 백성을 어린아이처럼 사랑하고, 둘째는 세금 걷는 것을 자신에게서 걷는 것처럼 하고, 셋째는 겸손하게 물러서며 시작을 먼저 하지 않음이다. (백성에게) 자애롭고, 사랑仁하기 때문에, (백성은) 충효忠孝를 하는데 용감할 수 있다. 천자가 몸소 절약하고 검소함[節儉] 때문에, 백성은 살림살이 형편이 필 것이다. (임금이) 천하에 우두머리로 앞장서지 않으니, 큰 그릇의 우두머리가 됨은 도인道人을 얻음을 말한다. 나는 도인道人의 우두머리가 될 수 있다. (그러나) 지금 세상은 자애로움을 버리고, 단지 용무勇武 만을 행한다. 절약하고 검소함을 버리고, (임금과 백성이) 단지 크게 사치한다. 자기 몸을 뒤로함을 버리고, 단지 남보다 앞서려고 한다. 이렇게 행동하면, '죽을 자리[死地]'로 움직여 들어가는 것이다. 무릇 (임금이) 자애하면 백성이 친밀하게 붙게 되어 마음을 하나로 뭉치기 때문에, 전투하면 적에게 승리하고, 수비하면 견고하게 된다. 하늘은 장차 선인善人을 도우려 하니, 반드시 '자애롭게 사랑[慈仁]하는 성품을 주어서, 스스로 영위하고 돕게 할 수 있다."³⁾ 이 해석은 탁월하다

---

3) '老子言: 「天下皆謂我德大, 我則佯愚似不肖.」 … 老子言: 我有三寶, 抱持而保倚之. 愛百姓若赤子, 賦斂若取之於己也. 執謙退, 不爲倡始也. 以慈仁, 故能勇於忠孝也. 天子身能節儉, 故民日用廣矣. 不敢爲天下首先. 成器長, 謂得道人也. 我能爲道人之長

한비韓非는 「유노喩老」편에서 이렇게 말한다. "자식을 사랑하니 자식에게 자애롭고[慈], 삶을 중시하니 몸에 자애롭고, 공功을 귀하게 여기니 일에 자상하다. 자애로운 어미는 약한 자식에게 그 복을 오게 함에 힘을 쓰고, 복을 오게 함에 힘을 쓰면 일은 화禍를 없애는 일이고, 일에 화를 없애려면 생각이 무르익어야 하니, 생각이 무르익으면 사리를 얻게 된다. 사리를 얻으면, 반드시 성공하게 된다. 반드시 성공할 것이면, 행동 또한 착각[疑]이 없게 된다. 착각이 없으면, 용감勇敢하게 됨이라고 말한다. 성인은 만사에서 자상한 어미가 약한 자식을 위해 배려하는 것처럼 진력하게, 따라서 반드시 행해질 수 있는 도리[道]를 보게 된다. 시행이 될 만한 도리를 반드시 보게 되면, 일함에 또한 착각[疑]이 없게 되니, 착각 없음이 용기[勇]라고 한다. 그러므로 (『노자』 67장에서) 「자애롭기에, 따라서 용감할 수 있다(夫慈, 故能勇)」라고 말한 것이다. … 지혜로운 인사는 자기 재물을 검소하게 쓰니 집안이 부유하고, 성인은 자기 정신을 사랑하고 보배롭게 여기니, 정신이 왕성하고, 임금은 자기 병졸을 전투에서 중시하니 백성이 많게 된다. 민중이 많아지면 나라가 넓게 되니, 이 때문에, (『노자』 67장에서) 「검약하기에, 따라서 (나라가) 넓어진다(儉, 故能廣)」라고 거론한다. … 만물을 (측량함에) 원재[規]와 곱재[矩]가 없을 수 없다. 말[言]을 따지는 인재는 원자와 곱자로써 따진다. 성인은 만물을 (재어보는) 원자와 곱자에 다 따르는 것이니, 따라서 (『노자』 67장에서) 「천하에 앞장서지 않는다(不敢爲天下先)」라고 말한 것이다. 천하에 앞장서지 않으나 일이 처리되지 않음이 없으니, 결과가 공功이 되지 않음이 없기에,

---

也. 今世人舍其慈仁, 但爲勇武. 舍其儉約, 但爲奢泰. 奢其後己, 但爲人先. 所行如此, 動入死地. 夫慈仁者, 百姓親附, 幷心一意, 故以戰則勝敵, 以守衛則堅固. 天將救助善人, 必與慈仁之性, 使能自營助也.', 『老子道德經河上公章句』, 三寶第六十七, 上同, 262~264頁.

의론은 반드시 세상을 덮을 것이니, (그런 인재를) 대관大官(자리)에 놓지 않을 수 있겠는가? 대관大官(자리)에 놓는 것은, 일을 이루는 우두머리가 됨을 말하니, 이 때문에 (『노자』 67장에서) 「천하에서 앞자리에 서지 않으니, 따라서 일을 이루는 우두머리가 될 수 있다(不敢爲天下先, 故能爲成事長)」라고 말한다. … 따라서 전투에 임하는 군사나 관리에게 자애하게 대하면 전투에서 적에게 승리하고, (군사) 장비를 아끼면 성城이 견고해진다. 그러므로 (『노자』 67장에서) 「자상하면 전투에서 승리하고, 수비하면 견고해진다(慈, 於戰則勝, 以守則固)」라고 말한다. … 일은 반드시 모든 것이 온전해야 하니, 거사에 합하지 않으면 안 되기에, 그러므로 (『노자』 67장에서) 「나는 세 가지 보배가 있으니, 갖고서 그것을 보배로 여긴다(吾有三寶, 持而寶之)」라고 말한 것이다."[4] 이와 같은 한비의 해석은 명확한 분석을 통해서, 노자의 정책을 합리적으로 설명해 주고 있다.

당나라 말기의 두광정杜光庭의 해석 또한 참고할 가치가 있다. "도道에는, 애육愛育하는 것이 있으니 '자애함[慈]'이 우선이다. 사람을 기르자면 비용을 아껴야 하니, 검약[儉]이 다음이다. 남을 앞세우고 자기를 뒤로해야 하니, 양보함[讓]이 끝이 된다. 자비함은 하늘을 본받은 것이고, 검약

---

[4] '愛子者慈於子, 重生者慈於身, 貴功者慈於事. 慈母之於弱子也, 務致其福. 務致其福則事除其禍, 事除其禍則思慮熟, 思慮熟則得事理, 得事理則必聖功, 必聖功則其行之也不疑, 不疑之謂勇. 聖人之於萬事也, 盡如慈母之爲弱子慮也, 故見必行之道. 見必行之道則明, 其從事亦不疑, 不疑之謂勇. 不疑生於慈, 故曰:「慈, 故能勇.」… 智士儉用其財則家富, 聖人愛寶其神則精盛, 人君重戰其卒則民衆. 民衆則國廣, 是以擧之曰: 儉, 故能廣.」…而萬物莫不有規矩. 議言之士, 計會規矩也. 聖人盡隨於萬物之規矩, 故曰:「不敢爲天下先.」不敢爲天下先則事無不事, 功無不功, 而議必蓋世, 欲無處大官, 其可得乎? 處大官之謂爲成事長, 是以故曰:「不敢爲天下先, 故能爲成事長.」… 故臨兵而慈於士吏則戰勝敵, 慈於器械則城堅固. 故曰:「慈, 於戰則勝, 以守則固.」… 事必萬全, 而擧無不當, 則謂之ање矣. 故曰:「吾有三寶, 持而寶之.」, 『韓非子新校注』, 上冊, 「喩老」, 上同, 421~424頁.

은 땅을 본받은 것이고, 신용이 크면 (남을) 속이지 않음이니, 양보[讓]는 사람을 본받아서 (남들을) 공양恭讓하여 다투지 않는 것이다. 이 셋은 나라를 다스리는 근본[本]이며, 입신立身하는 기본[基]이기에, 이것을 보배처럼 귀히 여기므로, 따라서 삼보三寶라고 말한다. 무릇 삼보는 도道의 쓰임이다. 무릇 크기만 하여, 따라서 그런 것 같지 않아 보이는 것이 도道의 몸[體]이다. 도의 몸을 품고서 도의 쓰임을 운용하니, 자신을 다스리고 나라를 다스림에 자애로움[慈]이 우선이 된다고 할 것이다. (『노자』67장에서)「자애롭기에 따라서 용감할 수 있다」(라고 말한 것이다.) (백성에게) 자인慈仁 하고, 가엽게 여기고[憫] 베풀어주면[惠], (임금의) 덕에 여유가 있게 되니, (백성들의) 구제함에 용감하다. 이것이 삼보三寶의 공적[功]을 말한 것이다. 무릇 사람들은 탐내고 다투며 (남들에게) 자애하지 않으나, 과감한데 용기를 내니, 곤궁하여 움츠러들게 된다. 지금 성인(같은 임금)은 자애로움으로 행동하지 않는가! 그러므로 (그런 임금은) 구제함에 용감할 수 있다."[5] 이 해석 또한 참고할 만하다.

 이 장에서는 최고 통치자는 자애로워야만 사태의 파악을 잘할 수 있으며, 경영에서는 경비를 절감하는 검약 정신이 있어야 하고, 끝으로 무모하게 일을 추진하지 말고 먼저 물러나서 사태를 관망하는 것이 우선이라는 『노자』 통치 철학의 삼보三寶를 말해주고 있다.

---

[5] '道存愛育, 旣慈爲先. 養人惜費, 以儉爲次. 先人後己, 以讓爲終. 慈以法天, 澤無不被也; 儉以法地, 大信不欺也; 讓以法人, 恭謙不爭也. 此三者, 理國之本, 立身之基, 寶而貴之. 故曰三寶. 夫三寶者, 道之用也. 夫唯大故似不肖者, 道之體也. 抱道之體, 運道之用, 理身理國, 以慈爲先矣. 夫慈故能勇, 慈仁憫惠則德有餘, 故勇於救濟. 此覆述三寶之功也. 凡人貪競不慈, 勇於果敢, 致有窮屈. 今聖人以慈爲行! 故能勇於濟渡.', 『道德眞經廣聖義』,「天下皆謂我道大」章第七十六, 卷四十五 #17, 杜光庭撰, 中國哲學書電子化計劃, https://ctext.org 참조.

33.
군사 노릇 잘하는 자는 사나워 보이지 않는다(68)

군사 노릇을 잘하는 자는 사나워 보이지 않고, 전투 잘하는 자는 분노하지 않으며, 적을 잘 이기는 자는 더불어 (다투지) 않으며, 사람을 잘 쓰는 자는 (자신을) 아래로 한다. 이것이 다투지 않는 덕이라 하고, 이것이 사람을 쓰는 것이라 하고, 이것이 하늘과 짝하는 것이니, 옛날의 '최고 준칙[極]'이다.

[善爲士者不武, 善戰者不怒, 善勝敵者弗與, 善用人者爲之下. 是謂不爭之德, 是謂用人, 是謂配天, 古之極也.]

짱시창蔣錫昌에 의하면, 이 장에서 말하는 사士란 "임금 및 소속된 관경官卿 이고, 군권軍權을 가진 자를 말하는데, 전략 전술에 능통하여, 도道를 지키는 지식인[士]을 범칭泛稱 하니, 인자仁慈하여 지모智謀로 전투하는 사람이다."[1] 또한 현존 『노자』 68장에 대한 왕필의 주注에서는 「不與爭」을 말하는데, 주첸즈朱謙之(1899-1972)는 "옛날에는 상대하는 적[對敵]을 여與로 말했다"라고 했으니 "여與는 곧 다툼[爭]"이다.[2] 그리고 현존

---

1) 『帛書老子校注』70章, 高明撰, 上同, 166頁.
2) 『帛書老子校注』70章, 高明撰, 上同.

『노자』68장에는 「是謂用人之力」으로 되어 있으나, 백서帛書 『노자』 갑, 을본에는 「之力」 두 자가 없고, 「是謂不爭之德, 是謂用人, 是謂配天, 古之極也(이것은 '다투지 않는[不爭]' 덕을 말함이고, 이것은 '사람을 쓰는 것[用人]'을 말함이고, 이것은 '자연과 짝하는 것[配天]'을 말함이니, 옛날의 '준칙[極]'이다.)」라고 3) 하였다.

이 장 또한 위의 장과 마찬가지로, 남에게 자신을 과시하지 말 것을 말한다. 한漢나라 하상공河上公은 이 장을 이렇게 해석하고 있다. "(노자는) 도道와 덕德을 귀하게 보고, 무력武力을 좋아하지 않음을 말한 것이다. 도道로 전투를 잘하는 이는 가슴속에 사특함을 금禁하니, 화禍가 싹트지 않았을 때 잘라 버리고, 원망하거나 분노함이 없다. '도'로써 적을 잘 이기는 자는 사랑[仁]으로써 가까운 이들에게 붙고, 덕으로써 먼 곳에 사는 사람을 오게 하니, 적과 다툴 일이 없기에 적이 스스로 복종한다. 사람을 써서 스스로 잘 보좌하게 하는 이는 늘 남들에게 겸손하게 자기를 낮추는[謙下] (태도)를 지닌다. (이것은) 윗사람이 아래가 됨을 말하는 것이다. 이는 이에 남들과 더불어 다투지 않는 도道와 덕德이다. 몸이 남을 위해 아래가 되는 것이니, 이것이 신하의 힘을 씀이라 말한다. 이것을 행할 수 있는 자는 덕이 하늘과 짝이 된다. 이것이 바로 옛날 지극히 중요한 도道이다." 4)

당나라 왕진王眞은 이 장을 이렇게 설명하고 있다. "도道를 체득한 임

---

3) 『帛書老子校注』70章, 高明撰, 上同, 168頁.
4) '言貴道德, 不好武力也. 善以道戰者, 禁邪於胸心, 絶禍於未萌, 無所誅怒也. 善以道勝敵者 附近以仁, 來遠以德, 不與敵爭, 而敵自服也. 善用人自輔佐者, 常爲人執謙下也. 謂上爲之下也. 是乃不與人爭之道德也. 能身爲人下者, 是謂用人臣之力也. 能行此者, 德配天也. 是乃古之極要道也.', 『老子道德經河上公章句』, 配天第六十八, 上同, 268~269頁.

금은 모두 '함 없는[無爲]' 일에 처하고 '말 없는 가르침[不言之敎]'을 시행하는데, 무엇 때문에 무武를 숭상해야 하는가! 또한 '잘 전투하는 것'은 패하지 않는 것이니, 반드시 '욕심 없고 담백함[恬淡]'을 최고[上]로 여긴다. 일단 (『노자』 31장에서는) '승리를 하나 (그것을) 아름다운 것으로 여기지 않음[勝而不美]'이라고 말했으니, 오히려 (그것을) 비애悲哀 하는 '상례喪禮로 처리하기에[以喪禮處之]', 어찌 분노함이 있을 수 있겠는가! 또한 성군聖君의 덕은 천지와 합하니, 따라서 (『노자』 68장에서) '적을 잘 이기는 자는 더불어 (다투지) 않는다[善勝敵者不與]'라고 말한다. 무릇 왕은 절용을 하여 사람들을 사랑하며, 계절[時]에 따라서 백성을 부려야 하니, 그러므로 보필하는 신하를 쓰되, 그들을 팔다리나 심장과 척추와 같은 (중심 인물로) 보아야 하며, 장수 같은 신하를 임용하면 (장수는) 굶고서 도끼를 받았으며, 다님에 바퀴통을 미는 것, 이것은 반드시 먼저 그 마음을 얻은 다음에 그 역량을 쓰는 것이다. 그러므로 (『노자』 68장에서) 「남을 잘 쓰는 자는 그에게 겸하謙下해야 하니, 이것이 다투지 않는 덕이다(善用人者爲之下, 是謂不爭之德).」 (이것은) 하늘과 짝하여 '최고 준칙[極]'을 세울 수 있으니, 따라서 「옛날의 최고 준칙이다(古之極也)」라고 말한다."5)

하상공河上公이나 왕진王眞 모두 왕은 무위無爲하고 염담恬淡해야 하며, 직접 나서지 말고, 자신을 겸하하게 처신할 것을 말하고 있다. 노자의 철학에서, 임금이란 직접 스스로 주재하는 존재가 아니라, 자기의 의지와

---

5) '夫体道之君, 皆處无爲之事, 行不言之敎, 奚武之所尙哉! 又善戰者不敗, 必以恬淡爲上, 旣曰:「勝而不美,」猶以悲哀「喪禮而處之,」何怒之有哉. 又聖君德合天地, 自然无爭, 故曰:「善勝敵者不爭. 夫王者節用而愛人, 使民以時, 故用輔弱之臣, 則比之股肱心脣, 用將帥之臣, 則跪而受鉞, 行而推轂, 此必先得其心, 後用其力者也. 故曰:「善用人者爲之下, 是謂不爭之德.」不爭之德, 可以配天立極, 故曰:「古之極也.」', 『道德經論兵要義述』, 「善爲士者不武」章第六十八章, 卷之四 #1, 唐 王眞撰, 中國哲學書電子化計劃. https://ctext.org 참조.

제1부 덕경德經 157

주재함을 최소한으로 줄이는 존재이며, 신하나 백성들이 스스로 일을 처리하도록 자유로이 방임하는 존재임을 알 수 있다. 그러나 현실정치의 영도자들은 이와는 정반대이다. 그들은 자기가 직접 만사를 주재하고 처리하려고 한다. 그들에게 노자의 철학은 하나의 이상적 대안에 불과하다. 이 장 역시 황로학의 이상적 정치사상과 밀접하게 연결되어 있다고 하겠다.

34.
나는 일을 만들지 않음으로써 적에게 맞선다(69)

(옛날) 용병用兵을 말한 것에 이런 말이 있다. "나는 일을 만들지 않고 적敵에 대응할 뿐이며, 감히 한 치[寸]도 나가지 않으며 (오히려) 한 자[尺]나 물러선다." 이것이 (적을 향해) 가려 해도 갈 곳이 없으며, (적을) 없애려 하나 (잡을만한 적의) 팔뚝이 없고, (집어들) 병기兵器가 없으며, 이에 (다투어야 할) 적敵이 없게 되는 것이다. 불행[禍]으로는 '적이 없다고 여기는 것[无敵]'보다 큰 것이 없고, 적이 없다고 보면 나의 보배[慈, 儉, 不敢爲天下先]는 거의 없어질 것이다. 그러므로 대항하는 병력이 서로 같다면, (군졸들을) 가엾게 여기는 이가 승리할 것이다.

[用兵有言曰:「吾不敢爲主而爲客, 不敢進寸而退尺.」是謂行无行, 攘无臂, 執无兵, 乃无敵矣. 禍莫大於无敵, 无敵近亡吾寶矣.[1] 故抗兵相若, 則哀者勝矣.]

하상공河上公 주注에서는, "주主란 먼저 거병擧兵하지 않는 것이다. 객客이란 남들의 의견에 동의하나 자기주장을 견지하지 않는 것이다. '군사

---

1) 河上公본과 王弼본은, '无敵[적을 없는 것으로 봄]'을 '輕敵[적을 경시함]'으로 보고 있다. 無敵은 '상대할 적을 없음으로 보는 것'의 뜻이니, 帛書『老子』甲과 乙본의 '无敵'(無敵)을 따랐다.

력을 씀[用兵]'에는 마땅히 자연[天]을 받든 후에 움직여야 한다. 남(의 나라)의 경계를 침입하여 남(의 나라) 재보財寶를 이용하는 것이 나아감[進]이고, 문을 닫고 성을 지키는 것이 물러남[退]이다."라고[2] 말한다. 이와 같이 노자는 전투함에서 공격보다는 자기를 방어하여 지키는 것이 중요함을 말하고 있다. 이 장은 앞선 장을 이어 노자의 병법兵法 사상을 전하는데, 그 특징은 거의 전쟁 부정의 입장이다.

적을 먼저 공격하지 않되, 전쟁이 발생하면 그것에 맞게 대응할 뿐이며, 진격하기보다는 퇴각할 것을 권한다. 적과의 싸움에서 적이 달려들 진지陣地를 보이지 않게 하면, 적은 맞서 싸우기 위해 행군할 방향이 없어진다. 적과 싸워야 하지만, 적들과 달라붙어 싸워야 할 팔뚝이 보이지 않게 해야 하며, 집어 들고 싸울 병기가 없어야 한다고 말한다, 이렇게 되면, 대응할 적이 없게 되는 것이다. 그러나 있는 적을 아예 없는 것으로 간주해서는 안 되는 것이다. 그러므로 비참한 불행[禍]이란 '적이 없다고[无敵] 간주하는 것이다. 이렇게 되면, 임금이 백성을 통치하는데 가져야 할 보물[자애, 검약, 천하에 나서지 않음]이 거의 없어진다고 노자는 말한다. 실제 전투 상황이 발생한 경우, 군졸들을 애련하게 여기는 쪽이 승리한다고 노자는 말한다. 효율적 전투방식의 추구가 아니라, 군졸들에 대한 사랑과 연민이 더욱더 중요하다고 노자는 보고 있다.

당나라의 왕진王眞은 이 장에 대해 다음과 같이 말한다. "임금은 검양謙讓을 하기에 자기가 (직접) 말할 수 없고, 용병가用兵家를 빌려서 말한다. 무릇 전쟁[兵]에서는 반드시 먼저 일으킨 자가 주主가 되고, 뒤에 응하는 자가 손님[客]이 된다. 또한 성인聖人의 군대는 항상 부득이하게 쓰이

---

2) '主, 先也, 不敢爲先擧兵. 客者, 和而不唱. 用兵當承天而後動, 侵人境界, 利人財寶, 爲進; 閉門守城, 爲退.', 『老子道德經河上公章句』, 「玄用」第六十九, 上同, 271頁.

니, 따라서 적에 대응하여 뒤에 일어나는 것이기에, 늘 손님이 되는 것이다. 진격은 적게 하고, 물러남을 많게 하는 것은 (전쟁을 수행하는데) 기밀의 쓰임과 적을 중시하는 뜻을 낮추는 것이다. 그러므로 비록 적이 온다고 한들, 내[我軍]는 군사는 좋게 하나 진열시키지는 않으니, 좋은 군사이면서 진열하지는 않기에, 곧 자연히 정벌征伐은 없어질 것이리라! 따라서 (『노자』 69장에서)「(군사의) 행군에는 행군이 없다(行无行也)」라고 말한다. 일단 정벌하는 행군이 없으면, 나의 군사와 군졸은, 의義를 지니고 수비만 하니, 어찌 (적의) 팔뚝을 잡아당기는 일이 있겠는가? 도道가 있는 임금은 설사 흉포한 외적이 망동을 부리며 온다고 해도, 나의 군대는 그들에게 글[文詞]로써 알리고, (악무樂舞에서) 방패[干]나 깃[羽]을 들고 (무무武舞를) 출 것이니, 저들은 반드시 의義를 듣고서 물러날 것이니, 자연히 적敵은 없을 것이기에, 따라서 (『노자』 69장에서)「이에 적은 없다(乃無敵)」라고 말한 것이다. 적이 일단 퇴각하여 무기들을 거두어들이니, 따라서 (『노자』 69장에서)「잡으려 하나 무기가 없다(執无兵)」라고 말한 것이다. 무기들은 일단 거두어들였는데, 혹시 전쟁을 잊어버릴까 (염려하여), 따라서 또한 (『노자』 69장에서)「비극[禍]은 적을 가볍게 여기는 것보다 큰 것은 없다. 적을 가볍게 봄은 내 보물[자애, 검약, 천하에서 앞서지 않음]을 거의 잃어버리는 것이다(禍莫大於輕敵, 輕敵幾喪吾寶)」라고 경계하였다. 적을 가볍게 보는 자는 밖에서 전쟁하기 좋아하면서, 안에서는 대비가 없음을 말한다. 안에서 준비가 없는데도 밖에서 전투하기를 좋아하니, 밖에서 전투를 좋아함은 오히려 승부는 있겠으나, 안에서 대비가 없으면, 반드시 멸망에 이르게 된다. 무릇 성인이 위에 있으면, 진실로 천하에서 적은 없는 것이다. 그러나 때로 '어지러운 말[亂言]'을 주로 다스리면, 적은 또한 많아질 것이다. 왜 그런가? 『상서尚書』(「태서泰誓」下)에서, 「나를 사랑하면 임금이 되나, 나를 학대하면 원수이다(撫我則

后, 虐我则仇)」라고 했다. 그렇다고 하면, 곧 천하는 모두 나의 적이다. 한 나라 또한 내 적이고, 한 마을 또한 내 적이며, 한 집도 또한 내 적이며, 한 몸도 또한 내 적이다. 그러므로 왕은 낮아지더라도, 작은 신하를 버리지 않아야, (왕은) 곧 만국의 환심을 얻는다. 공후公侯가 홀아비나 과부들을 모욕侮辱을 하지 않으면, 곧 백성의 환심을 얻을 것이다. 경대부卿大夫가 자기의 신첩臣妾을 잃게 하지 않으면, 곧 크고 작은 환심을 얻을 것이다. 선비나 서민들이 몸을 닦는 것을 잊지 않으면 곧 진실한 환심을 얻게 될 것이다. 그렇게 되면, 내가 보배로 여기는 것을, 온전히 할 수 있다. 나의 보배는 (임금의) 몸과 자리이니, 따라서 (『노자』 69장에서) 「대항하는 병사들이 서로 같아도, 불쌍히 여기는 자가 승리한다(抗兵相若, 哀者勝矣)」라고 말한 것이다. 무릇 불쌍히 여기는 것이란 입으로 '애타는 정성[哀誠]'을 표현함을 말한다. 만약 임금이 자애하는 마음을 가지고, 신하를 부리는 예禮를 잃지 않았으면, 아래에서 (백성들이) 충용忠勇하는 절개를 짊어질 것이기에, 임금을 받드는 의리를 다 얻을 수 있으니, 곧 어디로 향하든 이기지 못하겠는가! 그러므로 (『노자』 69장에서) 「애련하게 여기는 이가 승리한다(哀者勝矣)」라고 말한다."3)

---

3) '道君謙讓, 不能自言, 故假用兵者有言也. 夫兵者必以先擧者爲主, 後應者爲客也. 且聖人之兵, 常爲不得已而用之, 故應敵而後起. 應敵而後起者, 所以常爲客也. 進少退多者, 是沉機密用, 重敵之意也. 故雖有敵至, 我則善師而不陣, 善師而不陣, 即自无征伐矣. 故曰:「行无行也.」既无征行, 即我之師徒抱義以守, 何攘臂之有哉! 夫有道之君, 縱有凶暴之寇, 妄動而來, 我師告之以文詞, 舞之以干羽, 彼必聞義而退, 自然无敵, 故曰:「乃无敵.」敵既退却, 干戈戢藏, 故曰:「執无兵.」兵既戢藏, 恐其忘戰, 故又戒之曰:「禍莫大于輕敵, 輕敵几喪吾寶.」輕敵者謂好戰于外, 无備于内. 与其无備于内, 寧好戰于外. 好戰于外, 猶有勝負. 无備于内, 必至滅亡. 夫聖人在上, 誠无敵于天下. 然以其時主理亂言之, 則敵亦衆矣. 何者?『書』云:「撫我則后, 虐我則仇.」若然者即天下皆吾敵也, 一國亦吾敵也, 一鄕亦吾敵也, 一家亦吾敵也, 一身亦吾敵也. 故王者不遺卑小之臣, 即得蔓國之歡心矣. 公侯不侮于鰥寡, 即得百姓之歡心矣. 卿大夫不失其臣

당唐나라의 왕진王眞은 이와 같이 전적으로 전투에서 방어만을 말하는 노자의 전투 입장을 최대한 긍정적으로 해석하고 있다. 그러나 이렇게 공격을 포기하고 방어를 주로 하는 소극적 자세가 실제 전투에서 현실적인 효과를 내기는 매우 어렵다고 필자는 생각한다. 노자는 전투에 참여하는 군사를 불쌍히 여기는 쪽이 승리할 것이라고 말하지만 이런 노자의 전투방식은 현실성이 떨어진다고 여겨진다. 노자가 제시하는 방어적 전투방식은 그저 하나의 낭만적이고 이상적인 환상으로 치부될 수밖에 없다.

矣, 即得小大之歡心矣. 土庶人不忘于修身, 即得眞實之歡心矣. 夫然乃可以全吾所寶矣. 吾寶者身與位也, 故曰:「抗兵相若, 哀者勝矣.」凡言哀者曰慈愛發于哀誠之謂也. 若上存慈愛之心, 不失使臣之礼, 下輸忠勇之節, 盡得事君之義, 即何向而不勝哉! 故曰:「哀者勝矣.」,『道德經論兵要義述』,「用兵有言」章第六十九章, 卷之四 #1, 唐 王眞 撰, 中國哲學書電子化計劃, https://ctext.org 참조.

35.
나의 말은 매우 쉽게 알 수 있으나, 사람들은 그것을 알 수 없다(70)

내 말[言]은 쉽게 알 수 있고 쉽게 행할 수 있으나, 세상[天下]에서는 (그것을) 알 수도 행할 수도 없음(으로 본다.) 말에도 (만물의) 주된 것이 있고, 일에도 (만사의) 주된 것이 있다. (사람들이) 오직 알지 못하니, 내 道를 알지 못한다. 나를 아는 이가 드무니, 나는 귀하게 되리라. 이 때문에 성인聖人은 (값싼) 베옷을 입었어도 (그 안에는) 옥玉을 품고 있다.

[吾言甚易知也, 甚易行也; 而天下莫之能知也, 而莫之能行也. 言有宗, 事有君.[1] 夫唯无知也, 是以不我知, 知我者希, 則我貴矣. 是以聖人被褐而懷玉.]

백서帛書의 갑본은 「而人莫之能知也」로 되어 있으나 을본은 「而天下莫之能知也」로 되어 있다. 갑본은 '인人'을, 을본은 '천하天下'를 말하고 있

---

1) 帛書甲本에서 원래 「言有宗, 事有君.」이었고 乙本도 같다. 王弼注에 의하면, 「宗, 萬物之主也. 君, 萬事之主也」이다. 쟝시창蔣錫昌(1897-?)에 의하면, "宗은 主이고. 君도 또한 主이다. 主는 무엇인가? 곧 道이다. 이는, 성인의 가르침은 비록 千言萬語가 되나, 그러나 종지는 여하튼 道를 떠나지 못하니, 따라서 '쉽게 알 수 있고, 쉽게 행할 수 있다"라고 말한다. 『帛書老子校注』, 高明撰, 北京: 中華書局, 2002, 175頁.

다. 부혁傅奕본과 범응원范應元본은 갑본을 따르고 있으나 하상공河上公본과 왕필본은 모두 백서帛書 을본의 '이천하而天下'를 따르고 있다.2) 이런 차이가 있지만, 필자는 여기서 하상공과 왕필처럼, 백서 을본을 따르고 있음을 밝힌다.

이 장에서는 도道란 본래 누구나 쉽게 알 수 있고 쉽게 행할 수 있지만, 실제로 그 핵심을 이해하는 사람은 드물고, 또 이해하기가 어렵다고 말한다. 말[言]에도 핵심[宗]이 있고 일에도 '주된 것[君]'이 있는데, 사람들은 그 사실을 모르고 있다. 그러므로 도道를 모르는 것이다. 노자는, 도道를 이미 파악한 성인聖人이면, 몸에 허름한 베옷을 입었어도 속에는 귀중한 옥玉을 품고 있는 것과 같다고 말한다.

하상공河上公은, 이 장을 이렇게 말한다. "노자는 '내가 말하는 바는 간략하나 알기 쉽고, 간략하나 행하기 쉽다'라고 말한다. (그러나,) 사람은 부드럽고 약한 것을 싫어하고, 강하고 굳센剛强 것을 좋아한다. 내가 말하는 바는 종조宗祖의 근본을 가지며, 일에는 군신君臣의 상하가 있으니, 세인世人들은 (이것을) 알지 못하기에, 나의 덕 없음을 부정하고, 마음으로 나와는 반대이다. 유독 무지한 세인들은 나의 도道와 덕德에 어두우니, 밖을 보지 못하고, 미묘함만을 궁극窮極 하기에, (진정한 도道를) 알지 못하는 것이다. (나를 아는 이는), 드무니[稀], 오직 도道에 달통한 자만이 나[道]를 알 수 있으므로 귀한 것이다. 베옷을 걸친 것은 외양이 초라한[薄] 것이나, 옥을 품은 것은 안이 후한 것이다. 보물을 가리고 덕을 감추었으니, (성인은) 사람들에게 보이려는 것이 아니다."3)

---

2) 『帛書老子校注』72章, 高明撰, 上同, 175頁.
3) '老子言: 吾所言省而易知', 約而易行. 人惡柔弱, 好剛强也. 我所言有宗祖根本, 事有君臣上下, 世人不知者, 非我之無德, 心與我反也. 夫唯世人之無知者, 是我道德之暗昧, 不見於外, 宮微極妙, 故无知也. 希, 少也. 惟達道者乃能知我, 故爲貴也. 被褐者薄外,

왕필은 또한 이 장을 이렇게 해석하고 있다. "문을 나서지 않고 창 (밖을) 보지 않고도 알 수 있으니, 따라서 (道를)「매우 알기 쉽다(甚易知)」라고 말한다. '함 없어도[無爲]' 이루어지니, 따라서 (道를)「매우 쉽게 행한다(甚易行)」라고 말한다. (세상 사람은) 조급한 욕심으로 착각을 일으키니, 따라서 (道를)「알 수 없는 것이다(莫之能知)」라고 말한다. 공명이나 이록利祿[榮利]' 때문에 착각을 일으키니, 따라서 (道를)「행할 수가 없다(莫之能行)」라고 말한다. 종宗은 만물의 주인이요, 군君은 만사萬事의 주된 것이다. 말[言]에는 '종지宗旨[宗]'가 있고, 만사[事]에도 '주된 것[君]'이 있기에, 지혜 있는 사람은 알 수가 있는 것이다. (道는) 오직 깊은 것이기 때문에 그것을 아는 자가 드물다. 내道를 아는 것은 더욱 드물기에, 나[道] 또한 (더욱) '짝[匹]'이 없으니, 따라서 (『노자』 70장에서)「나를 아는 이가 드물면, 내道는 귀한 것이다(知我者希, 則我貴)」라고 말한다. 베옷을 입음은 세속[塵]과 같음이요, 옥을 품음은 참[眞]을 보물로 여기는 것이다. 성인을 알기 어려운 것은 그가 세속과 구별되지 않아 옥을 품고도 드러내지 않기 때문이다. 알기 어려우나 귀한 것이다."[4] 이러한 왕필의 해석은 탁월하게 보인다.

노자의 사유와 비슷한 사고는 『중용中庸』에서도 볼 수 있다. "군자의 도道는 (쓰이는 데가) 넓으나 (그 본체는) 은미한 것이다. 어리석은 부부

懷玉者厚內, 匿寶藏德, 不以示人也.',『老子道德經河上公章句』, 知難第七十, 上同, 274~275頁.

4) '可不出戶窺牖而知, 故曰「甚易知」也. 無爲而成, 故曰「甚易行」也. 惑於躁欲, 故曰「莫之能知」也. 迷於榮利, 故曰「莫之能行」也. 宗, 萬物之主也; 君, 萬事之主也. 以其言有宗, 事有君之故, 故有知之人, 不得不知之也. 唯深, 故知之者希也. 知我益希, 我亦無匹, 故曰「知我者希, 則我貴」也. 被褐者, 同其塵; 懷玉者, 寶其眞也. 聖人之難知, 以其同塵而不殊, 懷玉而不渝, 故難知而爲貴也.',『王弼集校釋』上冊, 『老子道德經注』七十章, 樓宇烈校釋, 上同, 176, 177頁.

도 (그것을) 알 수 있다. (그러나) 그 지극함에 미치면 비록 성인도 또한 아는 바가 없다. 불초한 부부도 실행할 수 있다. (그러나) 그 지극함에 미치면 비록 성인도 또한 실행할 수가 없다."[5]

도道가 인문, 사회, 그리고 자연의 총체적 원리이고, 사람이라면 누구나 그 영향을 받지 않을 수 없으나, '도'의 실재 이치를 파악한 사람은 아주 희소하다고 말할 수 있다. 이에 대해 문자文子는 "(『노자』에서)「말[言]에는 '종지[宗]'가 있고 일[事]에는 근본[本]이 있다」(라고 했는데), 그 종지와 근본을 잃으면 비록 기능이 많다 하여도 '말이 적음[寡言]'만 못하다"라고[6] 하였다. 이런 것들은 노자의 철학 메시지를 잘 이해한 것으로 볼 수 있다.

도道란 그 자체로 알기 쉽고, 또한 그것을 행하기도 어렵지 않다. 그러나 사람들은 그것을 특별한 곳에 있는 것으로 여기고는 도가 있다는 곳만 끝없이 찾아다니니 '도'를 알아보지 못하고, 세속의 명리만을 좇는 것으로 끝난다. 이것이 참으로 병통이라 하겠다. 하지만 왕필은 성인이란 세속에 숨어있어도 자신을 드러내지 않기에, 그것을 알기가 어렵다고 말한다.

---

5) '子曰:「君子之道, 費而隱. 夫婦之愚, 可以與知焉; 及其至也, 雖聖人亦有所不知焉, 夫婦之不肖, 可以行焉; 雖聖人亦有所不能焉.」', 『中庸今註今譯』, 宋天正註譯, 臺北: 臺灣商務印書館, 1980, 18頁.
6) '文子曰:「言有宗, 事有本.」; 失其宗本, 伎能雖多, 不如寡言.', 『文子校釋』卷第二, 「精誠」篇, 李定生, 徐慧君校釋, 上同, 88頁.

36.
알아도 모른 척하는 것이 높은 것이다(71)

알아도 모른 척하는 것이 높은 것이고, 모르고도 아는 척함이 '병통[病]'이다. 성인이 곤란하지 않은 것은 자기 곤란함을 두려워하기 때문이니, 그러므로 곤란하지 않다.

[知不知, 尙矣; 不知知, 病矣.[1] 是以聖人之不病, 以其病病, 是以不病.]

『예기禮記』, 「악기樂記」편 가운데 「병병은 자기 무리[衆]를 얻지 못함이다(病, 不得其衆也).」의 주注에서는 「병병은 근심[憂]이다」라고 풀이한다. 『논어』, 「위령공衛靈公」편: 「君子病無能言」에 대한 황간皇侃(488-545)의 소疏에서도 「병병은 우려[患]와 같다」라고 해석하며, 『전국책戰國策』, 「서주책西周策」의 주注에서 「병병은 곤란[困]이다」라고 했으니,[2] 병병은 명사로 '곤란'을 뜻하고, 동사로는 '근심함'을 뜻한다. 따라서 병병病病은 '곤우困憂함을 두려워함'의 뜻이다. 그러므로 『노자』71장의 뜻은, 「이 때문에 성인의 '곤란하지 않음[不病]'은 자기의 곤란함[病]을 '두려워하기[病]' 때문에 '곤란함이 아닌 것[不病]'이다(是以聖人之不病, 以其病病, 是以不病)'의

---

1) 病은 곤우困憂함의 뜻이다. 『帛書老子校注』 高明撰, 上同, 180頁.
2) 『帛書老子校注』73章, 高明撰, 上同, 179頁.

뜻이다.

지도자의 수준이란 자기가 '모른다는 것[不知]'을 아는 것은 최상이고, 자기가 '알지 못하는[不知]' 것도 알지 못하는[不知] 수준이라면, 그것이야 말로 정말 '병통[病]'이란 말이다. 왕페이王弻는 사람에게는 보통 네 단계가 있다고 말한다. 제일 하급은 자신이 '모른다는 것[不知]'도 모르는 것이고, 다음은 자신이 '모른다는 것'을 아는 것이고, 그 다음은 자기가 아는 것을 안다는 것이고, 최상은 자기가 알고 있는 것을 '모른 척 하는 것[不知]'이라 한다. 자신이 알지 못한다는 것을 모르는 것이 가장 우매한 것이고, 자기가 알지 못함을 안다고 말하는 것은 무지無知한 것이다. '알지 못함'을 알고 있다면 '앎이 있는 것[有知]'이고, 자기가 아는데도 그것을 모른 척하면 '흐릿한 것[渾朴]'이다. 말하자면 자기가 모른다는 것도 모르면 위험한 단계에 있는 것이고, 자신이 모른다는 것을 알면 '맑게 깨달은 것[淸醒]'이고, 자신이 알고 있음을 아는 것이면 위험을 감지할 수 있는 것이나, 자기가 아는 것을 모른 척하고 있다면 이는 축하할 일이니, 큰 지혜를 가졌으나 바보처럼 보이는 최고의 단계라는 것이다.3)

당唐나라 말기의 두광정杜光庭(850-933)은 "알지 못하는 것을 이해했다면, 이것이 '참된 앎[眞知]'이다. 아는 데도 알지 못하는 척하는 것이 상지上知이다. '참된 앎'을 알지 못하나 그것을 억지로 알려고 하면, 이 때문에 병病이 된다."라고4) 말했다.

이어서 당唐나라 왕진王眞(9세기)은 이렇게 말한다. "무릇 자기가 아는 바를 알고 있으되 자기가 아는 것을 말하지 않는 것이 윗사람上, 임금이

---

3) 『破玄』, 老子積密碼(德經卷), 上同, 232頁.
4) '了知非知, 是謂眞知; 知而不知, 是以爲上. 不知眞知而强知之, 是以爲病.', 『消德眞經廣聖義』卷四十二, 卷四十六 #5, 唐 杜光庭撰, 中國哲學書電子化計劃, https://ctext.org 참조.

다. 자기가 아는 것을 모르는데도 자기가 아는 것을 억지로 말하는 것이 사람의 병통[病]이다. 그러므로 이런 망령된 앎을 알고 나면 병이 아니게 된다. (이것이) 용병用兵하는 기틀[機]에 이르면 특히 이 점에 (중요성이) 있다. 성현과 현자賢者만이 이에 이것을 알 수 있다."[5] 두광정杜光庭이나 왕진王眞의 설명에서 본장의 뜻을 대충 이해할 수 있겠다.

일찍이 공자도 이런 지혜를 표명한 바가 있다. "내가 아는 것이 있는가? 알지를 못한다. 어느 촌로村老[鄙夫]가 나에게 묻는데, (나는) 텅 빈 채였다. 나는 (묻는 것의) 양끝[兩端]을 두드려보고, (그에게 답변을) 다하는 것뿐이다."[6] 지도자는 결코 만물박사일 수가 없다. 모든 도리를 다 꿰뚫어볼 수는 없는 일이다. 공자는 문제의 양쪽 측면[兩端]을 살펴보고 신중하게 답변하였을 뿐이다. 노자 역시 곤란한 문제들을 놓고 대책을 요구받으면, 일단 그것을 문제로 보는 대신 해결할 것으로 보았기에 문제[病]가 문제로 남지 않았던 것이다. 최고의 단계는 해답을 알고도 모른 척하는 것이다. 이래야 병病이 안 되는 것이라고 노자는 말한다.

---

[5] '夫有知其所知, 而不言其所知, 此人之上也. 蓋有不知其所知, 而强言其所知者, 是人之病也. 故知此妄知爲病, 則不病也. 至於用兵之機, 尤在於此. 唯聖與賢乃能知之也.', 『道德經論兵要義術』卷之四, #1, 唐 王眞撰, 中國哲學書電子化計劃, https://ctext.org 참조.

[6] '子曰: "吾有之乎哉? 無知也. 有鄙夫問於我, 空空如也. 我叩其兩端而竭焉.",' 『論語譯注』, 「子罕」篇(9:8), 楊伯峻譯注, 北京: 中華書局, 1992, 89頁.

37.
큰 위협이 장차 이를 것이다(72)

백성이 (임금의) 위세를 두려워하지 않으면, '큰 위세[大威]'가 장차 이를 것이다. (백성의) 살 곳을 비좁게 하지 말고, 그들이 살아가는 것을 억누르지[厭] 말아야 한다. 오직 억압하지 않으면, 그로 말미암아 (임금을) 싫어하지 않게 된다. 이에 성인은 자신을 알고 자신을 나타내지 않았으며, '스스로 청정清靜하며 과욕寡欲[自愛]'하고, '스스로 유위有爲하며 다욕多欲[自貴]'하지 않았다. 그러므로 후자를 버리고 전자를 택하였다.

[民之不畏威, 則大威將至矣. 毋狹其所居, 毋厭其所生. 夫唯弗厭, 是以不厭. 是以聖人自知而不自見也, 自愛而不自貴也.1) 故去彼而取此.]

초횡焦竑(1540-1620)에 의하면, 외외畏와 위위威가 고대에는 서로 통용되었다.2) 『노자』 원문의 '大畏'를 하상공河上公본이나 왕필王弼본에서는 '大威'로 보고 있다. 주첸즈朱謙之(1899-1972)에 의하면, 위의 '염厭'은 억압함[壓]의 뜻이고 아래의 '염厭'은 싫어함[惡]의 뜻이다.3) 판본에 따라서는 民을

---

1) 蔣錫昌에 의하면, 自愛는 清靜寡欲이고, 自貴는 有爲하고 多欲함이다. 『帛書老子校注』74章, 高明撰, 上同, 183頁.
2) 『帛書老子校注』74章, 高明撰, 上同, 181頁.

人으로 쓴 곳이 있으나 이것은 당唐나라 사람들의 피휘避諱에 불과하다.[4]

『상서尙書』에서 "하늘이 보는 것은 내 백성들로부터 보는 것이고, 하늘이 듣는 것은 내 백성으로부터 들음이다(天視自我民視, 天聽自我民聽)"라고[5] 했다. 노자는 지금 당장 백성들이 조용하고 반항의 조짐이 없다 해도 임금이 계속 '지나친 욕심[過欲]'을 부리면 곧 민중들이 크게 들고 일어나므로, '하늘의 위협[天威]'이 머지않아 들이닥친다고 말한다. 이처럼, 이 장 또한 노자가 통치자를 훈계하는 말을 담고 있다. 이 장에서 노자는 임금이 백성의 거주居住나 일상생활을 억압해서는 안 된다고 말한다. 임금의 할 일이란 '욕심을 적게[寡欲]'하는 것이다. 임금이 지나친 욕심을 채우려고 백성을 억지로 동원하여, 부리면 안 된다.

백성을 경시하지 않고 억압하지 않으면, 민중 역시 통치자를 버리거나 내팽개치지 않는다. 그러므로 정치의 원리를 아는 임금이라면, '자신을 아는[自知]' 명철함[明]이 있어야 하며, 자기 멋대로 하여 욕심만 가득 채우는 일 — 즉 유위有爲 하며 다욕多欲을 부려 '자신을 귀하게[自貴]' 할 것이 아니라, 오히려 자신을 청정淸靜하게 하여 대신들과 백성들이 자유롭게 생활하도록 해주어야 한다는 것이다. 그리고 임금 자신은 과욕寡欲할 것을 노자는 권하는 것이다.

하상공河上公 주注에서는, "위세[威]는 해로움[害]이다. 사람들이 작은 해害를 두려워하지 않으면 큰 해가 닥칠 것이다. 큰 해는 (임금의) 죽음이다. 이것을 두려워하는 이(임금)는 마땅히 핵심[精]을 사랑하고 정신[神]을 기르고, 하늘을 받들고 땅에 순종해야 한다. … 사람이 살 수 있는

---

3) 上同, 182頁.
4) 上同, 180頁.
5) '天視自我民視; 天聽自我民聽,', 『今古文尙書全譯』, 「泰誓」中篇, 江灝, 錢宗武譯注, 貴陽: 貴州人民出版社, 1990, 212頁.

까닭은 정신이 있기 때문이다. (임금은) 정신을 (마음을) '공허하게 함[空虛]'에 맡기고, 기꺼이 청정淸靜 해야 한다. 만약 음식에 절제가 없고, 도道를 홀대하고 여색을 염두에 두게 되면, 사벽邪僻함이 뱃속에 가득하게 되어 근본을 베어버리게[伐] 되고, 정신에 싫증을 내게 된다. 오직 정신을 싫어하지 않는 사람만이 마음을 깨끗이 하고, 때를 씻어내며, 담담히 무욕無欲 하게 되면, 정신은 그에게 깃들고 (백성들이) 싫어하지 않게 된다. 자기의 득실得失을 스스로 알고 자신의 덕과 미美를 밖으로 드러나게 보이지 않으니, (자기) 속에 (그것들을) 감추게 된다. 자기 몸을 스스로 사랑하여 정신을 보호하고, 세상에 자신을 '높고 귀하게[貴高]' 하거나, '이름을 영화롭게[榮名]' 하지 않아야 한다. 저것을 버리면 자기가 저절로 드러나고, 저절로 귀해지게 되니, 이것을 취하여 '자기를 알고[自知]', '자기를 사랑하는[自愛]' 것이다."라고[6] 말하였다.

왕필주注에서는 "청정淸靜 무위無爲 함이 (임금의) '거居 함'이고, 겸손하게 (자신을) 뒤로 하고 채우지 않음이 (임금의) 삶이라 한다. 청정함을 떠나서 조급한 욕심을 부리며, 겸손하게 물러나는 것을 버리고, 자기의 위협적 권력에 맡기게 되면, 인물[사람들이] 동요하고 백성은 괴팍해져도 (임금의) 위세가 다시 민중을 압제할 수가 없다. 백성이 그[임금의] 위세를 견딜 수 없으면, 상하에서 크게 훼멸이 될 것이니 하늘의 징벌이 장차 이를 것이다. 그러므로 (『노자』 72장에서) 「백성이 위세를 두려워하지 않으면, 큰 위세가 이를 것이다. 그들의 사는 곳을 좁게 하지 말고, 그들

---

6) '威, 害也. 人不畏小畏, 則大畏全. 大畏者, 謂死亡也. 畏之者當愛精養神, 承天順地也. … 人所以生者, 以有精神. 精神託空虛, 喜淸靜, 若飮食不節, 忽道念色, 邪僻滿腹, 爲伐木猒神也. 夫唯獨不厭精神之人, 洗心濯垢, 恬泊無欲, 則精神居之而不厭也. 自知己之得失, 不自見德美於外, 而藏之於內. 自愛其身以保精氣, 不自貴高榮名於世. 夫彼自見, 自貴, 取此自知, 自愛.', 『老子道德經河上公章句』, 「愛己」第72, 상동, 279頁.

이 살 바를 압박하지 말라(民不畏威, 則大威至. 無狎其所居, 無厭其所生)!」(이것은 임금의) 위력도 맡길[任] 수 없음을 말한 것이다."라고7) 말했다. 민생의 안전을 보장하지 않는다면, 임금의 권력은 하루아침에 무너질 수 있음을 왕필은 조리 있게 말한 것이다.

이에 대하여 당唐나라 왕진王眞은 이렇게 말한다. "임금이 된 자는 마땅히 관대하게 마음을 갖고, 좁고 협소한 몸을 갖지 말 것이며, 또한 자기 삶의 도리를 스스로 비루하고 박박하게 하지 말 것임을 경계하였다. 무릇 자신을 비루하고 천박하게 보지 않으면 반드시 사람을 다스림에 무게를 둘 것이고, 사람을 다스림에 무게를 두면 사람들은 반드시 즐거이 추대할 것이고, 사람들이 일단 추대했으니, 누가 또 싫어하겠는가! 그러므로 먼저 싫어하지 않게 하는 일을 만들고, 그 연후에 사람들이 싫어하지 않음을 얻는 것이다. 그러므로 (『노자』 72장에서) 「싫어하지 않음, 그것만이 싫어하지 않게 된다(夫唯不厭, 是以不厭)」라고 말한 것이다. 무릇 성인(같은 임금)의 명찰함[明]은 진실로 자기가 스스로 아니, 어찌 자기 재주를 드러내놓고 스스로 자신을 보이려 하겠는가! 성인(같은 임금)의 사랑[仁]은 진실로 마땅히 자애自愛를 하니, 어찌 남들에게 으스대며 남들을 얕보며 (자신이) 존귀하다고 하겠는가! 이 때문에 스스로 보이며 스스로 귀하다는 큰 미혹을 제거하고, 이러한 자신을 알고 '자신을 사랑[自愛]'하는 '넓은 이익[弘益]'을 취하는 것이다. 그러므로 (『노자』 72장에서) 「저것을 버리고 이것을 취한다(去彼取此)」라고8) 말한다." 이렇게 왕진王眞도 민생

---

7) '淸靜無爲謂之居, 謙後不盈謂之生. 離其淸靜, 行其躁欲, 任其威權, 則物擾而民僻, 威不能復制民. 民不能堪其威, 則上下大潰矣, 天誅將至. 故曰: 「民不畏威, 則大威至. 無狎其所居, 無厭其所生.」, 言威力不可任也.', 『王弼集校釋』上冊, 「老子道德經注」72章, 樓宇烈校釋, 상동, 179頁.

8) '戒其爲人上者, 當以寬大居心, 無令狹隘爲體, 又不得自鄙薄其生之理. 夫不自鄙薄,

을 보장하는 측면에서 노자의 정치철학을 해석하고 있다.

必重於人; 重於治人, 人必樂推; 人旣樂推, 又誰厭乎! 故先爲不可厭之事, 然後得人不厭. 故曰:「夫唯不厭, 是以不厭.」夫聖人之明, 固已自知, 安肯揚己露才, 以自呈見. 聖人之仁, 固常自愛, 安肯驕人傲物, 以爲尊貴. 是以夫彼自見自貴之大迷, 取此自知自愛之弘益, 故曰:「夫彼取此.」,『道德經論兵要義述』卷之四, #1, 唐 王眞撰, 中國哲學書電子化計劃, https://ctext.org 참조.

38.
섣불리 용감하면 죽는다(73)

섣불리 용감하면 죽고, 섣불리 용감하지 않으면 산다. 이 둘은 어느 것이 이롭고 어느 것이 해로운가? 자연[天]이 싫어하는데, 누가 그 이유를 알 수 있을까? '자연[天]'의 도道는 싸우지 않아도 (만물을) 잘 이기며, 말[言]하지 않아도 (만물이) 잘 반응하며, 부르지 않아도 스스로 오고, 편안하니 '잘 꾀한다[善謀].' '자연의 그물[天網]은 넓고 크니[恢恢]', 엉성해도[疏] 놓치는 것이 없다.

[勇於敢則殺, 勇於不敢則活. 此兩者或利或害, 天之所惡, 孰知其故? 天之道, 不戰而善勝, 不言而善應, 不召而自來, 坦而善謀. 天網恢恢, 疏而不失.]

『설문해자說文解字』에 의하면 "탄坦은 편함[安]이다. 탄坦은 편안함[安然]을 말한다."[1] 성현영成玄英(608-669) 소疏에 의하면, "회회恢恢는 '넓고 큼[寬大]'이다."[2]

싸움에 앞장서기 좋아하면, 죽음이라는 화禍를 당하기 쉽다. 그러므로 섣불리 나서지 말아야 앞설 수 있다고 노자는 보는 것이다. 그러므로 감히 나섬과 감히 나서지 않음 사이에서, 어느 쪽이 이로운지는 너무나도

---

1) 『帛書老子校注』75章, 高明撰, 上同, 186頁.
2) 『帛書老子校注』75章, 高明撰, 上同, 187頁.

분명하다는 것이다. 서로 물어뜯고 싸우는 인간 세상과 달리, 자연[天]의 세계에서 진정으로 싫어하는 것은 무엇일까? 그것은 만물(만인)이 서로 싸우며 죽이는 일이다. 노자는 평화를 원한다. 그러므로 '자연의 도[天道]'는 싸우지 않아도 언제나 이기고, 명령하지 않아도 자연의 사물들이 잘 반응하며, 그중에서 어느 것을 특히 '부르지 않아도[不召]', 자연의 사물들이 '스스로 오는[自來]' 것이고, 편안하게[坦然] 서로 잘 사는 계책을 세운다는 것이다. 세상 만물을 규율하는 '자연의 그물[天網]'은 넓고 크기만 해서 모든 것이 다 빠져나갈 것처럼 엉성해 보이지만, 그중에는 놓치는 것이 하나도 없다는 것이다.

하상공河上公은 그의 주注에서, "섣불리 나서서 무엇을 하려는 데[敢有爲] 용감하면, 자기 몸을 죽이게[殺] 된다. 감히 나서지 않는[不敢有爲] 것이 자기 몸을 살린다. (이 둘은) '감히 함[敢]과 감히 하지 않음[不敢]'을 말하는 것이다. 몸을 살리는 것이 이롭고[利], 죽이는 것은 해롭다. … 누가 '자연의 뜻[天意]'의 까닭[故]을 알고서 그것을 범하지 않을 수 있는가? … 자연[天]은 사람들과 귀천을 다투지 않으나, 사람들이 스스로 그것을 경외敬畏한다. '자연[天]'이 말하지 않아도, 만물은 저절로 계절[時]에 맞춰 산다. '자연'이 소리쳐 부르지 않아도, 만물은 모두 음陰을 지고 양陽으로 향한다. 천繟은 넓음이다. '자연의 도[天道]'는 '넉넉하고 넓어서[寬博]', 인사人事를 잘 살피고 헤아리며[謀慮] 선善을 닦으며 미움[惡]을 행하니, 각자는 그 보답을 입게 되는 것이다. 자연[天]의 그물이 펼친 것이 매우 커서 비록 엉성하고 아득해 보여도 사람의 선악을 살핌에 놓치는 일이 없다."라고[3] 주석하고 있다. 자연의 움직임은 이해[지신]을 먼저 고

---

3) '勇於敢有爲, 則殺其身. 勇於不敢有爲, 則活其身. 謂敢與不敢也. 活身有利, 殺身爲害. 誰能知天意之故而不犯之? … 天不與人爭貴賤, 而人自畏之. 天不言, 萬物自動以應時.

려해 놓고 인위적으로 계획을 세워서 실시하는 것이 아니다. 자연의 일상은 음양의 움직임을 따라서 일어나고 변화하고 발전해 나가니, 그 안에서 만물(만인)은 각자 나름대로 살아 나가는 것이다. 따라서 자연의 그물, 즉 선악을 가리는 법규가 엉성하고 느슨해 보일지 몰라도, 결코 벗어날 수 없다는 것이다.

왕필은 주注에서 "(용감하게 나아가면) 결국 반드시 자기 명대로 죽을 수가 없다. (용감하지 않으면) 반드시 (제) 목숨命을 구제할 수 있다. 이 둘[敢과 不敢]은 다 용기인데, 베풀어진 결과는 다르니, 이해利害가 같지 않기에, 따라서 (『노자』 73장에서) 「어느 것은 이롭고, 어느 것은 해롭다(或利或害)」라고 말한다. 숙孰은 누구이다. '누가 자연(天)[의 미워하는 뜻]을 알겠는가?'라고 말한 것이다. 그는 아마도 성인聖人일 것이다. 무릇 성인의 '밝음[明]'은 오히려 용감하기 어려울 것이다. 하물며, 성인의 '밝은 (통찰)'이 없으면서, 행동하려 하겠는가! 따라서 (『노자』 73장에서) 「오히려 어려울 것이다(猶難之)」라고 말한 것이다. 무릇 '다투지 않기[不爭]' 때문에 천하에 (누구도) 그와 다툴 수 없는 것이다. (도道란) 순응[順]하면 길하고 거역하면 흉하니, (도道는) 말하지 않아도, (만물이) 잘 반응한다. (도道는) 아래에 처하니, 만물이 스스로 귀의한다. (도道는) 상象을 내리어 길흉을 보이니, 일[事]들보다 앞서서 경계함[誡]을 세웠고, 편안[安]하나 위태함[危]을 잊지 않았으며, 아직 조짐이 없어도 모책[謀]을 세웠기에, 따라서 (『노자』 73장에서) 「평안하게 모책을 세운다(坦然善謀)」라고 말한 것이다."라고4) 해석한다. 만물과 사람의 근본적인 이치인 도道를 이해했

天不呼召, 萬物皆負陰而向陽. 繟, 寬也. 天道雖寬博, 善謀慮人事, 修善行惡, 各蒙其報也. 天所網羅恢恢甚大, 雖疏遠, 司察人之善惡, 無有所失.', 『老子道德經河上公章句』, 「任爲」第七十三, 上同, 282, 283頁.

4) '必不得其死也. 必齊命也. 俱勇而所施者異, 利害不同, 故曰「或利或害」也. 孰, 誰也.

다면, 일을 추진하는데 섣부르게 미리 앞장서지 말고, 서둘지 말고 한 번 물러나기를 노자는 말하고 있다. 성인의 밝은 지혜는 용감하게 일을 추구하기보다, 일단 물러나 자세히 살펴보고 신중하게 일을 처리하는 데 있다고 노자는 말한다.

한漢나라 엄준嚴遵(전1세기)의 『도덕진경지귀道德眞經指歸』에서도 "자연[天]이 싫어하는 것은 '살지 못하게 하는 것[不敢活]'이고, 자연이 돕고자 하는 것은 '죽게 하지 않는 것[不敢殺]'이고, 자연이 '덜어내는 것[所損]'에는 (인위로 더) 줄 수 없는 것이고, 자연이 보태는 것[所益]은 (인위로) 뺏을 수 없는 것이다. 이 때문에 '감히 하려 하지 아니함[敢於不敢者]'의 감敢은 활동이 '하늘[天]'과 상합相合[同符]하고, 고요함[靜]이 땅과 '같은 급[同級]' 이다. 자연의 마음은 분변分辨할 수가 없다. 무릇 천지天地의 도道는 일양一陽이고 일음一陰인데, 갈라져서 사계절[四時]이 되고, 흩어져서 오행五行이 되고, 흘러서 만물이 되며, 핵심[精]은 (해, 달, 별) 삼광三光이 된다. 양기陽氣는 덕을 주관하고 음기는 형刑을 주관하며, 군류群類를 포용하고 양육하니, 다른 방법들[異方]도 조화調和[含吐]를 시킨다. (도道는) 현묵玄默하며 무사無私하며, 정직正直을 공공으로 삼고, 삶[生]을 기교巧로 보지 않으며, 죽임[殺]을 업적[功]으로 보지 않는다. (도道는) 만물(만인)에게 응할 뿐이고, 독행獨行을 하지 않으며, 길하면 길吉과 함께하고, 흉하면 흉함과 함께한다. 줄이면 줄어들고[損] 보태려면 보태주며[益], '죽이면 죽고[殺殺]' 살려면 살려주니[生生]', 잘한 사람은 스스로에게 상賞을 내리고 악惡을 짓는 자는 스스로 벌 받는 것이다."라고5) 말하였다. 이 또한 『노

---

5) '言誰能知天(天下之所惡)意邪? 其唯聖人也. 夫聖人之明, 猶難於勇敢, 況無聖人之明, 而欲行之也. 故曰「猶難之」也. 夫唯不爭, 故天下莫能與之爭. 順則吉, 逆則凶, 不言而善應也. 處下則物自歸. 垂象而見吉凶, 先事而設誡, 安而不忘危, 未兆而謀之, 故曰「坦然善謀」也.', 『王弼集校釋』上冊, 「老子道德經注」73章, 樓宇烈校釋, 上同, 181, 182頁.

자』 73장의 뜻을 한층 더 깊게 풀었다고 보고 싶다.

---

5) '天之所惡, 不敢活; 天之所佑, 不敢殺; 天之所損, 不敢與; 天之所與, 不敢奪. 是故, 敢於不敢者之敢, 動與天同符, 靜與地同級. 天心所惡, 莫之能辨. 夫天地之道, 一陰一陽, 分爲四時, 離爲五行, 流爲萬物, 精爲三光. 陽氣生德, 陰氣主刑, 覆載群類, 含吐異方. 玄默無私, 正直以公, 不以生爲巧, 不以殺爲功. 因應萬物, 不敢獨行, 吉之與吉, 凶之與凶. 揖揖益益, 殺殺生生, 爲善者自賞, 造惡者自刑.', 『道德旨歸論』, 漢 嚴遵撰, 卷六, #11, 中國哲學書電子化計劃, https://ctext.org 참조.

39.
죽음을 두려워하지 않는데, 어찌 죽임으로 두렵게 하겠는가?(74)

만약 백성이 항상 죽음을 두려워하지 않으면, 그들을 어찌 죽임으로써 두렵게 하겠는가? 백성이 만약 항상 죽음을 두려워하고 괴이한 짓을 하는 자를 내가 붙잡아 죽일 수 있다면, 누가 감히 괴이한 짓을 하겠는가? 만약 백성이 항상 반드시 죽음을 두려워하면, 항상 죽이는 일을 관장하는 자가 있게 된다. 무릇 죽이는 일을 관장하는 자를 대신해 죽이는 것은, 큰 목수를 대신해 (나무를) 깎는 것이다. 큰 목수를 대신해 (나무를) 깎는 자는 자기 손이, 다치지 않는 일이 드물 것이다!

[若民恒且不畏死, 柰何以殺懼之也? 若民恒且畏死, 而爲奇者吾得執而殺之, 夫孰敢矣? 使民恒且畏死, 而爲奇者吾得而殺之, 夫孰敢矣. 若民恒且必畏死, 則恒有司殺者. 夫代司殺者殺, 是代大匠斲也. 夫代大匠斲者, 則希不傷其手矣.]

시동奚侗(1878-1939)은 "임금이 도道로써 천하를 다스릴 수 없으면 형벌로써 하늘의 위세를 대신하니, 서툰 목수가 큰 목수를 대신하여 (목재를) 깎는 것과 같다. 서툰 목수가 큰 목수를 대신하여 나무를 깎는다는 것은 '네모[方]'나 '원圓'이 자기 도리를 얻지 못한 것이니, 형벌이 법률에 의지하지 않으면, 형刑은 엄하고 법은 각박하여 백성의 삶이 죽음만도 못하게 되는 것이다. (이쯤 되면) 백성은 일단 죽더라도 두려워함이 없어지게 되니, 임금은 반드시 화禍가 자기 몸에 미칠 것이다. 그러므로 노자는 (『노자』74장에서)「자기 손이, 다치지 않는 일이 드물 것이다(希不傷其手矣).」라고1) 말하였다. 이 장에서 노자는 법에 맞는 통치, 즉 각박하지 않게 백성을 다스려야 한다고 통치자에게 권고한다. 폭력으로 백성을 통치하면 백성의 삶은 죽음보다 못하게 되기에, 결국 백성들은 통치자에게 직접 대들고 폭동을 일으킬 것이 분명하다. 서툰 목수가 '큰 목수大木匠'를 대신한다면, 서툰 목수가 자기 손을 다치고 말 듯이, 임금이 더 이상 백성을 통치할 수 없는 대혼란이 야기됨을 이 장에서 말하고 있다.

하상공河上公 주注에서 "나라를 다스리는 이가 형벌을 가혹하게[酷深]하면, 백성들은 삶을 유지할 수가 없기에, 죽는 것을 두려워하지 않는다. 몸을 다스리는 자가 욕구를 좋아하여 정신을 다치고, 재물을 탐하여 몸이 죽게 되면, 백성은 그것[죽는 것]을 두려워할 줄 모르게 된다. 임금이 형벌을 너그럽게 하지 않고, 백성을 가르쳐서 그들의 욕망을 없애지 않는다면, 형법刑法을 제정한들 어떻게 죽이는 일로써 백성을 두렵게 하고 떨게 할 수 있겠는가? (임금은) 마땅히 자기의 흉포함[殘刻]을 없애야 하고, 백성을 가르쳐서 이욕利欲이 없어지게 해야 한다. (임금이) 도道로써 교화하였는데도 백성들이 따르지 않고 도리어 교활[技巧]하다면, 이에 그들을 왕법王法에 따라서 잡아 죽이니, 누가 감히 범법하겠는가? 노자는 당시의 왕王이 도道와 덕德으로써 (백성을) 먼저 교화하지 않고, 형벌을 앞세운 것을 싫어하였다. '죽이는 일을 관리하는 자[司殺者]'는 하늘같이 높은 데서 아래에 임하면서, 사람의 과오를 감찰해야 함을 말하는 것이다. '자연

---

1) 『帛書老子校注』76章, 高明撰, 上同, 192頁.

의 그물[天網]은 넓고 크나[恢恢]', 엉성해도[疏] 잃는 것이 없다. 천도天道는 지극히 밝으니 죽이는 일을 관리하는데 상법常法이 있는 것은, 마치 (만물이) 봄에 태어나서 여름에 자라며, 가을에 거두고 겨울에 갈무리하니, 북두칠성처럼 움직이는 것과 같기에, 절도節度로써 실행하는 것이다. 임금이 (자연[天]을) 대리하여 (백성을) 죽이려 하면, 이것은 서툰 목수가 '큰 목수[大匠]'를 대신하여 나무를 자르는 것과 같으니, 수고롭기만 하고 공로는 없는 것이다. 임금이 형벌을 실행하는 것이 서툰 목수가 큰 목수를 대신하여 나무를 깎는 것과 같다면 네모[方]나 원圓도 자기 도리[理]를 얻지 못한 것이니 도리어 스스로 자기 손만 다치게 되는 것이다. 자연[天]을 대신하여 (백성을) 죽이는 자는 자기의 기강紀綱을 잃게 되니, 자기의 기강을 얻지 못했기에, 또한 자기 재앙을 받게 되는 것이다."라고[2] 말하고 있다.

여기서 말하는 '죽이는 일을 관리하는 자[司殺者]'는 마땅히 백성들의 최고 통치자인 임금을 가리킨다. 그러나 서툰 목수가 '큰 목수[大匠]'를 대신할 수 없는 것처럼, 왕이 직접 사법 행정을 주관하게 되면, 오히려 왕이 손실을 입게 된다고 경고한다. 이 장에서 노자는 법가의 형법 주의를 분명히 배격하고 있다.

왕필은 "'괴이하게 무리를 어지럽히는 것(詭異亂群)'이, '기奇'라고 말한

---

2) '治國者刑罰酷深, 民不聊生, 故不畏死也. 治身者嗜欲傷神, 貪財殺身, 民不知畏之也. 人君不寬其刑罰, 教民去其情欲, 奈何設刑法以死懼之? 當除己之所殘剋, 教民去利欲也. 以道教化而民不從, 反爲奇巧, 乃應王法執而殺之, 誰敢有犯者? 老子疾時王, 不先以道德化之, 而先刑罰也. 司殺者謂天, 居高臨下, 司察人過. 天網恢恢, 疏而不失也. 天道之明, 司殺者有常, 猶春生夏長, 秋收冬藏, 斗杓運移, 以節度行之. 人君欲代殺之, 是猶拙夫代大匠斲木, 勞而無功也. 人君行刑罰, 猶拙夫代大匠斲木, 則方圓不得其理, 還自傷其手. 代天殺者失其紀綱, 不得其紀綱, 還受其殃也.', 『老子道德經河上公章句』, 「制惑」第七十四, 上同, 285, 286頁.

다. 거역함은 순종하는 이가 싫어하는 바이다. 인자하지 않는 자는 사람들이 싫어한다."라고만[3] 말하고 있다. 노자에 의하면, 사법 질서에는 통치자의 독단이 결단코 허락되지 않으며, 통치는 백성의 삶을 기본적으로 만족시켜 주어야 함을 말하고 있다. 이와 같이 임금의 독단적인 정치[법가의 입장]를 노자는 배격하는 것이다. 이 장 역시 임금의 직접적 정치행사, 특히 사법적 조치를 제한하려는 황로학적 발언을 하고 있다.

---

3) '詭異亂群, 謂之奇也. 爲逆, 順者之所惡也; 不仁者, 人之所疾也.', 『王弼集校釋』上冊, 「老子道德經注」74章, 樓宇烈校釋, 上同, 184頁.

40.
백성을 다스리기 어려운 것은 임금의 작위作爲 때문이다(75)

    사람들이 굶주리는 것은 임금이 양식糧食에 대한 세금을 많이 거두기 때문에 굶주리는 것이다. 백성이 다스려지지 않는[不治] 것은 임금(上)이 작위[爲]하기 때문이다. 이 때문에 다스려지지 않는다. 백성이 죽음을 가벼이 보는 것[輕死]은, 그(임금)가 두터운 삶을 찾기 때문이니, 그러므로 (백성은) 죽음을 가벼이 보게 된다. 무릇 삶에서 무위无爲하는 것이 '삶을 귀하게 봄[貴生]'에 현명한 것이다.

    [人之飢也, 以其取食稅之多也, 是以飢. 百姓之不治也, 以其上有以爲也, 是以不治. 民之輕死, 以其求生之厚也, 是以輕死. 夫唯无以生爲者, 是賢貴生.]

    식食은 양식이니 '식세食稅'는 양식糧食에 대한 세금이다.[1] 하상공河上公 주注에서 "인민이 굶주리고 추운 까닭은 임금이 아랫사람들에게서 양식에 대한 세금을 지나치게 많이 거두기 때문이다. 이에 백성은 모두 임금이 변화하여 (재물을) 탐하게 되니, (이에) 도道를 거역하고 덕德에 위배 되기 때문에 (백성이) 굶주리는 것이다. 백성을 다스릴 수 없는 것은 임금이 욕심이 많고 (멋대로) 작위作爲 함을 즐기기 때문이다. 이 때문

---

1) 『帛書老子校注』77章, 高明撰, 上同, 193頁.

에 임금이 변화되어 '작위作爲하니[有爲]' '진실과 거짓[情僞]'이 (있기에), 다스리기 어려운 것이다. 인민들이 죽음을 가벼이 여기는 것은 그들의 생활(에 필요한) 것들을 임금이 너무나 억척스럽게 거둬들이기 때문이다. 이익을 탐하는 임금은 저절로 위태로워진다. 임금이 풍요로운 삶을 많이 추구하기 때문에, 백성은 '죽을 자리[死地]'에 쉽게 들어가는 것이다. 오직 사는데, 힘쓰지 않는 사람만이 작록爵祿을 거들떠보지 않으며, 재리財利가 (그들) 몸에 들어올 수 없고, 천자天子도 (그들을) 신하로 만들 수 없고, 제후가 (그들을) 부릴 수 없다면, (그런 사람은) '삶을 귀히 봄[貴生]'에 현명한 것이다."라고2) 말하고 있다.

왕필은 그의 주注에서, "백성이 괴탄怪誕하게[僻] 된 까닭과 다스림이 혼란스러워진 이유는 모두 임금[上]에게서 말미암은 것이지, 그 아래(백성)에서 말미암은 것이 아니라고 말한다. 백성은 임금을 따른다."라고3) 말하였다. 백성이 가난하고 굶주리는 이유는, 임금이 백성들이 먹는 양식에 과도한 세금을 거둬들이기 때문이라고 노자는 강조하여 말한다. 임금이 자기 생활에 필요한 물건들을 지나치게 많이 탐내고 욕심을 부리면, 백성들은 정상적인 생활을 누릴 수 없게 되니, 급기야는 자기 생명도 가볍게 여기고 임금을 몰아내려 들고 일어나는 것이다. 통치자인 임금이든,

---

2) '人民所以飢寒者, 以其君上稅食下太多, 是以民皆化主爲貪, 叛道違德, 故飢. 民之不可治者, 以其君上多欲, 好有爲也. 是以其民化上有爲, 情僞難治. 人民所以輕犯死者, 以其求生活之事太厚, 貪利以自危. 以其求生太厚之故, 輕入死地也. 夫唯獨無以生爲務者, 爵祿不干於意, 財利不入於身, 天子不得臣, 諸侯不得使, 則賢於貴生也.', 『老子道德經河上公章句』, 「貪損」第七十五, 上同, 289, 290頁.
3) '此章言人君役繁賦厚, 稅重入多, 由此凶飢, 理固然矣! 夫人之輕死者, 爲君上營之過厚, 使下之人無聊, 是以輕死, 故嘆曰:「夫唯無以生爲者, 是賢於貴生.」賢, 猶善也. 此謂好積財以貴其生者也, 非保道以養其生者也.', 『道德經論兵要義述』, 「人之飢」章」第七十五, 卷之四 #1, 唐 王眞撰, 中國哲學書電子化計劃, https://ctext.org 참조.

다스리는 고관이나, 대신이든, 탐욕을 버리고 삶[生]을 유지하는 데 있어 무위无爲하기를 노자는 권하는 것이다. 그래야 '삶을 귀하게 보는 것[貴生]'을 이룰 수 있으니 과도한 작위作爲, 즉 유위有爲를 버릴 것을 노자는 권면하는 것이다. 임금의 '함 없음[无爲]'만이 '삶을 귀하게 함[貴生]'을 실현하는 현책賢策이라고 노자는 말한다.

당唐나라 왕진王眞은 이렇게 말하고 있다. "이 장에서는 임금이 부역을 자주 일으키고 군비賦를 많이 갖추면 세금은 무거워지고 (임금의) 수입이 많아지니, 이로 말미암아 (백성은) 해를 입고 굶주리는 것이니, 이치상 진실로 그런 것이라 말하고 있다! … 무릇 사람이 죽음을 가벼이 여기는 것은 임금의 생활이 지나치게 호화롭기에 아래 사람들이 살 수 없게 된 것이다. 이 때문에 (백성은) '죽는 것을 가볍게 여기는 것[輕死]'이다. 그러므로 (『노자』 75장에서)「오직 삶[生] 때문에 '함 없는[無爲] 자', 이는 '삶을 귀히 봄[貴生]'에서 현명한 것이다(夫唯無以生爲者, 是賢於貴生)」라고 말한다. 현명함[賢]은 '잘함[善]'과 같다. 재물을 쌓기를 좋아함으로써 그 삶을 귀하게 하는 것은 도道를 보호함으로써 자기 삶을 (영위하는) 자가 아님을 말한 것이다."4) 이런 왕진의 해석은 본장의 내용을 자기 방식대로 다시 설명해낸 것이다. 그는 도道를 보호함으로써 자기 '생명을 기르는 것[養生]'을 보다 더 강조하고 싶었다.

---

4) '此章言人君役繁賦厚, 稅重入多, 由此凶飢, 理固然矣! … 夫人之輕死, 爲君上營之過厚, 使下之人無聊. 是以輕死, 故嘆曰:「夫唯無以生爲者, 是賢於貴生.」賢, 猶善也. 此謂好積財以歸其生者也, 非保道以養其生者也.', 『道德經論兵要義述』,「人之飢」章 第七十五, 唐 王眞撰, Google 中國哲學書電子化計劃 참조.

41.
태어나면 부드럽고 연약하나, 죽을 때는 굳고 강하다(78)

　　사람이 태어나면 부드럽고 연약하나, 그가 죽을 때는 힘줄은 질기며 뻣뻣하고 강하다. 만물과 초목은 태어남에는 마르고 여윈 것[枯槁]이다. 그러므로「굳고 강한 것은 죽음에 속한 것이고, 부드럽고 연약한 것柔弱은 삶에 속한 것이다」라고 말하는 것이다. 이 때문에 군대가 강하면 이기지 못하고, 나무가 강하면 (나무꾼이 주워서) 불태워버린다. 그러므로 강하고 큰 것은 아래에 있고, 부드럽고 연약한 것은 위에 있다.

[人之生也柔弱, 其死也筋朋堅强. 萬物草木之生也柔脆, 其死也枯槁. 故曰: 堅强死之徒也, 柔弱生之道也. 是以兵强則不勝, 木强則烘. 故强大居下, 柔弱居上.]

　　백서帛書 갑본에서는 '木强則恒'으로 되어 있고 을본에서는 '木强則競'으로 되어 있지만 항恒과 경競은 고음古音이 같으니 운韻이 서로 통한다. 이렇게 보면 엄준嚴遵(전1세기), 부혁傅奕(555-630)본 등에서 말하고 있는 '木强則共'은 잘못된 표기가 아니다. 공共은 옛날의 독음讀音이 항恒이나 경競과 같으며, 공共은 홍烘(불을 쬐다, 불에 말리다)의 가차假借일 뿐이다. 『이아爾雅·석언釋言』에 의하면, 홍烘은 요燎(횃불, 태우다)이다. '木强則烘'이란 나무가 강하면 나무꾼이 베어서 주워가 부뚜막에서 태운다는[烘]¹⁾ 뜻이다. 노자는, 부드럽고 연약한 것이 생명의 근원인데, 강하고 뻣뻣한 것은 죽음에 속하는 것이라고 본다. 이런 이치로 보자면, 강한 군대도 결코 승리하지 못하고 꺾이는 것이고, 힘만 앞세우면 결국 지고 만다는 것이다. 강하고 단단한 나무라도 나무꾼이 그것을 베어버리고는 주워서 불태워버리듯이, 강하기만 하면 결국 소멸이 될 뿐이라고 말한다. 왜냐하면 부드럽고 연약함이 생명의 근원이기 때문이다.

하상공河上公은 주注에서, "사람이 태어나면 화기和氣를 품고 정신을 포용하기 때문에 '부드럽고 약하대[柔弱]. 사람이 죽으면 화기和氣가 고갈되고 정신이 없어지니, 따라서' 뻣뻣하고 강하대[堅强]. (사는 것은) 화기和氣가 있음이고, (죽는 것은) '화기'가 떠남이다. 이 두 가지로 본다면, '뻣뻣하고 강한 것'은 죽는 것이고, 유약한 것이 '사는 것[生]임'을 알 수 있다. 강대한 군대가 싸움을 가볍게 여기고 죽이는 일을 즐기면, (사람들 사이에) 독毒이 흐르고 원한이 맺히니 수많은 약자가 하나로 뭉쳐 강해진다. 따라서 (강군强軍이 이것을) 이기지 못하는 것이다. 나무가 강대하면 가지나 잎들이 그 위에서 함께 살아간다. 사물을 일으키고 공로를 만들어내는데, 큰 나무는 아래에 처하나, 작은 것들이 위에 처하는 것이다. 자연[天]의 도道는 강함은 억제하고 약한 것을 도우니, (이것이) 자연의 공효이다."라고²⁾ 해석하고 있다.

사람이 살아 있을 때 몸이 부드럽고 연약하지만, 죽으면 몸이 뻣뻣해지는 법이다. 초목도 생장할 때 연약해 보이지만, 죽을 때에는 굳어지고

---

1) 『帛書老子校注』78章, 高明撰, 上同, 201, 202頁 참조.
2) '人生含和氣, 抱精神, 故柔弱也. 人死和氣竭, 精神亡, 故堅强也. 和氣存也. 和氣去也. 以上二事觀, 知堅强者死, 柔弱者生也. 强大之兵輕戰樂殺, 毒流怨結, 衆弱爲一强, 故不勝. 木强大則枝葉共生其上. 興物造功, 大木處下, 小物處上. 天消抑强扶弱, 自然之效.', 『老子道德經河上公章句』, 「戒强」第七十六, 上同, 292, 293頁.

깡마른 것이다. 이렇게 보면 견강堅强한 것이 죽음의 부류이고, 부드럽고 연약한 것이 생명이 있는 부류라고 말할 수 있다. 이와 마찬가지로, 군대를 가지고 강력함을 과시하여도 강하기만 한 군대는 결국 전투에서 승리하지 못하는 법이다. 마치 나무가 강하면 베어지고 부러져 땔감으로, 밖에 쓰일 수 없는 이치와 같다고 하겠다.

여기에 당唐나라 왕진王眞은 이렇게 말한다. "이 장은 또한 유약柔弱함의 쓰임과 '삶과 죽음'의 부류를 지목하여 서술하고 있다. … 또한 아래의 글[下文]에서 말하는 것은 나무가 강하면 껴안을 수 있는데, (나무가) 강하고 크면 아래(자리)에 처하고, 유약하면 위(자리)에 처하는 것은 또한 '군대가 강함[兵强]'의 어리석음을 엄숙히 경계한 것이다! 무엇 때문인가? 무릇 군대[兵]는 이른바 흉험凶險한 기물이고 투쟁의 도구이며, 적군과 마주치는 경계에서 맞서 싸우는[對敵] 것이니, 따라서 군대가 강하면 임금은 근심하지 않는다. 임금이 근심하지 않으니, 장수는 교만해지고, 장수가 교만하면 군졸은 포악해진다. 근심하지 않는 임금이 교만한 장수를 제어하자면, 교만한 장수로써 포악한 군졸들에 임하게 해야 하는데, (이렇게 하자면) 장차 실패할 겨를[暇]도 없을 것이기에, 어찌 적을 이기는 일이 있겠는가? 그러므로 하夏나라, 상商나라가 쇠망 해지자 백만百萬의 군사로도 사해四海에서 뒤집어졌고[傾], (진秦)시황始皇의 말기에는 통일의 업적이 (있었으나 결국) 구주九州를 상실하였고, 항우項羽가 홀연히 패자霸者가 되었으나 급히 망했고, 신新나라 왕망王莽이 일단 찬탈했으나 곧 멸망하였고, (전진前秦의) 부견苻堅은 회상淮上땅에서 낭패를 당했고, 수隋양제[隋煬]는 (옛날의) 초楚나라 궁궐에서 목숨을 잃었다. 이렇듯 여러 왕실數家의 군대(의 수)는 모두 많게는 수조數兆에 이르고, 적게도 수억數億이 되었는데, 그들의 성공을 자신이 지킨 이가 없었고, 그들의 실패만을 취하였다. 이것들은 모두 '강하면 불승不勝하는 일'에 대한 '명험明

驗이다! 또한 군대로 승리를 찾기는 어렵지 않으나, 지속해서 자기의 어려움을 이긴다는 것은, 오직 도道가 있는 이가 임금이 된 연후에야 (그런) 승리를 유지할 수 있는 것이다! 일찍이 여러 임금의 실패는 모두 승리를 유지할 수 없었던 잘못[過]이리라! 어찌 (이 말을) 믿지 않을 수 있겠는가!"3) 왕진王眞은 중국의 역사적 인물들의 실패한 고사를 들어서, '강한 군대[强兵]'가 왕권을 보장할 수 없다는 노자의 말을 설득력 있게 입증한다. 노자 철학의 핵심은, 유약한 것이 모든 것을 이기고 생명으로 이끄는 근원이니, 유약柔弱함을 찬미하고, 모든 폭력정치를 거부하는 것이다.

---

3) '此章又極言柔弱之用, 指陳生死之徒. … 又下文云: 木强則拱, 强大處下, 柔弱處上者, 蓋又切戒其兵强之愚也! 何者? 夫兵者, 所謂凶險之器, 鬪爭之具, 所觸之境與敵對者也. 故兵强則主不憂, 主不憂則將驕, 將驕則卒暴. 夫不憂之君御驕將, 以驕將臨暴卒, 且敗覆之不暇, 何勝敵之有哉? 故夏商之衰, 以百萬之師而傾四海, 始皇之末, 一統之業而喪九州; 項羽忽噩而遽亡, 新莽飢篡而旋滅, 苻堅狼狽於淮上, 隋煬分朋於楚宮. 此數家之兵, 皆多至數兆, 少猶數億, 無自持其成. 以取其敗. 此皆强則不勝之明驗也. 又兵者求勝非難, 持勝其難. 唯有道之君然後能持勝, 向數君之敗, 皆有不能持勝之過也. 豈不信哉!', 『道德經論兵要義述』, 「民之生」章第七十六, 唐 王眞撰, Google 中國哲學書電子化計劃 참조.

42.
높은 것은 억누르고 낮은 것은 들어 올린다(77)

자연[天]의 도道는 활[弓]을 당기는 것과 같다. 높으면 누르고, 낮으면 들어올린다. 남는 것은 덜어내고, 부족한 것은 보태준다. 그러므로 자연[天]의 도道는 남는 것은 덜어내고, 부족한 것은 보태준다. 사람[人]의 '도'라면 그렇지 않으니, 부족한 것을 덜어내고 남는 것[有餘]를 받든다. 무엇이 남는 것으로써 자연[天]을 받들 수 있는가? 오직 도道를 가진 자이다. 이 때문에 성인聖人은 '해주되[爲]' (자신이) '갖지 않고[弗有]', 공功을 이루나 (그것에) 머무르지 않기에, 이는 자기의 불욕不欲함으로써 '현명함을 보인 것[見賢]'이다.

[天之道, 猶張弓也. 高者抑之, 下者擧之; 有餘者損之, 不足者補之. 故天之道, 損有餘而益不足. 人之道則不然, 損不足而奉有餘. 孰能有餘而有以取奉於天者乎? 唯有道者. 是以聖人爲而弗有, 成功而弗居也, 若此其不欲見賢也.]

이 장에 대해 여길보呂吉甫(呂惠卿, 1032-1111)는 "자연의 도[天道]는 무위無爲할 뿐이다. 무위無爲하면 무사無私하고, '무사'하면 고르다[均]. ('천도天道'는) 활을 당기는 것과 같아 높은 것은 누르고, 낮은 것은 들어 올리고, 남는 것은 덜어내고, 부족한 것은 보태주니, 꼭 고르게[均] 할 뿐이다"라고[1] 풀이하고 있다. 또한 왕인지王引之(1766-1834)의 『경전석사經傳釋

詞』에서 "약若은 차此와 같다"라고2) 말했으니, 약차若此는 연속된 말로 이것[此]을 뜻할 뿐이다.

하상공河上公 주注에서, "천도天道는 남는 것을 덜어서, 겸허한 데를 보태주니; 항상 중화中和를 최상으로 여긴다. 인도人道는 천도天道와는 반대이니, 세속의 사람들은 가난한 쪽을 덜어서 부유한 쪽을 받들고, 약한 곳에서 빼앗아 강한 곳에 더해준다. '(누가) 여유 있는 자리에 있으면서 자기 작위와 녹봉爵祿을 성찰하여, 천하의 부족한 자를 받드는가?'를 말한 것이다. 오직 도道를 가진 임금만이 이를 행할 수 있다. 성인聖人(같은 임금)은 덕을 베풀고 혜택을 주되 그 보답을 바라지 않는다. (성인은) 공功이 이루어지고 일이 진척되어도, 그 자리에 머물지 않는다. 사람들이 자기 현명함을 알기를 바라지 않고, (자기) 공功은 숨기고 영명榮名에 머물지 않으며, 자연[天]을 경외敬畏하며 남는 것을 덜어낸다."라고3) 풀이하고 있다. 자연의 도道는 남는 것을 덜어내고 부족한 것은 보태주는 것이니, 성인 같은 임금이 할 일이란 (자기가 더) 가지려 하지 않고 남들을 위해 '해주되[爲]', 스스로는 '갖지를 말 것[弗有]'을, 그리고 공功을 이루어 주나 그것에 '머무르지 않음[弗居]'을 말한 것이다. 이 장에서 하상공河上公은 백성에게 은덕을 베풀면서도 보답을 바라지 않는 성인 같은 임금을 들어서 찬미하고 있다.

왕필은 그의 주注에서, "임금은 천지天地와 덕을 합하면, 이에 하늘 같

---

1) '天之道無爲而已矣. 無爲則無私, 無私則均. 猶之張弓也, 高者抑之, 下者擧之, 有餘者損之, 不足者補之, 適於均而已矣.', 『帛書老子校注』79章, 高明撰, 上同, 203頁.
2) 『帛書老子校注』79章, 高明撰, 上同, 207頁.
3) '天道損有餘而益謙, 常以中和爲上. 人道則與天道反, 世俗之人損貧而奉富, 奪弱而益强也. 言誰能居有餘之位, 自省爵祿以奉天下不足者乎? 唯有道之君能行之也. 聖人爲德施惠, 不恃望其報也. 功成事就, 不處其位. 不欲使人知己之賢, 匿功不居榮名, 畏天損有餘也.', 『老子道德經河上公章句』, 「天道」第七十七, 上同, 294, 295頁.

은 도道를 포용할 수 있다. 사람의 도량度量으로 하면 각자는 자기 몸이 있으니 서로 균등均等할 수가 없다. 오직 (자기) 몸이 없어야 무사無私할 수 있을까? '스스로 그러함[自然]'이 (있은) 다음에야 천지天地와 덕을 합할 수 있는 것이다. 누가 가득 참에 처해도 (자신을) 온전히 비울 수 있으며, 있음[有]을 덜어내고 없음[無]에 보탤 수 있으며, (자기의 밝은) 빛을 부드럽게 하여 (세속의) 티끌 먼지와 함께 하며, (자신을 깨끗이) 털어버리고 고르게 할 수 있는가? 오직 도道를 가진 자뿐이다! 성인聖人(같은 임금)은 자기 현명함을 내보이려고 하지 않고, 천하(의 사람)를 고르게 하려 한다."라고[4] 말하였다. 왕필에 의하면, 천지天地와 덕을 합하는 성군 같은 임금이란 사사로운 자기 욕심은 없고, 자신은 가득 참에 처해도[處盈]' 그것을 '온전히 비우고[全虛]', '있는 것[有]를 덜어냄으로써 없는 것[無]을 보태주며, 자기의 찬란한 빛을 감추고 세속의 티끌과 먼지와 화합하여, 모든 사람과 비슷하게 될 것이니, 이야말로 이상적인 통치자의 모습이다. 성인 같은 임금이란 '자기의 현명함을 보이려고 하지 않으며, 천하 사람들을 고르게 해주는 것'이라고 노자의 정치적 이상을 풀어서 말해주고 있다.

또한 당唐나라의 왕진王眞은 이 장을 이렇게 해석하고 있다. "이 한 장章은 활을 당기는 비유를 인용한 것인데, 바로 '덜어내고[損]' '보태주는[益]' 도道를 (설명함에) 있을 뿐이다. (이 장은) 제후[侯王]가 이런 손익損益과 이해利害의 도道를 알 수 있다면, 천하는 장차 저절로 '균평均平하게 될 것이다!'를 말한 것이다. 『역易』, (「계사繫辭」하편)에서, 「무엇으로 사

---

4) '與天地合德, 乃能包之如天之道. 如人之量, 則各有其身, 不得相均. 如惟無身無私乎? 自然, 然後乃能與天地合德. 言誰能處盈而全虛, 損有以補無, 和光同塵, 蕩而均者? 唯有道者也. 是以聖人不欲示其賢, 以均天下.', 『王弼集校釋』上冊, 「老子道德經注」77章, 樓宇烈校釋, 上同, 186, 187頁.

람들을 모으는가? '재물[財]'이라고 말한다(何以聚人? 曰: 財.). 재물을 다스리고 법령[辭]을 바르게 하며, 사람들이 '그릇된 짓[非]'을 막음이 의義이다.」라고5) 말한다. 또한 재화財貨를 이루는 자는 농사짓고 옷감 짜는 사람들이며, 재화를 깨트리는 자는 군대의 사람들이다. (재화를) 완성하는 자는 적고, 깨트리는 자는 많다. 이것은 오랫동안 부족한 것을 덜어내고 여유로운 자를 받드는 까닭이 된다. (이제) 만약 농부를 군대로 만들어서, 위에서 덜어내고 아래를 보태주면, 자연히 치우치는 일도 없고 당파도 없게 되니, 공평하게 베풀어져서 크게 같아진다. 그러므로 (『노자』77장에서)「누가 여유로움으로써 천하에 봉사할까? 오직 도道를 가진 분이다(孰能以有餘奉天下? 唯有道者)!」이것은 재화를 다스리고 바른 명령[正辭]으로 '사람의 의義'를 돕는 것이다. 또한 성인은 (음양의) 양의兩儀로써 변화할 뿐, 자기의 완력腕力만 믿지 않는다. (성인은) 비록 만물들을 생성할 수 있으나, 그 결과[功]에는 머물지 않으니, (남이 모르는) 음덕陰德으로 잠행潛行할 뿐이며, 이로운 점을 말하지 않는다. 그러므로 (『노자』77장에서)「(자기) 현명함을 보이려 하지 않는다(不欲見賢)」라고 말했다. 현명함을 보이는 것은 자기를 우쭐거리며 자랑하는 것을 말한다."6)

　필자는 왕진의 설명이 이 장의 뜻을 원만하게 해석하였다고 본다. '자

---

5) '何以聚人? 曰: 財. 理財正辭, 禁民爲非曰義.',『周易大傳今注』, 「繫辭」下篇, 高亨著, 濟南: 齊魯書社, 1987, 558頁.

6) '此一章所引張弓之喩者, 正在於損益之道爾. 言侯王若能此損益利害之要, 則天下將自均平矣!『易』:「何以聚人? 曰: 財. 理財正辭, 禁民爲非曰義. 且成財者, 耕織之人也; 破材者, 軍旅之人也. 夫成者寡, 而破者衆. 此所以長損不足, 而奉有餘也. 若使化兵爲農, 損上益下, 則自然無偏無黨, 平施大同. 故曰:「孰能以有餘奉天下? 唯有道者!」此言理財正辭以佐佑人之義也. 又聖人雖能變化兩儀, 不恃其力; 雖能生成萬物, 不處其功, 蓋陰德潛行, 不言所利. 故曰:「不欲見賢.」見賢, 謂揚己伐善也.',『道德經論兵要義述』卷之四, #1, 唐 王眞撰, 中國哲學書電子化計劃, https://ctext.org 참조.

연의 도[天道]는 만물(만인)에게 은덕을 베풀고 보답을 받지 않는다. 노자는 이러한 '자연의 도'를 따르는 임금이 왕림하길 간절히 바란 것이다. 그러나 당시 전국戰國 시대에 이런 노자의 희망은 이루어질 수 없는 한낱 이상에 불과했다.

43.
물보다 약한 것은 없으나, 굳고 강한 것을 공격함에 그를 이길 자는 없다(78)

    천하에 물보다 부드럽고 약한 것은 없으나 굳고 강한 자를 공격하는데, 물을 이길 자가 없음은 자신의 '없음[无]'으로 바꿔놓기[變易] 때문이다. '부드러움[柔]'이 굳셈[剛]을 이기고 약[弱]함이 강[强]함을 이길 수 있는데, 천하(사람)에 아는 이가 없고 행할 수도 없다. 이 때문에 성인의 말씀에,「나라의 오물[垢]를 받기에, 이를 나라의 주인이라 말하고, 나라의 '상서롭지 않은 것[不祥]'을 받기에, 이를 나라의 왕이라 말한다.」바른말은 반대와 같다.

[天下莫柔弱於水, 而攻堅强者莫之能勝也, 以其无以易之也. 柔之勝剛, 弱之勝强也, 天下莫弗知也, 而莫能行也. 故聖人之言云, 曰: 受邦之垢, 是謂社稷之主; 受邦之不祥, 是謂天下之王. 正言若反.]

    시동奚侗(1878-1939)은, (물水은) '쳤으나 상하지 않고, 찔렀으나 상처가 없고, 태웠으나 타지 않았으니, 천하에는 진실로 이 물이라는 것을 변하게 할 수 없다.'라고 말한다. 주페이황朱芾煌(1885-1942)도 '물은 비록 사람들이 비틀고 바꿔놓아도, 그 아래로 향하는 본성을 끝내 바꿔놓을[變易] 수 없다. 이렇게 그것(水)은 지극히 부드럽고[至柔] 지극히 약한[至

弱] 것이지만, 지극히 굳세고[至剛] 지극히 강한[至强] 것도 (그를) 이길 수 없다.'라고[1] 말한다. 이와 같이, 이 장에서 물의 성질에 대한, '역易'은 '변역變易'의 뜻이다.

하상공河上公 주注에서도, "물은 원圓 가운데 있으면 둥글고 네모 가운데 있으면 네모나며, 막으면 멈추고, 터놓으면 흐른다. 물은 산을 무너뜨리고 언덕[陵]을 밀어낼 수 있고, 쇠붙이를 갈아내고 동銅을 녹이니, 물을 이기는데, 성공할 수가 없다. 견강堅强한 것을 공격함에 물을 바꿀[易] 수 없다. 물은 불을 끌 수 있고, 음은 양陽을 없앨 수 있다. 혀는 부드럽고 이[齒]는 강하나, 이가 먼저 혀보다 없어진다. (누구나) 부드럽고 연약한 것이 오래 가고, 굳세고 강한[剛强] 것이 부러지고 다치는 것을 알지만, (사람들은 자신을) '겸허하게 낮추기[謙卑]'를 싫어하고 '강하고 횡포를 부리기[强梁]' 좋아한다. (이것은) 아랫사람들이나 할 짓을 말하는 것이다. 임금이 나라의 더러운 것들을 받아들이고, 강과 바다가 작은 물흐름小流을 거스르지 않는 것처럼, (임금은) 자기 나라를 오래 보전할 수 있어서 한 나라의 군주가 되는 것과 같다. 임금이 과오를 자신에게 돌릴 줄을 알고 백성을 대신하여 '좋지 않은[不祥]' 재앙들을 받아들인다면, 천하에서 왕 노릇할 수 있다. 이것을 세상 사람들은 알지를 못하기에, 정직한 말을 '반대되는 말[反言]'로 여기는 것이다."라고[2] 풀이하는데, 이는 『노자』 78장의 뜻을 잘 설명하고 있다.

---

1) 『帛書老子校注』80章, 高明撰, 上同, 210頁.
2) '圓中則圓, 方中則方, 壅之則止, 決之則行. 水能壞山推陵, 磨鐵消銅, 莫能勝水而成功也. 夫攻堅强者, 無以易於水. 水能滅火, 陰能消陽. 舌柔齒剛, 齒先舌亡. 知柔弱者久長, 剛强者折傷. 恥謙卑, 好强梁. 人君能受國之垢濁者, 若江海不逆小流, 則能長保其社稷, 爲一國君主也. 人君能引過自與, 代民受不祥之殃, 則可以王天下. 此乃正直之言, 世人不知, 以爲反言.', 『老子道德經河上公章句』, 「任信」第七十八, 上同, 297, 298頁.

왕필은 주注에서, "유약한 물을 씀은, 이것을 변역變易할 만한 물건이 없음을 말한 것이다."라고[3] 말하였다. 물은 비록 유약하여 힘없는 것처럼 보이지만, 흙과 산과 언덕 등을 무너뜨릴 만큼 강력한 파괴력도 물에서 나오는 법이다. 이러한 물의 속성을 교훈으로 삼아, 노자는 임금 본연의 임무란 백성의 궂은일이나 재앙 등을 백성을 대신하여 우선 감내하는 것이라고 설파한다.

당唐나라 왕진王眞도 이렇게 해석하고 있다. "이 장은 또한 물은 유약하나 굳고 강한 것을 공격할 수 있음을 특히 인용하고 있다. 시험 삼아 논하면, 무릇 오행五行에서 흙[土]을 써서 그 지극至極함의 근원을 추구하니, 흙은 물속에 있으면 다이아몬드[鑽石]이든 사금砂金[流金]이든 이기지 못할 것이 없고, 모든 강물은 바다를 향해 흐르며, 사해四海에서 '작은 흐름[小流]'들은 큰물[大水]로 흘러든다. '굳세고 강한 것[剛强]'이 승리한다고 누가 말했는가? 이렇기에 (『노자』78장에서 물을)「변역變易할 자가 없다(其無以易之)」라고 말한다. 이 때문에 '도道를 체득하신 존자尊者[道君]'는 세상 사람들이 이런 (물의) 묘용妙用을 모른다고 심히 개탄하면서, (물의 묘용을) 부지런하게 실천하였다. 그러므로 (『노자』78장에서 세속 사람들은)「알 수도 없고, 실행할 수도 없다(莫能之, 莫能行)」라고 말한다. 거듭 성인聖人의 말을 인용하여, (임금이란) 나라의 오물汚物과 나라의 '상서롭지 못한 것[不祥]'을 받는 자이니, 이것이 이른바 '백성의 잘못은 (모두) 나에게 있고, 사방에 죄를 저질렀다고 하면, (그) 죄는 짐朕(나)의 몸에 있는 것이다.' 왕 된 자는 이런 뜻[義]을 진실로 겸비하고 있으니, 말씀[言]이 거꾸로 된 것 같기에, 따라서 (『노자』78장에서)「바른말은 바

---

[3] '言用水之柔弱, 無物可以易之也.',『王弼集校釋』上冊,「老子道德經注」78章, 樓宇烈校注, 上同, 188頁.

대와 같다(正言若反)」라고 말한다."⁴⁾

이렇듯 이번 장의 핵심적인 뜻을 왕진王眞은 제대로 파악했다고 필자는 보고 싶다. 물은 유약한 것이나 어떤 굳고 강한 것도 무너뜨리는 성질을 가졌으니, 노자는 물이 도道와 닮았다고 여겼다.

---

4) '此一章又特引水柔弱能攻堅强者也. 嘗試論之曰: 且夫五行之用土能制水, 原其至極, 在水中, 鑽石流金, 無所不克; 萬川朝海, 四海朝宗. 夫孰云剛强而有勝? 此故曰:「其無以易之.」是以道君深嘆天下之人不能知此知此之妙用, 勤而行之, 故曰:「莫能之, 莫能行.」複引聖人之言, 受國之垢與其不祥. 此所謂「百姓有過, 在余一人; 萬方有罪, 罪在朕躬.」, 王者之心誠兼此義, 言之有似反倒, 故曰:「正言若反.」',『道德經論兵要義述』78章, 卷之四 #1, 唐 王眞撰, 中國哲學書電子化計劃, https://ctext.org 참조.

44.
큰 원한을 화해시키면 반드시 남는 원한이 있게 된다(79)

큰 원한을 화해시키면 반드시 남는 원한餘怨이 있으니, 어떻게 (백성들에게) '선한 것[善]'을 행할 수 있겠는가? 이 때문에 성인은 계약서[右契]를 갖고도 남에게 추궁[責求]하지 않는다. 그러므로 덕 있는 (임금은) 계약서를 관리하고, 덕 없는 (임금은, 주周나라) 세법稅法을 관리한다. '자연의 덕[天德]'은 (사사로운) 친함이 없으니, 항상 착한 사람과 함께 한다.

[和大怨, 必有餘怨, 焉可以爲善?1) 是以聖人執右契,2) 而不以責於人. 故有德司契,3) 无德司徹.4) 夫天道无親, 恒與善人.]

『논어論語』, 「안연顏淵」편: 「합철호盍徹乎?」에 대한 정현鄭玄(127-200)의 주注에서는, "주周 나라 법에서 10분의 1의 세稅를 철徹이라 한다."라

---

1) 安과 焉은 또한 何의 뜻이다. 『帛書老子校注』81章, 高明撰, 上同, 213頁.
2) 右契는 자리가 높으니, 남에게 빌려주는 채권[債權]자가 가진다. 左契는 자리가 낮으니, 남에게 빌린 자가 갖는다. 이 때문에 성인은 右契[채권자 소유]를 가지고 있으나 남에게 자기 채권[責]으로써 쓰지 않으니, 베풀어주었으니 보답을 찾지 않음이다. 『帛書老子校注』81章, 高明撰, 上同, 217頁.
3) 司는 主, 즉 처리함의 뜻이다.
4) 쟝시창蔣錫昌(1897-?)에 의하면, 철徹은 周나라의 稅法이라 말한다. 『帛書老子校注』81章, 高明撰, 上同, 219頁.

제1부 덕경德經 201

고5) 했다. 이것은 "유덕有德한 임금은 계약서[右契]를 가지나 사람들에게 빚[責=債]을 요구하지 않았고, 무덕無德한 임금은 세금 걷는 것을 일로 삼았다. 사람들에게 빚을 독촉하지 않으면 원한이 생길 일이 없는데, (만약 임금이) 사람들에게 거둬들이는데 싫증내지 않으면, 큰 원망이 오게 된다."라고6) 말한 것이다.

하상공河上公은 주注에서, "사람을 죽이면 (그는) 죽게 되고, 사람을 다치게 하면 형刑을 받는 것은 '서로의 화합[相和]'으로써 보답하는 것이다. 형벌에 맡기는 자는 인정人情을 잃게 되니, 반드시 여원餘怨을 가지게 되기에, '좋은 사람들[良人]'에까지 미치게 된다. ('어찌 착한 일을 하겠는가?'라는 노자의 말씀은) 한 사람이라도 슬퍼하고 탄식哀嘆 하고 있다면, 천심天心을 잃은 것이기에, '어찌 원망[怨]을 달래어 좋은 일[善]을 할 수 있겠는가?'를 말한 것이다. 옛날에 성인(같은 임금)은 계약서[左契]를 가지고 서로 들어맞으면 (믿었다. 옛날에는) 문서로 된 법률이 없었으니, 계약서를 나무판에 새기어 서로 들어맞으면 믿었다. 그러나 계약서를 (나무판에) 새기어서 신표로 삼았을 뿐, 다른 일로서는 사람들에게 빚을 갚으라고 채근하지는 않았다. 유덕한 임금은 자기 계약서를 살펴서 믿었을 뿐이다. 무덕한 임금은 계약서의 신표에 어긋나게 하였으니, 감찰하는 자가 (인심을) 잃게 되었다. 천도天道에는 (개인적인) 친소親疏는 없고 오직 선인善人과 함께 하니, 계약서를 관리하는 일과 똑같았다"라고7) 주

---

5) 『帛書老子校注』81章, 高明撰, 上同, 219頁.
6) 『帛書老子校注』81章, 高明撰, 上同.
7) '殺人者死, 傷人者刑, 以相和報. 任刑者失人情, 必有餘怨, 及於良人也. 言一人吁嗟, 則失天心, 安可以和怨爲善? 古者聖人執左契, 合符信也. 無文書法律, 刻契合符以爲信也. 但刻契爲信, 不責人以他事也. 有德之君, 司察契信而已. 無德之君, 背其契信, 司人所失. 天道無有親疏, 唯與善人, 則與司契同也.', 『老子道德經河上公章句』,「任契」第七十九, 上同, 300, 301頁.

석하고 있다. 하상공河上公은 천도天道에는 (개인적인) 친소親疏는 없고 오직 선인善人과 함께 하기에 남는 원한餘怨은 없고, 큰 원망이 생겨나지 않는다고 풀이하였다.

왕필王弼은 이 장에 대해 "통치자가 그 계약서를 분명히 이해하지 못함으로써 큰 원한을 불러와서 (그것이) 이미 이르렀으면[至] 덕으로써 화해해야 하고, 그 상처는 거듭해서는 안 되나 (상처가 크기에) 따라서 반드시 원한이 남게[餘怨] 된다. 계약서[左契]는 원한이 생겨날 이유를 방지하는 것이다. 유덕한 사람은 그 계약서를 염두에 두고 원한이 생기지 않게 한 다음에, 사람에게 빚(청산)을 바란다."라고8) 주석하고 있다. 왕필은, 이 문장에 대해 임금이 백성들에게 빚 독촉하는 문제를 다룬 것으로 보기보다는 채무자와 채권자의 관계를 다룬 것으로 보며, 너무 큰 빚을 갚으려면 상처가 깊이 남기 때문에, 반드시 남는 원한[餘怨]이 있으리라고 단언한다. 따라서 왕필은 빚을 독촉하더라도 빚을 청산하는 데 있어 반드시 남는 원한이 없도록, 조치해야 한다고 본 것이다.

당唐나라 왕진王眞(9세기)은 이 장에 대하여 다음과 같이 주석하고 있다. "무릇 하늘이 백성을 낳았으되 각자는 큰 욕심을 마음에 가지고 있다. (그들은) 승리를 다투고 이익을 추구하고, 올바름[正]을 어기고 사특함[邪]을 만든다. 크게는 서로 원수가 되고 작게는 서로 원망한다. 하늘이 이를 슬프고 안타깝게哀傷 여겨서, 임금을 세워 백성을 다스리고 그 폐해를 없애려 하였으나, 이에 잔존하는 폐해가 있게 되었기에, 어찌 '옳은 일[義]'을 할 수 있겠는가! 그러므로 (『노자』 79장에서)「어찌 '선한 일[善]'을 할 수 있겠는가(安可以爲善)?」라고 말했다. 이 때문에 성인(과 같은

---

8) '不明理其契, 以致大怨已至. 而德以和之, 其傷不復, 故必有餘怨也. 左契, 防怨之所由生也. 徹, 司人之過也.',『王弼集校釋』上冊,「老子道德經注」79章, 樓宇烈校釋, 上同, 188頁.

임금)은 은덕恩德과 위신威信 있는 마음을 가지고 바뀌지 않는 가르침을 행하며, 9월(가을)에 은덕을 더해주고, 사방으로 죄를 사해주는 것이다. 계약契은 은덕과 신용을 말함이다. 또한 '길한 일[吉事]'은 왼쪽을 높이니, 지식이나, 어리석음을 묻지 않고, 모두 어린애와 같기에, 따라서 (『노자』 79장에서) 「계약서를 잡고 있으나, 빚[責, 債]을 채근하지 않는다(執左契, 而不責於人也)」라고 말한다. 임금이 도道로써 천하를 교화하지 않고, 다만 형벌로 (백성을) 고르게 하고 행정명령[政]으로써 다스리면, 곧 진선盡善의 도道를 얻을 수는 없는 것이니, 따라서 (『노자』 79장에서) 「덕이 없는데 흔적만을 감사監司한다(无德司徹)」라고 말한 것이다. 철徹은 '흔적[迹]'이 있음을 말한다. (이것은) 예법禮法의 흔적만 지킴을 말한 것이다. 또한 (이것은,) 임금이 오래 동안 도道를 체득하고 나라를 다스리면, 천지天地의 정신[靈]과 공경恭敬함[祇]은 반드시 제업帝業[景祚]을 언제나 높일 것이다. 그러므로 (『노자』 79장에서) 「천도天道는 (만물[만인]들과 각별한) 친친親함이 없으나, 항상 선인善人들과 함께 한다(天道无親, 常與善人)」라고 말한 것이다."9)

왕진의 이러한 해석에 따르면 성인과 같은 이상적 임금은 은덕恩德과 위신威信을 가지고 백성을 다스리며, 백성과 함께 지킬 약속을 가지고 있으되 그것으로 백성을 억압하지 않음을 말한 것이다. '자연의 도[天道]'

---

9) '夫天生蒸人, 而大欲各存於心. 爭勝逐利, 背正爲邪. 大者相雠, 小者相怨. 天旣愍之, 樹君以理, 令其革弊, 乃有餘弊生焉, 豈得爲義! 故曰:「安可以爲善.」是以聖人之德信之心, 行不易之敎, 加恩於九月, 怨罪於萬方. 夫契者, 德信之謂. 又吉事尙左, 無問智愚, 皆同赤子, 故曰:「執左契, 而不責於人也.」若人君不以道化天下, 但齊之以刑, 導之以政, 即不得盡善之道, 故曰:「无德司徹.」徹者, 有迹之謂也. 言守其禮法之轍迹耳. 又言人君若長能體道理國者, 即天地靈祇必常隆其景祚也, 故曰:「天道无親, 常與善人.」', 『道德經論兵要義述』79章, 卷之四, #1, 唐 王眞撰, Google 中國哲學書電子化計劃, https://ctext.org 참조.

는 만물(만인)중 누구와도 특히 가깝거나 멀 수가 없고, 오직 선인善人과 함께하고 있음을 말하고 있다. 왕진의 이러한 해석은 노자의 정치 이상을 잘 설명하고 있다고 필자는 생각한다.

제2부

도경
道經

1.
도道는 말할 수 있으면 항도恒道가 아니다

도道는 말할 수 있으면 (삼라만상의 존재근거로서 영존永存하는) 항도恒道는 아니다. 이름[名]은 부를 수 있으나 (삼라만상의 존재근거로서 영존永存하는) 항명恒名은 아니다. '이름 없음[无名]'이 만물의 시초[始]이고, '이름 있음[有名]'이 만물의 어미[母]이다. 그러므로 (군자는) 항시 무욕无欲 함으로써 그 미묘한데[其妙]를 보려 하고, 항시 유욕有欲 함으로써 그 귀결[徼, 歸終]을 볼 수 있다. 이 둘은 같은 곳[道]에서 나왔는데, 이름은 다르나 같은 것을 말하는 것이니, 아득하고 또 아득하여, 여러 묘한 것들이 (드나드는) 문門이다.

[道, 可道也, 非恒道也. 名, 可名也, 非恒名也. 无名, 萬物之始也; 有名, 萬物之母也. 故恒无欲也, 以觀其妙; 恒有欲也, 以觀其所徼. 兩者同出, 異名同謂, 玄之又玄, 衆妙之門.]

현존 『노자』에는 백서帛書 『노자』의 '항도恒道'와 '항명恒名'이 모두 '상도常道', '상명常名'으로 되어 있는데 항恒과 상常의 뜻은 같다. 다만 한漢의 효문제孝文帝 유항劉恒의 휘諱 때문에 항恒이 상常으로 고쳐진 것이다.[1] 까오밍高明에 의하면 『도경道經』1장에서 말하는 도道, 가도可道와

---

1) 『帛書老子校注』1章, 高明撰, 上同, 221頁.

항도恒道, 이 셋의 도道자는 글자는 같으나 뜻은 상이相異하다. 처음 나오는 도道는 일반적인 의미로, 주자朱子(1130-1200)주注에서 말하는 '도道는 일용의 사물이 마땅히 행할 이理', 즉 도리道理를 가리킨다. 두 번째로 나오는 '가도可道'는 '가언可言'과 같으니, '말할 수 있음'의 뜻이다. 『순자荀子』양경楊倞(?-875)주注에 의하면 '도道는 말하다(語)'의 뜻이다. 마지막으로 항도恒道란 영원히 상존하는 도道를 뜻하며, 노자가 창조해낸 철학적 개념이다.[2]

그리고 요徼에 대하여는 왕필王弼주注에서 "요徼는 귀결됨[歸終]의 뜻이다. 무릇 '있음[有]'의 이로움[利]이 됨은 반드시 '없음[無]'을 씀이고, '욕구[欲]'가 추구推究하는 바[所本]는 도道를 따른 뒤에 이루어진다. 그러므로 항상 유욕有欲 하면 (만물의) 끝[終]의 결과[徼]를 볼 수 있다."라고[3] 말하고 있다. 요컨대 요徼란 귀결점으로 결과를 뜻한다.

『한비자韓非子』「해노解老」편에서 "무릇 이理는 '네모[方]'나 원圓, 짧음[短]과 긴 것[長], '크고 작음[麤靡]', '견고함[堅]과 연軟함[脆]'을 구분하는 것이다. 그러므로 도리[理]가 정해진 뒤에 말할 수 있다. 따라서 도리가 정해지면 존망存亡, 사생死生, 성쇠盛衰가 있게 된다. 무릇 어떤 것이 한번 있고, 한번 없어지고, 잠깐 살다가 잠깐 죽으며, 처음엔 왕성하나 나중에 쇠함은 상常이라 말하지 않는다. 오직 천지天地의 개벽開闢과 함께 생겨나고, 천지의 '사라지고 흩어짐[消散]'에 이르기까지 죽지도 않고 쇠하지도 않으면 상常이라 말한다. '상常'은 바뀌는 바가 없고, '정해진 도리[定理]'도 없고, '정해진 도리'가 없기에 상소常所가 없으니, 이 때문에 (도道를) 말할 수 없는 것이다. 성인은 그(도道의) '아득하고 빈 것[玄虛]'을

---

2) 『帛書老子校注』1章, 高明撰, 上同, 222頁.
3) '徼, 歸終也. 凡有之爲利, 必以無爲用; 欲之所本, 適道而後濟, 故常有欲, 可以觀其終物之徼也.', 『王弼集校釋』上冊, 「老子道德經注」1章, 樓宇烈校釋, 上同, 2頁.

관찰하고, 그 '두루 다님[周行]'을 쓰며, 억지로 그것에 이름 붙여 '도道'라고 한다. 그런 연후에 말할 수 있으니, 따라서 (『노자』 1장에서)「말할 수 있는 도道는 상도常道는 아니다(道之可道, 非常道也)」라고 말한 것이다."라는4) 점을 우리에게 풀어서 얘기해주고 있다. 한비는 노자의 철학을 근본적으로 파악하여, 일반적인 도리로서의 도道 즉 말로 정의하는 도리는 결코 세상 만물과 만사의 형이상학적 존재근거로서의 '항도恒道[常道]'가 아님을 명확히 정의해준다. 한편으로 노자는 『도경道經』1장章을 통해 만물의 존재론적인 근거인 항도恒道[常道]란 말로써 규정될 수 없는 형이상학적인 것임을 특히 강조해 말했다고 본다.

이 장에 대하여 하상공河上公의 주注에서는 "(말로 표현할 수 있는) 도道는 천하를 다스리는 술책術策[經術]이나 정교政教의 도리[道]이지, 자연에서 (만물만인을) 장생長生하게 하는 (형이상학적인) 도道가 아니다. 상도常道[恒道]라면, 마땅히 (임금이) 무위無爲하여 '정신을 기르며[養神]', (독자적으로 하는 것이 없으니) 무사無事하며, '백성을 편안하게[安民]' 하니, (속에서) 광채를 품고 빛남을 감추며[藏暉], 자취를 없애고 단서를 감추니, (이는 말로 하는) 도리[道]라고 호칭할 수 없다. (이름名은) 부귀하며 존영尊榮 하여 세상에서 높은 이름[名]을 말하니, 자연에서 상재常在[恒在]하는 (형이상학적인) 이름[名]이 아니다. 상명常名은 마땅히 말 못 하는 어린아이 같고, 분별없는 병아리[雞子] 같으며, 펄조개[蚌] 속의 명주明珠와 같고, 돌 틈에 있는 '아름다운 옥[美玉]' 같아서, 속은 비록 밝으나 밖은

---

4) '凡理者, 方圓, 短長, 麤靡, 堅脆之分也. 故理定而後可得道也. 故定理有存亡, 有死生, 有盛衰. 夫物之一存一亡, 乍死乍生, 初盛而後衰者, 不可謂常. 而常者, 無攸易, 無定理, 無定理, 非在於常所, 是以不可道也. 聖人觀其玄虛, 用其周行, 强字之曰道. 然而可論, 故曰: 「道之可道, 非常道也.」',『韓非子新校注』,「解老」篇, 上冊, 陳奇猷校注, 상동, 414, 415頁.

'우매하고 완고한 것[愚頑]'과 같다. '이름이 없는 것[無名]'을 (형이상학적인) 도道라 말하니, 도道는 모양[形]이 없기에, 따라서 이름할 수가 없다. 처음[始]이 도道의 본원[本]이고, 기氣를 토吐하여 변화를 시행하는데, '없는 것[虛无]'에서 나와서 천지天地의 본시本始가 된다. 유명有名은 (눈에 보이는) 천지天地를 말한다. 천지天地는 모양[形]과 자리[位], 음양, 유강柔剛을 가지니, 이것이 그것[天地]의 유명有名이다. (有名이) '만물의 어미[萬物母]'라는 것'은 천지가 기氣를 함축하고 만물을 낳으며, '자라나게 하여 크게[長大]' 하고 성숙하게 하니, 어미가 자식을 기름과 같다. 묘妙는 요점[要]이다. 사람이 항상 무욕無欲 할 수 있으면, 도道의 요점을 관찰할 수 있으니, 요점[要]은 '하나[一]'이다. '하나'가 나와서, 도道를 유포하니, '옳고 그름[是非]'를 밝히고 설명한다. 요徼는 귀결[歸]이다. 항상 유욕有欲 있는 사람은 세속의 귀결점을 관찰할 수 있다. 둘[兩]은 유욕有欲과 무욕無欲이다. 동출同出은 인심人心에서 '함께 나온 것[同出]'이다. 이명異名이란, 이름 하는 바가 각자 다름이다. 무욕無欲이라 이름하는 것은 '장구하게 존재[長存]'하지만, 유욕有欲이라 이름하는 것은 '지위를 잃고 명예가 실추되는 것[亡身]'이다. 현玄은 자연[天]이다. 유욕有欲한 사람과 무욕無欲한 사람은 자연[天]에서 함께 기氣를 받았음을 말한 것이다. 자연[天] 가운데 다시 '자연'이 있다. 기氣를 받는데 두터움[厚]과 박함[薄]이 있으니, 중화中和를 얻어서 퍼졌으면 현성賢聖을 낳고, 착란 되고 오욕汚辱됨을 얻었으면 재물을 탐하고 '여색을 탐[好色]'하게 된다. 자연 속에 다시 자연이 있으며, '받은' 기氣에는 두터움과 적음이 있기에, 정욕情欲을 제거하고 중화中和를 지킬 줄 알 수 있는 것, 이것이 도道의 핵심을 아는 문[門]이다."라고[5] 말하고 있다. 여기서 하상공 또한 (형이상학적인) 도道와 천하를

---

5) '謂經術政敎之道也, 非自然生長之道也. 常道當以無爲養神, 無事安民, 含光藏暉, 滅

다스리고 나라를 통치하는 정교政敎의 도道[도리道理]를 구분하고 있다. 그는 유명有名과 무명無名을 유욕有欲과 무욕無欲과 대비하여 설명하면서 (형이상학적인) '도道'와 유형有形하고 유명有名한 '천지天地'를 구분하고 있다. '천지'는 유형有形하고 유명有名을 가지기에 '만물의 어미[萬物母]'라는 것'이다. 그리고 근원적으로 보자면, (형이상학적인) 도道는 기氣의 근본인데, 이 기氣 가운데 중화中和의 자액滋液을 받았으면 현성賢聖이 되고, 착란 되고 오욕된 것을 받았으면 재물을 탐하고 호색好色하게 된다고 설명하고 있다. 그러니 정욕情欲을 제거하고 중화中和를 지키는 것이 (형이상학적인) 도道의 핵심을 아는 것이라고 하상공河上公은 우리에게 설명하고 있다. 그러나 이런 그의 설명은 노자철학의 본질을 한비韓非처럼 철학적으로 충분하고 명확하게 설명해 주기에는 다소 부족해 보인다.

왕필王弼은 이 장을 이렇게 해석하고 있다. "말로 설명할 수 있는 도道나 이름을 붙일 수 있는 이름[名]은 '형상形象을 가졌기에 보아서 알 수 있는 그런 사물[指事造形]'이지만, (그것은) 항상적[常, 恒]이지 않다. (그것의 형이상학적 존재근거는) 그러므로 말로 할 수 없고, 이름 지을 수도 없다. 무릇 '있음[有]'은 모두 '없음[無]'에서 시작되었으니, 따라서 (만물의 형이상학적 존재근거, 즉 道는) '아직 모양이 없고[未形], 이름[名]이 없는

迹匪端, 不可稱道. 謂富貴尊榮, 古世之名也, 非自然常在之名也. 常名當如影兒之未言, 鷄子之未分, 明珠在蚌中, 美玉處石間, 內雖昭昭, 外如愚頑. 無名者謂道, 道無形, 故不可名也. 始者道本也, 吐氣布化, 出於虛无, 爲天地本始也. 有名謂天地, 天地有形位, 有陰陽, 有柔剛, 是其有名也. 萬物母者, 天地含氣生萬物, 長大成熟, 如母之養子也. 妙, 要也. 人常能無欲, 則可以觀道之要, 要謂一也. 一出布名道, 讃敍明是非也. 徼, 歸也. 常有欲之人, 可以觀世俗之所歸趣也. 兩者, 謂有欲無欲也. 同出者, 同出民心也. 而異名者, 所名各異也. 名無欲者長存, 名有欲者亡身也. 玄, 天也. 言有欲之人與無欲之人, 同受氣於天也. 天中復有天也, 稟氣有厚薄, 得中和滋液則生賢聖, 得錯亂汚辱則生貪淫也. 能知天中復有天, 稟氣有厚薄, 除情去欲, 守中和, 是謂知道要之門戶也.', 『老子道德經河上公章句』,「體道」第一, 상동, 1, 2頁.

때'이고, 만물의 처음[始]이 된다. 그것이 모양[形], 이름[名]을 가지는 때에 미치면, 그것을 자라나게[長] 하고, 기르고[育], 모양을 평가[亭]하고, 성질을 이루어주니[毒], (도道는) 그 어미가 된다. (이 장은) 도道는 무형無形하고, 무명無名 함으로써 만물의 시초[始]를 이루는데, 만물(만인)은, (도道가) 시초[始]로써 이루어지게[成] 해주었으나, 그것들이 '그렇게 된 까닭[其所以然]'을 알지 못하니, 그것이 아리송하고[玄] 또 아리송하다[玄]고 여기는 것이다. 묘妙란 미세함[微]의 극치이다. 만물(만인)은 '미세함'에서 시작하여 나중에 이루어졌으니, '없음[無]'에서 시작된 후에 생긴 것이다. 그러므로 (성인 같은 임금은) 항상 무욕無欲 하고 공허하여 그 만물이 시작되는 미묘함을 볼 수 있다. 요徼는 귀결됨[歸終]이다. 무릇 '있음[有]'이 이롭게[利] 되는 것은 반드시 '없음[無]' 때문에 쓰임이 되는 것이고, 욕欲이 '추구하는 바[所本]'는 도道를 따라서[適, 從] 멈추는[濟, 止][6] 것이다. 그러므로 (성인 같은 임금은) 항상 '유욕有欲 함'으로써 그 사물이 완성되는 귀결점[徼]을 관찰할 수 있는 것이다. 둘은 시작[始]과 어미[母]이다. 동출同出은 아득함[玄]에서 함께 나옴이다. 이명異名이란 베푼 바가 같을 수 없음이다. 머리[首]에 있으면 시초[始]이고, 끝[終]에 있으면 어미[母]라고 한다. 현玄은 '아득하고 깊어서 없음[無有]'이고, 처음[始]은 어미[母]가 나온 곳이다. (만물의 형이상학적 존재근거, 즉 道는) 이름할 수가 없으니, 따라서 같은 이름인 '현玄'이라 말할 수는 없다. (그러나) 같게 보아 '아득함[玄]'으로 말하는 것은 '할 수가 없어서 그렇다고 말한 것(不可得而謂之然也)'에서 취한 것이다. 할 수가 없어서 그렇게 한 것이니, 하나의 '아득함[玄]'만으로 끝날 수가 없다. 만약 하나의 '아득함[玄]'으로 확정

---

6) 로우위리에樓宇烈의 해석에 따르면, 適은 '따름, 좇음[從]'이고, 濟는 '멈춤, 그침[止]'의 뜻이 있다. 『王弼集校釋』上冊, 「老子道德經注」1章, 樓宇烈校釋, 상동, 注9, 4頁.

하면, 그 이름은 크게 잘못된 것이다! 그러므로 (『노자』 1장에서) 「아득하고 또 아득하다(玄之又玄)」로 말한 것이다. '미묘한 여럿[衆妙]'은 모두 '아득함[玄]'을 따라서 나온 것이니, 따라서 (『노자』 1장에서) 「미묘한 여럿[衆妙]의 문[門戶]이다.」라고 말한 것이다."[7] 필자는 하상공河上公의 주석보다 왕필의 주석이 만물의 형이상학적 존재근거인 도道에 대해 좀 더 분명하게 설명했다고 본다. 그리고 왕필은, "있는[有] 모든 것들은 '없음[無]'에서 나왔으며, 일상의 경지에서 우리 눈에 보이는 사물이란 결국 '없음[無]'에서 발생하였음을 분명히 밝히고 있다. 『노자』에 담긴 내용은 통치자인 임금을 위한 충언들이 대부분이고, 임금이 '무위無爲'하기를 강조하며 백성들이 자율적으로 삶을 영위하도록 보장하려는 정치 철학적 특징을 보인다. 그러나 『도경道經』의 첫 장은 만물(만인)의 형이상학적 존재근거란 일상에서 말로 정의를 내릴 수 없는 다른 차원의 것으로, 전혀 규정할 수 없기에 단지 '아득하고[玄]' 또 아득한 어떤 것이며 언어로 설명할 수 있는 경지를 넘어서는 것이기 때문에 그저 '없음[無]'일 뿐이라고 말한다. 이처럼 『도경道經』의 첫 장은 중국철학 사상 최초로 '없음[無]'이라는 형이상학적 개념을 창안하여 현상의 경험적 존재들의 존재근거를 밝히고 있다. 훗날 중국에 불교가 도입되었을 때 불교의 공空개념은 노자

---

7) '可道之道, 可名之名, 指事造形, 非其常也. 故不可道, 不可名也. 凡有皆始於無, 故未形無名之時, 則爲萬物之始. 及其有名有名之時, 則長之, 育之, 亭之, 毒之, 爲其母也. 言道以無形無名始成萬物, 萬物以始以成而不知其所以然, 玄之又玄也. 妙者, 微之極也. 萬物始於微而後成, 始於無而後生. 故常無欲空虛, 可以觀其始物之妙. 徼, 歸終也. 凡有之爲利, 必以無爲用; 適道而後濟. 故常有欲, 可以觀其終物之徼也. 兩者, 始與母也. 同出者, 同出於玄也. 異名, 所施不可同也. 在首則謂之始, 在終則謂之母. 玄者, 冥黙無有也, 始, 母之所出也. 不可得而名, 故不可言同名曰玄. 而言同謂之玄者, 取於不可得而謂之然也. 不可得而謂之然, 則不可以定乎一玄而已. 若定乎一玄, 則是名則失之遠矣. 故曰「玄之又玄」也. 衆妙皆從玄而出, 故曰「衆妙之門」也.', 『王弼集校釋』上冊, 「老子道德經注」1章, 樓宇烈校釋, 상동, 1, 2頁.

가 창안한 '없음[無]'을 매개로 삼아 중국인들에게 수용될 수 있었다.

이와 같이 노자의 『도경道經』 1장은 우리에게 철학적으로 더 근원적인 형이상학의 원리를 제시해 주고 있다는 점에서 소중한 가치를 갖는다.

2.
천하에서 모두가 아름다움을 아름답다고 여기나, 미울 뿐이다

천하에서 모두가 아름다움을 아름답다고 여기나, 미울 뿐이다. (천하에서) 모두 선善함을 선하다고 여기나, 이렇게 하여 '선하지 않은 것[不善]'이다. 있음[有]과 없음[无]은 서로 생겨나게 하고, 어려움과 쉬움은 서로 이루어지며, 길고 짧음은 서로 모양[形]을 만들어주고, 높고 낮음이 서로 포함하며, 음성音聲이 서로 화합하고, 앞과 뒤가 서로 따르는 것이 '영원히 한결같은[永恒]' 것이다. 이 때문에 성인(같은 임금)은 '함 없음[无爲]'에 거居하며, '말하지 않는[不言]' (즉 '몸으로 행하는') 가르침을 시행한다. (道는) 만물에 작용하나 (자신을) 첫머리[始]로 하지 않고, (행동) 하나 (그것에) 의지하지 않고, 공功을 이루어주어도 머물지 않는다. 오직 (결과에) 머물지 않으니, 이 때문에 (명성이) 떠나지 않는다.

[天下皆知美之爲美, 惡已; 皆知善, 斯不善矣. 有无之相生也, 難易之相成也, 長短之相形也, 高下之相盈也, 音聲之相和也, 先後之相隨, 恒也. 是以聖人居无爲之事, 行不言之敎. 萬物作而弗始, 爲而不恃也, 成功而不居也. 夫唯弗居, 是以弗去.]

짱시창蔣錫昌(1897-?)은,[1] "이전 이름[名]이 없던 시기에는 본래 모든

---

1) 짱시창蔣錫昌은 노자, 장자철학 연구의 大家이나, 중국문화대혁명(지난 세기 70연대) 시기에 부정적 평가를 받고 퇴장하게 되었으니, 그의 확실한 사망 시기는 알려지지

이름이 없었기에, 따라서 소위 미美와 선善도 없었고, 또한 이른바 미움[惡]과 불선不善도 없었다. 다만 인류가 존재한 후에 이름[名]이 있게 되고, '이름'이 있게 되니 (비로소) '대응할 수 있게[對待]' 되었다. 일단 미美와 선善의 이름이 있게 되니, 곧 미움[惡]과 불선不善의 이름이 있게 되었다. 인류의 역사가 길어지면 길수록 서로 얽히는 일이 복잡하게 되니, 대응할 수 있는 이름[名]도 또한 점점 더 많아졌다. 이런 식으로 나아가니, 청정淸靜하고 평안한 날이 없어져 버린 것이다!"라고[2] 말한다. 노자는 정반正反 두 방향에서 사물을 관찰하면 서로가 상반되면서도 또한 서로 의존함을 알 수 있다고 본다. (노자는) 유무有無, 난이難易, 장단長短, 고하高下, 음성音聲, 선후先後, 미추美醜, 선악善惡 등에 이르기까지 모두 상반相反 됨을 서로 이루어주니, 상호 영향을 주며 작동함을 밝혔다. 이것이 자연계나 인류사회의 각종 현상의 본질이라고 보았다. 그리고 이런 우주 속의 모순은 영원한 것이라고 본 것이다.[3] 이처럼 서로 반대되는 개념이 자기 반대로 전환된다는 『노자』의 생각은 분명 『주역周易』에서 영향을 받았음을 말해준다.[4] 이어서 짱시창은, "성인이 나라를 다스리면 무형無形하고 무명無名하니, 일도 없고 정적政績도 없기에, 이것이 성인의 「함 없음[無爲]」의 일에 머무름」이다. 성인은 자기를 완성하는 한 편으로 자기완성의 모범으로써 백성을 감화시켜서 백성으로 하여금 스스로 살고 스스로 영위하게 하니, (『노자』 80장에서)『자기 먹는 것을 단 것으로 알고, 자기 의복을 아름답게 보고, 자기 사는 곳에 편안하고 자기 풍속을 즐긴다(甘

않고 있다

2) 『帛書老子校注』2章, 高明撰, 上同, 229頁.
3) 『帛書老子校注』2章, 高明撰, 上同, 231頁.
4) 이런 반대 상황으로의 전환에 주목하는 것은 손무孫武(전544-전470)의 『손자병법孫子兵法』에도 뚜렷이 나타나고 있다.

其食, 美其服, 安其居, 樂其俗)』라는 자기완성의 생활을 이루게 한 것이기에, 곧 자기만족을 이룬 것이다. 그 이상을 더 추구하는 일은 쓸데없는 일이다. … (임금의) 이른바「호정好靜」,「무사無事」,「무욕無欲」은 모두 그(임금)의 자기완성의 모범이니, (백성은 이것을 보고서)「자정自正」,「자부自富」,「자박自樸」하게 되기에, 백성이 감화받은 뒤에 (임금은) 자기를 완성하게 된다. 이것이 성인의「말하지 않는 가르침을 행함(行不言之敎)」, 즉 자기 몸으로 가르친 것이다(以身爲敎)."라고5) 말하고 있다.

　하상공河上公은 그의 주注에서, "자기가 아름답다고 스스로 과시하면 눈에 띄게 드러나니 위망危亡이 있게 된다. 공명功名이 있으면 사람은 다투게 된다. 있음[有]이 보이면 없음[無]이 되는 것이고, 어려움이 보이면 쉬움이 되는 것이고, 짧음을 보이면 길음이 되는 것이고, 높음이 보이면 낮음이 되는 것이고, 위에서 창唱 하면 아래에서 반드시 화답하고, 위로 가면 아래는 반드시 따르게 된다. (성인은) 도道로써 (백성을) 다스리고, (자기) 몸으로 (백성을) 지도한다. 각자 동작하나 완곡하게 거절하지 않으니, 역모逆謀가 그친다. 원기元氣는 만물을 생기게 하나 소유하지 않으니, 도道의 베풀음은 보답을 바라지 않는다. 공이 이루어지고 일이 진척되어도 (성인은) 물러나 피하니 자기 자리에 거하지 않는다. 복福과 덕德이 상재常在하나 자기 몸을 떠나지 않는다. 이것은 (성인이) 행하지 않으면 (백성은 그를) 따를 수 없고, (성인이) 말하지 않으면 (백성은) 알 수가 없음을 말한 것이다."라고6) 주석하고 있다. 임금이 자신을 눈에 띄게 드

---

5) 『帛書老子校注』2章, 高明撰, 上同, 232頁.
6) '自揚己美, 使顯彰也, 有危亡也. 有功名也, 人所爭也. 見有而爲無也; 見難而爲易也; 見短而爲長也; 見高而爲下也; 上唱下必和也; 上行下必隨也. 以道治也, 以身帥導之也, 各自動作, 不辭謝而逆止. 元氣生萬物而不有; 道所施爲, 不恃望其報也.', 『老子道德經河上公章句』, 「養身」第二, 上同, 6, 7頁.

러내고 과시하면, 자신이 위태해지고 망할 수 있음을 하상공은 말하고 있다. 사람이 자신의 공명功名을 추구하면 서로 다툼이 일어난다고 보았다. 사물의 관계는 유무有無, 난이難易 등과 같이 서로 상반相反되는 것이지만 이것은 또한 '서로 이루어주는[相成]' 관계이다. 이처럼 『역易』에서 배운 노자의 관점을 하상공도 잘 이해하고 우리에게 설명해 주고 있다. 그리고 통치자라면 만물과 사회의 총체적 원리인 도道에 따라서 백성을 다스려야 하며, 통치자가 자기 몸으로 백성들을 지도해야만, 역모逆謀가 일어나지 않을 것을 말하고 있다. 도道는 만물(만인)에게 은덕을 베풀지만 보답받기를 바라지 않듯이, 통치자도 자기의 영광에서 물러나고 자기 지위에 머물지 말 것을 권하고 있다. 이것이 통치자가 말로 하지 않고 자기 몸으로 보여주는 이상적인 정치라고 하상공은 말하고 있다.

이에 반해, 왕필王弼 주注에서는 다음과 같이 말하고 있다. "아름다움[美]은 사람의 마음이 즐거움에 나아가게 하는 것이고, 미움[惡]은 사람의 마음이 괴로움을 싫어하는[疾] 것이다. 미오美惡는 희로喜怒와 같고, 선善과 불선不善은 '옳고 그름[是非]'과 같다. 기쁨과 분노는 뿌리를 같이 하고, 옳고 그름도 (드나드는) 문이 같기에, 따라서 한쪽으로 치우쳐서 천거할 수가 없다. 이 여섯 가지(대립 관계)는 모두 자연스러운 것을 늘어놓은 것이니, 한쪽으로 치우치게 천거할 수 없는 명위名位나 예절禮節[禮數]이다. 자연은 이미 충족한데, (임금이 인위적으로) '작위作爲'한다면 실패하는 것이다. 지혜가 스스로 갖춰졌는데, 인위人爲를 하면 '거짓[僞]'이다. 사물에 따라서 쓰인 것이니, 공功은 저절로 그렇게 이루어진 것이기에, 따라서 (성인은 그 자리에) 머물지 않는다. 공이 자기에게 있게 한다면, 그 공은 오래 갈 수 없다."[7] 왕필은, 이 장에서 사물의 대립 관계는 사실

---

[7] '美者, 人心之所進樂也; 惡者, 人心之所惡疾也. 美惡猶喜怒也, 善不善猶是非也. 喜怒

'같은 뿌리[同根]'에서 나오며 '같은 문[同門]'을 쓰는 것이니 어느 한쪽을 편들 수 없고, 모두 자연에 맡기고 인위人爲를 가하지 말 것을 말한다. 그리고 통치자가 자기에게만 공을 돌리려고 한다면, 그 공은 오랫동안 지속될 수 없음을 말하였다.

『노자』2장의 뜻을 『문자文子』에서는 또한 다음과 같이 말하고 있다. "무릇 도道는 들을 수 없으니 들었다면 틀린[非] 것이고, '도'는 볼 수 없으니 보았다면 틀린[非] 것이다. '도'는 말할 수 없으니 말한다면 틀린[非] 것이니, 누가 모양[形]은 '모양 아닌 것[不形]'에서 말미암은 것을 알겠는가! 그러므로 (『노자』2장에서) 「천하에서 모두 선善한 것이 선善이라고 알고 있으니, 이렇게 해서 '선하지 않음[不善]'이 있게 되었도다! 아는 자는 말하지 않고, 말하는 자는 알지 못한다.」"[8] 『문자』에서도 『노자』2장의 뜻이 그대로 인용되고 있음을 알 수 있다. 만물과 만상의 최종 근원자로 설정된 도道는 인간의 인식기관을 통해서는 파악될 수 없고 오직 사유를 통해서 유추해볼 수 있는 형이상학적 개념임을 알 수가 있다.

정리하면 노자는 사물의 대립 관계에서 어느 한 편을 편들 것이 아니라 이런 대립관계는 서로 이루게 하는 것임을 간파해야 한다고 본다. 따라서 우리는 먼저 사물의 대립 관계를 관찰해야 하고 그다음에는 물러나서 만물의 최종 근원인 '도'를 관조하기를 노자는 권한다.

同根, 是非同門, 故不可得而偏擧也. 此六者, 皆陳自然, 不可偏擧之名數也. 自然已足, 爲則敗也. 智慧自備, 爲則僞也. 因物而用, 功自彼成, 故弗居也. 使功在己, 則功不可久也.', 『王弼集校釋』上冊, 「老子道德經注」2章, 樓宇烈校釋, 上同, 6, 7頁.

8) '夫道不可聞, 聞而非也; 道不可見, 見而非也; 道不可言, 言而非也, 孰知形之不形者乎! 故「天下皆知善之爲善也, 斯不善矣! 知者不言, 言者不知.」', 『文子校釋』, 「微明」篇, 李定生, 徐慧君校釋, 上同, 262頁. 『文子』에서 인용한 것은 『노자』2장, 56장에 보이고, 『莊子』, 「知北遊」편: 「夫知者不言, 言者不知, 故聖人行不言之敎.」에도 보인다.

3.
현명함을 높이지 않으니, 백성이 다투지 않게 되었다

(성인은) 현명함을 높이지 않으니, 백성들이 다투지 않게 되었다. 얻기 어려운 재화財貨를 귀하게 보지 않으니, 백성들이 도둑질하지 않게 되었다. 욕심날 것을 보여주지 않으니, 백성들이 어지러워지지 않았다. 이 때문에 성인聖人의 다스림에는 (백성의) 마음心을 비우고 배腹를 채워주고, 의지志를 약하게 하고 뼈를 강하게 하였다. 항상 백성으로 하여금 무지无知하고 무욕无欲하게 하였고, 지혜 있는 자가 감히 하려 하지 않으니, 하지 않을 뿐이다. (그렇게) 되면 (백성의) 다스려지지 않음이 없을 것이다.

[不上賢, 使民不爭. 不貴難得之貨, 使民不爲盜. 不見可欲, 使民不亂. 是以聖人之治也, 虛其心, 實其腹, 弱其志, 強其骨. 恒使民无知无欲也, 使夫智不敢, 弗爲而已. 則无不治矣.]

이 장에서 말하는 정치적 이상이란 통치자가 우선 백성들 사이에 '현명함賢'을 우대하지 않으며 경제저으로는 '얻기 어려운 재화'를 귀하게 보지 않고, 사회적으로는 '욕심이 동할 만한 것'을 보여주지 않음으로써, 마침내 백성들 간에 '다툼을 없애고', '도둑질하는 것을 막고', '난리법석을 피우지 않게' 하는 방책을 마련하는 것이다. 백성의 '마음을 비우고', 먹을 것으로 그들의 '배를 채워주고', '의지를 약하게' 하고, '기골을 강하게' 만들어줌이 정치의 핵심이라고 노자는 보고 있다. 항상 백성으로 하여금 '무지无知하고 무욕无欲하게' 하며, 조금이라도 지식이 있는 자라도 '감히 해볼 수 없게' 만들어서 주체적으로 작위作爲함 없는, 완전한 수동의 상태에 두는 것이 노자의 정치적 이상이었다. 이런 상태라면 다스려지지 않을 것이 없다고 노자는 말하는 것이다.

하상공河上公의 주注에서는 이 장의 뜻을 다음같이 풀이한다. "현명함[賢]은 세속의 현명함이니, 말 잘하고 문장을 밝게 꾸미고, 도道를 떠나서 적당히 일을 처리하고, 바탕을 버리고 꾸밈[文]을 하는 것을 말한다. 그러나 (진실로) 높이지 않음은 녹祿으로써 귀한 대접하지 않고, 관직으로 받들지 않음이다. (인재들이) 공명을 다투지 않으니, 자연으로 돌아가는 것이다. 임금이 좋은 보물을 관리하지 않으니, 황금이 산에서 버려지고, 주옥珠玉이 연못에 던져지는 것을 말한다. (임금이) 위에서 청정淸靜으로 (그들을) 교화敎化하니, 아래에 탐욕을 부리는 사람貪人이 없다. (음탕한) 정鄭나라 음악을 버려두고 아첨꾼佞人은 멀리한다. (백성이) 사악하고 방탕하지 않으며, 미혹되어 혼란스러워지지 않으니, 성인聖人이 나라를 다스리고 몸을 다스림을 말한 것이다. (성인은) 기호와 욕구嗜欲를 없애고, 번다하고 난잡스러운[煩亂] 것을 버리며, 도道를 품고 하나ㅡ를 포용하니, 오신五神[神, 魄, 魂, 意, 志, 즉, 정신활동]을 지킨다. (백성은) 유화柔和하고 겸양하니, 권세에 처하지 않는다. (성인이) 핵심[精]을 아끼고 베풀어줌을 중시하니, (백성은) 골수[髓]가 차 있고 뼈[骨]는 단단하다. (백성은) 소박함에 돌아가서 순수함을 지키니, 사려가 깊고 말을 가볍게 하지 않는다. (멋대로) 조작하지 않으니, 활동은 옛것을 따르게 되기에 덕화德化는 두텁고 백성은 편안하다"라고[1] 풀었다. 성인 같은 통치자라면, 말을 잘하고 문장을 잘 꾸미나, 진정한 도道를 버리고; 임시방편으로 정치하여 근본 바탕[質]을 버려둔 채 꾸밈[文]에만 힘쓰는 세속의 현명함[賢]을 그는 높이 보지 않는다고 하상공은 해석하였다. 그에 의하면, 좋은 통치자란 군주가 자기의 기호와 욕구嗜欲를 버리고 자연의 도道를 존중하며, 자기 정신을 올바르게 지키는 것이라고 말한다. 임금이 이러하면, 백성은 자연히 소박하고 순수하게 되고, 사려가 깊어져 경박한 언행을 하지 않게 된다는 것이다. 백성은 진보를 추구하는 대신에 오히려 '옛것을 따르게[因循]' 되니, 오히려 덕의 교화가 두텁게 되고 백성들의 삶이 평안해진다는 것이다. 노자가 추구한 이상사회에서 통치자는 근본인 도道를 중시하고 핵심[精]을 아끼며, 자기 몸의 안정을 우선시하고, 백성들은 자연에 가까운 일상생활에 편안함을 느낀다. 말하자면 노자는 진보적 발전만을 추구해 온 당대에서, 이처럼 퇴영적인 이상사회를 그렸다.

이에 대해 왕필王弼 주注에서는, "현賢은 능력[能]과 같고, 높임[尙, 上]은 과장誇張[嘉]을 이름이고, 귀貴는 존숭尊崇[隆]을 칭한 것이다. 능력 있다면, (그에게 관직을) 맡기는 것인데, '높이 해줌[尙]'은 무슨 짓거리인가? 쓰임새[用]는 시행하면 되는 것이지, '귀한 대접함[貴]'은 무엇을 위한 것인가? 능력을 높이 사고 이름을 드날리게 함은, 그 소임에서 영예가 과過한 것이기에, (일을) '했으면[爲]' 항상 재능을 서로 비교하여 쟁승爭勝하게 할 뿐이다. 재물을 귀하게 대하고 '쓰임새[用]'를 과장하면 욕심 많은 재貪者는 앞을 다투어 달려 나가고, 담을 뚫고서 상자를 뒤지며, 목숨도 돌보지 않은 채 도둑질을 하게 된다. 그러므로 욕심나는 것을 보여주지 않으

---

1) '賢謂世俗之賢, 辯口明文, 以道行權, 去質爲文也. 不尙者, 不貴之以祿, 不尊之以官. 不爭功名, 返自然也; 言人君不御好珍寶, 黃金棄於山, 珠玉捐於淵也. 上化淸靜, 下无貪人; 放鄭聲, 遠佞人; 不邪淫, 不惑亂也. 說聖人治國與治身也. 除嗜欲, 去煩亂; 懷道抱一, 守五神也. 和柔謙讓, 不處權也. 愛精重施, 髓滿骨堅. 反朴守淳; 思慮深, 不輕言; 不造作, 動因循; 德化厚, 百姓安.', 『老子道德經河上公章句』, 「安民」第三, 上同, 10~12頁.

면, 마음에 혼란은 없는 것이다. 마음에서 지혜를 생각하고, 배[腹]에서는 먹을 것을 찾는데, (마음이) 비면 무욕無欲이 되고, 실實해지면 '앎이 없음[無知]'이 된다. (백성의) 뼈[骨]는 앎이 없기에 일[사업]하고, 뜻[志]은 일을 만들기에 [마음을] 어지럽게 한다. (백성은) 자기 '진실[眞]'을 지키나, 지식인[智者]은 지식으로 작위[爲] 함을 말한다."라고[2] 말하였다. 왕필은 능력[賢] 있는 인재가 있다면 기용하되, 굳이 그를 과장하여 높여줄 필요는 없다고 본 것이다. 사람의 능력을 높이 사는 것이 한편으로는 사람들로 하여금 서로 비교하며 경쟁하도록 부추기는 일이 된다. 이에 '욕심을 탐하는 자[貪人]'는 결국 제 목숨조차도 돌보지 않고 심지어 도둑질하는 데까지 이르게 된다는 것이다. 뜻[志]을 가진 이들이 말썽을 일으키나, 기골이 장대한 백성은 무지無知하여도 묵묵히 일하며 진실을 지킬 줄 안다는 것이다. 그러나 지식인[智者]은 '지식으로 알고 일하니[知爲]', 그것을 북돋우지 말라! 라고, 왕필은 풀이하고 있다. 왕필은 백성이 무지無知하고 무욕無欲해야 좋은 사회를 만들 수 있다는 노자의 정치 이상을 그대로 수용한다. 지능과 능력을 높이 사는 사회에서는 개인의 능력 다툼이 종국에는 제 목숨도 버려가며, 악착같이 도둑질하게 만드는 혼란스러운 국면을 초래한다고 보는 것이다. 왕필에게도 문명비판과 지식비판의 관점이 뚜렷하게 보인다.

　당唐나라 왕진王眞은 이 장의 끝줄의 내용과 연관하여, 다음과 같이 말하고 있다. "『논어論語』에서「무위無爲하며 다스린 이는 아마 순舜임금

---

2) '賢, 猶能也. 尙者, 嘉之名也. 貴者, 隆之稱也. 唯能是任, 尙也曷爲? 唯用是施, 貴之何爲? 尙賢顯名, 榮過其任, 爲而常校能相射. 貴貨過用, 貪者競趣, 穿窬探篋, 沒命而盜. 故可欲不見, 則心無所亂也. 心懷智而腹懷食, 虛無欲而實無知也. 骨無知以幹, 智生事以亂; 守其眞也. 智者, 謂知爲也.', 『王弼集校釋』上冊, 「老子道德經注」3章, 樓宇烈校釋, 上同, 8頁.

일 것이다! 무엇을 하셨을까? 바르고 단정하게 남면南面하였을 뿐이다!」라고3) 말하고 있다. 만약 임금들이 모두 순舜임금의 덕을 (실천)할 수 있다면 천하가 어찌 다스려지지 않겠는가! 그러므로 (『노자』3장에서 임금이)「함 없음[無爲]'을 실천하면 다스려지지 않음이 없도다(爲無爲, 則無不治矣)!」라고 말한 것이다."4) 노자의 정치철학에서는 임금의 자의적이고 자발적 통치행위를 권장하지 않는다. 노자는 언제나 신하와 백성들이 스스로 자율적으로 나라와 자신을 다스리기를 꿈꾸었다. 이렇듯 통치자의 자의적이고 주체적인 통치행위를 부정적으로 바라보는 노자의 정치철학은 필연적으로 황로黃老학적인 경향, 즉 통치자의 '함 없음[無爲]'으로 기울어질 수밖에 없다.

---

3) '子曰: "無爲而治者, 其舜也與! 夫何爲哉? 恭己正南面而已矣.」', 『論語譯注』, 「衛靈公」편(15:5), 楊伯峻譯注, 北京: 中華書局, 1992, 162頁.

4) '語曰:「舜何爲哉? 恭己正南面而已.」若人君皆能如舜之德, 則天下安得不治矣! 故曰:「爲無爲, 則無不治矣!」', 『道德經論兵要義述』, 第3章, 卷之一, #1, 唐 王眞撰, 中國哲學書電子化計劃, https://ctext.org 참조.

4.
도道는 비어 있어서 써도 채워지지 않는다

도道는 비어 있어서 써도 채워지지 않는다. (道는) 깊은 물[淵]인가, 만물의 으뜸[宗]인 것 같다. (道는) '날카로운 것[銳]'은 무디게 하고 얽힌 것[紛]은 풀어버리고, (道는) 빛[光]과 어우러지고 (道의) 먼지와도 같아진다. (道는) 깊으나[湛] 혹 있는 듯한데, 나는 그것이 누구의 자식인지 모르겠으나, 하느님[帝]보다 앞서는 것 같다.

[道沖, 而用之又不盈也. 淵呵, 似萬物之宗. 挫其銳, 解其紛, 和其光, 同其塵. 湛呵似或存, 吾不知其誰之之子也, 象帝之先.]

하상공河上公은 그의 주注에서, "충沖은 가운데(中)이고, 도道는 이름을 숨기고 명예를 감추는데, 그 쓰임[用]은 '가운데[中]'에 있다. … 도道는 늘 겸허하기에 가득 차지 않는다. '도'는 못[淵]처럼 깊어서 알 수가 없으니, 만물의 선조先祖[宗祖]인 듯하다. 예銳는 나아감이다. 사람은 핵심[精]을 나가게 하여 공명을 진취進取하려 하나, (도道에 근거하여) 그것을 마땅히 저지해야 하고, 도道를 본받으며 자신을 드러내면 안 된다. 분紛은 '한恨을 맺음[結恨]'이다. 도道를 마땅히 '함 없음[无爲]'으로 해석해야 한다. (도道의 빛과 화합함은) 비록 독특히 드러내는 밝음[明]이 있다고 해도, 마땅히 '몽매하고 어리석은[闇昧]' 척해야 하고, 마땅히 '요란 떨지(曜亂)'

말아야 함을 말한 것이다. 마땅히 백성들과 '티끌과 먼지(垢塵)'를 함께 하며, 자신을 마땅히 구별해서는 안 되는 것이다. (道는) 마땅히 깊은 못과 같이 안정安靜 되어 있기에, '영구히 존재(長存)'하며 없어지지 않을 수 있음을 말한다. 노자는 '나는 (道가) 어디에서 생긴 것인지 모른다.'라고 말하였다. (道는) 하느님보다 앞서 있는 것 같다는 것은 도道가 천지天地보다 먼저 생겼음을 말한 것이다. 지금까지 존재하는 것은 (道가) 안정하여 담연湛然하고 힘들고 귀찮은 일이 없는 것이기에, 사람은 몸[身]을 닦고, 도道를 본받게 하고자 하는 것이다."라고[1] 이 장을 풀이하고 있다. 여기서는 우주 삼라만상의 형이상학적 존재근거인 도道를 설명하고 있다. 하상공에 의하면, 도道란 '가운데[中]'가 텅 비어 있고 겸허하며, 꽉 채워진 것이 아니라, 모든 것을 받아들이는 '깊은 연못[淵]'과 같으며, 모든 만물의 조상[宗]인 것 같다. 그런 도道는 일반 사물처럼 작동하는 '함 있음[有爲]'이 아니다. 사물과는 달리 도 자체는 '함 없음[无爲]'이며, 자신을 드러내는 '밝음[明]'을 '몽매하고 어리석게[闇昧]' 여기고, 사람에게 '요란曜亂' 떨지 않고, 백성의 '티끌과 먼지[垢塵]'와 함께 하며, 자신을 특별하게 나타내지 않으나 깊은 물처럼 안정安靜하여, 장존長存한다는 것이다. 사실 노자도 이런 도道가 어디에서 나왔는지를 알 수 없지만, 아무래도 세상 만물을 창조한 인격신인 '하느님[帝]'보다는 먼저 존재하는 것으로 파악하였다. 말하자면, 만물과 만유의 형이상학적 존재근거인 도道는 인

---

1) '沖, 中也. 道匿名藏譽, 其用在中. …道常謙虛不盈滿. 道淵深不可知, 似爲萬物之宗祖. 銳, 進也. 人欲銳精進取功名, 當挫止之, 法道不目見也. 紛, 結恨也. 當念道无爲以解釋之. 言雖有獨見之明, 當如闇昧, 不當以曜亂人也. 當與衆庶同垢塵, 不當自別殊. 言當湛然安靜, 故能長存不亡. 老子言: 我不知道所從生. 道似在天帝之前, 此言道乃先天地生也. 至今在者, 以能安靜湛然, 不勞煩. 欲使人修身法道.', 『老子道德經河上公章句』, 「無源」第四, 上同, 14, 15頁.

격신인 '하느님[帝]'보다 앞서는 존재라는 것이다.

이 장에 대해서 왕필王弼 주注에서는, "한 집안의 재량[量]에 집착해서는 집안을 온전하게 할 수 없고, 한 나라의 재량에 집착해서는 나라를 이룰 수 없으니, 힘을 다해 무거운 일을 한다 해도 쓸 수가 없다. 그러므로 사람이 비록 만물을 다스릴 줄 알더라도, 다스림에 이의二儀[天地]의 도道를 쓰지 않으면, 충족할 수 없다. 땅이 비록 몸[形魄]을 가졌으나 자연[天]을 본받지 않으면 그 안녕이 온전할 수 없고, '자연'이 비록 '정교한 상[精象]'을 가졌어도 도道를 본받지 않으면, 그 맑음[淸]을 보전할 수 없다. (도道는) 비었으나[沖] 쓸 수 있고, 쓰면 이에 다함이 없다. (사물은) 차면 실하게 되니, 실하게 되면 넘친다. 그러므로 (道는) 비었으나[沖] 쓰면 또, 다시 차지는 않게 되니, (道의) 무궁함 또한 대단하리! (道는) 모양이 비록 크나 그 몸을 속박할 수 없으며, 일이 많으나 그 분량을 (다) 채울 수 없다. 만물이 이것을 버리고서 주인[主]을 찾는다면, 주인은 어디에 있을 것인가? (道는) 또한 '깊은 못[淵]'과 같아서 만물의 조상[宗] 같지 않은가! (날카로운) 끝이 무디어졌으나 손상이 없고, (쟁점의) 얽힌 곳이 풀어지니 수고롭지 않고, 빛과 어우러져도 그 몸을 더럽히지 않고, 먼지와 함께하나 그 참됨을 더럽힐 수 없기에, (道는) 어두워 볼 수는 없으나 혹 존재하는 것 같지 않은가? 땅이 (道의) 모양을 지키니, 덕이 그 실음[其載]을 초과할 수 없고, 하늘이 그 상象을 충족시키니 덕은 그 덮음[其覆]을 넘을 수 없다. 천지天地도 그것에 미치지 못하니 또한 (道는) '하느님[帝]'보다 앞서지 않는가! '하느님[帝]'은 천제天帝이다"라고[2] 말하고 있다. 도

---

[2] '夫執一家之量, 不能全家; 執一國之量者, 不能成國, 窮力擧重, 不能爲用. 故人雖知治萬物也, 治而不以二儀之道, 則不能贍也. 地雖形魄, 不法於天則不能全其寧; 天雖精象, 不法於道, 則不能其精. 沖而用之, 用乃不能窮, 滿以造實, 實來back以溢. 故沖而用之又復不盈, 其爲無窮亦已極矣. 形雖大, 不能累其體; 事雖殷, 不能充其量. 萬物舍此而求

道에 대한 왕필의 주석은, 천지天地도 도의 무한함을 넘어설 수 없으며, 도란 하느님[帝]보다 앞서고 이 세상의 모든 것에 앞서는 궁극의 형이상학적 존재임을 실감있게 설명해 주고 있다. 세상 사람은 누구나 다 신神이 인간보다 뛰어나며, 그중에 상제上帝 곧 '하느님[帝]'이 제일 높다고 믿었던 시대에 노자는 '하느님'보다 더 근원적이고 형이상학적인 '무존재[無]'를 근본 존재로 설정하였다. 이것이 노자 철학의 위대한 점이다.

主, 主其安在乎? 不亦淵兮似萬物之宗乎? 銳挫而無損, 紛解而不勞, 和光而不汙其體 同塵而不渝其眞, 不亦湛兮似或存乎? 地守其形, 德不過其載; 天慊其象, 德不能過其覆. 天地莫能及之, 不亦似帝之先乎? 帝, 天帝也.', 『王弼集校釋』上册, 「老子道德經注」 4章, 上同, 10, 11頁.

5.
천지天地는 인仁하지 않아서 만물을 '풀 강아지[芻狗]'로 여긴다

천지天地는 인仁하지 않아서 만물을 (제사에 잠시 쓰는) '풀 강아지[芻狗]'로 여긴다. 성인은 인仁하지 않아서 백성을 '풀 강아지'로 여긴다. 천지 사이는 풀무와 같은가? 비었으나 그치지 않고, 움직이면 점점 더 나온다. '널리 배우면[多聞=博學] 자주 궁하니,' '가운데를 지킴[守中]'만 못하다.

[天地不仁, 以萬物爲芻狗; 聖人不仁, 以百姓爲芻狗. 天地之間, 其猶橐籥與? 虛而不屈, 動而愈出. 多聞數窮, 不若守於中.]

하상공河上公주注에서는, 이 장에 대해 "하늘의 베풂이나 땅의 교화는 인仁이나 은덕으로 하지 않으니, 자연에 맡기는 것이다. 천지가 만물을 낳는데 사람이 가장 귀하나, 천지天地는 사람 보기를 (제사 때 진설하는) '풀 강아지[芻狗]'로 여기고, 그 보답을 찾지 않는다. 성인은 만민을 사랑하여 기르지만[愛養] 인仁과 은덕으로 하지 않으니, 천지天地를 본받아서 자연에 맡긴다. 성인은 백성을 풀 강아지를 기르듯이 보며, 그 예의禮意를 바라지 않는다. 천지 사이는 공허하나 화기和氣가 유행流行하므로, 만물이 저절로 생긴다. 사람이 정욕을 없애고 자미滋美를 절제하고 오장五藏을 깨끗이 할 수 있으면, 신명神明이 있게 된다. 풀무는 가운데가 비었기 때문에 소리[聲]와 숨결[氣息]을 가질 수 있다. (풀무는) 속이 비어 움츠러들거나 마를 때가 없으니, 풀무질을 하면 할수록 소리와 숨결이 더욱 많이 나옴을 말한 것이다. 일이 많으면 정신을 해치고, 말이 많으면 몸을 해치니, 입을 열거나 혀를 놀리면 반드시 화환禍患이 있게 된다. 가운데에서 덕을 지키고 정신을 기르며, 기氣를 아끼고 말을 적게 하는 것만 못하다."라고[1]) 말하였다. 천지天地의 작용은 사람의 도덕 감정이나 은덕 때문에 작동하는 것이 아니고 그저 자연에 맡기어 흘러가게 하는 것이니, 제사 때 잠깐 방편 삼아 쓰고 버리는 '풀 강아지[芻狗]' 이상이 아니라는 것이다. 천지 사이에는 화기和氣가 유행하니, 이를 따라 가면 될 것이다. 일을 많이 만들어서 정신을 해치고 입방아를 많이 찧으면, 불행한 일만 있게 될 것이다. 자연에 맡기고 화기和氣가 유행하게 되면, 만사가 잘 풀릴 것으로 하상공은 풀이하고 있다.

이 장에 대하여 왕필 주注에서는, "천지는 자연에 맡기니, '함도 없고[無爲]' '만듦도 없으니[無造]', 만물은 스스로 서로 다스려지기에, 인仁하지 않음이다. 인자仁者는 반드시 만들어 내고 베풀면[施化], 사물은 그 참된 것을 잃게 된다. 은덕이 있고 해줌이 있으면, 사물은 모두 있게 되지 않는다. 사물이 다 있지 않으면, 갖춘 것이 아니다. 천지天地가 짐승 때문에 꼴[芻]을 만든 것이 아니지만, 짐승은 꼴을 먹는다. 사람을 위해 개[狗]를

---

1) '天施地化, 不以仁恩, 任自然也. 天地生萬物, 人最爲貴, 天地視之如芻草狗畜, 不責望其報也. 聖人愛養萬民, 不以仁恩, 法天地任自然. 聖人視百姓如芻草狗畜, 不責望其禮意. 天地之間, 和氣流行, 故萬物自生. 人能除情欲, 節滋美, 清五藏, 則神明居之也. 橐籥中空虛, 故能有聲氣. 言空虛無有屈竭時, 動搖之, 益出聲氣也. 多事害神, 多言害身, 必有禍患. 不如守德於中, 育養精神, 愛氣希言.', 『老子道德經河上公章句』, 「虛用」第五, 上同, 18, 19頁.

만들지 않았지만, 사람은 개를 먹는다. (道는) 만물에 무위無爲 했으나 만물은 각기 자기 쓰임새에 적합하니 충분하지 않은 것이 없다. 지혜로움이 자기로 말미암아 심어졌다면, 맡기기에는 충분하지 않을 것이다. 성인과 천지天地는 그 덕을 함께 하는데, 백성을 (잠시 쓰다 버릴) '풀강아지'로 여기는 것이다. 탁囊은 풀무를 늘어놓음이다. 약籥은 피리이다. 풀무의 가운데는 텅 비었으니, 무정無情이고 무위無爲이니, 따라서 비어서 다함이 없기에, 움직여도 다할 수가 없다. 천지天地 가운데 텅 비어서 자연에 맡기니, 따라서 다할 수가 없는 것이 풀무와 같다. 억지로 하면 할수록 더욱 잃게 될 것이다! 어느 것이 자기 지혜를 심었으나, 일에서는 자기 말[言]이 틀리고, 지혜롭지 못하니 이룰 수가 없기에, 말도 못하고 도리[理]도 아니므로, 반드시 신속히 막힌다. 풀무가 가운데[中]를 지키면, '곤란과 궁박함窮屈'이 없게 된다. (사람이) 자신을 버리고 사물에 맡기면, 다스려짐이 아닌 것이 없다."라고2) 말하였다. 사람은 자기에 집착하면 망하지만, 풀무처럼 속이 비어 있으면, 어려움이 없기에, 이루지 못할 것이 없게 된다는 것이다. 사람이 자기의 편의만 좇아서 이기적으로 사익을 추구하면, 일이 막히고 틀리게 된다는 것이다. 반면 자기의 이해 상관을 떠나서 무정無情하고 무위無爲하면, 풀리지 않는 일이 없다.

이 장에서는 자연 사물이 움직이는 것은, 모두 도道가 스스로 설정해

---

2) '天地任自然, 無爲無造, 萬物自相治理, 故不仁也. 仁者必造立施化, 有恩有爲. 造立施化, 則物失其眞. 有恩有爲, 則物不具存. 物不具存, 則不足以備哉. 天地不爲獸生芻, 而獸食芻; 不爲人生狗, 而人食狗. 無爲於萬物而萬物各適其所用, 則莫不瞻矣. 若慧由己樹, 未足任也. 聖人與天地合其德, 以百姓比芻狗也. 橐, 排橐也. 籥, 樂籥也. 橐籥之中空洞, 無情無爲, 故虛而不得窮屈, 動而不可竭盡也. 天地之中, 蕩然任自然, 故不可得而窮, 猶若橐籥也. 愈爲之則愈失之矣. 物樹其慧, 事錯其言, 不慧不濟, 不言不理, 必窮之數也. 橐籥而守中, 則無窮盡. 棄己任物, 則莫不理.', 『王弼集校釋』上冊, 「老子道德經注」5章, 樓宇烈校釋, 上同, 13, 14頁.

놓은 것에 따라서 움직여갈 뿐이어서, 인위적으로 그것을 바꾸거나 변화시킬 수가 없다고 말한다. 소위 인간 문명이란 무엇인가? 인간의 문명과 그로부터 말미암은 주관적인 자연 개척이란 다만 파괴일 뿐이라고 본 것이다. 노자는 차라리 일찍이 포기하고 자연에 대들지 말 것을 말한다. 여기서 노자의 철학은 우리로 하여금 자연에 복종하고 인위적이거나 주체적이지 않기를 요구한다. 요컨대 노자는 문명의 발달을 부정적으로 바라보는 것이다.

6.
곡신谷神은 죽지 않는데, 이것이 '아득한 암컷[玄牝]'이다

    (道는 텅 빈) 골짜기[浴, 즉 谷]와 같아 신묘[神]하여 죽지 않으니, 이것을 '아득한 암컷[玄牝]'이라 말한다. '아득한 암컷'의 문門이 천지天地의 뿌리이다. (道는) 미세하나 이어졌으니 있는 듯하고, 그것을 쓴다고 하여도 다함이 없다.

    [浴神不死, 是謂玄牝, 玄牝之門, 是謂天地之根. 緜緜呵若存, 用之不勤.]

    쨩시창蔣錫昌에 의하면 욕浴, 곡穀과 욕欲 이라는 세 글자字는 곡谷자와 통한다. 그러므로 백서帛書『노자』갑, 을본의 욕浴은 곡谷의 가차假借라고 볼 수 있다.[1] 성현영成玄英(608-669)에 의하면, 면면緜緜은 '매우 작으나[微細] 끊이지 않는' 모양이다. 면緜은 면綿의 속자俗字이다.[2] 근勤은 마땅히 진盡(다되다)을 뜻한다. 『회남자淮南子』,「원도훈原道訓」에서, '用之不勤'을 말하니, 이것은 '그것을 쓰되 다함이 없음'이다.[3] 이 장은 도道에 대한 또 하나의 설명이다.

---

1) 『帛書老子校注』6章, 高明撰, 上同, 248頁.
2) 『帛書老子校注』6章, 高明撰, 上同, 249頁.
3) 『帛書老子校注』6章, 高明撰, 上同, 250頁.

하상공河上公은 그의 주注에서, "곡谷은 기름[養]이다. 사람이 정신을 기를 수 있으면 죽지 않는다. 신神은 오장五藏의 신神을 말하는데, 간肝은 혼魂을 감추고 있고, 허파[肺]는 백魄(넋)을 감추고 있고, 심장心은 신神을 감추고 있고, 콩팥[腎]은 정精을 감추고 있고, 지라[脾]는 뜻[志]를 감추고 있다. 오장五藏이 다 상하게 되면 정신[五神]은 떠나게 될 것이다. (현빈玄牝은) 죽지 않는 도道인데, '아득한 암컷[玄牝]'에 있음을 말한다. 아득함[玄]은 하늘[天]이고, 사람에게는 코[鼻]가 된다. 암컷[牝]은 땅[地]이고, 사람에게는 입[口]이다. 하늘은 '오장五藏의 기운[五氣]'으로 사람들을 먹이니 코로 들어와서 심장에 머문다. '오장의 기운[五氣]'이 맑고 미묘하면, 정신이 총명해지고; 음성에 오장의 특성[五性: 喜, 怒, 哀, 樂, 怨]이 있다. 그 귀鬼는 혼魂이니, 혼魂은 수컷이고, 주로 사람의 코에서 들고 나며 하늘[天]과 통하므로, 코가 현玄이 되는 것이다. 땅은 오미五味[甘, 酸, 苦, 랄辛, 함鹹]로 사람을 먹이니, 입에서 위胃로 들어가 저장이 된다. 오미五味가 '더럽혀져 수치羞恥 당하니[濁辱]' 몸의 골육骨肉이 되고, 혈맥血脈과 육정六情[喜, 怒, 哀, 樂, 愛, 惡]이 된다. 그 귀鬼를 일러 백魄이라고 하니, 백魄은 암컷으로 주로 사람의 입에서 출입한다. 땅과 통하므로 입이 암컷이 된다. 뿌리는 근본[元]이다. 코와 입의 문은 이에 천지天地 원기元氣의 내왕을 따르는 것이다. 코나 입에서 호흡하고 멈추니, 마땅히 미묘하게 이어져 존재하는 듯하고 다시 (또) 없어지는 듯하다. 기氣를 빨아들임은 마땅히 느리고 천천히 하고, 급하고 빠르며 수고롭게 해서는 아니 된다."라고[4] 말하고 있다. 도道는 속이 비어 있으며 골짜기[谷]와 같아서 신묘

---

[4] '谷, 養也. 人能養神則不死, 神謂五藏之神: 肝藏魂, 肺藏魄, 心藏神, 腎藏精, 脾藏志. 五藏盡傷, 則五神去矣. 言不死之道, 在於玄牝. 玄, 天也. 於人爲鼻. 牝, 地也. 於人爲口. 天食人以五氣, 從鼻入藏於心. 五氣淸微, 爲精神聰明, 音聲五性. 其鬼曰魂, 魂者雄也, 主出入人鼻, 與天通, 故鼻爲玄也. 地食人以五味, 從口入藏於胃. 五味濁辱, 爲形骸

[神]하니, '아리송한 암컷[玄牝]'으로 불린다. 현빈玄牝은 천지의 뿌리가 되는데, 여기에 해당하는 것은 사람의 코와 입이다. 그러므로 코와 입을 통해 천지와 통하게 된다. 기氣를 천천히 빨아들이고 잠시 쉬면서, 그것을 급하게 몰아치듯 하지 말 것을 하상공은 말하고 있다.

이번 장의 주注에서, 왕필은 "'골짜기의 신[谷神]'은 골짜기 중간의 '없는 것[無]'이다. (道, 谷神은) '모양이 없고[無形] 그림자도 없으니[無影]', '거슬림도 없고[無逆] 어그러짐도 없으며[無違]', 낮은데 처하여 움직이지 않으며, 고요함[靜]을 지켜서 쇠衰하지 않으니, 사물들이 이것으로 이루어지나, 자기 모양[形]을 보이지 않기에, 이것은 '지극한 것[至物]'이다. (이것은) 낮은데 처하여 '고요함'을 지키나, 이름 붙일 수 없으므로 '아득한 암컷[玄牝]'이라 말한다. 문門은 현빈玄牝의 말미암은 바이다. (道, 현빈玄牝은) 자기가 말미암은 바에 근거하여, 태극太極과 더불어 '한 몸[同體]'이니, 따라서 (『노자』 6장에서)「천지의 뿌리이다(天地之根)」라고 말한다. (道는) 있다고 말하려 하나 그 모양은 보이지 않고, 없다고 말하려 하나 만물들이 그 때문에 태어난다. 그러므로 (『노자』 6장에서)「미세하나 이어져 있으니 있는 듯하다(緜緜若存)」라고 말한다. (道는) 이루어주지 않는 사물이 없으면서도 힘들어하지 않으니, 따라서 (『노자』 6장에서)「그것을 쓴다 해도 다함이 없다(用而不勤)」라고 말한다."라고5) 말하고 있다. 왕필은

骨肉, 血脈六情. 其鬼曰魄, 魄者雌也, 主出入人口, 與地通, 故口爲牝也. 根, 元也. 言鼻口之門, 乃是通天地之元氣所從往來也. 鼻口呼噏喘息, 當綿綿微妙, 若可存, 復若无有. 用氣當寬舒, 不當急疾勤勞也.', 『老子道德經河上公章句』,「成象」第六, 上同, 21, 22頁.

5) 谷神, 谷中央無也. 無形無影, 無逆無違, 處卑不動, 守靜不衰, 物以之成, 而不見其形, 此至物也. 處卑守靜, 不可得名, 故謂之玄牝. 門, 玄牝之所由也. 本其所由, 與太極同體, 故謂之「天地之根」也. 欲言存邪, 則不見其形; 欲言亡邪, 萬物以之生. 故「緜緜若存」也. 無物不成, 而不勞也, 故曰「用而不勤」也.『王弼集校釋』上冊,「老子道德經注」6

만물의 존재근거인 도道가 가진 '보이지 않음'을 골짜기[谷]의 텅 빈 곳 즉 '없음[無]'에 비유하여, 이를 곡신谷神이라 불렀다. 왕필은, 또한 도는 모양이 없고[無形] (몸이 없기에) 그림자도 없으니, 다른 사물과 어그러지거나 충돌할 일도 없으며, 다만 낮은데 처하여 고요함을 지킬 뿐이기에, 무어라 이름 지을 수 없다고 말한다. 그러나 만물은 그것으로 말미암아 생겨나지만, 근원자의 모양은 보이지 않는다. 아무튼 그것은 무어라 이름할 수 없는 '지극한 것[至物]'이기에, '아리송한 암컷[玄牝]'이라 부른다는 것이다. 노자는 여자가 어머니가 되어 아이를 낳는 데 빗대어, 암컷을 근원자로 파악한 것이다. 따라서 만물의 근원은 '골짜기 신[谷神]'으로 불릴 수 있지만, 그것은 또한 '아득한 암컷[玄牝]'이라는 것이다. 만물은 어떤 것이든 그것에 말미암아서 존재하게 되는 것이다. 그것은 태극太極과 한 몸[同體]이며, 거기에서 만물이 파생하였기에, 그것은 「천지의 뿌리(天地之根)」이며, 면면綿綿이 이어져 있기에 「면면綿綿하게 있는 듯하다.(緜緜若存)」는 것이다. 그러면서도 천지 만물의 근원 즉 형이상학적 존재근거에는 힘들어할 것이 없기에, 「쓴다 해도 다함이 없다(用而不勤)」라고 노자는 말한다. 왕필의 주석은, 노자의 형이상학적 존재근거인 도道를 곡신谷神으로, 또는 여성적인 입장에서 '아득한 암컷[玄牝]'으로 우리에게 핍진하게 설명해 주고 있다.

章, 樓宇烈校釋, 上同, 16, 17頁.

7.
천지天地가 장구할 수 있는 것은 '자기가 살려고[自生]' 하지 않기 때문이다

    하늘은 장존하고 땅은 영구하다. 천지天地가 장구할 수 있는 것은 '자기가 살려고[自生]' 하지 않기 때문이니, 그러므로 오래 살[長生] 수 있다. 이 때문에 성인은 자기 몸을 뒷전으로 해도 (오히려) 앞서게 되고, 자기 몸을 도외시하기에 (오히려) 몸이 보존된다. 그는 사사로움이 없는가? 그러므로 (성인에게는) 자기의 사사로움이 이루어질 수 있다.

> [天長地久. 天地之所以能長且久者, 以其不自生也, 故能長生. 是以聖人退其身而身先, 外其身而身存. 不以其无私與? 故能成其私.]

    하상공河上公은 주注에서, "(이 장은) 천지天地가 장생하여 오래 살 수 있음을 설명함으로써 통치자를 훈계하려는 것이다. 천지가 홀로 장구한 까닭은 자기가 안정하고 베풀어주되 보답을 바라지 않기 때문이니, 사람들이 거처에서 급급하게 자신을 풍족하게 할 이익을 찾아다니며 남에게서 빼앗아 자신에게 주는 것과는 같지 않다. (천지天地는 자기) 삶을 찾지 않으므로 오래 살고 끝이 없을 수 있다. 남을 앞으로 하고 (성인은) 자신을 뒤로 하면서 천하 사람을 공경하기에 먼저 관장官長이 되고; 자신에게는 박하고 남을 후하게 하니 백성이 그를 부모처럼 사랑하고; 신명神明이

어린아이같이 보우하므로 (자기) 몸이 상존常存하게 된다. 성인聖人이 사람에게 사랑받고 신명이 보우하는 것은, 그가 공정公正하고 무사無私한 것이, 불러온 것이 아니겠는가? 사람들이 사사롭고자 함은 자기를 풍요롭게[厚] 하려 함이다. 성인은 무사無私 하기에 자신은 저절로 풍요로워지는 것이니, 따라서 자기의 사사로움을 이룰 수 있다."라고[1] 설명한다. 하상공은 성인 같은 통치자가 백성들로부터 공경을 받고 사랑을 받는 이유란 통치자가 스스로 사취私取 하는 바가 없기 때문이라는 노자의 사상을 보았기 때문이다. 통치자는 자기를 뒤로 하면서 백성을 먼저 앞세우기에, 오히려 부모처럼 사랑을 받고 신명神明이 도와주는 것이니, 자신이 살려고 남의 것을 탈취하여 자신을 이롭게 하는 일은 아예 있을 수조차 없는 법이다. 노자는 자기의 '사사로움私'을 내세우지 않는 통치자의 무사無私·공정公正함을 매우 중시한 것이다.

왕필의 주注에서는, "자기가 살려고 하면 사물과 더불어 다퉈야 하고, 자기가 살려고 하지 않으면 만물은 (자기에게) 돌아온다. '사사로움이 없음無私'은 (자기) 몸에 '함 없음[無爲]'이다. (결국 자기) 몸이 앞서게 되고 (자기) 몸이 생존하기 때문에 (『노자』 7장에서)「자기 사사로움을 이룰 수 있음이다(能成其私)」라고 말하였다."라고[2] 설명하고 있다. 왕필은 자기 생존을 도모하려고 하면, 결국 남들과 다투고 싸우게 되니, 결과적으로 더 힘들어지고; 자기 생존도 반드시 확보할 수가 없다고 본 것이다.

---

1) '說天地長生久壽, 以喩敎人也. 天地所以獨長且久者, 以其安靜, 施不求報; 不如人居處汲汲求自饒之利, 奪人以自與也. 以其不求生, 故能長生不終也. 先人而後己也. 天下敬之, 先以爲官長. 薄己而厚人也. 百姓愛之如父母, 神明祐之若赤子, 故身常存. 聖人爲人所愛, 神明所祐, 非以其公正無私所致乎? 人以爲私者, 欲以厚己也. 聖人無私而己自厚, 故能成其私也.', 『老子道德經河上公章句』, 「韜光」第七, 上同, 25, 26頁.

2) '自生則與物爭, 不自生則物歸也. 無私者, 無爲於身也. 身先身存, 故曰:「能成其私」也.', 『王弼集校釋』上冊, 「老子道德經注」7章, 樓宇烈校釋, 上同, 19頁.

자기의 '사사로움[私]'보다는 '자기를 없앰[無私]'이 오히려 자기의 '사사로움'을 이루게 할 수 있다고 왕필은 해석하고 있다. 따라서 천지天地가 장구할 수 있음은 바로 '스스로 살려고[自生]' 하지 않기 때문이며, 성인 같은 통치자라면 '자기 몸을 뒤로 하여 자기 몸이 앞서게 되고, 자기 몸을 도외시하기에 자기 몸이 생존하게 되는' 노자의 도리를 솔선수범한다고 왕필은 말한다.

'사사로움[私]'를 이루게 함을 위해서는, 통치자는 오히려 '무사無私해야' 하고 공평해야 한다는 노자의 이상을 이 장에서 밝히고 있다.

당나라 왕진王眞은 이 장에 대하여 다음과 같이 말한다. "하늘이 맑은데, 운동을 그치지 않으며; 땅은 편안히 안정安靜하여 무궁無窮한 것은 모두 그것들이 자연의 변화에 순응하며, '자기만의 생각[獨見]'을 오로지 함이 없고, 자기 공을 자랑하지 않고, 자기 삶[生]을 두터이 하지 않았고, 양陽을 베풀고 음陰을 퍼트리며, 다시 주재하지 않았으므로 장생할 수 있었다. 이 때문에 성인은 천지天地의 덕을 본받을 수 있으니 '맑으며 편안하고[淸寧]', 비어있으니[沖虛] 천하天下에 앞서지 않기에, 따라서 앞설 수 있다. 또한 자기 몸을 밖으로 함은 자기 몸을 귀하게 하려고 하지 않으니, 우환憂患이 미칠 수 없기에, 그 몸이 장존長存할 수 있는 것이다. 또한 (『노자』 13장에서)「만약 내 몸이 없다면, 나는 무슨 환난이 있겠는가(及吾無身, 吾有何患)?」라고 했으니, 이것을 말함이 아닌가? 만약 임금이 자기를 극복하여 예禮로 돌아가서, 천하 사람들이 인仁에 귀의하게 되면, 세상 모든 사람[億兆]의 환심을 얻게 되고 오랑캐[蠻夷]들도 무릎 꿇고 절할 것이니, 자연히 전란[干戈]은 그칠 것이고 종묘宗廟는 안녕하다. 따라서 (『노자』 7장에서) 그들이 사사로움이 없기 때문이 아닐까? 그러므로 자기 사적인 것을 이룰 수 있다(非以其無私邪, 故能成其私)」라고 말했다."3)

천지天地는 청령淸寧하고 안정安靜되어 있고, 자신을 앞세우지 않기에 영구히 존재할 수 있다. 왕진도 이 장에 나타난 노자의 철학적 메시지를 나름대로 잘 파악하고 있다고 하겠다.

---

3) '夫天淸而運動不已, 地寧而安靜無窮, 皆以其順自然之化, 無獨見之專, 不矜其功, 不厚其生, 施陽布陰, 復不爲主, 故能長生也. 是以聖人能則象天地之德, 淸寧沖虛, 不敢爲大卜先, 故能先矣. 又外其身者, 謂不矜貴其身, 則憂患不能及, 所以得其身長存也. 又輕曰:「及吾無身, 吾有何患乎?」非此之謂歟? 若夫人君克己復禮, 使天下歸仁, 旣得億兆歡心, 蠻夷稽顙, 自然干戈止息, 宗廟安寧, 故曰:「非以其無私邪, 故能成其私.」', 『道德眞經論兵要義述』, 卷之一, #1, 唐 王眞撰, 中國哲學書電子化計劃, https://ctext.org 참조.

8.
최고의 선善은 물과 같다

가장 좋은 것[上善]은 물[水]과 같은데, 물은 만물을 이롭게 하며 고요함[靜]이 있다. (물은) 많은 사람[衆人]이 싫어하는 곳에 자리 잡으니 그러므로 도道에 가깝다고 하겠다. ① (물이) 자리 잡기로는 땅을 좋아하고, ② 마음[心]은 깊음[淵, 深也]을 좋아하고, ③ 베풀되 (공이 이뤄지면 몸은 물러나는 법이니) 자연[天]과 같기를 좋아하며, ④ 말[言]은 믿음[信]을 좋아하며, ⑤ 정치는 다스려짐[治]을 좋아하고, ⑥ 일은 맡는 것[能, 任也]을 좋아하고, ⑦ 활동은 (활동할) 때[時]를 좋아한다. (물은) 오직 다투지 않기 때문에 허물이 없다.

[上善如水, 水善利萬物而有靜. 居衆人之所惡, 故幾於道矣. 居善地, 心善淵, 予善天, 言善信, 政善治, 事善能, 動善時. 夫唯不爭, 故无尤.]

'선리善利'에서 선善은 좋아함[好]와 같다.[1] 『이아爾雅』「석고釋詁」편에 의하면 "'기幾는 가까움[近]이다'라고 했는데, 도道는 무형無形이고 물은 유형有形이기 때문에 '물의 덕은 도道에 가깝다'라고 말했다."[2] 『이아』「석고釋詁」편에 의하면 "연淵은 깊음[深]이다."[3] 마쉬룬馬敍倫(1885-1970)

---

1) 『帛書老子校注』8章, 高明撰, 上同, 254頁.
2) 『帛書老子校注』8章, 高明撰, 上同, 255頁.

에 의하면 '인仁'과 '인人'은 옛날에 통하였다. '여선천予善天'을 어느 판본에서는 '여선인與善仁'으로 보는데 여기서, 인仁은 천天자의 오기이다. 따라서 필자는 백서帛書 을본의 '여선천予善天'을 옳은 것으로 취하였다.[4]

하상공의 주注에서는, 이 장에 대해 "가장 좋은[上善] 사람은 물이 가진 성질과 같다. 물은 하늘에서는 안개나 이슬이 되고, 땅에서는 샘의 근원이 된다. 많은 사람衆人은 낮고 습한 곳과 혼탁함을 싫어하나, 물은 홀로 고요히 흘러서 그런 곳에 머무른다. 물의 성질은 거의 도道와 같다. 물이 가진 성질[水性]은 땅을 좋아하여 초목의 위에서 곧 흘러서 아래로 가니, 암컷이 움직여 사람의 아래가 되는 것과 비슷하다. '물 한가운데[水心]'는 깊고 청명淸明하다. 만물은 물을 얻으면 살아나며, (물은) '빈 곳[虛]'으로 흘러가고, 채워진[盈] 곳으로는 흐르지 않는다. 물의 '속 모습[內影]'은 사물의 모양[形]을 비춰주고, 그 참모습[情]을 잃지 않는다. (물은) 씻어주지 않는 것이 없으며, 맑고 또한 평평하다. 네모나게 될 수도 있고 둥글게 될 수도 있으니, (물의) 곡직曲直은 (사물의) 모양을 따른 것이다. (물은) 여름에는 흩어지고 겨울에는 응결하니 시기에 응하여 흐르고, 계절[天時]을 잃지 않는다. 막으면 (흐름이) 그치고 터놓으면 흐르니, (물은) 사람에게 복종한다. 물의 성질이 이와 같기에 천하에 물을 원망하는 자가 없다."라고[5] 주석하였다. 하상공은 물의 여러 특성: 땅을 좋아함, 낮고 천한

---

3) 『帛書老子校注』8章, 高明撰, 上同, 256頁.
4) 『帛書老子校注』8章, 高明撰, 上同, 257頁
5) '上善之人, 如水之性. 水在天謂霧露, 在地爲泉源也. 衆人惡卑濕垢濁, 水獨靜流居之也. 水性幾於道同. 水性善喜於地, 草木之上即流而卜, 有似於牝動而下人也. 水心坐虛, 淵深淸明. 萬物得水以生, 與虛不與盈也. 水來影照形, 不失其情也. 無有不洗, 淸且平也. 能方能圓, 曲直隨形. 夏散冬凝, 應期而動, 不失天時. 壅之則止, 決之則流, 聽從人也. 水性如是, 故天下无有怨尤水者也.', 『老子道德經河上公章句』, 「易性」第八, 上同, 28~30頁.

곳을 좋아함, 초목과 만물을 살림, 자기주장보다는 상대를 따라주는 겸손함 등등을 비유하여 물의 성질이 거의 도道와 같음을 말해주고 있다.

　이 장에 대하여 왕필의 주注에서는, "사람은 낮은 것을 싫어한다. (눈으로 봄에) 도道는 없는데[無] 물[水]은 있으니[有], 따라서 (물은 도道에) 「가깝다[幾]」라고 말한 것이다. 물이란 모두 이러한 '도'에 상응함을 말한 것이다."라고[6] 말하였다. 왕필도 물의 성질이 '도'와 가깝다는 견해를 수용하고 있다. 이 장에서 노자는 특히 물의 일곱 가지 특색을 소개한다. ① 땅을 좋아함 ② 낮고 천한 곳을 좋아함 ③ 초목과 만물을 살림 ④ 자기주장보다는 상대를 따라주는 겸손함 ⑤ 청명淸明함 ⑥ '빈 데[虛]'와 함께함 ⑦ 씻지 않는 것이 없음 그리고 이러한 성격을 가진 물이야말로 '도'와 비슷함을 우리에게 설명해 주고 있다. 매우 인상적인 비유이다.

---

[6] '人惡卑也. 道無水有, 故曰「幾」也. 言水皆應於此道也.', 『王弼集校釋』上冊, 「老子道德經注」8章, 樓宇烈校釋, 上同, 20頁.

9.
붙잡고 채우기만 하는 것은, 그치는 것만 못 하다

붙잡고 채우기만 하는 것은 그치는 것[已, 止]만 못하고, (망치로) 쳐서 날을 세우기만 하면 오래 보존할 수 없다. 금옥金玉이 집 전체에 가득 차면 지킬 수 없다. 부귀한데, 교만하면 자신에게 허물을 남긴다. 공功이 이뤄졌으면 몸은 물러남이 자연[天]의 도道이다.

[持而盈之, 不若其已. 揣而銳之, 不可長保也. 金玉盈室, 莫之守也. 富貴而驕, 自遺咎也. 功遂身退, 天之道也.]

『설문해자說文解字』에 의하면, "지持는 악握(손에 쥐다)"이다. 잡고서 놓지 않음을 지持라고 한다. 그리고 췌揣는 마땅히 추捶(때리다)로 읽어야 한다.[1]

이 장을 하상공의 주注에서는, "영盈은 가득 채움이다. 이已는 그침[止]이다. (임금이) 가득 채워지면 반드시 기울어지니[傾], (그것을) 그침만 못하다. 췌揣는 다스림[治]이다. 먼저 다스리면, 나중에 (찌꺼기를) 반드시 버리게 된다. (지나친) 기호와 욕구[嗜欲]는 정신을 망치고, 재물이 많으면, 몸에 누累가 된다. (임금이) 무릇 부富하면 마땅히 가난을 구제하

---

1) 『帛書老子校注』9章, 高明撰, 上同, 260頁.

고, 귀한 이는 천한 자를 불쌍히 여겨야 한다. 반대로 교만하면, 반드시 화환禍患을 입을 것이다. (자연의 도리는,) 사람이 한 것으로 공이 이루어지고, 일이 확립되었으면 '성명聲名과 업적[名迹]'이 완수되는 것인데, (임금이) 몸소 물러나 자리를 피하지 않는다면, 해害를 만나게 됨을 말한 것이니, 이것이 바로 자연[天]의 상도常道이다. 비유하자면 해[日]가 복판에 오면 기울고 달[月]은 차면 이지러지며, 사물은 왕성하면 시들고, 즐거움이 극에 달하면 슬퍼진다."라고[2] 주석하였다. 하상공은, 이 장에서 임금은 가득 찬 상태를 유지하려면 반드시 기울어지니 그것을 그쳐야 하고, 재물은 가난을 구제하고, 귀한 자는 천한 자를 가련히 여겨야 할 것이지, 자신이 잘났다고 자만하면 반드시 화환禍患이 닥친다고 보았다. 자연의 도리로 말하자면, 왕성함이 다하면 기우는 법이니, 임금은 이런 자연법칙을 따를 것을 권면하고 있다.

이 장에 대하여, 왕필의 주注에서는, "지持는 덕을 잃지 않으려 함이다. 일단 자기 덕을 잃지 않으려 하면서도 또한 그것을 채우려고 하기에, 형세는 반드시 기울고 위태롭게 될 것이다. 그러므로 그침만 못하다는 것은, 임금이 덕 없고 공 없는 자와 더욱 같지 않기를 말한 것이다. 일단 끝을 때려서 날을 세우면 형세는 반드시 꺾일 것이므로, (임금은) 오래 보전할 수 없게 된다. 그것을 그침만 못하다. (부귀는) 오래 보전할 수 없다. 사계절이 바뀌어 가듯 공은 이루어지면 옮겨가는 것이다."라고[3]

---

2) '盈, 滿也. 已, 止也. 持滿必傾, 不如止也. 揣, 治也. 先揣治之, 後必棄捐. 嗜欲傷神, 財多累身. 夫富當賑貧, 貴當憐賤, 而反驕恣, 必被禍患. 言人所爲, 功成事立, 名迹稱遂, 不退身避位, 則遇於害 此乃天之常道也. 譬如日中則移, 月滿則虧, 物盛則衰, 樂極則哀.',『老子道德經河上公章句』,「運夷」第九, 上同, 32頁.

3) '持, 謂不失德也. 旣不失其德, 又盈之, 勢必傾危. 故不如其已者, 謂乃更不如無德無功者也. 旣揣末令尖, 又銳之令利, 勢必摧衄, 故不可長保也. 四時更運, 功成則移.',『王弼集校釋』上冊,「老子道德經注」9章, 樓宇烈校釋, 上同, 21頁.

주석하고 있다. 왕필은, 임금이 자기 덕을 채우려고 하고 자기 하던 것을 더 많이 이루려고 하는 것은 형세를 더욱 위태롭게 만든다고 보고 있다. 부귀나 공명을 오래 가질 것을 아예 포기하기를 권고하고 있다. 사계절이 바뀌어 가듯 일이 이루어졌으면 몸은 물러나는 것이 자연의 법칙이니, 임금이 자기 일에 집착하여 계속 자기 성취를 추구하기보다는 그것을 그만둘 것을 왕필은 권면하고 있다.

　노자의 말에 따르면 자기의 기호와 욕구에 집착하여 이를 지속적으로 추구하는 일은 위험만 불러올 뿐이다. 노자는 자연이 만사를 이루고도 자기를 내세우지 않고 스스로 물러나는 것처럼, 통치자도 자기의 욕심에 계속 집착하지 말고 물러나서 지켜보아야 하며, 그렇게 하지 않으면 불행이 찾아오는 법이라고 말한다. 그래서 노자는 통치자가 자기의 할 일을 마쳤으면, 물러나 숨어야 한다고 권면한다. 이처럼 주권자의 통치행위를 될 수 있는 대로 축소하려는 사상이 노자에게서 추출하여 낼 수 있는 황로학적 정치철학이다.

10.
음陰인 넋으로 양陽인 혼魂을 지키니, 분리되지 않을 수 있는가?

(사람 몸은) 음陰인 넋魄으로 양陽인 혼魂을 지켜서 분리되지[離] 않게 할 수 있는가? 기氣를 뭉쳐서 부드럽게 하기를 어린아이처럼 할 수 있겠는가? '아득한 거울[玄鑒, 마음의 비유]'을 씻어냄에 어떤 흠도 없게 할 수 있겠는가? 백성을 사랑하고 나라를 다스림에 지혜롭지 않겠는가? 마음[天門]을 열고, 닫기를 암컷처럼 할 수 있는가? 사방을 분명하게 통달하기를 무지無知로써 할 수 있겠는가? (道는 만물을) 낳아주고 길러주되 낳아주지만 소유하지 않고, 길러주나 주재하지 않으니, 이것이 '아득한 덕[玄德]'이다.

[載營魄抱一, 能毋離乎? 搏氣致柔, 能嬰兒乎? 滌除玄鑒, 能毋疵乎? 愛民治國, 能毋以智乎? 天門啟闔, 能爲雌乎? 明白四達, 能毋以知乎? 生之畜之, 生而弗有, 長而弗宰也, 是謂玄德.]

주첸즈朱謙之에 의하면 혼魂은 양陽이 되는 기氣이고, 넋[魄]은 음陰이 되는 형상[形]이다. 영백營魄은 곧 음백陰魄이다. 이와 같이 영營은 음陰이 되기에, '재영백포일載營魄抱一'은 음백陰魄으로 양혼陽魂을 지킴으로 해석할 수 있다. '포일抱一'은 혈육을 가진 몸으로 기氣를 지켜서 넋[魄]과 혼魂이 합하게 되니, 정신을 포괄하고 고요하기에 '떠남이 없을 수 있을까[能無離乎]?'를 말한 것이다.[1] 까오밍高明에 의하면, 이 장에서는 '마음의 거울[心鑑]'을 씻어내어 마음에 하자瑕疵가 없게 할 수 있는가를 물은 것으로, 도道는 마땅히 허정虛靜하고 무위無爲 하기에, 조금도 사욕私欲이 없음을 말한 것이다.[2]

이 장에 대해 하상공주注에서는, "영백營魄은 혼魂과 넋[魄]이다. 사람은 혼과 넋을 (머리 위에) 얹어야 살게 되니, 마땅히 이를 사랑하고 잘 길러야 한다. 기쁘거나 노하면 혼을 잃게 되니, 결국 놀라서 넋[魄]이 다치게 된다. 혼은 간肝에 있고, 넋은 허파肺에 있다. 향기로운 술과 맛있는 안주는 사람의 간肝과 허파를 썩게 한다. 그러므로 혼은 고요히 도道에 뜻을 두면 어지럽지 않고, 넋은 편안히 수명을 얻어서 사는 날을 늘려 가는 것이다. 사람은 '하나[一]'를 품고서 (그것을) 몸에서 떼어놓지 않으면, 오래 살 수 있다. '하나[一]'는 도道에서 처음으로 생긴 것으로 태화太和의 정기精氣이니, 따라서 '하나[一]'라고 말한다. '하나'는 천하에 이름[名]을 선포하니, 하늘은 '하나'를 얻어서 맑아지고, 땅은 '하나'를 얻어서 안녕해지고, 후왕侯王은 '하나'를 얻어서 바르고 평온하게 된다. 들어와서는 마음[心]이 되고, 나가면 다니게[行] 되고, 베풂은 덕으로 되기에, 이 이름[名]을 한데 모아 '하나'라고 한다. '하나'는 뜻이 하나이고, 둘은 없음을 말한 것이다. 정기精氣를 오롯이 지켜 어지럽히지 않으면, 몸은 이에 응하여 유순柔順하게 된다. 영아嬰兒처럼 안에서 사려가 없고 밖으로 정사政事가 없으면, 정신은 떠나지 않는다. 마땅히 자기 마음을 씻어내어, 깨끗이 해야 한다. 마음은 현명玄冥한 곳에 있으며 만사를 두루 알기 때문에, '아득한 거울[玄覽]'이라 말한다. (몸은) 음탕 하지 않다. 몸을 다스

---

[1] 『帛書老子校注』10章, 高明撰, 上同, 264頁.
[2] 『帛書老子校注』10章, 高明撰, 上同, 266頁.

리는 것은 기氣를 사랑하여 몸이 온전해지는 것이고, 나라를 다스리는 것은 백성을 사랑하여 나라는 평안해지는 것이다. 몸을 다스리는 것은 정기精氣를 호흡하는 것이니 귀로 듣게 하는 것이 아니며, 나라를 다스리면 은혜로운 덕을 베풀되 아래가 알도록 하지 않는 것이다. 천문天門은 북쪽 하늘 (가운데의) 자미궁紫微宮을 말하고, '열고, 닫음[開闔]'은 종시終始의 다섯 관계이다. 몸을 다스리는데, 천문天門은 콧구멍[鼻孔]을 말하니, 열림은 (숨을) 헐떡임[喘息]이고, 닫음[闔]은 호흡을 말한다. 몸을 닦음은 마땅히 암컷[雌牝] 같이 안정安靜하고 유약柔弱해야 하니, 나라를 다스리고 변화에 응함에 화합은 하되, 먼저 (선창) 하지[唱]는 않는다. 도道가 분명하면, 일월日月이 사방을 밝게 비추는 것 같아서, 세상 천하의 먼 곳 밖에까지 가득 찬 것이다. 그러므로 (『노자』 14장에서 도道는,) 「그것을 보려고 하나 보이지 않고, 들으려 해도 들리지 않으며(視之不見, 聽之不聞)」 '모든 곳[十方]'에 나타나 선포되기에 선명하게 빛난다. '없음[无有]'이기에 도道는 천하에 가득함을 알 수 있다. 도道는 만물을 낳고 길러준다. 도道는 만물을 낳되 취하여 갖는 바가 없다. 도道는 베풀어주되, 보답을 바라지 않는다. 도道는 만물을 기르고 키워주지만, 한정된 쓰임새[器用]을 만들려고 만물을 찢어서 갈라놓지는 않는다. (이 가르침은) 도道와 덕德은 어두워서[玄冥], 볼 수 없으나, 사람들이 도道와 같기를 바란 것을 말한 것이다."라고3) 해설하고 있다. 하상공은 노자의 정기精氣, 태화太

---

3) '營魄, 魂魄也. 人載魂魄之上得以生, 當愛養之. 喜怒亡魂, 卒驚傷魄. 魂在肝, 魄在肺. 美酒甘肴, 腐人肝肺. 故魂靜志道不亂, 魄安得壽延年也. 言人能抱一, 使不離於身, 則長存. 一者, 道始所生, 太和之精氣也, 故曰一. 一布名於天下, 天得一以淸, 地得一以寧, 侯王得一以爲正平. 入爲心, 出爲行, 布施爲德, 摠名爲一. 一之爲言志 ·无二也. 專守精氣使不亂, 則形體能應之而柔順. 能如嬰兒內無思慮, 外無政事, 則精神不去也. 當洗其心使潔淨也. 心居玄冥之處, 覽知萬事, 故謂之玄覽也. 不淫邪也. 治身者愛氣則身全, 治國者愛民則國安. 治身者呼吸精氣, 无令耳聞, 治國者布施慧德, 无令下知也.

和, 암컷[雌牝] 등등의 철학적 개념을 빌려와서, 임금의 혼魂과 넋[魄]의 합치를 말하였고, 또한 자기 몸과 나라를 다스리는 원칙을 설명해 주고 있다. 당시 그의 지식 해박함을 볼 수 있다.

이 장에 대하여 왕필의 주注에서는, "재載는 처함과 같다. 영백營魄이란 사람이 늘 거처하는 곳이다. '하나[一]'는 사람의 참眞이다. 사람이 늘 지내는[常居] 집에 있으면서 '하나'를 포용하고 정신을 맑게 하니, 늘 (진실함眞을) 떠날 수 없지 않을까? (그렇다면) 만물(만인)은 저절로 귀부할 것이다. 오로지[專]는 맡김[任]이고 '이루게 함[致]'은 '끝까지[極]'이다. 자연스러운 기운에 맡기어 지극히 부드러운 화합에 이른다면, 영아嬰兒처럼 욕망이 없지 않을까? (그렇게 된다면) 사물은 온전해지니 본성을 얻을 것이다! '아득함[玄]'은 사물의 극한[極]이다. '거짓 꾸밈[邪飾]'을 씻어내어 한계점[極]을 볼 수 있기에 이르렀다면, 사물로써 그 밝음에 개입하여 그 정신에 어찌 (작고 솟은) 뽀루지를 만들 수 있겠는가? 마침내 (도道의) '아득함[玄]'과 같을 것이다. (세속에서) 방술方術에 맡겨서 성공을 찾고, 운수로써 숨겨진 것을 구하는 것이 (세속에서 추구하는) 지식[智]이다. '아득한 봄[玄覽]'은4) '(높은 학식으로) 정통함[聖]을 끊어냄[絶聖]'과 같다. 나라를 다스림에 지식으로 하지 않음은 '지식을 버림[棄智]'과 같다. (세속의) 지식을 없앨 수 있을까? (그렇게 되면) 백성은 편벽되지 않게

天門謂北極紫微宮, 開闔謂終始五際也. 治身, 天門謂鼻孔, 開謂喘息, 闔謂呼吸也. 治身當如雌牝, 安靜柔弱, 治國應變, 和而不唱也. 言道明白, 如日月四達, 滿於天下八極之外. 故曰:「視之不見, 聽之不聞,」彰布於十方, 煥煥煌煌也. 无有能知道滿於天下者. 道生萬物而畜養之. 道生萬物, 无所取有. 道所施爲, 不恃望其報也. 道長養萬物, 不宰割以爲器用. 言道德玄冥, 不可得見, 欲使人如道也.'『老子道德經河上公章句』, 「能爲」第十, 上同, 34~36頁.

4) 樓宇烈에 의하면, 왕필 注에서 極覽으로 玄覽을 해석했으니, 覽이 감鑑(거울)의 가차일 수 없으니, 이곳의 覽은 見(보다), 觀(관찰함)을 뜻한다. 『王弼集校釋』上冊, 「老子道德經注」10章, 樓宇烈校釋, 上同, 25頁, 注6 참조.

되니, 나라는 다스려질 것이다. 천문天門은 천하 (사람들이) 나온 곳이다. '열음·닫음[開闔]'은 다스림과 혼란의 관계이다. 혹 열리거나 혹 닫혀도 천하에서 항상 통하였으니, 따라서 (『노자』 10장에서) 「천문天門은 열리고 닫힌다(天門開闔)」라고 말한 것이다. 암컷은 대응만 하지 (먼저) 주장[唱]하지 않으며, 따르기만[因] 하며 (선도)하지 않는다. (여기서) 천문天門의 열리고 닫힘은 암컷처럼 할 수 있을까를 말한 것이다. (그렇다면) 만물(만인)은 스스로 귀부할 것이며 스스로 편안할 것이다! 지극한 밝음이 사방에 창달하게 되어 미혹됨이 없기에, (억지로) '작위함이 없음[無以爲]'을 말한 것이다. (그렇다면) 만물이 (저절로) 변환될 것이다! 이른바 도道는 늘 '하는 것이 없기[無爲]'에 (이것을) 후왕侯王이 지킬 수 있으면, 만물(만인)은 장차 스스로 변화할 것이다. 그 본원을 막지 말고, 그 본성을 금하지 말라! 본원을 막지 않으면, 만물(만인)은 저절로 생길 것인데, 무슨 (인위적인) 공로가 있어야 하는가? 그 본성을 금지하지 않으면 만물(만인)은 스스로 구제救濟되니, 무엇으로 유지할 것인가? 만물(만인)은 스스로 오래 충족하니, 내가 만든 것이 아니요, 덕은 있으나 주재하지 않으니, '아득함[玄]'이 아니면 무엇이겠는가? 무릇 '아득한 덕[玄德]'에 덕이 있으나, 그 주인을 모르는 것이니, 어둠[幽冥]에서 나왔음을 말함이다."라고5) 주석하고 있다. 왕필은, 자연의 기운에 맡기어 지유至柔의 화합을

---

5) '載, 猶處也. 營魄, 人之常居處也. 一, 人之眞也. 言人能處常居之宅, 抱一淸神, 能常無離乎? 則萬物自賓也. 專, 任也. 致, 極也. 言任自然之氣, 致至柔之和, 能若嬰兒之無所欲乎? 則物全而性得矣. 玄, 物之極也. 言能滌除邪飾, 至於極覽, 能不以物介其明, 疵其神乎? 則終與玄同也. 任術以求成, 運數以求匿者, 智也. 玄覽無疵, 猶絶聖也. 治國無以智, 猶棄智也. 能無以智乎? 則民不辟而國治之也. 天門, 謂天下之所由從也. 開闔, 治亂之際也. 或開或闔, 經通於天下, 故曰: 「天門開闔」也. 雌應而不唱, 因而不爲. 言天門開闔能爲雌乎? 則物自賓而處自安矣. 言至明四達, 無迷無惑, 能無以爲乎? 則物化矣. 所謂道常無爲, 侯王若能守, 則萬物將自化. 不塞其原也. 不禁其性也. 不塞其原, 則物自生, 何功之有? 不禁其性, 則物自濟, 何爲之恃? 物自長足, 不吾宰成, 有德無

이룰 수 있다면 어린아이가 욕심내지 않는 것과 같을 수 있기에, 이렇게 되면 임금은 본성을 얻을 수 있다고 해설하고 있다. 도道의 입장에서 바라보는, 이른바 '아득한 봄玄覽'에서는, (높은 학식으로) '무소불통無所不通함聖도 끊어내고絶聖', 속인의 잡다한 '지식도 버리는棄智' 경지에 이른다고 왕필은 말한다. 도道는 임금이 자기의 주관적 행위를 내던지고 항상 '하는 것이 없음無爲'이니, 만물(만인)의 근원을 막지 않고 본성을 금하지 않기에, 만물(만인)은 자생自生하고 자기를 구제할 수 있다고 왕필은 보고 있다. 이렇다면, 이것은 (군주가) 인위人僞로 사적 수단을 써서 이룬 것이 아니라, '아득한玄' 현덕玄德에서 이루어진 것이라고 왕필은 말한다. '현덕'이란 누가 주인인지를 모르는 것이며, 알아볼 수 없는 '어두움幽冥'에서 나온 것으로 말할 수밖에 없다는 것이다. 왕필의 이러한 노자해석은 확실히 경지가 높다고 볼 수 있으나, 사실은 임금의 적극적 통치행위를 버리려는 황로黃老학적 논의라고 하겠다.

노자는 이 장에서 사람의 몸이 '혼과 넋魂魄'으로 결합이 되어서 생겨났다고 보고 있다. 그런데 만물(만인)을 낳아주는 근본 원인이자 만물의 형이상학적 존재근거인 도道는 만물을 낳고 길러주지만 만물이 자기 소유라고 하지 않으며 만물이 스스로 성장하도록 내버려두니, 그저 '아득한 덕[玄德]'을 가지고 있음만을 얘기하고 있다. 이것은 무엇을 말하는가? '도'는 만물을 낳고 길러 주지만 만물을 주재하지는 않는다. 이와 같이, 통치자도 백성을 주재하지 말고, 백성 스스로가 생장하게끔 방임하게 둘 것을 이르는 말이다. 이것은 바로 지배 없는 사회, 즉 노자가 말하는 황로학적 이상사회이다.

主, 非玄同而何? 凡言玄德, 皆有德而不知其主, 出乎幽冥.', 『王弼集校釋』上冊, 「老子道德經注」10章, 樓宇烈校釋, 上同, 22~24頁.

11.
30개 바큇살이 바퀴통에 함께 하니 그 '없음[无]'에 쓸모가 있다

30개 바큇살이 하나의 바퀴통에 함께 하니 그 '없음[无]'에야말로 수레의 쓸모가 있다. 진흙을 반죽하여 그릇을 만드는데 그 '없음[无]'에야말로 그릇의 쓸모가 있다. 집의 창문을 내는데 그 '없음[无]'에야말로 집의 쓸모가 있다. 그러므로 '있게 함[有之]'이 이로움이 되고, '없게 함[无之]'이 쓸모가 된다.

[三十輻同一轂, 當其无, 有車之用也. 埏埴而爲器, 當其无, 有埴器之用也. 鑿戶牖, 當其无, 有室之用也. 故有之以爲利, 无之以爲用.]

이 장에 대하여 하상공의 주注에서는, "옛날 수레는 바큇살이 30개인데 이는 달[月]의 (날, 日) 수數를 본받은 것이다. 함께하는 하나의 바퀴통[轂]은 통 안에 구멍이 있기에 여러 바큇살이 함께 모여든다. 몸을 닦는데 마땅히 정욕을 없애고, 욕구를 버려 오장五藏을 비워두어야, 정신이 이에 깃드는 것이다. 나라를 다스리는데 능력이 적으면 여러 약자를 모아서 강자를 함께 받드는 것이다. '없음[无]'은 텅 비어 있음을 말한다. 바퀴테 안이 비어야 바퀴가 구를 수 있고, 수레 안이 비어야 사람이 자기 주인을 모실 수 있다. '반죽함[埏]'이란 뭉쳐서 빚어내는[和] 것이다. 진흙

[埴]은 흙이다. 흙을 뭉치고 빚어 음식 담는 그릇을 만든다. 그릇 가운데가 비어 있어서 (음식을) 받을 수 있다. (집은) 방을 만드는 것을 말한다. 집과 창문이 비어 있어야 사람이 (그곳에) 드나들고 안팎을 볼 수 있으며, 방 안이 비어 있어야 사람이 거처할 수 있으니, 이것이 그 쓸모이다. 이로운 것은 물건인데, 모양이 쓰기에 이롭다. 그릇 속에 사물이 있고, 방 안에 사람이 있으니 그 집이 부수어질까를 두려워하며, 정신[神]이 뱃속에 있는데 그(정신)의 모양이 사라질까를 걱정한다. 빈 데는 만물을 받는 데에 쓰이니, 따라서 허무虛无가 형체[形]를 주재主宰할 수 있음이라고 말한다. 도道는 빈 곳[空]이다."라고1) 풀이하고 있다. 바퀴통[轂], 그릇, 집을 만드는 것은 모두 모양 있는 것을 만드는 것으로 '있게 함[有之]'이다. 그것이 소용되는 목적은 바로 '빈 데[空虛]', 말하자면 '없음[无]'을 확보하려는 것이니 허무虛无가 비로소 보이는 형체, 즉 '있음[有]'을 주재하는 것이라고 하상공은 해설하고 있다. 이와 같이 노자는 동아시아 철학사상 최초로 '있음[有]'의 근본은 '없음[无]'임을 우리에게 말해주고 있다.

왕필의 주注에서는, "바퀴통이 30개 바큇살을 거느릴 수 있는 것은 '없음[無]'이다. 그런 '없음'이 사물을 받을 수 있기에, 따라서 '적은 것[寡]'으로써 '여럿[衆]'을 거느릴 수 있다. (수레, 그릇, 집을 만드는데,) 나무, 진흙, 벽, 이 셋이 이루려는 것은, 모두 '없음[無]'을 (확보하려고) '쓰이는 것[用]'이다. '없음[無]'이란 (사물을) '있게 함[有之]'이 이로운 까닭이니, 모

---

1) '古者車三十輻, 法月數也. 共一轂者, 轂中有孔, 故衆輻共湊之. 治身者當除情去欲, 使五藏空虛, 神乃歸之. 治國者寡能, 摠衆弱共扶强也. 无謂空虛, 轂中空虛, 輪得轉行; 轝中空虛, 人得載其上也. 埏, 和也. 埴, 土也. 和土以爲飮食之器. 器中空虛, 故得有所盛受. 謂作屋室. 言戶牖空虛, 人得以出入觀視; 室中空虛, 人得以居處, 是其用. 利, 物也. 利於形用. 器中有物, 室中有人, 恐其屋破壞; 腹中有神, 畏其形消亡. 言虛空者, 乃可用盛受萬物, 故曰: 虛无能制有形. 道者空也.', 『老子道德經河上公章句』,「無用」第十一, 上同, 41, 42頁.

두 '없음[無]'을 쓰고자 함에 의지함을 말한 것이다."라고² 해설하고 있다. 사물이 소용되는 이유가 '있음[有]'이라면, '있음'의 존재하는 목적은 바로 보이지 않는 '없음[無]', 즉 비어 있는 공간에 있다고 왕필도 또한 말하고 있다. 존재하는 모든 사물의 존재근거는 결국에는 보이지 않는 '없음[無]'이기에, '도道'가 바로 '없음[無]'이라고 노자는 우리에게 웅변하고 있다. 2,000여 년 전에, 『노자』에서 처음으로 하나의 형이상학적 진실을 우리에게 말하고 있다. 실로 감탄하지 않을 수 없다.

---

2) '轂所以能統三十輻者, 無也. 以其無能受物之故, 故能以寡統衆也. 木, 埴, 壁所以成三者, 而皆以無爲用也. 言無者, 有之所以爲利, 皆賴無以爲用也.', 『王弼集校釋』上冊, 「老子道德經注」11章, 樓宇烈校釋, 上同, 27頁.

12.
오색이 눈을 멀게 하고, 말달리고 사냥함이 마음을 미치게 하는 것이다

　　오색이 눈을 멀게 하고, 말달리고 사냥하는 것이 마음을 미치게 하고, 얻기 어려운 재화가 행동을 가로막고, 오미가 입맛을 상하게 하고, 오음이 귀를 먹게 만든다. 이 때문에 성인의 다스림은, 배[腹]를 위하지 눈을 위하지 않으며, 그러므로 저것을 버리고 이것을 취한다.

[五色使人目盲, 馳騁田獵使人心發狂, 難得之貨使人之行妨, 五味使人之口爽, 五音使人之耳聾. 是以聖人之治也, 爲腹不爲目, 故去彼取此.]

　　노자에 따르면, 인간 문명이 만들어낸 아름다운 색깔[五色]이 사람이 타고난 시력을 눈멀게 하고. 인위적인 아름다운 맛[五味]이 자연스러운 입맛을 상하게 하고, 그리고 인위로 만든 아름다운 소리[五音]가 인간의 타고난 자연스러운 청력을 망치게 한다고 이 장에서 말한다. 말달리고 사냥하는 버릇은 사람의 자연스러운 평정심을 버리게 하여 마음을 미치게 만들며, 교역을 통해 얻기 어려운 재화를 추구하는 일은 사람의 평정심을 깨트리고, 자연스러운 행동을 방해하게 만든다. 노자는 인간의 상업적 교환 행위가 자연 상태에서 소규모로 생산하고 서로 소비하는 단순 자족 생활을 해친다고 본다. 인간 사회의 경제적 불평등은 결국 인간의 교환행위와 사욕을 채우려는 자기 독점적 이기적 행위의 결과로 생겨난 다는 것이다. 그렇기에 노자가 그리는 이상사회에서는 인위적인 인간 문명의 발달을 환영하지 않으며, 자연이 허용하는 만큼 소박하게 자급자족 할 수 있는 만큼 생산하고, 소비하는 단순한 생활을 추구한다.

그러나 인간 사회 집단이 확장되면 될수록, 인간의 물질적 요구는 소박한 단순 생산과 소비로는 충족될 수 없다. 여기에는 인간의 지능이 발명해 낸 여러 가지 도구적 수단을 활용하지 않을 수 없다. 그러나 도구적 수단에만 의존하면 인간 사회에서 인간의 자연 본능이 제 기능을 할 수 없게 된다고 노자는 보는 것이다. 이처럼 노자는 자연주의적 관점에서서, 문명 발전의 추구나 인위적인 이기利器의 발명이란 결코 사회적 발전이 아니며, 도리어 인간에게 천부적으로 주어진 능력을 파괴하거나 감퇴시킨다고 본다. 그렇기에 인간의 사회 문명이 만들어낸 오색五色, 오미五味와 오음五音을 자연 능력의 파괴로 간주하였다. 말 타고 사냥하는 인간의 집단적 사냥놀이와 전쟁이나 재화를 교환하는 교역행위란 더 이상 인간의 자연스러운 활동이 아니며, 개인 간의 차별과 계급 분화를 촉진하여 인간을 불평등하게 만드는 평등의 파괴라고 본 것이다. 노자는, 그의 시대에 각 방면에서 벌어지는 인간의 문명적 발달을 단지 소박한 인간의 평등과 자족을 망치는 파멸적인 자연 파괴라고 간주한다. 여기에서 노자 철학이 추구하는 사회적 이상이란 인간이 인위적으로 사회를 발전시키는 것이 아님을 알 수 있다.

하상공의 주注에서는, "방종함[淫]을 탐하고 여색[色]을 좋아하면 정기精氣가 상하고 명철[明]을 잃게 되기에, '색깔 없는[無色]' 색깔을 볼 수 없게 되고; (인위적인) 오음五音을 즐겨 들으면 화기和氣가 마음에서 떠나니, '소리 없는[無聲]' 소리[聲]를 들을 수 없다. 상爽은 없어짐[亡]이다. 사람이 (인위적인) 오미五味를 좋아하면, 입이 망령되게[妄] 되니, 도道를 잃게 된다.[1] 사람의 정신은 안정安靜을 좋아하는데, 말달리며 호흡하면, 정신이 흩어져 없어지니, 따라서 미쳐버린다. 방妨은 다치게 함[傷]이다. 얻기 어려운 재화는 금은金銀이나 주옥珠玉을 말하니, 마음으로 탐내고 뜻이 욕구하는 것이기에, 만족을 모르면 행동이 어지러워지고 몸이 욕을 본다. (성인聖人은) 오성五性[仁, 義, 禮, 智, 信]을 지키고, 육정六情[喜, 怒, 哀, 樂, 愛, 惡]을 버리며, 지기志氣를 절제하고 신명神明을 기른다. (임금은) 눈으로 망령되게 보거나 밖에서 경망하게 보거나 핵심[精]을 새어 나가게[泄] 해서는 안 된다. 눈으로 망령되게 보는 저것을 버리고, 배[腹]가 본성을 길러줌을 취해야 한다."라고[2] 풀이하고 있다. 인간 문명의 발달로 인한 인위적인 아름다운 색, 즉 오색五色을 추구하다 보면 자연의 '무색無色'의 색깔을 볼 수 없고, 인위적인 아름다운 소리, 즉 오음五音을 추구하면 자연스러운 '무성無聲'의 소리를 들을 수 없게 된다고 하상공은 풀이하고 있다. 그는 성인 같은 통치자라면, 인仁, 의義 등 오성五性을 지키며, 인간의 잡스런 여러 감정 즉 육정六情[희, 노, 애, 락 등]을 버려야 하며, 인간의 지기志氣를 절제하고 신명神明을 길러야 한다고 본다. 하상공의 노자 풀이는 인간 문명사회의 요구를 버리고, 백성의 배[腹]를 채워주는 일을 택하라는 뜻이다.

왕필의 주注에서는, "상爽은 '잃음[差失]'이다. 입[口]의 용도[用]를 잃었기 때문에 '잃어버림[爽]'이라 말했다. 무릇 귀, 눈, 입, 마음[心]은 모두

---

1) 이 구절에서 顧歡本에 의하면, 亡이 妄으로 되어 있다.『老子道德經河上公章句』,「檢欲」第十二, 上同, 47頁, 注7.
2) '貪淫好色, 則傷精失明, 不能視無色之色; 好聽五音, 則和氣去心, 不能聽無聲之聲. 爽, 亡也. 人嗜於五味, 則口亡, 言失於道也. 人精神好安靜, 馳騁呼吸, 精神散亡, 故發狂也. 妨, 傷也. 難得之貨謂金銀珠玉, 心貪意欲, 不知厭足, 則行傷身欲也. 守五性, 去六情, 節志氣, 養神明. 目不妄視: 妄視泄精於外. 去彼目之妄視, 取此腹之養性.',『老子道德經河上公章句』,「檢欲」第十二, 上同, 45, 46頁.

자기 본성에 순종한다. '생물의 생명[性命]'에 순종하지 않음으로써 도리어 '자연스러움[自然]'을 해치게 되기 때문에 소경[盲], 귀머거리[聾], (입맛을) '잃어버림[爽]', 미치광이[狂]라고 말한다. 얻기 어려운 재화는 사람의 '바른길[正路]'을 막기 때문에, 사람의 가는 길을 방해를 한다. 배[腹]를 위함이란 먹을 것으로 자기를 기르는 것이고, 눈을 위함이란 어떤 사물로써 자기[己]를 부려 먹는 것이니, 따라서 성인은 눈[目]을 위하는 일은 안 한다."라고[3] 풀이하고 있다. 사람의 "귀, 눈, 입과 마음"은 우선 사람의 본성[性]에 충실해야 한다고 왕필은 풀이하고 있다. 인간 사회의 문명적인 이 기利器로써 사람 본연의 자연스러운 본성을 잃어버리게 한다면, 결국 사람을 "소경, 귀머거리, (입맛의) 상실, 미치광이"로 만들어버리는 꼴이 된다고 왕필은 말한다. 물품을 교환하는 상업적 행위는 소비를 촉진하고 강제로 물품들을 생산하게 만드니, 소박하게 생산하여, 그것을 단지 소비하는 자연스러운 소규모 공동체 생활의 자연스러움이 아니라는 것이다. 인간의 생산물은 인간을 길러주는 '바른길[正路]'이어야 하는데, 얻기 어려운 재화를 얻기 위하여 자기를 길러주는 생산물을 팔아야 한다면, 이것은 "자기를 기르는 것[養己]"이 아니라 도리어 "자신을 부려 먹는[役己]"데 불과하다는 것이다. 왕필은, 이 장에 대해 성인은 자기를 기르기 위해 "배를 채우지[爲腹]", 결코 자신을 수고롭게 만드는 일은 하지 않는다고 해석한다. 이는 『노자』의 뜻을 잘 풀이했다고 필자는 보고 싶다. 노자는 사회의 물질적 발전보다는 인간의 자연스러운 생활이 보장될 만큼의 단순한 생산과 소비를 이상으로 본다. 물질적 발전을 확대하려는 사회적,

---

3) '爽, 差失也. 失口之用, 故謂之爽. 夫耳, 目, 口, 心, 皆順其性也. 不以順性命, 反以傷自然, 故曰盲, 聾, 爽, 狂也. 難得之貨塞人正路, 故令人行妨也. 爲腹者以物養己, 爲目者以物役己, 故聖人不爲目也.', 『王弼集校釋』上册, 「老子道德經注」12章, 樓宇烈校釋, 上同, 28頁.

문명적 노력을 오히려 부정적으로 보고 있는 것이다. 필자는 지나친 인간의 이기적 문명 발전을 노자가 경계한 것으로, 이번 장의 뜻을 한정시켜 보고자 한다.

한비는 이렇게 말한다. "총명聰明 예지睿智는 자연[天](능력)이고, 동정動靜과 생각[思慮]은 인위[人]이다. 인위[人]라는 것은, 자연[天]의 밝음을 타고서 보는 것이요, 자연의 듣기에 의지하여 듣는 것이요, 자연의 지능에 의탁하여 사려하는 것이다. 그러므로 억지로 보려고 하면 눈이 밝지 못하고, 힘들여 듣고자 하면 잘 듣지 못하며, 생각이 너무 많으면 지식에 혼란이 온다. 눈이 밝지 못하면 눈이 흑백의 색깔을 판결할 수 없으니 소경이라 하고, 귀가 청탁淸濁의 소리를 구별하지 못하면 귀머거리라고 하고, 마음이 득실得失의 여지를 알 수 없으면 '미친 짓[狂]'이라고 말한다. 장님이면 대낮에 위험도 피할 수 없고, 귀머거리면 천둥과 벼락의 해害도 알 수 없고, 미치면 인간 법령의 화禍도 면할 수 없다. 책에서 이른바 남을 다스리는 자는 동정의 절제[節]를 적절히 하고, 생각의 허비를 줄인다. … 다 쓰면 허비하는 정신이 많게 되고, 허비된 정신이 많으면 소경, 귀머거리, 미친 짓[悖狂]의 화禍가 닥치게 되니, 이 때문에 정신을 아낀다[嗇]."라고⁴⁾ 말하고 있다. 한비에 의하면, 임금은 인위적으로 억지로 하는 짓이 결국 소경, 귀머거리, 미친 짓을 만드니 정신을 과도하게 쓰거나, 눈과 귀를 무리하게 쓰지 않아야만, 미치는 일이 없게 된다고 말해주고

---

4) '聰明睿知, 天也. 動靜思慮, 人也. 人也者, 乘於天明以視, 寄於天聰以聽, 託於天智以思慮. 故視强則目不明, 聽甚則耳不聰, 思慮過度則智識亂. 目不明則不能決黑白之色則謂之盲, 耳不別於淸濁之聲則謂之聾, 心不能審得失之地則謂之狂. 盲則不能避晝日之險, 聾則不能知雷霆之害, 狂則不能免人間法令之禍. 書之所謂治人者, 適動靜之節, 省思慮之費也. … 苟極盡則費神多, 費神多則盲聾悖狂之禍至, 是以嗇之.', 『韓非子新校注』, 「解老」第二十, 上冊, 陳奇猷校注, 上同, 394頁.

있다. 이것 또한 참고할 가치가 있다.

『장자莊子』에서는, "백년 된 나무를 쪼개서 제사에 쓸 '화려한 술통[犧樽]'을 만드는데, 청색과 황색으로 치장하고, 잘려 나간 나머지 부분은 도랑에 버리게 된다. 술통과 버려진 조각들을 비교해 보면 아름다움과 추함에 차이가 있다. [그러나 생명의] 본성을 잃었다는 점에서는 똑같은 것이다. 도척盜跖, 증삼曾參과 사추史鰌는, 의義를 행한 점에서는 차이가 있다. 그러나 그들이 본성을 잃었다는 점에서는 똑같다. 본성을 잃는 것에는 다섯 가지가 있다. 첫째는 오색五色이 눈을 어지럽혀 눈을 밝게 하지 못한 것이다. 둘째는 오성五聲이 귀를 어지럽혀 귀를 밝게 하지 못한 것이다. 셋째는 다섯 가지 냄새[五臭]가 코를 마비시켜서 코가 막히고 머리를 어지럽게 한 것이다. 넷째는 다섯 가지 맛[五味]이 입을 흐리게 하여 맛을 알 수 없게 한 것이다. 다섯째는 버리고 취하는 것이 마음을 들쑤셔서 본성을 들떠 있게 만든 것이다. 이 다섯 가지는 모두 생명을 해치는 것이다."라고[5] 말하였다. 『장자』 역시 『노자』의 인위적인 문명의 발전을 위하여 인간의 이런 자연스러운 습속의 파괴를 경계하였음을 알 수 있다.

이렇듯 노자와 장자는 인간 문명의 부정적 측면을 과장하여 그 폐해를 지적하나, 인간의 역사 발전이란 동시에 인간 문명의 발전이다. 그것은 분명 많은 좋은 점이 있다. 그러나 노자와 장자는 문명의 부정적 의미를 우리에게 특히 강조하는 것이다.

---

[5] '百年之木, 破爲犧樽, 靑黃而文之, 其斷在溝中. 比犧樽於溝中之斷, 則美惡有閒矣. 其於失性, 一也. 跖與曾, 史, 行義有閒矣, 然其失性均也. 且夫失性有五: 一曰五色亂目, 使目不明; 二曰五聲亂耳, 使耳不聰; 三曰五臭薰鼻, 困惾中顙; 四曰五味濁口, 使口厲爽; 五曰趣舍滑心, 使性飛揚. 此五者, 皆生之害也.', 『莊子校詮』上冊, 「天地」第十二, 王叔岷撰, 臺北: 臺灣商務印書館, 1994, 464頁; 『장자莊子』, 「12.天地」, 송영배 역주, 서울: 비봉출판사, 2022, 226쪽 참조.

13.
총애나 욕봄을 놀라워하고, '큰 근심[大患]'을 몸처럼 귀하게 여겨라

　　총애나 욕봄을 놀라워하고, '큰 근심[大患]'을 몸처럼 귀하게 여겨라! 총애나 욕봄을 놀라워함은 무엇을 말하는가? 총애받음이 아래가 된다. (총애를) 받았어도 놀랍고, 그것을 잃었어도 놀라우니, 이것은 총애나 욕봄이 놀라움을 말한 것이다. '큰 근심[大患]'을 (제) 몸처럼 여김은 무엇을 말하는가? 내가 큰 근심이 있는 까닭은, 내가 몸[身]을 가졌기 때문이다. 내 몸이 없음에 이르면, 무슨 근심이 있겠는가? 그러므로 천하를 다스림보다는 자신을 다스림을 귀하게 여기면, 천하를 맡길 수 있을 것이고, 몸을 사랑하기에 천하를 다스리면, 천하를 기탁할 수 있을 것이다.

　　[寵辱若驚, 貴大患若身. 何謂寵辱若驚? 寵之爲下. 得之若驚, 失之若驚, 是謂寵辱若驚. 何謂貴大患若身? 吾所以有大患者, 爲吾有身也; 及吾无身, 有何患? 故貴爲身於爲天下, 若可以託天下矣; 愛以身爲天下, 如可以寄天下矣.]

　　이 장에서는 다스리는 임금에게 제일 소중한 것은 자기 몸[身]이니, 자신이 백성으로부터 총애를 받든 모욕을 당하든, 그것을 놀라워하고; 사회적인 '큰 문제[大患]'라도 제 몸의 일인 것처럼 여기고 그 문제를 처리할 것을 노자는 바라는 것이다. 사회적 문제란 결국 "내가 몸을 가졌기 때문이고, 내 몸이 없음에 이르면, 무슨 근심이 있겠는가?"라고 노자는 말한다. "그러므로 천하를 다스림보다는 자신을 귀하게 여기면", 즉 개인 생명을 중시하는 통치자라면 백성은 나라의 통치를 그에게 맡길 것이고, 자기 "몸을 사랑하기에 천하를 다스리면", 백성은 그처럼 개인 생명을 중시하는 이에게 천하의 통치를 기탁할 것으로 노자는 본다. 개개인의 몸[身]이 총애받거나 욕을 보더라도, 노자는 그 개인의 몸과 삶 그 자체가 제일 중요하다고 보고 있다. 이렇듯 이 장에서 노자는 개별 생명의 중시를 말하는 것이다. 하상공은, 이 장을 '수치羞恥(를 받음)에도 편안함厭恥'이라고 보았다. "몸이 총애받아도 또한 놀랍고, 몸이 모욕당해도 또한 놀랍다. 귀貴는 두려움[畏]이고, 약若은 이름[至]이다. 큰 근심이 몸에 이르는 것을 두려워함은, 따라서 모두가 놀라운 것이다. 묻겠는데, 무엇이 총애이고, 무엇이 모욕인가? 총애는 존귀하고 영화로운 것[尊榮]이고, 모욕은 치욕이다. (이런 것이) 몸에 미치면 또한 스스로에게 물어서 남에게 알려야 한다. 욕辱은 아래에서 천대받는 것이고; 총애와 영화[寵榮]를 얻음이 두려움이란, 높은 자리에 임함이 깊고 위험한 곳에 임하는 것과 같음이다. (임금은) 귀해져도 감히 교만하지 않고, 부유해도 감히 사치하지 않는다. 잃음은 총애를 잃고 모욕을 받음이다. 놀라움은 화禍가 '겹쳐서 오는 것[重來]'을 두려워함이다. (이것은) 윗자리에서 얻었어도 놀라워하고, 잃었어도 놀라워함을 분석하여 설명한 것이다. 다시 또한 스스로에게 묻는데, '무엇 때문에 큰 환난이 몸에 이름[至]을 두려워할까?' 내가 크게 근심하는 이유는, 내가 몸을 가졌기 때문이다. 몸이 있으면 몸이 고생할 일[勤勞]이 걱정되고, 배고프거나 추움이 염려되고, 정욕情欲이 발동하여 욕망을 절제하지 못하면 화환禍患을 만남이다. 나에게 몸[身體]을 '없는 것[无有]'으로 한다면, 도道를 얻어서 자연스럽고, 가볍게 올라 구름을 타고서, '나가고 늘어옴[出入]'이 자유롭고, 도道와 함께하고 정신을 통하니, 마땅히 무슨 근심이 있겠는가? (이것은) 임금이 자기 몸을 귀히 여기기에 남을 천시하며, 천하의 주인이 되고자 하면, 의탁하여 설 수는 있으나, 오래 갈 수 없음을 말한 것이다. 임금이란 지기 몸을 사랑하되, 자기를 위함이 아니니, 이에 (임금은) 만민의 부모가 되려고 함을 말한 것이다. 이것으로 천하의 주인이 될 수 있으니, 이에 자기 몸을 만민들 위에 기탁을 하여도, 오래도록 허물이 없는 것이다."라고[1] 하상공은 풀이하고 있다. 여기서 하상공은 노자의 철학적 입장을 나름대로 정리하여 제대로 설명해 주고 있다. 모든 문제는, 근원적으로 보자면 자기가 만민을 천시하고 자기만 주인이 되고자 함에서 말미암기 때문에, (임금이) "'몸을 없는 것[无有身體]'으로 한다면, 도道를 얻어서 자연스럽고, 가볍게 올라 구름을 타고서, '나가고 들어옴[出入]'이 자유롭고 도道와 함께하고 정신을 통하니, 마땅히 무슨 근심이 있겠는가?"라고 하상공은 말하는 것이다. 통치자란 자기를 중심에 두지 않고, 자기를 '없는 것[无有]'으로 치부하고, 도道를 얻어서 가볍고, 자유롭게 '도'와 함께 정신을 통하게 하는 일이라고 그는 힘주어 말하는 것이다.

왕필은 주注에서, "총애(를 받으면), 반드시 욕辱을 보게 되고; 영화[榮]로우우면 반드시 근심[患]이 있게 되니, 총애와 모욕은 '같은 것[等]'이고, 영화와 근심도 '동일한 것[同]'이다. 아래에 있으면서 총욕寵辱과 '영예나 근

---

1) '身寵亦驚, 身辱亦驚. 貴, 畏也. 若, 至也. 畏大患至身, 故皆驚. 問何謂寵, 何謂辱? 寵者尊榮, 辱者恥辱. 及身還自問者, 以曉人也. 辱爲下賤. 得寵榮驚者, 處高位如臨深危也. 貴不敢驕, 富不敢奢. 失者, 失寵處辱也. 驚者, 恐禍重來也. 解上得之若驚, 失之若驚. 復還目問, 何故畏大患全身? 吾所以有大患者, 爲吾有身. 有身則憂其勤勞, 念其飢寒, 觸情縱欲, 則遇禍患也. 使吾无有身體, 得道自然, 輕擧昇雲, 出入無間, 與道通神, 當有何患? 言人君貴其身而賤人, 欲爲天下主者, 則可寄立, 不可以久也. 言人君能愛其身, 非爲己也, 乃欲爲萬民之父母. 以此得爲天下主者, 乃可以託其身於萬民之上, 長無咎也.', 『老子道德經河上公章句』, 「猒恥」第十三, 상동, 47~49頁.

심[榮患]을 얻는 것은 놀라우니, 천하를 다스리기에는 부족하다. '큰 근심[大患]'은 영욕榮辱에 속한 것이다. 삶이 두터우면 죽을 자리에 반드시 들어가게 되니, 따라서 '큰 근심'이라 이른 것이다. 사람이 '영광과 총애[榮寵]'에 미혹되면, 그것을 (자기) 몸에 되돌리어 보아야 하니, 따라서 (『노자』 13장에서) '큰 근심은 (자기) 몸과 같은 것[大患若身]'이라고 말한 것이다. (큰 근심은) 자기 몸이 있기 때문이다. (몸이 없으면) 자연으로 돌아간 것이다. 어떤 것도 (자기) 몸[身]과는 바꿀 수가 없기에, (『노자』 13장에서) (몸은) '귀한 것[貴]이다'라고 말한 것이다. 이와 같다면, 이에 (그에게) 천하를 의탁할 수 있다. 어떤 사물도 자기 몸을 '훼손[損]할 수 없으니, 따라서 (몸을) '사랑함[愛]'이라고 말한 것이다. 이와 같다면, 이에 천하를 기탁할 수 있다. 총욕寵辱과 '영예나 근심[榮患]' 때문에 자기 몸을 훼손[損]할 수 없으니 그런 다음에 천하(사람)는 그에게 귀부할 수 있는 것이다"라고[2] 풀이하고 있다. 왕필 역시 자기 몸을 중시하고 개인의 생명을 가장 높은 최고의 범주로 생각하는 노자의 개인주의를 통치의 제일 큰 원칙으로 설명해 주고 있다.

이런 노자의 개인주의는 『장자莊子』나 『여씨춘추呂氏春秋』에도 잘 계승되어 나타나고 있다. "그러므로 천하를 다스리기보다 (자기) 몸을 귀히 본다면, 천하를 맡길 수 있고; 천하를 다스리기보다 (자기) 몸을 사랑[愛]하면, 천하를 의탁할 수 있다."[3]

---

2) '寵必有辱, 榮必有患, 寵辱等, 榮患同也. 人迷之於榮寵, 返之於身, 故曰「大患若身」也. 由有其身也. 歸之自然也. 無物可以易其身, 故曰「貴」也. 如此乃可以託天下也. 無物可以損其身, 故曰「愛」也. 如此乃可以寄天下也. 不以寵辱榮患損易其身, 然後乃可以天下付之也.', 『王弼集校釋』上冊, 「老子道德經注」13章, 樓宇烈校釋, 上同, 29頁.
3) '故貴以身於爲天下, 則可以託天下; 愛以身於爲天下, 則可以寄天下.', 『莊子校詮』, 「在宥」, 上冊, 王叔岷撰, 上同, 375頁.

"천하는 중한 것이나 (그것으로) 그(사람의) 생명을 해쳐서는 안 되는 것이니, 또한 하물며 다른 것들이랴? 오직 천하로써 그(사람의) 생명을 해치지 않는 자에게만 천하를 맡길 수 있다."[4)]

이와 같이 개인주의를 강조하는 『노자』의 철학 정신은 『장자』나 『여씨춘추』에도 잘 나타나 있다.

---

4) '天下, 重物也, 而不以害其生, 又況於他它物乎? 惟不以天下害其生者也, 可以托天下也.', 『呂氏春秋譯注』, 「貴生」, 張玉春 等 譯注, (上), 哈爾濱: 黑龍江人民出版社, 2004, 32頁.

14.
도道는 보아도 볼 수 없으니 '미세함[微]'이라 이름 붙인다

보아도 보이지 않으니 미세함[微]이라 이름 붙이고, 들어도 들리지 않으니 희미함[希, 稀]이라 이름 붙이고, 어루만져보아도 얻을 수 없으니 '없음[夷]'이라 이름 붙인다. 이 셋은 (더 이상) 추구推究[致詰]할 수 없기에, 한데 뒤섞여 '하나─'가 된다. '하나'는 위에 있으나 밝지 않고 아래에서도 어둡지 않으니 움직이고 있으나 이름 붙일 수는 없다. 이것은 '모양 없는[无狀]' 모양이고 '사물 없는[无物]' 형상이니, 이를 황홀恍惚함이라 한다. 따라가도 그 뒤를 볼 수 없고, 맞아들여도 그 머리를 볼 수 없다. 지금 (천하 국가를) 잡고서 있는[執] 도道는 지금의 영역[有, 域]을 다스리니[御, 治], '태초泰初의 (무명無名한) 도道[古始]'를 알게 되는 것이기에, 이것이 도道를 얻는 총요總要라 말한다.

[視之而弗見, 名之曰微. 聽之曰弗聞, 名之曰希. 捪之弗得, 名之曰夷. 三者不可致詰, 故混而爲一. 一者, 其上不皦, 其下不昧, 尋尋呵不可名也, 復歸於无物. 是謂无狀之狀, 无物之象, 是謂忽恍. 隨而不見其後, 迎而不見其首. 執今之道, 以御今之有, 以知古始, 是謂道紀.]

오직 범응원范應元(南宋, 13세기)본本에는 「시지불견명왈기視之不見名曰幾」로 되어 있는데, 부혁傅奕(555-639)은 「기幾는 어둑하여[幽] 상象이 없음이다」라고 말한다. (허신許愼의)『설문해자說文解字』에 의하면, '기幾

는 미微(미세함)'이다. 기幾와 미微는 뜻이 같다. 『예기禮記』, 「학기學記」 편에 「미이장微而臧」이 있는데, 이것을 공영달孔穎達(574-648)소疏에서, "미微는 '어두워서 숨음幽隱'이라" 했고, 「단궁檀弓」편에서는, "미微는 '보이지 않음不見'이라" 했다. '어둑하여 숨어있으니[幽隱] 상象이 없기에 「보아도 보이지 않으니[視之而弗見] 미微라고 이름한다.」 이렇게 보면 백서帛書 갑, 을본이 『노자』의 옛 모습이고, 금본今本의 「시지불견명왈이視之不見名曰夷」는 잘못된 것임을 알 수 있다.[1] 『설문해자說文解字』에 의하면 '민㨉은 어루만짐[撫]'이다. 『광아廣雅 · 석고釋詁』에 의하면, '이夷는 없앰[滅]'이다. '어루만져도 얻을 수 없으니', '이를 없앰[滅]'으로 이름한다.[2] 유攸, 유謬, 교曒는 '서로 빌리는 글자[通假]'이고, 홀忽, 매昧도 통가通假이다.[3] 백서帛書의 심심尋尋은 금본今本에서는 승승繩繩으로 쓰는데, 이 둘은 동음同音이지만, 금본今本을 따름이 더 타당한 것이다. 성현영成玄英(608-669)의 소疏에 의하면, "승승繩繩은 운동하는 모습인데, 도道가 천지天地를 운전運轉하여 생명체[生靈]를 만들어내나, (도道의) 보고 들음은 찾을 길이 없기에, 이름 붙일 수가 없다. 복귀復歸는 근원에 돌아감이다. '없는 것[無物]'이 묘妙한 근본[本]이다. 무릇 기틀[機]에 응하고 자취[迹]를 내리니 곧 (그것을) 볼 수 있고 들을 수 있으며, 근본을 회복하고 뿌리로 돌아가면 곧 (도道는) 무명無名이고 무상無相이니, 따라서 '없는 것[無物]'에 돌아간다고 말하는 것이다."[4] 성현영成玄英의 소疏에서는, "맞아들여도 그 머리를 볼 수 없음은, 도道란 옛날[古] '시작 없음[無始]'이 아님을 '명확히 아는 것[明]'이고, 따라가도 그 뒤를 볼 수 없음은 '도'란 지금[今]

---

1) 『帛書老子校注』14章, 高明撰, 上同, 282, 283頁 참조.
2) 『帛書老子校注』14章, 高明撰, 上同, 283頁.
3) 『帛書老子校注』14章, 高明撰, 上同, 286頁.
4) 『帛書老子校注』14章, 高明撰, 上同, 286, 287頁.

'끝이 없음[無終]'이 아님을 '명확히 아는 것[明]'이다"라고5) 말하였다. 어御는 다스림[治]과 같다. 류스페이劉師培(1884-1919)에 의하면, 유有는 역역의 가차假借이다. 유有는 혹或과 통하는데, 혹或은 곧 옛날의 역역자字이다. 「어금지유御今之有」는 '지금의 천하 국가를 다스림'과 같은 뜻이다.6) 옛날에 능能과 이以, 이以와 이而는 서로 통용되었다. 그러므로 이以는 능能으로 볼 수 있다. 고시古始란 '태초泰初의 무명無名의 때'이다. 성현영成玄英의 소疏에, '고시古始는 곧 무명無名의 도道'라고 했다. 「능지고시能知古始, 시위도기是謂道紀」는 '(성인은) 태초에 무명無名의 도道를 알 수 있으니, 이것이 도道를 얻는 총요總要'라는 말이다.7)

이 장에서는 도道란 보아도 볼 수 없고, 들으려 해도 들을 수 없고, 손으로 더듬어보아도 만져질 수 없어서 감각기관으로는 알 수 없는 것이지만, 이것들을 합쳐서 혼합해 보면, 도道는 단지 '하나[一]'일 수밖에 없다는 것이다. 그 위도 밝지 않으며 그 아래도 어둡지 않으나, 그런 도道는 끊임없이 '활동하는 것[繩繩]'으로 무엇이라 이름 부를 수 없는데, '아무것도 없음[无物]'에로 돌아가는 것이다. 그것은 그저 '황홀'하다고 말할 수밖에 없다. 좇아가더라도 그 뒤를 볼 수 없고, 앞에서 맞아들여도 그 머리를 볼 수 없는 것이다. 지금[現在]을 잡고서 있는 도道는 천하의 모든 영역을 다스리고 있기에, 우리는 이런 도道가 또한 옛날 태초의 '이름 없음[無名]의 시작[無名之始]'임을 알 수 있다. 이에 이것을 일러서 도道를 얻을 수 있는 '포괄적 개요[總要]'라고 말한다는 것이다. 『노자』에서 이 장처럼 도道를 총체적으로 설명해 주는 부분이 없다.

하상공의 주注에서, "색깔 없음이 이夷이다. (道는) '하나[一]'이며 색깔

---

5) 『帛書老子校注』14章, 高明撰, 上同, 288頁.
6) 『帛書老子校注』14章, 高明撰, 上同, 289頁.
7) 『帛書老子校注』14章, 高明撰, 上同.

이 없으니, 보아도 볼 수가 없음을 말한다. 소리 없음이 '희希'이다. (道는) '하나[一]'이며 소리가 없으니, 들어도 들을 수가 없음을 말한다. '모양이 없음[無形]'이 미微이다. (道는) '하나[一]'이며 형체가 없으니 붙잡아서 얻을 수 없음을 말한다. 셋은 이夷, 희希, 미微를 말한다. (道는) 추구할 수 없음은 (道가) 색깔이 없고 소리가 없으며 모양이 없기에 입으로 말할 수 없고 책으로 전달할 수 없으니 마땅히 고요함으로 받아야 하며, 정신으로 그것을 찾아야 하는데, 그것을 추구하여 얻을 수는 없는 것이다. 혼混은 합침[合]이다. 그러므로 3 이름[名]을 합쳐서 '하나[一]'가 된다. '하나[一]'는 하늘 위에 있지만 밝은 것을 더 밝게 하지는 않는다고 말한다. '하나[一]'는 하늘 아래에 있으나, 어둡고 암명闇冥하지 않음을 말한다. 승승繩繩은 '활동하여 다님[動行]'에 끝이 없음이다. 이름 붙일 수 없음이란 한 가지 색깔이 아니어서 푸름, 노랑, 붉음, 흰 것, 검은색으로 구별할 수 없음이고, 한 가지 소리가 아니기에 궁宮, 상商, 각角, 치徵, 우羽음으로 들을 수 없음이고, 한 가지 모양[形]이 아니기에 장단長短이나 대소大小로 헤아릴 수 없다. 사물[物]은 바탕[質]인데 (道는) 다시 마땅히 '바탕 없음[無質]'에 귀속된다. (道는) '하나[一]'이며 형상形狀이 없으나 만물에게 형상形狀을 만들어줄 수 있음을 말한다. (도道는) '하나[一]'이며 물질은 아니나 만물에게 형상形象을 세워줄 수 있음을 말한다. (道는) '하나[一]'이나, 문득 황홀하여, 있는 듯 없는 듯하여, 볼 수 없음을 말한다. (道는) '하나[一]'이며 끄트머리[端末]가 없으니 필요한 것을 갖추어 놓고, 미리 기다릴 수가 없다. 정욕情欲을 제거하면 (道는) '하나[一]'이니 저절로 돌아오다. (道는) '하나[一]'이며 흔적이 없으니 얻어서 볼 수가 없음을 말한다. 성인은 옛날의 도道를 잡고 지키니, '하나[一]'를 낳고서 만물을 제어하며, 지금 마땅히 '하나[一]'를 가짐을 아는 것이다. 사람이 상고上古에 본래 '하나[一]'가 있음이 비롯했다는 것을 알았으니, 이것이 도道의 강요綱要

[綱紀]를 아는 것이라 말한다."라고[8] 이 장을 풀이하고 있다. 사물이라면 바탕[質]이 있고 형상이 있는데 도道는 질質도 형상形象도 없으나, 정욕情欲을 없애면 '도'는 저절로 돌아온다고 하상공은 풀이하고 있다.

왕필은 주注에서, "(道는) 형상[狀]도 없고, 꼴[象]도 없고, 소리[聲]도 없고 울림[響]도 없기에 통하지 못할 곳이 없고, 가지 못할 곳이 없다. 더욱이 나의 귀, 눈, 몸으로는 (道의) 이름을 알 수 없기에 추구할 수가 없으니, 혼합하여 '하나[一]'로 삼는다. (道는) '없는 것[無]'으로 말하려고 하나, 사물들이 그로 말미암아서 이루어지는 것이다. '있는 것[有]'으로 말하려고 하나 그 모양[形]을 볼 수가 없다. 그러므로 (道는,『노자』14장에서) 「형상形狀 없는 형상이고, '없는 것[無物]'의 꼴[象]이다」라고 말한다. (道는) 확정할 수가 없다. '있음[有]'은 그 일이 있음이다. (道는) 모양[形]도 없고 이름[名]도 없으나 만물의 근본[宗]이다. 비록 옛날과 지금이 같지 않고, 시대가 감에 따라 풍속이 바뀌어도, 진실로 이것(道)에 말미암지 않고서는 다스려짐을 이룰 수가 없다. 그러므로 옛날의 도道를 잡고서 지금 '있는 것[有]'을 제어할 수 있다. 상고上古가 비록 멀지만 그 도道는 존재하기에, 그러므로 비록 지금에 있으나 '옛날의 시작[古始]'을 알 수 있다."라고[9] 이 장을 해석하고 있다. 만물, 만상이 형이하학적인 사물의

---

8) '無色曰夷. 言一無采色, 不可得視而見之. 無聲曰希. 言一無音聲, 不可得聽而聞之. 無形曰微. 言一無形體 不可搏持而得之. 三者, 謂夷, 希, 微也. 不可致詰者, 夫無色, 無聲, 無形, 口不能言, 書不能傳, 當受之以靜, 求之以神, 不可詰問而得之也. 混, 合也. 故合於三名之而爲一. 言一在天上, 不皦皦光明. 言一在天下, 不昧昧闇冥. 繩繩者, 動行無窮極也. 不可名者, 非一色也, 不可以靑黃赤白黑別; 非一聲也, 不可以宮商角徵聽; 非一形也, 不可以長短大小度之也. 物, 質也. 復當歸之於無質. 言一無形狀, 而能爲萬物作形狀也. 言一無形質, 而能爲萬物設形象也. 言一忽忽恍恍, 若存若亡, 不可見之也. 一無端末, 不可預待也. 除情去欲, 一自歸之也. 言一無影迹, 不可得而看. 聖人執守古道, 生一而御物, 知今當有一也. 人能知上古本始有一, 是謂知道綱紀!也.',『老子道德經河上公章句』,「贊玄」第十四, 上同, 53~54頁.

범주에 해당한다면, 그것의 형이상학적 존재근거, 즉 도道는 감각적으로 파악되거나 파악될 수 있는 그런 사물이 아니다. 즉 도道는 형이상학적 존재근거이기에, 존재론적인 차원이 다름을, 왕필도 일찍이 알아차린 것이다.

한비자韓非子(약 전281-전233)는 『노자』 14장에서, 「이것은 도기道紀를 말한다[是謂道紀]」를 다음과 같이 주석하고 있다.10) "도道란, 만물을 그렇게 만든 것이고, 만리萬理가 이르는 곳이다. 이리는 사물을 '꾸며낸 것[文]'이며, 도道는 만물을 '이루게 하는 이유[所以成]'이다. 그러므로 (『노자』 14장에서) 「도道란, '꾸며주는 것[理之者]'이다」라고 하였다. 사물에는 도리[理]가 있기에 서로 압박할 수 없다. 사물이 도리가 있어 서로 압박할 수 없기에, (道는) 사물을 꾸며주는 것이다. 만물은 각각 도리[理]가 다르다. 만물은 각각 '도리'가 다르나, 도道가 만물의 '도리'를 다 따지기 때문에 변화하지 않을 수 없다. 변화하지 않을 수 없으니, '고정된 (불변하는) 조치[常操]'란 (있을 수) 없다. '고정된 조치[常操]'가 없으니, 이 때문에 죽고 살게 하는 기운[氣]을 받게 되고, 온갖 견식[智]이 짐작되고, 만사는 일어나기도 하고 없어지기도 한다. 하늘은 이것(도道)을 얻어서 높아지고, 땅은 이것을 얻어서 갈무리하고, 북두칠성은 이것을 얻어서 자기 위

---

9) '無狀無象, 無聲無響, 故能無所不通, 無所不往. 不得而知, 更以我耳, 目, 體不知爲名, 故不可致詰, 混而爲一也. 欲言無邪, 而物由以成. 欲言有邪, 而不見其形. 故曰:「無狀之狀, 無物之象」也. 不可得而定也. 有, 有其事. 無形無名者, 萬物之宗也. 雖今古不同, 時移俗易, 故莫不由乎此以成其治者也. 故可執古之道以御今之有. 上古雖遠, 其道存焉, 故雖在今可以知古始也.', 『王弼集校釋』上冊, 「老子道德經注」15章, 樓宇烈校釋, 上同, 31, 32頁.

10) 그러나 『노자』의 『도道』경의 '기紀'를, 한비자韓非子는 '이理'자로 본 것이라고, 고광기顧廣圻(1766-1835)는 말하고 있다. 『韓非子新校注』, 「解老」篇, 陳奇猷校注, 上冊, 上同, 412頁, 注1 참조.

제2부 도경道經 273

엄을 이루고, 해와 달은 이것을 얻어서 자기 빛을 항구히 하고, 오행五行[五常: 金, 木, 水, 火, 土]은 이것을 얻어서 자기 자리[位]를 항상 되게 하고, 별들은 이것을 얻어서 자기의 운행을 바르게 하며, 사계절은 이것을 얻어서 자기의 변하는 기운을 제어하고, 황제黃帝[軒轅]는 이것을 얻어 사방에 전권을 쥐고, 적송赤松신선은 이것을 얻어 천지天地와 통하였고, 성인聖人은 이것을 얻어 예악禮樂법도法度[文章]를 이루었다. 도道란 요堯, 순舜과 함께 모두 지혜로 왔고, 접여接輿[육통陸通, 隱者]와 더불어 모두 미쳤고, 걸桀, 주紂왕과 함께 모두 멸망했고, 탕湯, 무武왕과 함께 모두 창성하였다. (道는) 가까운가? (道는 아득히 먼) 사방四方의 한없이 먼[極遠] 곳에서 노닌다. 먼가? 항상 내 옆에 있다. 어두운가? 그(道) 빛은 항상 밝다. (道는) 밝은가? 그것은 '어두운 것[冥冥]'이다. (道는) 공功으로 천지天地를 이루고, 천둥[雷]과 벼락[霆]을 변화시키고 조화한다. 우주 안의 사물은 그것(道)에 의지하여 이루어진다. 무릇 도道의 실정은 제압되지 않고, 모양[形]도 없으나, 유약柔弱하면서도 계절[時]에 따르고, 도리[理]와 상응한다. 만물은 그것을 얻음으로써 죽으며, 그것을 얻음으로써 살아난다. 만사는 그것을 얻음으로써 실패하기도 하고, 그것을 얻음으로써 성공하기도 한다. 도道는 비유하자면 물[水]과 같으니, 물에 빠진 자는 (물을) 많이 마셨기에 곧 죽는 것이고, 갈증이 난 자는 그것을 적절히 마시면 살아나는 것이다. (道는) 비유하자면 검劍이나 창戟과 같으니, 어리석은 자가 분노하게 되면 화禍가 생겨나고, 성인이 폭인[暴]을 죽이면 복福이 이루어진다. 그러므로 그것(道)을 얻음으로써 죽기도 하고, 그것을 얻음으로써 살기도 하며, 그것을 얻음으로써 실패하기도 하고, 그것을 얻음으로써 성공도 한다. 사람은 산 코끼리는 보기가 드문데, 그러나 죽은 코끼리 뼈를 얻어서, 그 그림을 구상하여 그 산 것을 생각하기 때문에, 여러 사람이 뜻으로 생각한 것을 모두 상象[코끼리 꼴]이라고 말한다. 지금 도道는 비록 (감각기관으로) 듣고 볼 수는 없으나, 성인은 그것의 결과[功]를 보고 그 모양[形]을 보고 처하게 되니, 따라서 (『노자』 14장에서 道는)「형상形狀 없는 형상이고, '없는 것[無物]'의 꼴[象]이다(無狀之狀, 無物之象)」라고 말한다. 무릇 이理는, 네모[方]나 원圓, '짧고 김[短長]', '크거나 작은 것[麤靡]', '굳세거나 취약함[堅脆]'의 구분이다. 그러므로 도리[理]가 확정된 후에 도道를 얻을 수 있다. … 오직 무릇 천지가 갈라져 나옴과 함께 모두 생겨나서, 천지天地가 흩어지고 없어져도 죽지도 않고 쇠衰하지도 않은 것이 상常이다. 상常이라는 것은, 바뀌는 바도 없고, '확정된 도리[定理]'도 없다. 확정된 도리[定理]가 없으니, 상소常所가 없기에, 이 때문에 (道는) 말할 수가 없다. 성인은 그것(道)의 '아득하고 빈 것[玄虛]'을 보았으며, 그것(道)의 '두루 다님[周行]'을 쓰는 것이고, 그것을 억지로 이름 붙이니 '도道'라고 하는데, 그리하여 논할 수 있기에, (『노자』, 「도道」경經 1장에서)「도道는 말할 수 있으면, 상도常道는 아니다(道之可道, 非常道也)」라고[11] 말한다." 필자는 한비의 이런 설명이 노자의 도道를 좀 더 명확히

---

11) '道者, 萬物之所然也, 萬理之所稽也. 理者, 成物之文也. 道者, 萬物之所以成也. 故曰:「道, 理之者也.」物有理不可以相薄. 物有理不可以相薄, 故理之爲物之制. 萬物各有理. 萬物各異理而道盡稽萬物之理, 故不得不化. 不得不化, 故無常操. 無常操, 是以死生氣稟焉, 萬智斟酌焉, 萬事廢興焉. 天得之以高, 地得之以藏, 維斗得之以成其威, 日月得之以恒其光, 五常得之以常其位, 列星得之以端其行, 四時得之以御其變氣, 軒轅得之以擅四方, 赤松得之與天地統, 聖人得之以成文章. 道與堯, 舜俱智, 與接輿俱狂, 與桀, 紂俱滅, 與湯, 武俱昌. 以爲近乎? 遊於四極. 以爲遠乎? 常在吾側. 以爲暗乎? 其光昭昭. 以爲明乎? 其物冥冥. 而功成天地, 和化雷霆. 宇內之物, 持之以成. 凡道之情, 不制不形, 柔弱隨時, 與理相應. 萬物得之以死, 得之以生. 萬物得之以敗, 得之以成. 道譬諸若水, 溺者多飮之卽死, 渴者適飮之卽生. 譬之若劍戟, 愚人以行忿卽禍生, 聖人以誅暴卽福生. 故得之以死, 得之以生, 得之以敗, 得之以成. 人希見生象也, 而得死象之骨, 案其圖以想其生也, 故諸人之所以意想者皆謂之象也. 今道雖不可得聞見, 聖人執其見功以處見其形, 故曰:「無狀之狀, 無物之象.」凡理者, 方圓, 短長, 麤靡, 堅脆之分也. 故理定而後可得道也. …唯夫與天地之剖判也其生, 至天地之消散也不死

정의한다고 생각한다.

不衰者謂常. 而常者, 無攸易, 無定理, 無定理非在於常所, 是以不可道也. 聖人觀其玄虛, 用其周行, 强字之曰道, 然而可論, 故曰:「道之可道, 非常道也.」」,『韓非子新校注』上冊,「解老」第二十, 陳奇猷校注, 上同, 411~415頁.

15.
옛날에 도道를 잘 행하는 이는 미묘하면서 달통하였다

옛날에 도道를 잘 행하는 이는 미묘하면서 달통하였고, 깊어서 알아볼 수 없었다. 무릇 알아볼 수 없었기 때문에 억지로 모양을 꾸몄다. (노자가) 말하기를, 머뭇거림이 겨울[冬]에 물을 건너려는 것 같고, 멈추는 듯 사방의 이웃을 두려워하는 것과 같고, 근엄하기가 (큰) 손님과 같다. 얼음이 녹아내리듯 하고, 순후함이 소박하다. 혼탁하여 흐린 것 같으나, 넓기가 (텅 빈) 골짜기 같다. 탁하면 고요하게 하여 서서히 맑게 하고, 안정되면 움직여서 서서히 생겨나게 한다. 이런 도道를 지키자면 채우려 해서는 안 되니, 이 때문에 (차라리 좀) 모자라게 하고 (새롭게) 이루려 하지 않는다.

[古之善爲道者, 微妙玄達, 深不可識. 夫唯不可識, 故强爲之容. 曰: 豫呵其若冬涉水. 猶呵其若畏四鄰. 嚴呵其若客. 渙呵其若凌釋. 敦呵其若樸. 混呵其若濁, 曠呵其若谷. 濁而靜之徐淸, 安以動之徐生. 保此道不欲盈, 是以能敝而不成.]

이 장은 도를 얻은 통치자를 묘사하고 있다. 백서帛書 갑, 을본에서 '지志'자는 '식識'의 가차이다.[1] 까오밍高明에 의하면 옛날에는 소리만 있

---

1) 『帛書老子校注』15章, 高明撰, 上同, 290頁.

고 뜻은 없을 때가 있는데, '유예猶豫'와 같은 경우이니, 예豫에는 '머뭇거림'의 뜻이 있다. 엄嚴자는 '엄儼(의젓함)'의 뜻이니 '근엄謹嚴'이라는 뜻이다.[2] 까오밍高明에 의하면, 빙冰과 능凌은 뜻이 같고 석釋은 옛날에 액액液으로 쓰였는데 액액液은 '진'이나 '즙'과 같이, 흐르는 액체를 뜻한다. 백서帛書의 능석凌釋은 '녹아내림'을 뜻한다.[3] 하상공河上公주注에서 '광曠은 관대함이고, 곡谷은 공허空虛이니, (사적으로는) 덕德과 공명功名이 없기에, 포용하지 않음이 없다.'라고 하였다.[4] 짱시창蔣錫昌에 의하면, 보保, 복復, 복服은 서로 가차할 수 있고, 복復은 '되돌아옴[返還]'을 뜻한다고 한다. 보保에는 지킴[守]과 유지[持]의 뜻이 있으니, '보차도保此道'는 "이런 도道를 지킴"이란 뜻이다.[5] 유월俞樾(1821-1907)에 의하면 폐蔽(덮음)는 폐敝(피폐하게 함)의 가차이다.[6]

옛날에 도道를 얻은 통치자는 미묘하며 통달하였기 때문에, 보통 사람들은 알아보기가 힘들었고, 알아볼 수 없었기에 억지로 묘사할 수밖에 없었다고 노자는 말한다. 그의 말에 의하면, 도를 얻은 통치자는 겨울에 조심스레 물을 건너듯이 주저하고 서성이며, 사방의 이웃 나라를 두려워하는 듯 신중하였다는 것이다. 어찌 보면 근엄한 손님 같기도 하고, 얼음이 봄에 녹아내리듯이 순후하고 소박하였다는 것이다. 그러나 도를 아는 위대한 통치자는 혼돈되어 흐린 것 같으면서도, 텅 빈 골짜기처럼 마음 씀이 넓었다. 혼탁한 사회적 분위기를 서서히 가라앉혀, 정화하고 안정시켜 필요한 일들을 천천히 추진하였다. 만물과 사회를 아우르는 도道를

---

2) 『帛書老子校注』15章, 高明撰, 上同, 292, 293頁.
3) 『帛書老子校注』15章, 高明撰, 上同, 293頁.
4) 『帛書老子校注』15章, 高明撰, 上同, 294, 295頁.
5) 『帛書老子校注』15章, 高明撰, 上同, 297.
6) 『帛書老子校注』15章, 高明撰, 上同, 299頁.

이루기 위해서는 통치자가 억지로 채우려 하지 말고, 좀 부족[敝]하게 두어야 하며, 새롭게 갱신하려고 서둘러서는 안 된다는 말을 노자는 이 장에서 말하고 있는 것이다.

이 장에 관하여 하상공의 주注에서는, "(여기서는) 도道를 얻은 임금을 말하는 것이다. '아득한 것[玄]'은 하늘이다. 그(임금)의 '지조와 절도[志節]'는 현묘하고, 핵심[精]이 하늘과 소통한다고 말한다. (그의) 도道와 덕德은 심원深遠하기에 식별하여 알 수 없으며, 속으로 보는 것은 장님 같으나, 반대로 귀머거리처럼 들으니, 잘난 점이 무엇인지 모르겠다. … (그는) 일하면 곧 신중을 거듭하고, 주저함이 겨울[冬]에 내[川]를 건너는 것 같이, (그는) 마음으로 어려워한다. 그(임금)의 나가고 물러남이 머뭇머뭇하며 제지당하는 것 같으니, (마치 그는) 사람이 법을 어겼는데 그것을 사방의 이웃들이 아는 것과 같이 한다. (마치 그는) 손님이 주인을 외경畏敬하듯, 위엄 있으나 조작하는 바가 없음과 같다. (마치 그에게는) 흩어짐[渙]은 해산解散이고, 풀림[釋]은 소멸[消亡]이다. (그는) 정욕을 없애니, (마음이) 날로 비게 된다. (그의) 독실함[敦]은 질박하고 돈후敦厚한 것이니, 순박함[朴]은 모양이 아직 구분되지 않음이다. (마치 그는) 안으로는 정신을 지키고, 밖으로는 꾸밈[文彩]이 없다. (마치 그에게는) 공활함[曠]은 관대함이고, 골짜기[谷]는 '텅 비어 있음[空虛]'이다. (그는) 덕과 공명功名을 가지지 않으나, 포용하지 않음이 없다. (그에게는) 흐림[渾]은 본진本眞을 지킴이고, 탁함[濁]은 빛을 비추는 것이 아니다. (그는) '뭇사람[衆人]'과 합동하나, 자신을 높이지 않는다. 숙孰은 누구이다. 누가 혼탁한 물을 멈추게 하면 (자기는) 고요하게 되며, 천천히 (자기는) 저절로 맑아지게 되는 것을 알 수 있는가! 누가 (물은) 안정安靜하여 오래되면 서서히 생장함[長生]을 알겠는가! 이런 서서히 장생하는 도道를 보유한 자는 사치하거나 배부르기를 바라지 않는다. 오직 차고 넘치지 않는 자만이 '가림[蔽]'을 지키고 새롭게 이루지[新成] 않을 수 있다. 가림[蔽]은 광영光榮을 숨기는 것이요, '새롭게 이룸[新成]'은 공명功名을 귀히 여기는 것이다."라고7) 풀이하였다. 하상공은 만물(만인)에게 혜택을 베풀어주면서도, 자신을 숨기고 은폐하는 통치자의 모습을 이상적으로 그리고 있다.

왕필의 주注에서는, "겨울에 내를 건너는데, 편안히 건너려는 듯하고, 건너지 않으려는 듯하니, 그 정황은 알 수가 없다. 사방의 이웃(나라)이 중앙의 주군主君[主]을 합공合攻을 하려는 데, 멈칫멈칫 갈 바를 못 잡는다. 상덕上德의 사람[임금]이라면, (백성이) 그의 '미세한 끄트머리[端兆]'를 볼 수가 없고 (그의) 의향意向[意趣]도 볼 수 없음은 또한 이와 같다. 무릇 이런 여럿의 … 같음은, 모두 그[임금]의 용모를 얻어서, 무엇이라고 나타낼 수 없다. 무릇 그런 (임금)은 (용모를) 숨기고 있으나, 조리[理]가 있고, 사물이 있기에, '밝은 것을 얻을 수[得明]' 있다. (그런 임금은) 흐릿하지만 고요해지고, 편안히 활동하여 사물들이 생겨나게 한다. 이것이 자연스러운 도道이다. 누가 (그러하게) 할 수 있는가?[誰能] 그 어려움을 말한 것이다. '서서히'란 자상하고 신중함이다. 충만하면[盈], 반드시 넘친다. '가림[蔽]'은 덮어버림[覆蓋]이다"라고8) 간략히 서술하고 있다. 왕필은

---

7) '謂得道之君也. 玄, 天也. 言其志節玄妙, 精與天通也. 道德深遠, 不可識知, 內視若盲, 反聽若聾, 莫知所長. …擧事輒加重愼, 與與兮若冬涉川, 心難之也. 其進退猶猶如拘制, 若人犯法, 畏四隣知之. 如客畏主人, 儼然無所造作也. 渙者解散, 釋者消亡. 除情去欲, 日以空虛. 敦者質厚, 朴者形未分. 內守精神, 外無文采也. 曠者寬大, 谷者空虛. 不有德功名, 無所不包也. 渾者守本眞, 濁者不照然. 與衆合同, 不自尊也. 孰, 誰也. 誰能知水之濁止而靜之, 徐徐自淸也! 誰能安靜以久, 徐徐以長生也! 保此徐生之道者, 不欲奢泰盈溢. 夫唯不盈滿之人, 能守蔽不爲新成. 蔽者匿光榮, 新成者貴功名.', 『老子道德經河上公章句』, 「顯德」第十五, 上同], 57~59頁.

8) '冬之涉川, 豫言若欲度, 若不欲度, 其情不可得見之貌也. 四隣合攻中央之主, 猶然不知所趣向也. 上德之人, 其端兆不可覩, 意趣不可見, 亦猶此也. 凡此諸若, 概言其容象不可得而刑名也. 夫晦以理, 物則得明; 濁以靜, 物則得淸; 安以動, 物則得生. 此自然之

진정한 통치자란 정말 무엇이라 형용하기가 힘들다고 본 것이다.

　노자가 말하는 이상적인 통치자는 자기가 무엇이라고 뽐내거나 공명功名을 드러내는 대신에, 자기와 공명을 숨기고, 드러내지 않는다. 사실 이렇게 자신을 드러내지 않는 통치자란 실제의 인류 역사에서는 결단코 드문 일이다. 왜냐하면 통치자란 보통 자신을 드러내고자 하는 자이기 때문이다. 노자가 바라는 이상적 통치자는 그러기에 너무나 이상적이다.

　道也. 孰能者, 言其難也. 徐者, 詳愼也. 盈必溢也. 蔽, 覆蓋也.', 『王弼集校釋』上冊, 「老子道德經注」, 樓宇烈校釋, 15章, 上同, 33, 34頁.

16.
만물이 함께 작동하지만, 나는 그들의 순환[復]을 관찰한다

    비움[虛]을 불러옴에 극진하고 고요함[靜]을 지킴에 돈독하기에 만물이 함께 작동하지만, 나는 그것들의 순환[復]을 관찰한다. 무릇 사물[物]은 이러하니, 각각 그 뿌리로 복귀하는 것이다. 뿌리로 돌아감이 고요함[靜]이다. 고요함이란 (발령자에게) '명령을 받드는[復命]' 것이다. '명령을 받드는' 것은 '변함없음[常]'이고, '변함없음'을 아는 것이 '밝음[明]'이다. '변함없음'을 알지 못함이 망령[妄]이고, 망령을 부리면 흉하다. '변함없음'을 아는 것은 법法[容]이 되고, 법이면 공정[公]하고, 공정하면 왕王이 되고, 왕이면 자연[天]이 되고, 자연이면 도道가 되고, '도'이면 오래간다. 죽더라도 위태롭지 않다.

    [致虛極也, 守靜篤也, 萬物幷作, 吾以觀其復也. 夫物芸芸, 各歸於其根. 歸根曰靜. 靜, 是謂復命. 復命常也, 知常名也; 不知常, 妄, 妄作, 凶. 知常容, 容乃公, 公乃王, 王乃天, 天乃道, 道乃久. 沒身不殆.]

    까오밍高明에 의하면, 옛날에는 정情, 정靜 2자는 동음同音이고 독督, 독篤 2자가 동음同音이라, 서로 가차假借할 수 있었다. 따라서 여기서는 금본今本을 따라서 '수정독守靜篤'으로 본다.[1] 일찍이 소철蘇轍(1039-1112)

---

[1] 『帛書老子校注』16章, 高明撰, 上同, 299頁.

은, "'비움[虛]'을 부름에 극진[極]하지 않으면, '있는 것[有]'이 아직 '없어짐이 아님[未亡]'이다. 고요함[靜]을 지키되 독실篤實하지 않으면, '움직거림[動]'이 아직 '없어짐이 아님[未亡]'이다. 비록 산림山林[丘山]에 있어 (세속을) 떠났으나, '작은 먼지[微塵]'는 아직 다 없어지지 않았으니, 아직 극진함[極]과 독실함[篤]은 아니다. '비움[虛]'을 불러와서 '비움[虛]'에 있다고 하나 오히려 '있는 것[有]'을 떠나지 못했고, 고요함[靜]을 지켜서 고요함에 있다고 하나 오히려 '움직임[動]'에 빠졌으니, 하물며 그 밖이야! 극진하지 않고 독실하지 않으면, 허정虛靜의 쓰임을 따질 때 어려움만 있을 뿐이다. 비움을 극진하게 하여 고요하고 돈독해야, 만물의 변화를 관찰할 수 있으니, 그런 뒤에야 변화로 어지러운 바가 없게 되기에, 무릇 동작이 반복됨을 알게 될 것이다."라고[2] 말하였다. 까오밍高明에 의하면 복復은 반복을 가리키니, 이른바 순환이다.[3] 백서帛書 갑본에 '운운雲雲', 을본에 '운운沄沄', 왕필본에는 '운운芸芸'으로 되어있으나, 『장자莊子』에는 '萬物云云, 各復其根'으로 되어있다.[4] 그러므로 '운운雲雲'은 '운운云云'과 같다. 한비韓非는 "무릇 사물은 한 번 있다가 한번 없어지며, 잠깐 죽거나 잠깐 사는 것이니, 처음에는 왕성하나 후에 쇠락하는 것은 상常이라 말할 수 없다."라고[5] 말했다. 용容을 법法으로 해석함은 용容을 용鎔(쇠를 녹임, 鑄造)으로 본 것이니, 이에 근거하여 쨩시창蔣錫昌(1897-?)은 용容을 법法으로 보았다.[6]

---

2) 『帛書老子校注』16章, 高明撰, 上同.
3) 『帛書老子校注』16章, 高明撰, 上同.
4) 『帛書老子校注』16章, 高明撰, 上同, 300頁;『장莊子』,「재유在宥」11-6, 송영배 역주, 위와 같음, 192쪽 참조.
5) 『帛書老子校注』16章, 高明撰, 上同, 302頁.
6) 『帛書老子校注』16章, 高明撰, 上同`, 303頁.

이 장에서 노자는 '도'를 닦은 통치자라면 우선 자기 마음을 극진하게 비우고, 그 행실이 돈독해야 한다고 말한다. 통치자는 우선 세상 이치가 순환[復]하고 있음을 관찰해야 함을 말하였다.

하상공은 주注에서, "도道를 얻은 임금은 (자기) 정욕情欲을 버리고, 오장五臟을 청정淸靜하게 하고, (마음을) 극진하게 비우는데 이르러야 한다. (임금이) 청정淸靜을 지키고, 행실은 독실하고 도타워야 한다. 작作은 '생겨나는 것[生]'이다. 만물은 함께 생겨나는 것이다. 내가 본 것은, 만물이란 모두 그 근원[本]으로 돌아가지 않음이 없으니, 사람도 마땅히 그 근본[本]이 중함을 염두에 두어야 함을 말한 것이다. 운운芸芸은 꽃과 잎이 무성한 것이다. 만물이란 말라서 떨어지지 않는 것이 없으니, 각자 자기 뿌리로 되돌아가서 갱생해야 함을 말한 것이다. 고요함은 뿌리를 말함이다. 뿌리가 안정되고 유약해야 하고, 겸손하게 낮추어 아래에 처하니, 따라서 다시 죽지는 않는다. 안정함이 생명을 다시 돌아오게 하여, 죽지 않게 함을 말한 것이다. 생명을 회복하여 죽지 않게 함이 곧 도道가 항상 실행하는 것이다. '도'의 상행常行을 알 수 있으면, '밝음[明], 명철함'이 된다. 도의 상행常行을 모르면 사기와 거짓을 망령되이 부리니, 신명神明을 잃게 되므로 흉하다. 도의 '상행'을 알아서, 정욕情欲을 버리고 나면, 포용하지 못함이 없게 된다. 포용하지 못함이 없으면 (임금은) 공정하고 무사無私 하기에 '뭇 사악함[衆邪]'이 감당할 수가 없게 된다. (임금이) 공정 무사하면, 천하의 왕王이 될 수 있다. (임금이) 몸을 닦는데 바르면 몸이 '하나[一]'가 되고, 신명神明이 천만 배가 되어 함께 자기 몸에 이른다. 왕이 될 수 있으면 덕은 '신명'과 합하니, 이에 하늘과 통한다. 덕이 하늘과 통하니, 도道와 합동하게 된다. 도와 합동하면 장구할 수 있다. 공정하고 왕이 되며, 하늘과 통하고, 도와 합하여 4가지가 순수하게 갖추어지니, 도와 덕이 넓고 멀게 미치며, 재앙도 없고 허물도 없으니,

이에 하늘 땅과 함께 망한다고 하더라도 위태로울 일이 없다."라고[7] 이 장을 풀이하였다. 하상공이 볼 때, 통치자란 정욕을 없애고 몸을 청정하게 하여, 신명神明이 충만해야만 한다. 만물이란 근본[本]을 염두에 두어야 하고, 그 뿌리로 돌아가야 한다고 하상공은 생각했다. 그것은 안정하여 생명을 되돌아오게 함이다. 생명이 돌아와 '죽지 않는 것[不死]'이 도道의 상행常行이라고 그는 말한다. 통치자가 도의 '상행'을 알고 정욕을 버리면, 그의 통치는 공정하여 사사로운 편애가 없게 되어 신명神明이 천만 배가 되기에 공정한 왕이 되어, 하늘과 소통하게 되며, 도道와 합하니 공정한 왕으로서 재앙도 허물도 없게 되기에, 천지天地와 함께 망한다고 하더라도, 그의 위업은 위태로워질 수가 없다고 본 것이다. 노자에게 있어 이상적인 통치자란 청정淸靜하고 무위無爲하며, 공정하여 무사無私한 존재다.

왕필은 주注에서, "(마음을) '텅 비게 함[致虛]'이 사물을 '매우 독실하게 함[極篤]'이고, '고요함을 지킴[守靜]'이 사물을 진정眞正하게 함임을 말한 것이다. (만물의) 동작은 생장한다. (임금은) 허정虛靜으로 그(만물의) 반복됨을 관찰하는 것이다. 무릇 '있는 것[有]'들은 공허[虛]에서 생기나며, 움직임[動]은 고요함[靜]에서 생기기 때문에 만물은 비록 함께 동작하나,

---

7) '得道之人, 損情去欲, 五內淸靜, 至於虛極. 守淸靜, 行篤厚. 作, 生也. 萬物幷生也. 言吾以觀見, 萬物無不皆歸其本, 人當念重其本也. 芸芸者, 花葉盛也. 言萬物無不枯落, 各復反其根而更生也. 靜謂根也. 根安靜柔弱, 謙卑處下, 故不復邪也. 言安靜者是爲復還性命, 使不死也. 復命使不死, 乃道之所常行也. 能知道之所常行, 則爲明. 不知道之所常行, 妄作巧詐, 則失神明, 故凶也. 能知道之所常行, 則去情忘欲, 無所不包容也. 則公正無私, 衆邪莫當. 公正無私, 則可以爲天下王. 治身正則形一, 神明千萬, 共湊己身也. 能王, 則德合神明, 乃與天通. 德與天通, 則與道合同也. 與道合同, 乃能長久. 能公能王, 通天合道, 四者純備, 道德弘遠, 無殃無咎, 乃與天地俱沒, 不危殆也.', 『老子道德經河上公章句』, 「歸根」第十六, 上同, 62~64頁.

마침내 허정虛靜에로 돌아가니, 이것이 사물의 '매우 독실하게 함[極篤]'이다. (사물은) 각각 그가 시작한 곳으로 되돌아간다. (사물은) 뿌리[根]로 돌아가면 고요하기에[靜], 따라서 (『노자』 16장에서) 「고요함[靜]」이라 말한다. 고요함이란 '명령을 받드는[復命]' 것이니, 따라서 (『노자』 16장에서) 「명령을 받든다[復命]」고 말한다. 회복하면 생명[性命]을 얻기 때문에, (『노자』 16장에서) 「항상 됨[常]」이라 말한다. '항상 됨[常]'은 (사사로운) 편벽이나 드러냄도 없으니[不彰], 밝음과 어둠의 모양도 없고, 착함[溫]도 못남[凉]도8) 없는 꼴[象]이기 때문에 (『노자』 16장에서) 「항상 됨을 아는 것[知常]이 밝음[明]이다(知常曰明)」라고 말한 것이다. 오직 이런 회복[復]이어야 만물들을 포용하고 통할 수 있어서 받아들이지 못하는 것이 없다. 이것을 잃어버리고 나아가면, 균분均分[平分]에 비뚤음[邪]이 들어오게 되어, 사물은 분열[分]에 빠지게 된다. 따라서 (『노자』 16장에서) 「항상 됨[常]을 모르면 망령을 떨게 되니 흉하다(不知常, 妄作, 凶)」라고 말한 것이다. (항상 됨을 알면) 포용하고 통하지 못할 바가 없다. 포용하고 통하지 못함이 없으면 이에 넓고 공평함에 이른다. 넓고 공평하면 이에 '완비되지[周普] 않음이 없음'에 이른다. 완비되지 않음이 없으면, 이에 자연[天]과 같아짐에 이른다. '자연[天]과 덕德을 합하고, 도道를 몸으로 하여 크게 통하면, 이에 비상非常한[窮極] 허무虛無에 이르게 된다. 비상한 허무에서 도道의 '항상 됨[常]'을 얻게 되면, 이에 '끝없는[不窮]' 정점[頂端, 極]에 이른다. '없음[無]'이라는 것은, 물과 불도 해칠 수 없고, 쇠나 돌도 해칠[殘] 수 없다. 그것을 마음에 쓰면[用], 호랑이나 코뿔소도 그 발톱이나 뿔을 들이댈 수 없고, '무기나 창[兵戈]'의 칼끝도 허용되지 않으니, 어찌 위태로

---

8) 溫에는 善, 柔, 厚 등의 뜻이 있고, 凉에는 不善, 剛, 薄 등의 뜻이 있다. 王弼集校釋』上冊, 「老子道德經注」16章, 樓宇烈校釋, 上同, 38頁, 注6 참조.

움이 있을 수 있겠는가!"라고[9] 풀이한다. 왕필은, 노자가 말한 통치자의 비움[虛]이란 통치자가 마음을 비우면 독실해지고, 그러면 고요해진다고[靜] 보았다. 그리하여 통치자가 허정虛靜에 복귀하면, 만물(만인)을 포용할 수밖에 없다고 왕필은 말한다. 그러나 이 허정虛靜을 잃게 되면 통치자는 '항상 됨[常]'을 잃게 되어 망령된 짓을 하게 되어 흉하게 된다고 말하고 있다. 통치자가 '항상 됨'을 알아야만 만물(만인)을 포용할 수 있게 되면, 통치자는 '넓게[蕩然] 공평하게 되어서 포용함이 완벽하게[周普] 되니, 그 통치자는 자연[天]과 덕을 합하게 되기에, 도道를 체득하여 매우 비상한[窮極] '텅 비임[虛無]'에 이르게 된다고 왕필은 말한다. 그러한 통치자라면 도道의 '항상 됨[常]'을 얻어서, 무궁한 정점에 이르게 된다. 무궁한 정점이란 '없음[無]'을 체현한 것으로, 이렇게 확실하게 보이는 것이 하나도 없는 '없음[無]'이 통치자의 모습이라고 한다면, 호랑이나 코뿔소처럼 무서운 맹수들이나, 각종 무기의 날카로운 칼끝도 통치자를 해칠만한 위해危害가 전혀 될 수가 없다고 왕필은 말하는 것이다. 왕필은, 노자가 말하는 통치자의 모습을 해석하면서, 통치자가 항상 마음을 비우고 고요함을 지켜서 자연[天]의 '항상 됨[常]'을 지킬 것을 강조한다.

이 장에서 노자는, 통치자의 이상은 만물(만인)의 수많은 작동 중에서,

---

9) '言致虛, 物之眞篤; 守靜, 物之眞正也. 動作生長. 以虛靜觀其反復. 凡有起於虛, 動起於靜, 故萬物雖并動作, 卒復歸於虛靜, 是物之極篤也. 各返其所始也. 歸根則靜, 故曰「靜」. 靜則復命, 故曰「復命」也. 復命則得性命之常, 故曰「常」也. 常之爲物, 不偏不彰, 無皦昧之狀, 溫涼之象, 故曰「知常曰明」也. 唯此復, 乃能包通萬物, 無所不容. 失此以往, 則邪入乎分, 則物離其分, 故曰「不知常, 妄作, 凶」也. 無所不包通也. 無所不包通, 則乃至於蕩然公平也. 蕩然公平, 則乃至於無所不周普也. 無所不周普, 則乃全於同乎天也. 與天合德, 體道大通, 則乃至於窮極虛無也. 窮極虛無, 得道之常, 則乃至於不窮極也. 無之爲物, 水火不能害, 金石不能殘. 用之於心, 則虎兕無所投其爪角, 兵戈無所容其鋒刃, 何危殆之有乎!', 『王弼集校釋』上冊, 「老子道德經注」16章, 樓宇烈校釋, 上同, 35~37頁.

그것들의 '항상 됨[常]'을 중시하였다. 만물(만인)의 작동 중에서, 그것들의 변환 속에 있는, 불변하는 '항상 됨[常]'을 관찰하는 것이 매우 중요하다고 노자는 보았다. 바로 이 '항상 됨'이 법도가 되어서, 이것을 공정하게 집행하면, 그런 통치자는 왕이 될 수 있다고 본 것이다. 그런 사람이 왕이 되면, 그런 것이 자연[天]이며, 그것은 또한 도道가 되는 것이라고 이 장에서 말해주고 있다. 그러나 이런 이상적인 통치자가 과연 현실 세계에 존재할 가능성이 있겠는가? 노자의 정치 이상은 너무나 이상적으로 들린다.

17.
제일 좋은 세상에서는 아래 사람이 (임금이) 계심을 안다

제일 좋은 세상에서는 아래 사람이 (임금이) 계심을 안다. 그다음은 (그를) 친애하고 칭송하는親譽 것이다. 그다음은 두려워함[畏]이다. 그다음은 '얕보는 것[侮]'이다. (임금에게) 신뢰[信]가 부족하면, 이에 믿을 수 없게 된다. 아아, 귀중한 말씀이란 공이 이루어지거나 일이 완수되면, 백성들은 '우리가 그렇게 스스로 변화시킨 것이다!'라고 말하는 것이다.

[太上, 下知有之. 其次, 親譽之. 其次, 畏之. 其下, 侮之. 信不足, 安有不信. 猶呵, 其貴言也. 成功遂事, 而百姓謂我自然.]

짱시창蔣錫昌에 의하면, 태상太上은 '제일 좋음[最好]'을 뜻하니, 제일 좋은 세상을 말한다.[1] 까오밍高明에 의하면, 언焉, 안案, 안安자는 옛날에 모두 통했으니, '이에[於是]'나 '즉則'을 뜻한다.[2] 유猶자가 금본今本에서 혹 유由, 또는 유悠자로 되어있으나, 주첸즈朱謙之(1899-1972)에 의하면, 유由와 유猶는 같다. 이것은 유悠와도 통한다.[3] 오징吳澄(1249-1333)에 의하면, 귀貴는 귀중을 뜻한다. 그리고 짱시창에 의하면, 자연自然은 자

---

1) 『帛書老子校注』17章, 高明撰, 上同, 306頁.
2) 『帛書老子校注』17章, 高明撰, 上同, 308頁.
3) 『帛書老子校注』17章, 高明撰, 上同, 309頁.

성自成을 가리키니, 자성自成은 '스스로 변함自化'을 뜻한다.[4]

노자가 말하는 이상적 정치란, 임금은 존재하나 아래의 백성들이 그 존재에 무게감을 못 느끼고, 누구나 자유로이 사는 세상이다. 훌륭한 통치자를 백성이 찬미하고 칭찬하는 세상은, 가장 좋은 세상이라고 할 수 없다. 이는 전자보다 한 단계 낮은 세상이다. 그보다 낮은 단계란 백성이 통치자를 두려워하는 세상이다. 제일 낮은 단계는 백성이 임금을 깔보는 세상이다. 통치자는 백성으로부터 신뢰를 받아야 하고, 백성에게 신뢰받지 못하는 임금은 더 이상 백성의 지도자가 될 수 없다. 노자가 바라는 이상사회에서는, 누구나 일을 성취하고는 이 일들을 자기 스스로 완수했다고 여긴다. 이것이 진정으로 중요한 말씀이다.

이 장에 대해서 하상공은 그의 주注에서, "'가장 좋은 임금太上'은 태고의 '이름이 없던無名 임금'을 말한다. 아랫사람下이 (임금이) '있다有'고 아는 것은 아래에서 위에 임금이 있음을 아는 것이나 '신하로서 받드는 일臣事'은 아니었으니, (임금의) 바탕은 질박하였다. 그(임금)의 덕은 볼 수가 있었고 베푼 은혜를 칭송할 수 있었기 때문에, 백성들이 그를 친애하고 칭송하였다. (그다음은) 형법을 설정하여 (백성을) 다스리는 것이다. (그다음은) 금령이 번다煩多 해지니, 진심誠을 바칠 수 없었기 때문에 그를 얕보는 것이다. 임금에 대한 신뢰가 백성에게 부족하면 아래에서는 불신不信으로 응대하게 되니, 그 임금을 속이게 된다. '가장 좋은太上 임금'이란 일을 적절하게 시키며, 말씀을 귀중하게 여기고, 도道를 벗어나 자연스러움을 잃을까를 두려워함을 말한 것이다. (공과 일이 완수됨은) 천하가 태평함을 말한다. 백성은 군상君上의 덕이 순후淳厚함을 모르기에, 도리어 자기가 스스로 당연하다고 여긴다."라고[5] 풀이하

---

[4] 『帛書老子校注』17章, 高明撰, 上同.

였다. 태고의 이상적 임금은 존재했으나 백성은 그저 그 존재만을 알 뿐이었고, 그가 명령을 내리면 백성이 그것을 수행하기만 하는 주종主從 간의 수직적인 지배관계는 아니었다. 그러나 역사가 흘러가고 사회가 복잡해지면서, 차츰 어진 임금, 형법으로 다스리는 임금이 나왔고, 나중에는 백성이 군주의 존재를 모욕하는 반란의 경지에까지 이르렀다고 하상공은 설명하고 있다. 임금이란 백성이 일하게 하되 여유 만만하게 집행하고, 행여 임금이 정치 도의[道]를 벗어나서 군신 간의 자연스러움[自然]을 잃게 될 것을 걱정하게 됨이라고 하상공은 노자의 이상적 통치자의 모습을 선명하게 그려주고 있다.

왕필은 주注에서, "태상太上은 '큰 사람[大人]'이다. 큰 사람이 위에 계시니, 따라서 (『노자』 17장에서) 「태상太上」이라고 말한 것이다. 큰 사람이 위에 계시니 (그는) '함 없음[無爲]'에 머물고 '말 없는[不言]' 가르침을 행하기에, 만물을 작동하게 하나 베풀어주지는 않으니, 따라서 아래 사람들이 그(임금)가 있음을 알 뿐이다. (이는 백성이) 임금(上)을 따름을 말한 것이다. (그다음은 임금이) '함 없음[無爲]'으로 일하거나, '말 없음[不言]'으로 가르칠 수는 없으나, 선善을 세워서 베풀어주니, 아래 사람으로 하여금, 가까이할 수 있어서 찬미하는 것이다. (그다음은 임금이) 다시 은택[恩]과 사랑[仁]으로 만물을 호령할 수 없으니 '위세와 권력[威權]'에 의지하는 것이다. (그다음은 임금이) 정치로 백성을 고르게 못 하고, 지혜로써 나라를 다스리지 못하기에, 아래 사람이 외면할 줄만 알고 그의 명령을 좇지

---

5) '太上謂太古無名之君也. 下知有之者, 下知上有君, 而不臣事, 質朴也. 其德不見, 恩惠可稱, 故親愛而譽之. 設刑法以治之. 禁多令煩, 不可歸誠, 故欺侮之. 君信不足於下, 下則應之以不信, 而欺其君也. 說太上之君, 擧事猶猶, 貴重於言, 恐離道失自然也. 謂天下太平也. 百姓不知君上之德淳厚, 反以爲己自當然也.', 『老子道德經河上公章句』, 「淳風」第十七, 上同, 68, 69頁.

않으니, 따라서 (『노자』17장에서)「얕본다[侮之]」라고 말한 것이다. (만약 임금이) 몸을 다스림에 본성[性]을 잃었으면 질병이 생겨나고, 만물(만인)을 돕는데 참된 것[眞]을 잃었다면, 결함[疵釁]이 생긴 것이다. (임금이) 신의[信]가 부족하면, 불신이 있게 되는 것이 자연의 도道이다. 이미 부족함에 처하나, (임금이) 지혜로도 구제할 바가 없는 것이다. '스스로 변함[自然, 自化]'은 그 '실마리[端兆]'를 볼 수가 없고, 그 뜻[意趣]도 살필 수가 없다. 그[自然]의 말씀을 바꿀 것이 없으나, 말[言]에는 반드시 대응[應]이 있기 때문에 (『노자』17장에서) 「아아, 그 귀한 말씀을(悠兮其貴言)!」이라고 말한 것이다. (최고의 임금[太上]은) '함 없는(無爲)' 일에 거하고, 모양[形]으로 사물을 세우지 않기 때문에 공이 이루어지고, 일이 완수되었으나, 백성은 그것들이 그렇게 된 까닭을 알지 못한다."라고6) 이 장을 풀이하고 있다. 왕필은, 태상太上을 옛날의 시대로 본 것이 아니라, 그것을 '큰 사람[大人]'으로 보았다. 그 '큰 사람'은 임금으로서, '함 없는[無爲] 일'을 하며 '말 없음[不言]'의 가르침을 시행하시기에, 만물을 직접 주재하여 다스리는 것이 아니라, 만물이 스스로 다스리도록 내버려둔다고 보았다.

그러나 역사가 발전함에 따라서 이런 '함 없고[無爲]', '말 없는[不言]' 시대는 가버리고, 점차로 사회의 자연적 추세는 쇠퇴해 가고, 선善을 세워서 베풀어주는 시대가 왔다. 이런 시대에는 백성이 통치자를 찬미하였

---

6) '太上, 謂大人也. 太上在上, 故曰「太上」. 大人在上, 居無爲之事, 行不言之敎, 萬物作焉而不爲始, 故下知有之而已. 言從上也. 不能以無爲居事, 不言爲敎, 立善行施, 使下得親而譽之也. 不復能以恩仁令物, 而賴威權也. 不能以正齊民, 而以智治國, 下知避之, 其令不從, 故曰:「侮之」也. 夫御體失性, 則疾病生; 輔物失眞, 則疵釁作. 信不足焉, 有不信, 此自然之道也. 已處不足, 非智之所濟也. 自然, 其端兆不可得而見也, 其意趣不可得而覩也. 無物可以易其言, 言必有應, 故曰「悠兮其貴言」也. 居無爲之事, 不以形立物, 故功成事遂, 而百姓不知其所以然也.',『王弼集校釋』上冊,「老子道德經注」17章, 樓宇烈校釋, 上同, 40, 41頁.

다. 그러나 그다음에는 임금이 권력으로 백성을 억누르는 위권威權의 시대가 왔다. 이때 아래 백성은 임금과 나라의 명령을 피할 줄 알게 되었다. 백성들은 임금과 나라의 명령을 따르지 않고, 그것을 얕보게[侮之] 되었다.

왕필은 또한 나라의 지도자가 몸을 다스림에 본성[性]을 잃게 되면, 질병이 생기고, 만물들에 역병들[疵釁]이 생겨난다고 보았다. 요컨대, 노자가 말하는, 좋은 세상이란, 백성을 다스리는 것이 아니라, 그들 스스로 자활하게끔 내버려두는 것이라고 말하는 것이다.

장자는 이런 이상을 이렇게 표현하고 있다. "샘물이 마르니 고기들이 서로 뭍에 처해 있는데, 서로 습기를 입으로 불어놓고 서로 거품으로 적셔준다. (이는) 강호江湖에서 서로 잊고 사는 것만 못한 것이다. 요堯임금을 찬양하고 걸桀임금을 비난하기보다는, 둘 다 잊어버리고, 도道와 화합하는 것만 못 하다."[7]

장자도 노자와 같은 이상을 품고 있다고 하겠다. 노자가 바라는 이상사회는 문명이 발달하지 않아 지배자와 지배받는 사회적 구별이 미약했던 선사시대와 거의 차이가 없는 자연 상태를 말하는 것이다. 그런 사회란 결국 '작은 나라[小國]'이며, '인구가 적은[寡民]' 사회일 수밖에 없다. 노자나 장자가 살던 당대 사회란 교역이나 전쟁을 통한 병합이 날로 왕성해지며, 거대한 중앙집권 사회의 출현을 향해 박차를 가하는 치열한 경쟁과 전쟁이 난무하는 사회였다. 그러나 노자와 장자는 이런 당대 사회의 흐름에 반기를 들고, 오히려 역사 이전의 소박한 원시사회로의 복귀, 또는 지배자 없는 백성들 자신의 자유방임을 가장 이상적 사회로 그리고 있다.

---

[7] '泉涸, 魚相與處於陸, 相呴以濕, 相濡以沫, 不如相忘於江湖. 與其譽堯而非桀也, 不如兩忘而化其道.',『莊子校詮』,「大宗師」, 上冊, 王叔岷撰, 上同, 223頁;『장자莊子』,「대종사大宗師」6-2, 송영배 역주, 위와 같음, 112쪽.

18.
'큰 도道'가 없어지자 이에 인仁과 의義가 있게 되었다

진실로 (道家의) '큰 도[大道]'가 없어지자 이에 (儒家의) 인仁과 의義가 있게 되고, 지혜가 나오자 '큰 거짓[大僞]'이 있게 되었다. 육친六親이 화합하지 못하자 이에 사랑[仁]과 옳음[義]이 있게 되고, 나라가 혼란해지자 이에 '충실한 신하[貞臣]'들이 있게 되었다.

[故大道廢, 安有仁義. 智慧出, 安有大僞. 六親不和, 安有孝慈. 邦家昏亂, 安有貞臣.]

여기서 고故는 고固의 뜻이니, '진실로'를 뜻한다. 까오밍高明에 의하면, 안安, 안案, 언焉 3자는 뜻이 서로 통하며 '이에[於是]'를 뜻한다.[1] 백서帛書본에는 '정신貞臣'으로 되어있으나, 왕필본에는 '충신忠臣'으로 되어있다. '충忠'이나, '정貞'은 모두 '매우 충실함[竭誠]'의 뜻이라고 까오밍은 말한다.[2]

이 장에 대해 하상공은 그의 주注에서, "큰 도道가 (있는) 때에는 가정[家]에 효자孝子가 있었고 집[戶]에는 진실[忠]과 믿음[信]이 있었으나 (儒家

---

1) 『帛書老子校注』 18章, 高明撰, 上同, 310頁.
2) 『帛書老子校注』 18章, 高明撰, 上同, 311頁.

에서 말하는) 사랑[仁]과 의義는 보이지 않았다. 큰 도가 없어지고 쓰이지 않으니 '간악奸惡과 역란逆亂[惡逆]'이 발생하게 되었기에, 이에 (儒家의) 사랑[仁]과 의義가 있게 되어서, 도道를 전할 수 있게 되었다. 지능 있는 임금은 (儒家에서 말하는) 덕德을 천하게 여기고 말[言]을 귀히 여기며, 바탕[質]은 천하게 여기고 꾸밈[文]을 중시하니 아랫사람[下]들이 (이에) 대응하여 크게 거짓을 꾸미고 교활하게 되었다. 6기紀[아버지항렬(諸父), 兄弟, 族人, 외숙부(諸舅), 師長, 朋友]의 관계가 끊기고 친척들이 불화하게 되니, 이에 (儒家의) 효성[孝]과 자애[慈]로 서로 길러주게 되었다. 정령政令이 시행되지 않아서 상하가 서로 원망하고, 간사하고 더러운 술수로 권력을 빼앗으니, 이에 자기 임금을 바로잡는 충신이 있게 되었다. 이것은 (옛날, 먼 옛날에) 천하가 태평하나 (유가의) 사랑[仁]을 몰랐으며, 사람이 다 욕심이 없었으니, 염치[廉]도 몰랐으며, 각자 자신을 깨끗이 하였으나 '절조節操 있음[貞]'도 몰랐음을 말한 것이다. (옛날) 대도大道의 세상에는 (儒家의) 사랑[仁]과 의義가 없었고, 효성[孝]과 자애[慈]도 멸했으니, 해[日]가 복판에서 아주 밝게 비추었으니, 뭇별이 빛을 잃는 것과 같았다."라고3) 풀이하고 있다. 노자가 말하는 세상은 바로 '큰 덕[大德]'의 세상으로, 유가儒家에서 말하는 인위적 덕목인 사랑[仁]이나 인위적 '옳음[義]'이 아직 나타나지 않았던 (옛날의) 시대이다. 그러나 도와 덕이 타락하고 더러워진 뒤에, '육친六親 간의 관계[六紀: 諸父, 兄弟, 族人, 諸舅, 師長, 朋友]'가 끊어지고 사회가 혼란해지자, 비로소 유가儒家에서 말하는

---

3) '大道之時, 家有孝子, 戶有忠信, 仁義不見也. 大道廢不用, 忠逆生, 乃有仁義可傳道. 智慧之君賤德而貴言, 賤質而貴文, 下則應之以爲大僞姦詐. 六紀絕, 親戚不和, 乃有孝慈相牧養也. 政令不行, 上下相怨, 邪僻爭權, 乃有忠臣匡正其君也. 此言天下太平不知仁, 人盡無欲不知廉, 各自潔己不知貞. 大道之世, 仁義沒, 孝慈滅, 猶日中盛明, 衆星失光.', 『老子道德經河上公章句』, 「俗薄」第十八, 上同, 73頁.

인의仁義나 효자孝慈 같은 인위적 덕목이 강조되기에 이르렀다고 하상공은 해설하고 있다. 하상공에 의하면, 대도大道가 지배하는 세상에서는 유가에서 말하는 인의仁義나 효자孝慈 같이 인위적인 덕목은 필요 없다는 것이다.

왕필은 그의 주注에서, "'함 없음[無爲]'의 일을 잃고서 (통치자는) 더욱 지식을 베풀어 '좋은 일[善]'을 확립하여 사물을 발전시켰다고 말한다. (그들이) 법술[術]과 예지睿智[明]를 실행하고, '사기와 거짓[姦僞]'을 관찰하고, (의도한) 뜻[趣]을 살펴 모양[形]을 보게 되니, 사물[人物]들이 피할 줄 알게 되었다. 그러므로 지식[智慧]이 나오면 '큰 거짓[大僞]'도 생겨나는 것이다. (효도와 자비[孝慈]나, 진실한 신하[忠臣]는) 매우 아름다운 이름이나 '큰 악大惡'에서 생겨나니, 이른바 '아름다움과 미움[美惡]'은 '같은 곳에서 나온 것[同門]'이다. 육친六親은 아버지와 자식들, 형제와 부부이다. 만약 육친六親이 저절로 화합하고 나라가 저절로 다스려지면, (사람은,) 효도[孝], 자비[慈], '진실한 신하[忠臣]'가 어디에 있는지를 모르게 된다. 강이나 호수의 길에서 물고기가 서로를 잊고 있다면, (샘물이 말라버려서) 서로 적셔주는 덕도 어디서 생겨난 것인지 모르게 된다."라고[4] 이 장을 풀이하고 있다. 왕필에 의하면, 임금이 '함 없는[無爲]' 세상이, 노자가 그리는 이상세계라는 것이다. 법술과 지식이 판을 치고, 인간 문명의 발전이 왕성해지면 지혜가 나오기도 하지만, 동시에 '큰 거짓[大僞]'도 함께 성행하는 법이다. 그러므로 '아름다움과 미움[美惡]'이 같은 뿌리에서 나온 것이라는 것이다. 인간 사회를 유지하기 위해서는 육기六紀와 같은

---

4) '失無爲之事, 更以施慧立善, 道進物也. 行術用明, 以察姦僞, 趣覩形見, 物知避之. 故智慧出則大僞生也. 甚美之名, 生於大惡, 所謂美惡同門. 六親, 父子, 兄弟, 夫婦也. 若六親自和, 國家自治, 則孝慈, 忠臣不知其所在矣. 魚相忘於江湖之道, 則相濡之德(不知所)生也.', 『王弼集校釋』上冊, 「老子道德經注」18章, 樓宇烈校釋, 上同, 43頁.

사회도덕도 필요하지만, "육친이 '저절로 화합[自和]'하고 나라가 '저절로 다스려진다면[自治]' 효도[孝]나 자애[慈], 충신忠臣이 모두 필요 없어진다는 것이다. 왜냐하면 세상은 인위적 간섭 없이도 사람 살기가 행복하고 평안하기 때문이라는 것이다.

　노자가 바라는 이상사회는 현실적으로 존재하는 실제 사회라기보다 오히려 이상적 유토피아의 세계이다.

19.
성인을 끊어버리고 지혜를 버리면 백성의 이익이 백배가 된다

성인[聖]을 끊어버리고 지혜[智]를 버리면, 백성의 이익이 백배가 된다. 사랑[仁]을 끊고 의義를 버리면 백성이 다시 효도하고 자애하게 된다. 교묘함[巧]을 끊고 이익을 버리면 도적이 없어진다. 이 세 가지 말[三言]은 꾸몄으나 아직 만족할 수 없으니, 그러므로 속한 데가 있게 하라. 소박함을 보이고 박실樸實함을 품으면, 사사로움이 줄어든다. (세속) 학문을 끊으면, 걱정이 없어진다.

[絶聖棄智, 民利百倍. 絶仁棄義, 民復孝慈. 絶巧棄利, 盜賊无有. 此三言也, 以爲文未足, 故令之有所屬. 見素抱樸, 少私而寡欲. 絶學无憂.]

셋은 성지聖智, 인의仁義와 교리巧利를 가리킨다. 백서帛書에서는 삼언三言이라 말하고, 기타 판본에서는 삼자三者를 말하고 있는데, 삼언三言과 삼자三者의 뜻은 같다. 문文은 '꾸밈[文飾]'이다.[1] 하상공河上公이 말하는 '정교예악政敎禮樂의 학學'은 성聖, 지智, 인仁, 의義, 교巧와 이리利를 가리킨다.[2] 여길보呂吉甫(呂惠卿, 1032-1111)는 "천하의 혼란은 근본[本]을 분별하지 못하고 본성[性]을 잃는 데서 시작했음을 성인께서 아시니, '이

---

1) 『帛書老子校注』19章, 高明撰, 上同, 313頁.
2) 『帛書老子校注』19章, 高明撰, 上同, 316頁.

름 없음[無名]'의 소박함[樸]만이 이것을 진정시킬 수 있음을 아신 것이다. 「무소불통無所不通함[聖]을 끊고, 지智를 버림, 인仁을 끊고, 의義를 버림, 교묘함[巧]을 끊고, 이익[利]을 버림」은 이에 우리의 '이름 없는[無名]' 소박함[樸]을 회복하여 진정시키는 것이다. 「성聖을 끊고, 지智를 버림, 인仁을 끊고 의義를 버림」은 미美와 선善으로 자기 마음[心]을 얽매는 것이 아니다. 「성聖[無所不通함]을 끊고 지智를 버림, 인仁을 끊고 의義를 버림」은 미움[惡]과 불선不善으로 자기 마음을 얽매는 것이 아니다. 안으로 자기 마음을 얽매지 않고, 밖으로 자기 흔적을 남기지 않으면, 백성의 이익은 백배가 되고, 「백성은 다시 효도[孝]하고 자애하게[慈] 되니, 도적이 없게 된다.」라고 하니, 진실로 그런 도리이다. 「성聖을 끊고, 지智를 버림, 인仁을 끊고 의義를 버림」은 '현자를 숭상하지 않음[不尚賢]'을 다한 것이니, 끊어서 버림은 단지 숭상하지 않음뿐만이 아니다. 「성聖을 끊고, 지智를 버림, 인仁을 끊고 의義를 버림」은 얻기 어려운 재화를 귀하게 보지 않음을 다할 뿐만 아니라, 그것을 끊어서 버리니, 귀하게 보지 않음뿐만이 아니다. 사람이 태어나면서 만물은 모두 나에게 갖추어졌다면, 지족至足한 부富를 가진 것이다. 성聖을 끊고, 지智를 버릴 수 있어서 그 처음을 회복할 수 있으면, 그 이익은 백배가 될 것이다. 「백성이 다시 효도하고 자애[慈]하면」, 육친六親이 모두 조화로워서, 효도와 자애[慈]도 모르게 될 것이다. 「도둑이 없게 되니」 나라는 밝게 다스려지기에 '진실한 신하[忠臣]'가 있는 줄 모르게 된다. 현자를 숭상하지 않으니, 백성이 다투지 않게 되고, 「백성의 이익이 백배가 되니」, 「백성이 다시 효도하고 자비로우니」 다만 다투지 않을 뿐만이 아니다. 얻기 어려운 재화를 귀하게 여기지 않으니, 백성이 도적이 되지 않기에, 다만 도둑질하지 않을 뿐만이 아니다."라고 이 장을 풀이하고3) 있다.

하상공은 그의 주注에서, "무소불통無所不通함[聖]을 끊고서 (물건을)

'만들어 내니[制作], 처음으로 돌아가 으뜸[元]을 지키게 된다. 오제五帝[황제黃帝, 전욱顓頊, 제곡帝嚳, 당요唐堯, 우순虞舜]가 꼴[象]을 그리고, 창힐蒼頡이 글자[書]를 지었는데, 삼황三皇[복희伏義, 신농神農과 여와女媧]의 '끈으로 매듭지음[結繩](의사 표현)의 꾸밈없음'만 못하였다. (옛날의 임금은) 지식[智]이나 혜택[惠]을 버리고, '함 없음[無爲]'으로 돌아갔다. (백성은) 농사하고, '나랏일[公]'에 사사로움[私]이 없었다. (유가儒家방식의) 사랑[仁]으로 은혜를 보이는 것을 끊어버리고, 의義로 '꾸미는 말[華言]'을 버렸다. (옛날에는) 덕德의 변화는 순수하였다. 기묘함[巧]을 끊음이란 '사기와 거짓[詐僞]'으로 '진실[眞]'을 어지럽힘(을 끊음)이다. 이익[利]을 버림은, 탐하는 길을 막고 '권세 있는 귀족[權門]'과의 (연통)을 폐쇄함이다. 위로 공정하고 아래로 '사특한 사사로움[邪私]'이 없어진다. (셋은) 끊어내어 버린 세 가지 일을 말한다. 꾸밈[文]이 부족하다고 여긴 것은 꾸밈이 백성을 가르치기에 부족함이다. … 소박함을 드러냄은 마땅히 소박함을 품고 진실[眞]을 지키며, 꾸밈을 숭상하지 않음이다. 소박함을 품음은 마땅히 자기 질박함을 품고서 아랫 (사람)에게 보여주기 때문에 법칙이 될 수 있다. 사사로움이 적기에[少] 바르고 사사로움이 없는 것이다. 욕심이 적으니 마땅히 만족함을 아는 것이다."라고[4] 이 장을 풀이하였다. 당대인들이 유가儒家방식을 따라 사랑[仁]으로 은혜를 보이고 의義를 거창하게 떠들어내고 있지만, 도가道家의 입장에서는 이런 '유위有爲'를 벌이는

---

3) 『帛書老子校注』19章, 高明撰, 上同, 312, 313頁.
4) '絶聖制作, 反初守元. 五帝畫象, 蒼頡作書, 不如三皇結繩無文. 棄智惠, 反無爲. 農事修, 公無私. 絶仁之見恩惠, 棄義之尙華言. 德化淳也. 絶巧者, 詐僞亂眞也. 棄利者, 塞貪路閉權門也. 上化公正, 下無邪私. 謂上三事所棄絶也. 以爲文不足者, 文不足以敎民. … 見素者, 當抱素守眞, 不尙文飾也. 抱朴者, 當抱其質朴, 以示下, 故可法則. 少私者, 正無私也. 寡欲者, 當知足也.', 『老子道德經河上公章句』, 「還淳」第十九, 上同, 75~77頁.

문화와 문명의 방식을 버리고, 임금의 '함 없음[無爲]'의 정치를 오히려 이상으로 보았다고 하상공은 말하는 것이다. ① '무소불통無所不通함[聖]'을 끊어내고 지식[智]을 버리며, ② 사랑[仁]을 끊고 의義를 버리며, ③ '교묘한 재주[巧]'를 끊어내고 이익을 버림, 이 세 가지가 자연 그대로의 생활 방식을 지켜준다고 노자는 생각했고, 하상공도 이런 사회의 모습을 설명하고 있다. 재주를 버리고 이익을 탐내지 않아야, 남의 재물을 훔치려는 도둑질도 없어진다고 본 것이다. 물질적 이득을 적극적으로 추구하기보다는 마음의 안정과 편안함이 더 소중하다고 본 것이다. 도시의 화려한 문명 생활보다 시골의 소박한 자연생활이 낫다고 본 것이 노자의 이상사회라고 하상공은 해설하는 것이다.

왕필은 그의 주注에서, "(세속에서 말하는,) '무소불통無所不通함[聖]'이나 지식[智]은 좋은 재능이고, 인의仁義는 좋은 행동이고, '교묘한 이점[巧利]'은 '좋은 사용법[用之善]'이다. 그러나 (노자는 그것들을) 「끊어내라[絶]!」고 곧바로 말한다. (인위적으로) 꾸며댄 것[文]은 매우 부족하나, (자연적으로) '못난 것[不令]'에는 만족함[屬, 足]이 있으며, 그 '좋은 맛[指, 旨]'을 내보이지 않는다. 그러므로 이 셋은, 꾸며댄 것[文]에는 만족하지 않으나, (자연적으로) 못난 것[不令]에는 만족함이 있으니, 소박한 과욕寡欲에 만족하게 된다."라고[5] 이 장을 해석하고 있다. 세속에서 대단한 것으로 말하는 '무소불통無所不通함[聖]'이나 지식[智], 인의仁義나, '교묘한 이점[巧利]'들이 다 좋기는 하나, 노자는 곧바로 그것들을 '끊어내라[絶]!'라고 말한다는 것이다. 이런 인간 문명이 만들어낸 인위적인 조작들은 자연 그대로의 아름다움에 못 미치기에, 노자는 '꾸몄으나[文] 부족'하다고 말한

---

[5] '聖智, 才之善也, 仁義, 行之善也; 巧利, 用之善也. 而直云; 「絶」. 文甚不足, 不令之有所屬, 無以見其指[旨]. 故曰: 此三者, 以爲文而未足, 不令之有所屬, 屬之於素樸寡欲.', 『王弼集校釋』上冊, 「老子道德經注」19章, 樓宇烈校釋, 上同, 45, 46頁.

다. 그러나 자연적으로 주어진 것들은 '못났으나[不令]', 거기에는 '만족함 [所屬]'이 있어도 '그 맛을 보여주려고 하지 않으니[無以見其旨]' 만족함이 있다고 노자는 말하는 것이다. 이것이 '소박한 과욕[素樸寡欲]'에 만족함이라고 노자는 말한다고, 왕필은 이번 장의 뜻을 우리에게 설명하고 있다.

노자는 인위적으로 문명을 발전시켜 얻는 물질적 번영보다는 발전 없는 사회라도 자연과 어우러지는 소박한 사회에서의 안정된 삶을 원했다. 요컨대, 문명 발전을 비판하고 자연을 찬미하는 그의 면모를 볼 수 있다.

20.
'따를까[唯]'와 '말까[訶]'는 얼마나 차이가 있을까

'따를까[唯]'와 '말까[呵]'는 얼마나 차이가 있을까? 아름다움과 미움은 얼마나 차이가 있을까? 사람들이 두려워하는 이(임금)는 또한 그를 두려워하는 사람들을 두려워하지 않을 수 없다. 망망하니 멀어서 끝이 없구나! 뭇사람들이 희희낙락하여 (천지天地에) 큰 제사를 올리어 잔치를 여는 듯하니, 봄에 누대樓臺에 오르는 것 같다. 나는 고요하여 '함없음[無爲]'이니 아직 징조가 없어서 어린아이가 아직 웃지 않은 것 같다. 뜻을 잃고 지쳐서 돌아갈 곳이 없는 것 같다. 뭇사람들은 모두 여유로운데 나는 홀로 부족한 것 같다. 나는 어리석은 사람만 같아 흐리멍덩하여 알지 못한다. 속인들은 분명히 이해하는데[昭昭] 나는 홀로 어둡기만 하다. 속인들은 '깨끗이 분별[察察]'하는데 나는 홀로 욕을 당한듯 하다. (그러나 나는) 홀연 (탁 트인) 바다 같아서 물결 따라 그침이 없다. 뭇사람들은 모두 '쓰임[用]'을 가지고 있으나 나는 홀로 우둔愚鈍[頑]하고 비둔鄙鈍하게 보인다. 나는 사람들과 홀로 다르고자 하니, '길러주시는 어머니[食母]'를 귀히 보는 것이다.

[唯與呵, 其相去幾何? 美與惡, 其相去何若? 人之所畏, 亦不可以不畏人. 朢呵, 其未央哉![1] 衆人熙熙, 若饗於大牢, 而春登臺. 我泊焉未兆, 若嬰兒未

---

1) 朢자는 望의 古體인데 지금은 望으로 쓰고 朢은 없어졌다. 옛날에는 望・荒・忙의 音이 같아서 서로 假借했는데, 여기서는 朢이 本字이다. 『釋名』(漢 劉熙撰)에 의하면,

제2부 도경道經 303

咳. 纍呵, 如无所歸. 衆人皆有餘, 我獨遺. 我愚人之心也, 沌沌呵. 俗人昭昭, 我獨若昏呵. 俗人察察, 我獨悶悶. 忽呵, 其若海. 恍呵, 若无所止. 衆人皆有以, 我獨頑以鄙. 吾欲獨異於人, 而貴食母.]

까오밍高明에 의하면 아呵는 마땅히 가訶(꾸짖음)자인데, 가訶는 세속에서 가呵로 쓰니, 가呵는 '화내어 책망함[怒責]'을 뜻한다. 마음의 노함은 반드시 부인하는 데서 일어나니, 가訶는 부否을 뜻한다. 「유여가唯與呵」는 '따를까, 말까?'을 뜻한다.2) 리우디엔줴劉殿爵(1921-2010)는, "'사람들이 두려워하는[人之所畏]' 임금은 또한 마땅히 그를 두려워하는 사람들을 두려워해야 한대[人之所畏, 亦不可以不畏人]"라고3) 해석하였다. 옛날에 망望, 황荒, 망忙 세 자字는 음이 같아 서로 '빌려서 썼으니[假用]' 망望이 본자本字인데, 망망망망茫茫(아득함)을 뜻한다. 앙央은 다함[盡]을 뜻한다. 희희熙熙는 화목하여 즐거운 소리이다. 대뢰大牢는 지금의 (천지天地에 제사를 드리는) '큰 제사[太牢]'이다. '이춘등대而春登臺'에서 이而는 여如을 뜻한다.4) 박泊은 파怕로도 쓰이는데, '고요하며 하는 것 없음[恬靜]'을 뜻한다. 유가纍呵는 유유纍纍와 같으니, '뜻을 잃고서 피로한' 모양이다.5) 유遺는 궤匱의 가차假借이니, '부족, 결핍'을 뜻한다.6) 돈沌, 순純, 돈忳은 돈惇의 가차이니, 혼돈渾沌(混沌)을 뜻한다. '돈돈혜沌沌兮'는 성인이 흐리

望은 茫(아득함)이니, '망망하게 멀리 봄[遠視茫茫]'이다. 여기서는 廣이나 遠을 뜻한다. 『廣雅・釋詁』에 의하면, 央은 盡(다되다, 끝나다)을 뜻한다. 『帛書老子校注』, 高明撰, 上同, 318, 319頁 참조.

2) 『帛書老子校注』20章, 高明撰, 上同, 317頁.
3) 『帛書老子校注』20章, 高明撰, 上同.
4) 『帛書老子校注』20章, 高明撰, 上同, 318頁.
5) 『帛書老子校注』20章, 高明撰, 上同, 320頁.
6) 『帛書老子校注』20章, 高明撰, 上同, 321頁.

멍덩하여 알지 못함을 형용한 것이다. 민민閔閔, 민민閩閩은 문문紊紊, 문문汶汶과 같이 모욕당함을 뜻한다. '홀혜忽兮'나 '황혜恍兮'는 '아득히 멀어서[幽遠]', '모양 없음[無形]'이니, 모양을 변별할 수가 없다. '홀가忽呵'는 바다와 같음의 뜻이고, '황가恍呵'는 '그 흔들림에 그침[止]이 없음'을 뜻한다. 이는 성인은 무위無爲하고 무욕無欲하니, 맑고 고요하여 드러냄이 없기에, 기뻐서 자득하는 신비로운 모양[神態]을 말한다.[7] '중인衆人은 모두 이以를 가진대[衆人皆有以].'에서, 왕필은 이以를 '쓰임[用]'으로 해석하였다. 어리석어 무지無知함이 완頑이고, 고루하여 베풀지 못함이 비鄙이다. 사람들은 백성을 살리는 근본을 버리고 말식末飾의 화려함을 귀하게 보기에, 「나는 홀로 사람들과 다르고자 한다[我欲獨異於人]」라고 말한 것이다. 사食는 기름[養]을 뜻한다. 모母는 근본[本]이다. '기르는 어머니[食母]'가 '살리는 근본[生之本]'이다.[8]

 이 장을 하상공은 그의 주注에서, "(유唯와 아阿는,) 같은 응대이나, 그 차이는 얼마인가? (세상은,) '시세時世를 미워하니[疾時]' 바탕[質]을 천시하고, 꾸밈[文]을 귀히 여기게 된다. (그런데,) '선한 자[善者]'는 칭찬하고, '악한 자[惡者]'는 (고치라고) 권면하면, 서로 차이가 어떠할까? 당시 세상을 미워하니, 충직忠直함을 미워하고, '사특한 소인배[邪佞]'를 임용하는 것이다. 사람人은 도인道人을 말하는 것이다. 사람[道人]이 두려운 것은, (세속) 학식을 끊지 않는 임금이 두려운 것이다. (그런 임금을) 두려워하지 않을 수 없는 것은 (그가) 아첨하는 얼굴색을 가까이하고, 인현仁賢한 이를 죽이는 것이다. 세속 사람들은 세상이 불안정한데, 배움을 더하여 꾸미려고[文] 하여, 아직 다 끝난 것이 아니다. 희희嬉戱거리는 것은 욕심

---

7) 『帛書老子校注』20章, 高明撰, 上同, 325頁.
8) 『帛書老子校注』20章, 高明撰, 上同, 326, 327頁.

대로 방탕하여 정욕情欲이 많아진 것이다. 굶음에 큰 잔치가 벌어지길 바라는 것 같아, 뜻은 만족할 때가 없다. 봄에는 음양이 교통하여 만물들이 감동하니, 누대에 올라가서 바라다보면, '하려는 뜻[意志]'이 '더 나가려는 모양[淫淫然]'으로 다가온다. 나는 홀로 두려운 듯 안정安靜하니, 아직은 정욕情欲의 징조는 없다. (나는,) 어린아이가 아직 (흙이나 나무로 만든) 인형[偶人]에게 답할 줄 모르는 때와 같다. 나는 '먼 타향[窮鄙]'에서 '기가 꺾여 곤란한 듯[乘乘]', 돌아갈 곳도 없다. 뭇사람들은 여유의 재물로 사치를 부리며, 여분의 지식으로 사기[詐]를 친다. 나는 홀로 떨어져 버린 것[遺棄] 같아서, 부족한 듯, 하다. (나는) 속인들을 따르지 않고, '하나ㅡ'를 지키고 움직이지 않으니, 바보[愚人]의 마음과 같다. (나는) 분별도 없다. (속인들은) 밝고[明] 통달하였다. (나는) '어둡고 미개[闇昧]한' 것 같다. (속인들은) '깨끗하게 분별하니[察察]', 급하고 또한 빠르다. (나는) '모욕당한 듯하니[悶悶]', '잘려 나갈 배[割截]'가 없다. 나는 홀로 실의失意하여[忽忽] 강과 바다를 떠다님과 같으니, 자기의 '끝날 점[窮極]'을 모른다. 나는 홀로 표류하는 듯하니, 나는[飛] 듯, 올라가[揚]듯, 그칠 바가 없으니, 뜻은 신비한 영역에 있는 셈이다. 이以는 '함이 있음[有爲]'이다. 나는 홀로 '함 없음[無爲]'이니, 비루한 듯하고, 잡히지 않는 듯하다. 나는 홀로 (일반) 사람들과는 다르다. 사食는 씀[用]이다. 어머니[母]는 도道이다. 나는 홀로 도道를 씀을 귀하게 여긴다."라고[9] 풀이하고 있다.

---

9) '同爲應對而相去幾何? 疾時賤質而貴文. 善者稱譽, 惡者諫諍, 能相去何如? 疾時惡忠直, 用邪佞也. 人謂道人也. 人所畏者, 畏不絶學之君也. 不可不畏, 近令色, 殺仁賢. 言世俗之人荒亂, 欲進學爲文, 未有央止也. 熙熙, 淫放多情欲也. 如飢思太牢之具, 意無足時也. 春陰陽交通, 萬物感動, 登臺觀之, 意志淫淫然. 我獨怕然安靜, 未有情欲之形兆也. 如小兒未能答偶人時也. 我乘乘如窮鄙, 无所歸就. 衆人餘財以爲奢, 餘智以爲詐. 我獨如遺棄, 似於不足也. 不與俗人相隨, 守一不移, 如愚人之心也. 无所分別. 明且達也. 如闇昧也. 察察, 无所割截. 我獨忽忽, 如江海之流, 莫知其所窮極也. 我獨漂

이 장에서 하상공은, 노자처럼 도道를 얻은 사람이 보통의 세속 사람들과 어떻게 다른 지를 자세하게 말해주고 있다. 도인道人은 속인들과는 다르다. 당시 세상은 충직한 이를 미워하고 '사특한 소인배[邪佞]'를 기용하였다. 임금은 세속 학문을 끊지 않았고, 아첨하는 신하들을 가까이하고 어질고 현명한 신하들을 오히려 죽이며, 혼란한 세속에서 사회적 불안감을 증가시키면서, '배움[學]'을 증가시키고는 인위적인 문명으로 사회를 꾸며나가는 것이다. 임금이나 속인들은 방탕해져서, 정욕情欲대로 행함이 증가할 뿐이다. 이들은 굶주리면서 큰 잔치를 바라며, 자신들을 즐기려고 방탕할 뿐이다.

　그러나 도道를 가진 노자는 이들과 사뭇 다르다. 노자는 "홀로 두려운 듯하나 안정安靜을 하였고, 정욕情欲이란 아예 없다. 어린아이가 인위적으로 꾸민 인형들을 아직 가지고 놀 줄 모르며, 먼 타향에서 버림을 받은 듯 외로우며, 버려진 듯 부족하며, 남들은 똑똑하여 사기詐欺를 치지만, 자신은 이들로부터 떨어져 나가서 외롭다. 속인들은 똑똑하나, 자신은 바보인 것 같다. 그러나 도인인 노자는 강과 바다를 떠다니는 것이기에, 자기에겐 끝[窮極]이 없고, 나는 듯, 올라가는 듯, 그칠 바가 없으며, 뜻은 언제나 '신비한 영역[神域]'에 있으니, 홀로 '함 없음無爲'이다. 이러한 노자는 '길러주는 어머니[食母]', 즉 도道만 귀히 여긴다고 하상공은 말해주고 있다.

　왕필은 주注에서, "(『도덕경』의) 하편下篇[48장]에서 「배우는 자는 날로 보태지나, 도道를 닦는 자는 날로 줄어든다(爲學者日益, 爲道者日損)」라고 했다. 그렇다면 배움이란 능력을 보태어 자기 지식을 진보시키는 것이

漂, 若飛若揚, 无所止也. 志意在神域也. 以, 有爲也. 我獨無爲, 似鄙, 若不逮也. 食, 用也. 母, 道也. 我獨貴用道也.', 『老子道德經河上公章句』, 「異俗」第二十, 上同, 79~82頁.

다. (도인道人이) 만약 '욕심 없어도[無欲]' 충족한다면 '보태는 것[益]'에서 무엇을 찾겠는가? 알지 못해도 합당하다면 '앞으로 나감[進]'에서 무엇을 찾겠는가? 제비나 참새도 짝이 있고, 비둘기[鳩]나 집비둘기[鴿]도 짝이 있다. 추운 지방 사람은 반드시 털 있는 가죽옷을 알기 마련이다. 자연에서 이미 만족한데, 그것에 (더) 보태면 걱정거리[憂]가 된다. 그러므로 (짧은) 오리 다리를 이어주는 것은 (긴) 학의 다리를 잘라주는 것과 무엇이 다른가? 명예를 외경 하면서 벼슬하려는[進] 것은 형벌이 (몸에) 미칠까를 두려워하는 것과, 무엇이 다른가? '예'라는 대답[唯]과 '화나서 책망하는 것[呵]', 아름다움[美]과 미움[惡]은 서로 얼마나 차이가 있는가? 그러므로 남들이 두려워하는 것은 나도 또한 두려워한다. (그러나 나는) 이것들을 의지하고 아직 사용하지 않는다. (나, 노자의) 찬탄하는 것은 세속[俗]과 크게 다르다. 뭇사람은 보기 좋게 출세하는 데 마음이 홀리고, 영화와 이익에 홀려서는 출세하고자 마음으로 다투고 있으며, 큰제사 음식을 즐기거나 봄에 누대에 오르듯이 진실로 기뻐한다. 내[노자]는 텅 비어 이름 붙일 모양이 없고 들어낼 징조가 없으니, 어린아이가 아직 웃을 줄 모름과 같다고 (노자는) 말한다. (나는) 머물 곳이 없는 것과 같다. 뭇사람은 뜻을 품지 않은 이가 없기에, 내심이 충만해져서, 따라서 (『노자』 20장에서 뭇사람은) 「모두 여유가 있다(皆有餘)」라고 말한다. 나는 홀로 텅 비어서 '함도 없고[無爲]', '욕구도 없음[無欲]'이니, 잃어버린 것과 같다. '어리석음을 끊어낸 사람'[노자 같은 진인眞人]은 마음에서 가르며 분석함이 없고, 뜻에 좋아하고 싫어하는 바가 없기에, 미소하는 듯 그 실정은 볼 수 없으니, 나는 순연히 이와 같을 뿐이다. (나는) 나눠서 분석할 수 없으니, 이름할 수가 없다. (뭇사람은) 자기 빛을 번쩍대며, 분별하고 나누어 분석한다. (나의) 실정은 볼 수가 없으나, 묶인 데가 없다. 이[以]는 쓰임[用]이다. (뭇사람은) 모두 쓸데가 있고자 한다. (나는) '하고자 하는 바[無所

欲]가 없기에, 흐릿하고 흐리멍덩하여, 아는 것이 없는 것 같기에, (『노자』 20장에서 나는)「우둔[頑]하고도 촌스럽다[鄙](頑且鄙)」라고 하였다. '길러주는 어머니[食母]'는 삶의 근본[木]이다. 사람은 모두 백성을 살리는 근본을 버리고, 말단을 꾸미는 화려함을 귀하게 여기니, 그러므로 (『노자』 20장에서)「나는 홀로 사람들과 다르려고 한다(我獨欲異於人)」라고 말한 것이다."라고10) 풀이하고 있다. 왕필은 정성을 들여, 노자라는 철학자가 세속에 있는 뭇사람들과는 다른 면모를 충실하게 설명해 주려고 고심하고 있다. 소인들은 사람을 살리는 근본을 버리는데, 노자는 이들과 근본적으로 다르다고 말한다.

똑똑한 세속인과는 다른 노자, 즉 도道와 함께하고자 하여, 그들과는 다르게 자신을 드러내지 않고자 하는 노자, 과연 이런 노자의 삶은 세속에서 얼마나 그 값어치를 인정받을 수 있을까? 이런 도인의 삶이 세속에서는 가치를 인정받지 못하는 비극적이고 냉정한 현실을 우리는 외면할 수 있는가? 이 장에서는 노자가 당대의 냉혹한 경쟁사회 속에서 문명을 거부하고 자연을 즐기려는 도가적 자유인들의 조금은 서글퍼(?) 보이는 삶의 모습을 우리에게 적나라하게 보여주고 있는 것 같다.

---

10) '下篇云,「爲學者日益, 爲道者日損.」然則學求益所能, 而進其智者也. 若將無欲而足, 何求於益? 不知而中, 何求於進? 夫燕雀有匹, 鳩鴿有仇, 寒鄕之民, 必知旒裘. 自然已足, 益之則憂. 故續鳧之足, 何異截鶴之脛; 畏譽而進, 何異畏刑? 唯呵美惡, 相去何若. 故人之所畏, 吾亦畏焉. 未敢恃之以爲用也. 歎與俗相反之遠也. 衆人迷於美進, 惑於榮利, 欲進心競, 故熙熙如享太牢, 如春登臺也. 言我廓然, 無形之可名, 無兆之可擧, 如嬰兒之未能孩也. 若無所宅. 衆人無不有懷有志, 盈溢胸心, 故曰「皆有餘」也. 我獨廓然無爲無欲, 若遺失之也. 絶愚之人, 心無所別析, 意無所美惡, 猶然其情不可覩, 我頹然若此也. 無所別析, 不可爲名. 耀其光也. 分別別析也. 情不可覩, 無所繫繁. 以, 用也. 皆欲有所施用也. 無所欲爲, 悶悶昏昏, 若無所識, 故曰「頑且鄙」也. 食母, 生之本也. 人皆棄生民之本, 貴末飾之華, 故曰「我獨欲異於人」.',『王弼集校釋』上冊,「老子道德經注」20章, 樓宇烈校釋, 上同, 46~49頁.

21.
큰 덕의 모습[容]은 도道만을 따르는 것이다

 큰 덕(을 가진 이)의 모습은 도道만을 따르는 것이다. '도'라는 것은 황홀할 뿐이다. 황홀한데 가운데 꼴[象]이 있다! 황홀한데 가운데 무엇[物]이 있다! 어두운데 그 가운데 실정[情]이 있다! 그 '실정'은 참으로 믿을 수 있으니, 그 가운데 믿음[信]이 있다. 지금부터 옛날에 이르기까지 그[道의] 이름은 떠나간 적이 없으니, '만물의 시작[衆甫]'을 말한 것이다. 내[老子]가 어떻게 '만물의 시작[衆甫]'을 알겠나? 이것[위에서 말한 것] 때문이다.

 [孔德之容, 唯道是從. 道之物, 唯恍唯忽. 忽呵恍呵, 中有象呵. 望(恍)呵忽呵, 中有物呵. 窈呵冥呵, 其中有情呵. 其情甚眞, 其中有信. 自今及古, 其名不去, 以順衆父. 吾何以知衆父之然, 以此.]

 하상공河上公注주에서는, 공孔을 큼[大]으로 보았다. 까오형高亨(1900-1986)은 용容을 용搖[움직임]의 가차로 보는데, 용搖은 활동[動]의 뜻으로 본 것이다.[1] 유월俞樾(1821-1907)에 의하면, 보甫와 보父는 통하니, 중보衆父는 중보衆甫라고 본다. '중보'는 곧 만물의 보甫이니, 만물의 시작[開始]이

---

1) 『帛書老子校注』21章, 高明撰, 上同, 328頁.

다.[2) 백서帛書 갑, 을본에는 '이순중보以順衆父'라고 하는데, 왕필본에는 '이열중보以閱衆甫'로 되어있고, 많은 판본이 그것을 따르고 있다. 그러나 왕필의 주注에서는, 열閱을 '말한다[說]'로 풀이했다. 열閱에는 겪음[更歷]의 뜻이 있는데 순順과 열閱은 뜻이 가깝기에, 서로 쓰인다. 또 왕필주注에서는, 「중보衆甫는 만물의 시작이니, 무명無名으로 만물의 처음[始]을 본다.」라고 했다. 이렇기에 왕필은 『노자도덕경』 상편上篇 1장의 주注에서, 「도道는 무형無形하고 무명無名함으로써 만물(만인)을 이루어주는데; 만물(만인)은 시작되고 이루어지는데, 그렇게 된 이유[其所以然]는 알지 못한다.'라고 말하고 있다.」[3)

하상공 주注에 의하면, "공孔은 큼[大]이다. 큰 덕[大德]이 있는 사람은 포용하지 못할 것이 없으니, 더러운 것을 받으며 낮고 천한[謙卑] 데에 처할 수 있다. 유唯는 홀로[獨]이다. 큰 덕을 가진 사람은 세속이 행하는 바를 따르지 않고, 홀로 도道를 따른다. 도道는 만물에 대하여 홀로 황홀하게 왕래하니, 정해진 것이 없다. 도道만은 홀로 황홀하게 '모양이 없으니[無形]', 그 가운데에는 오직 만물이 본받는 상象이 있다. 도道만은 황홀하여 자기 가운데 하나[一]를 가지고 있으니, 계획을 세워 '생활[生息]하며' 길러내는데, 기氣로 말미암아 바탕[質]을 세운다. 도道만은 '그윽하여 어둡고[窈冥]' 형상이 없는데[無形], 그 가운데 '정심精深하여 박실朴實[精實]함'이 있고, 신명神明이 서로 접근하니, 음양이 회합한다. 도道의 정기精氣가 신묘하고 아주 참되니, (일부러) 꾸민 것이 아니다. 도道는 공功을 숨기고 이름[名]을 감추나, 그의 믿음성[信]은 가운데에 있다. 자自는 따름[從]이다. 예로부터 지금까지 도道는 늘 떠나지 않음에 있다. 열閱은 받음

---

2) 『帛書老子校注』21章, 高明撰, 上同, 334頁.
3) '言道以無形無名始成萬物, 萬物以始以成而不知其所以然.', 『王弼集校釋』上冊, 「老子道德經注」1章, 樓宇烈校釋, 上同, 1頁.

[槖]이다. 보甫는 시작[始]이다. '도'에서 받고 주는 것이니, (그러므로) 만물이 비로소 생겨나니, 도道에서 기氣를 받았음을 말한 것이다. 내老子는, 만물이 도道에서 기氣를 받았음을 어떻게 아는가? 차此는 지금(今)이다. 지금 만물은 모두 도道의 정기精氣를 얻어서 생겨나며, 움직이고 기거起居 하니, 도가 아니면 그렇게 될 수 없다."라고[4] 말하였다. 하상공은, 이 장에서 노자의 말에 대해 '도'는 큰 것이어서 포용하지 못할 것이 없고, 더러운 것도 받아들여 자기를 낮추고 홀로[獨]인데, 자기 공功을 숨기고 이름[名]을 감추고 있으며, 예부터 지금에 이르러도 만물을 떠나지 않고 있으니, 이런 '도'는 기氣를 받았음을 설명하고 있다.

왕필 주注에서는, "공孔은 '빈 것[空]'이다. 오직 비움[空]을 덕德으로 삼은 뒤에야, (큰 사람은) 움직여서 '도'를 따를 수 있다. 황홀함이란 무형無形하여 매이지 않은 모양[歎=狀]이다. ('도'는) 무형無形으로써 만물을 시작하지만, 사물을 이루려고 집착하지 않으니, 만물은 (이에) 시작하고 이루어지는데, 그것들이 그렇게 된 이유를 알지 못한다. 그러므로 (『노자』 21장에서) 「도라는 것은 황홀할 뿐이다. 황홀한데 가운데 상[象]이 있다! 황홀한데 가운데 무엇[物]이 있다(恍兮惚兮, 其中有物; 惚兮恍兮, 其中有象)!」라고 말하였다. '그윽한 어둠[窈冥]'은 깊고 먼 모양이다. 깊고 멀어서 (눈으로) 볼 수 없지만, 만물은 그것에 말미암는다. ('도'는) 보이지 않으나 그들[만물]의 실상[眞]을 결정하니, 따라서 (『노자』 21장에서) 「어두운데

---

4) '孔, 大也. 有大德之人無所不容, 能受垢濁, 處謙卑也. 唯, 獨也. 大德之人不隨世俗所行, 獨從於道也. 道之於萬物, 獨悅忽往來, 而無所定也. 道唯忽悅無形, 其中獨有萬物法象. 道唯悅忽, 其中有一, 經營生化, 因氣立質. 道唯窈冥無形, 其中有精實, 神明相薄, 陰陽交會也. 言渡精氣神妙甚眞, 非有飾也. 道匿功藏名, 其信在中也. 自, 從也. 從古至今, 道常在不去. 閱, 稟也. 甫, 始也. 言道稟與, 萬物始生, 從道受氣. 吾何以知萬物從道受氣? 此, 今也. 以今萬物皆得道之精氣而生, 動作起居, 非道不然.', 『老子道德經河上公章句』, 「虛心」第二十一, 上同, 85~87頁.

그 가운데 핵심[精]이 있다(窈兮冥兮, 其中有精)」라고 말하였다. 믿음[信]은 증거[信驗]이다. 만물은 그윽하고 어두운 데로 돌아가는데, 진정한 끝[極]을 얻어서 만물의 본성[性]이 정해지기 때문에 (『노자』 21장에서) 「그 핵심[精]은 참으로 믿을 수 있으니, 그 가운데 믿음[信]이 있다(其精甚眞, 其中有信)」라고 말하였다. ('도'는) 지진至眞의 끝점[極]이니, 이름할 수가 없다. ('도'는) 무명無名 하니, 이것이 그 이름이다. 예부터 지금까지 이것에 말미암지 않고서 이루어진 것이 없기에, (『노자』 21장에서) 「예부터 지금까지 그 이름은 떠난 적이 없다(自古及今, 其名不去)」라고 말하였다. 중보衆甫는 만물의 시작이다. 무명無名으로써 만물의 시작을 말한 것이다. 차此는 위에 말한 것이다. 내老子는 무엇으로써 만물은 없음[無]에서 시작되었음을 아는가? 이것[위에서 말한 내용]으로써 알았음을 말한 것이다."라고[5] 말하였다. 왕필은, '도'는 '빈 것[空]'이기에, 그것은 볼 수도 없고, 만져볼 수도 없으나, 만물의 근원으로써 '없음[無]'이라는 철학적 확신을 이 장에서 분명하게 우리에게 말해주고 있다.

이것을 장자莊子에서 이렇게 설명하고 있다. "도道는 (객관적으로) 내용[實]이 있고, 믿음성[信]이 있으나, 함도 없고[無爲] 형체도 없으니[無形], (의미를) 전할 수 있으나 (직접) 줄 수는 없고, (마음으로) 터득할 수 있으

---

5) '孔, 空也, 惟以空爲德, 然後乃能動作從道. 恍惚, 無形不繫之歎. 以無形始物, 不繫成物, 萬物以始以成, 而不知其所以然, 故曰「恍兮惚兮, 其中有物; 惚兮恍兮, 其中有象」也. 窈冥, 深遠之歎. 深遠不可得而見. 然而萬物由之, 不可得見, 以定其眞. 故曰, 窈兮冥兮, 其中有精也. 窈, 冥, 深遠之歎. 深遠不可得而見. 然而萬物由之, 其可得見, 以定其眞. 故曰「窈兮冥兮, 其中有精」也. 信, 信驗也. 物反窈冥, 則眞精之極得, 萬物之性, 定 故曰「其精甚眞, 其中有信」也. 至眞之極, 不可得名. 無名則是其名也. 自古及今, 無不由此而成, 故曰「自古及今, 其名不去」也. wnd衆甫, 物之始也. 以無名閱萬物始也. 此, 上之所云. 言吾何以知萬物之始於無哉, 以此知之也.', 『王弼集校釋』上冊, 「老子道德經注」20章, 樓宇烈校釋, 上同, 52, 53頁.

나 (눈으로) 볼 수는 없다. 스스로 (만물의) 근본이 되어, 하늘과 땅이 (아직) 없을 때부터 진실로 존재하였다. 귀신[鬼]도 신령스럽게 만들고 하느님[帝]도 신령스럽게 만들고, 하늘을 낳고 땅도 낳았다. 태극太極보다 먼저 있었으나, (자신을) 높다고 보지 않았다. (천지의) 육극六極[4방향과 상하] 아래에 있으면서도 깊다(고 보지 않았고), 하늘과 땅보다 오래되었으나 오래다고 여기지 않았고, 태고보다 오래되어도 늙지 않았다."6) 장자 또한 '도'의 '무無'됨의 성격을 잘 설명해 주고 있다.

『노자』의 21장은 도의 '없음[無]'의 형이상학을 극명하게 설명하고 있다.

---

6) '大道, 有情有信, 无爲无形, 可傳而不可受, 可得而不可見. 自本自根, 未有天地, 自古以固存. 神鬼神帝, 生天生地. 在太極之上, 而不爲高. 在六極之下, 而不爲深. 先天地生, 而不爲久. 長於上古而不爲老', 『莊子』, 6.「대종사大宗師」, 송영배 역주, 서울: 비봉출판사, 2022, 113쪽.

22.
발돋움하고 서면 서있지 못 한다(24)

발돋움하고 서면 (오래) 서있지 못하고, 스스로 옳다 하면 빛나지 못하고, 자기를 드러나게 하면 밝지 못하며, 자기를 자랑하면 결과가 없으며, 스스로 잘났다고 하면 우두머리[長]가 될 수 없다. 도道가 있는 자는, 남겨진 음식물은 혹처럼 (밉게 여겨서) 혹 싫어하게 되기 때문에 도道[裕] 있는 자는 (그것에) 머물지 않는다.

[企者不立,1) 自是者不彰, 自見者不明, 自伐者无功, 自矜者不長. 其在道也, 曰 餘食贅行, 物或惡之, 故有裕者弗居.]

이 장은 '현재의 통행본[今本]' 『노자』에서는 『도경道經』24장에 보인다. 그리고 백서帛書 갑, 을본의 취炊자를 왕필은 기企(발돋움하다)자로 보았다. 옛날에는 행行은 형形과 통했으니, 췌행贅行은 췌형贅形(혹[瘤腫] 모양)이다.2) 『방언方言』이나 『광아廣雅』에 의하면 유裕는 도道이다.3)

하상공 주注에서는, "발돋움[跂]은 나가려는 것이다. 권세를 탐하고 이

---

1) 『帛書老子校注』22章, 高明撰, 上同, 336頁.
2) 『帛書老子校注』22章, 高明撰, 上同, 337頁.
3) 『帛書老子校注』22章, 高明撰, 上同, 338頁.

름[名]을 흠모하여 (관리로) 나가서 공功과 영화[榮]를 얻으려 한다면, 오래 몸 편안히 도道를 행할 수 없게 된다. 자신을 귀하다고 여겨서 '남들을 넘어서게 되면[跨]', 무리가 함께 막아서서 행할 수 없게끔 한다. 사람들이 스스로 자기 모양을 좋다고 여기고 스스로 자기가 행한 것이 도道에 응한 것이라 여기나, 자기 모양이 추하고 행동이 비루함을 매우 모르는 것이다. 자기는 옳다고 여기고 남들은 그르다고 여기나, 무리가 함께 막아서서 밝게 보이게 하지 않는다. 자기의 공功과 미美를 스스로가 취하니, 곧 남들에게 공을 잃어버리게 된다. 자기가 크다고 과장하기를 즐기면, 오래 갈 수가 없다. 췌贅는 탐욕이다. 이렇게 자신이 스스로 우쭐대는 사람은 나라를 다스리는 도道에서 날로[日] 세금을 모으는데, 여분의 봉록은 탐욕스러운 행위로 간주가 된다. 이런 사람이 (높은) 자리에 있으면 욕심이 동하여 상傷하게 하고 해害를 끼치니, 따라서 누구나 그를 두려워하고 싫어하지 않는 자가 없다. (끝에서) 도道 있는 사람은 그런 나라에 있지 않음을 말한 것이다."라고[4] 풀이하였다. 스스로 잘난 체하고 앞서 나가려는 높은 관리를 비판한 글이다.

왕필의 주注에서는, "사물[物, 人物포함]은 '나가는 것[進]'을 높이 보나 (곧) 안정을 잃어버리게 되기 때문에 (『노자』 24장에서) 「발돋움하면 (오래) 서있지 못한다(企者不立)」라고 말했다. 자기를 드러나게 하지 않으면, 자기 밝음[明]은 온전해진다. 자기가 옳다[是]고 하지 않으면, 자기 '옳음

---

4) '跂, 進也. 謂貪權慕名, 進取功榮, 則不可久立身行道也. 自以爲貴而跨於人, 衆共蔽之, 使不得行. 人自見其形容以爲好, 自見其所行以爲應道, 殊不自知其形容醜而操行之鄙. 自以爲是而非人, 衆共蔽之, 使不得彰明. 所謂輒自伐取其功美, 則失有功於人也. 好自矜大者, 不可以長久. 贅, 貪也. 使此自矜伐之人, 在治國之道, 日賦斂餘祿食以爲貪行. 此人在位, 動欲傷害, 故物無有不畏惡之者. 言有道之人不居其國也.', 『老子道德經河上公章句』, 「苦恩」第二十四, 上同, 98, 99頁.

[是]'이 드러난다. 자기를 자랑[伐]하지 않으면, 자기 공은 있게 된다. 자기를 과시하지[矜] 않으면, 자기 덕은 자라난다. 오직 도道에서 말하자면, (진晉나라 대부) 극지郤至(?-전574)의 행동이 성찬盛饌의 찌꺼기와 같다.5) 본래는 아름다웠으나 다시 나빠질 수 있는 것이다. 본래는 공이 있는 것이겠으나 '자기 자랑[自伐]'을 하였으니 그러므로 다시 붙은 사마귀[肬贅]처럼 (쓸모없게) 되었네."라고6) 풀었다. 왕필 역시 남에게 자신을 내세워 돋보이게 할 것이 아니라, 겸손하게 물러나는 양보讓步나 겸양이 관리가 될 사람의 본분으로 보고 있다.

　이 장에서는 자신을 앞세우는 것보다는, 뒤로 물러서는 도道 있는 자의 양보와 겸양의 미덕을 말하고 있다.

---

5) 『左傳』成公16년에 나오는 고사인데, 晉과 楚의 언릉鄢陵 전투에서, 晉이 楚를 이기자, 진晉의 대부인 극지郤至의 자리는 낮은데, 자기 공을 드러내었으니, 여러 大夫가 그를 비난한 일을 말한다. 樓宇烈集釋, 『王弼集校釋』上冊, 上同, 62頁, 注3 참조.
6) '物尙進則失安, 故曰「企者不立」. 不自見, 則其明全也. 不自是, 則其是彰也. 不自伐, 則其功有也. 不自矜, 則其德長也. 其唯於道而論之, 若郤至之行, 盛饌之餘也. 本雖美, 更可歲也. 本雖有功而自伐之, 故更爲肬贅者也.', 『王弼集校釋』上冊, 「老子道德經注」24章, 樓宇烈集釋, 上同, 60, 61頁

23.
구부리면 온전하게 된다(22)

(자신을) 구부리면 온전해지고, 움푹하게 하면 (물이) 채워지고, 해지면 새로워지고, 적으면 얻게 되고, 많으면 미혹된다. 이 때문에 성인은 '하나[一, 道]'를 붙잡고 천하를 다스린다[牧, 治]. (그러나 성인은) 자신을 옳다[是]고 보지 않기 때문에 드러나고[彰], 자신을 드러내지 않기 때문에 '밝아지고[明]', 자기를 자랑[伐]하지 않기 때문에 공功이 있게 되고, 과시하지[矜] 않기 때문에 '오래 갈[長]' 수 있다. (도道는) 오직 '다툼이 없음[不爭]'이니 그와 더불어 싸울 수 없다. 옛날에 이른바 '구부리면 온전해짐[曲全]'은 어찌 (빈) 말[語]이겠는가! 진실로 온전히 되돌아가는 것이다!

[曲則全, 枉則正, 洼則盈, 敝則新, 少則得, 多則惑. 是以聖人執一, 以爲天下牧.1) 不自是故彰, 不自見故明, 不自伐故有功, 弗矜故能長. 夫唯不爭, 故莫能與之爭. 古之所謂曲全者, 豈語哉! 誠全歸之.]

이 장은 현행본 『노자』에서 22장이다. 많은 경우 폐敝는 폐弊(해지다)로 해석하고 있다. 집일執一에서 '일一'은 '도道'를 가리킨다. 그리고 목牧

---

1) 『荀子』, 「成相」篇의 양경楊倞(唐, 9세기)注에 의하면, 牧은 治이다. 『荀子簡釋』第二十五篇「成相」, 梁啓雄著, 臺北: 木鐸出版社, 1983, 345頁.

은 다스림[治]을 뜻한다.

  이 장을 하상공 주注에서는, "자신을 굽혀서 무리를 따르고 멋대로 하지 않으면, 자기 몸을 온존하게 할 수 있다. 왕枉은 굽힘이다. 자신을 굽히되 남들을 펴주면, 오래오래 스스로 곧을 수 있다. 땅은 아래가 움푹하면 물이 흘러들고, 사람이 아랫사람에게 겸손하면, 덕이 모여든다. 자신은 폐단이나 야박한 일을 당해도, 자기를 뒤로하고 남을 앞세우면 천하가 경외하니, 오래오래 자신이 새롭게 된다. 자신은 적게 받아도, 얻는 것은 많아진다. 천도天道는 겸손함을 돕고, 신명神明은 비움[虛]에 기탁한다. 재산이 많은 자는 지킬 것에 미혹되고, 배움[學]이 많은 자는 아는 것에 미혹된다. 포抱는 지킴[守]이다. 식式은 법法이다. 성인은 '하나[一, 道]'를 지켜서 이에 만사萬事를 알게 되므로 천하의 법식을 만들 수 있다. 성인은 자기 눈으로 천리千里 밖을 보지 않고, 천하의 눈으로 말미암아 보기 때문에 '밝히 알 수 있다[明達].' 성인은 자신은 옳고 남은 그르다고 보지 않으므로, 세상에 '높이 드러나 빛날 수 있다[顯赫].' 벌伐은 취함이다. 성인은 덕화德化가 성행盛行하나 자기 아름다움[美]을 취하지 않으므로, 천하에 공을 세운다. 긍矜은 '크게 함[大]'이다. 성인은 자신을 귀하고 크게 보지 않으므로, 오래도록 위태롭지 않다. 이것은 세상에서 잘난 자[賢]나 못난 자[肖]라도, '다투지 않는 자[不爭者]'와는 다툴 수가 없음을 말한 것이다. '옛날 말[古言]'에 전하기를 (자신을) 굽혀서 따르면 (자기) 몸을 온전히 할 수 있다고 했으니, 이 말씀은 허망虛妄하지 않은 것이다. 성誠은 진실[實]이다. 굽혀서 따를 수 있는 자는 자기 몸[肌體]을 실하게 하여, 그것을 부모에게 되돌려줌에, 다치고 상하는 일이 없게 된다."라고[2] 말하고 있다. 하상공은, 사람이 겸손하여 남에게 먼저 양보하면 자

---

2) '曲己從衆, 不自專, 則全其身也. 枉, 屈也. 屈己而伸人, 久久自得直也. 地窪下, 水流之,

기 몸이 온전해지고, 취하는 것이 적어야 결국에는 많이 받게 되고, 세상에 자신을 드날리게 된다고 말한다. 임금이 덕화德化를 왕성히 실행해야만 세상에서 이름을 떨치게 되고, 천하에 공을 이루며, 또한 자신을 구하고 크게 보지 않아야, 장구해도 위태롭게 되지 않는다고 풀이하고 있다.

왕필은 본장의 주注에서, "자신을 드러내지 않으면, 자기 밝음[明]이 온존해진다. 자신을 옳다[是]고 하지 않으면, 이것이 드러냄[彰]이다. 자기를 자랑[伐]하지 않으면, 자기 공이 있게 된다. '스스로 높다[自矜]'라고 보지 않으면, 자기 덕이 자라난다. 자연의 도道는 또한 나무 심기[樹]와 비슷하다. 옮겨심기를 많이 하면 자기 뿌리[根]에서 멀어지게 되고, 옮겨심기를 적게 하면 자기 바탕[本]을 얻게 된다. 많으면 참[眞=本]에서 멀어지니, 그러므로 (『노자』 22장에서) 「미혹[惑]」이라고 말한 것이다. 적으면 그 바탕을 얻으니, 따라서 (『노자』 22장에서) 「얻음(得)」이라 말한 것이다. '하나[一]'는 적음의 극치이다. 식式은 '본받음[則]'이다."라고3) 풀이하고 있다. 왕필 역시 자신을 드러내지 않고, 자신을 옳다고 하지 않으며, 자신을 자랑하지 않고, 자신을 과시하지 않기에, 자기의 덕이 자라나는 것이라고

人謙下, 德歸之. 自受弊薄, 後己先人, 天下敬之, 久久自新也. 自受取少則得多也. 天道祐謙, 神明託虛. 財多者惑於所守, 學多者惑於所聞. 抱, 守也. 式, 法也. 聖人守一, 乃知萬事, 故能明達也. 聖人不自以爲是而非人, 故能彰顯於世. 伐, 取也. 聖人德化流行, 不自取其美, 故有功於天下. 矜, 大也. 聖人不自貴大, 故能長久不危. 此言天下賢與不肖, 无能與不爭者爭也. 傳故言曲從則全身, 此言非虛妄也. 誠, 實也. 能行曲從者, 實其肌體, 歸之於父母, 无有傷害也.', 『老子道德經河上公章句』, 「益謙」第二十二, 上同, 89~91頁.

3) '不自見, 則其明全也. 不自是, 則其是彰也. 不自伐, 則其功有也. 不自矜, 則其德長也. 自然之道, 亦猶樹也. 轉多轉遠其根, 轉少轉得其本. 多則遠其眞, 故曰「惑」也. 少則得其本, 故曰「得」也. 自然之道, 亦猶樹也. 轉多轉遠其根, 轉少轉得其本. 多則遠其眞, 故曰「惑」也. 少則得其本, 故曰「得」也. 一, 少之極也. 式, 猶則也.', 『王弼集校釋』上冊, 「老子道德經注」22章, 樓宇烈校釋, 上同, 55, 56頁.

보고 있다. 이 장에서 왕필은 도道를 좇는 임금이 이와 같이 겸양하여 만물(백성)과 다투지 말아야 함을 강조한 것이다.

24.
폭풍은 하루아침을 마칠 동안도 못 불고, 폭우는 하루 동안도 올 수 없다

(만사에) 말씀은 드물며 '스스로 그렇게 되는 것이니[自然]', 폭풍이라도 하루아침을 마칠 동안도 못 불고, 폭우는 하루 동안도 올 수 없다. 누가 이것들을 만드는가? 천지天地도 오래 갈 수 없는데, 또한 하물며 사람이 할 수 있겠는가! 그러므로 도道에 종사하는 자는 도道와 같아지고, 덕자德者는 '덕'과 같아지고, (사람을) '잃은 자[失者]'는 '잃음'과 같다. '덕'과 같은 이는, 도道 또한 그것에 덕스럽다. (사람을) '잃음과 같은 자[失者]'는, 도道 또한 그를 잃어버리는 것이다.

[希言自然, 漂風不終朝, 暴雨不終日. 孰爲此? 天地而弗能久, 又況於人乎! 故從事而道者同於道, 德者同於德, 失者同於失. 同於德者, 道亦德之. 同於失者, 道亦失之.]

부혁본傅奕本에서는 희希를 희稀(드물다)로 쓰고 있다.[1]
이 장에 대한 하상공의 주注에서는, "'적은 말[希言]'은 말을 아낌을 말한다. 말을 아끼는 것이 자연의 도道이다. 표풍飄風은 '거센 바람[疾風]'이

---

1) 『帛書老子校注』24章, 高明撰, 上同, 344頁.

고, 소나기[驟雨]는 폭우暴雨이다. 거센 바람은 오래 갈 수 없고, 폭우도 오래 갈 수 없음을 말한 것이다. 숙孰은 '누구[誰]'이다. 누가 이런 거센 바람과 폭우를 만들었는가? '하늘과 땅[天地]'이 한 일이다. (天地도) 아침 저녁 동안에 마칠 수가 없는 것이다. 천지는 지극히 신비로우나, 거센 바람과 폭우를 합쳐서 만들기는 하나, 오히려 아침이 끝나고 저녁 동안 만큼에도 이르게끔 할 수 없는 것이다. 하물며 사람의 욕심이 갑자기 사라질 수 있겠는가? 종從은 '함[爲]'이다. 사람이 일을 함에 마땅히 도道 처럼 안정安靜해야 하며, 거센 바람이나 폭우처럼 (사납고 거칠게) 함은 부당不當하다. 도자道者는 '도를 좋아하는 사람을 말한다. '도'와 같은 이 는, 하는 짓거리가 '도와 같다. 덕자德者는 덕을 좋아하는 사람을 말한다. '덕'과 같은 자는, 하는 짓이 덕德과 같다. 잃음[失]은 자기 멋대로 하여 사람을 '잃는 것[失]'을 말한다. 잃음과 같은 자는, 하는 일이 잃음[失]과 같다. '도와 같은 자는 '도' 또한 그를 즐겨 할 수 있게 한다. 덕德과 같은 자는, '덕' 또한 그를 즐겨 할 수 있게 한다. (사람을) 잃음[失]과 같은 자는 '잃음' 역시 즐겨 잃게 한다. 임금[君]의 신임[信]이 아래(사람)에 부족하면, 아래(사람)도 임금에게 '믿지 못함[不信]'으로 반응한다. 이는 사물이 부류 대로 상종相從을 하여 같은 소리[聲]는 상응하고, 같은 기氣는 서로 찾으 며, 구름은 용龍을 따라가고 바람은 호랑이를 따라가고, 물은 습한 데로 흐르고, 불은 마른 데로 나가는 것은 자연의 법칙[數]이다."라고[2] 풀이하

---

2) '希言者, 謂愛言也. 愛言者自然之道. 飄風, 疾風也. 驟雨, 暴雨也. 言疾風不能長, 暴雨不能久也. 孰, 誰也. 誰爲此飄風暴雨者乎? 天地所爲. 不能終於朝暮也. 天地至神, 合爲飄風暴雨, 尙不能使終朝至暮, 何況於人欲爲暴卒乎? 從, 爲也. 人爲事當如道安 靜, 不當如飄風驟雨也. 道者謂好德之人也. 同於道者, 所爲與道同也. 德者謂好德之人 也. 同於德者, 所爲與德同也. 失謂任己而失人也. 同於失者, 所爲與失同也. 與道同者, 道亦樂得之也. 與德同者, 德亦樂得之也. 與失同者, 失亦樂失之也. 君信不足於下, 下則應君以不信也. 此言物類相從, 同聲相應, 同氣相求, 雲從龍, 風從虎, 水流濕, 火就

고 있다. 하상공은, 이번 장의 끝부분에 (임금에게) 믿음[信]이 부족하면, (백성에게) '믿지 않음[不信]'이 있게 된다(信不足焉, 有不信焉)고 보았다. 그러나 백서帛書『노자』에는 그런 구절이 안 보인다. 말로 설명할 수 있는 것은 자연현상에서 거의 없기에, '스스로 그러함[自然]' 뿐이다. 자연현상에서도 억지로 강제하는 폭력적이고 거친 것은 오래 지속될 수 없는데, 하물며 사람의 욕심에서 나오는 여러 사건은 오래 지속될 수 없다고, 하상공은 설명하고 있다. '도' 있는 자는 도와 같아지고, 덕 있는 자는 덕과 같아지고, 사람을 잃는 자는 결국 사람을 잃어버림과 같아진다고 하상공은 말한다.

　이 장을 왕필의 주注에서는, "들으려 해도 들리지 않음을 '드물음[希, 稀]'이라 이름한다. 아래 문장[35장]에서 「도道에서 말[言]이 나오면 '담담하여 맛이 없다'라고 하니, 보아도 보기 부족하고 들어도 듣기 부족하다.」 (라고 했기에,) 그렇다면 ('도'는) 무미無味하여 들을 수 없는 말이니, 이것이 자연의 '지극한 말씀[至言]'이다. (날쌘 바람과 소나기는) '급작스러운 일어남[暴興]'이기에 오랠 수가 없음을 말한 것이다. 종사從事는 거동이 '도'에 종사하는 자를 말한 것이다. '도'는 무형無形과 무위無爲로 만물을 이루어주니, 따라서 '도'에 종사하는 자는 '함 없음(無爲)'으로써 거居하고 '말 없음[不言]'으로써 가르침을 삼으니, '끊임없이 이어져[綿綿]' 존재하기에, 사물이 자기 진실[眞]을 얻는 것이다. (도자道者는) '도'와 같은 몸이니, 따라서 (『노자』 23장에서) 「'도'와 같다(同於道)」라고 말하였다. 얻음[得]은 '적은 것[少]'이다. 적으면 얻게 되기에 「얻음」이라 말하였다. 행동하여 얻었으니, 얻음과 같은 몸이므로 (『노자』 23장에서) 「얻음과 같다(同於得)」고 하였다. 잃음[失]은 (사람을) '묶임이 많음[累多]'이다. (사람을) 많

　　燥, 自然之數也.', 『老子道德經河上公章句』, 「虛無」第二十三, 上同, 94, 95頁.

이 묶었으면 잃게 되니, 따라서 「잃음[失]」이라 말한다. 행동을 잃어버리면 잃음과 같은 몸이니, 따라서 「잃음(失)」이라 말한다. 행동을 잃어버리면 잃음과 같은 몸이니, 따라서 (『노자』 23장에서) 「잃음과 같다(同於失)」라고 말한다. 자기가 행한 것을 따르기 때문에, 같게 응함을 말한 것이다. 충신忠信한 것이 아래(사람)에 부족했다면, (아랫사람에게) 어찌 '믿지 못함[不信]'이 있는 것이겠는가!"라고3) 설명하고 있다. '도'란 말씀으로써 설명하기 어려운 것이다. '도'가 무형無形과 무위無爲로써 자신을 나타내고, 만물을 이루어주니, '도'를 아는 사람은 '형체 없음[無形]'과 '함 없음[無爲]'으로써 '도'를 설명할 수 있을 뿐임을, 이 장에서 왕필은 강조하여 말하는 것이다.

억지로 강제하는 폭력적이고 거친 것은 오래 지속될 수 없는 것이 자연현상인데, 하물며 사람의 욕심에서 나오는 각종 사건이란 단연코 오래 지속될 수 없다고 보는 것이다. 임금이라면 당연히 함 없음[無爲]'의 정치를 시행하라는 노자 철학의 입장, 즉 임금의 주체적·자발적 정책을 포기하라는 황로학적 주장이 이 장에서도 보인다.

---

3) 聽之不聞, 名曰希. 下章言, 道之出言, 淡兮其無味也, 視之不足見, 聽之不足聞. 然則無味不足聽之言, 乃是自然之至言也. 言暴疾美興不長也. 從事, 謂擧動從事於道者也. 道以無形無爲成濟萬物, 故從事於道者以無爲爲居, 不言爲敎, 綿綿若存, 而物得其眞, 與道同體, 故曰「同於道」. 得, 少也. 少則得, 故曰得也. 行得則與得同體, 故曰「同於得」也. 失, 累多也. 累多則失, 故曰「失」也. 行失則與失同體, 故曰「同於失」也. 言隨其所行, 故同而應之. 忠信不足於下, 焉有不信焉.', 『王弼集校釋』上冊, 「老子道德經注」23章, 樓宇烈校釋, 상동, 57, 58頁.

25.
어떤 것이 섞여서 이루어졌으니, 천지보다 먼저 생겨났다

'어떤 것[有物]'이 섞여서 이루어졌으니 천지天地보다 먼저 생겼는데, (이는) 고요히 적막하며, 홀로 서서 '바꾸지 않으니[不改]', 천지天地의 어미母가 될 수 있다. 나는 그것의 이름을 모르니, 도道라고 부른다. 내가 그것에 억지로 이름을 붙여 '크다[大]'라고 하고, 크니 '떠나감[逝]'이라 하고, 떠나가니 '멀어짐[遠]'이라 하며, 멀어지니 '되돌아옴[返]'이라 한다. 도道는 크고, 하늘[天]은 크고, 땅[地]도 크며, 왕王 또한 크다. 나라에 큰 것이 넷인데, 왕王은 (그중) 하나이다. 사람[人]은 땅[地]을 본받고, 땅은 하늘[天]을 본받고, 하늘은 도道를 본받으며, '도'는 '스스로 그러함[自然]'을 본받는다.

[有物混成, 先天地生. 寂呵寥呵, 獨立而不改, 可以爲天地母. 吾未知其名, 字之曰道. 吾强爲之名曰大, 大曰逝, 逝曰遠, 遠曰返. 道大, 天大, 地大, 王亦大. 國中有四大, 而王居一焉. 人法地, 地法天, 天法道, 道法自然.]

이 장에서 노자는, 도道가 으뜸가는 중요한 것이라고, 설명하고 있다. 세상에서 중요한 것들로 말하자면, 우리 일상에서는 우선 도道, 그리고 하늘[天], 땅[地]과 만민을 다스리는 왕王을 들고 있다. 이 중에 근원은 도道이니, 그것은 '크기도[大]' 하고, 멀리 '떠나가기도[逝]' 하고, 떠나가면 '멀리[遠]' 가지만, 그것은 다시 '되돌아오는 것[返]'이라는 것이다. 이 장에서 노자는 최초로 우리에게 우주 만물의 근원 및 그 성질을 말해주고 있다.

하상공은 주注에서, "(여기서) '도'는 '형체가 없으니[無形]' 혼돈으로 만물을 이루기에, 이에 천지天地보다 앞에 있다고 말한 것이다. 고요함[寂]은 소리[音聲]가 없음이요, 쓸쓸함[寥]은 '텅 비고 모양이 없는[空無形]' 것이고, 홀로 선 것은 짝이 없음이고, '바꾸지 않음[不改]'은 변화에 '항상 됨[常]'이 (있음)이다. '도'는 천지天地를 꿰뚫고 다니니, 들어가지 못할 곳이 없고, 양陽에서 불타지 않고, 음陰에 맡겨도 썩지 않고, 뚫고 들어가지, 못 할 곳이 없지만, 위태롭지는 않은 것이다. '도'가 만물의 정기精氣를 길러냄은, 어미가 새끼를 기르는 것과 같다. 나는 '도'의 모양을 보지 못하니, 마땅히 무엇이라 이름할지 모르지만, 만물은 모두 '도'의 소생임을 알기 때문에 '도'라 부른 것이다. 그 이름은 모르나 억지로 이름하여 '크다[大]'라고 하고, 큰 것은 높아서 위가 없으며 벌려놓아도 밖[外]이 없는데, 포용하지 않음이 없으므로 '큼[大]'이라 말하는 것이다. 그것[道]은 크지만, 하늘이 항상 위에 있음과 같지 않고, 땅이 항상 아래에 있음과 같지 않으니, 이에 다시 '떠나가고[逝]' 항상 있는 처소가 없다. ('도'가) 멀리[遠] 있으나, '끝없는데[無窮]'에서 끝나고, 천지에 기氣를 퍼뜨리니, 통하지 못할 곳이 없다고 말한다. 그것은 멀어도 넘어서는 것이 아니니, 이에 다시 사람 몸으로 돌아옴을 말한 것이다. '도'는 크기 때문에, 천지天地를 포괄하여 담지 못할 것이 없다. 하늘은 크니 덮지 않는 곳이 없다. 팔극八極[동, 서, 남, 북, 동남, 서남, 서북, 동북의 방향] 안에 네 개의 큰 것이 있는데, 왕王은 그 하나이다. 사람은 마땅히 땅의 안정安靜과 부드러움[和柔]을 항상 본받아서, 씨 뿌려 오곡五穀을 거두고, 땅을 파서 샘물[井泉]을 얻으며, 수고하되 원망이 없으며, 공功이 있어도 (자랑하여) 벌여놓지 않는 것이다. 하늘은 담담하며 움직이지 않으나, 베풀어주되 보답을 바라지 않고, 만물을 생장시켜 주되 거두어서 취하는 바가 없다. '도'는 청정淸靜하여 말이 없는데, 음양은 정기精氣를 운행하게 하니, 만물이 저절로 이루어진다. '도'의 성질은 '스스로 그러한 것[自然]'이니, 본받을 것이 없다."라고[1] 이 장을 풀이하고 있다. '도'는 형체도 없고[無形] 소리도 없어[無聲], 볼 수도 들을 수도 없지만, '크고', '떠나가고', '멀리 가며' 무궁한데, '도'는 천지天地를 포괄하여 담지 못할 것이 없다. 천지의 팔극 안에 큰 것은 하늘, 땅, 사람인데 그중에 왕王이 있다. 노자는 이 장에서 '도'의 '통하지 못할 곳이 없음[無所不通]'과 더불어 사람 가운데 왕이 가지는 중요성을 말해준다.

왕필의 주注에서는, "('도'는) 혼연하여 알 수 없으나 만물은 그것에 말미암아 이루어지니, 따라서 (『노자』 35장에서) 「혼성混成」이라 말한 것이다. 그것이 어디서 기원하는지 모르기 때문에, 「천지보다 먼저 생겼다(先天地生)」라고 (말한 것이다.) 적료寂寥는 형체가 없음이다. 아무것도 그의 짝이 될 수 없기에, (『노자』 35장에서) 「독립獨立」이라 말한 것이다. 돌아가 변하여도 처음이나 끝이나, 자기 '항상 됨[常]'을 잃지 않기 때문에 (『노자』 35장에서) 「고치지 않음[不改]」이라고 말한다. 두루 다녀 이르지 못할 곳이 없으나 위태롭지 않고, (자기의) '큰 모양大形'을 온전하게 낳을 수

---

1) '謂道無形, 混沌而成萬物, 乃在天地之前. 寂者無音聲, 寥者空無形, 獨立者無匹雙, 不改者化有常. 道通行天地, 无所不入, 在陽不焦, 託陰不腐, 无所貫穿, 而不危殆也. 道育養萬物精氣, 如母之養子. 我不見道之形容, 不知當何以名之, 見萬物皆從道所生, 故字之曰道也. 不知其名, 強名之曰大. 大者高而无上, 羅而无外, 无不包容, 故曰大也. 其爲大, 非若天常在上, 非若地常在下, 乃復逝去, 無常處所也. 言遠者, 窮乎無窮, 布氣天地, 無所不通也. 言其遠不越絶, 乃復在人身也. 道大者, 布羅天地, 無所不容也; 天大者, 無所不蓋也; 地大者, 無所不載; 王大者, 無所不制也. 八極之內有四大, 王居其一也. 人當法地安靜和柔, 種之得五穀, 掘之得甘泉, 勞而不怨, 有功而不置也. 天澹泊不動, 施而不求報, 生長萬物, 無所收取. 道淸靜不言, 陰行精氣, 萬物自成也. 道性自然, 無所法也.', 『老子道德經河上公章句』, 「象元」第二十五, 上同, 101~103頁.

있기에, 천하에서 어미가 될 수 있다. 이름[名]으로 모양[形]을 정하나, ('도'는) 혼성하여 모양이 없으니, (무엇이라 확)정할 수 없기에, (『노자』 35장에서)「그 이름을 모른다(不知其名)」라고 말한 것이다. 무릇 이름으로 모양을 정하고, 그러하게 이름 부를 수 있다. 그러나 '도'는 말미암을 수 있는 것[物]이 없음에서 취한 것이니, 이는 혼성 가운데 있기에, '아주 크다'라고만 칭할 수 있다고 말한다. 내가 억지로 '도'라고 말한 것은, 말할 수 있는 가장 큰 것을 취한 것이다. 그 명칭[字]은 말미암은 바를 따져서, '큰 것[大]'에 맨 것이다. 매었으면 반드시 나눠짐[分]이 있으니, 나눠지면 자기 정점[頂點極]을 잃을 것이기 때문에, (『노자』 35장에서) 억지로 말해서 '큼[大]이다(强爲之名曰大)」라고 말한 것이다. 서逝는 '감'이다. 하나의 '큰 몸[大體]'을 지키는 것이 아닐 뿐이니, 두루 다녀도 이를 데가 없으니, 따라서 (『노자』 35장에서)「감[逝]」이라 말하지 않는다. 멀음[遠]은 끝[極]이다. 두루 다녀도 끝날 데가 없고 하나의 '감'에 치우치지 않으니, 따라서 (『노자』 35장에서)「멀음[遠]」이라 말한 것이다. 가는 데[適]에 따라가지[隨] 않으니, 그 몸은 독립해 있기에, (『노자』 35장에서)「돌아옴[反]이라 말한 것이다. 천지天地에서 '사람의 성정[性]'은 귀하지만, 왕王이 사람의 주인[主]이니, 비록 '큼[大]'을 주로 하지 않으나, 또한 다시 크게 된 것이다. (왕王은) '세 짝[三匹, 道, 天, 地]'과 짝하니, 따라서 (『노자』 35장에서)「왕 또한 큼이다(王亦大)」라고 말한다. 네 큰 것은 도道, 하늘[天], 땅[地]과 왕이다. 무릇 사물은 일컬음[稱]이 있고, 이름[名]이 있다면, 그것의 궁극은 아니다. 도道를 말하면 말미암은 바가 있게 되고, 말미암은 바가 있게 되면, 그런 연후에 도道라고 말하게 되기에, 그렇다면 '도'는 가운데[中]가 큼[大]을 칭한 것이다. (그러나 道는) '칭함이 없는[無稱]' 큼만은 못 하다. 칭할 수 없으니 이름할 수도 없기에, 영역[域]이라 말한다. '도', '하늘', '땅', '왕'은 모두 '칭할 수 없음[無稱]' 안에 있으니, 따라서 (『노자』 35장에서) 「영역 가운데 네 큼(域中有四大)」이라고 말한다. ('왕'은) 사람의 주인 중에 '큼[大]'이다. 법法은 법칙을 말한다. 사람은 땅을 어기지 않으니 이에 안전함을 얻는 것은 땅을 본받음이다. 땅은 하늘을 어기지 않기에 모든 것을 다 실을 수 있으니, 하늘을 본받음이다. 하늘은 '도'를 어기지 않기에 모든 것을 덮을 수 있으니, '도'를 본받음이다. '도'는 '스스로 그러함[自然]'을 어기지 않기에 자기 본성[性]을 얻으니, '스스로 그러함[自然]'을 본받음이다. '스스로 그러함[自然]'을 본받음이란 네모[方]에서는 '네모남[方]'을 본받고, 원圓에서는 '원'을 본받으니, '스스로 그러함[自然]'에 어긋남이 없다. '스스로 그러함[自然]'은 '칭할 수 없음[無稱]'의 말이기에, 궁극의 말씀이다. 지늉[智]을 씀은 '알지 못함[無知]'에 못 미치고, '몸과 넋[形魄]'은 '정묘한 꼴[精象]'에 못 미치고, '정묘한 꼴'은 '모양 없음[無形]'에 못 미치고, 예의[儀]는 '예의 없음[無儀]'에 못 미치니, 따라서 '도'는 '서로 본받음[相法]'이다. '도'는 스스로 그러함[自然]'이니, 하늘은 그러므로 '돕는 것[資]'이다. 하늘[天]은 '도'에서 본받고, 땅[地]은 그러므로 본받는 것이다. 땅이 하늘에서 본받으니, 사람[人]은 따라서 '비슷해지는 것[象, 즉 像]'이다. '왕'이 생기게 된 것은, 그가 주인 됨인 것이다."라고[2)]

---

2) 混然不可得而知, 而萬物由之以成, 故曰「混成」也. 不知其誰之子, 故曰「先天地生.」 寂寥, 無形體也. 無物匹之. 故曰「獨立」也. 返化終始, 不失其常, 故曰「不改」也. 周行無所不至而不危殆, 能生全大形也, 故可以爲天下母也. 名以定形, 混成無形, 不可得而定, 故曰「不知其名」也. 不名以定形, 字以稱可. 言道取於無物而不由也, 是混成之中, 可言之稱最大也. 吾所以字之曰道者, 取其可言之稱最大也. 責其字定之所由, 則繫於大. 夫有繫則必有分, 有分則失其極矣, 故曰「强爲之名曰大」. 逝, 行也. 不守一大體而已, 周行無所不至, 故曰「逝」也. 遠, 極也. 周行無所不窮極, 不偏於一逝, 故曰「遠」也. 不隨於所適, 其體獨立, 故曰「反」也. 天地之性人爲貴, 而王是人之主也, 誰不職大, 亦復爲大. 與三匹, 故曰「王亦大」也. 四大, 道, 天, 地, 王也. 凡物有稱有名, 則非其極也. 言道則有所由, 有所由, 然後謂之爲道, 然則道是稱中之大也. 不若無稱之大也. 無稱不可得而名, 故曰域也. 道, 天, 地, 王皆在乎無稱之內, 故曰「域中有四大」者也.

풀이하고 있다. 왕필 역시 '도'를 칭할 수 없는데, 다양한 면모가 있음을 우리에게 열심히 설명해 주고 있다. 사실 '도'는 '칭할 것이 없지만[無稱]', 방편 상 여러 면모를 들어 설명할 수 있음을 말해주고 있다.

이 장에서 '도'의 형이상학적 성질이란, 만물의 경험적 인상과는 구별되는 여러 면모를 가짐을 우리에게 자세하게 일깨워주고 있다.

(王)處人主之大也. 法, 謂法則也. 人不違地, 乃得全安, 法地也. 地不違天, 乃得全載, 法天也. 天不違道, 乃得全覆, 法道也. 道不違自然, 乃得其性, 法自然也. 法自然者, 在方而法方, 在圓而法圓, 於自然無所違也. 自然者, 無稱之言, 窮極之辭也. 用智不及無知, 而形魄不及精象, 精象不及無形, 有儀不及無儀, 故道相法也. 道法自然, 天故資焉. 天法於道, 地故則焉. 地法於天, 人故象焉. 王所以爲主, 其主之資也.', 『王弼集校釋』上冊, 「老子道德經注」25章, 樓宇烈校釋, 上同, 63~65頁.

26.
무거움[重]은 가벼움[輕]의 뿌리가 되고, 고요함[靜]은 조급함[躁]의 임금이 된다

무거움[重]은 가벼움[輕]의 뿌리가 되고, 고요함[靜]은 조급함[躁]의 임금이 되니, 이 때문에 군자는 종일을 다녀도 짐수레를 떠나지 않는다. (임금이라면) 둥근 담이 있어서, 사는 곳은 높이 떨어져 있으니, 초연하다. 만승萬乘의 임금[王]이 (자기) 몸 때문에 천하 다스림을 가볍게 여기면, 어떠한가! (자기 몸을) 가볍게 대하면 근본[本]을 잃어버리고, 조급해하면 임금[자리]을 잃게 된다.

[重爲輕根, 靜爲躁君,[1] 是以君子終日行, 不離其輜重. 雖有營觀[2] 燕處則超若. 若何萬乘之王, 而以身輕於天下?[3] 輕則失本, 躁則失君.]

---

1) "(신하를) 제어할 능력이 자기[己]에게 있으면 무거움[重]이라 하고, (자기) 자리[位]를 떠나지 않음이 '고요함[靜]'이다. (임금이) 무거우면 '가벼운 것[輕]'을 부릴 수 있고, 고요하면[靜] '조급한 것[躁]'들을 부릴 수 있다. 그러므로 (『노자』26장에서)「무거움이 '가벼운 것[輕]'의 뿌리이고, 고요함은 조급함의 임금이다. 따라서 '군자는 종일 다녀도, 짐수레[輜重]를 떠나지 않는다.'」라고 말한다. 『韓非子新校注』上冊,「喩老」篇, 陳奇猷校注, 上同, 436頁.
2) 까오헝高亨에 의하면, 營과 榮은 通用되었으니, 營은 '둥근 담[周垣]'의 의미이고, 觀은 담[垣]이니, 영관營觀은 '둥근 담[營垣]'이다. 초약超若은 초연超然과 같으니, '높이 떨어져서 매인 것이 없음[高脫無累]'을 뜻한다. 『帛書老子校注』26章, 高明撰, 上同, 357頁.

한비자는 다음과 같이 말하였다. "자기[己]에게 (신하를) 제어할[制] 능력이 있는 것이 '무거움[重]'이고, 자리[位]를 떠나지 않음을 고요함[靜]이라 한다. (임금이) 무거우면 가벼운 것들을 부릴 수 있고, 고요[靜]하면 조급한 것[躁]들을 부릴 수 있다. 그러므로 (『노자』 26장에서)「무거움은 가벼움의 뿌리가 되고, 고요함은 조급함의 임금이 된다. 그러므로 군자는 종일 다녀도 짐수레[輜重]를 떠나있지 않는다(重爲輕根, 靜爲躁君. 故曰君子終日行不離輜重也)」라고 말하였다. 나라는 임금의 짐수레이다. 주보主父[조趙나라 무령武靈왕]는 생전에 자기 나라를 (아들에게) 양위를 했으니, 이것은 자기의 짐수레를 떠나버린 것이다. 비록 (그가) 대대代郡이나 운중雲中군郡의 즐거움을 가졌으나 초연히 조趙나라는 없어진 것이다. 주보主父는 만승의 주인이었으나, 천하에서 (자기) 몸을 가볍게 하였다. 권세가 없어짐을 '가벼움[輕]'이라 하고, (임금) 자리를 떠남을 조급함[躁]이라 말한 것이니, 이 때문에 (주보는) 산 채로 유폐되어 (굶어) 죽었다. 그러므로 (『노자』 26장에서)「(임금이) 가벼우면 근본[本]을 잃게 되고, 조급하면 임금[자리]을 잃게 된다(輕則失本, 躁則失君)」라고 말했다. (이것은) 주보主父를 말한 것이다."[4]

또한 하상공 주注에서는, "임금은 무겁지[重] 않으면 존경받지 못하고, 몸을 다스림에 무겁지 않으면 정신[神]을 잃게 되며, 초목의 꽃과 잎은 가볍기에 따라서 떨어져 내리는 것이나, 뿌리가 무겁기에 따라서 오래

---

3) '以身輕於天下'에서, 어於는 위爲와 같다. 『帛書老子校注』26장, 高明撰, 上同, 361頁.
4) '制在己口重, 不離位曰靜. 重則能使輕, 靜則能使躁. 故曰:「重爲輕根, 靜爲躁君. 故曰君子終日行不離輜重也.」邦者, 人君之輜重也. 主父生傳其邦, 此離其輜重者也. 故雖有代, 雲中之樂, 超然已無趙矣. 主父, 萬乘之主, 而以身輕於天下. 無勢之謂輕, 離位之謂躁, 是以生幽而死. 故曰「輕則失本, 躁則失君.」主父之謂也.',『韓非子新校注』,「喩老」篇, 上冊, 陳奇猷校注, 上同, 436頁.

존재하는 것이다. 임금은 고요하지 못하면 위엄을 잃게 되고, 몸을 다스림에 고요하지 못하면, 몸이 위태롭다. 용[龍]은 고요하기에 따라서 변화할 수 있고, 호랑이[虎]는 조급하기에 따라서 일찍 죽거나 망치게[虧] 된다. 짐수레[輜]는 고요하다. 성인은 종일 다니지만, 자기의 고요함[靜]과 무거움[重]을 떠나지 않는다. 영관榮觀은 궁궐을 말한다. 연처燕處는 후비后妃가 머무는 곳이다. 초연超然은 멀리 피하고 거처하지 않음이다. '어찌[奈何]'는, 당대 임금을 미워하여, 상심하고 괴로워하는 말이다. 만승萬乘의 주인은 임금[王]을 말한다. 왕이란 지존至尊한데, 그의 품행은 (어찌) 가볍고 조급하겠는가? (사람들은) 당대 임금의 멋대로 낭비하고 가볍고 부박浮薄한 것을 미워하는 것이다. 왕은 가볍고 부박하면, 자기 신하를 잃게 되고, 몸을 닦는데 가볍고 부박하면, 자기의 핵심[精]을 잃게 된다. 임금은, 행동이 조급하고 급하면 자기 임금 자리를 잃게 되고, 몸을 다스림에 조급하고 급하면 자기 '핵심과 정신[精神]'을 잃게 된다."라고[5] 풀이하고 있다. 여기에서 하상공은, 특히 임금의 행동거지는 모름지기 신중하고 무거워야 하며, 사치와 방탕은 멀리하고, 소박하고, 겸허하게 살 것을 권면하고 있다.

왕필의 주注에서는, "무릇 사물은 가벼우면[輕] '무거운 것[重]'을 실을 수 없고, 작은 것[小]은 큰 것[大]을 '안정시킬[鎭]' 수 없다. '다니지 않는 자[不行者]'가 다니게 만들고, '움직이지 않는 자[不動者]'는 움직임[動]을 제

---

5) '人君不重則不尊, 治身不重則失神, 草木之花葉輕故零落, 根重故長存也. 人君不靜則失威, 治身不靜則身危. 龍靜故能變化, 虎躁故夭虧也. 輜, 靜也. 聖人終日行道, 不離其靜與重也. 榮觀謂宮闕. 燕處, 后妃所居也. 超然, 遠避而不處也. 奈何者, 疾時主傷痛之辭. 萬乘之主謂王者. 王者至尊, 而以其身行輕躁乎? 疾時王奢恣輕浮也. 王者輕浮則失其臣, 治身輕浮則失其精. 王者行躁疾則失其君位, 治身躁疾則失其精神.',『老子道德經河上公章句』,「重德」第二十六, 上同, 106, 107頁.

압한다. 이 때문에 '무거움[重]'은 반드시 '가벼움[輕]'의 뿌리가 되고, 고요함[靜]은 반드시 '조급함[躁]'의 임금이 된다. (성인은) '무거움[重]'을 바탕[本]으로 삼기 때문에 (짐수레를) 떠나지 않는 것이다. (임금은) '마음을 번거롭게[經心]' 하지 않는다. 가벼움[輕]은 무거운 것[重]을 안정시키지 못하며, 바탕[本]을 잃으면 목숨을 잃는다. 임금을 잃음이란 임금 자리를 잃게 되는 것이다."라고6) 해석하고 있다.

왕필은, 이 장에서 특히 임금이 가벼우면 근본[本]을 잃게 되고, 조급하면 임금의 자리를 잃는다고 경고한다. 그에 의하면, 임금에게 중요한 덕목은 바로 임금으로서 '무거움[重]'을 키우는 것이 바탕[本]이 되며, 무거운 것을 잃어버리게 되면, 임금의 생명을 버리는 결과를 초래한다고 말한다. 그러므로 임금이라면 자중할 것을 강조하고 있다.

---

6) '凡物, 輕不能載重, 小不能鎭大. 不行者使行, 不動者制動. 是以重必爲輕根, 靜必爲躁君也. 以重爲本, 故不離. 不以經心之也. 輕不鎭重也. 失本, 爲喪身也. 失君, 爲失君位也.',『王弼集校釋』上册,「老子道德經注」26章, 樓宇烈校釋, 上同, 69, 70頁.

27.
잘 다님에는 흔적이 없다

잘 다님에는 (차바퀴나 말굽의) 자국이 없고, 말 잘함에는 흠[瑕謫]이 없고, 잘 셈하는 데는 산가지[籌策]를 쓰지 않고, 잘 잠그면 열지 못할 열쇠[關鑰]는 없고, 잘 묶으면 '동아줄[繩約]'로 풀 수 없는 일이 없다. 이 때문에 성인은 항상 사람을 잘 구제하고, 사람을 버리지 않으며, 사물에는 버리는 재료가 없으니, 이를 '상도常道를 따름[襲明]'이라 말한다. 그러므로 착한 사람은 사람을 착하게 하는 스승이 되고, 좋지 않은 사람도 착한 사람을 (만드는) 재료이다. 비록 안다 하여도 '큰 헷갈림[大迷]'이 되니, 이것은 '묘한 요점[妙要]'이라 말한다.

[善行者无轍迹, 善言者无瑕謫. 善數者不用籌策. 善閉者无關鑰而不可啓也. 善結者无繩約而不可解也. 是以聖人恒善救人, 而无棄人, 物无棄材, 是謂襲明. 故善人, 善人之師; 不善人, 善人之資也. 雖智乎大迷, 是謂妙要.]

백서帛書 갑본의 철적轍迹이 을본에는 달적達迹인데, 철轍과 달達은 고음古音에서 서로 통했다. 철철轍은 수레[車]의 자취이고, 적跡은 말[馬]의 자취이다.[1] 『설문해자說文解字』에 의하면 승繩은 색索(동아줄)이고, 흑纆도 색索(동아줄)이기에, 흑약纆約은 승약繩約(동아줄)이다.[2] 시동奚侗

---

1) 『帛書老子校注』, 高明撰, 上同, 362頁.

(1878-1939)에 의하면, 습襲은 따름[因, 順]이다. 습명襲明은 상도常道를 따름[因順]이다.3) 『노자』의 역현易玄, 경양慶陽, 반계磻溪, 누정樓正, 고환顧歡, 범응원范應元, 사마광司馬光, 오징吳澄본본에는 지智자가 지知[앎, 안다]자로 되어 있다.4) 『한비자』「내저설內儲說」하편에, 「문왕文王은 비중費仲을 도와서[資] (폭군) 주紂왕 곁에서 놀게 하였고, 그로 하여금 주왕에게 간청[諫]하게 하여 그 마음을 어지럽게 하였다」라고5) 하였으니, 여기에서 한비는 「착하지 않은 사람[不善人]은 선인善人의 재료[資]이다」라는 노자의 뜻을 분명히 말한 것이다. 착하지 않은 사람은 비중費仲이고, 선인善人은 문왕文王임을 분명히 말한 것이다.6)

하상공은 이번 장의 주석에서, "도道를 잘 행하는 사람은 그것을 (자기) 몸에서 구하고, 당堂 아래로는 내려가지 않고, 문門(밖)으로 나서지 않기 때문에. (그의) 바퀴 자국[轍迹]이 없는 것이다. '말 잘함[善言]'이란 말을 다듬어서 내놓는 것을 말하니 (임금은) 천하에 '흠결과 잘못[讁過]'이 없을 것이다. 잘함[善]은 도道로써 일을 따지고, 하나[一]를 지켜서 바꾸지 않는 것이니, 따지는 것이 많지 않기에 산가지[籌策]을 쓰지 않고도 알 수 있다. 도道로써 정욕情欲을 잘 막고 정신을 지키는 것은 문 출입구에 문빗장을 두고 '여는 것[開]'만 못하다. '도'를 통해 일을 잘 처리함이란 곧 자기 마음을 매어두는 것이니, 이는 동아줄로 '푸는 것[解]'만 못하다. 성인[임금]이 늘 사람에게 충효忠孝를 가르치는 이유[所以]는 사람의 생명[性命]을 구하

---

2) 『帛書老子校注』, 高明撰, 上同, 364頁.
3) 『帛書老子校注』, 高明撰, 上同, 365頁.
4) 『帛書老子校注』, 高明撰, 上同, 367頁.
5) '文王資費仲而游於紂之旁, 令之諫紂而亂其心.', 『韓非子新校注』上冊, 「內儲說」下, 韓非著, 陳奇猷校注, 上同, 647頁.
6) 『帛書老子校注』, 高明撰, 上同, 368頁.

려는 것이며, 귀천貴賤이 각기 그들이 (처할) 곳을 얻게 하려는 것이다. 성인이 늘 백성을 사계절에 순응하라고 가르치는 까닭[所以]은 만물(만인)을 상해傷害를 받는 데서 구하려는 것이다. 성인은 돌[石]을 천시하거나 옥玉을 귀하게 보지 않고, 그들을 한결같이 여긴다. 성인은 사람[人]과 사물[物]을 잘 구제하는데, 이는 대도大道를 따름[襲明]이다. 사람이 선한善 일을 하면, 성인은 그를 '사람의 스승[人師]'으로 여긴다. 자資는 쓰임[用]이다. 사람의 행위가 '좋지 않으면[不善]', 성인은 오히려 가르쳐서 선善을 하도록 하는 것이니, 쓰게끔 하려는 것이다. (성인 같은 임금은) 단지 보탤 수도 없고, 단지 시켜서 할 수도 없다. (왕은) 비록 스스로가 '지혜롭다[智]'라고 여기나, 이 사람은 바로 크게 착각[迷惑]하고 있음을 말한다. (통치자가) 이런 뜻에 통달할 수 있다면, 이것은 미묘한 요도要道를 안다고 말할 수 있다."라고7) 하였다. 여기서는 임금의 주도적 판단을 유보하고 물러설 것을 강조하며, 성인 같은 임금이라면 자기가 주동적으로 일을 처리하기보다는 물러설 것을 설득하고 있음을 알 수 있다. 하상공의 이번 장 해석에서도, 황로黃老학의 느낌이 풍긴다.

왕필은 주注에서, "(임금이) 자연에 따라서 시행하며, 조작하지[造] 않고, 베풀어주지도[施] 않기 때문에, 사물[物]은 이를[至] 수 있기에, (임금의) 바퀴 자국이 없는 것이다. (임금은) 사물의 성질[性]에 따르며, 구별하

---

7) '善行道者, 求之於身, 不下堂, 不出門, 故無轍迹. 善言謂諫言而出之, 則無瑕疵謫過於天下. 善以道計事者, 守一不移, 所計不多, 則不用籌策而可知也. 善以道閉情欲, 守精神者, 不如門戶有關楗可得開. 善以道結事者, 乃可結其心, 不如繩索可得解也. 聖人所以常教人忠孝者, 欲以救人性命. 使貴賤各得其所也. 聖人所以常教民順四時者, 欲以救萬物之殘傷. 聖人不賤石而貴玉, 視之如一. 聖人善救人物, 是謂襲明大道. 人之行善者, 聖人即以爲人師. 資, 用也. 人行不善, 聖人猶教導使爲善, 得以給用也. 獨無輔也. 獨無所使也. 雖自以爲智, 言此人乃大迷惑. 能通此意, 是謂知微妙要道也.', 『老子河上公章句』, 「巧用」第二十七, 상동, 108~110頁.

지[別] 않고 해석하지[析] 않기 때문에, (그는) 흠결[瑕讁] 없이 자기 있을 곳[所, 門자가 아님]을 얻을 수 있다. 사물[物]의 수數로 인하여, 형기形器[예 주책籌策, 즉 산가지]를 빌리지[假, 즉借] 않는다. 사물이 스스로 그러한 까닭에, 사물[백성]에도 (인위적인) 설치를 하여 베풀지 않기 때문에 문빗장[關楗]이나 새끼줄[繩約]을 쓰지 않으면, '열 방도[開解]'가 없다. 이 다섯 가지[① 善行은 자취 없음[無轍迹], ② 善言은 흠[瑕讁] 없음, ③ 善數에는 산가지[籌策]를 쓰지 않음, ④ 善閉에는 문빗장[關楗]이 없음, ⑤ 善結에는 (묶는) 줄[繩約]이 없음]는, 모두 조작하지[造]도 않고 베풀어주지도[施] 않으며, 사물[백성]의 본성[性]에 말미암기에, 형기形器[산가지나, 기타 문명적 도구 등]로 사물을 억제하지 않음을 말한다. 성인은 형명刑名을 세워서 사물[萬民]들을 단속하지 않고, 현능한 자를 높이거나[進尙] 못난이를 차별하고 버려두지[殊棄] 않는다. 만물[萬시]의 자연스러움을 도와주되 베풀어주지[施, 始가 아님] 않기 때문에, (『노자』 27장에서) 「사람을 버리지 않는다(無棄人)」라고 말한다. 현능한 자를 높이지 않으면 백성은 다투지 않을 것이고, 얻기 어려운 재화를 귀히 보지 않으면, 백성은 도둑질을 하지 않으며, 욕심날 물건을 보이지 않으면 민심이 어지럽게 되지 않는다. 민심이 늘 욕심내지 않게 되거나, 착각하지[惑] 않게 되면, (임금이) 사람을 버리지 않을 것이다. (임금이) 선善을 들어내고 불선不善을 구제하니, 따라서 (임금을) 스승[師]이라 할 것이다. 자資는 취함이다. 선인善人은 선善으로 불선함을 구제하고, 선善으로써 불선함을 버리지 않기 때문에, 선하지 않은 사람도 선인善人이 취하게 된다. 비록 자기 지혜가 있다고 하나, 스스로 자기 지혜를 맏긴 것이다. 사물[物, 즉 백성](의 자연스러움[自然])에 말미암지 않으면, 아마도 도道를 잃을 것이기 때문에, (『노자』 27장에) 「비록 지혜롭다 해도 '큰 미혹[大惑]'이다(雖智大迷)」라고 말한다."라고[8] 풀이하고 있다.

왕필은 문명의 도구를 발명하거나 인위적인 도구를 창안하기보다는 사물[백성]의 자연스러움을 추구할 것을 이 장에서 우리에게 권면하고 있다. 노자 역시 우리에게 중요하게 여기고 추구해야 할 것은 문명의 발달이 아니라, 인간다운 자연스러움이라고 말하면서, 문명과 인위를 날카롭게 비판하고 있다. 그러나 노자의 '자연스러움'을 추구한다는 말은 문명의 이익은 쳐다보지 않고, 다만 그 피해만을 확대하여 강조하는 것은 아닐까! 인간 생활의 기본적인 욕구를 충족하는 것도 마냥 수구적, 소극적으로만 추구할 것은 못 된다. 그러나 과도하게 물욕을 추구하면, 늘 마음의 만족보다는 욕심으로 인한 극심한 비극으로 경도되기 쉽다.

---

8) '順自然而行, 不造不施, 故物得至, 而無轍迹也. 順物之性, 不別不析, 故無瑕讁可得其門也. 因物之數, 不假形也. 因物自然, 不設不施, 故不用關楗, 繩約, 而不可開解也. 此五者, 皆言不造不施, 因物之性, 不以形制物也. 聖人不立形名以檢於物, 不造進向以殊棄不肖. 輔萬物之自然而不爲施, 故曰「無棄人」也. 不尙賢能, 則民不爭, 不貴難得之貨, 則民不爲盜, 不見可欲, 則民心不亂. 常使民心無欲無惑, 則無棄人矣. 擧善以齊不善, 故謂之師矣. 資, 取也. 善人以善齊不善, 不以善棄不善也, 故不善人, 善人之所取也. 雖有其智, 自任其智. 不因物, 於其道必失, 故曰「雖智大迷」.', 『王弼集校釋』上冊, 「老子道德經注」27章, 樓宇烈校釋, 상동, 71, 72頁.

28.
수컷을 알고 암컷을 지키니 천하를 품는 시냇물[溪]이 된다

    수컷을 알고 암컷을 지키니, 천하를 (품는) 시냇물[溪]이 된다. 천하에 시냇물이 되면 항덕恒德은 떠나지 않게 된다. 항덕恒德이 떠나지 않게 되니, 다시 (욕심 없고 앎이 없는) 어린아이[嬰兒]가 된다. (임금은) 자기의 광영[榮]을 알고서 자기의 욕봄[辱]을 지키기에, 천하에 (물이 모여드는 낮은) 골짜기[谷]가 된다. 천하에 골짜기가 되니, 항덕恒德은 이에 충족된다. 항덕이 충족되니, 다시 순박함[樸]에로 돌아간다. 자기의 흼[白]을 알고서 자기의 검은 것[黑]을 지키니, '천하의 법식[天下式]'이 된다. 천하의 표준이 되니 항덕恒德은 어긋나지[忒] 않아서, 다시 무극无極에로 되돌아간다. 순박함이 흐트러지면 (사람이 쓰는) 그릇[器], 도구이 되나, 성인은 쓰이면 백관百官의 우두머리[長, 임금]가 된다. 무릇 (임금의) '큰 통치[大制]는 베어냄[割], 즉 다스림,治]'이 없다.

[知其雄, 守其雌, 爲天下溪. 爲天下溪, 恒德不離. 恒德不離, 復歸嬰兒. 知其榮, 守其辱, 爲天下谷. 爲天下谷, 恒德乃足. 恒德乃足, 復歸於樸. 知其白, 守其黑, 爲天下式. 爲天下式, 恒德不忒, 復歸於无極. 樸散卽爲器, 聖人用則爲官長, 夫大制不割.]

    『설문해자說文解字』에 의하면 제制는 '마름질함[裁]'이다. 따라서 대제大制는 '크게 다스림[大治]'의 뜻이고 '베어냄이 없음[無割]'은 곧 '다스림 없음[無治]'과 통한다.[1] 이 장에서는 결국 임금은 자기 자신이 통치함을 포기할 것을 말하니, 황로黃老학의 영향이 드러난다고 하겠다.

하상공은, 이 장에서 "수컷은 높음[尊]을 알고, 암컷은 낮음[卑]을 아는 것이다. 사람은 비록 스스로 자기의 존현尊顯함을 알지만, 마땅히 다시 '낮고 미천함[卑微]'으로써 자신을 지켜서, 수컷의 '거칠고 사나움[强梁, 粗暴]'을 버리고, 암컷의 '부드럽고 온화함[柔和]'으로 나아가니, 이렇게 하면 천하가 귀의함이 마치 물이 깊은 냇물로 흘러 들어가는 것과 같다. 사람이 깊은 냇물처럼 겸손히 자기를 낮출[謙下] 수 있으면, 덕이 있어서 늘 자기에게서 다시 떨어지지 않는다. 마땅히 다시 (아무런 앎이 없는) 어린 아이에게 되돌아갈 뜻이 있으니, '우둔愚鈍하여 꾸물거림[蠢然]'과 같다. 흼[白]은 밝게 앎[昭昭]을 알리고, 검음[黑]은 묵묵함[默默]을 알린다. 사람이 비록 스스로 밝고 명백하게 알지만, 마땅히 다시 묵묵함으로써 (자기를) 지키니, 마치 까마득히[闇昧] 소견이 없는 것과 같다. 이렇게 하면 (그는) 천하의 표준이 될 수 있으니, 그 덕은 늘 있는 것이다. 사람이 천하의 표준이 될 수 있으면, 덕은 늘 자기[己]에게 있는 것이니, 다시 잘못됨[差忒]이 없게 된다. 덕에 잘못됨이 없으면, 덕은 늘 '자기'에 있기에 다시 잘못됨이 없다. (임금이) 덕에 잘못됨이 없으면 오래 살고 명이 길어지니, 몸은 '끝날 때 없음[無窮極]'에로 돌아간다. 영화[榮]는 '높고 귀함[尊貴]'을 말하고, 욕辱은 '더럽고 탁함[汚濁]'을 말하니, 사람이 스스로 자기의 존귀함을 알더라도, 마땅히 자신을 더럽고, 탁함으로써 지키니, 이렇게 하면 천하가 귀의함이 마치 물이 깊은 골짜기로 흘러 들어가는 것과 같다. 족足은 멈춤[止]이다. 사람이 천하의 골짜기[谷]가 될 수 있으면, 덕은 이에 늘 자기[己]에게 멈출 것이다. (임금은) 다시 마땅히 몸을 질박함에

---

1) 『帛書老子校注』, 「道經校注」28章, 高明撰, 上同, 378頁.

귀속시키고, 다시 (화려하게) 꾸며내지 말아야 한다. 기器는 쓰임[用]이다. 만물(만인)의 소박함이 흐트러지면, 그릇[器, 도구]으로 쓰이게 되니, (이것은) 도道가 흩어져 신명神明이 되고, 흘러가 일월日月이 되고, 나누어져서 오행五行이 되는 것과 같다. 성인이라면 올리어져서 쓰이니, '여러 관리들의 우두머리[百官之元長, 임금]'가 된다. 성인이 쓰이면 큰 도道로써 천하를 제어해도 (백성을) 다치게 하거나 갈라놓는 일은 없다. 몸을 다스리면 큰 도道로써 정욕情欲을 제어하며, 정신을 해치지 않는다."라고[2] 풀이하고 있다. 하상공河上公에 의하면, 임금 될 사람은 자기가 아무리 '거칠고 사나운[强梁]' 수컷[雄]이라도 암컷[雌]처럼 행동해야, 천하를 받아들이는 시냇물[溪, 谿]이 될 수 있어서, 통치자로서의 항덕恒德이 떠나지 않으며, 그렇게 되면 항덕이 떠나지 않기에, 마치 무지無知·몽매한 '어린아이[嬰兒]'에로 다시 돌아가야 한다고 말한다. 자기가 흼[白]을 알지만 검음[黑]을 지키는 천하의 골짜기[谷]가 될 수 있어야, 항덕이 충족[足]되고, 충족되어야 다시 '순박함[樸]'에 돌아가게 된다. 노자는 이 장에서 자기의 결백함[白]을 알고 자기의 '검은 점[黑]'을 지켜내니, 항덕恒德이 '천하의 표준[天下式]'이 되며, 항덕이 '어그러지지 않게[不忒]' 되어야, 비로소 (임금은) 무극无極에로 되돌아갈 수 있다고 말한다. 통치자의 강압적이고

---

2) '雄以喩尊, 雌以喩卑. 人雖自知其尊顯, 當復守之以卑微, 去雄之强梁, 就雌之柔和, 如是則天下歸之, 如水流入深谿也. 人能謙下如深谿, 則德常在, 不復離於己. 當復歸志於嬰兒, 蠢然而無所知也. 白以喩昭昭, 黑以喩默默. 人雖自知昭明白, 當復守之以默默, 如闇昧無所見, 如是則可爲天下法式, 其德常在. 人能爲天下法式, 則德常在於己, 不復差忒. 德不差忒, 則長生久壽, 歸身於無窮極也. 榮以喩尊貴, 辱以喩汚濁. 人能自知己之有尊貴, 當復守之以汚濁, 如是則天下歸之, 如水流入深谷也. 足, 止也. 人能爲天下谷, 則德乃常止於己. 復當歸身於質朴, 不復爲文飾. 器, 用也. 萬物之朴散則器用, 若道散則爲神明, 流爲日月, 分爲五行也. 聖人昇用則爲百官之元長也. 聖人用之則以大道制御天下, 无所傷割. 治身則以大道制御情欲, 不害精神也.', 『老子道德經河上公章句』,「反朴」第二十八章, 상동, 113~115頁.

사나운 것보다는 여성스럽고 유화한 것을 지키고, 명백함[白]보다는 '음흉한 셈법[黑]'을 지켜낼 수 있을 때, 통치자는 비로소 항덕恒德이 충족하게 되고, 또한 그의 통치는 무극无極에까지 도달할 수 있다는 노자의 소극적 통치철학, 곧 황로학적 면모를 여기서 밝혀주고 있다. 황로黃老학적 사상은 신도가新道家 사상이라고도 불리는데, 이는 전국戰國시대 제齊나라의 직하稷下학궁에서 다수의 학파나 그에 속한 학자들에 의하여 편찬된 『관자管子』나, 제나라의 쇠망과 함께 이들을 흡수한 여불위呂不韋(전?-전235)에 의해 편찬된 『여씨춘추呂氏春秋』에도 잘 나타나 있다. 또한 황로학의 요지는 사마천司馬遷의 부친 사마담司馬談(약전169-전110)의 「논육가요지論六家要旨」에도 잘 보인다.3)

왕필은 그의 주注에서, "수컷[雄]은 앞섬[先]의 무리[屬]이고, 암컷[雌]은 뒤[後]의 무리이다. 천하에 앞선 자[先者]는 반드시 뒤[後]가 됨을 알 수 있다. 이 때문에 성인은 자기 몸을 뒤로 하나 몸이 앞서는 것이다. (낮은 곳에 있는) 시내[谿]는 사물을 찾지 않으나, 사물이 저절로 그에게 모여든다. 어린아이[嬰兒]는 슬기[智]를 쓰지 않으나, 자연의 지혜[智]와 합한다. 식式은 준칙[模則]이다. 특忒은 틀림[差]이다. (무극無極은) 궁窮함이 없음이다. 이 셋(수컷 됨을 알아서 암컷을 지킴, 흼[결백]을 알아서 검은 것[黑]을 지킴, 광영[榮]을 알아서 욕辱됨을 지킴)의4) 말[言]은 항상 반대로[反] 끝나니, 나중[後]에 덕德은 자기 있을 곳을 온전히 함이다. 아래 장즉『노자』40장]에서, 「반대[反]가 도道의 움직임[動]이다.」라고 했다. 공功은 (앞서서) 취할 수 없고, 늘 그 어머니[母, 근원]에 처해야 한다. 박樸은 참[眞]이다. 참이 흩어지면 모든 행동이 나와서, '같지 않은 구분[殊類]들'이 생

---

3) 『제자백가의 철학사상』(1), 송영배 지음, 위와 같음, 236쪽.
4) 이 셋은, 곧 「知其雄, 守其雌」, 「知其白, 守其黑」, 「知其榮, 守其辱」을 가리킨다. 『王弼集校釋』上冊, 「老子道德經注」28章, 樓宇烈校釋, 上同, 注3, 75頁.

겨나니, 그릇[器, 도구]들과 같다. 성인은 그것들을 나누어 흩어놓으면서, 따라서 그것을 작동하기 위해 담당자[官長]를 세우는 것이다. 좋은 것[善]은 스승[師]으로 삼고 좋지 않은 것도 재료[資]로 삼으니, 풍속을 바꿔나가서 다시 하나[一, 즉 道]에로 돌아가게 함이다. '큰 제압[大制]'은 천하의 마음[心]으로 마음을 삼는 것이니, 따라서 갈라 내버림[割]이 없다."라고⁵⁾ 이 장을 풀이하였다. 왕필은, 천하에서 시냇물이 자신을 낮추기에, 사물이 저절로 그곳으로 찾아드는 것처럼 임금이 될 자도 자신을 앞세우지 말고 낮춰서, 뒤에 서라고 말한다. 참[眞]이 흩어져 여러 사물이 이루어지는데, 이렇게 나누어진 기물[器物]을 성인 같은 임금은 그것들을 분류하여 나누어 놓고, 이를 맡을 담당자[官長]를 세우는 법이다. 이 중 좋은 것은 스승이 되고, 좋지 않은 것도 쓸 자료[資]가 되는 것이니, 이것들이 다시 '하나[一]', 즉 도[道]에로 돌아가게 해야 한다고, 왕필은 『노자』의 뜻을 풀이한 것이다. 왕필이 보기에, 도[道]가 하는 '큰 제어[大制]'는 천하 사람의 마음을 마음[心]으로 삼아서, 만물(만인)을 갈라냄[割]이 없게 하는 것이라고 말한다. 따라서 왕필이 말하는 노자의 이상적 통치란 임금의 차별 없는 정치라고 할 수 있다.

---

5) '雄, 先之屬. 雌, 後之屬也. 知爲天下之先者必後也. 是以聖人後其身而身先也. 谿不求物, 而物自歸之. 嬰兒不用智, 而合自然之智. 式, 模則也. 忒, 差也. 不可窮也. 此二者, 言常反終, 後乃德全其所處也. 下章云, 反者道之動也. 功不可取, 常處其母也. 樸, 眞也. 眞散則百行出, 殊類生, 若器也. 聖人因其分散, 故爲之立官長. 以善爲師, 不善爲資, 移風易俗, 復使歸於一也. 大制者, 以天下之心爲心, 故無割也.', 『王弼集校釋』上冊, 「老子道德經注」28章, 樓宇烈校釋, 상동, 74, 75頁.

29.
천하라는 신묘한 기물은 억지로 다스릴 수 없다

장차 천하를 취하려 (인위적으로) 애쓰고자 하나, 나[노자]는 그렇게 할 수 없음을 본다. (사람이란) 천하에 신묘한 기물이니, (억지로) 다스릴 수 없는 것이다. 억지로 하면 실패하고, 집착하면 잃게 된다. 그러므로 누군가는 시행[行] 하고, 누군가는 따르는[隨] 것이며, 누군가는 (기氣를) 천천히 내뱉기도[噓] 하고, 누군가는 힘차게 내뱉기도[吹] 하며, 누군가는 강하고 누군가는 약하며, 누군가는 돋아주기도[培] 하고, 누군가는 무너뜨리기도[隳] 한다. 이 때문에 성인은 '엿보고 음탕함[甚]'을 멀리하고, '자만하고 뻐김[泰]', 사치함을 멀리한다.

[將欲取天下而爲之, 吾見其弗得已. 夫天下神器也, 非可爲者也. 爲者敗之, 執者失之. 故物或行或隨, 或噓或吹, 或強或羸, 或培或隳. 是以聖人去甚, 去泰, 去奢.]

『주역』,「계사繫辭」전에,「모양[形]이 기器다」라고 했는데, 이에 대한 한백韓佰(東晉, 4세기)의 주注에,「모양[形]을 이룬 것은 기器를 말함」이라고 했다. 이로 보면, 『노자』의 기器는 만물(만인)을 가리켜 말한 것이니, 『노자』 28장의, "순박함[樸]이 분산되면 기器가 된다[樸散則爲器]"을 뜻한다. 사람[人]은 만물의 영장靈長이니, 따라서「신기神器」라고 말한다.[1] 심甚은 소리나 미색을 탐음貪淫[엿보고 음탕함]하거나, 과분함의 뜻이고, 태

泰는 자만하게 뻐김[驕縱]이고, 사奢는 사치함이다. 이 장은 통치자의 기본 태도에 관하여 말하고 있다.

하상공의 주注에서, "(누군가) 천하의 주인이 되고자 하고, 유위有爲로써 백성을 다스리려 한다. 그가 천도天道와 인심人心을 얻지 못함이 이미 분명하다고 나(老子)는 본다. '천도'는 잡스런 오탁汚濁함을 싫어하고, 사람 마음은 욕심 많음을 싫어한다. 기器란 사물이다. 사람人은 이에 천하의 '신비로운 물건[神物]'이다. 신비로운 물건[사람人]은 안정安靜을 좋아하니, [인위적人僞的인] 유위有爲로써 다스릴 수는 없다. 유위有爲로써 (백성을) 다스리면 그들의 질박함을 파괴할[敗] 것이다. (백성을) 억지로 붙잡아 가르치고자 하면, 그들의 참 모습[眞相]을 잃게 되고, 사기와 거짓이 생겨난다. 상上[임금]께서 실행하면, 하下[下民]는 반드시 따를 것이다. 누군가는 '숨을 내쉬니[구呴]' 따뜻하고[溫], 취吹는 추움[寒]이다. 따뜻한 데가 있으면, 반드시 추운 곳이 있다. 강대强大한 곳이 있으면 반드시 쇠약한[이약羸弱] 곳이 있다. 재載는 편안함[安]이다. 휴隳는 위태함[危]이다. 편한 데가 있으면, 반드시 위태한 데가 있다. 명철한 임금은, '유위有爲'로써 나라[國]를 다스리거나 몸[身]을 다스리지 않는다. 심甚은 재물을 탐하고 여색을 밝힘이고, 사奢는 복식服飾과 음식이고, 태泰는 좋은 집[宮室]과 누각[臺榭]를 말한다. 이 셋을 버린 자가 중화中和에 처하며, 무위無爲를 시행하면, 천하는 저절로 변화한다[自化]."라고[2] 이 장을 풀이하고

---

1) 『帛書老子校注』,「道經校注」29章, 高明撰, 上同, 378頁.
2) '欲爲天下主也, 欲以有爲治民. 我見其不得天道人心已明矣. 天道惡煩濁, 人心惡多欲. 器, 物也. 人乃天下之神物也. 神物好安靜, 不可以有爲治. 以有爲治之, 則敗其質朴. 强執敎之, 則失其情實, 生於詐僞也. 上所行, 下必隨之也. 呴, 溫也. 吹, 寒也. 有所溫必有所寒也. 有所强大, 必有所羸弱也. 載, 安也. 隳, 危也. 有所安必有所危. 明人君不可以有爲治國與治身也. 甚謂貪淫聲色, 奢謂服飾飮食, 泰謂宮室臺榭. 去此三者, 處中和, 行無爲, 則天下自化.',『老子道德經河上公章句』,「無爲」第二十九, 上同,

있다. 천하를 잘 다스리는 임금은 인위적으로 백성을 강제하고 통제하지 않으며, 임금 자신이 스스로 중화中和하여 주관적이고 독단적인 조치가 없는 무위無爲의 정치를 한다면, 백성들이 저절로 교화될 것임을 말하고 있다.

왕필은 주注에서, "신神은 모양[形]도 없고, 무리[方, 類]도 없다. (사람의) 기물[器]은 합하여 이루어진 것이다. (도道에는) 모양[形]이 없는데 합쳤으니, 따라서 '신비로운 기물[神器]'이라고 말한다. 만물은 자연스러움[自然]을 본성[性]으로 여기는 까닭에, 말미암을[因] 수 있으나, (인위로 조작하여) 만들 수는 없으며[不可爲], 통하게[通] 할 수 있으나 (인위로) 집착할 수 없다. 사물에는 (도道에서 받은) 상성常性이 있는데, 그것을 (인위로) 지어서 만들면 반드시 망가진다(敗). 사물에는 (본래) 오고 가는[往來] 것이 있는데, 그것을 (인위로) 붙들어놓으면, (자연 본성을) 반드시 잃게 된다. 무릇 이런 여러 가지 경우[或]들은 사물에는 역순逆順이나 반복反覆이 있으니, (그것을 억지로) 고집하거나 갈라내지 말 것을 말한 것이다. 성인은 자연의 본성[性]에 달통하고, 만물의 실정에 통달하기 때문에, (자연스러운 성질에) 말미암음을 뿐 조작하지[爲] 않고, 순종하고 (더) 베풀지[施]도 않는다. 미혹된 것을 제거하고, 미혹된 것을 버리기 때문에, (성인의) 마음은 어지럽지 않고, 사물의 본성[性]은 스스로 얻게 된다."라고[3]) 이 장을 풀이하고 있다.

118, 119頁.

3) '神, 無形無方也. 器, 合成也. 無形以合, 故謂之神器也. 萬物以自然爲性, 故可因而不可爲也, 可通而不可執也. 物有常性, 而造爲之, 故必敗. 物有往來, 而執之, 故必失矣. 凡此諸或, 言物事逆順反覆, 不施爲執割也. 聖人達自然之性, 暢萬物之情, 故因而不爲, 順而不施. 除其所以迷, 去其所以惑, 故心不亂而物性自得之也.',『王弼集校釋』上冊,「老子道德經注」29章, 樓宇烈校釋, 상동, 77頁.

왕필은, 도道를 신물神物로 보고 만물이나 만인은 그것에 말미암을[因] 뿐이라고 본다. 만물이나 만인은 자기의 '자연스러운 본성[性]'을 존중하여야 하고, 이 본성을 절대자인 통치자가 임의대로 조작하지 말 것을 주문한다. 『노자』에서는 자연을 존중하는 자세와 더불어, 과도한 인위적 조치를 경계해야 함을 인류에게 호소하고 있다. 따라서 도구의 발명과 인간 문명의 발달을 극도로 경계하였다. 문명적 발달의 수용을 거부하고 자연공동체 안에서 소박한 자연적 삶의 영위만을 『노자』에서는 찬양한다. 그러나 이것은 사회 전체 구성원이 이렇게 살 수는 없는 것이고, 사회에서 자연 세계로 도피한 극소수의 일민逸民에게만 허용되는 삶이라고 하겠다. 『노자』에서는 이러한 퇴영적인 삶만을 극찬하고 있다.

30.
도道로써 임금을 돕고, 군대로써 천하에 강함을 보이지 않는다

도道로써 임금[人主]을 돕고, 군대[兵]로 천하에 강강하고자 하지 않는데, 그 일[兵]이란 되갚음[還]을 좋아한다. 군사[師]가 머문 곳은 가시[荊棘]나무가 생겨난다. 좋은 점[善者]은 성과[果]뿐이니, 강함을 취함이 아니다. 성과가 있으나 교만[驕]하지 않고, 성과가 있으나 자랑[矜]하지 않고, 성과가 있으나 빼기지[伐] 않고, 성과가 있으나 어찌할 수 없을 뿐이니, 이것이 성과가 있으나 강함이 아님을 말한 것이다. 사물[사건]은 (병력兵力으로) 힘세[壯]지면 노쇠하게 되는데, 이것은 도道에 맞지 않으니, 도에 맞지 않으면 일찍 죽음을 말한다.

[以道佐人主, 不以兵强於天下, 其事好還. 師之所居, 荊棘生之. 善者果已矣, 毋以取强焉. 果而毋驕, 果而勿矜, 果而勿伐, 果而毋得已居,[1] 是謂果而不强. 物壯而老, 是謂之不道, 不道早已.]

---

1) 帛書甲本과 乙本에, 「果而毋得已居」로 씌었는데, 今本에는 모두 「果而不得已」로 되어있고 居자가 없다. 여기서 居는 어조사이기에, 어조사인 者나 諸의 뜻과 같다. 따라서 居는 여기서 뜻이 없다. 『帛書老子校注』, 「道經校注」30章, 高明撰, 上同, 384頁.

이 장에서 노자는 군대를 써서 나라를 부강하게 하려는 춘추春秋전국 戰國시대 당시의 사회 풍조에 대한 강한 반감을 나타내고 있다.

하상공은 주注에서, "임금[人主]은 도道로써 자신을 도울 수 있어야 함을 말한 것이다. 도로써 자신을 돕는 군주는 전쟁[兵革]을 하지 않고, '자연[天]'에 순응하고 덕德에 맡기니, 적[敵人]들이 스스로 복종한다. 전쟁[事]을 일으켜 되갚기[還] 좋아하면 스스로 대가를 치르게 되니[責], 남을 원망할 수 없다. (이렇게 되면) 농사를 지을 수 없고 농토[田]를 다스릴[修] 수 없다. '자연[天]'에 '나쁜 기운[惡氣]'으로 대응하면 곧 오곡五穀이 상하고, 오곡이 다 떨어지면[盡], 사람이 피해[傷]를 입는다. 전쟁을 잘하는 자는 마땅히 과감해야 하지만, 전쟁을 좋아하면 안 된다. (전쟁의) 강대하다는 이름[名]을 과감히 취하지 않는다. (전쟁의) 성과에 마땅히 겸비謙卑해야 하고, 스스로 큼[大]을 자랑하지, 말아야 한다. (전쟁의 성과를) 과감히 양보해야 마땅하고, 스스로 자랑하며 좋은 것만 취해서는 안 된다. 교驕[驕慢]는 속임이다. 과감하되 남을 속이지는 말라! 과감하되 지극한 정성을 들여야 마땅하고, 윽박질러 어쩔 수 없게 해서는 안 된다! 과감하되, 강한 군사력[强兵堅甲]으로 남들을 침범하지 말라! 초목은 왕성함이[壯] 다하면[極] 말라서 떨어지고, 사람은 왕성함이[壯] 다하면[極] 노쇠하게 된다. 강함은 오래 갈 수 없음을 말한 것이다. 마르고 늙은 사람은 걷지 못하고 주저앉는다. 걷지 못하는 자는 일찍 죽는 것이다."라고[2] 이 장을

---

2) '謂人主能以道自輔佐也. 以道自佐之主, 不以兵革, 順天任德, 敵人自服. 其擧事好還自責, 不怨於人也. 農事廢, 田不修. 天應之以惡氣, 即害五穀, 五穀盡則傷人也. 善用兵者, 當果敢而已, 不美之. 不以果敢取强大之名也. 當果敢謙卑, 勿自矜大也. 當果敢推讓, 勿自伐取其美也. 驕, 欺也. 果敢, 勿以驕欺人. 當果敢至誠, 不當偪迫不得已也. 果敢, 勿以爲强兵堅甲以侵凌人也. 草木壯極則枯落, 人壯極則衰老也. 言强者不可以久. 枯老者坐不行道也. 不行道者早死.', 『老子道德經河上公章句』, 「儉武」第三十, 上同, 121, 122頁.

풀이하고 있다. 이 장에서 하상공은, 전쟁을 찬미하는 것을 부정하고, 전쟁이란 어쩔 수 없이 할 수밖에 없는 것으로 이해하면서, 우리에게 전쟁의 부정적인 면모를 설명해 주고 있다.

 왕필은 그의 주注에서, "도道로써 임금을 돕는 자는 군대만으로 천하에서 강해질 수 없음을 높게 여긴다. 하물며 임금이 몸소 도를 실천하는 자라면 어떻겠는가! 다스리려는 자는 공을 세우고 전쟁하기에 힘쓰지만, 도 있는 자는 '함 없음[無爲]'으로 돌아가기 위해 애쓰기 때문에 (『노자』 30장에서) 「그가 할 일은 되돌아감이다(其事好還)」라고 말했다. 군사[師]는 사람을 해치는 몹쓸[凶害] 것이다. (군사로는) 도움이 되는 일이 없고 반드시 해害치는 일만 있으니, 백성을 잔혹하게 해치고[賊害], 전답을 황폐하게 만들기 때문에, (『노자』 30장에서 전쟁터에서) 「가시나무가 생겨난다(荊棘生焉)」라고 말했다. 과果는 구제함[濟]과 같다. 군사를 잘 쓴다는 것은 달려 나가서 어려움[難]을 구제하는 것일 뿐이지, 병력으로 천하에 강함을 취하는 것이 아님을 말한다. 내老子는 '군사의 도[師道]'를 높다고 여기지 않으나 어쩔 수 없어서 쓸 뿐인데, 어찌 '자랑하고 오만矜驕할' 수 있겠는가? '군대를 씀[用兵]'이 비록 공功을 촉구하고 어려움을 해결[濟]하나, 그러나 (그) 때[時] 때문에, 어찌할 수 없어서 쓰는 것을 말한다. 다만 마땅히 포란暴亂을 그치게 하는 것일 뿐이지, (전과를 올려) 강해진다[强]라고 여기지 않아야 하는 것이다. 장壯은 무력武力을 사납게 일으키는 것이니, 군대로써 천하에 강함을 알리는 것이다. 회오리바람도 하루아침을 못 가고, 소나기[驟雨]도 종일 내리지는 않는다. 따라서 흉포함이 일어남은 필연코 도道는 아니니, '오래 가지 못하고 일찍 끝나게[부己]' 된다."라고[3] 이 장을 풀이하고 있다. 왕필은, 이 장의 노자의 말에 대해

---

 3) '以道佐人主, 尙不可以兵强於天下, 況人主躬於道者乎? 爲治者務欲立功, 而有道者務

전쟁이란 흉악함을 제거하기 위해 어쩔 수 없이 쓰일 뿐, 도道에는 맞지 않는 것이라고 풀이한다.

춘추전국시대에 모든 제후국은 서로를 겸병하기 위해 전쟁을 일으켜, 수없이 많은 전투를 벌였다. 이에 대해 노자는 전쟁으로 수많은 백성이 죽어갔고 전답은 피폐하여 갔을 뿐, 민생은 살아나지 못했다고 주장한다. 이처럼 노자는 전쟁을 매우 비관적으로 바라보았으며, 전쟁과 군대가 없어져 민생이 안정되는 세상을 갈망했던 것이다. 그러나 노자의 이런 갈망은 얼마나 당대나 우리 사회의 문제를 해결하는데, 도움이 될 것인가! 노자의 갈망은 현실성 없는 하나의 이상적 갈망으로만 보일 뿐이다.

欲還反無爲, 故云「其事好還」也. 言師凶害之物也, 無有所濟, 必有所傷, 賊害人民, 殘荒田畝, 故曰「荊棘生焉.」果, 猶濟也. 言善用師者, 趣以濟亂而已矣, 不以兵力取强 於天下也. 吾不以師道爲尙, 不得已而用, 何矜驕之有也! 言用兵雖趣功濟亂, 燕時故不 得已用者. 但當以濟暴亂, 不遂用果以爲强也. 壯, 武力暴興, 喩以兵强於天下者也. 飄風不終朝, 驟雨不終日, 故暴興必不道, 早已也.', 『王弼集校釋』上冊, 「老子道德經 注」30章, 樓宇烈校釋, 상동, 78, 79頁.

31.
무기란 상서롭지 못한 기물이다

무릇 무기[兵]는 상서롭지 못한 기물[器]이다. 뭇사람[物]은 혹 그것을 싫어한다. 그러므로 여유로운 이들은 그것에 처하지 않는다. 군자가 거하는 데는 왼쪽[左]을 높이 보아야 하는데, 무기를 쓰자면 오른쪽[右]을 높이 본다. 그러므로 무기는 군자의 기물이 아니다. 무기는 상서롭지 못한 기물이나, 어찌할 수 없어서 쓸 뿐이니, 욕심 없이 담담하게 다루는 것이 가장 좋다. 무기는 아름답게 여길 것이 아니니, 만약 무기를 아름답게 여긴다면, 이는 사람 죽이기를 좋아하는 것이다. 무릇 사람 죽이기를 좋아하면, 천하에서 사람들의 뜻을 얻을 수 없다. 이 때문에 '좋은 일[吉事]'에는 왼쪽을 높이 보고, 장례葬禮[喪事]에는 오른쪽을 높이 본다. 이 때문에 '낮은 장군[偏將軍]'은 왼쪽에 서고, '높은 장군[上將軍]'은 오른쪽에 선다. (군대는) 장례葬禮로 처함을 말한 것이다. (군대에서) 사람이 많이 죽으니, 비애로써 그것을 대하는 것이다. 전투에서 승리해도 장례葬禮[喪禮]를 치르는 것처럼 대해야 한다.

[夫兵者, 不祥之器也. 物或惡之, 故有裕者弗居. 君子居則貴左, 用兵則貴右. 故兵者非君子之器也, 兵者不祥之器也, 不得已而用之, 恬淡爲上. 勿美也, 若美之, 是樂殺人也. 夫樂殺人, 不可以得志於天下矣. 是以吉事上左, 喪事上右. 是以偏將軍居左, 上將軍居右. 言以喪禮居之也. 殺人衆, 以悲哀蒞之. 戰勝, 而以喪禮處之.]

이 장에서는 노자가 춘추전국시대에 전쟁이 난무하는 상황 앞에서, 전쟁에 쓰이는 무기를 증오하고 전쟁을 부정하는 관점을 분명하게 보여주고 있다.

하상공 주注에 의하면, "가佳는 꾸밈이다. 상祥은 좋음[善]이다. 무기[兵]는 정신을 놀라게 하고 화기和氣를 흐려놓는 좋지 않은 기물이니, 그것을 마땅히 좋은 것처럼 꾸며서는 안 된다. 무기를 사용하면 해치는 바가 있게 되니, 그러므로 만물(만인) 중에 무기를 싫어하지 않는 이가 없다. 도道가 있는 이는 그런 나라에는 거처하지 않는다. (군자는) 유약柔弱함을 귀히 본다. (무기 쓰는 자는) '굳세고 강함[剛强]'을 귀히 본다. 이것은 '전쟁의 도[兵道]'와 군자의 도道는 반대이며 귀하게 보는 바가 다름을 말한다. '군비[兵革]'는 좋지 않은 기물이니, 군자의 귀중한 기물이 아니다. 쇠약해져 (어쩔 수 없이) 혼란[亂]과 화禍를 만났는데, (적군이) 만백성을 (자기 나라에) 더하려고 하니, 이에 (무기를) 씀으로써 자신을 지킴이 (전쟁임)을 말한 것이다. (군자는) 토지를 탐하지 않고, 남의 재산과 보물[財寶]을 이롭게 보지 않는다. (전쟁에서) 비록 이겼어도, '이롭고 좋은 것[利美]'으로 여기지 않는다. (전쟁으로) 승리함을 아름답게 여기는 것은, 사람 죽이기를 기뻐하고 즐기는 자이다. 임금이 되어 사람 죽이기를 즐기는 자는 천하에 뜻을 얻을 수 없을 것이다. (대체로) 임금이 되면, 반드시 사람 목숨[人命]을 제멋대로 다뤄[專制], 형벌을 내리고 죽이는 일을 망령되이 행한다. 왼쪽左은 살게 하는 자리이다. 음도陰道는 사람을 죽이는 것이다. '낮은 장군[偏將軍]'은 (자리가) 낮으나 양위陽位에 있으므로, (사람) 죽이는 일을 주관하지 않는다. 상장군上將軍은 높아서 음위陰位에 있으므로, (사람) 죽이는 일을 전적으로 주관한다. 상장군은 오른쪽에 거하니, 상례喪禮에서는 오른쪽을 높이 보고; '죽은 사람[死人]'은 음陰을 귀히 여긴다. (임금으로서) 자신을 해치고 (백성들에게 베풀어준) 덕이 엷으니

[薄], 도도로 사람을 교화할 수 없었고, 죄 없는 백성을 해친 것이다. 옛날에 전승戰勝한 장군은 상喪을 주례하는 자리에 서며, 소복素服을 입고서 곡哭을 하였다. (이는) 명철한 군자는 덕德을 귀히 보고, 병兵[무기, 전쟁]을 천시했으며, 어떻게 할 수 없어서 '좋지 않은 재[不祥]'를 죽였으나, 마음으로 그것을 즐겁게 하지 않았으니, 상례喪禮에 비견했음이 분명하다. 후세에 용병用兵이 그치지 않으니, 따라서 그것을 비통해했음을 알겠다."라고[1] 이 장을 풀이하고 있다. 노자는 임금이 백성을 도도로서 교화해야 한다고 설파했으며, 전쟁이나 무기를 동원하는 일은 어쩔 수 없이 하는 일이기에 그것을 상례喪禮로 보았음을 하상공은 우리에게 말해주고 있다.

이 장에 대해서만 왕필 주注본에는, 주석이 보이지 않는다. 그 자신이 주석을 붙일 필요 없이 그의 전쟁 부정론이 자명했기 때문이라 보고 싶다.

노자 철학에서는 전쟁이나 전쟁하는 도구. 장비 등은 심한 비판을 받을 수밖에 없었다. 그것은 사람을 살리는 것이 아니라 사람을 살상하기 때문이다.

---

1) '佳, 飾也. 祥, 善也. 兵者驚精神, 濁和氣, 不善之器, 不當修飾之. 兵動則有所害, 故萬物無有不惡之者. 有道之人不處其國. 貴柔弱也. 貴剛强也. 此言兵道與君子之道反, 所貴者異也. 兵革者, 不善之器也. 非君子所貴重之器也. 謂遭衰逆亂禍, 欲加萬民, 乃用之以自守. 不貪土地, 不利人寶財. 雖得勝, 而不以爲利美也. 美得勝者, 是爲喜樂殺人者也. 爲人君而樂殺人者, 此不可使得志於天下矣. 爲人主必專制人命, 妄行刑誅. 左, 生位也. 陰道殺人. 偏將軍卑而居陽位, 以其不專殺也. 上將軍尊而居陰位, 以其專主殺也. 上將軍居右, 喪禮尙右, 死人貴陰也. 傷己德薄, 不能以道化人而害無辜之民. 古者戰勝, 將軍居喪主禮之位, 素服而哭之; 明君子貴德而賤兵, 不得已而誅不祥, 心不樂之, 比於喪也. 知後世用兵不已, 故悲痛之.', 『老子道德經河上公章句』, 「偃武」第三十一, 상동, 125~127頁.

32.
도道는 늘 이름이 없다

도道는 늘 '이름 없음[无名]'이니 소박하여 비록 작아 보여도, 천하는 (道를) 신하로 삼을 수 없다. 후왕侯王이 그것[道]을 지킬 수 있다면, 만물(만인)이 장차 스스로를 손님으로 여길 것이다. '하늘과 땅[天地]'이 서로 합침에 비[雨]가 감로甘露처럼 내리니, 백성[民]은 명령하지 않아도 '저절로 고르게[自均]' 된다. 도道가 천하에 있음을 비유하면, '작은 골짜기 물[小谷]'이 흘러가서[之] 강과 바다와 함께 함과 같다.

[道恒无名, 樸雖小, 而天下不敢臣. 侯王若能守之, 萬物將自賓. 天地相合, 以雨甘露, 民莫之令而自均焉. 譬道之在天下也, 猶小谷之與江海也.]

만물의 근원이 되는 도道는 언제나 무엇이라 이름 붙일 수 없기에, 그 것을 '이름 없음[無名]'이라고 부를 수밖에 없다. 노자는 이 장에서 도는 소박하고 작아 보일지 모르지만, 천하에 도를 자기 신하로 삼을 것은 있을 수 없는 일이라 말하고 있다. 비유하자면 만사나 만인萬人은 도道를 빌려서 존재하는 것이니, '자기를 손님[自賓]'으로 여길 수밖에 없다. 말하자면 작은 골짜기의 물이 흘러 내려가서 강과 바다와 함께 함과 같다.
이에 대하여 하상공은 그의 주注에서, "도道는 음陰도 될 수 있고 양陽도 될 수 있으며, 느슨할[弛] 수도 팽팽할[張] 수도 있고, 존재할[存] 수도,

없어질[亡] 수도 있기에, 그러므로 '(정해진) 항상 있는 이름[常名]'이 없다. '도'는 소박하여 비록 작게 보이나, 미묘하여 '모양이 없음[無形]'이니, 천하에는 도道를 신하처럼 부릴 수가 없다. 후왕侯王이 '도'를 지켜서 '함 없음[無爲]'을 할 수 있다면, 만물[만인]은 장차 자신을 손님으로 여겨 (도에) 복종할 것이니, (도道의) 덕德에 복종한 것이다. 후왕의 행위가 하늘[天]과 서로 들어맞아 하나가 될[應合] 수 있다면 '자연'은 곧 감로甘露 같은 '선한 단서[善瑞]'를 내려줄 것이다. 자연이 감로 같은 선한 단서를 내려주면, 만물은 가르치고 명령하는 자가 없어도, 모두 스스로 하나 같이 고르게 조화할 것이다. 시작始은 도道이다. '이름을 가진 것[有名]'은 만물이다. '도'는 '이름 없는 것[無名]'이지만, '이름 가진 것[有名]'을 제어할 수 있고, '모양 없는 것[無形]'이지만 '모양 있는 것[有形]'을 제어할 수 있다. 기旣는 다함[盡]이다. 이름 있는 사물은 다 정욕이 있으니, (사물은) 도道에 배치되고 덕德을 떠난 것이기 때문에, 몸[身]은 훼멸이 되고 모욕을 당한다. 사람이 '도'를 본받고 덕德을 행할 수 있다면, 자연도 또한 장차 스스로 그것을 알 것이다. 자연이 그것을 안다면, 신령神靈이 도와주게 되니, 다시는 위태롭지 않을 것이다. 말하자면 '도'가 천하에 있다 함은 (임금이) 사람들과 서로 들어맞아서 하나가 되는[應合] 것이니, '골짜기의 냇물[川谷]'이 강과 바다와 서로 흘러서 통함과 같다."라고[1] 이 장을 풀이하고 있다. '도'란 '이름 없음[無名]'이고, '도' 같은 임금은 '함 없음[無爲]'을

---

1) '道能陰能陽, 能弛能張, 能存能亡, 故無常名也. 道樸雖小, 微妙無形, 天下不敢有臣使道者也. 侯王若能守道無爲, 萬物將自賓服, 從於德也. 侯王動作能與天相應合, 天即降下甘露善瑞也. 天降甘露善瑞, 則萬物莫有敎令之者, 皆自均調若一也. 始, 道也. 有名, 萬物也. 道無名, 能制於有名; 無形, 能制於有形也. 旣, 盡也. 有名之物, 盡有情欲, 叛道離德, 故身毁辱也. 人能法道行德, 天亦將自知之. 天知之, 則神靈祐助, 不復危殆. 譬言道之在天下, 與人相應和, 如川谷與江海相流通也.', 『老子道德經河上公章句』, 「聖德」第三十二, 上同, 130~132頁.

해야 한다. 이번 장의 해석에서는 임금의 주재主宰를 부정하는 황로黃老학의 요점을 잘 나타내고 있다.

왕필은 주注에서, "도道는 '모양이 없으니[無形]' 매이지 않으며, 늘 이름[名] 붙일 수 없다. ('도'는) '이름 없음[無名]'을 '항상[常]'으로 삼으니, 따라서 (『노자』 32장에서) 「'도'는 항상 '이름 없음[無名]'이다」로 말한다. ('도'는) 소박한 것이어서 '없음[無]'을 마음으로 삼으니, 또한 '이름 없음[無名]'이다. 따라서 장차 '도'를 얻으려면, 소박함[樸]을 지킴만 못하다. 무릇 '아는 자[智者]'는 신하로 만들 수 있고, 용자勇者는 무인으로 쓸 수 있으며, 기술자[巧者]는 일로 부릴 수 있고, 힘이 센 자는 무거운 물건을 맡길 수 있다. 소박함[樸]이란 어지러우나[潰然] 치우치지 않으니, '없는 것[無有]'에 가깝기에, (『노자』 32장에서) 「신하로 삼을 수 없다(莫能臣)」라고 말한 것이다. ('도'는) 소박함[樸]을 품고서 '함 없음[無爲]'이니 사물 때문에 그 참됨[眞]을 더럽힐 수 없고, 욕심으로 그 신비로움을 해칠 수 없다면, 사물은 스스로 손님으로 여기고, '도'를 스스로 얻게 된다. 하늘과 땅이 서로 합침을 말했다면, 감로甘露는 구하지 않아도 저절로 내려오는 것이다. 내가 그('도')의 진성眞性인 '함 없음[無爲]'을 지켜낸다면 백성[民]은 명령하지 않아도, '스스로 고르게[自均]' 될 것이다. '처음의 제도[始制]'란 (자연의) 소박한 상태가 시나브로 사라져서[散] 처음으로 '행정관리[官長]가 만들어지는 때[時]를 말함이다. 행정관리가 처음으로 만들어지자, 명분名分을 세워서 계급 질서[尊卑]를 정하지 않을 수 없었기 때문에, 이름[名]이 있도록 처음으로 제정이 되었다. (역사가) 이렇게 나아가자, 장차 '아주 자은 이익[錐刀之利]'도 다투게 되니, (『노자』 32장에서) 「이름[名] 또한 일단 생겨나니, 장차 이를 그치게[止] 할 줄 알게 되었다(名亦旣有, 夫亦將知止)」라고 말하였다. 마침내 이름[名]이 붙어서 사물을 부르게 되니, (이것이) 따라서 (『노자』 32장에서) 「그침[止]을 아는 것이 위태롭지 않게 됨이다(知止所以不殆)」라고 말한 것이다. 골짜기 냇물이 강과 바다로 흘러가는 것은 강과 바다가 부른 것이 아니고, 부르지도 찾지도 않았는데 스스로 돌아온 것이다. 천하에 '도'를 행함이란 명령하지 않아도 스스로 고르게 되고[均], 구하지 않아도 자득自得하게 되는 것이니, 따라서 (『노자』32장에서) 「골짜기 냇물이 흘러가 강과 바다와 함께 하는 것임(猶川谷之與江海)」을 말한 것이다."라고2) 풀이하고 있다.

'도'란 만물 모두를 살게 하는 '총체적인 것(the holistic one)'이나, 눈에 보이고 손으로 만져볼 수 있는 어떤 것[物]이 결단코 아니기에, 그것은 '모양 없음[无形]'이고, 따라서 '이름 없음[无名]'이다. '도'는 '미묘한 어떤 것'이기에 만사(만물)에 생명을 줄 뿐, 자신은 '이름 없음[无名]'이고, 눈에 보이지 않으니 '모양 없음[无形]'이라 말할 수밖에 없는 형이상학적 존재이다. 그것은 그저 '소박함[樸]'이라 할 수 있으나 그것이 흩어져나가면, 만물을 살게도 죽게도 만들며, 있게도 없게도 할 수 있는 형이상학적 '생명 원리(Lebensprinzip)'이다. 통치하는 후왕侯王이 이런 생명 원리를 지키고 있으면, 백성을 다스리지 않아도, 그들은 '저절로 손님[自賓]'으로 복종할 것이며, '스스로 다스려질[自治]' 것이다. 그러나 '도'의 소박함이 사라져가니, 비로소 '행정관리[官長]'를 제정하게 되었고, 그로부터 인간의

---

2) '道, 無形不繫, 常不可名. 以無名爲常, 故曰「道常無名」也. 樸之爲物, 以無爲心也, 亦無名. 故將得道, 莫若守樸. 夫智者, 可以能臣也; 勇者, 可以武使也; 巧者, 可以事役也; 力者, 可以重任也. 樸之爲物, 憒然不偏, 近於無有, 故曰「莫能臣」也. 抱樸無爲, 不以物累其眞, 不以欲害其神, 則物自賓而道自得也. 言天地相合, 則甘露不求而自降. 我守其眞性無爲, 則民不令而自均也. 始制, 謂樸散始爲官長之時也. 始制官長, 不可不立名分以定尊卑, 故始制有名也. 過此以往, 將爭錐刀之末, 故曰「名亦旣有, 夫亦將知止」也. 遂任名以號物, 則失治之母也, 故「知止所以不殆」也. 川谷之與江海, 非江海召之, 不召不求而自歸者也. 行道於天下者, 不令而自均, 不求而自得, 故曰「猶川谷之與江海」也.', 『王弼集校釋』上冊, 「老子道德經注」32章, 樓宇烈校釋, 上冊, 上同, 81, 82頁.

상하 귀천의 계급제도와 명분이 마련된 것이다. 여기에 '사소한 이익[錐刀之末]'까지도 다투고 뺏으려는 분쟁이 생겨나자, 이런 분쟁을 해결할 명분[名] 또한 생겨났고, 분쟁을 그치게[止] 하는 사회제도 전반이 만들어지게 된 것이다. 왕필은, 여기서 '다스려짐의 실종[失治]'의 근원[母]이 생긴 것이라고, 우리에게 풀이 해주고 있다. 냇물[川谷]이 저절로 아래로 내려가 강과 바다로 유입되듯이, 통치자가 만인을 지배하고 통치할 것이 아니라, 자신을 낮추고 주재함 없이 '함 없는[无爲]' 존재가 되면, 만백성의 사회적인 문제는 저절로 풀린다는 것이다. 이런 순박한 해석에서는 『노자』에 담긴 황로黃老학적 면모가 뚜렷이 나타나고 있다. 그렇기에 노자학파는 임금은 통치의 주재자로서가 아니라, 그저 생명 원리로만 존재해야 할 뿐이고, 임금은 마땅히 일선에서 물러나서, 자신은 '함 없음[无爲]'의 정치를 수행해야 한다고 주장한다. 이것은 과연 이상적이고 낭만적이라 하겠다. 그러나 현실적으로 욕심 있는 통치자라면, 누가 이것을 따를 것인가! 이렇듯 노자의 정치철학은 너무 이상적이기에, 현실의 통치자 가운데 누가 그것을 진정으로 따를지가 주목되지 않을 수 없다.

33.
'남을 앎[知人]'이 지혜[智]이고, '자신을 앎[自知]'은 명철함[明]이다

남을 앎이 지혜이고, 자신을 앎이 명철함이다. 남을 이김은 힘이 있음이고, 자신을 이김이 강함이다. 만족을 앎이 부유함[富]이고, 굳셈[强]으로 행동함에는 뜻[志]이 있다. 자기 자리를 잃지 않음이 오래감[久]이고, 죽었으나 (그 뜻이) '없어지지 않음[不亡]'이 '오래 삶[壽]'이다.

[知人者智也, 自知者明也. 勝人者有力也, 自勝者强也. 知足者富也, 强行者有志也. 不失其所者久也, 死而不亡者壽也.1)]

이 장에서는 노자의 명언名言을 볼 수 있다. 『한비자』에는 "초楚나라 장왕莊王이 월越나라를 정벌하려고 하니, 두자杜子가 「임금께서 무엇으로 월나라를 정벌하려 하십니까?」라고 간언諫言 하였다. (월나라의) 「정

---

1) 亡, 妄과 忘자는 옛날에 통용되었기에, 본장의 亡자에 대한 해석에도 차이가 있다. 河上公의 注에서는 亡을 妄(망령됨)으로 풀이하고 있다. 高亨은 亡을 '잊음[忘]'으로 해석하였다. 그러나 『노자』에는 '고요함을 지킴[守靜]'과 '함이 없음[無爲]'의 뜻이 主가 되기에, '몸은 죽어도[身沒] 道는 오히려 있음'을 말했으니, 몸체[體]와 넋[魄]은 비록 썩어도 정신은 살아있는 법이기에, 「死而不亡者壽也」라 봄이 옳다. 『帛書老子校注』33章, 高明撰, 上同, 404, 405頁.

치가 혼란하고 군대는 약하다」라고 (초왕이) 말하였다. 두자가 「신이 비록 우둔하나 걱정됩니다. 지혜[智]는 눈[目]과 같은데, (멀리) 백보步 밖을 볼 수 있다 해도 자신의 눈자위[첩睫, 즉 자眥]는 볼 수 없습니다. 왕의 군대가 스스로 진秦과 진晉에 패하여 잃은 땅이 수백 리이니, 이것이 군대가 약한 것입니다. 장교莊蹻가 경내境內에서 도둑질해도 관리가 구금을 할 수 없었으니, 이것이 정치가 혼란한 것입니다. 왕의 약함과 혼란이 월나라보다 아래가 아닌데도, 월나라를 정벌하려는 것은 앎[智]이 눈[目]과 같은 것입니다.」라고 말했다. (초)왕은 이에 정벌을 취소했다. 그러므로 알기 어려움은 남을 봄에 있는 것이 아니라, 자신을 봄에 있다. 그러므로 (『노자』 33장에서) 「자신을 봄이 명철함이다(自見之謂明, '自知者明也')」라고 말하였다"라고2) 말하고 있다. 또한 "자하子夏가 증자曾子를 만났다. 증자가 「어찌하여 부유[富]하게 보입니까?」라고 물었다. 자하가 대답하여 「전승하였으니 그래서 부유합니다.」라고 하였다. 증자가 「무슨 말씀입니까?」라고 물었다. 「내가 들어가 선왕先王의 의義를 보았으니 기쁜 것이고, 나와서 부귀富貴의 즐거움[樂]을 보았으니, 또한 기쁜 것인데, 둘이 가슴속에서 다투는데 승부勝負를 알 수 없기에 두렵습니다. 지금 선왕先王의 의義가 이겼으니, 따라서 (저는) 부유합니다」라고 말했다. 이 때문에, 뜻[志]의 어려움은 남을 이김에 있지 않고, '자신을 이김[自勝]'에 있다. 그러므로 (『노자』 33장에서) 「자신을 이김이 강함이다(自勝之謂強)」라고 말한 것이다."3) 이것은 한비가 명백히 『노자』의 이 구절을 읽었음을 말

---

2) '楚壯士欲伐越, 杜子諫曰:「王之伐越何也?」曰:「政亂兵弱.」杜子曰:「臣愚患之. 智如目也, 能見百步之外而不能自見其睫. 王之兵自敗於秦, 晉, 喪地數百里, 此兵之弱也. 莊蹻爲盜於境內而吏不能禁, 此政之亂也. 王之弱亂非越之下也, 而欲伐越, 此智之如目也.」王乃止. 故知之難, 不在見人, 在自見. 故曰:「自見之謂明.」', 『韓非子新校注』, 「喩老」篇, 上冊, 陳奇猷校注, 上同, 457, 458頁.

제2부 도경道經 363

하고 있다.

또한 하상공의 주注에서는, "남의 '좋아함과 싫어함[好惡]'을 알 수 있는 것이 지혜[智]이다. 사람이 '현명함과 불초함'을 스스로 알 수 있는 것은 '소리 없음[無聲]'을 거꾸로 듣고, '모양 없음[無形]'을 속으로 바라봄[視]을 말하니, 따라서 명철함[明]이 된다. 남을 이길 수 있는 것은 위력에 불과하다. 사람의 자기 정욕을 스스로 이길 수 있으면, 천하에 자기[己]와 다툴 자가 없게 되기 때문에, 굳셈[强]이 된다. 사람이 만족을 알 수 있으면 복록福祿이 오래 보전되니, 따라서 부유하게 된다. 사람이 선善을 행하기에 힘쓰면 도道에 뜻을 갖게 되니, '도' 또한 사람에게 뜻을 두는 것이다. 사람이 스스로를 절제하여 기를 수 있어서 자기가 하늘에서 받은 정기精氣를 잃지 않으면, 오래 살 수 있다. 눈이 망령되이 보지 않고, 귀가 망령되이 듣지 않고, 입이 망령되이 말하지 않으면, 천하에 원망과 싫어함이 없게 되기 때문에 장수長壽한다."라고[4] 이 장을 풀이하고 있다. 남의 호오好惡를 잘 살피는 것이 지혜이고, 자신의 현명과 불초함을 파악하는 것은 명철함에 속한다고 하상공은 말한다. 자신의 정욕을 이겨서 자기 뜻[志]을 펼치는 것이 진짜로 자기의 강强함이다. 사람이 선善을 행하기에 힘써 도道에 뜻을 두게 되고, 하늘에서 받은 정기精氣를 잃지 않으면, 사

---

3) '子夏見曾子. 曾子曰:「何肥也?」對曰:「戰勝, 故肥也.」曾子曰:「何謂也?」子夏曰:「吾入見先王之義則榮之, 出見富貴之樂又榮之. 兩者戰於胸中, 未知勝負, 故懼. 今先王之義勝, 故肥. 故曰:「自勝之謂强.」', 『韓非子新校注』,「喩老」篇, 上冊, 陳奇猷校注, 上同, 460頁.

4) '能知人好惡, 是爲智. 人能自知賢與不肖, 是謂反聽無聲, 內視無形, 故爲明也. 能勝人者, 不過以威力也. 人能自勝己情欲, 則天下無有能與己爭者, 故爲强也. 人能知足, 則長保福祿, 故爲富也. 人能强力行善, 則爲有意於道, 道亦有意於人. 人能自節養, 不失所受天之精氣, 則可以長久. 目不妄視, 耳不妄聽, 口不妄言, 則無怨惡於天下, 故長壽.', 『老子道德經河上公章句』,「辯德」第三十三, 上同, 133, 134頁.

람은 장수할 수 있다고, 하상공은 설명하고 있다.

왕필의 주注에서는, "남을 아는 것은 지혜[智]일 뿐이니, 자신을 아는 것이 지혜를 넘어섬만 같지 못하다. '자신을 이긴 것[自勝者]'은 그것을 손상할 사물이 없음만 못하다. 자기 지혜를 남에게 쓰는 것은, 자신[己]에게 자기 지혜를 씀만 못하다. 자기 힘을 남에게 쓰는 것은, 그 힘을 자신[己]에게 씀만 못하다. 명철함[明]을 자신[己]에게 쓰면 사물[物]이 피할 수 없게 되고, 힘[力]을 자신[己]에게 쓰면, 사물이 바뀌지[改] 않는다. 만족[足]을 아는 자는 자신을 잃지 않기 때문에 부유[富]하다. 근면하게 힘을 쓰면 자기 뜻을 반드시 얻게 되니, 따라서 (『노자』 33장에서) 「힘써 실천한 자는 (자기) 뜻[志]이 있게 된다(强行者有志).」라고 말하였다. 명철함[明]으로 자신을 살피고 힘을 헤아려 실천하여 '자기 있을 곳[其所]'을 잃지 않으면, 반드시 '오래 감[久長]'을 얻게 될 것이다. 비록 죽더라도 살게 되는 것이고, 도道가 없어지지 않으니, 이에 '자기 수명[其壽]'을 온전히 얻게 된다. 몸은 죽더라도 도道는 오히려 존재하니, 하물며 몸은 살았으나 도道는 '그치어버림[卒, 止]'과는 (다름이) 아닌가!"라고5) 풀어쓰고 있다.

왕필은 이 장에서, 지혜를 남을 아는데 쓰지 말고 자기 자신을 아는 데에 사용하여, 도道를 실천할 것을 힘주어 말하고 있다. 왕필은, 특히 자기[己] 자신을 앎이 무엇보다 중요하다는 노자의 뜻을 강조하고 있다. 남을 아는 지혜[智]도 중요하나, '자신을 앎[自知]'이 '명철함[明]'이라는 이

---

5) '知人者, 智而已矣, 未若自知者, 超智之上也. 勝人者, 有力而已矣, 未若自勝者, 無物以損其力. 用其智於人, 未若用其智於己也. 用其力於人, 未若用其力於己也. 明用於己, 則物無避焉; 力用於己, 則物無改焉. 知足者, 自不失, 故富也. 勤能行之, 其志必獲, 故曰「强行者有志」矣. 以明自察, 量力而行, 不失其所, 必獲久長矣. 雖死而以爲生之, 道不亡乃得全其壽. 身沒而道猶存, 況身存而道不卒乎!',『王弼集校釋』上冊,「老子道德經注」33章, 樓宇烈校釋, 上同, 84, 85頁.

장의 노자 말씀이 가장 눈에 뜨이게 된다. '자기가 있을 곳[其所]'을 알아서 오래 살며, 도道를 보전함이 그래서 더욱 중요함을 이 장에서 노자는 특히 강조하고 있다.

34.
도는 넘쳐나니 좌우로 갈 수 있다

도道는 넘쳐나니 좌우左右로 갈 수 있다. ('도'는) 일이 완성됐어도 (자기) 소유로 하지 않는다. 만물(만인)이 ('도'에) 모여들어도 주인[主]이 되지 않기에, 항상 '욕망 없음[无欲]'이니, '작다[小]'로 이름할 수 있다. 만물(만인)이 모여들어도 주인[主]이 되지 않으니, '크다[大]'로 이름할 수 있다. 이 때문에 성인이 '큼[大]'을 이룰 수 있음은, 그가 '큼[大]'으로 여기지 않기 때문에, '큼'을 이룰 수 있다.

[道氾呵, 其可左右也. 成功遂事而弗名有也. 萬物歸焉而弗爲主, 恒无欲也, 可名於小. 萬物歸焉而弗爲主, 可名於大. 是以聖人之能成大也, 以其不爲大也, 故能成大.]

하상공은 이 장을 '임성任成'장이라 했는데, 임임은 '할 수 있음[能]'을 뜻한다.[1] 이 장에서는 도道는 무엇이든, '이루게 할 수 있음[任成]'을 말했다는 의미이다. 이 장에서는 '만물(만인)을 길러내고 생성해 주는 도道'에 관한 노자의 철학이 보인다.

하상공의 주注에서, "도道는 '떠서 움직이니[泛泛, 汎汎]', '뜨는 것[浮]' 같고 '가라앉는 것[沈]' 같으며, '있는 것[有]' 같고 '없는 것[無]' 같기도 한데,

---

1) 『老子的密碼』(道經卷), 王扉著, 第34章, 上同, 270頁.

보아도 보이지 않고, 말하려 해도 '구별하기[殊]' 어렵다. '도'는 왼쪽[左]일 수 있고 오른쪽[右]일 수 있으니, 마땅하지[宜] 않은 곳이 없다. 시恃는 기다림[待]이다. 만물은 모두 '도'를 기다려서 생겨난다[生]. '도'는 '완곡히 거절[辭謝]'하거나 '거스르게 함이나, 멈추게 함[逆止]'이 없다. '도'는 있되, '자기에게 공功이 있음[其有功]'을 이름하지 않는다. '도'가 비록 만물(만인)을 사랑으로 길러주나[愛養], 임금[人主]이 '거두어 취하는 바[所收取]'가 있음과 같지 않다. '도'는 (자기) 덕德을 숨기고 (자기) 이름[名]을 감추며, 담담히[泊然] '함 없음[無爲]'이니, 미소微小한 것 같다. 만물은 모두 '도'에 귀의하여 기氣를 받는 것이나, '도'는 임금[人主]처럼 금지하는 바가 없다. 만물(만인)이 옆으로 가고 올 수 있게 하여 (자기) 이름[名]이 스스로 존재하게끔 하니, 따라서 ('도'는) 큼[大]이라 이름할 수 있다. 성인聖人은 '도'를 법 삼으며, (자기) 덕德을 숨기고 (자기) 이름[名]을 감추며, (자기를) '크게 하고 채우게[滿大] 함'을 '하지 않음[不爲]'이다. 성인은 (자기) 몸으로 이끌며, 말로 하지 않고 변화시키며, 만사를 닦고 다스리니, 그러므로 자기 큼[大]을 이룰 수 있다."라고[2] 이 장을 풀어서 설명하고 있다. 하상공에 의하면, '도'는 만물(만인)을 생존하게끔 기氣를 불어서 넣어주고 있으나, '도'는 '완곡히 거절[辭謝]'하거나 '거스르게 함이나, 멈추게 함[逆止]'이 없다. '도'는 (자기) 덕德을 숨기고 (자기) 이름[名]을 감추며, 담담히[泊然] '함 없음[無爲]'이니, 미소微小한 것 같으나, '도'는 임금[人主]처럼 금지하는 바가 없다. 성인聖人은 이런 '도'를 법으로 삼으며, (자기) 덕德을 숨기고

---

2) '言道氾氾, 若浮若沉, 若有若無, 視之不見, 說之難殊. 道可左可右, 无所不宜. 恃, 待也. 萬物皆待道而生. 道不辭謝而逆止也. 有道不名其有功也. 道雖愛養萬物, 不如人主有所收取. 道匿德藏名, 泊然無爲, 似若微小也. 萬物皆歸道受氣, 道非如人主有所禁止也. 萬物橫來橫去, 使名自在. 故可名於大也. 聖人法道, 匿德藏名, 不爲滿大. 聖人以身帥導, 不言而化, 萬事修治, 故能成其大.', 『老子道德經河上公章句』, 「任成」第三十四, 上同, 136, 137頁.

(자기) 이름[名]을 감추며, (자기를) '크게 하고 채우게[滿]함'을 '하지 않는[不爲]' 존재이다. 하상공이 말하는 노자의 '도'란, 만물(만인)에게 베풀어주면서도, 자신의 '덕'과 '이름'을 감추기에 참으로 위대한 것이다.

왕필은 이 장의 주注에서, "'도'는 넘쳐나서 가지 않는 곳이 없으니, 좌우左右로 상하로 두루 돌아다녀 쓰이기에, 이르지 못할 것이 없음을 말한 것이다. 만물(만인)은 모두 '도'로 말미암아서 생겨난 것이나, 일단 생겨나면 자기가 말미암은 바를 모르는 것이다. 그러므로 천하에서 항상 '욕심 없을[無欲]' 때에, 만물은 각각 '자기 자리[其所]'를 얻게 되나, '도'는 사물에 베푼 것이 없는 것 같으니, 따라서 ('도'는) '작음[小]'이라 이름할 수 있다. 만물(만인)은 모두 ('도'에) 귀의함으로써 생겨나, 힘으로는 그 말미암은 바를 알 수 없다. 이런 점에서 '작음[小]'이 될 수 없으니, 따라서 다시 '큼[大]'라 이름할 수 있다. ('도'는) 그 작음에서 '큼[大]'이 되니, '어려운 일[難]'을 그것이 '쉬운 점[易]'에서 도모해야 한다."라고[3] 주석을 하고 있다. 왕필은 이 장에서, 어려운 일은 쉬운 때에 해결하기를 도모해야 한다고 말해주고 있다. '도'에 대한 전반적인 특성을 설명했다기보다는 한 면을 짚어서 설명한 것으로 사료 된다.

'도'는 작으면서도 동시에 '큰 것'이나, '도'는 만물(만인)이 자신에게 몰려들어도 임금처럼 주인행세를 하지 않으며, 자신은 '함 없음[無爲]'이고 '이름 없음[無名]'임을 이 장에서 다시 한번 강조하여 말하고 있다. 도는 무위無爲 하면서 만물(만인)을 이루게 해주는 형이상학적 근거라는 노자의 주장은 바로 황로학의 취지를 말해주고 있다.

---

3) '言道汎濫無所不適, 可左右上下周旋而用, 則無所不至也. 萬物皆由道而生, 旣生而不知其所由. 故天下常無欲之時, 萬物各得其所, 若道無施於物, 故名於小矣. 萬物皆歸之而生, 而力使不知其所由. 此不爲小, 故復可名於大矣. 爲大於其細, 圖難於其易.', 『王弼集校釋』上冊, 「老子道德經注」34章, 樓宇烈校釋, 上同, 86頁 .

35.
'큰 상[大象]', 즉 도道를 잡아야 한다

도道를 지키니 천하 만민이 귀의하고[歸往] 귀의하는데, 해로움이 없으니, 이에 태평하다. 음악[樂]과 떡[餌]은 과객過客이라도 멈추게 한다. 그러나 '도'에서 나오는 말[言]은 담박淡泊하여 '맛이 없음[无味]'이다. ('도'는) 보아도 충분히 볼 수 없고, 들으려 해도 들을 수 없는데, 그것을 쓰면 다할 데가 없다.

[執大象, 天下往; 往而不害, 安平太.[1) 樂與餌, 過客止. 故道之出言也,[2) 曰淡呵其无味也. 視之不足見也, 聽之不足聞也, 用之不可旣也.[3)

이 장 또한 도道에 대한 설명이다. '도'에서 나오는 말은 담백하여 무미無味하다. 그것은 보거나 들을 수 없으나 '도'를 쓴다면, 무궁무진하다고 노자는 말한다.

하상공의 주注에서, "집執은 지킴[守]이다. 상象은 도道이다. 성인이 대

---

1) 成玄英疏에 의하면, 大象은 大道의 法象이다. 성인이 道를 지켜서 無爲하면, 천하의 萬民이 귀왕歸往하는 법이다. 安은 於是와 같으니, 乃, 則을 뜻한다. 『帛書老子校注』(道經篇) 35章, 高明撰, 上同, 414頁.
2) 故는 고顧, 즉 '도리어反而'와 통한다.
3) 기旣는 진盡(다함)이다. 『春秋』桓公三年의 두예杜預注 참조.

도大道를 지키면, 천하의 만민은 마음을 옮기어 귀의[歸往]하는 것이다. (임금이) 몸을 다스리면 하늘은 신명神明을 내려주니, 자기[己]에게 왕래한다. 만민이 귀의[歸往]하여 상해傷害를 받지 않으면, 나라는 편안해지고 가정은 안녕하여 태평에 이르게 된다. (임금이) 몸을 닦아서 신명神明을 해치지 않으면 몸이 편안하고, 수명壽命이 늘어난다. 이餌는 아름다움[美]이다. 과객은 '하나[一]'이다. 사람이 길에서 아름다움을 즐길 수 있으면, '하나'도 걸음을 멈춘다. '하나'는 채움[盈]을 버리고 '빈 곳[虛]'에 처하니, 황급히 떠나는 손님[過客]과 같다. '도'는 입[口]에서 출입하지만 담담淡淡하기에, (사람이 만든) 오미五味가 시고 짜고 쓰고 달고 매운 맛이 있는 것과는 같지 않다. 족足은 얻음[得]이다. '도'는 모양[形]이 없으니, 오색이 푸름, 노랑, 붉음, 힘, 검은색[黑]을 가져 볼 수 있는 것과 같지 않다. '도'는 (사람이 발명한) 오음五音: 궁宮, 상商, 각角, 치徵, 우羽를 가진 것처럼 들을 수는 없다. 기旣는 다 함[盡]이다. '도'를 써서 나라를 다스리면, 나라는 부유하고 백성은 번창하며; (임금이) 몸을 닦으면 수명이 늘어나서 '다 없어질[旣盡]' 때가 없다."라고[4] 이 장을 풀이하고 있다. 하상공은, 도道는 인위로 만들어낸 '오미'나 '오음'처럼 맛보거나 들을 수가 없는 것이나, 특히 도道로써 나라와 자신을 다스리면 태평한 시대가 오고, 임금 자신의 수명도 늘어나 다할 때가 없다고, 이 장을 풀이하고 있는 것이다.

그리고 왕필의 주注에서는, "'큰 생大象'이란 (일월日月성신星辰과 같

---

4) '執, 守也. 象, 道也. 聖人守大道, 則天下萬民移心歸往之也. 治身則天降神明, 往來於己也. 萬民歸往而不傷害, 則國安家寧而致太平矣. 治身不害神明, 則身安而大壽也. 餌, 美也. 過客, 一也. 人能樂美於道, 則一留止也. 一者去盈而處虛, 忽忽如過客. 道出入於口, 淡淡, 非如五味有酸鹹苦甘辛也. 足, 得也. 道無形, 非若五色有青黃赤白黑可得見也. 道非若五音有宮商角徵羽可得聽聞也. 旣, 盡也. 用道治國, 則國富民昌, 治身則壽命延長, 無有旣盡之時也.', 『老子道德經河上公章句』, 「仁德」第三十五, 上同, 139, 140頁.

은) '자연현상[天象]'의 기원[母]이다. (그것은) 뜨겁지[炎] 않고 춥지[寒]도 않으며, 덥지 않고 서늘하지도 않으니, 따라서 만물(만인)을 포섭하고 통괄하므로 (이들을) 범접犯接하여 상하게 할 데가 없다. 임금[主]이 이것을 잡으면 천하 사람이 몰려들 것이다. ('도'는) 모양[形]도 없고 표지[識]도 없고 치우치지[偏]도 않고 드러내지[彰]도 않지만, 도리어 만물(만인)이 귀의[歸往]한다. (이 구절은) '도'가 '깊고 큼[深大]'을 말한 것이다. 사람이 (맛이 없는) '도'의 말[言]을 들으면, 이에 음악[樂]과 떡[餌]이 때맞춰 나와 사람의 마음을 기쁘게 하는 것만 못하다. 음악이나 떡은 과객도 멈추게 할 수 있는데, '도'에서 나온 말은 담박하여 무미無味하다. ('도'는) 보려 해도 볼 수 없으니 자기 눈을 기쁘게 함에 부족하고, 들으려 해도 들을 수 없으니 자기 귀를 즐겁게 할 수 없다. ('도'는 허나) 다가설 수 없는 것 같지만 이윽고 그것을 쓰게 되면, '끝날 곳[窮極]'이 없다."라고5) 이 장을 주석하고 있다. 왕필은 '도'란 보려 해도 볼 수가 없고, 자기 눈을 기쁘게 함에 부족하고, 들으려 해도 들을 수가 없으니 자기 귀를 즐겁게 할 수 없는 것이라 무미無味하다고 말한다. 그러나 또한 '도'는 마치 멀리에 있어 다가갈 수 없는 것 같아도 만약 그것을 쓴다면 '끝날 곳[窮極]'이 없음을 힘주어 강조하고 있다. '도'에서 나온 말은 비록 무미無味하여 담백하지만, 실상은 만물의 영원하고 무진장한 자원이라고, 왕필은 노자의 '도'를 설명하고 있다.

  이와 같이 이 장에서는 노자의 '도'는 결코 인위적인 산물일 수 없고,

---

5) '大象, 天象之母也. 不炎不寒, 不溫不涼, 故能包統萬物, 無所犯傷. 主若執之, 則天下往也. 無形無識, 不偏不彰, 故萬物得往而不害妨也. 言道之深大. 人聞道之言, 乃更不如樂與餌, 應時感悅人心也. 樂與餌則能令過客止, 而道之出言淡然無味. 視之不足見, 則不足以悅其目; 聽之不足聞, 則不足以娛其耳. 若無所中然, 乃用之不可窮極也.', 『王弼集校釋』上冊, 「老子道德經注」(道經) 35章, 樓宇烈校釋, 上同, 88頁.

맛볼 수 있는 '맛이 없음[無味]'이거나 들을 수 없는 '음이 없음[無音]'이지만, 이것이야말로 만물(만인)이 귀왕歸往하는 형이상학적 근원임을 거듭 되풀이하여 강조하고 있다.

36.
장차 그것을 흡수하려면 반드시 진실로 그것을 펼쳐주어야 한다

    장차 그것을 흡수하려면 반드시 그것을 진실로 펼쳐주어야 하고, 장차 그것을 약하게 하려면 반드시 그것을 진실로 강하게 해주어야 하고, 장차 그것을 버리려 하면 반드시 진실로 그것에 주어야 하고, 장차 그것을 뺏으려 하면 반드시 진실로 그것에 내어주어야 하는 것이니, 이것을 '미묘한 명철함[微明]'이라 말한다. 유약함은 강함을 이기는 법이다. 물고기는 연못에서 놓쳐서는 안 되고, 나라(를 지키는) '예리한 무기[利器]'는 남에게 보여서는 안 된다.

    [將欲翕之, 必固張之; 將欲弱之, 必固強之; 將欲去之, 必固與之; 將欲奪之, 必固予之; 是謂微明. 柔弱勝強. 魚不可脫於淵, 邦利器不可以示人.]

  이 장에서는 노자가 통치자에게 권하는 '미묘한 명철함[微明]'을 말한다. 권력을 잡으려면 우선 상대를 '미묘한 명철함[微明]'으로 제압해야만 한다고 노자는 말하고 있다.
  하상공은 그의 주注에서, "(통치에서) 먼저 펼쳐 내보이는 자는 자기의 '사치와 방종[奢淫]'을 극대화하려는 것이다. 먼저 강대해지고자 하는 자는 (스스로) 화禍와 근심[患]을 만나게 하는 것이다. 먼저 일어서고자 하는 자는 자기를 교만하게 하여 위태롭게 하는 것이다. 먼저 주려는 자는 자기의 탐심貪心을 끝없이[極大] 펼치려는 것이다. 이 4가지 일은, 그 원리[道]가 미묘하나, 그 효과는 분명하다. '부드럽고 연약한[柔弱] 자'는 오래 가나, '굳세고 강한[剛强] 자'는 먼저 망한다. 물고기가 연못으로 도망치는 것은 굳셈[剛]을 버리고 부드러움[柔]을 얻은 것이니, 다시 그를 제압할 수가 없음을 말한 것이다. '예리한 무기[利器]'란 권도權道를 말한 것이다. 나라를 다스리는 권력이란 일을 맡고 있는 신하에게 보여주어서는 안 되고, (임금이) 몸[身]을 다스리는 도道를 '그런 것을 감내하지 못하는 사람[非其人]'에게 보여줘서는 안 된다."라고[1] 이 장을 풀이하고 있다. 자신을 선불리 드러내고 정치적인 의도를 신하들에게 공표하는 임금은 도리어 신하에게 제압당하기 십상이다. 그러므로 집권자는 반드시 자신의 의도를 감추어두어야 하며, 이것을 절대 신하들에게 발설하지 말 것을, 하상공은 힘주어 강조한다. 물고기가 연못으로 빠져나가는 것은 물고기의 강함 때문이 아니라, 유연함 때문이다. 유연하게 빠져나가 연못에 들어간 물고기를 다시 잡을 수는 없는 것이다. 따라서 굳셈[剛强]보다는 유연함이 통치자가 오래 집권하고 장수할 수 있는 비법이다.

왕필은 그의 주注에서, "(임금이) '거센 자[强梁]'들을 제거하고 폭력과 혼란을 없애려면, 마땅히 이 네 가지로 해야 한다. 사물의 본성[性]에 말미암아서 그것들 스스로 벌 받게 할 것이며, 형벌을 빌려서 크게 만들어 그 사물들을 해쳐서는 안 되기에, (『노자』 36장에서) '미묘한 명철함(微明)'을 말하고 있다. (임금이) 굳건히 (나라를) 확장하고, (임금의) 명령이

---

1) '先開張之者, 欲極其奢淫. 先强大之者, 欲使遇禍患. 先與之者, 欲使其驕危. 先與之者, 欲極其貪心. 此四事, 其道微, 其效明也. 柔弱者久長, 剛强者先亡也. 魚脫於淵, 謂去剛得柔, 不可復制也. 利器, 謂權道也. 治國權者不可以示執事之臣也, 治身道者不可以示非其人也.', 『老子道德經河上公章句』, 「微明」第三十六, 上同, 142頁.

완전히 수행되고[足], 거듭 확장하기를 추구하면, 백성은 (그에게로) 모여들 것이다. (하지만 나라가) 충분히 확장되지 않았다고 해서 다시[改] 확장하기를 구하면, (백성은) 더욱 많아지나 자기[己]에게는 위험[危]이 되돌아온다. '예리한 무기[利器]'는 나라를 이롭게 하는 도구[器]이다. (다스리는 것은) 오직 사물의 본성[性]에 말미암아야 하지 형벌을 빌려서, 사물(백성, 物)을 다스리면 안 되는 것이다. (나라를 다스리는) 도구[器]는 (백성에게) 보일 수 없는데, 사물(백성, 物)은 각자 자기 본성[性]을 얻었다면, 나라(를 다스리는) '예리한 도구[利器]'이다. '사람들에게 보임[示人]'이란 형벌에 맡기는 것이다. 형벌로써 나라를 이롭게 하면, 실패할 것이다. 물고기를 연못에서 놓치게 되면, 반드시 (정치는) 실패할 것이다. 나라를 이롭게 하는 도구로 형벌을 세워서 사람들에게 보이면, 또한 (정치는) 반드시 실패할 것이다."라고[2] 이 장을 주석하고 있다. 왕필의 해석에 의하면, 사물(백성, 物)은 자기 본성에 말미암아서 '스스로 벌 받게[自戮]' 해야 하는 것이다. 그러지 않고 집권자가 자기 세력을 확장하기 위해서 형벌을 동원하고 이를 더욱 가혹하게 집행하여 백성을 강제로 모은다면 사회는 이루어지겠지만, 집권자에게는 도리어 위험이 도래한다는 것이다.

한비도 분명 『노자』의 이 구절을 읽었다. 그는 「유노喩老」편에서, "'권세의 무거움[勢重]'은 임금의 연못[淵]이다. 임금의 권세는 신하들보다 무

---

2) '將欲除强梁, 去暴亂, 當以此四者. 因物之性, 令其自戮, 不假刑爲大, 以除我物也, 故曰「微明」也. 固其張, 令之足, 而又求其張, 則衆所歙也. 與其張之不足, 而改求張者, 愈益而己反危. 利器, 利國之器也. 唯因物之性, 不假刑以理物. 器不可覩, 而物各得其性, 則國之利器也. 示人者, 任刑也. 刑以利國, 則失矣. 魚脫於淵, 則必失矣. 利國之器而立刑而示人, 亦必失也.', 『王弼集校釋』上冊, 「老子道德經注」36章, 樓宇烈校釋, 上同, 89, 90頁.

거우나 놓치면, 다시 얻을 수 없다. (제齊의) 간공簡公은 (대부大夫인) 전성田成에게 권세를 잃었고, 진晉나라 제후는 육경六卿에게 권세를 잃어서 나라가 망하고 그들의 몸도 죽었다. 따라서 (『노자』 36장에서) 「물고기를 깊은 연못에서 놓칠 수 없다(魚不可脫於深淵)」라고 말한 것이다. 상벌은 나라의 '예리한 도구[利器]'이니, 임금에게 있으면 신하는 제압되고, 신하에게 있으면 임금이 제압당한다. 임금이 상을 보이면 신하가 그것을 털어내어 (자기) 덕으로 삼고, 임금이 벌을 보이면 신하가 더 보태어 (자기) 위세로 삼는다. 임금이 상을 보이면 신하는 그 세력을 이용하고, 군주가 벌을 보이면, 신하는 그 위세에 올라탄다. 따라서 (『노자』36장에서) 「나라의 예리한 도구는 사람들에게 보일 수가 없다(邦之利器不可以示人). … 따라서 (『노자』 36장에서) 「장차 취하려고[取, 奪] 하면 반드시 진실로 (먼저) 주어라(將欲取之, 必固與之)!」라고 말한 것이다. 일은 '모양 없음[無形]'에서 생기는데, 천하에 '큰 공[大功]'을 요구하니, 따라서 (『노자』 36장에서) 「미묘한 명철함이다(微明).」라고 말한 것이다. (임금이) 작고 약한 곳에 처하나, 스스로 낮고 덜어냄을 중하게 여김이 「약함이 강함을 이김이다(弱勝強)」라고 말한 것이다."라고3) 설명하고 있다. 이와 같이, 한비는 이 장을 직접 인용하여 설득력 있게 설명해 주고 있다.

이 장에서 노자는 상벌은 백성을 통치하는 방법이며, 이는 임금을 옆에서 보좌하는 신하들에게 함부로 보여주어서는 안 되는 것이라고 말하

---

3) '勢重者, 人君之淵也. 君人者勢重於人臣之間, 失則不可復得也. 簡公失之於田成, 晉公失之於六卿, 而邦亡身死. 故曰: 「魚不可脫於深淵.」 實罰者, 邦之利器也, 在君則制臣, 在臣則勝君. 君見賞, 臣則損之以爲德; 君見罰, 臣則益之以爲威. 人君見賞而人臣用其勢, 人君見罰而人臣乘其威. 故曰: 「邦之利器不可以示人.」 … 「將欲取之, 必固與之.」 紀事於無形, 而要大功於天下, 是謂「微明」. 處小弱, 而重自卑損之謂「弱勝強」也.', 『韓非子新校注』, 「喩老」第二十一, 陳奇猷校注, 上冊, 上同, 437, 439頁.

제2부 도경道經 377

였다. 물고기를 깊은 연못에서 놓쳐서는 결코 그 고기를 다시 잡을 수 없듯이, 임금은 나라를 다스리는 '예리한 도구[利器]'인 상벌을 신하들에게 절대로 보여줄 수 없음을 노자는 강조한 것이다. 한비자 또한 여러 나라의 정변이라는 역사적 사례를 들어서, 임금이 섣불리 상벌을 보여준다면 임금 옆에 있는 중신重臣도 같은 방식을 이용하여, 임금의 권력을 빼앗는다고 역설한다. 그는 노자의 가르침을 법가라는 사상적 맥락에서 재해석하여, 우리에게 명확히 보여주고 있다.

37.
도道는 언제나 이름이 없다

도道는 언제나 '이름 없는[无名]' 것인데, 후왕侯王이 도[道]를 지킬 수 있으면, 만물(만인)은 장차 스스로 변화할 것이다. (만물(만인)이) 변화하되 (멋대로) '작위[作]'하려고 하면, 나[老子]는 장차 '무명无名'의 소박함[樸]으로 누를 것이다. (내[老子]가) 그들을 '무명无名'의 소박함[樸]으로 누르니, (후왕侯王은) 장차 (작위하기를) '욕심내지 않는[不欲]' 것이다. (후왕이) '욕구하지 않음[不欲]'으로써 고요해지면[靜], 천지天地는 장차 스스로 '바르게[正]' 될 것이다.

[道恒无名, 侯王若能守之, 萬物將自化. 化而欲作, 吾將鎭之以无名之樸. 鎭之以无名之樸, 夫將不欲. 不欲以靜, 天地將自正.]

이 장에서 노자는 도道란 언제나 '이름 없는[无名]' 것이며, 만백성을 다스리는 임금들[侯王]이 도를 따라서 지켜나간다면, 만물(만인)은 장차 스스로 어려움 없이 변화되고 개선되리라고 말한다. 그러나 그들이 변화하되 자기 멋대로 변화하고 작동하려고 하면, 노자는 또한 이들을 '이름 없음[无名]' 즉 도道의 소박함[樸]으로 진압할 것임을 말하고 있다. 그 결과 만물(만인)이나 후왕이 자기 멋대로 '욕심내지 않음[不欲]'으로써, 고요하게[靜] 될 것이기에, 천지자연 또한 '스스로 바르게[自正]' 될 것임을 노자는 말하는 것이다. 이 장은, 임금의 적극적 통치행위를 포기하게 하는 황로黃老학적 발언의 전형이다.

하상공은 그의 주注에서, "도道는 '함 없음[無爲]'으로써 '항상 됨[常]'을 삼는다. 후왕侯王이 '도'를 지킬 수 있다면, 만물(만인)은 장차 '스스로 변화自化'하여 자신[己]에게 '결과로 나타날[效]' 것임을 말한 것이다. 오吾는 몸[身]이다. '이름 없음[無名]'의 소박함은 도道이다. 만물(만인)은 변화됨이 이미 자신[己]에게서 드러나니, 다시 '교묘한 거짓[巧僞]'을 만들려는 자들이기에, 후왕侯王은 마땅히 몸소 도道와 덕德으로 (이들을) 위로하고 눌러야 한다. 후왕이 '도'와 '덕'으로 위로하고 누른다면, 백성 또한 장차 '욕심내지 않게[不欲]' 되니, 따라서 (임금은) 마땅히 청정淸靜 함으로써 이들을 이끌고 교화해야 함을 말한 것이다. (임금이) 이렇게 할 수 있으면, 천하는 장차 '스스로 바르게[自正]' 될 것이다."라고[1] 이 장을 풀이하고 있다. 하상공은, '도'란 '함 없음[無爲]'이기에, '도'의 '이름 없음[無名]'의 소박함으로써 만물(만인)을 교화할 것을 말한다. 그리고 임금[侯王]이란 만물(만인)의 '교묘한 거짓[巧僞]'을, '도'와 '덕'으로 '위로하고 이끌어야[鎭撫]' 하고, 청정淸靜 함으로써 만물(만인)들이 장차 '욕심내지 않게[不欲]' 이끌어주는 존재이다. 이런 임금이라면 '사회와 자연[天下]'은 스스로 바르게[自正] 될 수 있음을 강조하여 설명하고 있다. 이것은 정확히 황로黃老학적 발언이다.

왕필은 주注에서, "(도道란) 순順하고 자연스럽다. 만물(만인)은 작위[爲]로 말미암아 다스려지고 이루어지지 않는 것이 없다. (백성을) 교화시

---

1) '道以無爲爲常也. 言侯王若能守道, 萬物將自化效於己也. 吾, 身也. 無名之樸, 道也. 萬物已化效於己, 復欲作巧僞者, 侯王當身鎭撫以道德也. 言侯王鎭撫以道德, 民亦將不欲, 故當以淸靜導化之也. 能如是者, 天下將自正定也.', 『老子道德經河上公章句』, 「爲政」第三十七, 上同, 144頁.

켜 작위作爲 하기를 바라면, (임금의) 욕구의 발작이 이루어질 것이다. 나는 장차 이것을 ('도'의) '이름 없음[無名]의 소박함[樸]'으로 짓누르지만, 주인[主]이 되고자 하지는 않는다. ('이름 없는 소박함'은) 경쟁을 바라지 않음이다."라고[2] 이 장을 풀이하였다. 이 장에서, 왕필은 만물(만인)은 작위[爲]로 말미암아 다스려지고 이루어지지 않는 것이 없다고 본 것이다. 세속의 임금들이란 자기들이 이루려는 것을 백성들의 작위作爲를 통하여 이루게 한다고 보았다. 그러나 노자는 ('도'의) '이름 없음[無名]의 소박함[樸]'으로 짓누르되 자신은 주인[主]이 되고자 하지 않기에, 또한 경쟁을 바라지도 않는다고 풀이하였다. 이 장에서, 왕필은 지배자 없는 사회의 이상을 말했다고 필자는 보고 싶다. 이것이 바로 황로黃老학적 발상이다.

만물의 형이상학적 존재 원인인 '도'는 '작위作爲'가 없는 '함 없음[無爲]'이니, 지상의 현실적인 통치자인 후왕侯王의 정치 역시 '함 없음[無爲]'의 정치를 펼쳐야 한다. 임금이 역동적 정치를 접어두고, 오직 '청정淸靜 해야' 하는 정치야말로 황로黃老학의 정치 이상이다. 노자는 이런 황로 사상을 그의 『도경道經』의 끝장에서 또한 말하고 있음에 우리 독자들은 주목해야 할 것이다.

---

2) '順自然也. 萬物無不由爲以治以成之也. 化而欲作, 作欲成也. 吾將鎭之以無名之樸, 不爲主也. 無欲競也.', 『工弼集校釋』上冊, 「老子道德經注」, 37章, 樓宇烈校釋, 上同, 91頁.

부록

황제사경
黃帝四經

마왕퇴馬王堆 한묘漢墓
출토의 백서帛書

Ⅰ. 경법經法
Ⅱ. 십대경十大經
Ⅲ. 저울질[稱]
Ⅳ. 도의 본원[道原]

서문

　　마왕퇴馬王堆 한묘漢墓에서 출토된 백서帛書『노자老子』을乙본 앞의 4편을 『황제사경黃帝四經』으로 최초로 판정한 이는 탕란唐蘭(1901-1979)이다. 그는 또한 『황제사경』과 『관자管子』 사이에 서로 같거나 유사한 문구가 23곳 이상이나, 존재함을 밝히고 있다. 예를 들면, 『황제사경』의 「도법道法」편 첫머리의 '道生法'은 '法出乎權, 權出乎道'(『管子‧心術』)에서; 「도법道法」편의 '虛无刑(形)'은, '虛无刑謂之道(『管子‧心術』)에서; 「도법道法」편의 '故同出冥冥, 或以死, 或以生; 或以敗, 或以成'은, '道也者, ……人之所失以死, 所得以生也. 事之所失以敗, 所得以成也'(『管子‧內業』)에서; 「도법道法」편의 '使民之恒度, 去私而立公'과 「사도四度」편의 '去私而立公, 人之稽也'은, '廢私立公能擧人乎'(『管子‧正』)에서; 「관觀」의 '春夏爲德, 秋冬爲刑'은, '德始于春, 長于夏; 刑始于秋, 流于冬'(『管子‧四時』) 등에서 유래된 것이라 볼 수 있다. 자세히 관찰하여 보면 『관자』가 『황제사경』을 이어받고 있는 곳은 『관자』의 여러 편, 예 「내업內業」, 「심술心術」, 「백심白心」, 「추언樞言」, 「구수九守」, 「사시四時」, 「오행五行」, 「세勢」, 「정正」 및 「중령重令」, 「유관幼官」편 등에도 있다.[1] 꾸지에깡顧頡剛(1893-1980), 펑유우란馮友蘭(1895-1990) 등이 말 한대로 우리가 『관자管子』를 제齊나라 직하稷下학궁에서 백가쟁명百家爭鳴을 통해 전국戰國시대(기원전 4세기)에 편집 출간된 책으로 본다면, 『황제사경』 역시 그보다 조금 앞섰거나 그즈음에서 세상에 나온 책으로 볼 수 있다. 『황제사경』은 기본적으로 『노자』처럼,

---

1) 『黃帝四經今注今譯』, 陳鼓應注譯, 北京: 商務印書館, 2011, 9頁.

유가儒家와 묵가墨家와는 달리, 우주 만물의 기원을 하느님[帝]의 의지에서 찾고 있는 것이 아니라, 그것의 주재를 부정하고, 도道라는 형이상학적 원리를 만물의 존재 원인으로 보고 있다. 만물이 존재하는 것[有]이라고 한다면, 그것의 근원은 이런 현상적인 규정이 없음[无, 無]이라는 것이다. 그리고 인간의 사회 위에 군림하는 자연[天], 또는 하늘땅[天地]과 계절[時]의 중요성을 적극적으로 주장하는 도가道家의 철학적 면모가 그대로 드러나고 있다.

유가儒家의 요순堯舜 중심의 담론에 대항하기 위하여, 그들보다 앞선 복희伏羲, 신농神農, 황제黃帝라는 삼황三皇의 등장과 함께 황제黃帝의 전설이 나온 것이다. 점차 농경사회가 정착하면서 하늘땅과 그것을 주재하는 도道를 강조하는 도가道家사상이 유가나 묵가 사상을 비판하였다. 이런 도가 사상이 물론 『노자』에서 창시된 것이라면, 황로黃老(黃帝와 老子)학은 『노자』에서 처음으로 시작된 것이나, 그것은 보완・발전시키기 위하여 황제黃帝를 등장시킨 것으로 볼 수 있다. 한초漢初에 상당한 영향력을 발휘하였던 황제黃帝라는 이름이 붙은 30여 종의 서적은 『한서漢書・예문지藝文志』에 등장하지만, 이것들은 한漢 무제武帝(-156~-87)의 등장 이래로 모두 일실逸失이 되었다. 따라서 황학黃(帝)學의 면모를 전혀 알 수가 없었다. 그러나 마왕퇴의 한묘漢墓에서 『황제사경黃帝四經』이 2,200년 만에 마침내 출토됨에 따라서 우리 현대인들은 드디어 황로학의 옛 모습을 볼 수 있게 된 것이다. 참으로 감격스럽다. 이제 한국에서도 한글로 번역된 『황제사경』을 접하면서, 이런 잃어버린 학문의 발자취를 본격적으로 연구할 수 있게 된 것이다.

2025. 2.

송영배

Ⅰ. 경법經法

『경법經法』은 고일서古逸書인 『황제사경黃帝四經』의 첫 편으로 9절節로 구성되었으며, 자연과 사회에 걸치는 보편적이고 변함없는 법[恒法]을 말하고 있다.

① 먼저 「도법道法」절에서 도道와 법法의 중요성을 논하고 있다. 다음으로 ② 나라의 전쟁이나 정벌을 어떻게 할 것인가를 분별하고, ③ 나라를 다스리는 일의 우선순위, ④ 순리대로 행하는 일 여섯[六順]과 순리를 역행하여 행하는 일 여섯[六逆]을 판단하는 기준, ⑤ 임금과 신하[君臣], 현명한 이[賢]와 어리석은 이[不肖], 동정動靜, 상벌賞罰의 대립 관계를 운용하는 일, ⑥ 팔정八政과 칠법七法을 세우는 천도天道, ⑦ 국가의 존망을 결정할 육위六危, 삼옹三壅, 삼불고三不辜, 삼흉三凶, 오환五患에 대한 고찰, ⑧ 천도天道와 천리天理, ⑨ 이에 대한 법도와 인사의 법칙 등을 나누어 논설하고 있다.

첫째 도법道法

도道에서 법法이 나온다. 법은 기준[繩, 먹줄]으로써 득실得失을 바로잡고, '굽은 것[曲]'과 '곧은 것[直]'을 밝혀주는 것이다. 그러므로 도를 가진 이는 법을 만들어서 (사람이 감히 법을) 범하게 하지 않고, 법이 성립되면 감히 폐기하지 못하게 한다. 그러므로 (사람은) 기준이 되는 법으로써 자신을 바르게 할 수 있다. 그런 후에 천하 사람들이 미혹됨이 없는 앎[知]이 나타난다.

[道生法. 法者, 引得失以繩[1] 而明曲直者也. 故執道者, 生法而弗敢犯也, 法立而弗敢廢也. 故能自引以繩, 然後見知天下不惑矣.]

('도'는) 비어 있으니 '모양이 없고[无形],' 그것은 고요하니 '아득히 멀고 깊어서(冥冥)' 만물이 따라서 생겨난다. 삶[生]에서 생기는 해로움[害]을 욕심[欲]이라 하고, '만족함을 모름[不知足]'이라 한다. 살려면 반드시 움직여야 하는데, 움직여서 생겨나는 해로움[害]을 '계절[時]에 알맞지 않음[不時]'이라 하고, '계절[時]에 어그러짐'이라 한다. 활동하면 반드시 일[事]이 생기게 되는데, 일에서 생기는 해로움을 거슬림[逆]이라 하고, '부합하지 않음[不稱]'이라 하니, 쓸데를 모르는 것이다. 일하면 반드시 말[言]이 생기는데, 말에서 생기는 해로움을 '믿을 수 없음[不信]'이라 하고, '사람을 두려워하지 않음'이라 하고, '자신을 속임'이라 하고, '헛되게 자랑함'이라 하니, 부족한데도 여유 있다고 여기는 것이다.

[虛無刑(形), 其裻冥冥,[2] 萬物之所從生. 生有害, 曰欲, 曰不知足. 生必動,

---

1) 『春秋左傳』昭公元年注에서, "引, 正也"라 했으니, 引은 바로잡음의 뜻이다. 승繩은 먹줄이다. 『黃帝四經今注今譯』, 陳鼓應注譯, 北京: 商務印書館, 2011, 4頁 注2 참조. 이하에서 陳鼓應注譯으로 인용.
2) 독裻은 마땅히 적寂으로 읽어야 한다. 寂冥冥과 虛无形은 모두 道를 말한 것이다.

動有害, 曰不時, 曰時而(倍).3) 動有事, 事有害, 曰逆, 曰不稱, 不知所爲用. 事必有言, 言有害, 曰不信, 曰不知畏人, 曰自誣, 曰虛誇, 以不足爲有餘.]

그러므로 (만물은) '아득히 멀고 깊은 곳[冥冥, 즉 道]'에서 함께 나왔으나, 어느 것은 죽고 어느 것은 살며, 어느 것은 실패하고 어느 것은 성공한다. 화禍와 복福은 도道에서는 같은데, 그것이 따라서 생긴 것[원인]은 알지 못한다. 이런 도를 인식하자면, (마음을) 오직 비우고[虛] '아무것도 없어야[无有]' 한다. 비고 아무것도 없어야 하는데, 가을 터럭(만큼 극미한 것)이 성립해도 반드시 모양[形]과 이름[名]이 있게 된다. 모양과 이름이 서면 옳고[白] 그름[白]의 구분이 확정된다. 그러므로 도를 가진 이가 천하(의 만사)를 살핌에 고집함[執]이 없고, (성공해도 그 자리에) 머물지 않고[處, 居], (멋대로) 함이 없고[无爲] 사심私心이 없다. 이런데, 천하에 일이 생기면 실재[形]와 이름[名]과 각종 법령과 제도대로 하니, 다스려지지 않음이 없다. 실재와 이름이 이미 확립되고, 법령과 제도가 이미 구축되니, (법령에서 벗어나면) 숨을 곳이 없기에 바른 것[正]을 감출 수가 없다.

[故同出冥冥, 或以死, 或以生; 或以敗, 或以成. 禍福同道, 莫知其所從生. 見知之道.4) 唯虛无有. 虛无有, 秋毫成之, 必有刑(形)名, 刑(形)名立, 則黑白之分已.5) 故執道者之觀于天下殹(也), 无執殹(也), 无處也, 无爲殹(也), 无私殹(也). 是故天下有事, 无不自爲刑(形)名聲號矣.6) 刑(形)名已立, 聲號已建, 則无所逃迹匿正矣.]

冥冥은 玄遠히여 깊은 모양이다. 陳鼓應注譯, 上同 6頁 注1 참조.
3) 陳鼓應에 의하면, 여기서 해독할 수 없는 字는 아마도 倍(어그러짐)자이다. 따라서 時而倍는 '계절에 어그러짐'의 뜻이다. 陳鼓應注譯, 7頁, 注3 참조.
4) 見知는 인식이다. 陳鼓應注譯, 11頁, 注3 참조.
5) 黑白은 是非를 가리키고, 已는 확정이다. 陳鼓應注譯, 13頁, 注5 참조.
6) 聲號는 聲名과 稱號를 가리키니, 쉽게 말하면, 법령제도이다. 陳鼓應注譯』, 14頁, 注8 참조.

공정함[公]은 밝음[明]이니, 지극히 밝은 것은 공功이 있음이다. '지극히 바른 것[至正]'은 고요함[靜]이고 지극히 고요하면 성왕[聖]이 된다. 사사로움이 없는 것이 지혜로움[知, 智]이고 지극히 지혜로우면 법식[稽, 法式]이 된다. 칭稱은 저울[權衡]이니 '자연의 합당함[天當]'에 참여하며, 천하에 일이 생기면 반드시 따져서 검증한다. 일은 '심어놓은 나무[直木, 植木]처럼 많고, 창고의 곡식처럼 많다. (비록 일이 많다고 하나,) 말[斗]이나 섬[石, 부피 단위]이 이미 있고, 자[尺]나 치[寸, 길이 단위]가 이미 펼쳐져 있으니, 그 신비함을 피해서 갈 수 없다. 그러므로 말한다. "도량이 이미 갖추어졌으니 (백성을) 다스리고 통제할 수 있을 것이다." 끊어졌으면 다시 잇고, 없어졌으면 다시 생겨나게 하니, 누가 그 신묘함을 알겠는가? 죽었으나 다시 살아나며, 불행[禍]이 복福이 되니, 누가 그 궁극[極]을 알겠는가! '보이지 않는 것[无形, 道]'에서 반대로 (그 원인을) 찾아보면, 따라서 불행과 복이 따라서 나온 곳을 알게 된다. 응당 변화한 도리는 (바로) 저울[平衡]일 뿐이다. 경중輕重이 맞지 않다면, 이는 도道를 잃은 것이라 한다.

[公者明, 至明者有功. 至正者靜, 至靜者聖. 无私者知(智), 至知(智)者爲天下稽. 稱以權衡, 參以天當, 天下有事, 必有功驗. 事如直木,[7] 多如倉粟. 斗石已具, 尺寸已陳, 則无所逃其神. 故曰: "度量已具, 則治而制之矣". 絶而復屬, 亡而復存, 孰知其神. 死而復生, 以禍爲福, 孰知其極. 反索之无形, 故知禍福之所從生. 應化之道, 平衡而止. 輕重不稱, 是胃(謂)失道.]

천지天地에는 변함없는 법칙[恒常]이 있고 만민萬民에게는 변함없이 해야 하는 일[恒事]이 있고 귀천貴賤에는 변함없는 지위[恒位]가 있고 신하를 길러내는 데는 변함없이 지켜야 할 도리[恒道]가 있으며 백성을 부리는 데는 변함없는 방도[恒度]가 있다. 천지(자연)의 변함없는 법칙은 사계절과 밤낮[晦明]과 살고 죽음[生殺], 부드러움과 굳셈[柔剛](의 변

---

7) 直은 植의 가차이다. 陳鼓應注譯, 20頁, 注7 참조.

화)이다. 만민이 변함없이 해야 하는 일은 남자의 농사일과 여자의 베 짜는 일이다. 귀천貴賤에는 (각기) 변함없는 지위가 있고 뛰어난 이와 못난이는 서로 같을 수 없다. 신하를 길러내는 변함없는 도리[恒道]란 능력에 따라 맡기되 그가 잘하는 것 이상을 맡기지 않는 것이다. 백성을 부리는 변함없는 방도는 사사로움[私]을 버리고 '공적인 것[公]'을 세우는 것이다. 부당한 방도로 상규常規를 벗어나면 특별한 조처로 제어해야 한다. 정상[正]과 변형[奇]은 (각기) 자리가 있으며, 이름[名]과 실재[形]는 (서로) 떠나지 않는다. 무릇 작은 것 큰 것 할 것 없이, 사물에는 사물 스스로는 자기 자리[舍], 공간를 잡는다. (그것이) 거스르든[逆] 순조롭든[順], 살 것인지[生] 죽을 것인지[死], 사물 스스로 이름[名] 짓는 것이다. 이름과 실재가 이미 정해지면, 사물은 스스로 바르게[正] 된다.

[天地有恒常,8) 萬民有恒事, 貴賤有恒立(位), 畜臣有恒道,9) 使民有恒度. 天地之恒常, 四時, 晦冥, 生殺, 輮(柔)剛. 萬民之恒事, 男農女工.10) 貴賤之恒立(位), 賢不宵(肖)不相放.11) 畜臣之恒道, 任能毋過其所長. 使民之恒道, 去私而立公. 變恒過度, 以奇相禦.12) 正, 奇有立(位), 而名[形]弗去.13) 凡事无小大, 物自爲舍.14) 逆順死生, 物自爲名. 名刑(形)已定, 物自爲正.]

---

8) 恒常은 항구적 규칙이다. 陳鼓應注譯, 25頁, 注1 참조.
9) 畜은 養의 뜻이니, 배양이다. 陳鼓應注譯, 25頁, 注2 참조.
10) 女工은 女織(베를 짬)을 말한다.
11) 『荀子』,「天道」편: 不放舟에서, 舟를 方으로 읽었으니, 양경楊倞注에, 放은 幷으로 일었고, 方은 同等과 같다.
12) 變恒은 정상을 바꾸는 것, 즉 不定常이요, 過度는 常規를 벗어남이다. 奇는 특단의 방법, 수단을 말한다. 御는 제어함이다. 陳鼓應注譯, 27頁, 注8 참조.
13) 正은 정상적 방법이고, 奇는 특수함, 변화의 뜻이다. 名[이름]과 形[실재]가 서로 떠나지 않음을 말한다. 여기서 名 뒤에 形이 原文에 빠진 것을 보충하였다. 陳鼓應注譯, 28頁, 注9 참조.
14) 舍는 居處나 공간을 말한다. 陳鼓應注譯, 28頁, 注10 참조.

그러므로 오직 도道를 가진 자는 위로 자연[天]의 순환에 밝으며, 가운데로 임금과 신하의 구분에 달통하고, 만물의 시작과 끝을 자세하게 관찰하지만 (자신이) 주재하지는 않는다. (그는) 지극히 소박하나 지극히 정미精微하니, 광대하고 충만하여 형체(몸)는 보이지 않는다. 그다음에 천하의 우두머리가 될 수 있다.

[故唯執道者能上明於天之反,15) 而中達君臣之半, 富密察於萬物之所終始,16) 而弗爲主,17) 故能至素至精,18) 悎(浩)彌無刑(形), 然後可以爲天下正.19)]

---

15) 反은 返(되돌아옴), 즉 返還과 같다. 『黃帝四經與黃老思想』, 余明光著, 哈爾濱: 黑龍江人民出版社, 1989, 245頁 注37 참조. 半은 畔으로 읽어야하니, 分(구분)의 뜻이다. 上同, 注38 참조. 이하에서 余明光著로 인용함.
16) 富는 아래의 密자를 잘못 쓴 것이니 마땅히 그 글자는 없는 것으로 보아야 한다. 密은 상세함의 뜻이다. 陳鼓應注譯, 32頁, 注3 참조.
17) 主는 主宰함이다. 上同, 注4 참조.
18) 素는 흰색의 베옷이니, 여기서는 질박함의 뜻이다. 精은 精微함이다. 余明光著, 245頁 注39 참조.
19) 正은 長(우두머리)이다. 陳鼓應注譯, 32頁, 注6 참조.

둘째 나라 다스리는 절차, 國次

「도법道法」이『경법經法』편의 총론이라면,「나라 다스리는 순서, 國次」는『경법經法』편 내용의 첫째 강론이다. 그 내용은 첫째 전쟁을 하는 3가지 상황을 말한다. ① '자연의 도리[天道]'에 못 미치면 부당하고, ② 초과하면 지나치고, ③ 합격이 되어야 합당하다는 것이다. 전쟁의 원칙은 자연의 도리에 들어맞아야 한다고 말하고 있다. 둘째 오무五毋, 오역五逆을 말하고 있다. 다섯 가지 하지 말 것(毋)과 거스르지 말 것(逆) 중에 ① 전쟁, ② 농사에 힘씀, ③ 토지 이용, ④ 백성 다스림, ⑤ 부하 다스림을 다루고 있다.

나라가 (다스리는) 순서를 잃으면 사직社稷은 크게 비뚤게[不正] 된다. (정벌한 나라를) 약탈하기만 하고 (조력자들에게) 베풀지 않으면 (그 뺏은) 나라는 마침내 잃어버리지 않을 수 없다. 천도天道가 도달한 표준[天極]에 힘을 다하지 않으면 망한 나라[衰者]도 다시 살아난다. 토벌과 금령이 적절하지 않으면 도리어 그 재앙을 되돌려 받게 된다. 금지와 토벌은 마땅히 치죄하고 마땅히 멸망시켜야 하니, 반드시 마땅히 (칠) 나라를 폐허로 만들고, 겸병하되 독점하지 말 것이니, 이것이 자연이 이루는 업적[天功]이다. 하늘과 땅은 사사로움이 없고 사계절은 쉬는 법이 없다. 하늘과 땅이 제자리에서 일하니 성인[聖人, 임금]은 이를 따라서 (업적을) 이루어낸다. (자연의) 지극한 이치[極]를 넘어서고 (자연의) 마땅한 것(當)을 잃으면 자연[天]은 장차 재앙을 내릴 것이다. 적敵[人]이 억지로 자연을 이기려 하면 조심히 피하고 맞서지 말 것이다. 거꾸로 자연이 적을 이긴다면, 그와 함께 더불어 실행하라! 먼저 (자신을) 굽히면 나중에 펴질 것이니, 반드시 자연의 지극한 이치[天極]를 다하고 자연의 업적[天功]를 멋대로 취하지 말 것이다!

[國失其次,20) 則社稷大匡.21) 奪而不與, 國不遂亡.22) 不盡天極, 衰者復昌.23) 誅禁不當,24) 反受其央(殃). 禁伐當罪當亡, 必虛(墟)其國, 兼之而勿擅,25) 是胃(謂)天功.26) 天地无私, 四時不息. 天地立(位), 聖人故載27) 過極失當, 天將降央(殃). 人強朕(勝)天, 愼辟(避)勿當. 天反朕(勝)人, 因與俱行. 先屈後信(伸), 必盡天極, 而毋擅天功.]

　남의 나라를 병탄하고 그 나라 수도의 내성[國]과 외성[郭]을 수리하고 그 나라 조정에 좌정하며 그 나라 음악을 들으며 그 나라 자산과 재물을 취하고 그 나라 자식과 여자들을 처첩으로 삼는다. 이는 (천도天道의) 패망이니, 나라가 위기에 빠지고 패하여 망한 것을 말한다.

[兼人之國, 修其國郭,28) 處其郞(廊)廟,29) 聽其鍾鼓, 利其齎(資)財,30) 妻其子女. 是胃(謂)[重逆以芒(荒),31) 國危破亡.]

---

20) 次는 질서, 순서이다. 余明光著, 246頁 注.1.
21) 匡은 왕枉(굽어서 不正함)이다. 上同, 注2.
22) 遂는 마침내(終究)의 뜻이다. 陳鼓應注譯, 36頁 注2.
23) 天極은 天道가 미치는 바이다. 天道의 기능이도달한 極이 바로 天極이다. 衰者는 敗國을 말한다. 余明光著, 上同 注.4.
24) 誅는 討伐이고 禁은 금지이다. 不當은 적합도[準度]에 도달 못함이다. 陳鼓應注譯, 37頁 注4.
25) 擅은 멋대로 처리, 즉 독점함을 말한다. 余明光著, 上同, 注7.
26) 天功은 자연[天]의 공로, 보상이다.
27) 立은 마땅히 位로 보아야 한다. 故는 所以(따라서)이다. 載는 이둠(成)이나. 陳鼓應注譯, 37頁 注7.
28) 兼은 兼幷이나 並呑이다. 國은 內城이고 郭은 外城이다.
29) 廊廟는 조정을 가리킨다. 陳鼓應注譯, 41頁 注2.
30) 자齎는 資(자산)자와 통한다. 利는 貪의 뜻도 取의 뜻도 있다. 陳鼓應注譯 注4.

Ⅰ. 경법經法　393

그러므로 오직 성인聖人만이 자연의 지극한 이치[天極]를 다 할 수 있고 자연의 마땅함[天當]을 쓸 수 있다. 천지[天地]의 도道는 세 가지니 자연의 지극한 이치[天極], 자연의 마땅함[天當], 자연의 업적[天功]에 불과하다. (이 3가지가) 이뤄졌어도 멈추지 않으면, (임금) 몸이 위태롭게 되고 재앙이 있게 된다.

[故唯聖人能盡天極, 能用天當. 天地之道, 不過三功.32) 功成而不止, 身危又(有)央(殃).]

그러므로 임금[聖人]이 정벌함에 남의 나라를 병탄하여 ① 그 성곽을 무너뜨리고, ② 그 종鐘과 북[鼓]을 불태우며, ③ 그 자산과 재물을 나눠 가지며, ④ 그 자식과 여자들을 흩어놓고, ⑤ 그 토지를 분할하여 뛰어난 자들에게 분봉해 주니, 이것은 자연의 업적[天功]이다. 업적이 이루어지고 손실이 없기에 훗날 재앙도 만나지 않는다.

[故聖人之伐毆(也), 兼人之國, 隋(墮)其城郭, 焚(焚)其鐘鼓, 布其齎(資)財,33) 散其子女, 列(裂)其土地, 以封賢者, 是胃(謂)天功. 功成不廢,34) 后不奉(逢)央(殃).]

적극적으로 살피지 말 것이며, 소극적으로도 관찰하지 말 것이며, 지력을 다 쓰지 말 것이며, 당파들[黨]로 쪼개져서도 안 된다. (치려는 쪽이) 적극적으로 (나서서) 관찰한다면, 자연[天]은 자기 빛을 뺏을 것이며; 소극적으로 살피기만 한다면 토지는 황폐될 것이다. 지력을 다 소모한 자는 자연[天]이 (외부의) 병력兵力으로써 가격할 것이다. 사람[임금]

---

31) 重은 原文에 缺字를 보충한 것이다. 逆은 天道를 위반함을 말한다. 荒은 敗와 같은 뜻이다. 陳鼓應注譯, 上同, 注6.
32) 三功은 天極, 天當, 天功을 가리킨다. 余明光著, 247頁 注14.
33) 布는 나눠가짐(分)이다. 余明光著, 上同, 注16.
34) 廢는 손실이다. 陳鼓應注譯, 45頁 注4.

이 (자기) 세력만 고집하면 (자연은) 이들을 사방으로 유배시킨다. (치려는 쪽이) 당파들로 쪼개지면, 안팎이 서로 공격한다. 적극적으로 살핀 자는 병에 걸리고, 소극적으로만 살핀 자는 굶게 될 것이다. 토지가 황폐된 자는 땅을 잃을 것이다. (치려는 쪽의) 사람[임금]이 (자기) 세력만이면 백성을 잃을 것이다. 당파들로 나뉘면 난리가 난다. 이것을 다섯 가지 거스르는 일[五逆]이라고 말한다. 다섯 가지를 다 거스르면 ① 하늘[天]의 이치[義理=經]가 어지러워지고, ② 땅의 법도[綱]에는 어긋나고, ③ 옛 법이 변질되어 상규常規를 어지럽히며, ④ 법제가 멋대로 바뀌어 어긋나니, ⑤ 줄곧 이렇게 하면서도 후회할 줄 모르면 (통치자의) 몸이 위태로워지고 재앙이 생긴다. 이것은 자연의 지극한 이치[極]를 넘어서서, 마땅한 것을 잃은 것이라 말한다.

[毋陽竊,35) 毋陰竊, 毋土敝, 毋故執, 毋黨別.36) 陽竊者天奪其光, [陰竊]者土地芒(荒), 土敝者天加之以兵. 人執者流之四方. 黨別者外內相攻(攻). 陽竊者疾, 陰竊者几(飢), 土敝者亡地, 人執者失民, 黨別者亂, 此胃(謂)五逆. 五逆皆成, [亂]天之經, 逆地之剛(綱), 變故亂常,37) 擅制更爽,38) 心欲是行,39) 身危有殃. 是胃(謂)過極失當.]

---

35) 毋는 '하지마라!'의 뜻이다. 陽은 뚜렷함이니 적극의 뜻이다. 竊은 살핌[察]이니, 毋陽竊은 바로 '적극적으로 보지 마라!'의 뜻이다.
36) 敝敢는 '왕성하게 힘씀[勞熟]'의 뜻이니, 土敝는 地力을 무리하게 다 씀[竭盡]이다. 毋土敝는 과도하게 땅 힘을 다 쓰지 말음이다. 故는 호특자로 읽어야하니, 『說文解字』에, 怙는 의지함(恃)이라 했다. 埶執는 勢와 같다. 毋故執는 勢를 믿지 말 것의 뜻이다. 毋黨別은 黨으로 나뉘지 말 것을 뜻하니, 당파를 지어 사익을 도모하지 말 것을 뜻한다. 余明光著, 248頁 注17.
37) 故는 옛날 법제[舊制]이고 常은 常規이다. 陳鼓應注譯, 51頁 注4.
38) 천擅은 멋대로 이고, 制는 제도와 법령이고, 更은 바꿈이고, 爽은 어긋남(差), 혼란이다. 陳鼓應注譯, 上同 注5.
39) 心欲是行은 한결같이 이를 행하고 후회할 줄 모름이다. 上同 注6.

셋째 임금의 정치[君正]

군정君正은 곧 군정君政을 말한 것이다. 여기서는 임금이 어떻게 정치하여 나라를 다스릴 것인가를 논하고 있다.

첫해에 그 풍속을 따르고, 둘째 해에 덕 있는 자를 뽑아 쓰고, 셋째 해에 백성에게 소득이 있게 하고, 넷째 해에 (나라의) 호령을 발표하고, 다섯째 해에 법으로 다스리고, 여섯째 해에는 백성이 두려워 공경하게 되며, 일곱째 해에는 (적을) 정벌할 수 있다. 첫해에 그 풍속을 따르면 백성이 살아가는 이치를 알게 되고, 둘째 해에 덕 있는 자를 뽑아 쓰면 백성은 힘쓰게 되고, 셋째 해에 백성에게 세금을 걷지 않으면 백성은 소득을 갖게 되고, 넷째 해에 호령을 발표하면 백성은 두려워 공경하게 되며, 다섯째 해에 법으로 다스리면 백성들은 요행을 바라지 않으며, 여섯째 해에 백성이 두려워 공경하게 되면 백성은 (나라의) 형벌을 알게 되고, 일곱째 해에 (적을) 정벌할 수 있으면 강력한 적도 이길 수 있다.

[一年從其俗, 二年用其德,[40] 三年而民有得,[41] 四年而發號令, [五年而以刑正,[42] 六年而民畏敬, 七年而可以正(征)[43] 一年從其俗, 則知民則, 二年用其德, 民則力. 三年无賦斂, 則民有得. 四年發號令, 則民畏敬. 五年而刑正, 則民不幸(倖). 六年民畏敬, 則知刑罰. 七年而可以正(征), 則朕(勝)強適(敵).]

---

40) 用은 選用을 말한다. 余明光著, 249頁 注2.
41) 得은 일정한 소득을 말한다. 余明光著, 注3.
42) 刑은 法을 가리킨다. 以刑正은 법으로써 다스림이다. 刑은 법률이고, 正은 다스림을 말한다. 『呂氏春秋』, 「順民」편의 注: 「正, 治 也」 참조. 陳鼓應注譯, 54頁 注4.
43) 正은 정벌[征]이다. 陳鼓應注譯, 上同 注5.

풍속이란 백성의 마음[民心]에 따르는 것이며, 덕 있는 자를 뽑아 쓰는 것은 (백성을) 사랑하고 힘쓰게 하는 것이고 소득이 생기는 것은 규제를 풀고 통행세[關]와 시장세[市] 등의 세금을 경감하여 주는 것이다. 호령을 내리는 것은 (지방이나 군대를) 십오什伍로 조직하고, 뛰어난 이[賢]와 못난이[不肖]를 선발하여 구별하는 것이다. 법으로 다스림이란, 죄가 있으면 죽이고 용서하지 않는 것이다. 두려워 공경하니 백성은 형벌을 범하지 않았다. 정벌할 수 있음이란 백성들이 죽음으로 절개를 지킨 것이다.

[俗者, 順民心殹(也). 德者, 愛勉之也]. [有得者, 發禁拕(弛)關市之正(征)殹(也).44) 號令者, 連爲什伍,45) 巽(選)練賢不宵(肖)有別殹(也).46) 以刑正者, 罪殺不赦殹(也).47) [畏敬者, 民不犯刑罰殹(也). 可以正(征)者, 民死節殹(也).]

호령이 발동하면 (백성들은) 반드시 모여들어 위로 합쳐져 한 덩어리 같은 마음이 되어, 위아래가 갈라지지 않아 백성이 사악한 뜻을 가지지 않으니, 그런 다음에 전투할 수 있을 것이다. 호령이 발동되면 반드시 집행됨은 풍속이 된다. 남자들이나 여자들이 권면함은 사랑이다. 전시에는 출동하고 평시에는 고요히 농사를 지으니, 백성들이 나라의 명령에 복종함이 사계절이 오고 감과 같다. (백성들이) 상을 받아도 은덕으로 보지 않고, 벌을 받아도 원망하지 않는 것이 '마땅함'이다. 귀천에는 구분이 있고, 똑똑한 자와 우둔한 자는 차별이 있다. 의복도 서로 뛰어

---

44) 發禁은 금지의 해제, 개방이다. 拕(弛)는 완화함이다. 征은 세금이다. 余明光著, 上同 注9.
45) 連은 聯(연결)자와 같으니, 소식함이다. 什伍는 옛날 지방과 군대의 소식 단위이다. 戶籍에는 五家를 伍라 하고 十家를 什이라 했다. 군대에서는 五人이 伍이고 2伍가 什이다. 余明光著, 上同 注10.
46) 練은 동揀과 통하니, 選揀은 선발이다. 陳鼓應注譯, 57頁 注4.
47) 殺은 아마도 誅(죄인을 죽임)이니, 罰의 뜻이다. 陳鼓應注譯, 上同 注5.

넘지 않음은 귀천에 차등이 있음이다. 나라에는 도적이 없고, 속임과 거짓[詐僞]이 생겨나지 않으며, 백성에게는 사심[邪心]이 없고, 입고 먹는 것[衣食]은 충족하게 되는데, 형벌은 반드시 있어야 한다. 여유를 지켜내니, (적이) 탈취할 수 없다. 부족함으로 공격하면, 도리어 스스로 패망한다.

[若號令發, 必其廄(究)而上九, 壹道同心, [上]下不赿,48) 民无它志,49) 然後可以守單(戰)矣. 號令發必行, 俗也. 男女勸勉, 愛也. 動之靜之, 民无不聽, 時也. 受賞无德, 受罪无怨, 當也. 貴賤有別, 賢不宵(肖)袞也.50) 衣備(服)不相綸(逾),51) 貴賤等也.52) 國无盜賊, 詐僞不生, 民无邪心, 衣食足而刑伐(罰)必也.53) 以有餘守, 不可拔也.54) 以不足功(攻), 反自伐也.55)]

천하(나라들)에는 살리고 죽이는 때[時]가 있고, 나라에는 살리고 죽이는 정치가 있다. 천하의 살리는 것[生]에 순응하여 사는 나라를 보호하는 것을 문文(德)이라 말하고, 천하의 죽이는 것에 순응하여 죽는 나라를 정벌함을 무武(刑)라고 말한다. 문文(德)과 무武(刑)를 병행시키면, 천하는 순종할 것이다.

[天有死生之時, 國有死生之正(政). 因天之生也以養生,56) 胃(謂)之文; 因

---

48) 구廄는 聚集, 集結이다. 廄는 구勾(모으다)이니, 취聚(모으다)이다. 九는 구仇로 읽어야 하니, 合이다. 壹道는 一致와 같다. 차赿는 分離, 分裂이다. 陳鼓應注譯, 61頁 注1.
49) 它는 邪이다. 余明光著, 250頁 注15.
50) 袞는 차별, 등급이다. 余明光著, 上同 注18.
51) 備와 服은 옛날에는 통용되었다. 요綸는 유逾(넘어뛰다)와 통함. 陳鼓應注譯, 62頁 注7.
52) 等은 등급이나 差等을 말한다. 余明光著, 上同 注20.
53) 必은 一定이다. 余明光著, 上同 注21.
54) 拔은 쳐서 빼앗음, 奪取이다. 陳鼓應注譯, 63頁 注10.
55) 伐은 패망이다. 陳鼓應注譯, 上同 注11.

天之殺也以伐死, 胃(謂)之武; [文武竝行, 則天下從矣.57)]

사람의 근본은 땅에 있고, 땅의 근본은 (營農의) 적절한 쓰임에 있고, (농작물의) 적절한 생장은 계절[時]에 있으며, 계절을 이용하는 일은 백성에게 있으며, 백성의 쓰임은 노동력[力]에 있고, 노동력의 쓰임은 절제[節]에 있다. 땅의 마땅한 쓰임새를 알아, 계절을 기다려서 (작물을) 심고, 백성의 노동력을 절제하고 부린다면, 재물이 생겨나며; 세금에 한도限度가 있으면 백성이 부유富裕하게 된다. 백성이 부유하여 염치를 갖는다면, 호령(을 지키는 일)이 습관이 되고 (백성이) 형벌을 거스르지 않으니, (이것이 나라를) 굳게 지켜 전쟁에서 이기는 길[道]이다.

[人之本在地, 地之本在宜, 宜之生在時,58) 時之用在民, 民之用在力, 力之用在節.59) 知地宜, 須時而樹,60) 節民力以使, 則財生, 賦斂有度則民富, 民富則有佴(恥)則號令成俗而刑伐(罰)不犯, 號令成俗而刑伐(罰)不犯則守固單(戰)朕(勝)之道也.]

법도法度는 지극한 공정함이다. 법도로써 다스리면 혼란이 있을 수 없다. 법도를 제정하면 어지러워지지 않는다. (법도는) 완미完美하고[精] 공정함[公]이니, 사사로움이 없기에 상벌에 믿음이 있게 되니, (나라가) 다스려지는 원인[所以]이다

[法度者, 正之至也. 而以法度治者, 不可亂也. 而生法度者, 不可亂也. 精公無私而賞罰信, 所以治也.]

---

56) 因은 순응이다. 養은 보호함이다. 生은 生國(사는 나라), 死는 死國(죽는 나라)를 말힌다. 文과 養은 德의 뜻이고, 武와 伐은 刑의 뜻과 가깝다. 陳鼓應注譯, 66頁 注2.
57) 從은 순종, 복종이다. 余明光著, 注22.
58) 宜는 적절함이다. 時는 사계절을 가리킨다. 余明光著, 251頁 注23.
59) 節은 節制, 節度이다. 陳鼓應注譯, 68頁 注4.
60) 須는 기다림이다. 樹는 種植이다. 余明光著, 上同 注24.

일을 가혹하게 시키지 말고, 징세를 절제하여 알맞게 부과하고, 백성이 (농사짓기 적절한) 시기를 빼앗지 않으면, 다스리는 일이 편안하다. 군주에게 아버지와 같은 덕행이 없으면, 백성들도 자식처럼 일하지 않을 것이다. 어머니의 덕이 없으면, 백성의 힘을 다 끌어낼 수 없다. 부모의 덕행이 갖추어지면, 하늘과 땅의 은덕이 있다. 이 셋이 갖추어지면 사업은 성공할 것이다. 천하의 호걸들과 용맹한 군사들을 모을 수 있다면, 외적을 막아낼[守禦] 준비가 갖춰질 것이다. 문文과 무武의 도리를 알면 천하가 복종할 것이다. (우두머리가) 겸애兼愛를 하고 사심私心이 없으면 백성은 위와 친할 것이다.

[[毋苟事,61) 節賦斂, 毋奪民時, 治之安. 无父之行, 不得子之用62); 无母之德, 不能盡民之力. 父母之行備, 則天地之德也. 三者備, 則事得矣.63) 能收天下豪桀(杰)票(驃)雄, 則守禦之備具矣.64) 審於行文武之道,65) 則天下賓矣.66) 號令闔(合)于民心, 則民聽令. 兼愛无私, 則民親上.]]

---

61) 주석가들은 苟事에 毋자가 탈락한 것으로 본다. 따라서 이 문장에는 毋苟事, 즉 일을 일 번거롭게 하지 않음의 뜻이다. 余明光著, 上同 注26.
62) 여기서 父는 父母, 즉 君長을 가리키고, 子는 자식들 같은 백성을 가리킨다. 陳鼓應注譯, 74頁 注2.
63) 得은 성공이다. 陳鼓應注譯, 上同 注4.
64) 驃雄은 용감한 군사를 말한다. 備는 武備를 말하며, 具는 갖춤이다. 上同 注5.
65) 審은 알음[知]이다. 上同 注6.
66) 賓은 服從이나 歸順이다. 余明光著, 251頁 注31.

넷째 여섯 가지 구분[六分]

본편에서는 나라의 존망과 흥패興敗를 결정하는 구분을 논하고 있다. 임금이 상과 벌을 내리고 정벌하는 일은 곧 정확히 육순六順과 육역六逆을 구분하는 것이다. 이에 의거하여, 왕王의 도술, 즉 왕술王術을 펼치고 있다.

    나라를 관찰하려면 임금을 보고, 집을 관찰하려면 아버지를 본다. 나라를 주관할 수 있으면 임금이 될 수 있다. 집안을 주관할 수 있으면 아버지가 될 수 있다. 무릇 나라를 관찰하여 보면, 순리를 거스르는 일 여섯 가지[六逆]가 있다. 자식이 아버지 노릇을 하고, 신하가 임금 노릇을 하는 것이다. (이러하면) 비록 강대하더라도 왕王 노릇을 할 수 없다. 측근[內臣, 謀臣]이 다른 지위를 (탐하고) 있어 그 나라가 불안정한데도 그 임금이 깨닫지 못하면, 사직社稷은 훼손된다. 그 임금이 지위와 권력을 (거의) 잃으면, 나라에 근본이 없는 것이다. (다행하게도) 신하들이 자기 지위를 잃지 않고 (지켜나간다면), 아래에는 뿌리가 있는 것이니 근심스러운 형편이어도, 나라는 이어진다. 임금이 지위와 권력을 잃어 나라가 황폐해지는데, 신하들도 (자기 지위에) 자리 잡지 못한다면 나라의 명령이 실행되지 않으니, 이를 무너지는 나라[頹國]라고 한다. 임금이 포악하여 살리고 죽이는 일이 합당하지 못하여 신하들이 혼란에 빠지면, 뛰어난 이들과 못난이들이 나란히 지위를 얻게 되니, 이를 위태로운 나라라고 한다. 임금의 권력이 둘(임금과 후비后妃)로 나뉘면 임금이 총명을 잃고 남녀가 권세를 다투게 되어, 나라에 반란이 일어나니, 이를 망한 나라라고 말한다.

    [觀國者觀主, 觀家者觀父. 能爲國則能爲主,67) 能爲家則能爲父. 凡觀國,

有六逆:68) 其子父, 其臣主. 雖强大不王. 其謀臣在外立(位)者,69) 其國不安, 其主不悟(悟), 則社稷殘.70) 其主失立(位)則无本, 臣不失處則下有根, [國]憂而存; 主失立(位)則國芒(荒), 臣失處則令不行, 此之胃(謂)頹國. [主暴則生殺不當, 臣亂則賢不肖竝立, 此謂危國.]71) 主兩則失其明,72) 男女挣(爭)威, 國有亂兵, 此胃(謂)亡國.]

맏아들이 아버지 노릇을 함을 일러 '임금을 거스름[上逆]'이라 하니, 많은 신하가 (임금을) 떠날 뜻을 품게 된다. 대신大臣이 임금 노릇하면, (임금은) 막혀서 두절됨[壅塞]이라 한다. (이런 일이) 강국에서 일어나면 (국력이) 손상되고, 중진국에서 일어나면 나라가 깨어지고, 약소국에서 일어나면 멸망한다. 측근[謀臣]이 다른 뜻을 품고 (임금) 지위를 노림을 일러 상규常規의 거역拒逆이라 하는데, (이런 일이 생기면) 나라가 장차 안전할 수 없다. (이런 일이) 강국에서 일어나면 나라가 위험해지고, 중진국에서 일어나면 (국세가) 깎이고, 약소국에서 일어나면 (나라가) 깨어진다. 임금이 지위를 잃었는데 신하들이 (자기) 자리를 잃지 않음을 일러 임금을 보좌할 신하가[外根] 남아 있다고 하는데 (향후) 불행[禍]한 일이 일어나기 쉽다. (이런 일이) 강국에서 일어나면 염려스럽고, 중진국에서 일어나면 나라가 위태로워지고, 약소국에서 일어나면 (국력이) 손상된다. 임금이 지위를 잃고 신하들이 (자기) 자리를 잃었음을 일러 근본이 없음[无本]이라 하는데, 위아래에 뿌리가 없으니 나라는 장차 크게 손해를 입는다. (이런 비극이) 강국에서 일어나 (국력이) 깨지

---

67) 爲는 주관함이다. 陳鼓應注譯, 78頁 注2.
68) 逆은 패역悖逆 현상을 말한다. 陳鼓應注譯, 上同 注3.
69) 주석가들이 外位를 外廷으로 해석 하지만, 陳鼓應은 謀臣이란 內臣을 가리키므로 外位를 다른 자리로 해석하였다. 陳鼓應注譯, 上同 注6.
70) 殘은 손해이다. 陳鼓應注譯, 上同 注7.
71) 이 구절은 原文에 빠진 글자인데, 陳鼓應교수가 보충한 것이다.
72) 主兩이란 后妃가 임금을 대신하여 독재함을 말한다. 余明光著, 252頁 注7.

고, 중진국에서 일어나면 (임금이) 도망가고, 약소국에서 일어나면 나라가 소멸이 된다. 임금이 포악하고 신하들이 반란을 일으키는 것을 일러 크게 황폐해짐[大荒]이라 하는데, 외환外患과 내란內亂이 (겹치어) 하늘이 장차 재앙을 내리니 큰 나라든 작은 나라를 막론하고 모두 멸망한다. 임금의 권력이 둘[王과 后妃]로 나뉘어 남녀가 위세를 나눠 갖는 것을 일러 큰 미혹[大迷]이라 하니, 이런 일이 생기면 나라에 전란戰亂이 있게 된다. 강국에서 일어나면 나라가 깨어지고, 중진국에서 일어나면 (임금이) 도망치고, 약소국에서 일어나면 나라가 소멸이 된다.

[適(嫡)子父,73) 命曰上曊,74) 群臣離志75) 大臣主, 命曰雍(壅)塞. 在强國削, 在中國破, 在小國亡. 謀臣在外立位者, 命曰逆成,76) 國將不寧; 在强國危, 在中國削, 在小國破. 主失立(位), 臣不失處, 命曰外根,77) 將與禍閵(鄰), 在强國憂, 在中國危, 在小國削; 主失立(位), 臣失處, 命曰无本, 上下无根, 國將大損; 在强國破, 在中國亡, 在小國滅. 主暴臣亂, 命曰大芒(荒), 外戎內戎,78) 天將降央(殃), 國无大小, 又(有)者滅亡. 主兩, 男女分威, 命曰大麋(迷), 國中有師;79) 在强國破, 在中國亡, 在小國滅.]

---

73) 嫡子는 正妻의 맏자식, 즉 嫡長子이다. 父는 아버지 역할을 함이니, 여기서는 동사로 쓰인 것이다.
74) 命은 名이나 稱으로 읽는다. 비曊는 아마도 패悖(거스름)로 읽어야 한다. 余明光著, 253頁 注9.
75) 離志는 임금에게서 떠날 뜻이다. 陳鼓應注譯, 81頁 注3.
76) 在外位者는 다른 뜻을 가지고 임금 자리를 도모함의 뜻이다. 成은 定, 즉 고정 규칙이니, 逆成은 常規를 위배하는 것이다. 陳鼓應注譯, 上同 注5.
77) 군주가 자신을 內로 칭하고, 자신의 밖을 外로 칭한다. 外根은 임금을 보좌하는 의지할 신하나 根基를 말한다. 陳鼓應注譯, 上同 注6.
78) 戎戎은 兵이다. 外戎內戎은 이미 外患이 있는데, 또한 내란이 있음이다. 余明光著, 253頁 注13.
79) 師는 君師를 말하니, 戰亂이다. 余明光著, 上同 注15.

무릇 나라를 관찰하면 순리를 따르는 일에 여섯 가지가 있다. ① 임금이 자기 지위를 잃지 않으면 나라에 근본[本]이 있다. ② 신하가 자기 자리를 잃으면 아래에 뿌리가 없으면 나라는 우려스러우나 존립한다. ③ 임금은 은혜롭고 신하가 충성되면 그 나라는 안정된다. ④ 임금이 임금답고 신하가 신하다워 위아래가 분열되지 않으면, 그 나라는 강하다. ⑤ 임금이 법도法度를 잡고 신하가 도리를 따르면, 그 나라는 패국霸國으로 번창한다. ⑥ 임금이 자리를 얻고 신하가 (임금 주위에) 바큇살 모이듯 복속하면 왕이 된다.

[凡觀國, 有大(六)順:80) 主不失其立(位)則國有本, 臣失其處則下无根, 國憂而存. 主惠臣忠者, 其國安. 主主臣臣, 上下不赿者, 其國强. 主執度, 臣循理者, 其國朝(霸)昌. 主得(位)臣楅(輻)屬者,81) 王.]

순리를 따르는 일 여섯 가지[六順]와 순리를 거스르는 일 여섯 가지[六逆]가 (나라의) 존망存亡과, 흥성과 괴멸興壞을 판가름한다. 임금은 여섯 가지 분별할 일[六分]을 맡아, (군사를) 살리고 죽이며 상과 벌을 줌으로써, 기필코 (적을) 토벌하는 것이다. 천하에 태평함은 (임금, 장수의) 명덕明德으로써 바로 잡고, 하늘과 땅에 (인사人事를 합하고) (만물을 하늘이) 덮어주고 (땅이) 실어주듯 (공평함을) 겸하였으니, 그러므로 천하에 왕 노릇을 하는 것이다.

[六順六逆乃存亡興壞之分也. 主上執六分以生殺,82) 以賞罰, 以必伐.83) 天下大(太)平, 正以明德, 參之于天地,84) 而箴復(覆)載而无私也,85) 故王天下.]

---

80) 六順은 여섯 가지 순조롭고 마땅한[順當] 현상이다.
81) 楅은 바큇살이다. 屬은 歸服이다. 楅屬은 바큇살 모이듯 임금에게 복속함이다. 余明光著, 254頁 注18.
82) 六分은 여기서 六順과 六逆을 가리킨다. 陳鼓應注譯, 86頁 注2.
83) 必은 必定이고, 伐은 討伐이다. 余明光著, 254頁 注19.
84) 參은 三이니, 天地와 人事의 三合이 있어야 성공할 수 있음이다. 余明光著, 上同

천하에 왕 노릇할 수 있는 도리로 사계절[天時], 인사人事, 지리地利가 있는데, 이 셋을 합쳐 쓴 다음에야 천하를 가질 수 있다. (이러하면) 임금이 되어서 남쪽으로 대면[南面]하여 통치할 것이다. 신하들은 공경하기에 감히 자기 임금을 가려서 막을[蔽] 수 없다. 아래는 화순和順하기에 감히 자기 윗사람들을 가려서 막을[蔽] 수 없다. 만민은 화목하고 자기 임금을 위해 쓰임 받기를 즐거워하게 되니, 땅은 넓어지고 인구는 많아지고 병사는 강해져, 천하에 (맞설) 적敵이 없다.

[王天下者之道, 有天焉, 有人焉, 又(有)地焉,86) 參(三)者參用之, [然後]而有天下矣.87) 爲人主, 南面而立.88) 臣肅敬, 不敢蔽(蔽)其主. 下比順,89) 不敢蔽(蔽)其上. 萬民和輯90)而樂爲其主上用, 地廣人衆兵强, 天下无適(敵).]

경상慶賞[文德]은 작은 미천한 사람들에게까지 다하고, 형벌[武刑]은 죄에 맞는 것이 왕 노릇함의 근본[本]이다. 그러나 왕의 도술[王術]을 모르면 천하에 왕 노릇할 수 없다. 왕의 도술을 아는 자는 말 달려 사냥하되 짐승의 씨를 말리지 않고, 먹고 마시고 즐기되 술에 취해 주절대며 즐기지는 않으며, 보배나 여색을 밝히는 데 마음이 흔들리지 않는다. 천하와 함께 전쟁을 치르니 비용은 적게 들어도 공로[功]가 있게 되며, 전쟁에 승리하고 호령은 이행되기에, 따라서 복이 (나라) 안에서 생겨나니, 나라는 부유해지고 백성들은 번창한다. 성인聖人도 머무르게 되니, 천하 사람들이 따르게 된다. 왕의 도술을 알지 못하는 자는 말 달려

注21 참조.
85) 覆載는 天覆地載를 말한 것이니, 하늘이 만물을 덮어주고 땅이 싣고 있듯이, 공평하고 無邪함을 말한 것이다. 余明光著, 上同 注22.
86) 天, 人, 地는 大時, 人事와 地利를 말한다. 陳鼓應譯注, 88頁 注1.
87) 而는 能이다. 陳鼓應譯注, 上同 注2.
88) 立은 마땅히 이莅(왕으로 임함)로 읽어야 하니, 임臨이다. 陳鼓應譯注, 上同 注3.
89) 比順은 和順이다. 余明光著, 255頁 注25.
90) 和輯은 화목和睦이다. 余明光著, 上同 注26.

사냥하되 사냥으로 짐승의 씨를 말리고, 먹고 마시고 즐김에 술에 취해 주절대며 즐기며, 보배나 여색을 밝히는 데 푹 빠진다. 천하와 함께 전쟁을 치르더라도 비용은 많이 들고 업적은 없으며, 전투하여 승리해도, 호령은 이행되지 않는다. 그러므로 복을 (나라) 안에서 잃었으니, 재물은 떠나가고 창고가 텅 비게 되고, 자연의 계절을 거스르니, 나라는 가난해지고 백성의 삶은 황폐해진다. 성인들이 머무르지 않으니, 천하 사람들도 더불어 살지 않는다. 이와 같이 또한 지식인[士]을 중시하지 않는다면, 스승[師]에게 도道가 있다 해도, 나라는 (이미) 남의 나라일 뿐이다.

[文德廄(究)于輕細,91) [武刃于當辠,92) 王之本也. 然而不知王述(術), 不王天下. 知王術者, 騶騁馳獵而不禽芒(荒), 飮食喜樂而不面(湎)康,93) 玩好嬛(嬽)好而不惑心,94) 俱與天下用兵, 費少而有功, [戰勝而令行, 故福生於內, 則國富而民昌. 聖人其留, 天下其與.95) [不知王述(術)者, 騶騁馳獵則禽芒(荒), 飮食喜樂則面(湎)康, 玩好嬛(嬽)好則或(惑)心, 俱與天下用兵, 費多而无功, 單(戰)朕(勝)而令不行. 故福失於內, 財去而倉廩空虛, 與天相逆, 則國貧而民芒(荒). [至聖之人不留, 天下弗與. 如此而有(又)不能重士而師有道, 則國人之國已(矣).]

천하에 왕 노릇을 하는 자는 깊은 덕[玄德]을 가졌으니 깊은 덕을 가

---

91) 文德은 賞에 해당한다. 廄(究)는 다함[窮盡]이다. 輕細는 작은 미천한 사람이다. 余明光著, 上同 注27.
92) 武刃은 武功을 가리키나, 여기서는 형벌을 말한다. 陳鼓應注譯, 90頁 注2 참조. 當罪는 죄에 맞는 벌이다.
93) 禽荒은 사냥에 미쳐 황폐하게 만들었음을 말한다. 喜樂은 嬉樂(재미삼아 즐김)이다. 면강湎康은 술에 취해서 주절거리며 쾌락을 추구함이다. 陳鼓應注譯, 91頁 注3 참조.
94) 완호玩好는 보배를 가리킨다. 현호嬛好는 여자를 즐김이다. 陳鼓應注譯, 上同 注4 참조.
95) 與는 가까이함[親]이나 따름[從]의 뜻이 있다. 陳鼓應注譯, 92頁 注6 참조.

지고 홀로 왕의 도술王術을 알기 때문에 천하에 왕 노릇하나, 천하에 그 까닭을 아는 이가 없다. 천하에 왕 노릇을 하는 자는 (경내境內의) 제후들[縣國]을 가벼이 보되 지식인은 존중하기 때문에 나라가 안정되고 (임금의) 몸이 편안하다. 재물을 천시하고 지식을 가진 이들을 귀하게 여기기 때문에, 업적[功]이 생기고 재물을 얻는다. (임금이) 몸을 가벼이 보고 도道 있음을 귀하게 여기기 때문에, 몸은 귀해지고 호령은 실행이 된다. 그러므로 천하에 왕 노릇을 하는 자는 천하 사람들이 그를 본받는다. 패주霸主는 갑사甲士들을 쌓아두고 복종하지 않는 (제후諸侯들)을 정벌하는데, 듣지 않는 자가 없다. 벌을 주고 금지함이 죄에 합당하나 그 이득을 사사롭게 하지 않기 때문에, 호령은 천하에 실행되나 듣지 않는 자가 없다. (그러나 다만) 군대를 일으켜 전쟁만 치르고 힘으로 다투기만 하면 위태롭고 망하는 일이 멀지 않은데, 아무도 그 원인을 모른다. 패왕霸王이란 그가 사사로움 없음을 말한 것으로, 오직 왕만이 천하 사람들을 덮고 길러내니[覆育], 세상 만물이 다양한 방면에서 성취를 이룬다.

[王天下者有玄德,96) 有玄德獨知[王術], [故而王天下而天下莫知其所以. 王天下者, 輕縣國而重士;97) 故國重而身安; 賤財而貴有知, 故功得而財生; 賤身而貴有道, 故身貴而令行. [故王天下者天下則之.98) 朝(霸)主積甲士 而征不備(服), 誅禁當罪而不私其利, 故令行天下而莫敢不聽. 自此以下, 兵單(戰)力挣(爭), 危亡無日, 而莫知其所從來. 夫言朝(霸)王, 其无私也], 唯王者能兼復(覆)載天下, 物曲成焉.99)]

---

96) 奚侗(1878-1939)에 의하면, 至德과 같은데, 深遠하기에, 따라서 玄이라 말한 것이나. 余明光著, 256頁 注34 참조.
97) 縣과 國은 諸侯들 경내의 땅이다. 陳鼓應注譯, 96頁 注3 참조.
98) 則은 본받음이다. 陳鼓應注譯, 97頁 注6 참조.
99) 曲成은 다방면으로 성취함이다. 余明光著, 257頁 注39 참조.

다섯째 네 가지 헤아림[四度]

본편에서는 ① 임금과 신하君臣, ② 뛰어난 이와 어리석은 이賢不肖, ③ 동정動靜과 ④ 상벌賞罰과 벌주고 금지함[誅禁]의 네 가지 사항을 검토하고 있다.

> 임금과 신하의 자리가 뒤바뀜을 반역[逆]이라 하고, 뛰어난 이와 어리석은 이가 나란히 쓰이는 것을 혼란[亂]이라 하고, 활동[動]과 휴식[靜]이 계절[時]에 맞지 않음을 역행[逆]이라 하고, 살리고 죽이는 일을 부당하게 함을 폭거[暴]라고 한다. (임금이나 신하의 자리가) 뒤바뀌면, 나라의 근본[本]을 잃게 되고, 뛰어난 이와 어리석은 이가 나란히 쓰여 혼란스러우면 쓰임을 받아야 할 사람이 직분[職]을 잃게 되며; 활동하고 휴식하는 일을 거꾸로 하면 자연[天]을 잃게 되고, (임금이) 폭거를 벌이면 백성들을 잃게 된다. 근본을 잃으면 (나라가) 손실을 보고, 직분을 잃어버리면 침탈(侵, 越權)이 생기고, 자연을 잃으면 굶게 되는 것이며, 사람(마음)을 잃어버리면 (서로) 미워하게 된다. (임금은) 나아가고 물러남의 동작에서 자연[天]을 법칙으로 삼아야 한다. 자연의 도[天道]는 멀리 있지 않으니, 사람들과 더불어 살며 나가고 되돌아온다.

[君臣易立(位)胃(謂)之逆, 賢不宵(肖)立胃(謂)之亂, 動靜不時胃(謂)之逆, 生殺不當胃(謂)之暴. 逆則失本, 亂則失職, 逆則失天, [暴]則失人. 失本則[損], 失職則侵, 失天則几(饑), 失人則疾.100) 周천(遷)動作,101) 天爲之稽.102) 天道不遠, 人與處, 出與反.103)]

---

100) 人은 人心의 뜻으로 보아야 한다. 陳鼓應注譯, 101頁 注8 참조. 疾은 염오厭惡(미워하다)이다. 余明光著, 258頁 注6 참조.
101) 周遷은 周還이나 周旋의 뜻이니, 進退를 말한다. 陳鼓應注譯, 上同 注9 참조.
102) 稽는 模式이나 법칙이다. 陳鼓應注譯, 上同 注10 참조.

임금과 신하가 합당한 지위에 있으면 고요함[靜]이라 하고, 뛰어난 이와 어리석은 이가 각자 합당한 자리에 있으면 바름[正]이라 하고, 자연(天의 계절)과 땅(地의 이점利点)에 부합을 하면 문文이라 하며, 벌을 주고 규제하는 일이 적절하면 무武라고 한다. 고요하면 (나라가) 편안해지고 바르면 다스려지고, 문文을 쓰면 (나라가) 밝아지고, 무武를 쓰면 (나라가) 강해진다. (나라가) 편안하면 근본을 얻게 되고, 다스려지면 인재를 얻게 되고, (나라가) 밝아지게 되면 자연[天]을 얻게 되니, (나라가) 강해지면 (임금의) 위엄이 행해지며 천지天地(자연)에 부합하고 민심民心과 합쳐지니, 문文과 무武가 나란히 서고 상하의 민심이 통일된다.

[君臣當立(位)胃(謂)之靜, 賢不宵(肖)當立(位)胃(謂)之正, 動靜參於天地胃(謂)之文, 誅禁時當胃(謂)之武.104) 正則安, 正則治, 文則明, 武則强. 安則得本, 治則得人, 明則得天, 强則威行. 參於天地, 闔(合)於民心. 文武竝立, 命之曰上同.105)]

네 가지 헤아림을 명백히 알아야 천하를 안정시킬 수 있고, 한 나라를 편안하게 할 수 있다. (나라) 안의 일을 순조롭게 다스리고 밖의 일에서 죄주고 벌 내림에 부당했다면, (나라의) 업적이 이뤄졌어도 (그것은) 손상된다. (나라) 안의 일을 거꾸로 다스리고 밖의 일을 순조롭게 다스렸으면, (나라의) 업적을 이뤄냈으되 (나라는) 망한다. 안과 밖에서 모두 거꾸로 (일을) 했다면, 이것을 무거운 재앙이라 이른다. (임금은) 몸이 위태로워져 살육되며, 나라는 위태로워져 깨트러지니 망한다. 안과 밖에서 모두 순조로우면 (나라는) 업적이 이뤄지고 무너지지 않으니, 나중에 재앙을 만나지 않는다.

---

103) 反은 返(되돌아옴)과 같다. 余明光著, 258頁 注9 참조.
104) 時當은 흡당恰當(마치, 마침맞음)이다. 陳鼓應注譯, 103頁 注4 참조.
105) 同은 同一이나 統一이다. 上同은 상하기 일치하여 사상과 행동이 통일됨을 말한다. 余明光著, 上同 注11 참조.

[審知四度, 可以定天下, 可安一國. 順治其內, 逆用於外, 功成而傷.106) 逆治其內, 順用其外, 功成而亡. 內外皆逆, 是胃(謂)重央(殃). 身危爲繆(戮), 國危破亡. 內外皆順, 功成而不廢, 後不逢央(殃).]

명성은 화려하나 실속[實]이 적은 것은 용렬함이다. (천도天道에) 순응하는 것이 (임금의) 행동이다. (임금의) 바름[正]은 일하는 뿌리[根]이다. 도道를 잡고서 도리를 따르는 것은 반드시 맨 처음[本始]을 좇는 것이며, 순순히 질서를 행함이다. 금지하고 벌을 내리는 것이 죄에 합당하면, 반드시 자연의 도리[天理]에 들어맞는다. (임금이) 약속을 저버리면 곤궁해지고 형벌을 멋대로 내리면 (다수가) 고통을 받게 되고, 거꾸로 함[逆行]에 배반해야만 (천도天道에) 합당하게 되기에, 일[전쟁 등]이 터진다 해도, 비록 성공할 수는 없다고 하더라도, 또한 자연[天]의 재앙은 없을 것이다.

[聲華實寡者, 用(庸)也.107) 順者, 動也.108) 正者, 事之根也. 執道循理, 必從本始, 順爲經紀.109) 禁伐當罪, 必中天理.110) 怀(倍)約則窘(窘),111) 達刑則傷.112) 怀(倍)逆合當,113) 爲若又(有)事,114) 雖無成功, 亦無天央(殃).]

---

106) 內는 內事, 外는 外事를 말한다. 逆用은 誅禁이 不當함을 말한다. 功은 治國의 업적을 말하고, 傷은 업적이 손상됨을 말한다. 陳鼓應注譯, 105頁 注3 참조.
107) 用은 庸으로 읽어야 하는데, 庸은 비루함이다. 陳鼓應注譯, 107頁 注1 참조.
108) 順者, 動也는 擧動이 天道를 따름이다. 余明光著, 258頁 注16 참조.
109) 經紀는 질서이다. 余明光著, 259頁 注19 참조.
110) 中은 부합이다. 余明光著, 上同 注20.
111) 倍는 背자와 통한다. 余明光著, 上同 注21 참조; 군窘은 곤궁이다. 陳鼓應注譯, 108頁 注8 참조.
112) 達은 멋대로의 뜻이다. 余明光著, 259頁 注22 참조.
113) 倍는 背, 즉 背反과 통한다. 背逆은 거스름을 배반함이다. 余明光著, 上同 注23 참조.
114) 爲若은 如若, 如果와 같다. 有事는 전쟁의 발생을 가리킨다. 陳鼓應注譯, 108頁 注11 참조.

죽음으로 삶을 막지 말고 삶으로써 죽음을 저지하지 말 것이며, 허명虛名을 떨치지 말라! 명성이 실재를 초과하면, 이는 이름을 잊어버림[滅名, 亡名]이라 한다. 양陽이 극성極盛이면 죽임[殺]이 되고 음陰이 극성이면 삶[生]이 되니, 이것을 음양이 뒤바뀌는 명운[命]이라 한다. 극성한 양은 (가을과 겨울에) 밖에서 (초목들을) 시들게 하고 떨어뜨리는데[殺], 극성한 음은 (봄여름에) 안에서 (싹을) 살아나게[生] 한다. 이미 음양이 뒤바뀌니, 그들의 자리도 뒤바뀌는 것이다. 크게는 나라가 망하고, 작게는 (임금의) 몸이 재앙을 받는다. 그러므로 (극성한) 양 때문에 (만물이) 죽어가지만, (극성한) 음 때문에 (만물의) 삶은 세워지는 것이다. 자연(운행)의 당연함에는 (확정된) 수數[定命]가 있으니, 극極에 이르면 되돌아오고[反], 왕성하면 쇠락한다. 하늘과 땅[天地, 자연]의 도道는 곧 사람의 이치[理]이다. 역逆과 순順은 도道는 같은데 이理가 다르니 역과 순을 깊이 아는 것을 일러 도道의 준칙이라 한다. 강한 나라가 약한 나라에 겸손히 자기를 낮춘다면[謙下] 어느 나라를 이기지 못하랴. 귀한 신분이 천한 신분에게 겸손히 자기를 낮춘다면, 어떤 사람을 못 얻겠는가! 뛰어난 이가 어리석은 이에게 겸손히 자기를 낮춘다면 어느 일이 다스려지지 않겠는가!

[毋止生以死, 毋御死以生,115) 毋爲虛聲,116) 聲洫(溢)於實,117) 是胃(謂)滅名. 極陽以殺, 極陰以生, 是胃(謂)逆陰陽之命.118) 極陽殺於外, 極陰生於內,119) 已逆陰陽, 有(又)逆其立(位), 大則國亡, 小則身受其央(殃). [故凶陽

---

115) 어御는 阻止이다. 余明光著, 259頁 注25.
116) 虛聲은 虛名이다. 陳鼓應注譯, 110頁 注2.
117) 溢을 超過이다. 滅은 亡이다. 陳鼓應注譯, 上同 注3 참조.
118) 옛날의 陰陽刑德의 설에 의하면 陽은 生의 주인이고 陰은 殺의 주인이니, 陰은 刑氣에, 陽은 德氣에 속한다. 임금은 春夏에는 慶賞을, 秋冬에는 刑罰을 내리는 것이다. 그리고 陽氣가 극히 왕성해지면 陰으로 바뀌고, 陰이 극성이면 陽으로 바뀌는 것이 음양이 바뀌는[逆陰陽] 命이라 한다. 余明光著, 260頁 注27 참조.
119) 殺於外는 가을, 겨울에 초목이 밖에서 시들어 떨어지니 쇠락을 말한다. 生於內는

伐死, 因陰建生.120) 當者有數,121) 極而反, 盛而衰; 天地之道也, 人之李(理)也. 逆順同道而異理, 審知逆順, 是胃(謂)道紀.122) 以强下弱,123) 何國不克. 以貴下賤, 何人不得. 以賢下不宵(肖), [何事不治].

　　그림쇠[規]의 안은 원[圓]이고, 곱자[矩]의 안은 네모[方]이며, (묵중한 것을) 매달은 도구[懸]를 아래로 늘어뜨리면 바르게[正] 되고, 물[水] 위는 평평하다[平]. 자[尺]나 치[寸]로 재어보니, 작고 큰 것[小大]과 짧고 긴 것[短長]을 말할 수 있고, 저울로 재서 경중輕重을 말하니 오차가 없고, 말[斗]과 섬[石]으로 헤아려 많고[多] 적음[少]의 수數를 말하는 것이다. (이런) 여덟 가지 헤아림[八度]이란 이것들을 사용하여 계산하는 것이다. 일월日月과 성신星辰의 (운행)주기週期, 사계절의 도수度數, (해, 달, 별 등의) 움직이고 쉬는 자리, (이것들이) 밖과 안에 처함은 하늘의 법식[稽]이다. 높든 낮든 자기 형태를 가리지 않고, 아름답든[美] 추하든[惡] 자기 정황을 숨기지 않음은 땅의 법식이다. 군신君臣이 자기 자리를 잃지 않고 선비[士]들이 자기 처신을 잃지 않고 (자신의) 능력에 맡기고 자기 좋은 점[所長]보다 초과하지 않으며, 사사로움을 버리고 공익[公]을 세우는 것은 사람이 심사한 것이다. 시비是非선악善惡에는 명분이 있고, 거스름[逆]이나 순종[順]에는 (드러낸) 모양[形]이 있고, 실정[情]과 거짓

　　봄, 여름에 만물의 생기가 속에서 싹이 터서 나옴을 말한다. 余明光著, 上同 注28 참조.
120) 이곳은 原文에 7字가 빠져있는데, 陳鼓應교수는 文意를 陰陽과 死生과 관련하여, 「故因陽伐死, 因陰建生」으로 확정하였다. 양이 극성하여 음이 생길 때는 쇠약해지는 양을 토벌할 시점이고, 음이 극성하여 양이 생길 때는 새로 나온 양을 扶育하여 줄 시기라는 뜻이다. 陳鼓應注譯, 112頁 注7 참조.
121) 여기서 當은 天當이니, 자연의 마땅한 운행을 말한다. 만물은, 성장이 왕성하면 쇠락으로, 쇠락하면 성장으로 계속 반대로[反] 발전함을 의미한다. 余明光著, 260頁 注29; 陳鼓應注譯, 上同 注8 참조.
122) 道紀는 道의 준칙이다. 余明光著, 上同 注31.
123) 下는 謙下이다. 余明光著, 上同 注32.

[僞](을 분간해 줄) 내용[實]이 있으니, 왕공王公은 이런 것들을 잡고서 천하에서 본보기[正, 楷模]가 될 수 있는 것이다.

[規之內曰員(圓), 拒(矩)之內曰方, [懸]之下曰正, 水之上曰平.124) 尺寸之度曰小大短長, 權衡之稱曰輕重不爽, 斗石之量曰小(少)多有數. 八度者,125) 用之稽也. 日月星辰之期, 四時之度, [動靜]之立(位),126) 外內之處, 天之稽也. 高下不敝(蔽)其刑(形), 美亞(惡)不匿其請(情), 地之稽也. 君臣不失其立(位), 士不失其處, 任能毋過其所長, 去私而立公, 人之稽也. 美亞(惡)有名,127) 逆順有刑(形),128) 請(情)僞有實, 王公執之以爲天下正.]

자연(변동)의 시간[天時]에 따라서 자연스럽게 (나라를) 멸망시킴을 무력(武)이라고 말한다. 무력武力 (다음에) 문화文로 그 뒤를 따르게 하면 (나라를 안정시키는데) 성공할 것인데, 문화와 무력을 2대 1의 비율로 사용하는 이가 왕이다. (임금이) 천도天道를 잃고서 사람의 도리[理]를 떠났으며 거스른 자리[狂惑之位, 逆位]에 처한 것인데, (그것을) 깨닫지 못한다면, 임금은 반드시 주살된다. 유약한 자는 화환[禍患][罪]이 없어도 위태함을 (경계)하고, 아직 미치지 않았어도 두려워해야 하니, 이것을 여성적 절조[柔弱]라고 말한다. 정직하고 바른 자는 화환이 닥쳐도 의식을 못 한다. (임금의) 명성[名]과 업적[功]이 서로 부합을 하니, 이 때문에 장구長久하다. 명성과 업적이 서로 부합하지 않으면 (임금의) 명성은 나아가나 실질은 퇴보하는데, 이것은 도道를 잃은 것이라 말하니,

---

124) 현懸은 줄에 묵중한 물건을 매달아서 직선을 잡는 도구이다. 陳鼓應注譯, 115頁 注2 참조.
125) 八度는 여덟 가지 측정 도구이니, 위에 말한 規, 矩, 懸, 水, 尺, 寸, 斗, 石이다. 陳鼓應注譯, 116頁 注4 참조. 계稽는 계산이다.
126) 動靜之位는 해, 달, 별 등이 進退出入하거나 차거나[盈] 모자람[絀], 늘거나[消] 줄어듦[息]의 현상을 말한다. 陳鼓應注譯, 上同 注7 참조.
127) 미오美惡는 是非善惡을 말한다. 名은 名分이다. 陳鼓應注譯, 117頁 注12 참조.
128) 逆은 犯法을 가리키고, 順은 법을 지킴이다. 余明光著, 261頁 注42 참조.

그 끝은 반드시 (임금의) 몸에 재앙이 있을 것이다. (임금이) 황금과 주옥珠玉을 독점하고 분배하지 않음이, 원성[怨]이 생기는 원인이다. (임금이) 여자, 음악과 애호하는 물건[翫好]들을 성대히 진설함은 반란이 일어나는 터전[基]이 된다. (임금이) 원성의 원인을 그대로 두고 반란을 일으킬 터전을 기른다면, 비록 성인聖人이 있어도 해결책을 도모할 수 없다.

[因天時, 伐天毁, 謂之武.129) 武刃而以文隨其後,130) 則有成功矣, 用二文一武者王. 其〈失〉主道, 離人理, 處狂惑之立(位)處不吾(悟), 身必有瘳(戮).131) 柔弱者無罪而幾, 不及而翟, 是胃(謂)柔弱.132) 剛正而強者臨罪而不厩(究).133) 名功相抱,134) 是故長久. 名功不相抱, 名進實退, 是胃(謂)失道, 其卒必有身咎.135) 黃金珠玉臧(藏)積,136) 怨之本也. 女樂翫好燔材,137) 亂之基也. 守怨之本, 養亂之基, 雖有聖人, 不能爲謀.]

---

129) 天時는 자연변화의 시간순서[時序]를 말한다. 余明光著, 262頁 注44; 伐天毁에서, 天은 天道에 말미암은 필연성이고, 毁는 멸망이다. 앞에서 말한 「當罪當亡」이다. 陳鼓應注譯, 119頁 注1 참조.
130) 武刃而以文隨其後는, 武力을 쓴 다음에 文의 정치가 따라서, 백성을 按撫함을 말한 것이다. 陳鼓應注譯, 上同 注2 참조.
131) 主는 아마도 天子의 잘못이니, 主道는 바로 天道를 의미한다. 狂惑은 逆거스름을 의미한다. '處狂惑之位處不悟'에서 處자가 중복인데 '處不悟'에서 處는 衍字이다. 陳鼓應注譯, 120頁 注4 참조.
132) 柔弱者는 『黃帝四經』에서 雌節(여성의 절조)을 뜻한다. 罪는 禍患이다. 궤几는 위험이 닥침에 경계함이다. 적翟은 적趯으로 읽어야 하니, 경구驚懼(놀라고 두려움)의 뜻이다. 陳鼓應注譯, 上同 注5 참조.
133) 剛正而強者는 『黃帝四經』에서 雄節(남자의 절조)을 뜻한다. 究는 의식함이다. 陳鼓應注譯, 上同 注6 참조.
134) 抱는 부孚로 읽어야 하니, 符合이다. 余明光著, 262頁 注49.
135) 구咎는 禍患, 재앙이다. 余明光著, 上同 注50 참조.
136) 藏積은 독점하고 이를 사람들에게 分與하지 않음이다. 陳鼓應注譯, 121頁 注9 참조.
137) 燔材는 蕃裁로 읽어야 한다. 材, 哉, 裁는 서로 통용된다. 번蕃은 우거짐, 왕성함의 뜻이다. 裁는 置(두다)의 뜻이다. 陳鼓應注譯, 上同 注10 참조.

여섯째 논술[論]

본편에서는 군주는 마땅히 천도天道를 본받아 이에 근거하여 팔정八政과 칠법七法을 추진해야 하고, 여섯 가지 사항六柄을 붙들고 세 가지 명실名實 관계를 숙지하여야 나라를 다스리고 천하를 평정平定할 수 있음을 밝힌다. 본편의 제목은 논술[論]이기에, 서술을 펼침에 비교적 논리성이 강하고 철학적 의미가 깊다.

임금[人主]은 천지天地를 본받아 호령을 내보내는 것이며, 백성의 생명[民命]이 되는 것이다. 하늘을 본받지 않으면 하늘의 신령한 것[神]을 잃게 된다. 땅을 존중하지 않으면 그 뿌리를 잃게 된다. 사계절의 법도[度]에 순응하지 않아서 (농사일을 망치면), 백성은 원망하게 된다. (임금이) 조정 안팎의 인사를 제대로 정하지 않고 농번기와 농한기의 활동과 휴식[動靜]의 변화에 맞게 다스리지 못하면, 나랏일이 (나라) 안에서 막혀버리고 밖에서도 먹히지 않는다. 여덟 가지로 발동된 정령[八政]은 모두 (성공을) 잃었으니, 하늘과 땅과는 합치하지 않는 것이다. (임금이) 하늘을 본받으면 그 (하늘)의 신명[神]을 얻게 되고, 땅을 존중하면 그 (땅의) 뿌리를 얻게 되고, 사계절의 법도[度]에 순응하면, 백성은 원망하게 되지 않는다. (임금이) 안팎의 자리를 확정하고 (백성들의) 활동과 휴식[動靜]의 변화에 적응하면, (임금은) 일을 (나라) 안에서 얻을 수 있고 밖에서 행사할 수 있다. 여덟 가지 정령[八政]을 잃지 않았다면, (임금은) 하늘과 땅[天地, 자연]과 합치할 것이다

[人主者, 天地之稽也,138) 號令之所出也, [爲民]之命也,139) 不天天140)則失

---

138) 之는 … 이다[是]의 뜻이다. 계稽자는 原文에 빠졌으나 보충한 것인데, 稽는 칙則

其神. 不重地則失其根. 不順[四時之度]而民疾.141) 不處外內之立(位),142) 不應動靜之化,143) 則事宭(窘)于內而擧宭(窘)于外.144) [八正皆失,145) [與天地離. [天天則得其神. 重地則得其根. 順四時之度□□□而民不有疾,146) [處外內之位, 應動靜之化, 則事得於內而擧得於外.147) 八正不失, 則與天地總矣.148)]

하늘은 하나[道]를 잡고 있으며, 셋(해, 달, 별)을 생성하고, 둘[陰陽]을 (자리) 잡게 하고, 여덟 가지로 발동된 정령[八政]을 세웠으며, 일곱 가지 규칙[七法]을 행사하였다. 그런 연후에 사방의 먼 땅[四極]에까지 베풀었으면, 사극四極 가운데 명령을 듣지 않는 자가 아무도 없을 것이다. 발 많은 벌레[蚑行], 입으로 숨 쉬는 벌레[喙息], 나는 벌레[扇飛], 기어다니는 벌레[蠕動] 같은 (각종 미미한 벌레들도) 자기 마음을 편안하게 하고, 자기 본성을 안정시키지 않음이 없다. 그러므로 자기 떳떳함[常]을 잃지 않게 한 것은 하늘의 하나 됨[道] 때문이다.

이다. 陳鼓應注譯, 124頁 注1 참조.
139) 爲民, 이 2字가 原文에서 빠진 것을 보충했다. 陳鼓應注譯, 上同 注2 참조.
140) 天天은 하늘을 하늘로 삼는 것이니, 하늘에서 法을 취함이다. 余明光著, 263頁 注1 참조.
141) 民疾은 백성의 원한怨恨이다. 余明光著, 上同 注2 참조.
142) 處는 定이다. 余明光著, 上同 注3 참조.
143) 應은 適應이고, 化는 변화이다. 余明光著, 上同 注4 참조.
144) 군窘은 窮困이다. 擧는 行事이다. 余明光著, 上同 注5 참조.
145) 八正은 곧 八政, 즉 여덟 가지 政令이니, 곧 春, 夏, 秋, 冬, 外, 內, 動, 靜일 때에 발동하는 政令을 말한다. 離는 不合(합치하지 않음)이다. 陳鼓應注譯, 125頁 注8 참조.
146) 여기에서 빠진 3字는 빠진 글자가 아니라, 잘못 베껴 쓴 흔적에 불과하다. 陳鼓應注譯, 上同 注9 참조.
147) 擧得에서 得은 衍字이다. 余明光著, 上同 注6 참조.
148) 總은 合이다. 陳鼓應注譯, 上同 注11 참조.

자연[天]은 하나 됨[道]을 잡고서 셋(해, 달, 별)을 생성하고, 태양[日]은 확실히 나갔다 확실하게 들어오며, 남행이나 북행에 규칙[極]이 있으니, (이런 활동은) 도수度數의 법식[稽]이다. 달[月]에는 확실히 초하루 확실히 보름이 있고, 달의 참[生, 望, 盈]과 기울음[死, 朔, 虧]이 있으니, (이와 같이 달의) 나아가고 물러남의 고정함[常]은 수數의 법칙이다. 항성恒星 [列星](의 운행)은 도수[數]가 있어서 자기 운행을 잃지 않으니, 확신[信]의 법식[稽]이다. 하늘은 셋(해, 달, 별)을 생성하여 둘[陰陽]을 확정했으니, 한번은 밤[晦]이고 한번은 낮[明]이며, 한번은 음이고 한번은 양으로 (변환)되기에, 한번은 사는 것[生, 長]이고 한번은 죽는 것[死, 短]으로 (변환하는) 것이다. 자연[天]이 둘[음양]을 확정하여 여덟 가지 정령政令[八政]을 세웠으니, 사계절[四時]은 도수度數를 갖게 되고, 활동[動]과 휴식[靜]이 자리 잡게 되고, 안과 밖에서 처리함이 있게 되었다.

[天執一, 明三, 定二,149) 建八正, 行七法, 然後施於四極, 而四極之中無不聽命矣. 岐蟯行噣息, 扇蜚(飛)需(蠕)動,150) 无不寧其心而安其性, 故而不失其常者, 天之一也.151) 天執一以明三, 日信出信入, 南北有極, [度之稽也.152) 月信生信死, 進退有常, 數之稽也.153) 列星有數, 而不失其行, 信之稽也. 天明三以定二, 則壹晦壹明, [壹陰壹陽, 壹短壹長].154) 天定二以建八正, 則四時有度, 動靜有立(位), 而外內有處.]

---

149) 一은 道를 가리킨다. 明은 生成이다. 三은 日, 月, 星辰이다. 二는 陰陽이다. 定은 음양이 자리[位]를 정함이다. 陳鼓應注譯, 127頁 注1 참조.
150) 기행蚑行은 발이 많은 벌레이고, 훼식噣息은 입으로 숨 쉬는 동물이다. 선비扇飛는 날개로 나는 동물이다. 연동蠕動은 골격骨骼은 없는데 굼틀거리며 기어서 다니는 동물이다. 陳鼓應注譯, 上同 注4 참조.
151) 原文에 빠진 10字를 陳鼓應교수가 채워 넣은 것이다. 陳鼓應注譯, 上同 注5 참소.
152) 信은 確定의 뜻이다. 極은 규칙이다. 稽는 법칙이다. 陳鼓應注譯, 128頁 注6 참조.
153) 生은 生魄을, 死는 死魄을 말한다. 死魄은 朔(초하루)이고 生魄은 望(보름)이다. 進退는 달의 참과 기울임이다. 陳鼓應注譯, 上同 注7 참조.
154) 晦明은 晝夜를 가리킨다. 短長은 生殺을 말한다. 陳鼓應注譯, 129頁 注9 참조.

자연[天]은 여덟 가지 정령[八政]을 세움으로써 칠법七法을 실행한다: ① 분명하게 주관함[正, 主]이 자연의 도道이다. ② 적합함[適]이 자연의 도수[度數]이다. ③ 신실함이 자연[天]의 주기[週期]이다. ④ 극성하면 되돌아감[反, 返]이 자연의 성질이다. ⑤ 필연[必]은 자연(법칙)의 명령[命]이다. ⑥ 순정順正함은 자연의 법칙[稽]이다. ⑦ 떳떳함[常]을 가짐은 자연이 (정한) 사물의 사는 힘[命]이다. (이런) 일곱 가지 법[七法]이 각각 자기 이름[名]에 합당하면 (바로 그) 사물[物]이라고 한다. 그 사물이 도道에 적합이면 도리[理]라고 한다. 이치가 있으면 순리[順]라고 한다. 사물이 도道와 합하지 않으면, 도리를 잃었다고 말한다. 도리를 잃은 바가 있다면 거역[逆]이라 말한다. 역逆이냐, 순리이냐는 각자 스스로 결정한 것이기에, (그것의) 존망이나 흥폐도 알 수가 있다.

[天建八正以行七法; 明以正者,155) 天之道也. 適者, 天之度也.156) 信者, 天之期也.157) 極而反者, 天之生(性)也. 必者, 天之命也. [順正者, 天之稽也. 有常者, 天之所以爲物命也.158) 此之胃(謂)七法.159) 七法各當其名, 胃(謂)之物. 物各合其道者, 胃(謂)之理. 理之所在, 胃(謂)之順. 物有不合于道者, 胃(謂)之失理. 失理之所在, 胃(謂)之逆. 逆順各自命也, 則存亡興壞可知[也].]

강함은 위세威勢을 낳고, 위세는 은혜를 낳고, 은혜는 단정함[正]을 낳고, 단정함은 고요함[靜]을 낳는다. 고요하면 (마음이) 평탄[平]해지고,

---

155) 正은 主다. 主는 長[우두머리], 君[임금]을 의미한다. 余明光著, 264頁 注16 참조.
156) 天度는 자연이 변화・발전하는데 지켜야 할 규율이다. 余明光著, 上同 注18 참조.
157) 信은 신실함이고, 期는 週期를 말한다.
158) 原文에서 빠진 9字는 陳鼓應교수가 추단한 것이다. 陳鼓應注譯, 131, 132頁 注6 참조.
159) 七法은 바로 앞에서 언급한 주관함[正], 적합[適], 신실함[信], 극성하면 되돌아옴[極而反], 필연[必], 순정함[順正]과 常을 가짐[有常]을 가리킨다. 陳鼓應注譯, 132頁 注7 참조.

평탄하면 편안(寧)해지고, 편안하면 소박[素]해지며, 소박하면 정밀해지며[精], 정밀하면 신비롭게[神] 된다. 지극히 신비한 극점에서는 (임금은) 아는 것을 보아도 미혹되지 않는다. 제왕帝王이란 이러한 도道를 잡고 있음이다. 이 때문에 (제왕은) 하늘땅의 준칙을 파악하여 자연[天]과 함께 (자신을) 보이며 천하 가운데에 다 베풀어준다. 여섯 가지 도술을 잡고서 천하를 호령하며, 세 가지 명실名實 관계를 잘 알고서 역행인지 순조로움인지를 살펴서, 패왕霸王과 위망危亡하는 도리를 관찰해 보고, 허실虛實과 동정動靜이 하는 바를 알고, 명분과 실재의 상응에 통달해서, 실정과 거짓을 다 알아야 하는 것이다. 그런 다음에 제왕의 도는 이뤄진다.

[強生威, 威生惠,160) 惠生正, [正]生靜,161) 靜則平, 平則寧, 寧則素,162) 素則精, 精則神. 至神之極, [見]知不惑. 帝王者, 執此道也. 是以守天地之極, 與天俱見, 盡施于四極之中,163) 執六枋(柄)以令天下.164) 審三名以爲萬事[稽],165) 察逆順于觀於鞀(霸)王危亡之理, 知虛實動靜之所爲, 達于名實相應, 盡知請(情)僞而不惑, 然后帝王之道成.

(임금의) 여섯 가지 도술[柄]이란: 첫째는 (작은 낌새를) 살펴봄[觀]이다. 둘째는 종합적으로 분석함[論]이다. 셋째는 (시기를 보면서) 행동함[動]이다. 넷째는 (법에 따른) 결단[專]이다. 다섯째는 변화(에 잘 대응함)

---

160) 原文에 4字가 빠졌으나, 陳鼓應교수는 『商君書』, 「去強」篇의 「強生威, 威生惠」에 의거하여, 이를 보충하였다. 陳鼓應注譯, 135頁 注1 참조.
161) 은혜에서 단정함[正]이 나오고, 단정해지면 사람이 편안[寧]해진다고 陳鼓應교수는 풀이하고 있다. 陳鼓應注譯, 上同 注2 참조.
162) 素는 소박함이다. 陳鼓應注譯, 上同 注3 참조.
163) 守는 파악함이다. 極은 준칙이다. 見은 現으로 보아야 하니, 俱見은 함께 나타남이다. 四極은 동서남북의 四境을 가리키니, 四海나 九州와 같으니 天下를 뜻한다. 陳鼓應注譯, 136頁 注7 참조.
164) 柄(자루)은 여기서 도술을 가리킨다. 陳鼓應注譯, 136頁 注8 참조.
165) 三名에서 名은 名實관계를 말한다.

이다. 여섯째는 (혜택이나 형벌 등을 내림에) 변화化이다. ① (낌새를) 보면 죽을 나라인지 살 나라인지를 알 수 있고, ② 종합적으로 분석하면 (나라의) 존망이나 흥성과 괴멸의 소재를 알 수 있고, ③ (시기를 보면서) 행동하여 강함도 파괴할 수 있고 약함도 일으킬 수가 있으며, ④ (법의) 결단만이 옳고[韙, 是] 그름[非]의 구분을 놓치지 않으며, ⑤ 변화(에 잘 대응하면) 죽을 자를 토벌하고 살 자를 살릴 수 있으며, ⑥ 변화만이 덕德을 밝힐 수 있고 해害를 제거할 수 있다. 이런 여섯 가지 도술[六柄]이 갖추어지면 왕이 될 것이다.

3가지 명실名實 관계란: 첫째는 이름과 실재가 부합하고 (법도로써) 세워서 (나라가) 안정됨이고, 둘째는 이름과 실재가 어긋나서 법도가 폐기되고 (나라가) 어지러워지는 것이고, ③ 이름과 실재가 부합하지 않으면 강한 군주도 망하는 것이다. 이런 3가지 이름[名]과 실재[實]의 관계를 살펴보면 대응할 방법이 있게 된다.

[六枋(柄): 一曰觀,166) 二曰論,167) 三曰僮(動),168) 四曰槫,169) 五曰變, 六曰化.170) 觀則知死生之國, 論則知存亡興壞之所在, 動則能破强興弱, 槫則不失諱(韙)非之分, 變則伐死養生, 化則能明德徐(除)害. 六枋(柄)備則王矣. 三名: 一曰正名立而偃,171) 二曰倚名法(廢)而亂,172) 三曰强主威(滅)而无

---

166) 觀은 큰 것이 아니라, 아주 미세한 낌새[幾微]를 살펴봄을 말한다. 陳鼓應注譯, 138頁 注1 참조.
167) 論은 종합하여 분석함을 말한다. 陳鼓應注譯, 上同 注2 참조.
168) 여기서 動은 때를 봐가면서 행동할 것을 말한다. 陳鼓應注譯, 139頁 注3 참조.
169) 단槫은 단搏자를 잘못 베껴 쓴 것인데, 옛날의 專자의 뜻은 결단이니, 임금은 법에 의거하여 결단할 것을 말한 것이다. 陳鼓應注譯, 上同 注4 참조.
170) 化는 賞惠나 罰威를 내림에 바꿔가며 시행하는 것을 말한다. 陳鼓應注譯, 上同 注6 참조.
171) 여기서 正名은 실재와 이름이 端正하고 확고함을 말한다. 立은 法度로써 건립함이다. 而는 이음말이니 뜻이 없다. 偃은 安으로 읽어야 한다. 正名立而偃은 실재와 이름이 바르게 확고하여 안정되었으니, 곧 이름(名)과 실재(形)가 상부히고, 또한 법도로써 건립하여 나라가 안정한다는 뜻이다. 陳鼓應注譯, 上同 注8 참조.

名,173) 三名察則事有應矣,174)]

    활동[動]과 휴식[靜]이 (농사) 시기에 맞지 않고 씨 뿌리고 나무 심는 일이 토질에 안 맞는다면, 이는 자연(자연)의 도道에 거스르는 것이다. 신하가 자기 임금을 가까이 하지 않고, 아랫사람이 윗사람에게 전심하지 않고, 각종 직분을 맡은 자들이 자기 일에 몰두하지 않으면, 사회규범을 역행하는[逆] 것이다. 역행이 있으면 쇠망할 나라이니, (이런) 쇠망할 나라를 정벌해야 한다. 이와 반대됨을 순리順利라고 하니, 순리가 있으면 살 나라라고 하기에, 살 나라는 키워주어야 한다. 역행인지 순리인지 분명히 안다면, 실정[情]과 거짓[僞]을 확정할 수 있다. (자기가) 충실[實]하다면 남에게는 '비어 있음[虛]'으로 보이고, (자기가) 부족하면 남에게는 여유 있게끔 보이게 한다. 일[전쟁]이 생기면 (군대를) 발동하면, 천하 (사람)들이 들을 것이다. (천하에) 일이 생기지 않으면 (백성을) 평안하게 하여, 천하는 고요할 것이다. 이름[名]과 실재[實]가 상응하면 안정된다. 이름과 실재가 상응하지 못하면, 분쟁[爭]이 난다. 이름은 자연히 정해진 것[命]이고 만물은 자연히 바르게[正] 되면, 일은 자연히 안정[定]되는 것이다. 3가지 이름[名]과 실재[實]의 관계를 살펴보면, 실정과 거짓을 다 알게 되기에, 착각하는 일이 없을 것[不惑]이다. 이를 가진 나라는 장차 창성하나, 죄가 합당한 (나라는) 먼저 망하는 것이다.

[動靜不時,175) 種樹失地之宜,176) [則天地之道逆矣. 臣不親其主, 下不親其

---

172) 의倚는 의猗로 읽어야 하니, 비뚤어짐이다. 名實 관계가 비뚤어져서 법도가 폐기되고 나라가 난리가 난다는 것이다. 陳鼓應注譯, 140頁 注9 참조.
173) 三曰强主滅而无名은 문맥상 마땅히 三曰无名而强主滅이 되어야 한다. 陳鼓應注譯, 上同 注10 참조.
174) 有應은 有以應로 보아야 한다. 대응할 방법이 있음을 말한다. 陳鼓應注譯, 上同 注11 참조.
175) 不時는 농시지을 시기에 맞지 않음이다. 余明光著, 267頁 注35.
176) 種은 곡식 심음이고, 樹는 나무 심기이다. 余明光著, 上同 注36 참조.

上, 百族不親其事,177) 則內理逆矣.178)) 逆之所在, 胃(謂)之死國,179) [死國]伐之. 反此之胃(謂)順, [順]之所在, 胃(謂)之生國, 生國養之. 逆順有理, 則請(情)僞密矣.180) 實者視(示)[人]虛, 不足者視(示)人有餘. 以其有事, 起之則天下聽; 以其無事, 安之則天下靜.181) 名實相應則定, 名實不相應則靜.182) 勿(物)自正也, 名自命也, 事自定也.183) 三名察則盡知請(情)僞而 [不惑矣. 有國將昌, 當罪先亡.]

---

177) 族은 類이다. 따라서 百族은 직업이 각기 다른 사람들이다. 親은 가까이함, 몰두함이다. 陳鼓應注譯, 142頁 注2 참조.

178) 內理는 人理를 말하니, 곧 人事의 도리, 말하자면 사회상의 도리이다. 陳鼓應注譯, 上同 注3 참조.

179) 死國은 죽을 나라이니, 쇠망하는 나라이다. 余明光著, 上同 注38.

180) 理에는 분간을 잘함, 또는 분명하게 알음[知曉]으로 해석이 된다. 密은 분명함이나 확정됨의 뜻이다. 陳鼓應注譯, 上同 注6 참조.

181) 以有其事에서, 以는 在(있음)이다. 有事는 전쟁의 발생이다. 起는 발동이다. 安之는 마음 편히 생산함이다. 陳鼓應注譯, 143頁 注8 참조.

182) 이곳에서 靜은 마땅히 爭으로 읽어야 한다. 陳鼓應注譯, 144頁 注10 참조.

183) 物自定也, 名自命也, 事自定也에서 어구의 배열이 개선되어야 의미가 순통하게 된다. 名自命也, 物自定也, 事自定也가 올바른 순서이다. 陳鼓應注譯, 上同 注11 참조.

일곱째 나라가 망할 논거[亡論]

본편에는 국가의 정책과 군주의 덕행이라는 관점에서 나라를 위태롭게 하거나 위험에 빠트릴 요소들을 논의한다. ① 임금이 나라의 금령을 스스로 위반[犯禁]하거나 천리天理를 저버리는 경우[絶理], ② 나라를 위기에 빠뜨리는 패역悖逆한 일 여섯 가지[六危], ③ 죄 없는 자가 억울하게 처벌당하는 일 세 가지[三不辜], ④ 임금의 권력 행사가 봉쇄당하는 상황 세 가지[三壅], ⑤ 세 가지 흉한 일[三凶]과 ⑥ 다섯 가지 환란[五患] 등에 관한 논의를 언급하고 있다.

임금이 (나라의) 금령禁令에 저촉하고 자연의 이치[天理]를 저버리면, 자연이 내리는 벌[天罰]이 반드시 그에게 이른다. 나라에 패역한 일 여섯 가지[六危]가 갖추어지면, 멸망한다. 나라에 죄 없는 자가 억울하게 처벌당하는 일 세 가지[三不辜]가 일어난다면, (임금은) 죽을 것이고 명령을 어기면 (나라는) 망할 것이다. 임금의 권력 행사가 봉쇄당하는 상황 세 가지가 발생한다면, 영토를 잃게 되고 임금은 쫓겨난다. 한 나라에 세 가지 흉한 일[三凶]이 갖추어지면, 화禍는 (임금) 자신에게로 되돌아온다. 임금에게 (교만이) 넘치면 죽고, 신하들에게 (교만이) 넘쳐나면 형벌을 받는다. (문文)덕德은 엷고 (무武)공功이 두터우면 (나라는) 무너지니, 명호나 금령 등이 만약 바로 잡히지 않으면 (임금은) 죽게 된다. (임금이) 사사로운 이익을 탐하고[貪利], 신표信標[繻傳]를 조작하여 약속을 위반하고, 하늘이 내리는 형벌을 피하려 들고[逢刑], 하란禍亂이 일어나는 원인[亂首]이 되고, 원한의 매개[怨媒]가 되는 이 다섯 가지는 화禍가 모두 임금에게로 되돌아와 미치는 것이다.

[凡犯禁絶理,184) 天誅必至,185) 一國而服(備)六危者滅.186) 一國而服(備)三

不辜者死, 廢令者亡. 一國(之君)而服(備)三壅者,187) 亡地更君. 一國而服(備)三凶者, (之君)禍反自及也.188) 上恤(溢)者死, 下恤(溢)者刑.189) 德溥(薄)而功厚者隋(隳),190) 名禁而不王者死.191) 抹(眜)利,192) 襦傳,193) 達刑,194) 爲亂首, 爲怨媒,195) 此五者, 禍皆反自及也.]

나라를 지키되 그 지형의 험함만을 믿으면 (나라가) 약해지고, (병력兵力을) 쓰되 그 강력함만 의지하면 약해진다. 전쟁을 일으켰으나 도리[理]를 잃었고 정벌이 부당하다면, 하늘은 거듭된 재앙을 내린다. 천도를 거스르는 행위는 이루어질 수 없으니 (천도를 따르는 행위) 이를 일러 '하늘의 도움을 입었다[得天]'라고 한다. 천도를 거스르고 성공했다 해도, 하늘이 그 나라의 천명을 이루지 못하게 할 것이며, 무거운 형벌을 내릴 것이다. (나라의 발전이) 절정[極]에 도달하면 반드시 휴양해야

---

184) 絶은 滅絶이니 포기이다. 理는 天理를 말한다. 陳鼓應注譯, 148頁 注1 참조.
185) 天誅는 곧 天罰(자연의 형벌)이다. 陳鼓應注譯, 上同 注2 참조.
186) 六危는 悖逆으로 야기된 6가지 위험이나 危害이다. 陳鼓應注譯, 上同 注3 참조.
187) 옹壅은 옹색壅塞이니 막아버림이다. 余明光著, 269頁 注2.
188) 三凶은 세 가지 惡德이다. 앞의 一國之君에서 〈之君〉 2字는, 아마도 이곳으로 옮겨와야 文意가 맞는 것 같다. 陳鼓應注譯, 148頁 注8 참조.
189) 上은 임금을, 下는 신하들을 가리킨다. 일溢은 驕溢을 말하니, 교만이 넘쳐남의 뜻이다. 陳鼓應注譯, 上同 注9 참조.
190) 德은 文德, 文治[陽]를, 功은 武德, 武功(陰)을 말한다. 휴隳는 무너짐이다. 陳鼓應注譯, 149頁 注10 참조.
191) 名는 名號이니, 각종 名分 제도이다. 禁은 禁令이다. 而는 만약[如, 如果]의 뜻이다. 王은 匡(바로 잡다)로 읽어야 한다. 陳鼓應注譯, 上同 注11 참조.
192) 眜利는 貪利이다. 余明光著, 269頁 注6.
193) 유襦(저고리)는 아마도 수繻이니, 수전繻傳은 신표信標이다. 陳鼓應注譯, 上同 注13 참조.
194) 達刑은 天刑에 맞지 않고 天罰을 공손하지 않음의 뜻이다. 陳鼓應注譯, 150頁 注14 참조.
195) 怨媒는 怨恨의 매개이다. 陳鼓應注譯, 上同 注16 참조.

하는데[靜], (임금의) 동정動靜과 진퇴가 반드시 적합해야[正]만 한다. 나라의 발전이 절정에 도달했으나, 휴식하지 않음을 일러 '하늘의 도움을 잃어버림[失天]'이라고 한다. (임금) 거동의 진퇴가 적합하지[正] 않음을 일러 '천명天命에 맞지 않다[后命]'라고 말한다. 항복하여 복종하는 백성을 무수히 학살하고 죄 없는 자에게 벌을 주면, 화禍는 모두 되돌아와 임금 자신에게 미친다. 죄에 따라 정벌하면 다섯 배로 복福을 받으나, 부당하게 정벌하면 열 배로 화禍를 받는다.

[守國而恃(待)其地險者削, 用國而恃(待)其强者弱.196) 興兵失理, 所伐不當, 天降二殃.197) 逆節不成,198) 是胃(謂)得天,199) 逆節果成,200) 天將不盈其命而重其刑. 嬴極必靜, 動擧必正,201) 嬴極而不靜, 是胃(謂)失天. 動擧而不正, [是胃(謂)后命.202) 大殺服民, 刑無罪, 過(禍)皆反自及也. 所伐當罪, 其禍五之;203) 所伐不當, 其禍什之.]

나라가 침범을 당했는데 (그것을) 굳게 지킬 줄을 모르면, 아래에서 멋대로 땅의 경계를 그어서 자기 것으로 삼는다. 남(의 나라)를 구제하겠다고 하나 (자기도) 생존할 수 없으니, 도리어 화禍를 입게 된다. 이것을 위란危亂의 근원[根]이라 한다. 명성은 화려하나 실력은 적어서 나라

---

196) 用國은 用兵하는 나라이다. 余明光著, 269頁 注10.
197) 二殃은 겹쳐진 재앙을 말한다. 余明光著, 上同 注11.
198) 逆節은 天道를 거스른 행위이다. 余明光著, 上同 注12.
199) 得天은 하늘의 도움을 얻음이다. 陳鼓應注譯, 153頁 注4 참조.
200) 果는 확실히 이다. 不盈其命은 곧 그 命에 불만족함이니, 나라의 命數가 길지 않음을 말한다. 陳鼓應注譯, 上同 注5 참조.
201) 영嬴은 盈과 같다. 嬴極, 즉 盈極은 사물의 발전이 極點에 도달함을 말한다. 動擧는 動靜과 進退이다. 正은 적합도이다. 陳鼓應注譯, 上同 注6 참조.
202) 后는 미치지 못함, 도달하지 못함이다. 后命은 天命에 맞지 않음이다. 陳鼓應注譯, 上同 注7 참조.
203) 禍는 마땅히 福이 되어야만 한다. 余明光著, 271頁 注16.

는 위태로워지고 영토를 잃게 된다. 여름에 크게 토목공사를 일으킴을 일러 하늘의 이치를 저버림[絕理]이라고 한다. 금령을 침범하면 하늘의 벌이 반드시 이를 것이다. 나라를 위기에 빠뜨리는 패역한 일의 여섯 가지란: 첫째는 적장자嫡長子가 아버지 행세를 함이다. 둘째는 대신大臣이 임금[主] 행세를 함이다. 셋째는 모략하는 신하[謀臣]가 딴마음을 갖는 것이다. 넷째는 제후諸侯가 폐기하거나 세워둔 것을 (天子가 그대로) 듣고 맡기는 것이다. 다섯째는 좌우의 신하들이 패거리를 지어 사익을 도모하고 (임금을) 에워싸는 것이다. 여섯째는 친족들이 당파를 지어 (임금의 명령을) 어기고 반항하는 것이다. 여섯 가지 위험을 극복하지 못하면, 화禍가 (임금의) 몸에 미친다. 죄 없는 이가 억울하게 처벌당하는 세 가지란: 첫째는 어진 자[賢]를 멋대로 죽이는 일이다. 둘째는 복속한 백성을 죽이는 일이다. 셋째는 죄 없는 이에게 형벌을 가하는 것이다. 이것이 죄 없는 이가 억울하게 처벌당하는 세 가지 경우이다.

[國受兵而不知固守,204) 下邪恒以地界爲私者[有].205) 救人而弗能存, 反爲禍門.206) 是胃(謂)危根, 聲華實寡, 危國亡土. 夏起大土功, 命曰絶理. 犯禁絶理, 天誅必至. 六危: 一曰適(嫡)子父. 二曰大臣主. 三曰謀臣外其志. 四曰聽諸侯之廢置.207) 五曰左右比周以雍(壅)塞.208) 六曰父兄黨以{費.209) [六]危不朕(勝),210) 禍及於身. [三]不辜: 一曰妄殺殺賢.211) 二曰殺服民. 三

---

204) 守兵은 침범받음이다. 余明光著, 上頁 注18.
205) 邪抗은 곧 斜橫이니, 멋대로이다. 陳鼓應교수는 빠진 字를 有이거나 保로 본다. 陳鼓應注譯, 156頁 注2 참조.
206) 다른 나라를 구제한다고 하나, 자기 危亂에서 생존할 수 없어서 자신에게 禍亂을 불러오게 함을 말한다. 陳鼓應注譯, 上同 注3 참조.
207) 請은 聽任, 듣는 대로 일을 맡김이다. 廢는 폐기함이다. 置는 置立이다. 余明光著, 271頁 注24 참조.
208) 比周는 패거리를 이루어 사익을 추구함이다. 余明光著, 上同 注25 참조.
209) 父兄은 임금의 가까운 親戚(숙부나 백부 등)이다. 黨은 結黨이다. 拂은 違抗(어기고 항거함)이다. 余明光著, 上同 注26 참조.

曰刑無罪. 此三不辜.]

　　임금의 권력 행사가 봉쇄되는 세 가지 경우: 안주인[후비后妃(의 세력)이 왕성하여 (임금이) 외부와 차단되어 소통할 수 없음을 일러 '색(塞)'이라 말하고, 대신들의 세력[外位]이 왕성함을 일러 (임금에게) 거역함[潰]이라 말한다. 안과 밖(의 세력)이 왕성하면 (임금은) 차단되고 고립되어서 의지할 데가 없다. 이런 방식으로 나라를 가지면 수비는 견고하지 못하고 전투해도 이길 수 없으니, 이것은 (임금의 권력 행사가) 봉쇄되는 첫 번째 경우이다. 중앙(中) 세력을 빌려서 지방 세력[外]을 명령함을 미혹[惑]이라 하고, 지방 세력으로 중앙을 명령함을 반역[賊反]이라 말한다. 안팎이 서로 투쟁하고 쫓아내려고 하면 나라가 위태로워진다. 이것은 (임금의 권력 행사가) 봉쇄되는 두 번째 경우이다. 후비后妃가 임금을 봉쇄함을 일러 빛을 가린다[蔽光]고 말한다. 안[后妃]과 밖[大臣]으로부터 봉쇄당함은 겹친 차단이라 말한다. 안과 밖(의 세력)이 하나가 되면 나라(의 임금)는 쫓겨난다. 이것은 세 번째 차단이라 한다. 세 가지 흉사凶事: 첫째는 전쟁을 일으키기 좋아하는 것이다. 둘째는 (천도天道를 어기고) 역리逆理를 행함이다. 셋째는 (임금이) 마음 내키는 대로 욕심을 내어 방종함이다. 이것을 세 가지 흉사라고 한다.

[三雍: 內立(位)朕(勝)胃(謂)之塞,212) 外立(位)朕(勝)胃(謂)之潰,213) 外內皆朕(勝)則君孤直(特).214) 以此有國, 守不固, 單(戰)不克, 此胃(謂)一雍

---

210) 勝은 극복이다. 余明光著, 上同 注27 참조.
211) 첫째 殺자는 衍字이다. 余明光著, 272頁 注28 참조.
212) 內位는 곧 內主(안주인), 后妃를 가리킨다. 勝은 盛과 같으니 過分이다. 색塞은 차단을 당하여 소통할 수 없음이다. 陳鼓應注譯, 159頁 注1 참조.
213) 外位는 大臣을 가리킨다. 潰는 拂, 즉 임금을 거역함이다. 陳鼓應注譯, 160頁 注2 참조.
214) 直과 特은 옛날에 통용되었다. 孤直은 곧 孤特이니, 고립되어 의지할 데가 없음이다. 余明光著, 273頁 注31 참조.

(雍). 從中令外謂之惑, 從外令中謂之賊. 215) 外內遂諍(爭), 216) 則危都國. 此謂二雍(壅). 一人擅主, 217) 命曰蔽光. 從中外周, 218) 此胃(謂)重雍(壅). 外內爲一, 國乃更. 此謂三雍(壅). 三凶: 一曰好凶器, 219) 二曰行逆德, 220) 三曰縱心欲. 此胃(謂)[三凶].

　(天子가) 천하의 이익에 어두우면 천하의 재앙[患]을 받게 되고 (제후가) 한 나라의 이익에 어두우면 한 나라의 재앙을 받을 것이다. (맹약을) 맺고서 그것을 배신하면 위약違約이라 말한다. 죄에 합당하게 토벌했으나 이득을 보고서 되돌아선다면, 하늘의 형벌에서 도피한 것[達刑]이라 말한다. (임금이) 위로는 (자기) 아비나 형들을 죽였거나 자식이나 동생들을 도주하게 했다면, 화란禍亂의 발단[亂首]이라 한다. 대신大臣과 맺은 약속[外約]을 지키지 않음[不信]을 원한의 매개[怨媒]라고 한다. (이러하면) 나라는 장차 망하고, 죄받아 마땅한 자는 다시 창성昌盛할 것이다.

　[昧天下之利, 受天下之患; 抹(昧)一國之利者, 受一國之禍. 約而倍之, 胃(謂)之襦傳. 221) 伐當罪, 見利而反, 胃(謂)之達刑. 222) 上殺父兄, 下走子弟, 胃(謂)之亂首. 外約不信, 胃(謂)之怨媒. 223) 有國將亡, 當罪復昌.]

---

215) 中과 外는 內外를 가리킨다. 중앙세력을 빌려서 지방 세력을 명령함이 미혹이다. 지방 세력으로 중앙을 억압함이 賊反(반역)이다. 陳鼓應注譯, 上同 注5 참조.
216) 수遂는 아마도 축축(쫓아냄)의 誤字이다. 余明光著, 273頁 注33 참조.
217) 一人은 后妃를 가리킨다. 천주擅主는 임금 권력을 차단함을 말한다. 陳鼓應注譯, 上同 注8 참조.
218) 周는 포위, 봉쇄이다. 余明光著, 上同 注36.
219) 凶器는 전쟁의 발동이다. 陳鼓應注譯, 161頁 注13 참조.
220) 逆德은 天道를 거역하고 거꾸로 逆行을 시행함이다. 余明光著, 上同 注39 참조.
221) 유전襦轉은 투전渝轉, 위배하고 돌아섬이다. 陳鼓應注譯, 163頁 注2 참조.
222) 達刑은 天罰에 맞지 않음이다. 陳鼓應注譯, 108頁 注9 참조.
223) 여기서 外는 밖, 즉 大臣 등을 말한다. 그 신하와 맺은 약속이 外約이다. 陳鼓應注譯, 164頁 注5 참조.

여덟째 도道와의 약속을 논함[論約]

본편에서는 인간사의 이치가 천도天道와 천리天理에 부합해야 함을 논하고 있다.

(작물을 봄에) 심고 (여름에) 기르고 (가을에) 수확함[문文]에서 시작하고, (겨울에) 말라 죽는[무武] 데서 끝남이 자연의 도道이다. 사계절에 법칙[度]이 있음이 자연의 이치[理]이다. 해, 달, 별들이 주기[數]를 가짐이 자연의 질서[紀]다. 봄, 여름, 가을에는 (작물을) 길러서 수확하고[成功], 겨울에는 형체가 시들고 말라 죽는[刑殺] 것이 자연의 도道이다. 사계절은 이미 정해져 있고 착오나 잘못도 없이 항상 법칙[法式]을 가지니, 자연의 이치이다. 한번 세우면 한번 무너뜨리고, 한번 살리면 한번 죽인다. 사계절에 따라 계절의 주된 역할이 바뀌고, 끝나면 다시 시작하니 인간사[人事]의 이치[理]이다.

[始於文而卒於武, 天地之道也.224) 四時有度, 天地之李(理)也. 日月星晨(辰)有數, 天地之紀也. 三時成功, 一時刑殺, 天地之道也. 四時而定,225) 不爽不代(忒), 常有法式. [天地之理也]. 一立一廢, 一生一殺, 四時代正,226) 冬(終)而復始, 人事之理也.]

역리냐, 순리냐는 (임금이) 지켜야 한다. (임금이 벌이는) 사업[功]이 자연[天]의 이치를 넘어서면 진실로 죽을 형벌을 받게 된다. 사업이 자

---

224) 文은 봄, 여름, 가을에 농작물을 낳고 기르고 수확함을 가리킨다. 武는 겨울에 말려 죽임을 가리킨다. 陳鼓應注譯, 166頁 注1 참조.
225) 四時而定에서 而는 이미 이(已)다. 陳鼓應注譯, 167頁 注3 참조.
226) 代는 경질이나 교체이다. 正은 主나 君이다. 陳鼓應注譯, 上同 注4 참조.

연의 이치에 미치지 못하면, 결국 이룬 업적이[功名] 없게 된다. 사업이 자연의 이치에 들어맞으면, 업적이 곧 크게 이루어진다. (이것은) 사람이 벌리는 일[人事]의 도리이기도 하다. 순리를 따르면 살고, 이치에 (맞으면) 성공한다. 역리逆理를 따르면 죽고 (이치를) 잃으면 업적도 없다. 자연의 도道를 배반하면, 나라는 이에 근본이 없게 된다. 근본 없는 나라에서는 역리逆理와 순리順理가 서로 충돌한다. 근본이 파괴되고 사업이 무너지면, 혼란이 발생하고 나라가 망한다. 만약 자연을 잃게 된다면 영토를 잃게 되고, 임금은 축출될 것이다. 자연법칙[天常]을 따르지 않고 백성의 힘을 절약하지 않으면, (임금이) 두루 다녀도 업적功名이 없을 것이다. 죽을 것을 기르고, 살 것을 토벌하는 것이 (천도天道) 역리逆理의 규칙이라고 말한다. 사람이 죽고 죽이는 일이 없더라도, 반드시 하늘의 형벌이 있게 된다. 반역이 처음 발생하면 삼가고, (곧바로) 평정하지 않아도, 그 행위는 장차 저절로 하늘의 형벌을 받을 것이다!

[逆順是守. 功溢(溢)於天,227) 故有死刑.228) 功不及天, 退而無名;229) 功合於天, 名乃大成. 人事之理也. 順則生, 理則成, 逆則死, 失則無名. 怀(倍)天之道, 國乃無主.230) 無主之國, 逆順相功(攻). 伐本隋(隳)功, 亂生國亡. 爲若得天,231) 亡地更君. 不循天常,232) 不節民力, 周遷而無功.233) 養死伐生, 命曰逆成.234) 不有人僇(戮), 必有天刑. 逆節始生, 愼毋諭正, 皮(彼)且自氏(抵)其刑.235)]

---

227) 功은 일, 사업이다. 일溢은 넘침이니 超過이다. 陳鼓應注譯, 170頁 注2 참조.
228) 故는 固(진실로)와 통한다.
229) 退는 歸結이다. 名은 功名이다. 따라서 無名은 공명이 없음이다. 陳鼓應注譯, 上同 注3 참조.
230) 倍는 背와 통한다. 主는 근본이다. 陳鼓應注譯, 上同 注8 참조.
231) 爲若은 만약 이다. 得天은 아마도 失天의 착오이다. 陳鼓應注譯, 171頁 注11 참조.
232) 天常은 天道나 天理를 말하니, 자연법칙이다. 陳鼓應注譯, 上同 注12 참조.
233) 周遷은 周行(두루 다님)이다. 余明光著, 274頁 注11 참조.
234) 成은 고정이나 常規이다. 陳鼓應注譯, 上同 注14 참조.

그러므로 도道를 가진 자는 천하를 보되 일이 처음에 일어난 (미미한) 흔적을 반드시 상세하게 관찰하여, 그 형상[形]과 실제[名]를 알아야 한다. 형상과 실제가 이미 확정되었으면, 옳고[順] 그름[逆]의 자리는 있을 것이니 (나라가) 살아날 것인지 쇠망할 것인지의 구분이 있게 되고, 생존할 것인지 망할 것인지 흥성할 것인지, 붕괴할 것인지에 따라서 대처하게 된다. 그런 다음에 자연의 변함없는 도리[항도恒道]에 이들을 비교해 보면, 곧 나라의 화복禍福, 사생死生, 존망存亡, 흥기[興]와 괴멸[壞]의 소재를 확정할 수 있다. 이렇기에 모든 일을 처리함에 이치를 잃지 않고, 천하에 계책을 펼침에 실책이 없다. 그러므로 (이제) 천자天子를 세울 수 있고, 삼공三公司馬, 司徒, 司空을 둘 수 있으니, 천하를 교화할 수 있다. 이것을 일러 도道를 가졌다고 한다.

[故執道者之觀於天下也, 必審觀事之所始起,236) 審其刑(形)名. 刑(形)名已定, 逆順有立(位),237) 死生有分, 存亡興壞有處, 然後參之於天地之恒道, 乃定禍福死生存亡興壞之所在. 是故萬擧不失理, 論天下無遺策.238) 故能立天子, 置三公, 而天下化之, 之胃(謂)有道.239)]

---

235) 斟諶은 감戡(치다)으로 읽어야 하니, 伐이다. 彼는 逆節을 가리킨다. 且는 장차 …할 것이다. 抵는 당함이다. 其刑은 天刑이다. 陳鼓應注譯, 上同 注16 참조.
236) 審觀은 상세히 관찰함이다. 事之所始起는 일이 처음 생긴 단초의 미미한 흔적을 말한다. 陳鼓應注譯, 173頁 注1 참조.
237) 逆順은 是非와 같다. 陳鼓應注譯, 上同 注2 참조.
238) 萬擧는 거행한 모든 일이다. 論은 謀慮(계략)이다. 遺策은 失算(모획의 부당함)이나. 陳鼓應注譯, 174頁 注4 참조.
239) 之는 是와 같다. 陳鼓應注譯, 上同 注8 참조.

아홉째 이름[名]과 도리[理]

본편은 「경법經法」편의 끝부분으로 첫머리인 「도법道法」과는 내용이 잘 호응하고 있다. 처음은 도道의 신묘한 작용과 함께 인사人事에는 도를 본받을 것을 주장한다. 다음은 사물에 관해 판단하는 데 있어 이름[名]을 따름과 도리[理]를 궁구窮究 하는 일 사이의 관계를 말하고 있다. 끝으로 이름[名]을 따름과 법을 집행하는 방법 사이의 내재적 관계를 밝힌다.

도란 신명神明의 근원이다. 신명이란 준칙 안에 있으면서 준칙 바깥으로 드러나는 것이다. 준칙 안에 있다는 것은 말하지 않아도, 믿을 수 있다. 준칙 밖으로 드러난다는 것은 말로 표현하되, 바꿀 수 없다는 것이다. 준칙 안에 있다는 것은 고요하나 옮길 수 없다는 것이다. 준칙 밖으로 드러난다고 함은 움직이면서도 변화하지 않는 것이다. 고요하나 옮길 수 없고 움직이지만 변화하지 않으니, 신묘함이라 부른다. 신명이란 사람이 보고 알 수 있는 준칙[稽]이다.

[道者, 神明之原也. 神明者, 處于度之內而見于度之外者也.240) 處于度之[內者, 不言而信; 見于度之外者, 言而不可易也. 處于度內者, 靜而不可移也; 見于度之外者, 動而不可化也. (動而)靜而不移, 動而不化,241) 故曰神. 神明者, 見知之稽也.]

어느 것[道]이 (天地보다) 먼저 생겨서 땅에 이르렀고 하늘을 넘어섰으

---

240) 見은 보임(現)과 같다. 度는 天道가 ① 규정한 준칙이나, 天道의 ② 움직이는 極度를 말한다. 陳鼓應注譯, 177頁 注2 참조.
241) 原文에 靜자 앞에 動而 2자가 있으나 衍字로 본다.

나, 그 모양은 보이지 않고; 하늘과 땅 사이를 온통 다 채웠으나, 그 이름을 알 수 없다. (이것, 道는) 볼 수도 알 수도 없으니, 상식을 거슬러[逆] 이뤄진 것이다. 일이 도를 거슬러서[倍, 背] 생겨나면 형벌이 남발된다. (이러면) 불행[禍]이 그(임금의) 몸에 미치게 된다. (이런 임금은) 자기가 죽을 자리를 만들고, 자기가 살아날 길을 없앤다. (이는) 자기 본가를 토벌하고 친지와 갈라지고, 동맹[盟國]을 없애고 자기 근거[根]를 허무는 일이다. 훗날 반드시 나라가 혼란스러워지고 (임금의 치세가) 이름 없음[无名]에서 끝나버린다.

[有物始[生],242) 建于地而溢(溢)于243)天, 莫見其刑(形), 大盈冬(終)天地之間而莫知其名.244) 莫能見知, 故有逆成; 物乃下生, 故有逆刑.245) 禍及其身. 養其所以死, 伐其所以生. 伐其本而離其親, 伐其與而敗其根.246) 后必亂而卒于无名.]

왕성하고 충만해지면 일은 반대로 어그러지며, 교만함이 지나치면 사람이 거꾸로 된다. 무릇 여러 사물이 지나치게 성장하여 상도를 벗어났다면, 반드시 죽음이라는 결과로 이어진다. 이 세 가지 경우는 모두 도道 밖에서 일어난[動] 것이니, 성공하려 하면 반드시 실패할 것이고, 불행[禍]은 반드시 자신에게 되돌아올 것이다. 강하나 유약해 보이면 생

---

242) 有物은 道를 가리킨다. 始生은 天地보다 먼저 생겨남이다. 「有物始生」, 『老子』25章 陳鼓應注譯, 181頁 注1 참조.
243) 建은 及, 至이니 이름의 뜻이다. 溢은 超過(넘어섬)이다. 陳鼓應注譯, 上同 注2 참조.
244) 이 문장은 『老子』25章(「吾不知其名, 強字之曰道, 強爲之名曰大.」) 참고 바람. 陳鼓應注譯, 上同 注3 참조.
245) 物은 事이다. 下는 아마도 배呸, 즉 倍의 오자訛字이다. 倍는 背叛과 통한다. 逆刑은 남형濫刑(형벌을 마구 씀)이다. 陳鼓應注譯, 182頁 注5 참조.
246) 與는 與國, 즉 盟國이다. 여기에 빠진 3字를 陳鼓應교수는 敗其根으로 본다. 陳鼓應注譯, 上同 注7 참조.

존하지만, 유약한데도 강하게 보이면 패망한다. 유약함을 중시하면 길吉하고, 강함을 중시하면 멸망한다. 낙諾은 허락[許]이고 이已는 거절이다. (임금이) 거절과 허락을 하고도 (이를) 못 지킨다면, 그가 크게 미혹되어 있음[大惑]을 알 수 있다. (임금의) 거절과 허락을 반드시 믿을 수 있으면, 도道 안에 (임금이) 자리 잡을 수 있다.

[如燔如卒, 事之反也; 如繇如驕, 生之反也.247) 凡萬物群財(材), 超長非恒者, 其死必應之.248) 三者皆于度之外, 而欲成功者(也).249) 功必不成, 禍必反自及也. 以剛爲柔者栝(活), 以柔爲剛者伐.250) 重柔者吉, 重剛者威(滅). 若(諾)者言之符也, 已者言之絶也.251) 已若(諾)不信, 則知大惑矣. 已若(諾)必信, 則處于度之內也.]

천하에 (수많은) 사건[事]들이 있으니, (임금은) 반드시 그것들의 이름[名]을 알아야만 한다. (사물의) 이름[名]과 조리條理[理]란 이름을 따라서 조리를 궁구해 나감이니, 이를 일러 (사물의) 조리를 궁구함이라 한다. (명칭과 조리가) 옳으면[是] 반드시 복福이 되고, 옳지 않고 그르면[非]

---

247) 번燔은 번蕃으로 읽어야 하니 盛(왕성함)의 뜻이다. 卒은 萃로 읽어야하니, 盛의 뜻이다. 繇繇는 遙遙로 읽어야 하니, 淫이다. 淫은 過度함(지나침)이다. 燔卒은 곧 蕃萃이니 盛盈(성대하고 충만함)이다. 繇교繇驕곧 遙驕이니, 교만이 넘침이다. 生은 人物로 볼 수 있다. 陳鼓應注譯, 184頁 注1 참조.
248) 財는 材와 통한다. 材는 物이다. 群材는 곧 만물이다. 萬物群材는 衆物(여러 사물)이다. 조挑는 超(넘다)로 읽어야 하니, 過分의 뜻이다. 非恒은 異常(怪異)이다. 陳鼓應注譯, 上同 注2 참조.
249) 三者는 燔卒, 遙驕와 超長을 가리킨다. 度之外는 適度의 밖이니, 極度이다. 欲成功者也에서 也는 衍字이고, 欲成功者 아래에 也대신 ,를 붙여야 한다. 陳鼓應注譯, 上同 注3 참조.
250) 活은 생존이고, 伐은 패망이다. 陳鼓應注譯, 上同 注4 참조.
251) 「刑賞已諾信乎天下矣.」(『荀子』, 「王霸」篇)에서 양경楊倞注에, 諾은 許이고 已는 不許라고 했다. 言은 이대是]이다. 符는 아마도 許로 읽어야 한다. 陳鼓應注譯, 186頁 注6 참조.

반드시 재앙이 된다. 옳고 그름에는 구분이 있는데, 법法으로 결단한다. 허정虛靜하여 신중히 관조觀照해야 하고, 법에 근거해야 한다. 이름과 조리의 시작과 끝을 알고서 관찰함을 일러, 조리[理]를 궁구함이라 한다. 오직 공정하고 사사로움이 없어야 하니 (임금은) 보고서 앎에서 착각함이 없어야 하는데, 이에 분발하여 자강自强 해야 함을 알아야 한다. 그러므로 도道를 가진 이[王]는 천하를 관찰함에 정도正道를 보고 조리를 따라야만, (사건의) 처음과 끝에 참여할 수 있다. 형태[形]와 이름[名]에서 구체적 명성[聲]이 나오는데, 구체적 명성[聲]과 실정[實]이 조화하여 맞아야 한다. 복福과 재앙이 생기고 없어짐은 그림자가 (실물의) 모양을 따름과 같고, 메아리[響]가 소리[聲]를 따름과 같으며, 저울[衡]이 무거움과 가벼움을 숨기지 않음과 같다. 그러므로 오직 도道를 가진 자[王]만이 허정虛靜하여 공정할 수 있는데, 이에 올바른 도道를 보게 되고, 이에 이름[名]과 조리[理]의 성실함을 얻게 된다.

[天下有事, 必審其名. 名[理者], 循名廄(究)理之所之.252) 是必爲福, 非必爲 衬(災). 是非有分, 以法斷之; 虛靜謹聽, 以法爲符.253) 審察名理冬(終)始, 是胃(謂)廄(究)理. 唯公無私, 見知不惑, 乃知奮起.254) 故執道者之觀于天下也, 見正道循理, 能與冬(終)始. 故能循名廄(究)理. 刑(形)名出聲,255) 聲實調合. 禍衬廢立,256) 如景(影)之隋(隨)刑(形), 如向(響)之隋(隨)聲, 如衡之不臧(藏)重與輕. 故唯執道者能虛靜公正, 乃見正道, 乃得名理之誠.]

---

252) 原文에 빠진2'字'는 陳鼓應교수는 理者로 보았다. 여기에 2.之자는, 陳교수는 앞의 之는 往으로, 뒤의 之는 歸의 뜻으로 풀었다. 理는 條理나 准則을 말하니, 사물 각자가 함유한 특성이다. 「短長, 大小, 方圓, 堅脆, 輕重, 白黑之謂理.」(『韓非子』, 「解老」篇), 陳鼓應注譯. 188頁 注1 참조.
253) 聽은 觀照와 같다. 符는 의거이다. 陳鼓應注譯. 189頁 注3 참조.
254) 奮起는 發奮하여 自强하는 것이다. 陳鼓應注譯. 上同 注6 참조.
255) 모든 사물은 形과 名으로 이뤄진 것인데 聲은 한 사물의 구체적 이름[名]이다. 陳鼓應注譯. 上同 注10 참조.
256) 여기서 禍는 福자의 訛字이고, 재衬는 災와 같다. 陳鼓應注譯. 190頁 注12 참조.

나라 안에 혼란이 쌓이고, 나라 밖에서 조치에 실패했다면 침략당하고; 안에서 실적이 이루어지지 않았어도 외교적으로 밖에서 실패하면 (나라가) 괴멸되고; (왕이) 역행逆行하면 교만이 넘치는데, 그칠 줄 모르면 망한다. 온 나라가 약소한 나라[虛]를 습격했는데 그 전쟁이 성공하지 못했다면, 이는 하늘(의 도움)을 얻은 것이라 말한다. 그것이 만약 성공했다면, (임금의) 몸은 반드시 이름이 없어질 것이다. 커다란 역죄逆罪로써 (내외가) 황폐해졌는데도 이런 (거꾸로 된) 방도를 실행하면, (싸우는) 나라들은 위태로워지고 재앙이 있을 것이다. 역리逆理를 거듭함으로써 서로 공격하면 서로가 재앙을 만드는 것이니, 나라들은 모두 위태로워지고 망할 것이다.

[亂積于內而稱失于外者伐, 亡刑成于內而擧失于外者滅,257) 逆則上洫(溢)而不知止者亡.258) 國擧襲虛, 其事若不成, 是胃(謂)得天; 其若果成, 身必無名.259) 重逆以荒,260) 守道是行,261) 國危有央(殃). 兩逆相功(攻), 交相爲央(殃), 國皆危亡.]

---

257) 稱은 擧, 즉 조치[擧措]이다. 稱失于外는 군사 외교상에서 조치의 실패이다. 亡刑에서 刑은 形을 뜻하니, 形迹이나 흔적(迹象)을 말한다. 陳鼓應注譯, 192頁 柱1 참조.
258) 逆則은 逆節(法度를 違背함)이다. 上溢은 驕溢(교만이 넘침)이다. 陳鼓應注譯, 上同 柱2 참조.
259) 國擧는 擧國이다. 虛는 약소국가이다. 陳鼓應注譯, 193頁 柱3 참조.
260) 重逆은 大逆이다. 荒은 內外가 모두 혼란함이다. 陳鼓應注譯, 上同 柱4 참조.
261) 守道是行에서 守道는 逆道를 지킴을 말한다. 陳鼓應注譯, 上同 柱5 참조.

II. 십대경十大經

『십대경十大經』은 한漢대에 사라진 고서인 『황제사경黃帝四經』의 둘째 편으로 15절節로 나뉘어져 있다. 여기서는 주로 형명刑名, 형덕刑德, 음양, 자웅雌雄 등 대립하는 요소들 사이에서 일어나는 전환과 통일에 대하여 말한다. 이 중에서 부쟁不爭이나 자절雌節(암컷의 절도) 등은 『노자老子』에게 영향을 주었을 것으로 사료된다. 특히 「병용兵容」과 「본벌本伐」의 두 절은 고대 전쟁의 양태를 전문적으로 언급하는데, 이는 도가道家의 전쟁론에 심대한 영향을 미친 것으로 보인다. 본편의 표제는 『십대경』이나 전체 15절로 나누어져 있다. 여기서 '십'은 완전성을 보여주는 일종의 허수虛數이며, 실제의 모습은 아니다.

첫째 천명天命으로 임금이 됨[立命]

본편의 제목에는 명命자가 빠졌으나, 마왕퇴馬王堆 백서帛書 정리 팀에서 보궐하였다. 본편에서는 황제黃帝의 용모에 관한 전설과 즉위할 때의 연설을 싣고 있다.

    옛적에 모범이 될 만한 이[宗=師表]였던 황제黃帝께서는 도道를 지키는 것을 근본으로 삼고 (사람들에게) 신뢰[信] 받기를 좋아했으니, 처음에 자신을 (만물의) 법상法象으로 삼았기에, (자기의) 앞, 뒤, 좌와 우에 (각각) 네 면을 가졌으면서 한 마음(의 밝은 관찰)을 도왔으니, 더욱 사면의 관찰을 지도할 수 있었다. 앞으로도 셋, 뒤로도 셋, 왼쪽에도 셋, 오른쪽에도 셋(의 관찰)이 있었기에 황제黃帝께서는 즉위함에 삼방三方(동, 남, 서)에서 예禮를 (갖추게) 되었다. 이 때문에 천하의 근본[宗]이 될 수 있었다. "나는 하늘로부터 명命을 받아 땅에서는 (임금) 자리에 오르도록 정해졌으며, 사람들에게는 명분[名]을 이루었다. 오직 나 한 사람만이 바로 하늘과 견주게 되었으니 이에 왕王과 삼공三公(太師, 太傅, 太保)을 임명하고, (제후의) 나라들을 세워서 군주(諸侯)와 세 경卿(司徒, 司馬, 司空)을 설치한다. 날[日]을 세고 월月을 따지고 년年을 계산하여 해와 달의 운행에 들어맞게 한다. 나는 땅처럼 넓고 풍요롭게 하고, 하늘처럼 크게 밝다."

[昔者黃宗, 質始好信,[1] 作自爲象,[2] 方四面, 傅一心, 四達自中, 前參后參, 左參右參, 踐立(位)履參,[3] 是以能爲天下宗.[4] "吾受命于天, 定立(位)于地,

---

1) 黃은 黃帝의 약칭이다. 宗은 師表이다. 質始는 道를 지킴을 근본으로 삼음이다. 好信은 믿음[信]을 아름답게 여김이다. 陳鼓應注譯, 197頁 注1 참조.
2) 作은 始이다. 象은 法象이니 자연계의 모든 현상을 말한다. 陳鼓應注譯, 上同 注2 참조.

成名于人. 唯余 一人德乃肥(配)天, 乃立王、三公, 立國置君、三卿. 數日、磨(曆)月、計歲,5) 以當日月之行.6) 允地廣裕, 吾類天大明."]

"나는 하늘(의 명命)을 경외하고 땅을 사랑하고 백성들과 한 몸 한뜻[親親]이어서, 천명天命이 있기에 (임금으로) 세워졌으니, 도[虛, 道]와 믿음[誠信]을 붙잡고 있다. 내가 백성을 사랑하니 백성이 망하지 않고, 내가 땅을 사랑하니 땅이 황폐되지 않으며, 내가 백성을 사랑하기에 백성이 (굶어) 죽지 않는다. 나의 (임금, 帝) 자리는 잃을 수 없다. 내가 가까이할 사람들을 가까이할 수 있고 현인들을 기용한다면, 나는 나라를 잃지 않고 지극히 올바른 통치를 하게 되리라."

["吾畏天愛地親民, [立]无(有)命, 執虛信.7) 吾畏天愛地親民, 立有命, 執虛信.8) 吾愛民而民不亡, 吾愛地而地不兄(荒), 吾受民□□□□而民不死.9) 吾位不失. 吾句(苟)能親親而興賢,10) 吾不遺亦至矣."11)]

---

3) 力은 黃帝의 前後와 左右를 말하는데 力四面은 前, 後, 左, 右에 각기 4面을 가졌음을 말한다. 부傅는 돕다(輔)의 뜻이다. 一心은 一心의 明察을 말한다. 四達自中은 四面의 관찰을 지도할 수 있음을 말한다. 參은 三과 같다. 踐位는 黃帝가 卽位함이다. 리履는 禮와 통한다. 參은 곧 三이다. 陳鼓應注譯, 上同 注3 참조.
4) 宗은 本이다. 余明光著, 280頁 注8 참조.
5) 數, 曆, 計는 같은 뜻으로 모두 숫자를 셈이다. 歲는 年이다. 余明光著, 上同 注10 참조.
6) 當은 적합, 合宜이다. 余明光著, 上同 注11 참조.
7) 闕字는 마땅히 立인데, '立无名'은 해석하기 어렵다. 아마도 '立有名'의 착오이다. 이렇다면, 다음 문장: '吾畏天愛地親民, 立有名, 執虛信'과 똑같기에, 하나는 衍文이다. 畏天은 天命을 두려워함이다. 虛信에서 虛는 道를 가리키니, 텅 빔의 뜻이다. 信은 誠信이다. 陳鼓應注譯, 201頁 注1 참조.
8) 이 문장은 중복이기에 마땅히 衍文이다.
9) 이 문장은 '吾受民而民不死로 뜻이 完整하기 때문에 중간이 5闕字는 缺文이 아니라, 낭연히 잘못 베껴 쓴 흔적으로 보아야 한다. 受는 愛의 착오이니, 受民은 愛民이다. 陳鼓應注譯, 202頁 注5 참조.

둘째 관찰[觀]

본편에서는 황제黃帝의 신하 역흑力黑이 각 지역을 순시하고 정론을 펼치고 있기에 편명을 관찰[觀]이라 했다. 자연법칙을 중시하고, 특히 형刑과 덕德의 관계가 인사人事 처리에 맞을 것을 말하고 있다. 자연의 계절[天時]에 맞게끔 지키고 결단할 것 등도 말하고 있다.

    황제가 신하 역목力牧[力黑]에게 신분을 감추고 잠행하여, 나라 사정을 두루 살피게 명하여, 백성의 행동이 규범에 맞지 않는지 살피고, 그들을 다스릴 준칙을 만들었다. 역목力牧이 백성들 사이에 일어나는 현상을 관찰하고 (품행의) 부정적인 면을 보면 '검다'하고, 긍정적인 면을 보면 '결백潔白'이라고 하였다. 땅의 덕스러운 것이 선이고, 하늘이 형벌을 내리는 것이 악이다. 사람들의 경우에 비춰[鏡] 보면 사람들이 쉬면 (세상이) 고요해지고[靜], 사람들이 일하면 (세상이) 움직인다[作]. 역목이 이미 준칙을 선포하여 백성들을 바로 잡았다.
    역목이 말했다: "천지자연이 이미 이뤄졌기에 백성이 사는 것[生]인데, (법도를) 어기고[逆] 지키는[順] 데는 (아직) 기율紀律이 없고, (사람을) 돕거나[德] 해치는[虐] 일을 다스릴 법이 없고, (백성들이) 쉬고 일하는 데 (정해진) 때가 없으며, (신분에 귀천을 구분해 줄) 직분이 없습니다. 지금 제가 (법의) 지키고 어기는 데 관한 기율과, 사람을 돕거나 해치는 데 관한 기준定型과, 백성들이 쉬고 일하는 때를 얻어서 천하를 바로잡고, (백성들의) 휴식과 노동의 시기를 약속하려는데, 이렇게 하

---

10) 親親은 親族을 애호함이다. 「親親而仁民」(『孟子』, 「盡心」上篇) 興賢은 賢人을 기용함이다. 余明光著, 281頁 注16 참조.
11) 遺는 失(잃음)이다. 至는 至極이다. 余明光著, 上同 注17 참조.

면 어떠하겠습니까?"

[黃帝令力黑浸行伏匿,12) 周流四國,13) 以觀無恒, 善之法則,14) 力黑視象,15) 見黑則黑, 見白則白,16) 地[之所德則善, 天之所刑則惡,17) 人則視□(鏡):18) 人靜則靜, 人作則作,19) 力黑已布制建極,20) [而正之, 力黑曰: 天地已成而民生, 逆順無紀,21) 德瘧(虐)无刑(型),22) 靜作无時, 先后无命名,23) 今吾欲得逆順之紀, 德虐之刑, 靜作之時, 以爲天下正, 靜作之時, 因而勒之,24) 爲之若何.]

황제가 말했다. "흐리고 마구 뒤섞여 있어[混混] 어둠침침하니, 둥근

---

12) 力黑은 黃帝의 신하 力牧이다. 敦煌의 漢簡에는 力墨이다. 浸行은 潛行이다. 伏匿은 신분을 숨김이다. 余明光著, 281頁 注1 참조.
13) 四國은 사방의 나라이다. 余明光著, 上同 注2 참조.
14) 恒은 恒德이니, 無恒은 품행이 규범에 맞지 않음이다. 善은 修治(고쳐서 다스림)이다. 之는 民을 가리킨다. 陳鼓應注譯, 206頁 注3 참조.
15) 象은 현상이다. 余明光著, 282頁 注4 참조.
16) 黑은 백성 品德의 어두운 면이고, 白은 좋은 면이다. 余明光著, 上同 注5 참조.
17) 原文에 없는 9字의 缺字를 陳鼓應교수는 天과 地와 연관하여, 地[之所德則善, 天之所刑]으로 보았다. 陳鼓應注譯, 207頁 注6 참조.
18) 視는 示(보이다)와 같다. □은 아마도 鏡(거울)자와 통하니, 參照함이다. 余明光著, 282頁 注6 참조.
19) 靜은 백성의 휴식 시기를 말하고, 作은 백성의 생산 노동 시기를 말한다. 余明光著, 上同 注7 참조.
20) 布制建極은 제도의 선포나 准則을 세움이다. 余明光著, 上同 注8 참조.
21) 逆은 犯法(법을 어김)이고, 順은 법을 지킴이다. 紀는 綱紀, 紀律이다. 余明光著, 上同 注9 참조.
22) 德은 사람을 도움이고, 虐은 사람을 해침이다. 刑은 型과 통하니, 無刑은 无型(본보기가 없음)이다. 따라서 刑을 法으로도 풀이한다. 余明光著, 上同 注10 참조.
23) 命은 衍字이다. 余明光著, 上同 注11; 先后는 貴賤이나 尊卑를 말한다. 无名은 구분할 확정된 名分이 없음이다. 陳鼓應注譯, 208頁 注14 참조.
24) 늑륵은 약속이다. 余明光著, 282頁 注13 참조.

쑥대 더미[囷] 같아서 어둡지도 않고 밝지도 않은데, 음과 양은 아직 없고, 음양이 정해지지 않아서, 나는 이름 붙일 수도 없었네. 이제 처음으로 갈라져 둘이 되니 음양으로 나뉘고, 떨어져서 사계절이 되었으니, 굳셈[剛]과 부드러움[柔]이 서로 이뤄주어, 이에 만물이 생겨나니, (서로 간에) 돕거나[德] 해치는[虐] 행동이 변함없는 법칙[常]이 되었네. (해와 달의) 밝음[明]을 법法으로 삼고, (해와 달이) 어둡고 드러나지 않음[微道]을 (刑으로) 실행하는 것이네. 법을 실행하고, 도道를 따르는 것은 암컷[牝]과 수컷[牡](과 같네). 암컷과 수컷은 서로 찾으니 굳셈[剛]과 부드러움[柔]이 만나게 되고, 부드러움과 굳셈이 서로 이뤄짐이니 (만물의) 암수가 이에 형체[形]를 이룬다네. 아래로는 땅에서 만나고 위에서는 하늘에서 만난다네. 양기陽氣[天氣]의 정미精微함을 얻었으니, 이에 계절[時]이면 계절(에 맞고), 항구할 것은 항구하다네. 땅이 계절을 따라 만물을 길러냄은, 지기地氣의 발동에 의지한다네. 싹은 싹 트고 자랄 것은 자라나니, 자연[天]이 따라서 이것들을 이뤄주는데, (자연의) 순응[因]이 없다면, 이뤄질 수 없고 (땅이) 길러주지 않으면, (만물은) 살 수 없다네. 무릇 백성의 삶은 수고롭게 생존하여 먹고 살며, 후손을 잇는 일이네. (암수가) 만나지 못하면 후손을 이을 수 없고, (후손 없이는) 더불어 땅을 지킬 수 없네. (사람은) 먹지 않으면, 더불어 자연을 지킬 수가 없다네."

[黃帝曰: 群群沌沌, 窈窈冥冥], 爲一囷.25) 无晦无明, 未有陰陽. 陰陽未定, 吾未有以名. 今始判爲兩, 分爲陰陽, 離爲四時, [則剛柔相成, 萬物乃生], [德虐之行, 因以爲常.26) 其明者以爲法, 而微道是行.27) 行法循道, [是爲

---

25) 原文의 6缺字를 陳鼓應교수는 群群[混混, 窈窈冥冥], 爲一囷으로 보았다. 群群은 混混, 또는 渾渾으로 읽는다. 요명窈冥은 어둡고 침침함이다. 爲는 如, 如同(…과 같음)이다. 균囷은 둥근 곳집이다. 여기서는 비유로 天地가 이루어지기 전에 음양이 아직 나눠지지 않은 혼돈되고 어둠침침한 상태를 말한 것이다. 陳鼓應注譯, 210頁 注1 참조.
26) 陳鼓應교수는 原文의 9缺字를 [則剛柔相成, 萬物乃生]으로 보고 있다. 陳鼓應注譯, 上同 注4 참조.

牝牡. 牝牡相求, 會剛與柔. 柔剛相成, 牝牡若刑(形),28) 下會于地, 上會于天. 得天之微, 時旾者時而恒者恒, 地因而養之寺(待)地氣之發也, 乃梦(萌)者梦(萌)而姕(滋)者姕(滋), 天因而成之.29) 弗因則不成, [弗養則不生. 夫民之生也, 規規生食與繼.30) 不會不繼, 无與守地; 不食不人,31) 无與守天.]

　그러므로 음陰이 가득하여 도움[德]이 퍼지면 거듭하여 양陽이 자라나고, 낮의 기운이 백성이 할 일[民功]을 시작하게 하니, (사람들이 이에) 먹을 수 있는 것이다. 거듭된 음陰이 자라나면 밤의 기운이 (점차) 닫히게 되나, 땅은 (오히려 출산을) 잉태하게 되니, 그러므로 (자손들을) 잇게 할 수 있는 것이다. 고삐도 아니고 노도 안 쓰지만, 형벌[刑]과 은덕[德]으로 (백성을) 바로잡는다. 봄여름은 은덕이 되고 가을 겨울은 형벌이 된다. 덕을 앞세우고 형벌을 뒤에 세움으로 살아가게 하는 것이다. (백성들에게) 성씨姓氏가 이미 확정되었으면, 적敵이 싸움을 하기에 (무력으로) 정벌하지 않으면, 평정할 수가 없다. 무릇 평정의 준칙은 형벌과 은덕에 있다. 형벌과 은덕은 찬란하다! 해와 달을 서로 보듯이 그들의 합당함을 밝힐 수 있으니, 넘치거나 모자라도 기울어짐이 없다.

---

27) 明은 해와 달이 盛滿한 때이고, 微는 해와 달이 缺損이 되거나, 엄식掩食, 가려짐이 될 때이다. 天體의 盛滿을 본받고 나아가고, 미약할 때를 따라서는 은둔을 한다. 이는 法을 뚜렷이 밝히고 刑은 숨길 것을 요구한 것으로, 刑賞과 음양이 서로 결합하는 도리를 말한 것이다. 余明光著, 283頁 注19 참조.
28) 若은 乃이다. 余明光著, 上同 注21 참조.
29) 陳鼓應교수는 原文의 缺字를 다음과 같이 보고 있다. 得天之微, 若是[者時而恒者恒, 地因而養之]; 恃地氣之發也. 여기서 得天之微는 天氣의 精微한 것을 얻음이다. 天氣는 陽氣이다. 寺는 시恃(믿다)로 읽어야 한다. 時旾은 마땅히 若時의 착오이다. 若은 乃이다. 陳鼓應注譯, 213頁 注10 참조.
30) 規規는 놀라서 멍한 모습이니 수고롭고 힘이 들음의 뜻이다. 生食은 생존과 음식이다. 繼는 후손을 퍼트림이다. 余明光著, 284頁 注24 참조.
31) 不食不人은 마시고 먹지 않으면 사람을 양육할 수 없음이다. 余明光著, 上同 注26 참조.

[是故嬴陰布德,32) [重陽長, 晝氣開]民功者, 所以食之也; 宿陽脩刑, 童(重)陰長, 夜氣閉地繩(孕)者, [所以繼之也.33) 不靡不黑,34) 而正之以刑與德. 春夏爲德, 秋冬爲刑. 先德后刑以養生. 姓生已定, 而適(敵)者生爭, 不諶不定.35) 凡諶之極,36) 在刑與德. 刑德皇皇, 日月相望, 以明其當, 而盈絀無匡.37)]

　　이 때문에, (임금은) 백성을 부림에 (자기) 고집만을 피우지 말고, 일(전쟁 등)을 벌이는데 양생養生[陽]을 살피지 말 것이며, 농지를 개척하는 일[力地]에는 (사람을) 벌주는 것[刑殺, 陰]을 (심히) 고려하지 말 것이다. 죽는 것을 고려를 하면 토지가 황폐해지고, (사람) 살리는 것을 (너무) 고려하면 영광榮光은 빼앗긴다. (임금이) 고집부리면 병화兵禍에 부딪히고 만다. 이 때문에 임금은 계절로는 삼시三時(봄·여름·가을)에 즐겁게 일하고, 백성이 해야 할 일[民功]을 훼방하지 말고, 자연의 계절[天時]을 거스르지 말 것이다. 그러면 오곡五穀은 성장하여 익어가니, 백성이 이에 후손을 잇게 된다. (이러면) 군신이나 위아래 사람이나, 서로 자기 뜻을 얻는 것이다. 자연[天]은 때를 따라 (만물을) 이뤄준다. (임금은) 계절에 순응하여 백성이 할 일을 도와주며, 은덕을 우선하고 형벌을 뒤로하여, 자연에 순응한다. 그 계절은 (봄·여름에) 성만盛滿하였으나, (이제는) 할 일이 축소되기에, 가을 겨울[陰節]은 순서가 어그러질 때이

---

32) 영嬴은 盈과 통하니 충만함이다. 布는 베풂이다. 余明光著, 上同 注27 참조.
33) 原文의 6缺字를 陳鼓應교수는 '重陽長, 晝氣開'로 보았다. 宿은 오래됨(久)이다. 脩는 修(닦음)과 통하니, 예비의 뜻이다. 陳鼓應注譯, 217頁 注1 참조.
34) 미靡는 미縻(고삐)와 통하니 삭索(노)이다. 黑은 흑纆(노, 새끼)이다. 陳鼓應注譯, 218頁 注2 참조.
35) 姓生은 姓氏와 같다. 감戡은 무력으로 반란을 평정함이다. 陳鼓應注譯, 219頁 注5 참조.
36) 極은 准則이다. 余明光著, 286頁 注35 참조.
37) 皇皇은 光明이니 뚜렷하다. 광匡은 왕枉(기울음)으로 읽는다. 출絀(부족함)은 缺字인데 陳鼓應교수가 보충한 것이다. 陳鼓應注譯, 220頁 注7 참조.

니, 땅 기운은 다시 거둬들인다. 정령에서 형벌을 다듬고 겨울에 잠자는 벌레들은 (아직도) 나오지 않았는데, 눈과 서리는 다시 냉랭하고 기장[稷]은 그대로 시들어있으니, 이런 재난이 이에 생기는 것이다. 이러면, 농사일은 바야흐로 이룰 수가 없다. (그러나) 그 계절은 움츠렸지만 할 일은 충만할 것이기에, 봄여름의 절기[陽節]에는 순서가 돌아올 것이니, 땅 기운은 축소되지 않을 것이다. 정령에서 형벌을 완화해 줄 때 (겨울에) 잠자던 벌레들이 다시 소리를 지르게 되고, 시든 풀도 다시 꽃을 피우게 되니, 이미 끝난 양[陽]도 또 양으로 거듭되었기에, 계절이 거듭된 것이다. 이러하면 농사일은 벌이더라도, 바야흐로 (큰 성공은) 일어나지 않을 것이다.

[夫是故使民毋人埶, 擧事毋陽察, 力地毋陰敝.38) 陰敝者土芒(荒), 陽察者奪光, 人埶者摐兵.39) 是故爲人主者, 時𢮦三樂,40) 毋亂民功, 毋逆天時. 然則五穀溜孰(熟),41) 民乃蕃茲(滋). 君臣上下, 交得其志. 天因而成之. 夫竝時以養民功,42) 先德后刑, 順于天. 其時贏而事絀, 陰節復次, 地尤復收.43)

---

38) 예埶는 마땅히 執자이니, 偏執, 固執이다. 察이나 敝는 考慮함이다. 擧事는 움직임이니 兵役이나 전쟁의 발동을 말한다. 力地는 고요함[靜]이니 쉬면서 힘을 회복함이다. 陽은 養生이고, 陰은 刑殺이다. 陳鼓應注譯, 223頁 注1 참조.
39) 창摐은 당撞의 異體자이니 부딪침이다. 兵은 兵禍를 가리킨다.
40) 질𢮦은 아마도 질窒로 읽어야 하는데, 窒은 節과 音이나 뜻이 비슷하다. 三樂은 三時봄, 여름, 가을의 할 일을 가리키니, 三時에 즐겁게 일할 것을 권면하는 것이다. 余明光著, 286頁 注40 참조.
41) 유溜는 마땅히 秀로 읽어야 한다. 秀는 成長이다.
42) 並時는 按時나 順時이다. 以養民功은 民事를 도움이다. 陳鼓應注譯, 225頁 注7 참조.
43) 영출贏絀은 盈絀, 영축贏縮과 같은 뜻이다. 贏이나 盈은 자라나고[長] 나아감[進]을 뜻하니, 봄여름을 가리킨다. 출絀은 축縮이니 거둬들임[收]과 물러남[退]를 뜻하니, 가을 겨울을 가리킨다. 時는 자연의 계절이다. 事는 擧事이다. 陰節은 가을 겨울의 계절이다. 復次에서 復은 팍復으로 읽을 수 있으니, 復은 여戾(어그러짐)이다. 팍차復次는 사례가 어긋남이다. 지우地尤에서 尤는 기旡자의 착오이다. 따라서 地尤는 지기地旡이니, 地旡는 地氣로 읽어야 한다. 陳鼓應注譯, 225, 226頁 注9 참조.

正名修刑, 執(蟄)蟲不出, 雪霜復淸, 孟谷乃蕭(肅), 此材(災)[乃]生, 如此者擧事將不成.44) 其時紬而事贏, 陽節復次, 地尤不收. 正名施(弛)刑, 執(蟄)蟲發聲, 草苴復榮,45) 已陽而有(又)陽, 重時而无光, 如此者擧事將不行.46)]

자연의 도[天道]는 이미 이뤄졌으니, 지상의 만물은 이에 갖추어졌다. (음양이) 모이고 흩어지며[聚散] 유동하니, 성인은 이 일에 맡길 뿐이다. 성인聖人은 (인위적인) 기교가 없으니, (극極에 이르면) 되돌아옴을 살펴서 자연의 도를 지킬 뿐이다. 두텁게 백성을 사랑하고, 자연[天]과 도道를 함께 한다. 성인은 올바름[正]으로 (자연의 도, 天道를) 기다리고 조용하게 사람을 대할 뿐이다. 자연의 형벌[天刑]을 잘 알지 못한다면, (도를 섣불리) 고치지도 않고, 바꾸지도 않는다. 계절에 합당하면, 계절을 따라 모든 결정을 내린다. 마땅히 결정해야 하나 결정하지 못하면, 혼란을 되돌려 받는다.

[天道已旣, 地物乃備.47) 散流相成, 聖人之事.48) 聖人不巧, 時反是守.49) 優未愛民,50) 與天同道. 聖人正以侍(待)之, 靜以須人,51) 不達天刑, 不襦不傳.52) 當天時,53) 與之皆斷; 當斷不斷, 反受其亂.]

---

44) 正名은 政令을 말한다. 修刑은 刑罰을 손봄이다. 칩충蟄蟲은 겨울에 잠자는 벌레이다. 淸은 청淸(춥다)으로 읽어야 한다. 盟谷은 곧 稷(기장)이다. 蕭은 농작물이 시들어버림으로 성숙할 수 없음이다. 陳鼓應注譯, 226頁 注10 참조.
45) 草는 살아있는 풀이고, 저苴는 시든 풀이다. 余明光著, 288頁 注50 참조.
46) 无光은 无功이다. 陳鼓應注譯, 227頁 注12 참조.
47) 旣는 이룸[成]이다. 備는 갖춤이다. 陳鼓應注譯, 229頁 注1 참조.
48) 散流는 음양의 취합과 유동을 말한다. 之는 是(이것)이고, 事는 爲이다. 之事는 곧 이것만을 행함이다. 陳鼓應注譯, 上同 注2 참조.
49) 不巧는 인위적인 기교가 없음이다. 『廣雅・釋詁』에 의하면, 時는 사伺(살핌)이다. 反은 極하면 反(되돌아옴)이다. 陳鼓應注譯, 上同 注3 참조.
50) 『淮南子・俶眞』에 의하면 未는 매昧, 즉 厚(두터움)이다. 優未는 優厚(두터움)이다. 陳鼓應注譯, 注4 참조.
51) 須는 等待(기다림)이다. 余明光著, 288頁 注54 참조.

52) 不는 否로 보아야 하니, 그러하지 않다면 이다. 達은 通함, 또는 충분히 앎(通曉)이다. 유褕는 투渝(改變, 고침)이다. 不傳은 不轉로 읽어야 한다. 陳鼓應注譯, 上同 注6 참조.
53) 當은 應이다. 陳鼓應注譯, 上同 注7 참조.

셋째 다섯 가지 정치[五正]

여기서는 황제皇帝가 대신 엄염閹冄과의 대화를 통하여 ① 먼저 자신을 바로잡은 뒤 천하를 다스릴 것, ② 전쟁하면 흥하고 전쟁을 하지 않아야 성공함, ③ 황제가 탁록涿鹿의 전투에서 치우蚩尤를 잡아 죽인 고사를 얘기하고 있다.

황제가 엄염閹冄에게 말했다. "내가 백성을 다스리는 일에 대한 다섯 가지 정령[民政]을 반포하려는데, 어디서 그치고 어디서 시작할 것인가?"
(엄염이) 대답했다. "시작이 (자기) 몸에 있고 중간은 법도法度에 있으며, 연후에 밖의 사람들에게 미칩니다. 안팎이 서로 접하니, 이에 일을 이루는 데서 그쳐야 합니다."
황제가 말했다. "내가 이미 바르고 이미 고요한데도, 나라가 안정되지 않음은, 어찌 된 일인가?"
(엄염이) 대답했다. "임금께서 마음이 성실하시고 행위가 바르신데, (나라가) 안정되지 않음을 왜 걱정하십니까? 왼쪽에 그림쇠[規]를 잡고 오른쪽에 곱자[矩]를 잡으셨는데, 천하를 왜 걱정하십니까? 남녀가 기필코 (마음이) 같다면, 나라에 무엇을 걱정하십니까? 다섯 정령政令을 이미 반포하셨고, 다섯 관직으로 관장하십니다. 좌우에 법도[規矩]를 잡으시고, 적병[蚩尤]을 기다려 공격하면 됩니다."

[黃帝問閹冄曰:54) 吾欲布施五正,55) 焉之焉始? 對曰: 始在於身, 中有正

---

54) 엄염閹冄은 黃帝의 신하이다. 余明光著, 289頁 注1 참조.
55) 五正은 五政이니, 사계절에 따라서 民政을 반포히는데, 이것을 五政이라 말한 것이다. 余明光著, 289頁 注2 참조.

度,56) 后及外人, 外内交緓(接), 乃正于事之所成.57) 黃帝曰: 吾旣正旣靜, 吾國家愈(愈)不定, 若何? 對曰: 后中實而外正,58) 何患不定? 左執規, 右絹拒(矩),59) 何患天下? 男女必週, 何患于國? 五正(政)旣布, 以司五明.60) 左右執規, 以寺(待)逆兵.61)]

황제가 말했다. "아직 자기 자신을 알지 못하니[未自知], 어찌 된 일인가?"

(엄염이) 대답했다. "임금께서 자신을 아직 알지 못하신 것은, 이에 연못 속에 깊이 엎드린 것이나, 마음[內]에서는 다스림을 찾은 것입니다. 마음에서 다스림을 이미 얻으셨으니, 임금께서는 이제 자기 몸을 자제하실 줄을 스스로 아신 것입니다."

황제가 말했다. "내가 내 몸을 자제하고자 하는데, 자제함은 (또) 어떻게 하는 것인가?"

(엄염이) 대답했다. "같음[同]을 주장하는 자는 그 일이 같고, 다름[異]을 주장하는 자는 일이 다릅니다. 지금 천하가 크게 분쟁하는데, 때가 이르면 임금께서는 신중하게 하여 싸우지 않으실 수 있겠습니까?"

황제가 말했다. "싸우지 않으려면, 어떻게 해야 하는가?"

---

56) 正度는 정직한 法度이다. 余明光著, 上同 注4 참조.
57) 正은 아마도 止로 보아야 한다. 「有所正矣」(『荀子 · 儒效』)에서, 양경楊倞주에, 「正은 마땅히 止이다.」 陳鼓應注譯, 234頁 注5 참조.
58) 后는 黃帝이다. 中實은 내심의 성실이다. 外正은 행위가 단정함이다. 陳鼓應注譯, 上同 注6 참조.
59) 規矩는 法度이다. 余明光著, 289頁 注7 참조.
60) 五明은 五名이니, 五種의 관직이다. 宋代 육전陸佃(1042-1102)注(『할관자鶡冠子 · 度萬』)에 의하면, 五明은 五種의 관직[尸氣皇名, 尸神明名, 尸聖賢名, 尸主二名, 尸公伯名]이다. 以司五明은 각종 관직을 반포한 뒤에, 관직을 분별하여 집행함이다. 陳鼓應注譯, 234頁 注9 참조.
61) 待는 맞서서 공격함이다. 逆兵은 반군(叛軍)으로 치우蚩尤를 말함이다. 余明光著, 290頁 注9 참조.

(엄염이) 대답했다. "분노하면 혈기(血氣)가 (속에) 쌓이고 싸우면 바깥[脂膚]으로 (보이게) 됩니다. 노기가 터지지 않으면, 만연히 발전하여 등창[癰疽]이 됩니다. 임금께서 이 네 가지[血, 氣, 脂, 膚]를 없애신다면, 썩은 뼈[枯骨]들이 어떻게 싸우겠습니까?"

황제가 이에 자기 나라 근신近臣들을 쫓아내고, 임금[上]께서 박망博望산에서 편안히 휴식하면서 스스로 (해답을) 찾았다.

엄염은 이에 (북망산에) 올라와서 황제에게 말했다. "전쟁은 가능합니다. 전쟁[兵]에 힘씀은 흉한 것이지만, (시기를 살피면서) 전쟁하지 않으면, 또한 성공할 수도 없습니다. (전쟁이) 어찌 안 된다고 하겠습니까?"

[黃帝曰: 吾身未自知, 若何? 對曰: 后身未自知, 乃深伏于淵, 以求內刑.62) 內刑已得, 后乃自知屈其身.63) 黃帝曰: 吾欲屈吾身, 屈吾身若何? 對曰: 道同者,64) 其事同; 道異者, 其事異. 今天下大爭,65) 時至矣, 后能慎勿爭乎? 黃帝曰: 勿爭若何? 對曰: 怒者血氣也, 爭者外脂膚也.66) 怒若不發, 浸廩是爲癰疽.67) 后能去四者,68) 枯骨何能爭矣. 黃帝于是辤其國大夫,69) 上于博望之山,70) 談臥三年以自求也.71) 單(戰) 才(哉), 闇冉乃上起黃帝曰:72) 可

---

62) 內는 마음을 가리킨다. 刑은 다스림이다. 余明光著, 290頁 注10 참조.
63) 屈은 屈抑이니 자제함, 억제함이다. 陳鼓應注譯, 236頁 注3 참조.
64) 여기서 道는 주장함이다. 余明光著, 290頁 注12 참조.
65) 大爭은 분쟁이다. 陳鼓應注譯, 上同 注5 참조.
66) 血氣가 안에서 쌓임을 말하고, 脂膚는 모양이 밖에서 보임을 말한다. 外는 아마도 衍字이다. 陳鼓應注譯, 上同 注6 참조.
67) 침름浸廩은 침음浸淫, 스며서 어지러움이니 만연하게 커짐이다. 옹저癰疽는 등창이다. 陳鼓應注譯, 237頁 注7 참조.
68) 四者는 血, 氣, 脂(굳기름), 膚(피부)를 가리킨다. 余明光著, 上同 注14 참조.
69) 사辤는 辭와 통하니 버림[去]이다. 國大夫는 黃帝의 近臣이다. 余明光著, 上同 注15 참조.
70) 博望山은 河南성 회수淮水 남쪽[淮南]에 있다. 陳鼓應注譯, 上同 注10 참조.
71) 談은 淡으로 읽으니, 담澹, 담憺과 통용된다. 憺은 安이다. 따라서 談臥는 靜臥, 安臥, 안온하게 휴식함이다. 余明光著, 291頁 注17 참조.

矣. 夫作爭者凶, 不爭者亦无成功.73) 何不可矣?]

　황제는 이에 자기의 구멍 있는 도끼[鏚]와 큰 도끼[鉞]를 꺼내서 들고, 자기 군사를 지켜서 세우며, 몸에는 북채[鼓枹]를 들고서, 적장[賊將]인 치우蚩尤를 만나서, 그를 사로잡았다. 황제는 분명하게 맹세하고 서약하며 말하였다. "도의道義를 위반하고 자연의 계절[天時]을 거슬렀으니, 그에 맞는 형벌[刑法]을 치우蚩尤에게 적용해야 한다. (그는) 도의道義를 배반하고 종주宗主[黃帝]를 거역했으니, 그의 형벌은 죽음으로 끝나는 것이다."

[黃帝于是出其鏚鉞,74) 奮其戎兵,75) 身提鼓鞄(枹), 以禺(遇)之(蚩)尤, 因而禽(擒)之. 帝箸之明(盟),76) 明(盟)曰: 反義逆時,77) 其刑視之(蚩)尤,78) 反義倍(倍)宗, 其法死亡以窮.79)]

---

72) 上은 博望산에 올라옴이고, 起는 啓와 같으니, 稟告, 윗사람에게 알림이다. 陳鼓應注譯, 注12 참조.
73) 앞의 爭은 妄爲이니 무력으로 力爭하는 것을 가리키고, 뒤의 爭은 시기를 살펴서 전투하는 것이다. 陳鼓應注譯, 注13 참조.
74) 장鏚은 네모 구멍 도끼이고 월鉞은 큰 도끼이다. 余明光著, 291頁 注18 참조.
75) 戎兵은 軍士이다. 余明光著, 上同 注19 참조.
76) 저箸는 뚜렷함, 선명함이다. 盟은 맹세이다. 余明光著, 上同 注22 참조.
77) 反義逆時는 道義를 위반함이고, 逆時는 天時, 즉 자연의 계절을 거역함이다. 余明光著, 上同 注23 참조.
78) 刑은 法이고 視는 比이니, 比照(참작함)이다.
79) 倍宗은 宗主, 즉 黃帝를 배반함이다. 여기서 法은 刑이다. 窮은 盡(다함), 終이다. 陳鼓應注譯, 239頁 注9 참조.

넷째 과동果童

본편은 황제黃帝와 신하 과동果童의 대화를 통해 법도法度와 명분名分 등을 논의하고 있다.

황제가 그를 보좌하는 네 신하[四輔]에게 물었다. "나 한 사람이 천하를 아울러 가지고 있다. 지금 나는 (백성을) 보살피고, 그들을 다스리는 일을 따져보고, 결정해야 하는데, 어떻게 해야만 되겠는가?"

(신하인) 과동果童이 대답했다. "(법이) 엄하지 않으면, (백성을) 다스릴 수 없습니다. (임금께서) 단정하지 않으시면, 바로 잡을 수 없습니다. 위에서는 하늘을 관찰하고 아래서는 땅을 보고서, 남자와 여자들에게서 검증받습니다. 하늘에는 항상 하는 일[干]이 있고 땅에는 항시 일정함[常]이 있으니, 이것을 변함없는 기준[常]에 부합하게 해야 합니다. 이 때문에 어둠[晦]이 있으면 밝음[明]이 있고, 음陰이 있으면 양陽이 있습니다. 무릇 땅에는 산이 있고 못이 있으며, 검은색이 있으면 흰색이 있으며, 아름다움이 있으면 미움도 있습니다. 땅은 고요함[靜]으로 덕을 기르고, 하늘은 움직임[作]으로 명분을 바로 잡습니다. 고요함과 움직임은 (만물을) 서로 길러주고 (봄의) 은덕과 (가을의) 숙살肅殺[虐]은 서로를 이뤄줍니다. (이런) 짝[兩]들이 이에 명분을 가졌기에, 서로 의뢰하고 배합하며 이뤄갑니다. 음양이 사물에 갖추어 있으니, 이에 변화는 생겨나는 것입니다. 어떤 이는 하나를 맡고도 무겁다고 하고, 어떤 이는 백을 맡고도 가볍다고 합니다. 사람은 자기 재능[才]이 있고 사물에는 자기 모양[形]이 있습니다. 그것에 순응하여 이뤄지는 것입니다."

[黃帝問四輔曰:80) 唯余一人, 兼有天下.81) 今余欲畜而正之,82) 均而平之,83) 爲之若何? 果童對曰: 不險則不可平,84) 不諶則不可正.85) 觀天于上,

視地于下, 而稽之男女.86) 夫天有恒幹(干), 地有恒常. 合此干常, 是以有晦有明, 有陰有陽. 大地有山有澤, 有黑有白, 有美有亞(惡). 地俗德以靜,87) 而天正名以作.88) 靜作相養, 德虐相成.89) 兩若有名, 相與則成.90) 陰陽備物, 化變乃生. 有任一則重, 任百則輕. 人有其中,91) 物又(有)其刑(形). 因之若成.92)]

황제가 말했다. "무릇 백성은 하늘을 우러러보고 살며, 땅에 의지하여 먹고 산다. 하늘을 아버지로 삼고 땅을 어머니로 삼는다. 지금 나는 (백성을) 보살피고 그들의 다스림을 따져보고 결정해야만 되는데, 누구로부터 시작해야만 하는가?"

(과동이) 대답하였다. "엄하게 하면 다스려지고, (백성이) 바르면 올바르게[正] 됩니다. 귀천貴賤은 반드시 올바르며, 빈부貧富에는 차등差等

---

80) 四輔는 官名이다. 「古者天子必有四鄰: 前曰疑, 后曰丞, 左曰輔, 右曰弼.」(『尚書·大傳』) 陳鼓應注譯, 241頁 注1 참조.
81) 兼有는 겸병하여 占有함이다. 余明光著, 292頁 注2 참조.
82) 畜은 育으로 읽어야 하니, 養育이다. 正은 政으로 읽어야 하니 治理이다. 余明光著, 上同 注3 참조.
83) 均은 衡量(따져봄)이다. 平은 正定, 堅定이다. 陳鼓應注譯, 242頁 注4 참조.
84) 險은 마땅히 嚴으로 읽어야 한다. 平은 다스림(治)이다. 陳鼓應注譯, 上同 注5 참조.
85) 심諶은 심審으로 읽을 수 있는데, 審은 端正함이다. 陳鼓應注譯, 上同 注6 참조.
86) 계稽는 험증驗證(검증)의 뜻이다. 陳鼓應注譯, 上同 注7 참조.
87) 俗은 育으로 읽어야 한다. 陳鼓應注譯, 243頁 注11 참조.
88) 名은 名分이다. 作은 활동이다. 陳鼓應注譯, 上同 注12 참조.
89) 德은 봄의 生이고, 虐은 가을의 殺을 말한 것이다. 余明光著, 293頁 注9 참조.
90) 兩은 晦明, 陰陽, 山澤, 黑白, 미오美惡, 動靜, 德虐 등 상호 대립과 의존하는 관계를 말함이다. 若은 乃이니, 이다(是) 이다. 相與는 상호 의뢰이다. 陳鼓應注譯, 上同 注14 참조.
91) 中과 才는 모양이 비슷하기에, 中은 아마도 才의 착오인 것 같다. 陳鼓應注譯, 245頁 注2 참조.
92) 因은 因順, 順應이다. 若은 乃이다. 余明光著, 上同 注10 참조.

이 있어야 합니다. (먼 옛날의) 앞선 세대에는 이것들을 본받았으나 후세(春秋시대)에는 파괴되었는데, 저(果童)로 하여금 시작하겠습니다."

과동은 여기에 거친 베옷[褐]을 걸쳐 입고서 (등에는) 단지[缻]를 지었으나 물이 새었고, 도처를 주유周遊하고 음식을 구걸하였으며, 사방을 두루 다녔으니, 가난과 비천의 극치를 보인 것이다.

[黃帝曰: 夫民卬(仰)天而生, 侍(恃)地而食,93) 以天爲父, 以地爲母. 今余欲畜而正之, 均而平之, 誰敵(適)繇(由)始?94) 對曰: 險若得平,95) 諶若得正.96) [貴賤必諶,97) 貧富又(有)等. 前世法之, 后世既員,98) 繇(由)果童始. 果童于是衣褐而穿, 負幷(缻)而乤,99) 營行氣(乞)食,100) 周流四國,101) 以視(示)貧賤之極.]

---

93) 卬은 앙仰, 우러러봄으로 읽고, 侍는 시恃(믿다, 의뢰하다)로 읽는다. 陳鼓應注譯, 245頁 注4 참조.
94) 誰適由始는 누구에게 말미암아 시작하는가? 와 같다. 余明光著, 293頁 注14 참조.
95) 앞의 注84를 보라! 險은 마땅히 嚴으로 읽어야 한다. 平은 다스림(治)이다. 陳鼓應注譯, 242頁 注5 참조.
96) 앞의「不諶則不可正」에서 이곳 原文의 3缺字를 諶若得正으로 보았다. 余明光著, 上同 注15 참조. 諶은 審으로 읽으니, 바름[正]이다. 陳鼓應注譯, 246頁 注7 참조.
97) 심諶은 審으로 읽어야 하니, 바로잡음[正]이다. 陳鼓應注譯, 上同 注8 참조.
98) 員은 운隕(무너짐)으로 읽어야 한다. 前世는 주周나라 이전의 앞선 세대이다. 后世는 孔子가 말한「禮崩樂壞」의 春秋시대를 말한다. 陳鼓應注譯, 上同 注9 참조.
99) 만乤은 란欒, 새어서 흐름으로 읽어야 한다. 陳鼓應注譯, 上同 注11 참조.
100) 營은 到處이니, 營行은 도처를 유랑함이다. 陳鼓應注譯, 上同 注12 참조.
101) 周流四國은 四方을 주류함이다. 陳鼓應注譯, 上同 注13 참조.

다섯째 난리를 바로잡음[正亂]

본편은 황제黃帝와 치우蚩尤와의 전쟁의 전 과정을 기술하고 있다. 여기에 황로黃老학의 왕술王術과 전투 포기[寢兵] 사상이 보인다. 그리고 황제와 치우의 신화도 보인다.

(황제의 대신) 역목力牧[力黑]이 태산지계太山之稽에게 물었다. "치우 蚩尤는 교만하고 음모가 넘쳐나니 음모가 … 고양高陽黃帝의 손자]까지 (미쳤는데), 이를 어떻게 합니까?"

태산지계가 말했다. "자네는 걱정하지 말게! 하늘의 운행은 바르고 믿을 수 있으며, 해와 달(의 운행)이 그치지 않고 있네. (해와 달은) 움직여서 게으르지 않기에 천하에 군림하는 것이네. 백성의 삶[民生]에는 한도가 있는데, 방종放縱[淫溢]하면, 곧 실패하는 것이네. (백성은) 풍성하여도 쇠락하고 보태주어도 (결국은) 소진消盡하고, 주었어도 해害가 되며 증여를 해줘도 낭비되고, 느슨하게 해주면 게으르게 되네. (백성은) 영화롭게 해줘도 곤궁해지기에, 사로잡게 되면 그들에게 죄를 물어야 하네. 거듭하여 높게 해주었으나, 넘어서 자빠지면 구제될 수가 없네. 장차 그들에게 죽음을 명령하면 후회해도 소용없네. 자네는 걱정하지 말게!"

[力黑問]于太山之稽曰: 蚩尤□□□],102) 驕溢陰謀, 陰謀□□□□□ □□高陽,103) □)之若何? 太山之稽曰:104) 子勿患也. 夫天行正信, 日月不

---

102) 問 아래의 11 缺字는 추측하기 어렵다. 陳鼓應교수는 그중 9字만 보충하였다. 陳鼓應注譯, 250頁 注1 참조.
103) 陰謀 뒤 10 缺字를 해석할 수 없다. 高陽은 전실상의 部落 수령인데, 黃帝의 손자이다. 陳鼓應注譯, 上同 注2 참조.

處,105) 啓然不怠(怠),106) 以臨天下. 民生有極,107) 以欲湼(淫)洫(溢), 湼(淫)洫(溢)[卽失. 豊而[爲殺,108) [加而爲旣,109) 予之爲害, 致而爲費,110) 緩而爲衰,111) 桐而窘(窘)之,112) 收而爲之咎;113) 累而高之, 部(踣)而不救也,114) 將令之死而不得悔. 子勿患也.]

역흑이 말했다. "60번이나 전쟁을 치렀으나 고양高陽은 아직 성공하지 못했습니다. (치우蚩尤가) 방탕하고 교만하나 (도리어) 일찍 얻었음은 하늘의 도움[天祐]이라 합니다. (그는) 하늘의 도움을 받고도 경계함이 없으나 하늘땅(의 도움)은 한결같으니, 이것을 어찌해야 합니까?"
태산지계는 말했다. "그대는 도움이라 말하지 말고, (상하가) 함께 대비 하게나! 나는 장차 그(蚩尤의 반역하는) 일을 빌려서 그의 뜻을 채워주고, 그의 (반역에) 힘씀을 도와줌으로써 간악奸惡함에 던져버릴 것이네. 자네는 (더 이상) 말하지 말게! 윗사람들은 바르게 해야 하고, 아랫사람들은 조용해야 하네. 올바르게 하늘(도움)에 대비하고, 조용하게 사람(의 도움)을 기다리세. 천지자연이 명분을 세우면 만물(만인)은 스스로 사는 법이니, 하늘의 형벌[天刑]을 따르는 것이네! 자연의 운행[天

---

104) 太山之稽는 黃帝의 스승이다. 余明光著, 294頁 注2 참조.
105) 處는 그침(止)이다. 余明光著, 295頁 注4 참조.
106) 계啓는 운동이다. 啓然不怠는 해와 달의 운행은 활동하며 게으르지 않음을 말한다. 陳鼓應注譯, 上同 注7 참조.
107) 極은 한계이다. 陳鼓應注譯, 上同 注8 참조.
108) 豊은 豊盈, 盛盈이니 풍성함이다. 殺은 감소함이니 쇠퇴를 뜻한다. 陳鼓應注譯, 251頁 注10 참조.
109) 旣는 盡(다함)이다. 陳鼓應注譯, 上同 注11 참조.
110) 致而爲費는 증여를 해줘도 허비됨이다. 余明光著, 295頁 注7 참조.
111) 緩而爲衰에서 衰는 게으름이다. 陳鼓應注譯, 上同 注13 참조.
112) 『說文解字』에 동桐은 영화(榮)이다. 군窘은 困(막힘)이다. 余明光著, 上同 注9 참조.
113) 收는 체포함이다. 구咎는 죄를 물음이다. 余明光著, 上同 注10 참조.
114) 북踣은 넘어짐이다. 余明光著, 上同 注11 참조.

行에는 (밖으로부터의) 꺾임이 없으니, 거역이나, 순조로움에 부류가 있네. 놀라지 말고 무서워하지도 말게, 그(蚩尤)의 반역의 사건은 이제 시작되었네! 나는 장차 그(蚩尤)가 반역하는 데 따라 그를 죽일 것이네. 여섯 보좌관을 바꾸어서 신의信義에 맞게끔 합칠 것이네. 일이 준비될 (때까지) 경동警動을 하지 말아야 할 것이니 (치우는) 오래지 않아 자멸할 것이네! 나는 장차 그(蚩尤)가 행한 지난 일들을 전부 관찰하고 행동할 것이며 그(蚩尤)에게 올 일[叛逆]의 결과와 모양을 기다려서 대응[應利할 것이네. 지난 역모를 살피고 장차 올 반역에 대응함은 천지자연의 신묘한 작용이네. 그(蚩尤)의 백성들을 분기시켜서 스스로 자멸하게 함인데, 나는 그로 하여금 스스로 패망하도록 하려는 것이네."

[力黑曰: 單(戰)數盈六十而高陽未夫.115) 涅(淫)溢蚤(早)服, [名曰 天佑.116) 天佑而弗戒,117) 天地一也. 爲之若何? [太]山之稽曰: 子勿言佑, 交爲之備.118) [吾]將因其事, 盈其寺, 軒其力,119) 而投之代.120) 子勿言也. 上人正一,121) 下人靜之; 正以侍(待)天, 靜以須人.122) 天地立名, [萬物自生, 以隋(隨)天刑. 天刑不搏,123) 逆順有類. 勿驚勿戒, 其逆事乃始. 吾將遂是

---

115) 戰數는 전쟁의 숫자이다. 盈은 滿(가득함)이다. 未夫에서 夫는 아마도 治로 훈독해야 한다. 未夫는 아직 성공하지 못함이다. 陳鼓應注譯, 253頁 注1 참조.
116) 무는 先이고, 服은 얻음(得)이다. 淫溢早服은 방탕하고 오만하나 도리어 일찍 소득이 있음을 말한다. 陳鼓應注譯, 254頁 注2 참조.
117) 戒는 계혜(경계함), 해駭(놀람)과 통한다. 蚩尤가 天佑를 받고도 두려운 마음이 없음을 말한 것이다. 陳鼓應注譯, 上同 注3 참조.
118) 交는 俱(함께)이다. 余明光著, 295頁 注17 참조.
119) 因은 빌림(借)이다. 其는 蚩尤이다. 事는 蚩尤의 逆事이다. 寺는 志로 읽는다. 용軒은 용軻자와 통하는데 부扶(어루만짐)로 읽는다. 力은 힘써 일함이다. 陳鼓應注譯, 上同 注6 참조.
120) 代는 특慝으로 읽어야 하니 奸惡이다. 余明光著, 296頁 注20 참조.
121) 正一에서 一은 아무래도 之의 착오이다. 陳鼓應注譯, 254頁 注8 참조.
122) 須는 기다림이나. 余明光著, 上同 注22 참조.
123) 天刑은 곧 天行이다. 搏은 拜의 古文인데, 拜는 屈(굽히다)이다. 余明光著, 上同

其逆而僇(戮)其身,124) 更置六直而合以信,125) 事成勿發, 胥備自生,126) 我
將觀其往事之卒而朵焉,127) 寺(待)其來事之遂刑(形)而私(和)焉,128) 壹朵
壹禾(和), 此天地之奇也,129) 以其民作而自戲也,130) 吾或使之自靡也.]

전쟁은 이길 수 있기에 태산지계는 말했다. "할 만하다!"
여기에 도끼[鏘]와 큰 도끼[鉞]를 꺼내서 들고 자기의 군사를 분발시키
니, 황제黃帝가 몸소 (적장인) 치우를 만나서, 결국 그를 사로잡았다.
그의 피부를 벗겨서 화살의 과녁으로 만들고, 사람들을 시켜서 화살을
쏘게 하여, 많이 적중한 자에게 상을 내렸다. 그의 머리칼은 잘라서 하
늘 높이 매달았으니, 그것을 치우의 깃발이라 이름을 하였다. 그의 위胃
를 (털로) 채우고 공으로 만들어서 사람들에게 발로 차게 하였으니, 많
이 적중한 자에게는 상을 내렸다. 그의 뼈와 살은 잘게 썰어서, 쓴 젓갈
醬에 던졌으며, 천하 사람들이 그것을 맛보게 하였다.

[單(戰)盈才(哉),131) 大(太)山之稽曰; 可矣. 于是出其鏘鉞, 奮其戎兵, 黃帝

注23 참조.
124) 遂는 성취이다. 是其逆은 實(寔)其逆으로 읽어야 하니, 그 惡行을 꽉 채우게 함이
다. 陳鼓應注譯, 255頁 注16 참조.
125) 更置는 建制를 바꿈이다. 六直은 아마도 六相이다. 六相은 黃帝의 여섯 보좌 신하
이니, 蚩尤, 大常, 奢龍, 祝融, 大封, 后土를 말한다. 合以信은 信義에 합치함이다.
陳鼓應注譯, 255頁 注17 참조.
126) 事成勿發은 준비를 이루고 蚩尤를 警動을 하지 않음이다. 胥는 오래지, 않음이다.
備는 아마도 斃로 읽어야 한다. 胥斃自生은 그는 오래지 않아 스스로 멸망함이
다. 陳鼓應注譯, 256頁 注18 참조.
127) 卒은 전부이다. 타朵는 動이다. 陳鼓應注譯, 上同 注19 참조.
128) 遂는 결과이다. 形은 形成이다. 私는 마땅히 和이다. 陳鼓應注譯, 上同 注20 참조.
129) 타朵는 蚩尤의 활동을 관찰하고 和는 蚩尤가 앞으로 펼칠 일을 조용히 관찰함이
니, 이것은 天地 간의 신묘 작용이라 할 수 있다. 陳鼓應注譯, 上同 注21 참조.
130) 作은 奮起이다. 희戲는 아마도 궤陒(무너지다)로 읽어야 한다. 陒는 경복傾覆이
다. 陳鼓應注譯, 上同 注22 참조.

身禺(遇)之(蚩)尤, 因而○(擒)之, 勒(剝)其皮革以爲干侯,132) 使人射之, 多中者賞. 劕其髮而建之天,133) 名曰之(蚩)尤之旝(旌). 充其胃以爲鞫(鞠),134) 使人執之,135) 多中者賞. 腐其骨肉, 投之苦酭(醢),136) 使天下䤈(噆)之.137)]

　하느님(上帝의 이름대로) 금령을 내리며, 황제黃帝는 말했다. "내가 내린 금령禁令을 폐하지 말고, 내가 역적을 벌하여 만든 젓갈[醢]을 버리지 말고, 내 백성을 혼란에 빠뜨리지 말고, 나의 도道를 끊지 않아야 한다! (그런데, 치우蚩尤는) 금령을 폐기하였고 젓갈醢을 버렸고 백성을 혼란에 빠뜨렸고, 도道를 끊어버렸고 의義에 반항하고 계절[時]을 어기면서 비행非行을 저질렀으며, 정점[極]을 지나쳐서 마땅한 것을 잃어버렸고, 제도를 멋대로 변환하였다. (그가) 마음에서 이런 짓들을 하고자 했다면, 이것은 하느님이 먼저 하지 않은 것을 실행하여 멋대로 전쟁을 일으킨 것이다. 치우蚩尤는 (마땅히) 형벌을 받을 것임을 보인 것이다." (치우의) 등뼈를 굽히고 칼[鉏]을 씌우고 죽지도 살지도 못하게 하고, 풀이 죽게 하고 얌전하게 말뚝에 묶었다. 황제는 말하였다. "내가 세운 올바른 명분(제도)를 부지런히 지키고, 내가 정한 변함없는 형벌을 바꾸지 않을 것임을 후대 사람들에게 보여주리라!"

---

131) 盈은 영贏(이기다)와 통한다. 余明光著, 297頁 注32 참조.
132) 原文의 缺字는 부膚(피부)로 보아야 한다. 干侯는 화살 과녁이다. 余明光著, 上同 注33 참조.
133) 劕는 초剿(끊다)의 가차이다. 建之天은 하늘 높이 깃발을 걸음이다. 陳鼓應注譯, 259頁 注3 참조.
134) 국鞫은 공인데 그 속은 毛로 채웠다. 余明光著, 298頁 注36 참조.
135) 執은 古音이 답蹋과 가깝다. 蹋은 척踢(발로 차다)이다. 余明光著, 298頁 注37 참조.
136) 腐는 잘게 썰거나 썩힘이다. 고해苦醢는 쓴 채소를 보탠 장醬이다. 陳鼓應注譯, 上同 注8 참조.
137) 집䤈은 지금의 잡咂(빨다)이다. 陳鼓應注譯, 上同 注9 참조.

[上帝以禁. 帝曰: 毋乏吾禁,138) 毋留(流)吾酭(醢),139) 毋亂吾民, 毋絶吾道. 止(乏)禁, 留(流)酭(醢), 亂民, 絶道, 反義逆時, 非而行之, 過極失當, 擅制更爽, 心欲是行, 其上帝未先而擅興兵, 視之(蚩)尤共工.140) 屈其脊, 使甘其㕚, 竹+僉, 不死不生, 慤(愨)爲地桯.141) 帝曰: 謹守吾正名, 毋失吾恒刑, 以視(示)后人.]

---

138) 핍乏은 폐지이다. 陳鼓應注譯, 261頁 注2 참조.
139) 留는 流와 통하고, 流는 따라서 버림이다. 陳鼓應注譯, 上同 注3 참조.
140) 共工은 옛날 감옥(牢獄)의 이름인데, 여기서는 刑罰을 뜻한다. 陳鼓應注譯, 上同 注5 참조.
141) 甘은 겸鉗으로 읽어야 하니 칼(刑具)이다. 유僉는 유兪인데, 척추(등뼈) 양옆의 혈 지리이다. 각慤은 꽉 붙임이다. 지징地桯은 땅에 막은 말뚝이다. 陳鼓應注譯, 上同 注6 참조.

여섯째 성씨[姓]와 싸움[爭]

본편 중에 나오는 「姓生已定, 敵者生爭」에서 姓爭을 취하여 제목으로 삼았다. 여기서는 역흑力黑과 고양高陽 간의 동정動靜, 작쟁作爭과 부쟁不爭, 형덕刑德, 천도天道와 인도人道, 주객主客 등에 관한 토론이 전개되고 있다. 여기서는 덕을 베풀고 상을 내리는 일[德賞]이 주가 되고, 형벌은 보조적인 역할을 맡는 데 있다.

    고양高陽이 역흑力黑에게 물었다. "천지자연이 이미 이뤄졌으니 이에 백성이 살고 있습니다. 하늘의 덕을 따르는 이가 없고, 서로 배반하고 넘어뜨리려 꾀를 부립니다. 이를 제가 깊이 걱정하는데 어찌해야 합니까?"
    역흑이 대답하였다. "근심하지 말고 걱정도 하지 마십시오. 하늘이 제정한 자연법칙이 있습니다. 천지자연이 이미 안정되었으니 기어가거나 꿈틀대는 작은 벌레들도 모두 다투기 마련입니다. 싸우는 것은 흉한 일이지만 싸우지 않고는 성공할 수 없습니다. 하늘에 순응하는 자는 번창하고, 하늘을 거스른 자는 망합니다. 자연의 도[天道]에 거역하지 않으면, 지켜야 할 것을 잃어버리지 않습니다. 천지자연이 이미 안정되었으니 이에 백성이 살아갑니다. 씨족사회가 생겨나 이미 안정되었음에도 적대하는 부족들과는 다툼이 생겨나니, 그들을 치지 않으면 안정될 수 없습니다. 무릇 평정의 준칙은 형벌[刑]과 덕행[德]에 있습니다."

    [高陽問力黑曰: 天地已成, 黔首乃生. 莫循天德, 謀相服(覆)頃(傾). 吾甚患之, 爲之若何? 力黑對曰: 勿憂勿患, 天制固然.142) 天地已定, 規(蚑)僥(蟯)畢挣(爭).143) 作爭者凶, 不爭亦毋(無)以成功. 順天者昌, 逆天者亡. 毋

---
142) 固然은 본래 가진 법칙이다. 陳鼓應注譯, 264頁 注4 참조.

逆天道, 則不失所守. 天地已成, 黔首乃生. 勝(姓)生已定,144) 敵者生爭, 不
諶不定.145) 凡諶之極,146) 在刑與德.]

"형벌과 덕행은 광명하기에 해와 달은 보름[望]을 살펴 그 마땅함을
밝힙니다. 보름이 해와 달의 마땅한 것을 잃으면 반대로 재앙을 보입니
다. 자연의 덕[天德]은 밝으나 형벌[刑] 없이는 실행되지 않습니다. 자연
의 형벌[天刑]은 엄숙합니다. 덕행이 아니면, 반드시 (나라가) 기웁니다.
형벌과 덕행은 서로를 길러주기에, (통치에서) 거스름[逆]과 순조로움
[順]이 이에 정해집니다. 형벌은 어두운 것[晦]이나 덕행은 밝은 것[明]이
고, 형벌은 음陰이고 덕행은 양陽이기에, 형벌은 드러나지 않지만[微],
덕행은 뚜렷이 드러납니다[彰]. 밝은 것을 법法으로 삼고 드러나지 않는
도술[微道]을 실행하십시오."

[刑德皇皇, 日月相望, 以明其當.147) 望失其當,148) 環視其央(殃).149) 天德
皇皇, 非刑不行; 繆(穆)繆(穆)天刑,150) 非德必頃(傾). 刑德相養, 逆順若
成.151) 刑晦而德明, 刑陰而德陽, 刑微而德章(彰). 其明者以爲法, 而微道
是行.]

덕행德[明]을 밝히고 형벌刑[微]을 잘 파악하여, 계절[時]의 순환[返]에

---

143) 기蚑와 요蟯는 기거나 꿈틀대는 작은 벌레이다.
144) 姓生已定은 씨족사회의 발생과 형성이다. 余明光著, 300頁 注5 참조.
145) 심諶은 감戡(치다)으로 읽어야 한다. 余明光著, 上同 注7 참조.
146) 極은 准則이다. 余明光著, 上同 注8 참조.
147) 皇皇은 광명이다. 달은 보름이 되면 둥글게 되어서 해와 상대하게 되기에 日月은
보름[望]을 관찰한다. 當은 합당이다. 余明光著, 300頁 注9, 10 참조.
148) 望은 보름이다.
149) 環은 反이다. 視는 示(보이다)와 같다. 余明光著, 上同 注12 참조.
150) 목목穆穆은 엄숙이다. 余明光著, 301頁 注13 참조.
151) 若은 乃이고, 成은 정해진다. 余明光著, 上同 注15 참조.

맞춰 적절한 시기를 잡아야 합니다. 자연의 도[天道]는 순환하기에 (이 것을 잘 파악하면) 사람은 자연을 능동적으로 이용할 수 있습니다. (백성의) 쉼[靜]과 활동[動]이 적절한 시기에 맞춰 이뤄지면 자연[天地]은 (소득을) 줍니다. 다툼이 그치지 않아, 쉬어야 할 계절인데도 쉬지 못하면 나라는 안정되지 않습니다. 활동해야 하는데 활동하지 않으면, 자연의 도[天稽, 天道]는 순환하기에 사람은 도리어 수동적으로 따르게 될 뿐입니다. 쉼과 활동이 적절한 시기를 얻으면 자연[天地]이 도와주지만 쉼과 활동이 적절한 시기를 잃으면 자연은 (도움을) 빼앗습니다."

[明明至微,152) 時反(返)以爲几(机, 機). 天道環周, 于人反爲之客.153) 爭(靜)作得時, 天地與之. 爭不衰, 時靜不靜, 國家不定. 可作不作, 天稽環周, 人反爲之客.154) 靜作得時, 天地與之;155) 靜作失時, 天地奪之.]

"무릇 천지자연의 도道에는 추위와 더위, 건조함과 습함이 나란히 서서 대립할 수 없습니다. 강유剛柔와 음양은 진실로 둘로 나누어질 수 없습니다. (대립하는) 둘은 서로를 길러주며, 계절[時]은 서로를 이뤄줍니다. 쉼에는 법法이 있어야 하고, 활동에는 명분을 따라야만, 사업[事]도 쉽게 이뤄집니다. 무릇 인사人事라면 무상하고 표준[極]을 지나치면 합당함을 잃게 되고, 변고變故가 있으면 항상성[常]이 바뀝니다. 덕이란

---

152) 明明에서 앞의 明은 동사로 밝힘이고 뒤의 明은 德明을 가리키니 德이다. 至微에서 至는 通도 되고 達도 되기에 通曉(잘 앎)이다. 微는 刑微의 微이기에 微는 刑을 가리킨다. 陳鼓應注譯, 267頁 注1 참조.
153) 環周는 순환 운행이다. 天道와 人은 黃老사상에서 主客 관계로 보니, 사람이 능동성을 발휘하면 주객 관계는 바뀐다는 것이다. 말하자면 자연 운행의 道를 파악하여 잘 운영하면, 사람은 客이 아니라 主가 될 수 있다고 본 것이다. 陳鼓應注譯, 上同 注3 참조.
154) 天稽는 天道이다. 휴식[靜]과 활동[作]이 시기를 잃으면 사람은 수동의, 즉 客의 사리에 처함을 말한다. 陳鼓應注譯, 上同 注5 참조.
155) 여기서 與는 佑助(도움)이다. 陳鼓應注譯, 上同 注6 참조.

가진 것[有]이 없음이고, 형벌[刑]을 조치함은 부당한 일입니다. 활동함이 명분에 들어맞지 않으면, 이 때문에 형벌을 받아서 죽게 됩니다."

[夫天地之道, 寒淫(熱)燥濕, 不能並立. 剛柔陰陽, 固不兩行. 兩相養, 時相成. 居則有法, 動作循名.156) 其事若易成.157) 若夫人事則无常, 過極失當, 變故易常; 德則无有, 昔(措)刑不當.158) 居則无法, 動作爽名,159) 是以僇(戮)受其刑.]

---

156) 居는 靜의 뜻이다. 여기서 作은 아마도 則으로 읽어야 한다. 陳鼓應注譯, 269頁 注1 참조.
157) 若은 乃이다. 陳鼓應注譯, 上同 注2 참조.
158) 德則에서 則은 바로(就) 이다. 措刑은 刑을 조치함이다. 陳鼓應注譯, 上同 注3 참조.
159) 爽은 착오나 不合이다. 余明光著, 302頁 注28 참조.

일곱째 남녀의 절도[雌雄節]

　본편은 여성스러운 절도[雌節] 즉 화순和順하고 공경하는 태도와 남성스러운 절도[雄節] 즉 뻐기고 오만한 태도를 설명하고 있다. 여성스러운 절도를 지키는 것은 덕을 쌓는 일[積德]인 반면, 남성스러운 절도를 지키는 것은 화禍와 재앙을 쌓는 일[積殃]이다.

　황제黃帝께서는 길흉吉凶의 법도를 위에서 통하고 아래에서 통달하여 여성스러운 절도와 남성스러운 절도를 분간하시니, 이에 불행[禍]과 복福의 방향을 구분하였다. 재능을 드러내어 과시하고[憲] 오만하고 남을 무시하며[驕] 불손함[倨]을 일러 남성스러운 절도[雄節]라고 한다. 화순和順하고 공경하고 겸손함을 일러 여성스러운 절도[雌節]라고 한다. 남성스러운 절도는 자만自滿하는 부류다. 여성스러운 절도는 겸허한 부류이다. 무릇 남성스러운 절도로는 성공해도 도리어 복이 될 수 없다. 여성스러운 절도로는 실패해도 반드시 성공하게 될 것이니 장차 상賞이 있을 것이다. 무릇 남성스러운 절도로 여러 번 성공하면 이를 일러 '재앙을 쌓는다'라고 하는데 흉한 일과 근심거리가 겹쳐서 이르니 죽음에 가까워진다. 여성스러운 절도로 여러 번 실패하면 이를 일러 '덕을 쌓음'이라고 하는데, 신중히 경계하고 포기하지 않는다면 큰 복이 장차 이를 것이다.

　[皇后屯磨(歷)160) 吉凶之常,161) 以辯(辨)雌雄之節,162) 乃分禍福之鄕(向).

---

160) 皇后는 皇帝를 말하니 곧 黃帝를 일컬음이다. 上通下達을 洞歷이라 말함(『論衡・超奇』) 屯歷은 아마도 洞歷이니, 위에서 통하고 아래에서 통달함이다. 陳鼓應注譯, 272頁 注1 참조.
161) 常은 准則이다. 余明光著, 303頁 注2 참조.

憲敖(傲)驕居(倨),163) 是胃(謂)雄節; [智濕共(恭)驗(儉),164) 是胃(謂)雌節. 夫雄節者, 涅之徒也.165) 雌節者, 箝之徒也.166) 夫雄節以得, 乃不爲福; 雌節以亡, 必得將有賞. 夫雄節而數得, 是胃(謂)積英(殃); 凶憂重至, 几于死亡.167) 雌節而數亡, 是胃(謂)積德; 愼戒毋法,168) 大祿將極.169)]

무릇 저들 화란禍亂에는 앞섬은 항상 흉하고, 뒤에 섬은 항상 길吉하다. 앞섰으나 흉하지 않은 것은 여성스러운 절도를 항상 갖춘 것이다. 뒤에 섰음에도 길하지 않은 것은 남성스러운 절도를 항상 갖춘 것이다. 앞섰으나 역시 흉하지 않았고 뒤에 서 있는데 길하지 않은 것은, 여성스러운 절도를 항상 갖춘 것이다. 앞섰으나 또한 길하지 않고 뒤섰으나 또한 길하지 않은 것은, 남성스러운 절도를 항상 갖춘 것이다.

[凡彼禍亂也, 先者恒凶, 后者恒吉. 先而不凶者, 是恒備雌節存也. 后而不吉者, 是恒備雄節存也. 先亦不凶, 后亦不吉, 是恒備雌節存也. 先亦不吉,

---

162) 雌雄節은 治道에 대한 옛날 두 가지 태도이다. 道家에서는 통치자가 '淸虛以自守, 卑弱以自持'할 것이며, 또한 淸道를 지키고 雌節을 잡고서 道에 因順할 것이며 常后하고 앞서지 말고 柔弱으로 고요[靜]함을 요구했으니, 이것이 雌節이다. 雄節은 이와는 반대된다. 余明光著, 上同 注3 참조.
163) 憲은 顯(드러냄)이다. 재능을 드러내어 자신을 과시함이 憲이다. 高傲하고 무례함이 오傲이다. 驕는 남을 무시함이다. 오만 傲慢하고 불손함이 거倨이다. 余明光著, 上同 注5 참조.
164) 陳鼓應교수는 2缺字를 智濕으로 본다. 완智은 완宛으로 읽어야 하니 順이다. 습濕은 燮으로 읽어야 하니 和이다. 완섭宛燮은 和順이다. 恭儉은 恭敬하고 謙卑한 것이다. 陳鼓應注譯, 272頁 注5 참조.
165) 영涅은 盈으로 읽는다. 盈은 滿이다. 余明光著, 304頁 注7 참조.
166) 箝은 謙으로 읽는다. 余明光著, 上同 注8 참조.
167) 궤几는 近이다. 余明光著, 上同 注11 참조.
168) 法은 아마도 廢로 읽어야 한다. 法과 廢는 古音이 비슷하다. 余明光著, 上同 注12 참조.
169) 祿은 福이다. 極은 至이다. 余明光著, 上同 注13 참조.

后亦不吉, 是恒備雄節存也.]

무릇 사람이 남성스러운 절도[雄節] 쓰기를 좋아함을 일러 순조로운 삶을 방해한다고[妨] 한다. 큰 사람[大人]이면 손훼[損毁]를 입고 작은 백성[小人]들이면 망한다. (이것을) 지키면 안녕하지 못하고, 일을 해도 성공할 수 없고, (동맹을) 찾아도 얻을 수 없고, 싸워도 이길 수 없다. 그 자신은 오래 살지도 못하고 자손은 번식되지 못하니 이를 일러 흉한 절도라 하고, 이를 일러 덕을 흩트리는 일이라고 말한다. 무릇 사람이 여성스러운 절도[雌節] 쓰기를 좋아함을 일러 복을 받는다고 한다. 부자라면 번창하고 빈자도 충분히 먹을 수 있다. (이것을) 지키면 안녕해지고 일을 하면 성공하고, (동맹을) 찾으면, 얻을 수 있으며 싸우면 이긴다. 자신은 오래 살고 자손은 번식하니 이를 일러 길한 절도[吉節]라 하고, 이를 일러 덕의 모임[洿, 聚]이라 말한다. 그러므로 덕을 쌓은 자는 번창하고 재앙을 쌓은 자는 망하니, 그가 쌓은 바를 보면, 이에 화(禍)와 복(福)의 방향을 알 수 있다.

[凡人好用雄節, 是胃(謂)方(妨)生. 大人則毁, 小人則亡. 以守不寧, 以作事不成, 以求不得, 以戰不克. 厥身不壽, 子孫不殖, 是胃(謂)凶節, 是胃(謂)散德. 凡人好用[雌節], 是胃(謂)承祿.170) 富者則昌, 貧者則穀.171) 以守則寧, 以作事則成. 以求則得, 以單(戰)則克. 厥身則壽, 子孫則殖, 是謂吉節, 是胃(謂)絝德.172) 故德積者昌, [殃]積者亡, 觀其所積, 乃知[禍福]之鄕(向).]

---

170) 承祿은 복을 받음이다. 陳鼓應注譯, 278頁 注5 참조.
171) 穀은 충분히 먹음이다. 余明光著, 304頁 注20 참조.
172) 고딕 絝德에서 絝는 오洿로 읽는데, 洿는 모임(聚)이다. 陳鼓應注譯, 278頁 注7 참조.

여덟째 전쟁의 허용[兵容]

본편에서는 전쟁을 수행하는데 허용되는 준칙을 기술하고 있다.

군대(의 운용)에 있어 하늘을 본받지 않으면, 군대를 움직일 수 없다. 땅(의 운행)을 본받지[法] 않으면, 군대를 조치할 수 없다. 형벌[刑]이 사람을 본받지 않으면, 군대가 이루어질 수가 없다. 천지자연을 헤아리고[參], 성인聖人을 본받아야[稽之] 한다. 천지자연을 본받고, 성인은 그것에 의거하여 이루는 것이다. 성인의 업적[功]은 시기[時]를 이용함이고, 시기에 의거하여 적절함[宜]을 잡았으니, 군대를 일으키면, 반드시 성공한다. 성인聖人은 형벌에 부당함이 없고 맹약을 버리지도 않는다. 자연의 기회[天時]에 의거하여, 그와 더불어 모두 결단한다. 마땅히 결단해야 하는데 결단하지 못하면, 그 혼란을 되돌려 받는다.

[兵不刑天,173) 兵不可動; 不法地, 兵不可昔(措); 刑法不人,174) 兵不可成. 參于天地, 稽之聖人. 天地刑之, 天地刑之,175) 聖人因而成之.176) 聖人之功, 時爲之庸, 因時秉宜),177) [兵]必有成功. 聖人不達刑,178) 不襦傳.179) 因天時, 與之皆斷; 當斷不斷, 反受其亂.]

---

173) 刑天은 天을 본받음이다. 余明光著, 305頁 注1 참조.
174) 刑法不人은 아마도 刑不法人의 착오인 것 같다. 余明光著, 上同 注3 참조.
175) 天地刑之가 중복되었으니, 그 하나는 착오이다.
176) 刑之는 形之이니, 顯示함이다. 因은 의거함이다. 余明光著, 上同 注4 참조.
177) 庸은 用이다. 余明光著, 306頁 注5 참조.
178) 達刑은 형벌의 부당함이다. 陳鼓應注譯, 281頁 注7 참조.
179) 유전襦傳은 투전渝轉이니, 猶豫(망설이고 결정 못함)가 반복됨이다. 즉 盟約을 어김이다. 陳鼓應注譯, 上同 注8 참조.

하늘에는 진실로 빼앗는 것이 있고 주는 것이 있는데, 상서로운 복이 왔는데도 받지 않으면, 반대로 재앙이 따르게 된다. 세 길[三隧: 天道, 地道, 人道]의 좇음을 거절하면, 군대[兵]에는 성공이 없을 것이다. 만약 공로에 대해 잔치를 베풀지 않으면, 도리어 그 재앙을 받게 된다. 나라가 행운이 있다면, 해당한 자는 재앙을 받을 것이다. 나라에 행운이 없다면, (전쟁을 일으킨) 당사자가 생명을 연장할 것이다. 성세聲勢가 양양함이 백성의 힘에 순응하기에 자연[天]을 거스름이 지극하며, 또한 업적[功]까지 이루었다고 하면, 그 나라는 위태해지고 사직은 불안해지는데, 사업에는 성공이 없고 상賞을 받음도 그대로이고, 자연(이 내어주는) 업적도 없어진다. 이것이 자연의 도道이다.

[天固有奪有予, 有禕福至者也而弗受, 反隨(隨)以殃. 三隧絶從, 兵无成[功].180) □不鄉(饗)其功,181) 環(還)受其殃. 國家有幸, 當者受央(殃); 國家无幸, 有延其命. 茀茀陽陽,182) 因民之力, 逆天之極, 有(又)重有功, 其國家以危, 社稷以匡,183) 事无成功, 慶且不鄉(饗)其功.184) 此天之道也.]

---

180) 遂는 수隧로 읽어야 하니, 길(道)이다. 三道는 天道, 地道, 人道이다. 從은 囚順이다. 따라서 三隧絶從은 天道, 地道와 人道를 따름을 거절함이다. 陳鼓應注譯, 283頁 注3 참조.
181) □은 마땅히 가정하는 뜻이니, 如果(만약 …이면)일 것이다. 陳鼓應注譯, 284頁 注4 참조.
182) 불불양양茀茀陽陽은 비비탕탕沸沸湯湯이니, 聲勢가 浩大함이다. 陳鼓應注譯, 上同 注6 참조.
183) 匡은 不安이다. 陳鼓應注譯, 上同 注7 참조.
184) 慶은 慶賞(賞을 받음)이다. 且는 그대로이다. 陳鼓應注譯, 上同 注8 참조.

아홉째 법을 이룸[成法]

본편은 도道에 관한 논의이다.

황제黃帝 임금이 역흑力黑에게 물었다. "오직 나 한 사람이 천하를 모두 가졌는데 교활한 백성이 장차 생겨나서 아첨하는 말[佞辯]과 교묘하게 꾸며대는 말[巧說]로 모략과 계책을 짜낸다면, 없애거나 막을 수 없을 것일세. 누군가 이런 것들을 사용하여 천하를 어지럽힐 것이, 나는 두렵다네. 천하 백성을 바로잡을 수 있는 법을 만드는 일을 묻고자 하네!"

역흑이 말하였다. "예. 옛날에 천지자연이 이미 이뤄지자 이름[名]을 바로잡아 모양[形]과 들어맞게 하였으니, 이에 (사물마다) 한 가지 이름을 지키게 되었습니다. 위로는 이것을 하늘이 지켜주고, 아래로는 이것을 사해四海에 실행하였습니다. 제가 듣기로 천하에 법이 이뤄졌기 때문에 말은 많지 않으며, 한 마디로 끝난다고 합니다. 이름[名]을 따르고 하나一, 道로 돌아가면, 백성들은 기강이 어지러워지지 않을 것입니다."

[黃帝問力黑: 唯余一人, 兼有天下, 滑(猾)民將生, 年(佞)辯用知(智),185) 不可法組,186) 吾恐或用之以亂天下. 請問天下有成法可以正民者? 力黑曰: 然. 昔天地旣成, 正若有名, 合若有刑(形),187) [乃以守一名. 上拾之天,188)

---

185) 영변佞辯은 영설佞說 이니 花言巧說이다. 用智는 智謀를 운용함이다. 余明光著, 307頁 注1 참조.
186) 法은 廢로 읽어야 하고, 組는 저沮(막다)로 읽어야 한다. 余明光著, 上同 注2 참조.
187) '正若有名, 合若有形'에서 若은 于이고, 有는 뜻이 없고, '正形于名, 合名于形'의 뜻이 되니, 名으로 形을 바르게 하여, 形과 名을 相合하게 하는 것이다. 陳鼓應注譯, 287頁 注3 참조.

下施之四海. 吾聞天下成法, 故曰不多, 一言而止. 循名復一,[189] 民无亂紀.]

황제黃帝가 말했다. "천하는 하나一, 道를 가질 수 있는가를 묻고 싶네!"
역흑이 말했다. "예. 옛날에 하느님의 사자使者인 바람風이 하나一, 道를 말했을 뿐입니다. 오제五帝가[190] 이것을 사용하여 하늘땅을 구별하고 사해四海를 관리하고 낮은 백성들을 품었으며, 한 세대(30년)의 선비들을 바로 잡았습니다. 무릇 백성을 헐뜯으면 모두 물러나게 하였으니, 현인들이 모두 일어섰으며, 각종 사악한 무리는 도망치게 되었고, 달콤한 언변들은 그치게 되었습니다. 이름[名]을 따르고 하나一, 道로 돌아가면, 백성들은 기강이 어지러워지지는 않을 것입니다."

[黃帝曰: 請問天下猷(猶)有一序(乎)?[191] 力黑曰: 然. 昔者皇天使馮(風)下道一言而止.[192] 五帝用之, 以扒天地,[193] [以榢(㩦)四海,[194] 以壞(懷)下民, 以正一世之士. 夫是故譕(譨)民皆退, 賢人減(咸)起, 五邪乃逃,[195] 年(佞)辯乃止. 循名復一, 民无亂紀.]

황제가 물었다. "하나一, 道는 하나일 뿐인가? 그것 또한 자라남이

---

188) 금捡(붙잡다)은 금拎, 금撜, 금擒과 同字이다. 『說文解字』에 의하면, 금捡은 衣襟(옷깃)을 급하게 잡음이다. 따라서 捡은 마땅히 持(지키다)의 뜻이다. 余明光著, 上同 注4 참조.
189) 一은 道이다. 「用一之道, 以名爲首.」(『韓非子・揚權』) 余明光著, 308頁 注5 참조.
190) 五帝는 黃帝, 전욱顓頊, 제곡帝嚳, 唐堯와 우순虞舜이다. 陳鼓應注譯, 上同 注3 참조.
191) 猷는 可이다. 陳鼓應注譯, 288頁 注1 참조.
192) 馮은 風으로 읽는다. 고대 신화에 의하면 바람[風]은 하느님의 使者이다. 一言은 道를 말함이다. 而止는 而已(…뿐)이다. 余明光著, 308頁 注6 참조.
193) 배扒는 八로 읽는다. 『說文解字』에 의하면, 八은 別(나누다)이다. 余明光著, 上同 注7 참조.
194) 규㩦는 관리함이다. 余明光著, 上同 注8 참조.
195) 五는 虛數이다. 五邪는 다만 각종의 邪惡이다. 陳鼓應注譯, 290頁 注9 참조.

있겠는가?"

역흑이 말했다. "하나는 자기의 근본[朱]이니, 어떻게 (더) 자라나겠습니까! 무릇 잃은 바가 있으면 하나[一, 道]를 지킬 수 없는데, 하나[一, 道]의 흔적은 하늘땅에까지 도달하고, 하나[一, 道]의 도리는 사해四海에까지 베풀어집니다. 하나[一, 道]의 지극함[至]과 멀고도 가깝게 이르는 데[稽]를 어떻게 (다) 알 수 있겠습니까? 무릇 하나[一, 道]만은 잃음이 없으니, 하나로서 변화를 촉진하기에 적음[少]으로 많은 것[多]을 알게 되고, 사해四海를 관찰하여 위아래로 극한極限을 다했으니, (동서남북) 사방으로 (만물을) 서로 포괄하는데, 각각은 자기의 도道에서 말미암습니다. 무릇 백 마디 말에는 근본이 있고, 천 마디 말에는 제요提要가 있고, 만 마디 말에는 총괄이 있습니다. 만물은 많으나, 모두 한 구멍[一孔, 道]에서 종합하여 장악됩니다. 그는 반드시 성인聖人[正人]일 것이니, 누가 이것을 다스리겠습니까? 그는 반드시 성인이시니, 이에 정도正道를 잡고서 음탕하고 사악함을 바로 잡았으니, 하나[一, 道]를 잡고서 많은 것을 알게 되기에, 백성의 해로움을 제거하고 백성의 편의便宜함을 유지하여 주십시오. 하나[一, 道]를 품고서 통괄하고 지켜서, 하늘땅과 정점頂點[極]을 함께 같이 하는 것[同]이니, 이에 하늘땅의 불행[禍]과 복을 알 수 있을 것입니다."

黃帝曰: 一者, 一而已乎? 其亦有長乎? 力黑曰: 一者, 道其本也,196) 胡爲而 无長? [凡有所失, 莫能守一. 一之解, 察于天地, 一之理, 施于四海.197) 何 以知[一]之至,198) 遠近之稽! 夫唯一不失, 一以騶化,199) 少以知多. 夫達望

---

196) 여기서 道는 말함이니, 동사이다. 胡爲는 何爲와 같으니, 무엇 때문의 뜻이다. 陳鼓應注譯, 291頁 注2 참조.ㅎ
197) 『廣雅·釋詁三』에 의하면, 解는 迹(자취)이다. 察은 際이니, 達到(도달함)의 뜻이다. 陳鼓應注譯, 292頁 注4 참조.
198) 原文의 缺字는 一이라고 陳鼓應교수는 주장한다. 至는 至極이다. 稽 또한 至이다. 陳鼓應注譯, 上同 注5 참조.
199) 추騶는 촉促(재촉)으로 읽어야 한다. 騶化는 변화를 촉진하는 것이다. 余明光著,

四海,200) 困極上下,201) 四鄕(向)相枹(抱), 各以其道.202) 夫百言有本, 千言有要, 萬言有蔥(總).203) 萬物之多, 皆閲一空.204) 夫必正人也,205) 孰能治此? 罷(彼)必正人也, 乃能操正以正奇,206) 握一以知多, 除民之所害, 而寺(持)民之所宜. 紓凡守一,207) 與天地同極, 乃可以知天地之禍福.]

308頁 注16 참조.
200) 達望은 達觀, 遍觀, 두루 관찰함이다. 余明光著, 上同 注17 참조.
201) 困은 窮, 盡이다. 極은 極限이다. 余明光著, 308頁 注18 참조.
202) 以는 由(말미암다)이다. 余明光著, 309頁 注20 참조.
203) 本은 근본이다. 要는 提要이다. 總은 총괄이다. 이 숫자는 '린이臨沂(임기)의 銀雀山에서 출토된 漢簡第463號에도 보인다. 余明光著, 上同 注21, 22, 23 참조.
204) 之는 雖(비록)와 같다. 閲은 持(가지다), 장악이다. 總은 곧 總持, 總掌이다. 空은 孔으로 읽는다. 一孔은 道를 가리킨다. 陳鼓應注譯, 293頁 注12 참소.
205) 正人은 아마도 聖人이다. 余明光著, 309頁 注25 참조.
206) 첫 번의 正은 正道이고, 두 번째 正은 矯正이다. 奇는 淫邪不正함이다. 陳鼓應注譯, 293頁 注15 참조.
207) 부紓는 아마도 抱(안다, 품다)일 것이다. 凡은 總(통괄하다)이다.

열째 세 가지 금기禁忌[三禁]

본편에서는 3가지, 즉 천도天道, 지도地道와 인도人道의 금기禁忌를 논술하고 있다.

  자연[天]은 행위에 일정한 준칙[恒]이 없음을 금한다. 땅은 농사일[事]에 착오를 범하기를 금한다. 군주는 그의 명령[令]을 그르치는 것을 금한다. 이 세 가지[恒, 事, 令]가 모두 다스려지면, 나라는 거의 다 되는 것이다. 땅이 금하는 것은 높은 곳을 무너뜨림이며, 낮은 곳을 높이는 것이다. 냇물을 가로막지 말고, 흙(의 자연스러운 모양)을 거스르지 말 것이다. 토목공사土功에 차질이 없게 하고, 백성의 깨우침을 막지 않는다.

[行非恒者,208) 天禁之. 爽事,209) 地禁之. 失令者, 君禁之. 三者旣脩, 國家几矣.210) 地之禁, 211)不墮高, 不曾(增)下;212) 毋服川, 毋逆土; 毋逆土功, 毋壅民明.]

  나아감에 멈추지 않고 입신立身함에 겸양謙讓하지 않으며, 사특邪慝한 행사로 절도를 넘어서는 것을 대흉大凶이라 말한다. 인도人道에는 굳셈[剛]과 부드러움[柔]이 있는데, 굳셈은 쓰기에 부족하고 부드러움은 의지하기에 부족하다. (그러나) 굳세고 강하며 품성이 호랑이처럼 사나

---

208) 行非恒者는 행위가 일정한 준칙이 없음을 말함이다. 余明光著, 310頁 注1 참조.
209) 爽은 착오이다. 事는 농사이다. 余明光著, 上同 注2 참조.
210) 셋은 恒, 事와 令을 가리킨다. 旣는 盡(다)이니 皆(모두)이다. 脩는 修이니 다스림(治)이다. 几儿는 거의(差不多)이다. 陳鼓應注譯, 296頁 注4 참조.
211) 타墮는 무너짐이니 낮게 팜을 말한다. 增은 높이를 늘리는 것이다. 陳鼓應注譯, 上同 注5 참조.
212) 毋服川은 不防川, 냇가를 방비하지 않음과 같다. 余明光著, 上同 注5 참조.

운 자는 곤궁해지고, 즐기며 주색에 빠진 자는 망한다. 고물古物을 흉내 내고 부실한 자는 곤궁해지고, 이득을 취하면서 (남들이) 길러놓은 것을 탈취하면 (살던) 큰 저택은 폐허가 된다.

[進不氏,213) 立不讓,214) 徑(徑)遂凌節,215) 是胃(謂)大浖. 人道剛柔, 剛不足以, 柔不足寺(恃),216) 剛強而虎質者丘,217) 康沈而流面(湎)者亡;218) 憲古章物不實者死,219) 專利及削浴以大居者虛.220)]

자연의 도[天道]는 평이平易하기에 아래로 흙에 뿌려지며 전국全國[九州]에 베풀어진다. 이 때문에 왕공王公은 명령에 신중하지만, 백성은 이유를 알게 된다. 하늘에 항상 해[日]가 있으니 백성들 스스로 그것을 본받는데, (해의 운행을) 어기면 목숨을 해치게 되니, 도리어 스스로 패망한다. 하늘의 도이다.

[天道壽壽,221) 番(播)于下土, 施于九州, 是故王公愼令, 民知所繇(由). 天有恒日, 民自則之, 爽則損命, 環(還)自服之.222) 天之道也.]

---

213) 저氏는 厎로 읽으니 멈춤(止)이다. 余明光著, 上同 注9 참조.
214) 立은 立身行事를 가리킨다. 讓은 謙讓이다. 陳鼓應注譯, 298頁 注2 참조.
215) 경徑은 邪이다. 수遂는 進이다. 능凌은 능陵으로 읽는다. 徑遂陵節은 사벽邪辟한 행사로 절도를 넘어섬이다. 陳鼓應注譯, 上同 注3 참조.
216) 以는 用이다. 시恃는 기댐(依仗)이다. 余明光著, 311頁 注12, 13 참조.
217) 虎는 威猛한 짐승이니 위맹威猛을 말한다. 質은 裏性이다. 丘는 拒(거부)로 읽는다. 拒는 囚이다. 陳鼓應注譯, 上同 注5 참조.
218) 康沈流湎은 康梁沈湎과 같다. 康梁은 耽樂이고 沈湎은 淫酒이다. 陳鼓應注譯, 299頁 注6 참조.
219) 憲古章物은 憲章古物과 같다. 憲章은 祖述과 같으니, 흉내를 냄이다. 不實은 실제와 부합하지 않음이다. 死는 곤궁이다. 陳鼓應注譯, 上同 注7 참조.
220) 專利는 利를 전적으로 찾음이다. 削은 侵奪이다. 浴은 谷과 통하는데 谷은 기름(養)이다. 大居는 거주지가 큼이다. 虛는 허墟이니, 廢墟가 됨을 말한다. 陳鼓應注譯, 上同 注8 참조.
221) 壽壽는 축축踧踧으로 읽는다. 踧踧은 平易이다. 陳鼓應注譯, 300頁 注1 참조.
222) 還은 反이다. 服은 敗亡이다. 陳鼓應注譯, 上同 注4 참조.

열한째 정벌하는 근거[本伐]

본편은 출병하고 정벌하는 원칙과 결과를 서술하고 있다.

무력을 가진 나라들은 모두 전쟁의 원칙[兵道]이 있다. 세상에서 전쟁의 원칙은 세 가지이다: 이익[利] 때문에 하는 전쟁, 의義 때문에 하는 전쟁, 분忿을 풀려는 전쟁이다. 이른바 이익 때문에 하는 전쟁이란 백성은 굶주리고, 나라에 여유가 없으며, 상하가 부당함을 보고 군대를 동원하여 (적을) 주벌誅伐하려는 것이니, 비록 큰 이로움은 없겠으나, 또한 큰 해로움도 없다.

[諸庫臧(藏)兵之國, 皆有兵道.223) 世兵道三: 有爲利者, 有爲義者, 有行忿者.224) 所胃(謂)爲利者, 見生民有飢, 國家不叚(暇), 上下不當, 擧兵而栽之,225) 唯(雖)无大利, 亦无大害焉.]

이른바 의義 때문에 하는 전쟁은 혼란을 토벌하고 폭력을 금지하며, 똑똑한 이[賢]를 기용하고 어리석은 이[不肖]를 쫓아내니, 이른바 의로움[義]이다. 백성은 의로움에 목숨을 건다. 그러므로 한 나라가 천하를 공격하고 만승萬乘(大國)의 군주가 겸병兼幷을 하는데, 이것으로 시작하지 않는 일이 드물지만, (이로써 전쟁이) 끝날 수는 없을 것이다. (의전義戰이란) 변함없는 마음으로 (결심하지) 않는다면, 곤궁해지고 (상황이) 반대로 뒤집힐 것이다.

---

223) 諸는 저儲와 통한다. 庫는 武庫를 가리킨다. 저고儲庫와 藏兵은 同義이다. 兵道는 用兵하여, 정벌하는 원칙이다. 陳鼓應注譯, 302頁 注1 참조.
224) 世는 世人이다. 行忿은 怒하여 분풀이함이다. 陳鼓應注譯, 303頁 注2 참조.
225) 재栽는 재栽(誅伐함)와 통하니 誅伐이다. 余明光著, 312頁 注5 참조.

[所胃(謂)爲義者, 伐亂禁暴, 起賢廢不宵(肖), 所胃(謂)義也. [義者, 衆之所死也. 是故以一國或(攻)天下, 萬乘之主並朵希不自此始,226) 鮮能冬(終)之; 非心之恒也, 窮而反矣.]

 이른바 분풀이하는 전쟁은 비록 마음에 분함이 있으나 그저 분노할 수만은 없고, 분노했다면 반드시 해야 할 일이 있다. (그러나) 성공하지 못하는 것은 겸병(의 전쟁)이 (상리常理를) 거스른 것으로 (이는 용병用兵하는) 도가 아니기 때문이다.

[所胃(謂)行忿者, 心唯(雖)忿, 不能徒怒, 怒必有爲也. 成功而无以求也,227) 卽朵始逆矣,228) 非道也.]

 도道의 쓰임은 어찌할 수 없는 데서 나온 것이다. 어찌할 수 없는 데서 나온 것이니, 곤궁하지 않을 것이다. 그러므로 (전투에서 승리를) 줍게 하는 것이다. (형벌로) 금지하며 (賞給으로) 일을 시킴이다. 이렇게 해야 (병도兵道는) 순조롭게 통하게 되고 막힘이 없다.

[道之行也, 繇(由)不得已.229) 繇(由)不得已 則无窮.230) 故囲者, 赵者[也]; 禁者, 使者也.231) 是以方行不留.232)]

---

226) 陳鼓應교수는 缺字는 竝朵이라고 보고 있다. 陳鼓應注譯, 305頁 注5 참조.
227) 成功而无以求는 곧 无以求成功의 뜻이다. 无以는 할 수 없음(不會)이다. 求는 取得이다. 陳鼓應注譯, 307頁 注2 참조.
228) 卽은 乃이다. 朵는 朵幷이니, 다른 나라의 정벌이다. 逆은 常理를 위배함이다. 陳鼓應注譯, 上同 注3 참조.
229) 道는 兵道이다. 行은 用이다. 由는 出于이다. 陳鼓應注譯, 308頁 注1 참조.
230) '由不得已, 則無窮'은, 어쩔 수 없는 데서 나왔기에, 군대를 쓰면 곤궁할 때가 없다. 상동 注2 참조.
231) 囲는 囗과 丰자의 합이다. 봉丰은 介로 읽는데, 介는 곧 개芥(기자)이다. 芥는 개丐로 읽어야 하니, 개丐는 予(주다)의 뜻이다. 척赵은 척拓(줍다)과 통하니,

열두째 기존의 원칙[前道]

본편은 세 가지 문제를 논의한다. 나라를 다스리는데, ① 필요한 '기존의 원칙[前道]', ② 도道의 '근원[原]'은 있으나 '실마리[端]'는 없음 ③ 도道를 터득한 지식인[土]과 선비를 존중하고 임용하는 문제 등이다.

도를 터득한 성인聖人이 하는 일은 천지자연의 때와 부합하고, 백성의 뜻을 좇고 귀신에게 순종하며, 백성들이 이로움을 같이하게 하여, 수많은 이들이[萬夫] 이를 신뢰하니, 이를 일러 의義라고 부른다. 현인들을 앞세우고 임금이 이들을 기용하면, 나라와 사직이 오래도록 이로우며, 천하의 뭇 백성들이 대대로 이로울 것이다. 천하에서 대부들의 수레에 올라타고 나라를 다스리는 선비들이 여기로 모여든다. 한마디 말로 (자신을) 이롭게 하면 (보통의) 선비이지만, 한마디 말로 나라를 이롭게 하면, 나라의 선비[國士]이다. 군자는 (자기) 몸을 낮추고, 도道를 따르며, 앞으로는 사물의 옳고 그름과 좋고 나쁨과 같음과 다름을 가려내고, (일은) 강력하게 실천하며, 도道를 찾고자 세상에 의지하여 몸을 굽혀 때[時]에 의지하였다. 왕공王公이 이런 자를 알아본다면, 나라에 행운이다.

[聖人擧事也,233) 閤(合)于天地, 順于民, 羊(祥)于鬼神,234) 使民同利, 萬夫賴之, 所胃(謂)義也. 身載于前,235) 主上用之, 長利國家社稷, 世利萬夫百

습拾(줍다)이다. 禁은 형벌로서 惡을 못 하게 함이다. 使는 賞을 내림으로써 功을 세우게 함이다. 陳鼓應注譯, 上同 注3 참조.
232) 方行은 창행暢行, 盛行이다. 유류留는 체애滯碍(막힘)이다. 陳鼓應注譯, 上同 注4 참조.
233) 聖人은 得道한 賢人이다. 擧事는 行事이다. 陳鼓應注譯, 310頁 注1 참조.
234) 祥은 順이다. 余明光著, 314頁 注2 참조.

生(姓).236) 天下名軒執國士于是虛.237) 壹言而利之者, 士也; 壹言而利國者, 國士也. 是故君子卑身以從道, 知(智)以辯之, 强以行之, 責道以並世.238) 柔身以寺(恃)之時.239) 王公若知之, 國家之幸也.]

　　나라가 크고 인구가 많으면 강국強國이다. 현인들은 뒷전이 되고 임금이 이들을 기용하지 않는다면, 나라와 사직이나 수많은 백성을 이롭게 하지 않는 것이다. (그런데) 왕공王公이 만약 이것을 모른다면, 곧 나라의 불행이다. 그러므로 임금은 요행으로 나라를 다스리지 않으니, 나라를 다스림에는 진실로 기존의 원칙[前道]이 있다. 위로는 자연의 계절[天時]을 알고, 아래로는 땅의 이점[地利]을 알고, 중간으로 인사人事를 알고. 음양을 잘 알아 (… 21 빠진 글자) ……. 명분[名]이 바르다면 다스려지고 명분이 바르지 않다면[奇] 혼란해진다. 바른 명분[正名]은 이지러지지 않으며, 이지러진 명분은 성립될 수 없다. 정도正道는 패하지 않으니, 뒤에도 앞에도 있을 수 있다. 이에 개인[小夫]에게도, 나라에도 적용할 수 있다. 개인이 이것[正道]을 얻으면 성공할 수 있고, 나라가 이것을 얻으면 안녕할 수 있다. 작은 나라가 이것을 얻으면 자기 영토를 지킬 수 있고, 큰 나라가 이것을 얻으면 천하를 겸병할 수 있다.

[國大人眾, 强國也. [若身載于后, [主上不用之, 則不利國家社稷, 萬夫百姓. 王公而不知之, 乃國家之不幸也.240) 故王者不以幸治國,241) 治國固有前

---

235) 載는 置(두다)이다. 前은 前位이다. 陳鼓應注譯, 311頁 注4 참조.
236) 世는 大이다. 世利는 大利를 말한다. 萬夫百姓은 천하의 대중이다. 余明光著, 上同 注5 참조.
237) 名은 大이다. 軒은 大夫들의 수레이다. 陳鼓應교수는 原文의 缺字를 國으로 보았다. 執國은 나라를 다스림이다. 虛는 구邱인데, 邱는 취聚(모여들다)이다. 陳鼓應注譯, 上同 注6 참조.
238) 責道는 求道이다. 並世는 세상에 依持함이다. 余明光著, 上同 注10 참조.
239) 柔身은 屈身이다. 之와 時의 字形이 비슷하여 생긴 것으로, 之는 衍字로 보아야 한다. 陳鼓應注譯, 312頁 注12 참조.

道:242) 上知天時, 下知地利, 中知人事. 善陰陽□□□□□□□□□□
□□□□□□□□243)[名正者治, 名奇者亂. 正名不奇, 奇名不立.244) 正道
不台(殆), 可后可始.245) 乃可小夫,246) 乃可國家. 小夫得之以成, 國家得之
以寧. 小國得之以守其野, 大國得之以并兼天下.]

도道는 근원은 있으나 실마리[端]는 없고, 쓰면 채워지지만[實] 쓰지
않으면 비워진다[空]. 도에 들어맞으면 아름다워지고[美], 도를 따르면
일정한 규칙[常規]을 갖게 된다. 옛날의 현자는 도를 실행하였다. 이런
도를 알게 되면, 땅은 하늘에 합당하게 되고, 귀신도 사람에게 합당하게
된다. (이것으로) 군대를 다스리면 강해지고, 나라를 다스리면 그 나라
는 번창한다. 옛날 현자는 도를 실행하였다.

[道有原而无端, 用者實, 不用者雚.247) 合之而淫于美,248) 循之而有常. 古
之賢者, 道是之行. 知此道, 地且天, 鬼且人.249) 以居軍強, 以居國其國
昌.250) 古之賢者, 道是之行.]

―――――――――――

240) 原文의 20여 缺字를 陳鼓應교수가 상하를 비교하여 확정하였으니, 그것을 따랐
다. 王公而不知之에서 而는 '만약 …라면(如, 若)'의 뜻이다. 陳鼓應注譯, 314頁
注1 참조.
241) 幸은 요행僥幸이니, 道를 따르지 않음이다. 陳鼓應注譯, 上同 注2 참조.
242) 前道는 前人들이 준수한 법칙을 말하니, 기존방법(成法)이다. 陳鼓應注譯, 上同
注3 참조.
243) 原文의 21缺字는 해석 못하고 있다.
244) 奇는 휴虧(이지러짐)로 훈訓(가르친다)한다. 立은 成이다. 陳鼓應注譯, 315頁 注6
참조.
245) 殆는 敗이다. 后는 后動을 말하고, 始는 先이다. 陳鼓應注譯, 上同 注7 참조.
246) 小夫는 개인을 가리킨다. 余明光著, 314頁 注17 참조.
247) 관雚은 마땅히 관欵, 혹은 관歀으로 읽는다. 欵은 空(비다)이다. 歀 또한 空이다.
者는 則과 통한다. 陳鼓應注譯, 317頁 注2 참조.
248) 영浮은 변화이다. 余明光著, 315頁 注21 참조.
249) 且는 아마도 의宜(마땅함)로 읽어야 한다. 陳鼓應注譯, 318頁 注5 참조.

열셋째 지킬 규칙을 행함[行守]

본편에서는 나라나 사람을 위해 지켜야 할 규칙을 논하고 있다.

하늘은 변함없이 운행하고 땅은 변함없는 법칙이 있으니, 백성과 더불어 일하고 신神과 더불어 빛난다. 교만이 지나치고 싸우기 좋아하고 불길한 음모를 꾸미는 것은 남성스러운 절도[雄節]를 본받음이니, 죽을 위험이 있다. 빼앗기만 하고 베풀지 않으면, 그 (침략을 받은) 나라를 끝내 멸망시킬 수 없다. (이웃 나라가) 가깝다면 (싸우기 좋아하는 나라에) 순종할 것이나, 멀리 있다면 떨어져 나갈 것이다. 배역背逆하는 악행이 처음으로 발생하면, 누가 그것을 대적하려 할 것인가? 하늘은 자기를 높이는[高] 오만함을 싫어하고, 땅은 스스로 크다[廣]고 함을 싫어하고, 사람들은 포학暴虐[荷]한 것을 싫어한다. 자기를 높이는 오만함을 그치지 않으면, 하늘은 장차 그를 쓰러트릴 것이다. 스스로 크다고 함을 그치지 않으면, 땅은 장차 그를 끊어버릴 것이다. 포학함을 멈추지 않으면, 사람들은 장차 그를 죽여 버릴 것이다.

[天有恒榦(干), 地有恒常, 與民共事, 與神同[光].251) 驕洫(溢)好爭, 陰謀不羊(祥), 刑于雄節, 危于死亡.252) 奪之而无予, 其國乃不遂亡.253) 近則將之, 遠則行之.254) 逆節夢(萌)生, 其誰肯(肯)當之.255) 天亞(惡)高, 地亞(惡)廣,

---

250) 居는 治이다.
251) 恒干, 恒常는 곧 恒道이다. 恒道는 恒定한 법칙이다. 缺字는 光이다. 陳鼓應注譯, 320頁 注1 참조.
252) 刑은 型과 통하니, 取法(법을 취함)이다. 危于死亡은 사망의 위험이 있음이다. 陳鼓應注譯, 321頁 注2 참조.
253) 之는 其國을 가리킨다. 遂는 '마침내, 최후'이다. 陳鼓應注譯, 上同 注3 참조.

人亞(惡)苛(苟),256) 高而不已, 天闕土(之);257) 廣而不已, 地將絶之; 苛而不已, 人將殺之.]

어떤 사람이 찾아온다면, 오직 눈으로 그를 관찰해야 한다. (그의) 말도 한결같고 행동도 한결같다면, 기용해야 마땅하고, 놓쳐서는 안 된다. 말은 화려한데 행동에는 실속이 없다면, 적당하다고 해도 기용할 수는 없다. 그러므로 말은 마음의 표지[符]이고 안색[色]은 마음의 꽃[華]이고, 기운[氣]은 마음의 떠오름[浮]이다. 말만 있고 행동이 없는 것을 속임[誣]이라 이른다. 그러므로 말[言]이 처음이라면, 행동은 끝[卒]이다. 곧은 나무는 베임을 당하고, 곧은 사람은 죽임을 당한다. (도道란) 모양도 없고 이름도 없으나, 하늘땅보다 먼저 생겨났는데, 오늘에 이르러도 아직 완성되지 않았다.

[有人將來, 唯目之瞻.258) 言之壹, 行之壹, 得而勿失.259) 言之采, 行之㕼, 得而勿以.260) 是故言者心之符也, 色者心之華也, 氣者心之浮也.261) 有一

---

254) 之는 교만이 넘치고 전투를 좋아하는 나라를 가리킨다. 近은 교만하고 전투를 좋아하는 이웃의 작은 나라를 말한다. 將은 순종이다. 行은 떠나고 버림(離棄)이다. 陳鼓應注譯, 上同 注4 참조.
255) 逆節은 背逆하는 惡行이다. 萌生은 始生이다. 當은 抵敵(적에 맞섬), 난당攔擋이다. 陳鼓應注譯, 上同 注5 참조.
256) 高는 고오高傲이다. 廣은 스스로 큼을 뽐냄이다. 苛는 포학暴虐이다. 陳鼓應注譯, 上同 注6 참조.
257) 闕자 앞에 將자가 탈락한 것으로 보인다. 闕은 궐蹶(넘어지다)로 읽어야 한다. 陳鼓應注譯, 322頁 注7 참조.
258) 첨瞻은 관찰이다. 原文에 之瞻으로 되어 있으나, 唯目瞻之로 읽어야만 한다. 之는 앞의 人을 가리킨다. 陳鼓應注譯, 323頁 注1 참조.
259) 得은 의宜(마땅함)이다. 陳鼓應注譯, 上同 注2 참조.
260) 采는 華采(화려함)이다. 희㕼는 아마도 시枲인데, 枲는 결실 못 하는 수놈 대마(牡麻)이다. 以는 用, 임용이다. 陳鼓應注譯, 上同 注3 참조.
261) 부符는 표지標識이다. 浮는 떠오름이다. 陳鼓應注譯, 324頁 注4 참조.

言, 无一行, 胃(謂)之誣. 故言寺首, 行志卒.²⁶²⁾ 直木伐, 直人殺. 无刑(形)无名, 先天地生, 至今未成.]

---

262) 寺는 지持이다. 여기서 寺나 志는 모두 마땅히 持로 읽어야 힌다. 陳鼓應注譯, 上同 注6 참조.

열넷째 도를 따름[順道]

본편에서는 도를 따르는[順道] 것만이 천하를 취하고 나라를 다스리는 근본임을 설명하고 있다. 그리고 여성스러운 절도[雌節]에 관하여 논술하고 있다.

황제(黃帝)가 역흑에게 물었다. "대정씨大庭氏가 천하를 얻었는데 음양을 분별하지 않았고 연월일을 헤아리지 않았고 사계절을 몰랐으나, 하늘은 계절[時]대로 시작하고 마쳤으며 땅은 물산으로 (통치를) 이뤘네. 어떻게 이처럼 할 수 있었는가?"

역흑이 말했다. "대정씨는 천하를 얻고 서서히 안정시켜 바로잡고 고요하게 하였으며, 유화柔和로써 절제節制하고 먼저 (자신을, 후에 남들을) 안정시켰습니다. 완만하게 변화하여 공경恭敬·겸양謙讓하고 겸비謙卑하여 유약柔弱할 것을 주장하고, (자신을) 뒤로 하고 앞장서지 않았습니다. 항상 (물러나) 뒷전에 서며[雌節] 앞장서지 않았기에[雌節], 사랑仁으로 정의正와 신의信를 실행하고, 자애慈와 혜택惠으로 사람들을 사랑하고 바르게 길렀지만, (자신은) 감히 남보다 앞장서지는 않았습니다."

[黃帝問力黑曰: 大董(庭)氏之有天下也,263) 不辨陰陽, 不數日月, 不志四時,264) 而天開以時, 地成以財.265) 其爲之若何? 力黑曰: 大董(庭)之有天下

---

263) 大董은 곧 大庭이다. 大庭氏는 전설적인 帝王의 명칭이다. 有는 取함이다. 陳鼓應 注譯, 327頁 注1 참조.
264) 數日月은 年, 月, 日의 수를 셈함이다. 志는 知(알다)이다. 陳鼓應注譯, 上同 注2 참조.
265) 天開以時는 마땅히 天以時開로 읽어야 한다. 開는 開闢를 함축하고 있다. 陳鼓應

也, 安徐正靜, 柔節先定.266) 智濕共(恭)斂(儉)267), 卑約主柔.268) 常后而不失〈先〉,269) 體(體)正信以仁,270) 兹(慈)惠以愛人, 端正勇,271) 弗敢以先人.]

"안으로는 고요하여 흐트러짐이 없으며, 하나[一], 道를 잡고서, (물욕을) 찾지 않습니다. 여성스러운 절도를 본받으니 부드러워집니다[柔]. 그러므로 편안하고 고요하며 바르고 덕스러우며, 덕을 좋아하고 전쟁을 삼가고, (임금이) 감히 하지 않음[不敢]에 서 있으며, 행함에서는 할 수 없음[不能]을 보입니다. 전쟁에서 감히 하지 않음[不敢]을 보이고, 할 수 없음[不能]에 맹렬하게 집착합니다. 약弱한 절도[雌節]를 지키고 그것을 굳건히 하며, 남성스러운 절도(雄節의 세력)가 다함을 기다리고, 그것[雌節]을 따르는 것입니다. 이렇다면 백성들은 수고로우나 게으르지 않고, 배고파도 태만하지 않으며, 죽더라도 원망함이 없습니다."

[中請不㳀,272) 執一毋求. 刑于女節,273) 所生乃柔. [故安靜正德, 好德不爭.

注譯, 上同 注3 참조.
266) 安徐正靜은 안온하고 느리고 靜默함이다. 柔節先定은 柔和를 節度로 삼고 먼저 자기를 定하고 후에 다른 사람을 안정했음이다. 柔節은 雌節에 속한다. 余明光著, 318頁 注5 참조.
267) 완습宛濕은 宛變으로 읽어야 하니, 완만한 변화를 말한다. 恭儉은 恭敬하고 謙讓함이다. 陳鼓應注譯, 上同 注6 참조.
268) 卑는 謙卑이고 約은 節約이다. 主柔는 柔弱을 주장함이다. 余明光著, 上同 注6 참조.
269) 失은 先의 착오이다. 先은 멋대로 나서는 雄節을 말하고 后는 물러나 雌節을 지킴이다. 陳鼓應注譯, 上同 注8 참조.
270) 體正信에서 體는 이履(실행함)로 읽어야 하니, 실행이다. 余明光著, 上同 注8 참조.
271) 端正勇인데, 『管子·勢』에 '端正象'이 나온다. 따라서 勇은 아마도 象인 것 같다. 『說文解字』에 의하면 像은 象이니, 養으로 읽는다. 陳鼓應注譯, 上同 注10 참조.
272) 請은 靜의 假借이다. 㳀는 帛書의 小組에서는 구緐(급박함)로 읽었다. 옛날에 求와 流가 상통하였다. 그렇다면, 㳀는 流와 통하니, 流는 탕신蕩散(흐트러짐)이다. 陳鼓應注譯, 329頁 注1 참조.

立于不敢, 行于不能. 單(戰)視(示)不敢, 明埶不能.274) 守弱節而堅之, 胥雄節之窮而因之.275) 若此者其民勞不僈, 几(飢)不飴(怠),276) 死不宛(怨).]

"(임금은) 자기 백성을 곤궁하게 만들지[空] 말고, 전쟁을 주동하지[兵主] 말고, 난동亂動의 괴수[首]가 되지 말고, 원한怨恨을 만들지 말고, 음모를 꾸미지 않고 멋대로 결단을 유예猶豫하지 말고, 남의 (나라) 들판을 빼앗으려[削] 음모를 꾸미지 말고, 남의 (나라) 집들을 약탈하지[劫] 말아야 합니다. 자기 백성을 신중하게 안정시켜주고, 천지자연이 행하는 그대로 놓아두며, 망령되게 일을 벌이지 않은 채, (이런 자연에 대한) 위역違逆이 궁해지기를[窮] 기다릴 뿐입니다."

[不廣(曠)其衆,277) 不爲兵邾,278) 不爲亂首, 不爲宛(怨)謀(媒), 不陰謀, 不擅斷疑,279) 不謀削人之野, 不謀劫人之宇. 愼案其衆,280) 以隋(隨)天地之從,281) 不擅作事, 以寺(待)逆所窮.]

"(적들이) 우리 땅을 엿보고 (백성의) 힘[徭役]을 빼앗고, (또) 자연의 계절[天時]을 거스르니, 이것을 수습해야 하고, (적들이 저지른) 일들은 돌이키고 극복해야 합니다. 이렇게 해서 전쟁에서 승리하고 패배를 되

---

273) 刑은 型과 통하니 본받음이다. 女節은 雌節(여성스러운 절도)를 말한다.
274) 明은 强盛이이 왕성함이다. 예埶는 마땅히 執이다. 陳鼓應注譯, 330頁 注6 참조.
275) 胥는 기다림이다. 窮은 다함(盡)이다. 因은 因循(따름)이다. 余明光著, 319頁 注19 참조.
276) 만僈은 태만怠慢의 慢(게으름)이다. 이飴는 怠이다. 陳鼓應注譯, 上同 注9 참조.
276) 광曠은 空(비다)이니, 廢業의 뜻이다. 余明光著, 319頁 注21 참조.
277) 주邾는 마땅히 主로 읽어야한다. 余明光著, 上同 注22 참조
278) 천擅은 妄과 같다. 疑는 猶疑(의심을 결정 못함)이다. 陳鼓應注譯, 332頁 注3 참조.
279) 案은 按(어루만짐)이니, 온정穩定(편안한 안정)이다. 陳鼓應注譯, 上同 注6 참조.
280) 隋는 그대로 맡김(聽任)이다. 從은 行이다. 陳鼓應注譯, 333頁 注7 참조.
281) 覎은 아마도 현倪(두려워 똑바로 못 봄)이나 사伺(엿보다)이다. 奪力은 民力을 탈취해서 요역을 시킴이다. 陳鼓應注譯, 334頁 注1 참조.

풀이하지 않으며, 얻은 땅은 돌려주지 않습니다. 전쟁은 밖에서 승리하고, 복은 안에서 생깁니다. 국력을 적게 들이고도, 명성을 떨칩니다. (여성스러운 절도, 雌節에) 순종한 결과입니다."

[見地奪力,282) 天逆其時,283) 因而飭(飾)之,284) 事環(還)克之. 若此者, 單(戰)朕(勝)不報, 取地不反.285) 單(戰)朕(勝)于外, 福生于內. 用力甚少, 名殸(聲)章明. 順之至也.]

---

282) 天逆其時는 逆其天時로 보아야 한다. 陳鼓應注譯, 上同 注2 참조.
283) 칙飭(정비하다)은 整治(수리함)인데, 여기서는 수습함의 뜻이다. 陳鼓應注譯, 上同 注3 참조.
284) 여기서 報는 反復이다. 陳鼓應注譯, 上同 注5 참조.
285) 之는 雌節(여성스러운 설노)이다. 至는 終極이니 결과이다. 陳鼓應注譯, 335頁 注7 참조.

열다섯째 이름과 모양[名刑(形)]

본편에서는 황로黃老학의 청정淸靜무위無爲의 사상을 말하고 있다.

얻음[得]과 잃음[失]을 알고자 하면 반드시 이름[名]과 모양[形]을 잘 알아야 한다. 모양은 항상 스스로 정해지는 것이니, 이 때문에 나는 더욱 고요해야[靜] 한다. 일[事]이란 항시 스스로 이뤄지고 발전하는 것이기에, 이 때문에, 나는 '함 없음[无爲]'을 하는 것이다. 고요하면서 하나[壹]여서 움직이지 않았는데도, 오는 것[來]은 스스로 이른 것이요 떠나는 것[去]은 스스로 가버린 것이니, 하나[一]일 수 있을까? 멈출 수 있을까? (판단함에) 자기(집착) 없이 스스로 선택하면서 도리[理]를 존숭할 수 있을까? (하나[一, 道]는) 가려져 있으면서 나타나기도 하니, 그것은 존재하지 않음과 같은 것이다. 만물이 무리를 지어 오지만, 나[一, 道]는 응대하지 않을 수 없다. 나[一, 道]는 옛것[故]을 감출 수도 없고, 새것[新]을 영접할 수도 없다. 조금 전은 이미 가버린 것이고, 올 것은 이에 새로운 것이다. 새것과 옛것이 서로 어지럽지 않으니, 나[一, 道]는 두루 원활함을 갖게 된다.

[欲知得失, 請必審名察刑(形). 286) 刑(形)恒自定, 是我愈(愈)靜. 287) 事恒自也(施), 288) 是我无爲. 靜翳不動, 289) 來自至, 去自往. 能一乎? 能止乎? 能毋

---

286) 본편만은 편 끝의 제목(尾題)이 없다. 다만 첫 문장에서 名과 刑(形)을 따와서 임시로 제목을 정했을 뿐이다. 이것은 편중 篇中에서 첫 글자를 따서 제목을 만들음이 『黃帝四經』의 관례이기 때문이다. 陳鼓應注譯, 336∽338頁 主1 참조. 請은 敬辭(높임말)이다.
287) 是는 이와 같음(如此)나 이 때문(是以)이다. 陳鼓應注譯, 338頁 注2 참조.
288) 施는 行이니, 運行, 발전의 의미이다. 陳鼓應注譯, 339頁 注3 참조.

有己, 能自擇而尊理乎? 紆也, 毛也, 其如莫存.290) 万物群至, 我无不能應. 我不臧(藏)故, 不挾陳.291) 鄉(嚮)者已去, 至者乃新. 新故不翏, 我有所周.292)]

---

289) 예翳는 아마도 壹로 읽어야 한다. 陳鼓應注譯, 上同 注4 참조.
290) 결紆은 곧 『莊子·齊物論』에 나오는 보광葆光의 葆이다. 葆는 蔽(가림)이다. 毛는 둔屯과 모양이 비슷하여 생긴 착오이다. 屯은 出現, 현현顯現(나타남)의 뜻이 있다. 있는 것 같기도 하고 없는 것 같음이 보광葆光이다. 陳鼓應注譯, 340頁 注9 참조.
291) 협挾은 迎接이다. 陳은 新자의 착오이다. 陳鼓應注譯, 341頁 注11 참조.
292) 요翏는 艹撩로 읽는다. 撩는 상요相擾(서로 어지럽힘)이다. 周는 두루 원활함이다. 陳鼓應注譯, 上同 注13 참조.

Ⅲ. 저울질[稱]

본경本經은 옛날 격언을 모은 것이다. 편찬할 때 작자는 비슷한 격언을 함께 배치하도록 주의를 기울였다. 여기서는 음양, 자웅雌雄, 동정動靜, 취여取予, 굴신屈伸, 은현隱顯, 실화實華, 강약, 비고卑高와 같이 모순과 대립의 관계에서 일어나는 전환을 저울질하여, 가장 좋은 치국治國 과 수신修身의 방안을 모색하고 있다.

    도道는 실마리[端緖=始]는 없으나 알맹이[實=應]는 있다. 그것을 아직 알지 못했으면 없는 것이고, 그것을 이미 알았으면 온 것이다. 어떤 사물이 장차 생겨나려면 그 모양[形]이 먼저 보일 것이다. 그 모양대로 세워서 그 이름[名]을 이름 짓는 것이다. 이 말은 무엇을 뜻하는가?
    번거로운 형벌은 위세를 해치고 멋대로 부리는 욕심[縱欲]은 법을 해치며, (법을) 따르지 않으면 도道를 해친다. 이 세 가지(環刑, 弛欲, 无隨)를 여러 번 행하면, (임금은) 몸조차 지킬 수 없다. (위난危亂에서) 어느 나라가 (그를) 지킬 수 있을까?

[道无始而有應.¹⁾ 其未來也, 无之; 其已來, 如之.²⁾ 有物將來, 其刑(形)先

---

1) 无始는 곧 无端이다. 『說文解字』에 의히면, 應은 當과 뜻이 같다. 當은 實과 같다. 陳鼓應注譯, 345頁 注1 참조.

之,3) 建以其刑(形), 名以其名.4) 其言胃(謂)何?5) · 環刑傷威,6) 也(弛)欲傷法,7) 无隋(髓)傷道. 數擧參(三)者,8) 有身弗能葆(保),9) 何國能守?

　바르지 않은 것[奇]은 바르지 않은 것을 따르고, 바른 것[正]은 바른 것을 따르니, 둘은 항상 (찾는) 자리[位]가 같지 않다.
　무릇 변하는 도리는 더함[益]이 아니면 줄어듦[損]이고, 나아감이 아니면 물러남이다. 우두머리[首]의 변화는 흉이다.
　의기儀器로 변별하고 재어보면 오차가 없고, 표表를 믿고 관측하면 착각할 수 없으며, 법法대로 다스리면 혼란이 없다.
　성인聖人은 먼저 움직이지 않고 자신에게 집착하지 않으며, 미리 꾀를 꾸미지 않고 얻으려고도 하지 않으며, 복福도 사절辭絶하지 않으며 하늘의 법칙을 따를 뿐이다.
　(임금은) 자기 하늘을 잃으면 죽으며, (신하는) 자기 주인을 속이면 죽으며, (관리는) 자기 윗사람을 가벼이 보면 위험하다.
　마음이 바라는 바라면 뜻은 마음이 바라는 대로 향하고, 뜻이 바라는 바라면 힘은 뜻이 바라는 대로 향한다. 그러므로 둥지에 사는 것은 바

---

2) 未來는 아직 인식하지 못함이고, 已來는 이미 인식했음이다. 如는 이름(至)이다. 陳鼓應注譯, 上同 注2 참조.
3) 物은 구체적 사물이다. 한 사물이 막 생겨나려고 할 때 사물의 모양이 먼저 보인다는 것이다. 陳鼓應注譯, 上同 注3 참조.
4) 앞의 名은 동사이니, '이름하는 것'이다. 陳鼓應注譯, 上同 注4 참조.
5) 其言謂何는 바로 아래에 먹으로 찍은 점(墨点)이 있으니, 문장의 상하는 서로 연관 없음이다. 陳鼓應注譯, 346頁 注5 참조.
6) 環(고리)은 窮止(다함과 그침)가 없으니, 環刑은 窮止없는 형벌, 즉 繁刑, 번거로운 형벌이다. 余明光著, 322頁 注7 참조.
7) 弛欲은 縱欲, 멋대로 하는 욕심이다. 余明光著, 上同 注8 참조.
8) 數는 여러 번이다. 擧는 行함이다. 三은 環刑, 弛欲, 无隨를 가리킨다. 余明光著, 上同 注10 참조.
9) 여기서 有는 말의 앞머리이니, 뜻이 없다. 陳鼓應注譯, 上同 注8 참조.

람을 살피고, 동굴에 사는 자가 비 오는 것을 아는 것은, 걱정거리가 있기 때문이다. 염려하면 생존하고, 편안하면, 오래 간다. (이런 것들을) 이해 못 한 자는 (자기 목숨도) 지킬 수 없다.

[· 奇從奇, 正從正, 奇與正, 恒不同廷.10) · 凡變之道, 非益而損, 非進而退. 首變者凶. · 有義(儀)而義(儀)則不過, 侍(恃)表而望則不惑,11) 案法而治則不亂. · 聖人不爲始,12) 不剸(專)己, 不豫謀, 不爲得, 不辤福, 因天之則. · 失其天者死, 欺其主者死, 翟其上者危.13) · 心之所欲則志歸之, 志之所欲則力歸之. 故巢居者察風, 穴處者知雨, 憂存故也. 憂之則仔, 安之則久; 弗能令者弗能有.14)]

황제皇帝의 신하는 이름은 신하나, 실제는 스승이다. 왕의 신하는 이름은 신하나, 실제는 벗이다. 패자霸者의 신하는 이름은 신하나, 실제는 손님이다. 위태로운 나라의 신하는 이름이 신하나 실제는 품팔이다. 망하는 나라의 신하는 이름은 신하나, 실제는 포로이다.

(덕이) 스스로 광대하다고 뽐내는 자는 남들에게 버림받고, 남들에게 교만 방자하게 구는 자는 그 삶이 위태롭고, 그 죽음도 수치스럽다. 평안할 때[安] 흉한 짓[凶]을 범하지 말고, 곤궁할 때[困] 시기[時]를 놓치지 마라!

천자天子는 녹봉[祿]을 받지 않는 자를 신하로 삼지 않고, 녹이 박약한

---

10) 奇는 별난 것, 常規가 아닌 것을 말한다. 正은 정상적인 것이다. 不同廷은 不同位이다. 陳鼓應注譯, 348頁 注1 참조.
11) 『廣雅·釋詁』에 의하면, 有는 質이다. 質은 변별함의 뜻이 있다. 儀나 表는 옛날의 측량 도구이다. 둘째의 儀는 측량하는 것이다. 過는 誤差이다. 望은 觀測이다. 陳鼓應注譯, 349頁 注4 참조.
12) 始는 先動, 앞서서 활동함이다. 余明光著, 323頁 注17 참조.
13) 적翟은 조佻, 방정맞음이니, 가벼움(輕)이다. 陳鼓應注譯, 350頁 注7 참조.
14) 令은 아마도 領으로 읽어야 한다. 領는 領會(이해함), 이해이다. 有는 保와 같다. 陳鼓應注譯, 351頁 注11 참조.

자와는 난亂을 처리하지 않는다. 사람이 스스로 해야 하는 것은, 남들이 나를 위해 해주지 않기 때문이다.

국세가 왕성한 나라에 벼슬을 살지 않고, 가세가 활짝 피는 집안에 자식을 시집 보내지 않으며, 거만하고 게으른 사람과 벗하지 않는다.

[· 帝者臣, 名臣, 其實師也; 王者臣, 名臣, 其實友也, 朝(霸)者臣, 名臣也, 其實賓也. 危者臣, 名臣也, 其實庸也;15) 亡者臣, 名臣也, 其實虜也. · 自光(廣)者人絶之, [驕溢]人者其生危, 其死辱翳. 居不犯凶, 困不擇時.16) · 不受祿者, 天子不臣也; 祿泊(薄)者, 弗與犯亂. 故以人之自爲也, 不以人之爲我也].17) · 不土(仕)于盛盈之國, 不嫁子于盛盈之家, 不友驕倨慢易之[人.]

성인은 전쟁을 그치기를[偃兵] 고집하지도 않으며, 전쟁을 일으키기도[用兵] 고집하지 않는다. 전쟁은 부득이하여 행하는 것이다.

하늘의 근본[始, 本]을 알면서 땅의 도리[理]를 살펴서, 성인은 천지자연의 규칙에 순종하니, 홀로 밝게 보고, 홀로 탁월하게 알고, 홀로 존재하도다!

천자의 땅은 사방 1,000리이고 제후(의 땅)은 (사방) 100리里이니 (서로) 연결되는 것이다. 그러므로 천자를 세워 제후들이 흉내 내지 못하게 하고, 바른 적자嫡子를 (太子로) 세워 서얼庶孼로 하여금 흉내 내지 못하게 하고, 정부인을 세워 총비寵婢들로 하여금 흉내 내지 못하게 한다. 흉내 내게 되면 서로 다치게 되고, 섞이면 서로 방해된다.

[· [聖人]不執偃兵,18) 不執用兵; 兵者不得已而行. · 知天之所始,19) 察地

---

15) 庸은 용傭(품팔이)과 통한다. 余明光著, 324頁 注26 참조.
16) 居는 安의 뜻이다. 擇은 마땅히 釋(消散, 사라지고 흩어짐)으로 읽어야 한다. 陳鼓應注譯, 354頁 注7 참조.
17) 이곳의 8缺字를 陳鼓應교수가 '故用人之自爲, 不用人之爲我.'(『愼子 · 因循』)를 인용하여 보충한 것을 따랐다. 陳鼓應注譯, 355頁 注9 참조.

之理, 聖人蘖論天地之紀,20) 廣乎蜀(獨)見, [卓乎獨[知], □乎獨□, □乎
蜀(獨)在. · 天子之地方千里, 諸侯百里, 所以朕合之也,21) 故立天子者,
不使諸侯疑焉;22) 立正敵(嫡)者,23) 不使庶孽疑焉; 立正妻者, 不使婢妾疑
焉;24) 疑則相傷, 雜則相方,25)]

  행동할 만한 때[時]라면 즉시 반응하되 말하지 말라! 때가 아직 행동할 만하지 않으면 (드나드는) 문을 닫고, 그 실마리[端緖]를 보이지 말라!
  하늘이 추위와 더위를 다스리고, 땅은 높낮이를 다스리고, 사람은 거두고 베푸는 일[取予]을 다스린다. 거두고 베풀기를 알맞게 행하면 (그를) 성왕聖王으로 세운다. 거두고 베풀었음이 부당하면, 그를 내쳐서 죽게 한다. 하늘에는 형벌로 되돌아감[反刑]이 있으니, 반대라면 그 재앙을 되돌려 받는 것이다.
  세상은 항시 법도를 버리고, 나의 사사로움[我, 私]을 쓰는 것이 아니다. 나의 사사로움을 쓰는 것은 불가[不可]하니, 이 때문에 불행[禍]이 발생한다. 어느 나라가 존재한다면, 천하도 (그것을) 망하게 할 수 없다. 어느 나라가 장차 망하려고 하면, 천하도 (그것을) 존속시킬 수 없다.
  (자연이 쌓아놓은) 시기[時極]가 아직 오지 않았다면, (자신을) 숨기고 덕을 닦아야[修德] 한다. 일단 정상의 자리[頂点極]를 얻었다면, 자기 덕을 넓게 베풀고 노력함으로써 실천해야 한다. 일단 자기가 성공했다면,

---

18) 陳鼓應교수는 첫머리 2 缺字를 聖人으로 보았다. 예執는 마땅히 執으로 보아야 하니, 固執이다. 偃兵은 寢兵이나 止兵과 같다. 陳鼓應注譯, 358頁 注1 참조.
19) 始는 本과 같다. 所는 衍文이다. 陳鼓應注譯, 上同 注4 참조.
20) 미櫱는 미靡와 통용된다. 靡는 서로 따름이다. 論과 윤綸은 윤淪으로 읽는다. 미윤靡淪은 順從이다. 기紀는 道와 같으니, 규율이다. 陳鼓應注譯, 359頁 注5 참조.
21) 짐합朕合은 봉합縫合(실로 꿰맴)이다. 余明光著, 325頁 注38 참조.
22) 疑는 의擬(모방하다)와 통하니, 比擬, 相同과 같다. 陳鼓應注譯, 360頁 注9 참조.
23) 여기서 立은 太子로 세움이다. 陳鼓應注譯, 上同 注10 참조.
24) 비婢는 폐嬖와 같다. 陳鼓應注譯, 上同 注11 참조.
25) 方은 妨이니, 妨碍하는 것이다. 陳鼓應注譯, 361頁 注12 참조.

자기 발자취[踪]를 돌려서 회복해야 하니, 남들을 위태롭게 할 수 없음이다.
제후諸侯들이 원수에게 보복하지 못하고, 치욕을 씻어내지 못하는 것은, 오로지 의義가 존재하기 때문이다.

[・時若可行, 亟應勿言;26) [時若未可, 涂其門,27) 毋見其端.28) ・ 天制寒暑, 地制高下, 人制取予. 取予當, 立爲聖王; 取予不當, 流之死亡. 天有環刑,29) 反受其央(殃). ・ 世恒不可擇(釋)法而用我,30) 用我不可, 是以生禍. 有國存, 天下弗能亡也; 有國將亡, 天下弗能存也. ・ 時極未至, 而隱于德; 既得其極, 遠其德, 淺致以力;31) 既成其功, 環(還)復其從, 人莫能代.32) ・ 諸侯不報仇, 不修佴(恥), 唯義所在.33)]

(군주의 눈을) 가리며[隱], (어진 인재[賢才]를) 질투하며[忌], (충성스럽고 유능한 인재[忠良]를) 모함해서, 해치는[陷害=賊] 것은 옳지 않으니[邪], 이런 자들은 직급을 낮추고 멀리 내쫓아야 한다. 그들의 직급을 낮추지 않고 멀리 내쫓지 않으면, 이에 재앙[禍]이 생겨날 것이다.
(임금의) 집안일[內事]이 화평하지 못하면, 나랏일[外]을 말할 수 없다. 작은 일을 분명히 살피지 않으면, 큰일을 말할 수 없다.

---

26) 극亟은 곧 즉각 이다. 應은 반응이다. 陳鼓應注譯, 362頁 注1 참조.
27) 도涂는 도塗와 같으니 關閉(닫다)이다. 余明光著, 326頁 注41 참조.
28) 端은 실마리(端緖)이다. 余明光著, 上同 注42 참조.
29) 環刑은 反刑, 형벌로 되돌아감이다. 余明光著, 上同 注44 참조.
30) 擇法은 釋法, 법을 놓아버림이다. 釋法用我는 法度를 버리고 한 개인의 사사로움[私]을 씀이다. 陳鼓應注譯, 363頁 注7 참조.
31) 時極은 『管子』에서 말하는 天極이니, 자연 운행 중에 쌓인 필요조건과 時期를 말한다. 隱于德은 자기 몸을 숨기고, 修德하면서 시기를 기다림이다. 極은 頂点이다. 遠은 廣(넓음)이니, 遠其德은 자기 덕을 넓게 베푸는 것이다. 淺은 전踐(실천)으로 읽어야 한다. 踐致以力은 노력하여 일을 행함이다. 陳鼓應注譯, 364頁 注10 참조.
32) 從은 종踪, 자취, 흔적으로 읽어야 한다. 代는 아마도 태殆(危殆)로 읽어야 한다. 陳鼓應注譯, 上同 注11 참조.
33) 修는 척滌(씻다)와 통한다. 缺字는 義자이다. 陳鼓應注譯, 365頁 注12 참조.

이익이 두 배로 나지 않는 상賞은 믿을 수 없다. 뿔이 난 짐승은 (날카로운) 윗니(上齒)가 없다. 바른 명분[正名]을 들고서, 정벌征伐을 해야 하고, 바라는 바를 얻었으면 그쳐야 한다. 알찬 곡식은 꽃[華, 花]이 없고, 지극한 말은 꾸미지 않으며, 지극히 즐거우면 웃지[笑] 않는다. 꽃에 속한 식물에는 반드시 씨[核]가 있어야 하는데, 씨 가운데는 반드시 인仁[薏, nucleolus]이 있다.

천지자연의 도道는, 왼쪽이 있으면 오른쪽이 있고 암컷이 있으면 수컷이 있다. 광명光明·정대正大하게 일을 처리하고, 나[我]로 인因하여 시작하거나, 끝내지 말 것이다! 우레[雷]를 수레로 삼고, 구름의 신[隆, 雲神]을 말[馬]로 삼는다. 가려면 가게하고, 그치게 하면 그치는 것이다. 땅에 의지하여 재물을 만들며, 백성에 의지하여 군사를 만드는 것이다. (자연을) 따르지[因順] 않으면, (지식[智]을 명백히) 알 수 없다.

[· 隱忌姘妹賊妾,34) 如此者, 下其等而遠其身; 不下其等不遠其身, 禍乃將起. · 內事不和, 不得言外; 細事不察, 不得訊大.35) · 利不兼,36) 賞不倍; 戴角者无上齒. 提正名以伐, 得所欲以止. 實穀不華,37) 至言不飾, 至樂不笑. 華之屬, 必有蕀(核), 蕀(核)中必有意.38) · 天地之道, 有左有右, 有牝有牡. 諎諎作事, 毋從我冬(終)始.39) 雷以爲車, 隆隆以爲馬.40) 行而行, 處

---

34) 여기서 매妹는 매昧(어둡다)다. 은기隱忌와 투매妒妹는 같은 뜻이다. 隱은 곧 隱昧이니, 君主를 蒙蔽(가리다)함이다. 忌는 질투함이니, 賢才를 질투함이다. 적賊은 忠良을 陷害함이다. 妾은 첩捷인데, 捷은 邪(正當하지 못함)이다. 陳鼓應注譯, 367頁 注1 참조.
35) 內事는 임금 가족 내부의 일들이다. 外는 外事이니 國事를 가리킨다. 細事不察은 小事가 분명하지 않음이다. 陳鼓應注譯, 上同 注3 참조.
36) 兼은 加倍(두 곱)이다. 余明光著, 327頁 注52 참고.
37) 華는 꽃[花]이다.
38) 意는 의意다. 薏는 말하자면, 堅果 중에서 딱딱한 열매 속의 仁(nucleolus)이다. 余明光著, 328頁 注59 참조.
39) 고고諎諎는 호호皓皓이다. 皓皓는 光明正大를 말한다. 從은 髓(따르다)니 因(연유하다)이다. 陳鼓應注譯, 369頁 注9 참조.

而處.41) 因地以爲齎(資), 因民以爲師; 弗因无儴也.42)]

　　궁궐이 너무 크면 하느님[上帝]이 싫어하니, 궁궐을 짓되 상주常住하지 말 것이며, 비록 살더라도 반드시 잠시 머물러야만 한다.
　　(염殮할 때) 수의나 제물을 줄이거나, 관곽(棺槨)을 엷게 만드는 것을 금하되, 전염병이 돌 때면 허용된다. 늪과 연못[沼澤]을 파는 것을 금하되, 잡초가 무성할 때면 허용한다. 숲의 나무를 벌목하는[砍伐] 일을 금하되, 백성을 모아 전쟁에 쓸 나무를 베어야 하면, 허용한다. 높은 데를 낮추고 아래를 높이는 것을 금하되, 홍수[大水]가 나면 허용한다.
　　자연[天]보다 앞서서 (곡식을) 익게 하지 말고, 철[時]에 안 맞는데 무성茂盛하게 하지 말라! 자연보다 앞서면 훼손되며, 철에 안 맞는데 무성하면 좋은 결실[果]이 없다.
　　해는 빛이고 달은 어둠이다. 어두우면 쉬고 밝으면 일어난다. 자연의 준칙[天極]을 넘어서지 말고, 철[時]을 헤아려[數] 멈춰야 한다.
　　강하면 (다른 나라에) 명령할 수 있고, 약하면 듣게 되는데, (세력이) 대등하면 규칙을 따라야 (각기) 편안하다[靜].
　　나쁜 짓을 하면서 사랑받으려 한다면, 아비는 그런 자식을 거두지 않는다. 악행을 저지르고 음모를 꾸미면서 공경을 받으려 한다면, 임금은 그런 신하를 거두지 않는다.
　　나라가 일어나려 함은 냇물[川]이 터져 나옴과 같고, 나라가 장차 무너지려 함은 산이 무너짐과 같다. 바르고 훌륭한 나라가 망하는 것은 조상先人들이 (쌓아놓은) 재앙 때문이고, 악행이 난무亂舞[猖獗]하는 나라가 살아 있는 것은 조상(의 공적)이 드높았기 때문이다.
　　(몸을) 낮추고 바르게 행하는 자는 높아지고[增, 雌節], 교만이 넘치고 [雌節] 바르게 행히지 않는 자는 무너진다.

---

40) 隆隆에서 하나는 衍字이다. 융隆은 구름신[雲神]이다. 陳鼓應注譯, 370頁 注10 참조.
41) 而는 乃나 則이다. 處는 止와 같다. 陳鼓應注譯, 上同 注11 참조.
42) 儴는 여기서 神으로 읽어야 하니, 神은 神智이다. 陳鼓應注譯, 上同 注13 참조.

[‧ 宮室過度, 上帝所亞(惡); 爲者弗居, 唯(雖)居必路.43) ‧ 減衣衾, 泊(薄)棺椁, 禁也, 疾役可; 發澤, 禁也, 草蓯可; 淺林, 禁也, 聚衆可;44) 隋(墮)高增下, 禁也, 大水至而可也. ‧ 母先天成, 母非時而榮.45) 先天成則毀非時而榮則不果. ‧ 日爲明, 月爲晦; 昏而休, 明而起. 母失天極, 廏(究)數而止.46) ‧ 强則令, 弱則聽, 敵則循繩而爭.47) ‧ 行曾(憎)而索愛, 父弗得子; 行母(侮)而索敬, 君弗得臣.48) ‧ 有宗將興, 如伐于川; 有宗將壞, 如伐于山.49) 貞良而亡, 先人餘央(殃); 商(猖)闕(獗)而栝(活), 先人之連(烈). ‧ 埤(卑)而正者增, 高而倚者傰(崩).50)]

산에 나무가 있어서 그 열매가 무성하고 많다. 호랑이와 늑대는 사나우나 순종하게 할 수 있는데, 형제들은 함께 사나 서로 화목하지[順] 않

---

43) 爲는 만듦(做)이다. 者는 뜻이 없다. 路는 過路이니, 잠시 머무는 것이다. 路室은 客舍나 여관을 말한다. 陳鼓應注譯, 372頁 注1 참조.
44) 의금衣衾은 망자를 염殮 하는데, 입히는 옷들과 祭品이다. 棺을 감싼 것이 곽椁이다. 役은 역疫(돌림병)이다. 疾疫可는 돌림병이 돌 때, 殮을 간소하게 함이 가능함을 말한다. 發澤은 沼澤을 발굴함이다. 종蓯은 叢으로 읽으니, 雜草의 叢生을 말한다. 천淺은 잔殘(죽임)이니, 감벌砍伐이다. 聚衆可는 군중을 모아 전쟁을 하려면, 목재를 베어서 써도 좋음의 뜻이다. 陳鼓應注譯, 373頁 注2 참조.
45) 榮은 꽃이 피거나 무성茂盛함이다. 果는 좋은 결과이다. 陳鼓應注譯, 上同 注4 참조.
46) 失은 일佚로 읽는다. 佚은 過이다. 天極은 자연의 준칙이다. 究는 도달함이다. 數는 準度(헤아림)이다.
47) 令은 다른 나라를 호령함이다. 聽은 다른 나라의 명령을 들음이다. 敵은 세력이 均等(같음)이다. 循繩은 規矩(규칙)를 따름이다. 爭은 마땅히 靜으로 읽어야 하니, 각자 본분에 편안함이다. 陳鼓應注譯, 374頁 注8 참조.
48) 증憎은 매우 나쁨이다. 모侮는 사악하고 逆謀함이다. 삭索은 찾음이다. 陳鼓應注譯, 上同 注9 참조.
49) 宗은 宗族이나, 여기서는 나라이다. 伐은 敗이다. 于는 之와 같다. 川은 원래 빠진 것을 陳鼓應교수가 보충한 것이다. 陳鼓應注譯, 上同 注10 참조.
50) 卑는 謙退이니, 雌節을 가리킨다. 高는 교일驕溢이니 雄節을 가리킨다. 의倚는 不正이다. 陳鼓應注譯, 上同 注12 참조.

다. 같이 있으면 (일을) 하고 싶지 않은데, 떼어놓으면 (일을) 할 수 없으니, 묘역의 (조상) 신(의 마음)을 상하게 한다. (조상) 신은 왜 안 오실까? 왜 오셔서 형제들을 서로 가르쳐 주시지 않을까? 형제들의 친함은 아직도 바꿀 수 있는 것이다!

천하에는 세 가지 죽음이 있다: ① 분하여 힘을 못 가눠서 죽는 것이고 ② 늙은이의 욕심이 끝이 없어서 죽는 것이고 ③ 소수[寡]가 다수[衆]를 피하지 않아서 죽는 것이다.

강도[賊]에게 무기를 빌려주지 말며, 도둑에게 곡식을 주지 말라. 강도에게 무기를 빌려주는 것은 짧은 것을 길게 해주는 것이고, 약자를 강하게 하는 것이다. 넘침[贏]과 부족[絀]은 서로 변하니, 후에는 장차 거꾸로 베풀어진다.

같지 않음이 같게 됨은 (변화를) 그대로 좇아서 같아진 것이고, 다르지 않음이 다르게 된 것도 그대로 좇아서 달라진 것이다. 하지 않았는데 저절로 이뤄진 것은 (변화를) 좇음으로써[因] 일이 세워진 것이다.

[· 山有木, 其實屯屯,[51] 虎狼爲孟(猛)可揗,[52] 昆弟相居, 不能相順, 同則不肯, 離則不能, 傷國之神.[53] [神胡不來, 胡不來相敎順弟兄玆;[54] 昆弟之親, 尙可易戈(哉). · 天下有參(三)死: 忿不量力死, 耆(嗜)欲无窮死, 寡不辟(避)衆死. · 毋籍(藉)賊兵, 毋裹盜量(糧).[55] 籍(藉)賊兵, 短者長, 弱者强; 贏絀變化, 后將反钯(施). · 弗同而同, 擧而爲同; 弗異而異, 擧而爲異;[56] 弗爲而自成, 因而建事.]

---

51) 屯屯은 果實이 무성하고 많음이다. 陳鼓應注譯, 378頁 注1 참조.
52) 순揗(쓰다듬다)은 순馴(길들이다, 순종하다)와 통하니, 順이다. 余明光著, 329頁 注76 참조.
53) 國은 域과 통한다. 域은 葬地를 가리킨다. 神은 先神을 말하니 조상의 神이다. 陳鼓應注譯, 上同, 注3 참조.
54) 順은 訓(가르치다)과 같다. 玆는 재哉와 통한다. 陳鼓應注譯, 379頁 注4 참조.
55) 자藉는 빌려서 줌이다. 兵은 무기이다. 이裹는 뇌賚로 읽는다. 뇌賚(下賜하다)는 줌(予)이다. 陳鼓應注譯, 380頁 注7 참조.

양陽은 좋은데 음陰은 나쁘니, 자기 아름다움[膚, 美]을 밖[外]으로 (드러내고), 자기의 거칠고 나쁜 것[勴]을 안[內]으로 감춘다. 내란內亂이 오지 않았어도 반드시 밖의 적(의 침입)이 있게 된다. 아름다운 것이라야 아름답고, 나쁜 것은 나쁜 것이다. 내란이 오지 않았어도 외부의 침입은 곧 물러나게 된다[却].

(복福을) 얻었다고 해서 그것이 내려준 것을 받지도 않고, 잃었다고 해서 그것이 아니라고 원망하지도 않는다.

무릇 하늘에는 밝음[明]이 있으니, 백성의 어두움[晦]을 염려하지 않고, 백성은 자기의 문이나 창을 열어서 각자 빛을 취하는 것이다. 하늘이 (해줄) 일이 없다. 땅은 재물이 있으니, 백성의 가난함을 걱정하지 않는다. 백성이 나무를 베고 땔감을 마련하여 각자 부유함을 취하는 것이다. 땅 또한 (해줄) 일이 없다.

제후에게 반란이 일어났는데 반란을 평정하는 자가 자기 도리를 잃으면, 나라를 혼란스럽게 만들고 도리어 보복을 당한다. 그러므로 말한다. "사람을 통제함에 자기 도리를 잃으면, 거꾸로 제압된다."

[・陽親而陰亞(惡), 胃(謂)外其膚而內其勴,57) 不有內亂, 必有外客,58) 膚既爲膚, 勴即爲勴; 內亂不至 外客乃却,59) ・得焉者不受其賜, 亡焉者不怨大非,60) ・ [夫天有明而不憂民之晦也, [百]姓辟(闢)其戶牖而各取昭焉;61)

---

56) 擧는 與와 같다. 與는 從이다. 그러므로 擧는 因順, 그대로 좇음이다. 陳鼓應注譯, 上同 注9 참조.
57) 親은 和善이다. 膚는 美다. 각勴은 마땅히 추악醜惡이다. 거勴는 조粗가 되니 粗惡(거칠고 나쁨)이다. 陳鼓應注譯, 382頁 注1 참조.
58) 外客은 밖의 敵이다. 余明光著, 331頁 注83 참조.
59) 각却은 退却이다. 余明光著, 上同 注84 참조.
60) 得焉者不受其賜이게에, 陳鼓應교수는 亡者가 亡焉者라고 본다. 그리고 缺字는 非라고 본다. 大는 其자의 착오이다. 그는 得焉者不受其賜, 亡焉者 不怨其非가 정확하다고 보고 있다. 陳鼓應注譯, 382, 383頁 注4 참조.
61) 호유戶牖는 門窓이다. 昭는 光明이다. 余明光著, 上同 注85 참조.

天无事焉. 地有財而不憂民之貧也, 百姓斬木刈(刈)新(薪)而各取富焉;[62] 地亦无事焉. · 諸侯有亂, 正亂者失其理, 亂國反行焉;[63] 其時未能也, 至其子孫必行焉. 故曰: 制人而失其理. 反制焉.]

산 사람은 살 곳이 있고 죽은 사람은 묘가 있다. (산 사람을) 죽은 자와 함께 대할 수는 없다.

미혹되면 급히 알아서 되돌아가야 하니, 도道를 잃었어도 멀리 간 것은 아니다.

신하가 두 자리(신하와 임금 자리)의 권세를 가지고 있다면, 그 나라는 반드시 위태롭다. 만일 나라가 아직 위태롭지 않다고 해도, 임금은 오래 있지 못한다. 임금을 잃었다면 반드시 위태로운데, 임금을 잃었어도 위태롭지 않은 것은 신하가 국정을 잘 보필한 것이다. 자식이 두 자리[즉 자식과 아버지 자리]의 권한을 가진다면, 그 집안에는 반드시 분란이 일어난다. 만일 집안에 아직 분란이 일어나지 않았다면, 아비는 오래 있지 못한다. 어버이를 잃었으면 반드시 위태로운데, 어버이를 잃었는데도 위태롭지 않은 것은 자식들이 집안을 잘 도운 것이다.

보좌하는 이들의 도움을 쓰지 않고, 성인의 슬기로운 사려思慮도 듣지 않으며, 견고한 성곽만을 의지하고 강력한 군사력만 믿는 것을 일컬어 세력과 능력이 부족함[薄]이라 말한다. 세력과 능력이 부족하면 위태로우니, 수비守備도 견고하지 않고 싸워도 이길 수 없다.

(사냥감을 두고) 호랑이 둘이 서로 싸우면, 못난 개[犬]가 남은 이득을 취한다.

[生人有居, [死人有墓. 令不得與死者從事.[64] · 惑而極(亟)反(返), [失道不遠.[65] · 臣有兩位者, 其國必危;[66] 國若不危, 君臾存也. 失君必危, 失君

---

62) 斬刈은 김식 砍削, 베고 깎음이다. 余明光著, 上同 注86 참조.
63) 反行은 거꾸로 보복함이다. 余明光著, 上同 注87 참조.
64) 從事는 대우하다. 陳鼓應注譯, 385頁 注1 참조.

不危者, 臣故駐(佐)也. 子有兩位者, 家必亂; 家若不亂, 親與存也.⁶⁷⁾ [失親必危, 失親不亂, 子故駐(佐)也. ・ 不用輔佐之助, 不聽聖慧之慮, 而恃(恃)其城郭之固, 古(怙)其勇力之御,⁶⁸⁾ 是胃(謂)身薄;⁶⁹⁾ 身薄則貸(殆), 以守不固, 以單(戰)不克. ・ 兩虎相爭, 奴(駑)犬制其餘.⁷⁰⁾]

나라를 잘 다스림에 있어 가장 높은 경지는 형벌이 없는[无刑] 것이고, 그 밑은 법도를 바로잡는[正法] 것이고, 그 아래는 분쟁을 판단하여 옳고 그름[是非]을 판결하는 것이며, 가장 낮은 경지는 분쟁하는데도 판단하지 않고 송사에 판결 내리지 않아 아무런 결과도 나오지 않는 것이다. 무릇 가장 좋은 것은 분쟁을 평화로 전환하는 것이고, 그다음은 분쟁(의 원인을 명백히) 밝힘[明]이고 그 아래는 (나라의) 불행[禍]과 환난[患]을 구제하는 것이다.

추운 계절인데 유난히 덥고, 더운 계절인데 유난히 추우면, (동식물의) 생명이 위태로우니, 이는 제철[時, 계절]을 거슬렀기(逆) 때문이다.

신중함[敬, 愼]은 게으름[怠]을 이기고, 과감[果敢]한 것은 의혹[疑]을 이긴다.

망하는 나라의 불행은 …… (약 25글자가 파손되어 읽을 수 없음) …… 그것[道]의 옳음[是]을 믿지 못함과 그것의 가[可]함을 믿지 못함은 옳지 않다[不可]. (그러나) 그것[道]의 그름[非]을 믿지 못하고, 그것의 불가不可함은 믿지 못함은 옳다[可]. … (약 50개의 빠진 글자) …… 앞을

---

65) 惑은 迷惑이다. 극반亟返은 급히 알아서 되돌아감이다. 道는 大道를 가리킨다. 陳鼓應注譯, 上同 注2 참조.
66) 兩位는 신하나 임금권력을 행사함을 말한다. 陳鼓應注譯, 上同 注3 참조.
67) 親은 父親이다. 余明光著, 331頁 注93 참조.
68) 호怙는 시恃(믿다)와 같으니 의지함이다. 御는 어圉와 통하니 强이다. 强은 성곽의 견고함이다. 勇力은 세력이다. 陳鼓應注譯, 386頁 注9 참조.
69) 身薄은 勢單(세력이 약함)과 力薄(힘이 약함)이다. 陳鼓應注譯, 上同 注10 참조.
70) 노駑는 열劣(못하다)이다. 制는 利의 착오이다. 陳鼓應注譯, 上同 注12 참조.

고찰하면 되돌아옴[返]을 알 수 있다. 그러므로 지금의 곡직曲直을 고찰하고 그 명분[名]을 알고 경중을 헤아려 판단한다. (화물을 창고에) 쌓아두고 (높은 가격을) 기다림은 시기[時]를 기다려서 응용하는 것이다. 임금이 (어떤 인재를) 심어서 정치에 참여시키고 (창고에) 쌓아놓은 화물을 (판매할) 때를 헤아려야 한다. 임시적 변통變通[奇]인지 정식[正]인지, 비싼 것[貴]인지 싼 것[賤]인지, 있게 할 것[存]인지 없앨 것[亡]인지를 분명하게 파악해야 한다.

[·善爲國者, 大(太)上无刑, 其次□[正法], [其]下鬪果訟果.71) 大(太)下不鬪不訟有(又)不果. [夫大(太)上爭于化, 其次爭于明, 其下㪲(救)患禍.72) · 寒時而獨暑, 暑時而獨寒, 其生危, 以其逆也.73) · 敢朕(勝)怠,74) 敢朕(勝)疑.75) [·] 亡國之禍□□□□□□□□□□□□□□□□□□□□□□□□□□□□□□□□□□不信其是而不信其可也, 不可矣; 而不信其[非而不信其不可也, 可矣.]76)□□覓前□以知反.77) □□覓今之曲直, 審其名, 以稱斷之.78) 積者積而居, 待時而

---

71) 太上은 최고의 境地이다. 其次 다음의 2缺字는 正法이라고 陳鼓應교수는 보고 있다. 鬪는 競爭이다. 果는 果斷이다. 訟은 斷案(옳고 그름의 판단)이나 是非를 다툼이다. '不鬪不訟不果'는 '不鬪果 又不訟果(싸움에 결단을 내리지 않음)과 또한 싸움에 판단을 내리지 않음)'이다. 陳鼓應注譯, 388, 389頁 注1 참조.
72) 化는 마음을 좋은 쪽으로 轉化시킴이다. 鬪果(싸움의 果斷)는 천하의 災患을 구제함 때문이다. 訟果(是非의 決斷)은 나라의 禍亂을 멈추게 함이다. 明은 曲直을 밝힘이다. 陳鼓應注譯, 389頁 注2 참조.
73) 其生은 일반 동식물의 생명을 가리킨다. 逆은 자연 속 계절의 변화를 거스름을 말한다. 陳鼓應注譯, 390頁 注3 참조.
74) 敬은 愼(신중함)이다. 怠는 게으름이다. 余明光著, 333頁 注103 참조.
75) 敢은 果敢이다. 疑는 疑惑이다. 余明光著, 上同 注104 참조.
76) 90여 缺字 중 거의 30자를 陳鼓應교수가 복원하였다. 其는 아마도 道를 가리킨다. 陳鼓應注譯, 上同 注3 참조.
77) □은 缺字가 아니고, 지웠는데 아직 다 없어진 것이 아닌 것 같다. 覓은 觀의 異體字이

用.79) 主樹以知與治, 合積化以知時; [以明奇]正貴[賤]存亡.80)]

　　무릇 음양이 큰 뜻[大義]을 취했음을 논한다. 하늘은 양이고 땅은 음이고, 봄은 양이고 가을은 음이며, 여름은 양이고 겨울은 음이며, 낮은 양이고 밤은 음이다. 큰 나라는 양이고 작은 나라는 음이며, 무게 있는 나라는 양이고 가벼운 나라는 음이다. 일 있음이 양이고 일 없음은 음이며, 펼치는 자가 양이고 굽히는 자는 음이다. 임금은 양이고 신하는 음이며, 위가 양이고 아래는 음이며, 남자가 양이고 여자는 음이며, 아버지는 양이고 자식은 음이며, 형은 양이고 동생은 음이며, 나이 많은 이[長]는 양이고 나이 적은 이[少]는 음이며, 귀함은 양이고 천함은 음이며, 통달[達]은 양이고 막힘[窮]은 음이다. 며느리를 취하여 아이를 낳음이 양이고 상喪을 당함이 음이다. 손님은 양이고 주인은 음이다. 스승은 양이고 제자는 음이다. 말함[言]은 양이고 침묵은 음이다. 주는 것은 양이고 받는 것은 음이다. 여러 양은 하늘을 본받은 것인데, 하늘은 바름[正]을 귀하게 본다. 바름을 지나치면 속임[詭]이라 하고 … 한계선을 지나치면 곧 되돌아오게 된다. 여러 음은 땅을 본받은 것인데 땅의 덕은 편안하고 느리며 바르고 고요함이니, 부드러운 절도[柔節, 雌節]가 앞서서 정해졌기에, 잘 주며[供與] 다툼이 없다. 이런 것이 땅이 (헤아리는[衡量]) 기준[準度]이고 여성스러운 절도[雌節]이다.

[凡論必以陰陽[之]大義,81) 天陽地陰, 春陽秋陰, 夏陽冬陰, 晝陽夜陰. 大國

고, 考察의 뜻이다. 反은 返(돌아오다)이다. 陳鼓應注譯, 391頁 注7 참조.
78) 稱은 저울이다. 陳鼓應注譯, 上同 注8 참조.
79) 積而居는 囤積居奇이니, 창고에 화물을 쌓아두고 적당한 때를 기다려 高價로 판매함의 뜻이다. 胥時는 적당한 때를 기다림이다. 用은 응용이다. 陳鼓應注譯, 上同 注9 참조.
80) 主는 君主이다. 樹는 樹立이니, 사용 시작[啓用]이다. 與治는 정치에 참여함이다. 化는 貨物로 읽는다. 陳鼓應교수는 3缺字를 以明奇로 보았다. 陳鼓應注譯, 上同 注10 참조.

陽, 小國陰; 重國陽, 輕國陰. 有事陽, 无事陰, 信(伸)者陽而屈者陰. 主陽臣陰, 上陽下陰, 男陽女陰, 父陽子陰, 兄陽弟陰, 長陽少陰, 貴陽賤陰, 達陽窮陰. 取(娶)婦姓(生)子陽, 有喪陰. 客陽主人陰. 師陽役陰.[82] 言陽黑(默)陰. 予陽受陰. 諸陽者法天, 天貴正; 過正曰詭, □□□過祭(際)乃反.[83] 諸陰法地, 地之德安徐正靜, 柔節先定, 善予不爭. 此地之度而雌之節也.]

---

81) 以는 採用이다. 陳鼓應注譯, 394頁 注1 참조.
82) 師는 스승이다. 役은 제자이다. 役은 제자와 같다.(『列子·仲尼』, 張湛(약 330∼400)注 余明光著, 333頁 注110 참조.
83) 祭는 제際로 邊際, 가장자리나 極端이다. 過際는 한계선을 지나침이다. 陳鼓應注譯, 395頁 注11 참조.

Ⅳ. 도의 본원[道原]

이 넷째 편은 소절小節로 나뉘어 서술되고 있지 않다. 도에 대한 총체적 설명을 하고 있다.

아무것도 없던 처음[太初]에 태허[太虛, 우주]는 혼돈이었다. 공허와 혼돈이 뭉쳐서 '하나[一]'로 되었으니 '변함없는 하나[恒一, 자연 그대로의 하나)'일 뿐이다. 뒤섞여진 혼돈일 뿐이기에 아직 밝음과 어둠이 없으며, 신비로운 미묘함[神微]으로 두루 차 있기에 순수하고[精] 고요하되[靜], 번쩍이지는 않았다. 그러므로 (그것, 一[하나]은) 아직 있는 것도 아니고 만물도 의지해 있지 않은 듯하다. 그러므로 아직 모양[形]도 없고 크게 같은 것[大迵] 같으나, 이름[名]도 아직 없다. (그것, 一은) 아직 하늘도 덮을 수도 없고, 땅도 실을 수 없다. 작은 것[小]은 작게끔 이루어졌고, 큰 것[大]은 크게끔 이루어졌다. 온 세상[四海]의 안[內]을 채우고 있고, 또 그 밖을 포괄하고 있다. 음陰에 있어도 썩지 않고 양陽에 있어도 (검게) 타버리지도 않는다. '하나'를 지키며 변치 않으니, (저급의) 발 많은 벌레(기蚑)나 다리 없는 벌레(요蟯)에도 통할 수 있다. 새는 (그것, 一을) 얻어서 날아다니며, 물고기는 얻어서 헤엄을 치고, 짐승은 얻어서 달릴 수 있다. 만물은 그것을 얻어서 살아가며, 모든 일[百事]은 그것을 얻어서 이루어진다. 사람은 모두 (그것, 一을) 쓰지만, 그 모양을 볼 수 없다.

[恒无之初, 迵同大(太)虛.1) 虛同爲一 恒一而止.2) 濕濕夢夢,3) 未有明晦, 神微周盈, 精靜不配(熙).4) 古(故)未有以, 萬物莫以5) 古(故)无有刑(形), 大迵无名. 天弗能覆, 地弗能載. 小以成小, 大以成大. 盈四海之內, 又包其外. 在陰不腐, 在陽不焦, 一度不變, 能適規(蚑)僥(蟯), 鳥得而蜚(飛), 魚得而流(游), 獸得而走, 萬物得之以生, 百事得之以成. 人皆以之,6) 莫知其名, 人皆用之, 莫見其刑(形).]

하나─는 그 호칭이고 비어 있음[虛]은 그의 머무는 곳(舍)이고, '함 없음[无爲]'은 그의 쓰임이다. 이 때문에 위로는 높다고 말하나 살필 수 없고, 깊기로는 측량할 수 없다. 뚜렷이 밝으나 이름을 지을 수 없고, 광대廣大하나, 모양을 나타낼 수 없다. 홀로 서 있으며 짝이 없는데, 만물은 (그로부터) 떨어질 수 없다. 하늘땅의 음양, 사계절의 해와 달, 별들과 구름의 기운(雲氣), (발이 많은) 벌레[蚑]의 기어서 다님과 (다리 없는) 버러지(蟯)의 움직임, 뿌리 있는 식물들이 모두 삶(生)을 취하여도, 도道는 줄어들지 않는 것이다. 모두 반대가 되어도, 도는 늘어나지도 않는다. 굳세고 강해도 (그것[道]을) 부러뜨리지 못하고, 연약하다고 변화시키지 못한다. 순수하고[精] 미묘한 것도 (道에는) 이를 수 없고, 지극한 것도 (도를) 초과超過할 수 없다.

[一者其號也, 虛其舍也, 无爲其素也, 和其用也. 是故上道高而不可察也, 深而不可則(測)也. 顯明弗能爲名, 廣大弗能爲刑(形). 獨立不偶, 萬物莫之

---

1) 恒无는 모두가 없음이다. 동동迵同은 洞同, 混同이다. 太虛는 우주나 天地를 가리킨다. 陳鼓應注譯, 399頁 注1 참조.
2) 一은 先天의 一氣이니 道이다. 而止는 而匕이다. 陳鼓應注譯, 上同 注2 참조.
3) 濕濕夢夢은 混混沌沌함의 뜻이다. 余明光著, 335頁 注3 참조.
4) 熙는 빛남(光明)이다. 余明光著, 335頁 注4 참조.
5) 앞의 以는 之이고, 뒤의 以는 의지함이다. 陳鼓應注譯, 上同 注5 참조.
6) 以는 用이다. 余明光著, 336頁 注9 참조.

能令.⁷⁾ 天地陰陽, [四時日月, 星辰雲氣, 規(蚑)僥(蟯)重(動), 戴根之徒, 皆取生, 道弗爲益少; 皆反焉, 道弗爲益多. 堅强而不潰,⁸⁾ 柔弱而不可化. 精微之所不能至, 稽極之所不能過.]

그러므로 성인만이 (도의) 모양 없음을 관찰할 수 있고, (도의) 소리 없음을 들을 수 있다. (성인은) 텅 빔[虛]의 쓰임새[實, 功用]를 알고 난 뒤에는 크게 비울[大虛] 수 있다. 이에 천지자연의 핵심[精]에 통하여 (만물과) 화동[和同]하나, 틈이 없고, 두루 돌아다니나, 풀어짐[懈]이 없다. 이런 도[道]를 잡는 것, 이것으로 핵심[精]이 될 수 있음을 말한다. (도를) 이해한 자[明者]는 진실로 정점[頂点, 極]을 관찰할 수 있고, 남들이 알 수 없는 것을 알게 되고, 남들이 얻을 수 없는 것을 얻게 되는 것이다. 이것이 지극함을 관찰하여 지극함을 아는 것이라 말한다. 성왕聖王이 이것을 행하면 천하는 복종할 것이다.

[故唯聖人能察无刑(形), 能聽无聲. 知虛之實, 后能大虛; 乃通天地之精, 通同而无間, 周襲而不盈.⁹⁾ 服此道者,¹⁰⁾ 是胃(謂)能精. 明者固能察極, 知人之所不能知, 服人之所不能得.¹¹⁾ 是胃(謂)察稽知極.¹²⁾ 聖王用此, 天下服.]

(무엇을 특히) 좋아함도 없고 싫어함도 없이, 임금[上, 聖王]께서 만약 극한[極]까지 살필 수 있다면, 백성은 미혹되지 않는다. 임금께서 (마음을) 비우시고(虛) 아래(백성)는 고요하면[靜], 도道가 바름[正]을 얻게 된

---

7) 令은 離와 소리가 비슷하다. 陳鼓應注譯, 404頁 注7 참조.
8) 귀潰는 부러뜨림(折)이다. 余明光著, 336頁 注18 참조.
9) 通同은 迥同이니, 만물과 混同, 또는 和同함이다. 周襲은 周還, 두루 되돌아옴이다. 盈은 嬴과 같으니, 게으름, 풀어짐이다. 陳鼓應注譯, 407頁 注3 참조.
10) 服은 執(잡다)이다. 陳鼓應注譯, 上同 注4 참조.
11) 服은 得으로 읽어야 한다. 陳鼓應注譯, 上同 注6 참조.
12) 계稽는 至와 같다. 稽極이 곧 至極이다. 陳鼓應注譯, 408頁 注7 참조.

다. (임금께서) 진실로 탐욕이 없으실 수 있으시면, 백성의 생명은 (평안하게) 살 수 있을 것이다. 임금께서 진실로 '함 없으면[无爲]', 만물(萬人)은 두루 평안할 것이다. 자기 몫[分]을 나눠주면 만민은 다투지 않을 것이다. 자기 명분[名]으로써 부여하여 주면, 만물(萬人)은 저절로 안정될 것이다. (임금께서) 통치하려고 망령을 부리지 말고, 난리를 다스리려고 (만사를) 황폐하게 하지 말아야 한다. (도道는) 넓고도 크기에 (도道에) 급하게 달려 나가 도달하려 하지 말고, 찾아서 얻으려고 하지 말라! (도道는) 무릇 하나[一]가 되게 만들며, 변하지 않는 것이다: 도의 근본을 얻으려면 적음[少]을 잡고서, 많음[多]을 알아야 한다. 일의 요점을 얻으려면, 바름[正]을 조정하여, 별난 것[奇]을 바르게 해야 한다. 앞서서 태고太古(의 역사)를 알면, 후에는 지혜로워진다[精明]! 도道를 포용하고 법도[度]를 잡으면, 천하를 통일할 수 있다! 태고를 관찰하면 그 이유를 다 알 수 있고, (만물의 태어남이) 아직 있기 전[未无, 황량하고 몽매한 세계]을 찾아보면 그 이유를 얻을 것이다!

[无好无亞(惡), 上用察極而民不蟊(迷)惑.13) 上虛下靜而道得其正. 信能无欲, 可爲民命;14) 上信无事, 則萬物周扁;15) 分之以其分, 而萬民不爭; 授之以其名, 而萬物自定. 不爲治勸, 不爲亂解(懈).16) 廣大, 弗務及也; 深微, 弗索得也.17) 夫爲一而不化: 得道之本, 握少以知多; 得事之要, 操正以政

---

13) 上은 임금이니 聖王을 가리킨다. 用은 以로 읽어야 하니, 如(만약 … 라면)이다. 缺字는 아마도 察極이라고 陳鼓應교수는 말한다. 그리고 而는 '즉則'이다. 陳鼓應注譯, 409頁 注2 참조.
14) 信은 진정으로, 확실히 이다. 欲은 탐욕이다. 爲民命은 백성으로 하여금 몸을 편하게 생명을 살게 함이다. 陳鼓應注譯, 410頁 注4 참조.
15) 无事는 无爲이다. 周는 두루 이다. 扁은 아마도 편便으로 읽어야 하니 '安이나. 陳鼓應注譯, 上同 注7 참조.
16) 勸은 妄爲妄作, 망령을 부림이다. 解解는 황폐하게 하는 것이다. 陳鼓應注譯, 410頁 注7 참조.
17) 務는 급하게 행함이다. 及은 미치려고 함이다. 陳鼓應注譯, 411頁 注8 참조.

(正)畸(奇). 前知大(太)古, 后能精明. 抱道執度, 天下可一也, 觀之大(太)古, 周其所以; 索之未无, 得之所以.18)]

---

18) 周는 周知(두루 앎)이니 다 앎[盡知]이다. 未无는 천지 만물이 생기기 이전의 혼돈 몽매한 시대를 말한다. 得之所以는 아마도 得其所以로 보아야 한다. 陳鼓應注譯, 412頁 注13 참조.

참고문헌

『韓非子新校注』, 韓非著, 陳奇猷校注, (全二冊), 上海: 上海古籍出版社, 2000.
『老子道德經河上公章句』, 王卡點校, 北京: 中華書局, 1997.
『王弼集校釋』(上, 下冊), 魏 王弼著, 樓宇烈校釋, 北京: 中華書局, 1987.

『道德眞經註疏』, 宋(南朝) 顧歡述, Google 中國哲學書電子化計劃.
『道德旨歸』, 漢 嚴遵撰, Google 中國哲學書電子化計劃.
『道德眞經廣聖義』, 唐 杜光庭述, Google 中國哲學書電子化計劃.
『道德經兵要義述』, 唐 王眞撰, Google 中國哲學書電子化計劃.

『帛書老子校注』, 高明撰, 北京: 中華書局; 2002.
『楚簡老子辨析』, 尹振環著, 北京: 中華書局, 2001.
『郭店楚簡老子校釋』, 廖明春著, 北京: 清華大學出版社, 2003.
『郭店楚簡'老子'硏究』, 聶中慶, 北京: 中華書局, 2004.
『老子繹讀』, 任繼愈著, 北京: 神華書店, 2007.
『莊子校詮』, 王叔岷撰, (全三冊), 臺北: 中央硏究員歷史語言硏究所, 1998.
『莊子譯注』, 「天下」篇, 李玉峰, 李翊赫譯注, 南昌: 百花州文藝出版社, 2010.
『破玄: 老子的密碼』(德經卷), 王扉著, 桂林: 廣西師範大學出版社, 2010.
『破玄: 老子的密碼』(道經卷), 王扉著, 桂林: 廣西師範大學出版社, 2011.
『荀子簡釋』, 梁啓雄著, 臺北: 木鐸出版社, 1983.
『列子集釋』, 楊伯峻著, 北京: 中華書局, 1979.
『呂氏春秋新校釋』(全二冊), 呂不韋著, 陳奇猷校注, 上海: 上海古籍出版社, 2002.
『呂氏春秋譯注』(上, 下), 呂不韋著, 張玉春等 譯注, 哈爾浜: 黑龍江人民出版社, 2004.
『文子校釋』, 文子撰, 李定生, 徐慧君校釋, 上海: 上海古籍出版社, 2004.
『管子校注』(全三冊), 黎翔鳳撰, 北京: 中華書局, 2013.
『淮南子全譯』(上, 下), 劉安 等原著, 許匡一譯注, 貴陽: 貴州人民出版社, 1995.

『春秋左傳注』(上, 下), 楊伯峻著, 臺北: 源流出版社, 1982.
『今古文尙書全譯』, 江灝, 錢宗武譯注, 貴陽: 貴州人民出版社, 1990.
『禮記今註今譯』(上, 下冊), 王夢鷗註譯, 臺北: 臺灣商務印書館, 1974.
『中庸今註今譯』, 宋天正註譯, 臺北: 臺灣商務印書館, 1980.
『史記』(全十冊), 漢 司馬遷撰, 北京: 中華書局, 1972.
『論語譯注』, 楊伯峻譯注, 北京: 中華書局, 1992.
『孟子譯注』, 楊伯峻譯注, 香港: 中華書局, 1992.
『戰國策新校注』(上, 下), 繆文遠譯注, 成都: 巴蜀書社, 1987.
『國語』(共二冊), 上海師範大學古籍整理組校点, 上海: 上海古籍出版社, 1978.
『抱朴子內篇校釋』, 王明著, 北京: 中華書局, 1996.

『說文解字』(全三冊), 東漢 許愼著, 李翰文譯注, 北京: 九州出版社, 2006.
『爾雅』, 管錫華譯注, 北京: 中華書局, 2018.

『黃帝四經今注今譯』, 陳鼓應注譯, 北京: 商務印書館, 2011.
『黃帝四經與黃老思想』, 余明光著, 哈爾濱: 黑龍江人民出版社, 1989.
『周秦道論發微』, 張舜徽著, 北京: 中華書局, 1982.
『老子其人其書及其道論』, 詹劍峯著, 湖北人民出版社, 1982.
『中國古代思想史』, 楊榮國著, 北京: 人民, 1954.
『장자莊子』, 송영배 역주, 서울: 비봉출판사, 2022.
『제자백가의 철학사상』(1, 2책), 송영배 지음, 서울: 비봉출판사, 2022.

찾아보기

ㄱ

가르침의 근본敎父 44
가장 좋은上善 243
갈홍葛洪 55
강강함 40
강강剛强 13
개인주의 266
거짓 꾸밈邪飾 251
거짓僞 219
거칠고 사나움强梁, 粗暴 342
건언建言 35
걸桀 274
겸애兼愛 11
경물중생輕物重生 9
경법經法 386
경전석사經傳釋詞 193
고광기顧廣圻 273
고양高陽 461
고연제高延第 77
고요함靜 101
고환顧歡 45

공공功 28
공空개념 214
공명功名 49
공영달孔穎達 269
공자 4, 5
공정公正 239
과동果童 452
과문寡聞 30
과문한 자寡人 33
곽점郭店죽간竹簡『노자』 38
곽점초간郭店楚簡 10
곽점초간郭店楚簡『노자老子』 6
관자管子 13, 63, 78, 89, 384
광아廣雅 315
광아廣雅 · 석고釋詁 269
국어國語 33
군주의 무위無爲 9
군고 강한 것堅强者 39
굴원屈原 97
귀貴 30
극지郤至 317

찾아보기 513

근본本 28
근본이 없음无本 402
기氣 13, 250, 368
길러주는 어머니食母 303, 307, 309
길흉吉凶 59
까오밍高明 14
까오형高亨 8, 33, 101, 310
꾸밈文 26, 28
꾸지에깡顧頡剛 384
끝이 없음無終 270

ㄴ

넋魄 251
노담老聃 4
노래자老萊子 4
노우위리에樓宇烈 36
노자 갑본 10
노자 4, 5, 25, 29
노자老子열전列傳 15
논어論語 168, 224

ㄷ

담儋 4
당요唐堯 300
대도大道 338
대제大制 341
덕德 15, 24, 27, 90, 92, 182, 250, 279, 351, 380
덕경德經 15, 25, 29
덕이 낮은下德 25

덕이 없음無德 25
덕이 있음有德 25
덕화德化 28
도道 11, 13, 15, 24, 27, 28, 29, 33, 35, 44, 55, 90, 92, 182, 210, 211, 250, 279, 287, 326, 351, 358, 365, 380, 386, 430, 435
도가 없음無道 55
도가道家 13, 437
도가道家사상 385
도가道家학파 44
도경道經 15
도기道紀 273
도덕진경광성의道德眞經廣聖義 52
도덕진경구의道德眞經口義 39
도법道法 386
도의道義 451
도인道人 151
도주陶朱 105
도척盜跖 262
되돌아감返 38
되돌아옴反 38
되돌아옴復 39
두광정杜光庭 52, 56, 90, 169
두예杜預 149
땅地 42, 326

ㄹ

량치차오梁啓超 5
류스페이劉師培 270

ㅁ

마쉬룬馬敍倫 51, 242
마왕퇴馬王堆 14
마음心 249
만족足 365
말 없는 가르침不言之敎 45
말 없음不言 324
맹자 5
명덕名德 151
명분名分 452
명철함明 365
모양 없음无形 360
몸身 49
무武 274
무無 13
무無(Nichtsein) 10
무극无極 343, 344
무명無名 212, 269
무미无味 120
무사无事 120, 123
무사無事 210
무사無私 239
무상無相 269
무욕无欲 222
무욕無欲 77, 211, 212
무위无爲 120, 123
무위無爲 12, 13, 24, 60, 61, 77, 141, 192, 210, 232, 347, 369
무위無爲의 통치술 9
무지无知 222

묵가墨家 11, 12
묵자 5
문왕文王 337
문자文子 60, 137, 167, 220
물 한가운데 243
물水 274
미美 217
미움惡 217
민덕民德 28
믿음信 24

ㅂ

바름正 30
바탕本 30
바탕質 28
반反 40
반환返 40
방술方術 251
방언方言 315
백가쟁명百家爭鳴 27, 384
백규白圭 122
백서帛書『노자』 6, 14, 16
범응원范應元 113, 165
법法 386, 435
법도法度 448, 452
법상法象 438
보이지 않는 어떤 것無 41
복희伏羲 300, 385
부견符堅 190
부혁傅奕 37, 113, 165, 188, 268

찾아보기 515

부혁본傅奕本 322
부화浮華함 24
분수分數 28
불선不善 217
비중費仲 337

ㅅ

사기史記 15
사란邪亂 29
사람人 42
사랑仁 24, 26, 27
사마담司馬談 47, 344
사마천司馬遷 47, 344
사사로움私 240
사생死生 431
사추史鰌 262
사특함邪 203
삶生 71
삶을 귀하게 함貴生 187
삼공三公 431, 438
삼광三光 179
삼시三時 444
상常 209
상덕上德 27
상도常道 15, 92, 210
상례上禮 28
상명常名 15, 210
상소常所 209
상인上仁 28
생명 사상 13

생명 원리 12, 13, 360, 361
생명 존중 12
생명性命 44
서풍徐馮 128
석고釋詁 150
선善 217
선善하지 못한 자不穀 33
설문해자說文解字 48, 52, 109, 176, 245, 268, 336, 341
성인聖人 178, 193, 239, 446, 468
성현영成玄英 58, 176, 234, 269
소국과민小國寡民 12
소철蘇轍 141, 282
수數 31, 33
순舜 274
순舜임금 43, 224
순리順理 430
순응因 442
순자荀子 11, 209
스스로 그러함自然 63, 326
승승繩繩 269
시동奠侗 48, 181, 197, 336
신농神農 300, 385
신명神明 92, 238, 285, 343, 432
신실함實 24
쓰임用 38

ㅇ

아득한 거울玄覽 249
아득한 덕玄德 252, 253

아득한 봄玄覽 251, 253
아득함玄 213, 235, 251
아래下 28
아리송한 덕玄德 78
아리송한 암컷玄牝 237
알맹이精 43
앎知 29
암컷雌牝 250
앞서서 앎前識 27, 29
양陽 42, 240, 443
양경楊倞注 434
양기陽氣 179
양룽귀楊榮國 5
양생술養生術 13
양주학파 9
어미母 213
엄염闛冉 448
엄준嚴遵 188
없는 것無 41
없는 것無有 359
없는 공간無 14
없음无 38, 254
없음無 38, 212, 213, 255, 286, 287
없음無有 46
여길보呂吉甫 192, 298
여불위呂不韋 344
여씨춘추呂氏春秋 59, 266, 344
여와女媧 300
여태후呂太后 47
역易 194

역리逆理 430, 436
역흑力黑 440, 461
열자列子 33, 43
영백營魄 248
예禮 24, 26, 28
예기禮記 117, 168, 269
오신五神 222
오제五帝 471
오징吳澄 289
오행五行 274, 343
올바름正 203
올바름義 24, 26, 27
옳고 그름是非 219
왕王 326, 438
왕공王公 475, 478
왕망王莽 190
왕수王壽 128
왕술王術 401, 455
왕인지王引之 192
왕진王眞 56, 83
왕페이王沛 33, 36, 169
왕필王弼 14, 31
왕필본王弼本 14
외톨이孤 30, 33, 43
요堯 274
요순堯舜 385
요점要 211
우매함愚 24
우순虞舜 300
위밍꽝余明光 7, 14

찾아보기 **517**

유有 10, 13
유가儒家 11, 12
유가儒家학파 44
유노喩老 9, 14
유명有名 211, 212
유약柔弱 13
유약함弱 38, 40
유욕有欲 211, 212
유월俞樾 278, 310
유위有爲 12, 13, 47, 61, 347
유토피아 12
유화柔和 222
육극六極 314
육순六順 401
육역六逆 401
육전陸佃 449
음陰 42, 240, 443
음기 179
음백陰魄 248
음양陰陽 13, 42
의義 26, 28, 478
의돈猗頓 105
이理 209
이름 없음无名 360
이름 없음無名 37, 380
이름名 42, 49, 210, 217, 490
이름名號 28
이명異名 211, 213
이쏜딩易順鼎 91
이아爾雅 150, 242

이아爾雅·석언釋言 188
인仁 11
인도人道 58, 193, 474
인위人僞 253
인위人爲 12, 219, 220
인은仁恩 28
일민逸民 9
임희일林希逸 39
있는 것有 41
있음有 38, 212, 213

ㅈ

자寡 30
자기己 28
자신己 365
자연 범주 13
자연권 12
자연의 그물天網 176, 177, 183
자연의 도天道 177, 204
자연의 뜻天意 177
자연의 업적 394
자연의 형벌天刑 446
자연天 176, 177, 183, 193, 211, 287, 351, 442, 474
자유의 추구 12
잘못됨差忒 342
장자莊子 5, 9, 145, 266
적송赤松 274
적은 이寡 43
전국戰國시대 5, 10, 11, 384

전국책戰國策 168
전욱顓頊 300
접여接輿 274
정기精氣 13, 59, 249, 327
정기精氣설 14
정도正道 435, 472
정신神 25
정욕情欲 211, 212
정현鄭玄 117, 201
제곡帝嚳 300
제자백가 11
제齊의 직하稷下학파 9
조화和 42, 43
존망存亡 431
좋지 못한 자不穀 30
좋지 않은 이不穀 43
좌전左傳 117
주보主父 333
주역周易 217, 346
주자朱子 209
주紂 274
주첸즈朱謙之 155, 171, 248, 289
주페이황朱芾煌 197
죽음死 71
죽음의 원리 13
중급의 지식인中士 35
중용中庸 44, 166
중화中和 211, 212
증삼曾參 262
지극한 부드러움至柔 46

지식智 251
직하稷下학궁 66, 344, 384
진秦시왕始皇 14
짱순후이張舜徽 9
짱시창蔣錫昌 155, 216, 289
짠젠펑詹劍峯 5

ㅊ

천天 11
천賤 30
천기天氣 59
천도天道 58, 183, 193, 386, 415
천리天理 386
천문天門 250
천의天意 11
천자天子 431
천지天地 27, 40, 274
천지天志 11
천지자연 468
철리哲理 27
초횡焦竑 171
최고의 덕上德 24, 25
최고의 사랑上仁 24
최고의 예禮 24
최고의 올바름上義 24
최고의 지식인上士 35
춘추전국春秋戰國시대 5, 27, 351, 355
충기沖氣 13
충실함忠 24
치우蚩尤 451, 455

칠법七法 386, 415

ㅋ

큰 그릇大器 37
큰 모양大形 37
큰 소리大聲 37
큰 소리大音 35

ㅌ

타오훙칭陶鴻慶 43
탕湯 274
탕란唐蘭 384
태극太極 236, 237
태화太和 249

ㅍ

팔정八政 386, 415
패주霸主 407
펑유우란馮友蘭 5, 384

ㅎ

하급의 지식인下士 35
하나一 30, 42, 211, 249, 472, 507, 509
하나道 33
하느님上帝 11
하늘天 42, 326
하덕下德 24, 28
하상공河上公 14, 27, 59
하상공본河上公本 14

하지 않음不爲 368
학大學 89
한백韓佰 346
한비 15, 27
한비韓非 25, 55, 76, 97
한비자韓非子 9, 11, 14, 25, 273, 337
함 없음无爲 187, 226, 361, 488, 507
함 없음無爲 46, 47, 63, 101, 225, 239, 291, 300, 324, 325, 359, 368, 380
함 없음의 유익함無爲之益 45
함 있음有爲 46
함爲 28
항덕恒德 344
항도恒道 210, 431
해노解老 9, 14, 15, 25
허虛 13
허신許愼 109
허정虛靜 287, 435
현玄 211, 213
현덕玄德 253
현성賢聖 212
형상形狀 271
형체 없음無形 325
혼魂 251
혼란亂 24
화기和氣 27, 355
화복禍福 431
황간皇侃 168
황로黃老학적 해석 124
황로학黃老學 9, 12, 47, 64, 65, 342,

359, 369, 381
황제黃帝　274, 300, 385, 438, 440,
　　452, 455, 458
황제사경黃帝四經　384, 437
회남자淮南子　63, 234
후왕侯王　30, 33, 360, 380

기타
三生萬物　42
上德　28
心　13
心氣　13
說文解字　456
釋名　303

| 지은이 소개 |

송영배

1944년 수원 출생
한신대학교 철학과 교수(1982.9-1988.6), 서울대학교 철학과 교수(1988.7-2009.2),
현재 서울대학교 명예교수
서울대학교 학사(1967), 서울대학교 석사(1969), 중국 대만대학교 석사(1972),
독일 프랑크푸르트대학교 철학박사(1982)

주요논문

『노자』의 철학적 패러다임에 대한 연구(2008), 문화대혁명에 대한 사회사상사적 이해(2007), 동양의 상관적 사유와 유기체적 생명이해(2004), 세계화시대의 유교적 윤리관의 의미(2003), 다산철학과 천주실의의 패러다임 비교연구(2000), 「제자백가의 다양한 전쟁론과 그 철학적 문제의식(I, 1992; II, 1999)」, 고대 중국 상앙학파의 법치주의: 그 진보성과 반동성(1989), 동중서의 역사철학(1985) 등

저서 및 역서

『중국사회사상사』(한길사, 1986; ㈜사회평론, 1998)
『제자백가의 사상』(현음사, 1994)
『한국유학과 이기철학』(예문서원, 공저, 2000)
『공자의 철학』(H. Fingarette, *Confucius: Secular as Sacred*, 역서, 서광사, 1993)
『불안한 현대사회』(Charles Taylor, *The Malaise of Modernity*, 역서, 이학사, 2000)
『天主實義』(利瑪竇, 1603), 공역, 서울대학교출판부, 1999
『交友論』(利瑪竇, 1595)/『二十五言』(利瑪竇 1595)/『畸人十編』(利瑪竇 1608)의 역주, 서울대학교출판부, 2000
『中國社會思想史』(北京: 中國社會科學出版社, 2003; 鄭州: 大象出版社, 2016)
『東西哲學的交匯與思惟方式的差異』(石家莊市: 河北人民出版社, 2006)
『동서철학의 충돌과 융합』(사회평론, 2012)
『고대중국 철학사상』(성균관대학교출판부, 2014)
『장자』, 송영배 역주, 비봉출판사, 2022
『제자백가의 철학사상』(1, 2), 송영배 지음, 비봉출판사, 2022
『관자管子』, 송영배 역주, 서울대학교출판문화원, 2024
『주역의 학습과 해설』(상, 하), 학고방, 2025
『여씨춘추 呂氏春秋』, 呂不韋 문객 지음, 송영배 역주, 도서출판 문사철, 2025(출간 예정)

백서帛書 『노자老子』

초판 인쇄   2025년 10월 30일
초판 발행   2025년 11월 10일

지 은 이 | 송영배
펴 낸 이 | 하운근
펴 낸 곳 | 學古房

주   소 | 경기도 고양시 덕양구 통일로 140 삼송테크노밸리 A동 B224
전   화 | (02)353-9908 편집부(02)356-9903
팩   스 | (02)6959-8234
홈페이지 | http://hakgobang.co.kr
전자우편 | hakgobang@naver.com
등록번호 | 제311-1994-000001호

ISBN   979-11-6995-700-7   03100

값 : 40,000원

■ 파본은 교환해 드립니다.